John Colville

Downing Street Tagebücher
1939-1945

John Colville

Downing Street Tagebücher

1939-1945

im
Siedler Verlag

Inhalt

Zweiter Teil

Dezember 1943 bis Juni 1945

Vorwort

Im England meiner Jugend herrschte das Erstgeburtsrecht vor, wie es auch jetzt noch in Familien besteht, die Grundbesitz zu unterhalten und zu vererben haben. Mein Vater und meine Mutter kamen aus bekannten und keinesfalls bedürftigen Familien, aber sie waren keine erstgeborenen Kinder und deswegen verhältnismäßig arm. Ich sage verhältnismäßig, denn in den zwanzig Jahren zwischen den beiden Weltkriegen fehlte es uns nicht am Lebensnotwendigen. Wir hatten sechs oder sieben Hausangestellte, besaßen eine Flotte kleiner Boote auf der Isle of Wight und ein Haus an einem von Londons nicht ganz so vornehmen Plätzen. Wir hatten kein Auto, da meine Eltern, beide lange vor dem Zeitalter der Motorisierung geboren, eine Kutsche, komplett mit Kutscher und Pferdeknecht, einem Automobil gleichsetzten; wir besaßen kein Landhaus und keine kostbaren Besitztümer. In der Stadt benutzten wir den Bus oder die Untergrundbahn; wir speisten nie in Restaurants, gingen nur am letzten Abend der Schulferien ins Theater und wurden ständig ermahnt, das Licht auszumachen. Ich erinnere mich noch an einen Besuch der Oper am Covent Garden: ich im Gesellschaftsanzug, meine Mutter mit ihrem Diadem und der großen Diamantbrosche, so fuhren wir im 11er Bus und legten die letzten paar hundert Meter zu Fuß zurück.

Die Sparsamkeit meiner Eltern, die niemals in Geiz ausartete, ermöglichte allen drei Söhnen die beste und teuerste Ausbildung; und obwohl weit davon entfernt, etwa Schmarotzer zu sein, hatten meine Eltern doch genug gute Freunde und Bekannte, um ihren Kindern Fasane zum Jagen, Pferde zum Reiten, Jachten für Rennen und gemütliche Landhäuser für die Freizeit zu verschaffen.

Daher hatte ich mich, als ich 1936 im Alter von einundzwanzig Jahren das Trinity College in Cambridge verließ, nie irgendwie einschränken müssen. Ich war – in den Tagen, in denen Reisen noch Abenteuer bedeuteten – in der Sowjetunion gewesen, war die Donau auf einem Schleppkahn hinuntergeschippert, hatte Kleinasien in einem Eisenbahnabteil 3. Klasse durchquert, zehn Tage auf dem Berg Athos verbracht und sowohl Französisch wie Deutsch fließend sprechen gelernt. Außerdem hatte ich zwei Stipendien erhalten. Dennoch war mir bewußt, daß ich mich schneller als mancher meiner Freunde darum bemühen mußte, meinen eigenen Lebensunterhalt zu verdienen. Dies war ein Anreiz zu harter Arbeit.

Meine beiden älteren Brüder hatten eine Stellung in der City gefunden, der eine an einer Bank, der andere als Börsenmakler. Mich, der ich an politischer Geschichte und dem Tagesgeschehen interessiert war, lockte das Außenministerium. In jenen Tagen glaubte man noch, daß die Ehre, dem diplomatischen Dienst anzugehören, höher einzuschätzen sei als die Notwendigkeit einer anständigen Bezahlung, und mein Vater bezweifelte daher, daß ich mir eine solche Karriere leisten konnte.

Das erste Problem war, überhaupt angenommen zu werden. Die Aufnahmeprüfung bestand aus achtzehn schriftlichen Klausuren von jeweils drei Stunden und vier mündlichen Prüfungen. Die Konkurrenz war riesengroß, doch ich hatte Glück: Entgegen allen Erwartungen hatte ich bereits beim ersten Versuch, im Alter von zweiundzwanzig Jahren, Erfolg.

Im September 1937, nach einer unvergeßlichen Italienreise mit meinem amerikanischen Freund Henry B. Hyde, der, angeregt durch einen Besuch bei dem bekannten Kunsthistoriker Bernard Berenson, mich mit den bedeutendsten Gemälden der Florentinischen und Venezianischen Schule bekannt machte – mit einem Einfühlungsvermögen, das ich nie vergessen werde –, meldete ich mich im Außenministerium in Whitehall und wurde der Ostabteilung zugeteilt.

Die vorrangigen Probleme dieser Abteilung betrafen damals Palästina. Ein Plan zur Teilung des Landes zwischen Arabern und Juden hatte lediglich beide Parteien aufgebracht; außerdem befürchtete man, daß der Mufti von Jerusalem im Sold der Deutschen stand. Während die britische Regierung von den Zionisten stark unter Druck gesetzt wurde, mehr Einreisegenehmigungen für Juden auszustellen, verlangten die Araber, daß jegliche Einwanderung gestoppt wurde.

Aus der Rückschau nimmt es sich einigermaßen seltsam aus, daß in den anderen Gebieten, die wir mit wachsamem Auge beobachteten, alles relativ still war. Im Irak, unter dem strengen Regiment von König Feisals vertrautem altem Ratgeber Nuri Pascha, herrschte Frieden, und es bestand nicht das geringste wirtschaftliche Interesse an den Sandwüsten Saudi-Arabiens und der Golfstaaten; die wenigen vermeintlich unlösbaren Probleme resultierten aus dem Anspruch, den der Irak auf einige Dattelpalmenpflanzungen erhob, die dem Scheich von Kuweit gehörten, und den Ansprüchen einiger entfernter Erben des Sultans Abdul Hamid auf die Ölfelder von Mossul.

Mein Arbeitsgebiet, natürlich unter der Leitung eines übergeordneten Ersten Sekretärs, waren die Türkei und Persien. Persien war etwas lästig, mit Schah Reza Pahlevi als eigenwilligem Despoten. Wir mußten ihn besonders höflich behandeln, weil die Anglo-Persian Oil Company (heute British Petroleum) enorme Geschäftsinteressen in seinem Land hatte. Außerdem gab es verwaltungstechnische Komplikationen, weil die sieben oder acht britischen Konsulate in Persien auf Grund irgendeines obskuren Beschlusses aus dem 19. Jahrhundert dem Vizekönig von Indien unterstanden.

Die Türkei war spannender. An der Kreuzung der Verkehrswege gelegen, die Rußland mit dem Mittelmeer und Europa mit dem Nahen Osten verbanden, und unweit der Verbindung nach Indien, war das Land sowohl für Großbritannien als auch für Deutschland von politischer Bedeutung. Es wurde diktatorisch von Kemal Atatürk, dem Grauen Wolf, regiert, dessen ursprüngliche Vorliebe für die Deutschen auf Grund der ständigen Bemühungen des britischen Botschafters Sir Percy Loraine sich gelegt hatte; Loraine, der Nacht für Nacht mit Atatürk spielte und trank, wurde zu seinem intimen Freund und Berater. Die Deutschen versuchten, Loraines Einfluß durch die Entsendung des berüchtigten Franz von Papen zu kontern, der schlüpfriger war als ein Aal – aber es war zu spät; Loraine hatte den türkischen Fisch bereits an Land gezogen.

Ich lebte bei meinen Eltern am Eccleston Square 66, verstrickt in alle diese orientalischen Intrigen und besonders damit befaßt, unwillige Stellen dazu zu überreden, der Türkei und Persien in Konkurrenz zu deutschen und italienischen Angeboten Waffen zu liefern, als es wegen der Tschechoslowakei beinahe zum Krieg kam. Es war im September 1938, genau zwei Jahre nach meinem Eintritt ins Außenministerium, als Großbritannien und Frankreich am Rand des Abgrunds zurückschreckten und das Münchener Abkommen mit Hitler unterzeichneten. Weder Großbritannien noch Frankreich waren auf einen Krieg vorbereitet. Die Franzosen hatten zwar eine riesige Armee und die Briten der Welt größte Flotte, aber die Deutschen hatten inzwischen eine starke Luftwaffe aufgebaut, während die Royal Air Force erst über zwei oder drei einsatzfähige Spitfires verfügte und die französische Luftwaffe in einem beklagenswerten Zustand war.

In diesen letzten Septembertagen des Jahres 1938 wurden Splittergräben im Hyde Park gezogen, Pläne für die Evakuierung von Schulkindern erstellt und die Ausgabe von Gasmasken vorbereitet, während jeder junge Mann, der nicht bereits Soldat oder Matrose war, der »Supplementary Reserve« zugewiesen wurde. Nach der Unterzeichnung des Münchener Abkommens versicherte uns Neville Chamberlain jedoch, daß »der Frieden für unsere Zeit« gesichert sei, und er glaubte daran. So wandte ich mich wieder meinen Mittelost-Angelegenheiten zu, bis ich am 15. März 1939 unsanft aufgerüttelt wurde. Hitler ließ, trotz der feierlichen Versprechungen, die er in München gemacht hatte, seine Truppen marschieren, um Prag zu besetzen, und forderte die Rückgabe Danzigs. Am Karfreitag fiel Mussolini in Albanien ein, und Hitler begann, Drohungen gegen Polen auszustoßen.

Am 22. August 1939 unterzeichneten Molotow und Ribbentrop den Nichtangriffspakt zwischen der Sowjetunion und Deutschland, dessen geheimes Zusatzprotokoll eine Teilung Polens und die Auslieferung der blühenden kleinen Staaten im Baltikum an Rußland vorsah. Der Pakt bedeutete Krieg, wenn nicht ein Wunder geschah.

Am 23. August sollte ich eine Schiffsreise nach New York antreten, zu einem ersten Besuch in den Vereinigten Staaten; in Wyoming hatten einige angloamerikanische Freunde eine Ranch gemietet, und dort wollte ich einen Monat Ferien machen. Ich freute mich sehr darauf, Amerika kennenzulernen, und hatte auch einen sehr starken emotionellen Antrieb, der sich im Laufe des Sommers verstärkt hatte. Hitler machte dies alles zunichte, denn mein Urlaub wurde, kurz bevor das Schiff ablegte, gestrichen. Anfang September 1939 saß ich also an meinem Schreibtisch in Whitehall und wartete auf die Kriegserklärung – ein vierundzwanzigjähriger Dritter Sekretär, seit zwei Jahren im diplomatischen Dienst, im Begriff, Abschied zu nehmen. In Ungewißheit darüber, was passieren würde, beschloß ich, ein Tagebuch zu führen.

Ich habe Auszüge aus diesem Tagebuch bei verschiedenen meiner Publikationen verwendet und einen großen Ausschnitt Martin Gilbert für die abschließenden Bände seiner Churchill-Biographie überlassen. Jetzt, über vierzig Jahre nach der Niederschrift, lege ich es in einer überarbeiteten Fassung vor. Von den eher belanglosen Eintragungen ließ ich den Großteil weg, bis auf einige wenige, die vielleicht die »Atmosphäre« jener Zeit vermitteln können. Für die deutsche Ausgabe wurde der Text nochmals um etwa ein Drittel gekürzt; auch endet die deutsche Ausgabe mit dem Sommer 1945, während die Eintragungen im englischen Original bis in das Jahr 1955 reichen, bis zum zweiten Rücktritt Churchills.

Da es viele Leser geben wird, für die die Erinnerung an jene fernen Jahre bereits verblaßt ist, und wenigstens zwei Generationen, die keine eigene Erinnerung daran haben, dachte ich mir, daß es hilfreich wäre, gelegentlich kurze Erläuterungen und Kommentare einzufügen. Die wichtigsten Personen werden in den Kurzbiographien am Ende des Bandes vorgestellt.

Die deutsche Ausgabe der »Downing Street Tagebücher« ist in gewisser Weise ein Vermächtnis. Anfang des Jahres 1987 hatte der Autor die Übersetzung durchgesehen und die Straffungen, die im wesentlichen das gesellschaftliche Leben im London der Kriegsjahre sowie innenpolitische Details betreffen, geprüft und gutgeheißen. Auch verfaßte er für die deutsche Ausgabe ein Nachwort. Die Publikation hat er nicht mehr erlebt: Sir John Colville starb Ende November 1987 auf seinem Landsitz in Hampshire.

Erster Teil
September 1939 bis September 1941

Der Krieg beginnt

Die britische und die französische Regierung, unmittelbar gefolgt von den vier selbstverwalteten britischen Dominien Kanada, Australien, Neuseeland und Südafrika, erklärten Deutschland am 3. September 1939 den Krieg, nachdem Hitlers Armeen in Polen einmarschiert waren. Er hatte bereits das Rheinland wiederbesetzt und sich Österreich sowie die Tschechoslowakei angeeignet – nach dem Grundsatz: »Heute gehört uns Deutschland, und morgen die ganze Welt.«

Es war ein sonniger, warmer Sonntagmorgen. Die Frühgottesdienste in allen Kirchen waren überfüllt mit Andächtigen, von denen viele schon lange nicht mehr in einem Gottesdienst gewesen waren. Ich war ihrem Beispiel gefolgt und danach ins Außenministerium gegangen, wo ich darüber informiert wurde, daß man mich dem Ministerium für die wirtschaftliche Kriegführung zugeteilt hatte, das in den leerstehenden Hörsälen der London School of Economics *untergebracht war. Es war als wichtigstes Instrument für eine Wirtschaftsblockade Deutschlands gedacht, die, zusammen mit unserer Vormacht auf den Weltmeeren, Deutschland rasch in die Knie zwingen würde, wie viele leichtgläubige Optimisten hofften.*

Als ich mich bei dieser neuen, unübersichtlichen Organisation meldete, wies man mir einen leeren Schreibtisch zu – und sonst nichts. Ich saß also untätig herum und starrte die grüne, lederne Schreibtischunterlage an, bis irgend jemand ein Radio anstellte und wir Neville Chamberlain zuhörten, der uns erklärte, daß wir uns im Kriegszustand befanden. Wir hatten alle gewußt, daß es so kommen mußte; dennoch erzeugte Chamberlains mit feierlicher Würde vorgetragene Rede in uns das Gefühl einer Benommenheit, aus der wir unsanft durch die Sirenen aufgeschreckt wurden, die den ersten Fliegeralarm ankündigten.

Ich sage wir, weil es noch andere gab, die dort genauso untätig herumsaßen. Es wurde weithin angenommen, daß London schon kurz nach der Kriegserklärung in Schutt und Asche sinken würde, wie es eben einer aufgeschreckten Bevölkerung in dem Film nach H. G. Wells' Buch Things to Come *geschildert worden war, und es schien, als ob nun tatsächlich das Ende bevorstehe. So hasteten wir, so viel Gelassenheit wie nur möglich vortäuschend, in den Luftschutzraum. Dort spielte ich Bridge mit David Eccles*[1] *und weiteren Dienstverpflichteten des Ministeriums. Nach dem ersten Robber kam die Entwarnung; der Alarm war bei der Sichtung eines einzelnen unidentifizierten Flugzeugs meilenweit östlich der Themsemündung ausgelöst worden.*

Wir kehrten an unsere leeren Schreibtische zurück, und zur Mittagszeit ging ich nach Hause, darüber nachsinnend, daß wir anscheinend kaum gerüstet für den Endkampf waren. Ich verbrachte einen friedlichen Nachmittag beim Golfspiel mit meinem Bruder Philip. Ein paar Tage später bat ich darum, ins Auswärtige Amt zurückkehren zu dürfen.

Am 10. September begann ich mein Tagebuch. In den ersten, undramatischen Monaten des Krieges führte ich es sehr wortreich, aber ich habe rigoros alle Eintragungen gekürzt, die mein privates Leben und meine gesellschaftlichen Aktivitäten betreffen. Am eigentlichen Text habe ich nichts verändert, selbst dann nicht, wenn die Ansichten über Leute und Ereignisse mir heute mitunter zweifelhaft erscheinen.

Sonntag, 10. September Vom Standpunkt eines Zivilisten aus hat dieser Krieg überhaupt noch nicht begonnen. Nur die nächtliche Verdunkelung und die Sperrballons am Tag erinnern einen daran, daß Europa nun doch über den Rand des Abgrunds getaumelt ist, auf dem es in den letzten zwölf Monaten so vorsichtig balancierte. Ohne Zweifel wird noch einiges auf uns zukommen, das unsere Friedensillusionen zerstört, aber für den Moment erscheint dieser Krieg sehr unwirklich.

Seitdem der Krieg erklärt wurde, hat die Sonne mit nicht nachlassendem Glanz geschienen, und nichts an den farbenfrohen, fröhlichen Menschenmengen auf den Straßen erinnert an die große Katastrophe – höchstens die Gasmasken, die sie umgehängt haben, und die vielen Uniformierten.

Montag, 11. September Ich traf im Außenministerium kurz vor elf Uhr ein und verbrachte einen geschäftigen Tag. Die interessanteste Arbeit war ein Vergleich der persischen Forderungen nach Unterstützung mit Waffen und Fluginstruktionen mit denen anderer Länder. Persien hat die feste Absicht, neutral zu bleiben, aber sein Wohlwollen ist lebenswichtig für uns, sowohl wegen der Verbindungswege als auch wegen der Anglo-Iranian Oil Company, von deren Öllieferungen die Marine zu einem Großteil abhängig ist. Es ist deshalb wichtig, den Schah[2] bei guter Laune zu halten, indem wir ihm Flugzeuge und Instrukteure zur Verfügung stellen, selbst wenn unsere Bemühungen in unverbesserlich neutralem Boden versickern sollten.

Generell ist der Eindruck, den man im Außenministerium gewinnt, nicht so ermutigend, wie ihn die Presse vermittelt. Es scheint so, daß Mussolinis Neutralität nur vorgetäuscht ist und er nach wie vor das beste Verhältnis zu Hitler unterhält. Die italienische Neutralität ist jedoch die klügste Politik für die Achsenmächte; was Hitler betrifft, gewährleistet sie die türkische Neutralität und erschwert es den Alliierten, Polen aus dem Osten beizustehen, wie sie auch die Durchfahrt von Kriegsschiffen usw. durch die Meerengen behindert. Und was Mussolini betrifft, so ist die Wahrung der Neutralität äußerst wichtig, weil die Italiener den Krieg zur Zeit heftig ablehnen und Mussolini seine Popularität dadurch vergrößern kann, daß er sie aus dem Krieg heraushält.

Rußland bleibt der größte Unsicherheitsfaktor. Aus Berichten, die ich in Depeschen gesehen habe, gewann ich den dringenden Verdacht, daß es sich anschickt, die östlichen Gebiete Polens zu besetzen, sollte Deutschland Polen besiegen.

Stalins letztes Betrugsmanöver ging zu Lasten der Polen. Er hatte ihnen erst kürzlich Waffen zugesagt und behauptete nun, daß der Eintritt Großbritanniens und Frankreichs in den Krieg die Situation verändert habe und er jetzt keinerlei Ausrüstung mehr liefern könne. Ich beginne zu glauben, daß er noch schurkischer als Hitler ist. Selbst Marschall Woroschilow[3] und Molotow sollen sich dieser Falschheit schämen.

Dienstag, 12. September Zum erstenmal lag Herbst in der Luft und es war unangenehm kühl, als ich im Morgenmantel auf dem Balkon saß und in den Zeitungen die Nachricht von der Landung des britischen Expeditionskorps in Frankreich las. Man hat die Vorstellung, als liefe einer jener Kriegsfilme nun in der Wirklichkeit ab, nur vermißt man die Sicherheit des bequemen Sitzens im Curzon-Kino.

Ich hatte einen interessanten Tag im Außenministerium, ausgefüllt mit den Bemühungen um die Verschiffung von Eisenbahnmaterial nach Persien, um nicht das Mißtrauen des Schahs zu schüren. Ich dachte angestrengt über die Angelegenheit nach und wurde durch die Erklärung belohnt, daß meine eingereichten Vorschläge bemerkenswert seien. Vermutlich wird man mich über kurz oder lang damit demütigen, daß man genau das Gegenteil behauptet.

Mutter kam für einen Tag mit Queen Mary von Badminton herüber. Sie fühlte sich äußerst unbehaglich wegen der Auswirkungen, die der fortgesetzte Fliegeralarm auf die Königin hat. Es regt die alte Dame so auf, daß sie starke Magenbeschwerden bekommt. Auf dem Weg von Sandringham nach Badminton mußte man bei einem einsamen Gasthof anhalten, dessen Wirt sich als äußerst hilfreich erwies. Die Königin sandte ihm zum Dank ein kleines silbernes Messer. Als sie in Badminton ankamen, freute sich die Königin auf ihre wohlverdiente Ruhe, da sie drei Nächte wegen Fliegeralarm und Gewitter nicht geschlafen hatte, wurde aber am nächsten Morgen bereits um sechs Uhr geweckt, weil ein

Küchenmädchen statt des Lichtschalters versehentlich den hauseigenen Alarmknopf betätigte.

Mittwoch, 13. September Habe im Außenministerium die türkischen und persischen Angelegenheiten abgewickelt, ehe ich mein Interesse Palästina und Arabien zuwandte. Kriegsneuigkeiten gab es wenige, außer der Tatsache, daß Polen alle seine Reserven für die Luftverteidigung erschöpft hat und daß unsere verhältnismäßige Inaktivität an der Westfront allgemeines Unbehagen hervorruft. Warum belegt die RAF nicht feindliche Objekte mit Bomben, anstatt Flugblätter abzuwerfen? Das ist die Frage, die sich jedermann stellt. (Nebenbei gesagt, hat die RAF keinen allzu guten Start gehabt: Sie hat die holländische Neutralität verletzt, eine dänische Stadt bombardiert und ist mit einigen belgischen Flugzeugen über belgischem Gebiet aneinandergeraten. Darüber hinaus war das einzige Opfer des Fliegeralarms vom 5. September eine unserer eigenen Maschinen, die von unseren Flugabwehrkanonen heruntergeholt wurde.)

Sonntag, 17. September Das Wochenende verbrachte ich in Broadheath. Nach dem Frühgottesdienst und dem Frühstück machte ich einen längeren Spaziergang durch die Felder und kam gerade zurück, als in den 12-Uhr-Nachrichten die erschreckende Meldung von der russischen Invasion in Polen durchgegeben wurde. Die Verlautbarung, mit der die sowjetische Regierung diesen unmoralischen und habgierigen Akt zu rechtfertigen versucht, ist zweifellos eines der empörendsten Dokumente moderner Geschichtsschreibung. Zum erstenmal seit Beginn des Krieges fühlte ich mich wirklich niedergeschlagen und war wütend darüber, nichts Wirkungsvolles gegen dieses Verbrechen unternehmen zu können. Und doch erinnere ich mich daran, daß ich vor weniger als einem Jahr meinte, die Polen hätten das finsterste Schicksal verdient angesichts der Tatsache, wie sie die Tschechen behandelten, und daß niemand es bedauern würde, wenn sie als nächste an der Reihe wären.

Nach dem Lunch fuhr ich mit Philip nach Middleton. Es war ein herrlicher Septemberabend, als wir mit unserem ältesten Bruder David und der Familie im Garten saßen und versuchten, dem friedvollen Geläut der Kirchenglocken zu lauschen und Rußland und Polen und alle anderen von der Gottesgeißel heimgesuchten Länder Europas zu vergessen. Virginia[4] ist gestern auf der *Manhattan* von Amerika zurückgekommen und war so entsetzt von dem Gedanken, sie und ihre Mitpassagiere könnten der Grund für Amerikas Eintritt in den Krieg werden, daß sie Fieber bekam.

Montag, 18. September Das Außenministerium war von Rußlands Ungeheuerlichkeit weniger beeindruckt, als ich erwartet hatte. Die Türkei scheint fest zu bleiben; allerdings müssen wir eine weit größere finanzielle Unterstützung zusagen, als wir je dachten. Bei solch bedeutsamen Neuigkeiten aus jedermanns Mund finde ich es schwierig, mich mit den vergleichsweise unwichtigen palästinensischen oder arabischen Problemen zu befassen.

Ich lunchte im *Travellers,* das glücklicherweise wieder geöffnet hat, und erfuhr von der Versenkung der *Courageous*[5]. Die erste Niederlage unserer Marine.

Nach Büroschluß ging ich bei Mary Roxburghe[6] vorbei und traf dort Middy Gascoigne[7]. Wir diskutierten hitzig die Lage und verdammten die Untätigkeit der Regierung; man kann nur hoffen, daß sie mehr tut, als es den Anschein hat. Wenn dies der Fall ist, sollte das Informationsministerium allerdings mehr darüber verlauten lassen, sonst beginnt die Öffentlichkeit das Vertrauen zu verlieren.

Dienstag, 19. September Die Polen wehren sich noch immer tapfer, obwohl ihre Regierung bereits geflohen ist, aber die russische Invasion brachte bereits die Entscheidung: die Schlacht ist geschlagen. Die Deutschen sind unglücklicherweise über die Serie der schnellen Erfolge begeistert, und Hitler hofft offensichtlich, daß er nun ein günstiges Friedensabkommen schließen kann. Er hielt heute nachmittag in Danzig eine Rede, in der er damit drohte, daß, wenn wir die Blockade fortsetzen, die Deutschen über eine schreckliche Waffe verfügten, die nicht gegen sie eingesetzt werden könnte, die sie aber auch nicht gerne gegen andere einsetzen würden. Dies soll uns vermutlich nur einschüchtern, hinterläßt auch zumindest ein ungutes Gefühl, weil selbst Hitler und seine Gefolgsleute immer irgend etwas in petto haben, wenn sie solche Erklärungen abgeben. So behauptete zum Beispiel Ribbentrop im letzten Mai oder Juni, daß er die größte diplomatische Niederlage vorbereite, die England je erlitten habe, worüber wir nur höhnisch lächelten. Und nun müssen wir zugeben, daß der russisch-deutsche Pakt diese Definition sehr wohl erfüllt.

An der Westfront scheint sich weiterhin nichts zu rühren. Noch bombardiert keine Seite die Zivilbevölkerung der anderen, und die Probe aufs Exempel, ob Deutschlands ökonomische Hilfsquellen und die Moral seiner Bevölkerung die Blockade durch unsere Flotte und die Moral der Alliierten bezwingen können, steht noch aus. Das ist gefährlich, weil es langweilt, und in Kriegszeiten erzeugt Langeweile Unzufriedenheit zu Hause. Jedoch glaube ich nicht, daß die Deutschen schon jetzt mit ihrer sprichwörtlichen Grausamkeit beginnen werden. Sie müssen erst das Gefühl haben, entweder zu verlieren oder gewinnen zu können, so daß London noch für Wochen oder gar Monate in Frieden schlafen kann.

Freitag, 22. September Im Außenministerium hatte ich wenig zu tun, außer ein paar langweilige Briefe an das Kolonialministerium betreffend Palästina aufzusetzen. Am Morgen nahm ich an einer Sitzung des Unterausschusses für den Nahen Osten im Reichsverteidigungsausschuß teil, um über Maßnahmen zu diskutieren, die den Sultan von Muskat erfreuen sollen. Abgesehen davon, daß man die Psychologie älterer Staatsbeamter studieren kann, sind solche Sitzungen äußerst ermüdend.

Die interessanteste Depesche heute war eine Erklärung, warum die Regierung bisher so wenig unternommen hat. Das Papier ist für die Vertreter Seiner Majestät im Ausland gedacht, die mit dem Vorwurf konfrontiert werden, daß wir nicht einen einzigen Finger für Polen gerührt haben. Strategie, so der Kern der Argumentation, sei »die Kunst der Konzentration entscheidender Kräfte im entscheidenden Augenblick«. Die Polen wüßten, daß wir ihnen keine wirksame Hilfe leisten können, und hätten eingesehen, daß ihre Rettung erst auf lange Sicht möglich sei – wenn Deutschland besiegt ist. »Hunderte britischer Bomber nach Deutschland zu schicken, hätte zwar einen spektakulären Erfolg bedeutet, aber auch den unvermeidlichen Verlust von Maschinen, die viel nützlicher an der Westfront eingesetzt werden können.« Es spricht einiges für diese Politik, obwohl ihr Resultat die öffentliche Meinung verbittert. Dr. Brüning erzählte einem Bekannten – ich glaube, es war Eric Duncannon –, die beste Art, Hitler zu begegnen, sei, ihn im Zweifel zu lassen. Sofern er annimmt, daß sich dahinter irgendwelche geheimen Absichten verbergen, hat unsere Untätigkeit vielleicht diesen Effekt; aber es besteht immer auch die Gefahr, daß er sie als Unentschlossenheit und Ängstlichkeit auffaßt. In manchen Kreisen glaubt man, daß seine erste Maßnahme im Westen ein massiver Luftangriff auf die britische Flotte und ihre Stützpunkte sein wird.

In Frankreich herrscht Ruhe, zugleich aber die feste Überzeugung *il faut en finir* [Sie werden am Ende unterliegen]. Unser Konsul in Rouen berichtet jedoch, daß die Franzosen ein gewisses Unbehagen über unsere erklärte Absicht verspüren, diesen Krieg gegen Hitler und den Nazismus und nicht gegen das deutsche Volk zu führen. Die Franzosen glauben an die Erbsünde der deutschen Rasse und weisen darauf hin, daß in jedem größeren Krieg von 1864 bis heute die Deutschen die mutwilligen Agressoren und diejenigen waren, die den europäischen Frieden immer wieder störten. Die Franzosen glauben, daß der Führer und seine herrschende Clique in Wirklichkeit bedeutungslos sind; der Charakter der Deutschen sei so geartet, daß sie immer wieder kriegslüsterne Anführer hervorbrächten, deren Ideologie die Macht sei. Es spiele keine Rolle, ob dieser Anführer Friedrich, Wilhelm oder Hitler heiße und ob seine Anhänger Junker oder Nazis seien; die deutsche Mentalität sei einfach gefährlich und unverbesserlich.

Ich glaube nicht, daß das stimmt. Sollte es tatsächlich so sein, dann gäbe es keine Alternative, als das ganze deutsche Volk auszurotten, und das wäre – selbst wenn es möglich sein sollte – ein Verstoß gegen alle Gesetze Gottes und der Menschen, zudem auch unvereinbar mit dem Gewissen einer Welt, die sich als zivilisiert bezeichnet. Wenn wir diesen Krieg gewinnen, dann besteht meiner Meinung nach die einzige Chance, einen dauerhaften Frieden zu erzielen, der auf den Prinzipien von Gerechtigkeit und gutem Willen zwischen den Menschen beruht, darin, daß man die Deutschen mit äußerster Großzügigkeit behandelt und einen Strich unter die Vergangenheit zieht – was auch immer die Gefühle der trauernden Witwen und Mütter sein mögen. Es darf keine »Schuldklausel« geben, keine Reparationen und keine öffentliche Demütigung Deutschlands. Statt dessen muß Deutschland wirtschaftlich wieder auf die Beine gestellt werden, so gut dies angesichts der Verwüstungen möglich sein wird. Deutschland muß entwaffnet werden, aber auch die Alliierten müssen abrüsten. Keines der Gebiete, die rechtmäßig zu Deutschland gehören, darf abgetrennt werden, noch darf Deutschland geteilt werden; und es muß freien Zugang zu allen, auch den kolonialen Märkten haben. Soweit wie möglich muß den Deutschen das Gefühl vermittelt werden, daß sie keine »Parias« sind; daß sie vieles besitzen und vieles hervorgebracht haben, was allgemein bewundert wird, und daß ihre früheren Feinde bereit sind, ihnen zu vertrauen, vielleicht sogar, indem man ihnen Kolonien und Mandate zur Verwaltung übergibt. Wenn man dies schafft, glaube ich, werden sie sich solcher Großzügigkeit würdig erweisen; falls nicht, dann ist tatsächlich die Zeit gekommen, endgültig Schluß zu machen. Aber es wird eine äußerst schwierige Aufgabe sein, das englische und das französische Volk, die sich in den Jahren des Krieges und des Leids verhärtet haben werden (und tief in ihre Tasche haben greifen müssen), davon zu überzeugen, daß dies der einzige kluge und christliche Kurs ist, den man verfolgen kann, und die einzige Chance, kommenden Generationen den Fluch sich dauernd wiederholender Kriege zu ersparen. Denjenigen, der die Sieger davon überzeugen kann, daß dies der einzig richtige Weg ist, muß man als den größten Wohltäter der Menschheit betrachten, aber er wird, um Erfolg zu haben, übermenschlicher Kräfte bedürfen.

Mittwoch, 27. September Warschau hat sich nach heldenmütiger Verteidigung gegen eine Übermacht ergeben. Hitler hat nun freie Hand, seine Aufmerksamkeit dem Westen zuzuwenden, aber es bleibt abzuwarten, ob er den Mut und die Dummheit besitzt, den ersten Schritt zu tun. Im Augenblick beschreibt man die Situation am besten mit den Worten des italienischen Botschafters in Paris an Sir Eric Phipps[8]: »Ich habe verschiedene Kriege erlebt, die geführt wurden, ohne erklärt worden zu sein; dies ist der erste Krieg, der erklärt wurde, ohne geführt zu werden.«

Es ist, glaube ich, äußerst wichtig, den Deutschen keine unbegründeten Demütigungen zuzufügen und keine Reparationen von ihnen zu fordern. Darüber hinaus sollten rein deutsche Gebiete, wie Danzig und das Sudetenland, dem deutschen Staatenbund angegliedert werden. Aber während viele einverstanden sein werden, Deutschland großmütig zu behandeln, werden andere, besonders die Franzosen, Gefallen daran finden, sehr harte Friedensbedingungen zu stellen. Ich vermute, daß als Ergebnis ein Kompromiß wie der von Versailles herauskommt, was Unzufriedenheit und Groll in Deutschland hervorrufen wird und auf dessen Nährboden dann ein weiterer Hitler sein teuflisches System errichtet.

Donnerstag, 28. September Nach dem Frühstück las ich, nicht ohne Melancholie, den Bericht über die gestrige Haushaltsberatung: 7 Shilling Sixpence Einkommensteuer [eine Steigerung um 50 Prozent]! Vater ist in Depressionen versunken; ich für meinen Teil finde es unmöglich, über Dinge dieser Art in diesen Tagen tatsächlich entsetzt zu sein.

Ich fürchte, daß der Haushaltsplan eine niederschmetternde Wirkung auf die öffentliche Meinung haben wird, die nicht in der Lage ist, die wesentlichen Vorzüge einer Politik der Geduld zu erkennen, nämlich abzuwarten, bis wir und die Franzosen in der Lage sind, unsere Überlegenheit in der Luft auszuspielen; es gibt erste Anzeichen von Ungeduld, und man beginnt zu fragen, wofür wir eigentlich kämpfen. Von manchen wird dieser Krieg bereits »der langweilige Krieg« genannt. Aber es ist schon richtig, Hitler die Initiative zu überlassen, sowohl materiell als auch aus psychologischen Gesichtspunkten. Er wird sich schon bald rühren müssen (es sei denn, Rußland unternimmt einen drastischen und unerwarteten Schritt), sonst haben wir und die Franzosen die Luftüberlegenheit errungen; auch wird die Blockade Wirkung zeigen. Ich neige zu der Annahme, daß Hitlers erster Schritt ein gewaltiger Luftangriff auf die Flotte sein wird – und nicht auf London.

Nach Dienstschluß unterhielt ich mich eine Stunde mit Mary Roxburghe, die besorgt ist über die Apathie, die sich in der Öffentlichkeit breitmacht (und auch, kaum überraschend, über den Haushaltsplan).

Wir stimmten darin überein, daß es eine gute Sache wäre, wenn Chamberlain bald zurücktreten und die Führung des Krieges einem jüngeren, tatkräftigeren Nachfolger überlassen würde. Leider sehe ich momentan keinen Lloyd George am Horizont auftauchen; Winston [Churchill] ist zwar eine nationale Größe, aber sicherlich zu alt, und unter den jüngeren Politikern scheint es keine überragende Persönlichkeit zu geben. Halifax würde respektiert werden, aber er hat nicht den nötigen Elan, die Geschlossenheit des Landes zu gewährleisten und es zu begeistern.

Freitag, 29. September Nun haben also die Deutschen und die Russen ihre unheilige Allianz besiegelt: mit der förmlichen Teilung Polens, einer lächerlichen Erklärung, wer für die Fortsetzung des Krieges verantwortlich sei, und einer eindrucksvollen, aber (hoffentlich) nichtssagenden Vereinbarung über die Belieferung Deutschlands mit Rohstoffen.

Sonntag, 1. Oktober Wir speisten mit Dorothy Cambridge und hörten Winston Churchills begeisternde Rede im Radio. Er vermittelt auf jeden Fall Vertrauen und wird, ehe der Krieg zu Ende ist, wahrscheinlich Premierminister sein. Nichtsdestoweniger könnte er uns in diesem Krieg, bedenkt man seine Unzuverlässigkeit und Labilität, auf einen sehr gefährlichen Pfad führen. Aber er ist der einzige Mann in diesem Land, der allgemeine Hochachtung genießt. Vielleicht hat mit zunehmendem Alter auch die Neigung zu unbesonnenen Abenteuern nachgelassen.

Montag, 2. Oktober Mallet, einer der Privatsekretäre des Staatssekretärs, ließ mich kommen und fragte mich, ob ich bereit wäre, einer der stellvertretenden Privatsekretäre beim Premierminister zu werden. Er sagte, es sei eine interessante Aufgabe und man sei »jederzeit im Bild«; freilich gebe es auch eine Menge Plackerei. Ich erklärte mich bereit, denn eine solche Stelle ist ein vorzügliches Sprungbrett für die diplomatische Karriere.

Nachdem ich ein ziemlich ödes Essen mit John Cairncross, einem sehr intelligenten, wenn auch gelegentlich eigenartigen Langweiler[9], im Travellers überstanden hatte, ging ich zum Schatzamt, um mit einem Mann namens Douglas und mit Rucker zu sprechen, dem leitenden Privatsekretär des Premierministers. Dieser erklärte mir, daß die Stelle viel zusätzliche Arbeit mit sich bringe, und vieles sei äußerst ermüdend; andererseits sei man regelmäßig im Unterhaus anwesend und überwache die Berufungen in den Bistümern. Es gibt noch einige andere Kandidaten, so daß ich erst morgen mit Sicherheit weiß, ob ich angenommen worden bin.

Nach dem Abendessen hörten wir im Radio eine Rede des Erzbischofs von York; sie enthielt einige kluge Worte über den Frieden, der dem Krieg folgen würde. Er schlug sogar ein europäisches Bündnis vor. Was für ein herrlicher Traum! Vergegenwärtigt man sich die Schwierigkeiten, die aus den unterschiedlichen Sprachen und den nationalen Vorurteilen erwachsen, wird dieser Traum allerdings schwer zu verwirklichen sein.

Dienstag, 3. Oktober Ich bin für den Posten in Downing Street Nr. 10 ausgewählt worden, was ich höchst aufregend finde, und soll nächste Woche anfangen.

Mittwoch, 4. Oktober Es gibt wenig Kriegsneuigkeiten, aber die Deutschen unternehmen alle möglichen Anstrengungen zur Vorbereitung ihrer großen Friedensoffensive, die höchstwahrscheinlich in dieser Woche gestartet wird. Inzwischen nötigt Rußland die unglücklichen Baltikumstaaten systematisch, seine Vorherrschaft anzuerkennen; nachdem es seine Beute einkassiert hat, scheint es nicht abgeneigt, sich an den Friedensbemühungen zu beteiligen. Doch Stalins wirkliche Absichten bleiben im dunkeln. Persönlich befürchte ich das Schlimmste und stimme eigentlich mit Mutter überein, die meint, daß Rußland eine große »Macht des Bösen« ist, die durch Ribbentrops ahnungslose Dummheit nun in Richtung Westen in Bewegung gesetzt wurde.

Donnerstag, 5. Oktober Den größten Teil des Tages schlug ich mich mit folgenden Problemen herum: Ibn Sauds[10] Bemühungen, von Deutschland Waffen zu kaufen; der nicht gänzlich uneigennützige Wunsch des Muftis[11], eine Deklaration an die Araber zugunsten der Alliierten zu erlassen; rechtliche Fragen bezüglich der Abschiebung von Deserteuren der Fremdenlegion aus Palästina nach Syrien (da es sich um Deutsche handelt, würde dies vermutlich ihr sicherer Tod sein).

Militärisch gibt es wenig Aktivitäten. Hitlers Friedensvorschläge werden für morgen erwartet. Er scheint Schwierigkeiten mit Italien zu haben. Es herrscht eine unheilverkündende Ruhe, ehe der Sturm losbricht und der Krieg in voller Härte beginnt. Herr von Weizsäcker (aus dem deutschen Auswärtigen Amt) soll gesagt haben, Deutschland werde vermutlich bis Neujahr aushalten und dann kommunistisch werden. Es heißt, die Propaganda in den Fabriken sei weit verbreitet und werde wahrscheinlich auch die Armee infizieren (die wütend über den mutmaßlichen Mord an von Fritsch[12] sein muß).

Freitag, 6. Oktober Ging am Morgen für eine halbe Stunde nach Downing Street und wurde von Miss Watson[13] in einige meiner neuen Pflichten eingeführt. Sie scheint eine freundliche, tüchtige und bescheidene verhutzelte alte Jungfer zu sein; sie erzählte mir, daß man im Schatzamt über meine Anstellung aufgebracht ist, da ich zu jung sei. Außerdem lernte ich Captain Dugdale kennen, konnte aber weder den Premierminister noch Sir Horace Wilson sprechen, da das Kabinett gerade tagte.

Im Außenministerium war ich eifrig mit dem Mufti und anderen Palästina-Problemen beschäftigt. Das herausragende Ereignis des Tages war Hitlers lange, niederdrückende und leicht hysterische Rede. Überraschenderweise bedrohte er uns nicht mit entsetzlicher Vernichtung; aber die Bedingungen, die er stellte, sind, wie zu erwarten, unannehmbar – für alle mit Ausnahme einiger Intellektueller, die an Senilität leiden, wie Bernard Shaw (dessen Artikel diese Woche im *New Statesman* typisch für einen Mann ist, dessen besondere Form von Exhibitionismus ihn dauernd dazu treibt, sich verlorener Fälle in einer Weise anzunehmen, daß es die meisten seiner Landsleute aufbringt. In diesem Falle wird sein Verhalten wohl tatsächlich schaden und im Ausland falsche Vorstellungen wecken).

Sonnabend, 7. Oktober Ich habe einer wahren Konsumorgie gefrönt, in der Annahme, daß alles schlechter in der Qualität und teurer werden wird. Heute morgen habe ich beim Schneider einen neuen Anzug und einen Mantel anprobiert und mir zwei enorm teure Paar Schuhe[14] geleistet.

Montag, 9. Oktober Habe im Außenministerium alle unerledigten Vorgänge aufgearbeitet. Dann nahm ich ziemlich traurig Abschied von Lacy Baggallay, der zweifellos ein vorbildlicher Abteilungsleiter war, und von allen anderen Kollegen der Abteilung. Es ist gerade etwas mehr als zwei Jahre her, daß ich dort anfing, und es scheint bereits eine Ewigkeit. Aber es war eine angenehme »Ewigkeit«, denn ich hatte es mit liebenswürdigen Leuten zu tun und viel Zeit, mich an der entschwundenen Pracht der Vergangenheit zu erfreuen. Miss Glasse, eine der Schreibkräfte, meinte beim Abschied, als ich sagte, daß ich künftig wohl sehr viel zu tun haben würde: »Das dürfte wirklich eine Veränderung sein.«

Die Whitehall-Szene

Meine Tätigkeit in Downing Street Nr. 10 war zunächst monoton, nur hin und wieder von Ereignissen oder Gesprächen unterbrochen, die es verdienen, festgehalten zu werden. Ich hatte zwar Einblick in alle wichtigen Papiere und bekam viel militärischen und politischen Klatsch mit, war aber zu unbedeutend, um an Entscheidungen mitzuwirken. Sieht man von der Frage der Beziehungen zu Skandinavien ab, so wurden freilich auch nicht viele wichtige Entscheidungen getroffen in jenen düsteren, deprimierenden Monaten, die man in England allgemein als »phoney war«, als »Scheinkrieg« bezeichnete. Nur der Seekrieg wurde ernsthaft geführt.

Als feststand, daß Deutschland keine unmittelbaren Absichten hatte, London oder Paris zu bombardieren, und die erwartete Offensive über den Rhein ausblieb, keimte in manchem Herzen die schwache Hoffnung, daß die volle Härte des Krieges vielleicht nur die unglücklichen Polen getroffen habe, deren außergewöhnlich tapfere, aber leider vollkommen falsch ausgerüstete Armee zerschlagen worden war und deren Land von den Deutschen wie von den Russen systematisch zerstört wurde.

Im Kabinett wurden diese Hoffnungen von Lord Halifax vertreten. Sie fanden ein lebhaftes Echo bei den Mitarbeitern in Downing Street Nr. 10, selbst bei vielen, die die Massaker des Ersten Weltkrieges persönlich mitgemacht hatten. Weder Chamberlain noch Churchill waren antideutsch eingestellt; nur wäre Chamberlain, dem schon der Gedanke an Krieg verhaßt war, zu mehr Zugeständnissen an eine umgebildete deutsche Regierung bereit gewesen als Churchill, selbst wenn in dieser Regierung einige Nazis gesessen hätten. In einem Punkt war er jedoch unnachgiebig: Nichts hätte ihn dazu veranlassen können, noch einmal mit Hitler zu verhandeln, dessen Absetzung für ihn eine unerläßliche Voraussetzung für jedes Übereinkommen war. Mussolini konnte möglicherweise hingenommen werden, ja sich sogar als nützlich für die Herbeiführung einer solchen Übereinkunft erweisen; aber Hitler war für ihn undiskutabel.

Chamberlain hatte erkannt, daß Hitler genauso brutal wie unzuverlässig war; doch glaubte ich, daß auch verletzter Stolz mitspielte. Im September 1938, in München, hatte er Hitler trotz gewichtiger Einwände unseres Außenministeriums Vertrauen geschenkt, bestätigt in dieser Haltung durch unseren leichtgläubigen Botschafter in Berlin, Sir Nevile Henderson. Hitler hatte dieses Vertrauen mißbraucht und aus Chamberlain einen Gimpel gemacht. Eines Abends, als ich mit Chamberlain aus dem Unterhaus zurückfuhr, äußerte er sich verärgert über ein Oppositionsmitglied, das die Regie-

rungspolitik angegriffen hatte. »Ich glaube«, wandte ich ein, »daß er es ernst meint.« »Was soll das?« entgegnete der Premierminister barsch. »Ich war auch sicher, daß Hitler in München es ernst meinte, und ein paar Tage später änderte er seine Meinung.« Ich glaube, daß diese Bemerkung einiges über Chamberlains naives Vertrauen in jenen Tagen von München aussagt – und vielleicht auch einiges über ihn selbst.

Chamberlain war sehr liebenswürdig zu seinen Untergebenen, ebenso seine engsten Mitarbeiter, wie Sir Horace Wilson und der immer reizende parlamentarische Privatsekretär Lord Dunglass. Die beiden leitenden Privatsekretäre, Arthur Rucker und Cecil Syers, halfen mir und ermutigten mich; sie hatten Geist und Humor, so daß fast immer ein fröhliches Lachen durch die Arbeitsräume erklang, was in der düsteren Stimmung jener grauen Wintertage sehr befreiend wirkte.

Auch der Premierminister ermutigte seine jungen und unerfahrenen Mitarbeiter. Mein erstes Memorandum über eine ziemlich komplizierte Angelegenheit kam am nächsten Morgen mit einer höchst freundlichen Bemerkung in roter Tinte zurück – mehr Lob, als das Memorandum verdient hätte. Diese Einstellung stand in erheblichem Kontrast zum Verhalten des Schatzkanzlers, Sir John Simon. Er hatte gleichfalls einen neuen, jungen Privatsekretär, Burke Trend, der viele Jahre später Kabinettssekretär wurde. Trend wurde etwa zur gleichen Zeit wie ich beauftragt, sein erstes Memorandum abzufassen. Da er ein Mann von hervorragenden Fähigkeiten ist, hege ich keinen Zweifel, daß ihm dies gut gelang. Am nächsten Morgen bekam er das Dokument zurück: Säuberlich in vier Stücke zerrissen und ohne weiteren Kommentar. Zu denen, die nicht unter ihm arbeiteten, war Simon freundlich, und so gehörte ich zu der bemerkenswert kleinen Schar, die ihn schätzte.

Chamberlain war verschlossen. Er sprach mit mir selten über etwas anderes als die täglichen Aufgaben. An den Wochenenden zog er sich nach Chequers, dem Landsitz des englischen Premiers, zurück. Dort gab es nur ein einziges Telefon, und das stand in der Anrichte. An den Wochenenden oder abends nach dem Dinner in Downing Street wollte er nicht gestört werden, weder telefonisch noch sonstwie. Weder nahm er je einen seiner Sekretäre nach Chequers mit, noch lud er jemals seine Mitarbeiter zu einem gemeinsamen Essen mit seiner Frau ein. Darin war nicht nur Churchill ganz anders, der seine Privatsekretäre wie Familienmitglieder behandelte, sondern auch Clement Attlee. Aber Chamberlain, dieser verschlossene Mann, verfügte über eine solche Integrität, eine solche Hingabe an seine Pflichten, über so hohe Ideale, daß, wenn es zunächst auch schwerfiel, ihm Zuneigung entgegenzubringen, es ebenso schwer war, für ihn keine Hochachtung zu empfinden.

Die einflußreichsten Männer im Kabinett waren Sir John Simon, Sir Samuel Hoare, der Lordsiegelbewahrer, der jedesmal mit »hm ja, hm ja, hm ja« antwortete, wenn jemand es wagte, ihn anzusprechen, und Lord Halifax, der ehemalige Vizekönig von Indien und damalige Außenminister. Halifax war ein tief religiöser, intelligenter Mann, das Gegenteil von naiv, den man auf Grund seiner politischen Verschlagenheit und seiner starken Neigung sowohl zur Kirche wie zur Reitjagd allgemein den »Heiligen Fuchs« nannte. Zu ihnen stieß am 3. September 1939 Winston Churchill, der Erste Lord der Admiralität [Marineminister], eine stärkere, farbigere Persönlichkeit als alle anderen. Viele seiner Kollegen und die meisten leitenden Beamten beobachteten ihn mit Argwohn, was sich auch auf die Mitarbeiter in Downing Street und mich übertrug.

Auch hinter den offiziellen parlamentarischen Kulissen gab es Männer von Einfluß. Von ihnen war Sir Horace Wilson der einflußreichste, denn Chamberlain unternahm kaum etwas, ohne seine Meinung einzuholen. Es war nicht Wilsons Schuld, daß er oft in Sachen um Rat gefragt wurde – etwa in auswärtigen Angelegenheiten oder in Fragen der Verteidigung –, von denen er kaum etwas verstand. Wilson war von Chamberlains Vorgänger im Amt, Stanley Baldwin, aus dem Arbeitsministerium nach Downing Street geholt worden, wo er bald unentbehrlich wurde. Er war freundlich, von hohen Prinzipien beseelt und immer klug, aber als Alter ego des Premierministers betrachtete er sich allmählich, ohne ehrgeizig zu sein, als so unfehlbar, wie Chamberlain glaubte, daß er es sei. Einflußreich waren auch Sir Edward Bridges, der Kabinettssekretär, General Ismay, der militärische Sekretär des Reichsverteidigungsausschusses, und Sir Alexander Cadogan, der Ständige Unterstaatssekretär für Auswärtige Angelegenheiten, um nur einige zu nennen; sie alle waren Männer von Format und lauterem Charakter. Dann gab es noch den sympathischen, extrovertierten Chefeinpeitscher [Fraktionsführer] der Konservativen, Captain David Margesson, der den Premierminister jeden Morgen um elf Uhr aufsuchte und zusammen mit Sir Horace Wilson einen bestimmenden Einfluß auf politische Beschlüsse ausübte.

Die Führer der Labour-Opposition waren Clement Attlee und Arthur Greenwood; der Vorsitzende der Liberalen Partei, Sir Archibald Sinclair, war Churchills Stellvertreter als Kommandeur in den Schützengräben des Ersten Weltkriegs gewesen. Alle drei waren tüchtige und ehrenwerte Männer, Attlee der bei weitem vortrefflichste. Greenwoods Bedeutung wurde durch seinen Hang zur Flasche beeinträchtigt, und Sinclair, edel gesinnt und patriotisch, konnte sich, wenn die Gelegenheit für ihn endlich da war, gegen eine stärkere Persönlichkeit, die das Schicksal ihm in den Weg stellte, selten durchsetzen.

Während in den ersten Kriegsmonaten die Minister und ihre Mitarbeiter sich bemühten, das Staatsschiff einen bewährten, wenn auch phantasielosen Kurs zu steuern, landete das Britische Expeditionskorps zunächst zwei, dann vier und nach einigen Monaten weitere zehn Divisionen in Frankreich (geplant waren insgesamt 55 Divisionen). Es umfaßte die besten Berufssoldaten der britischen Armee und verfügte über alles an Ausrüstung, was das Land, nach einem beschämend späten Anlauf, bieten konnte; und es wurde von einem hochdekorierten Helden des Ersten Weltkrieges befehligt: Viscount Gort, ausgezeichnet mit dem Victoriakreuz (V.C.) und anderen hohen Orden. Ihm zur Seite standen als Korpskommandeure Sir Alan Brooke und Sir John Dill. Letzterer kam, kurz bevor die Dünkirchen-Kampagne begann, nach London zurück, um Stellvertretender Chef des Generalstabs zu werden.

Unglücklicherweise hatte die französische Regierung die Erfahrungen von 1914 außer acht gelassen und keinen Grund gesehen, die Maginotlinie auch entlang der französisch-belgischen Grenze auszubauen; diese wurde nur von einem unbedeutenden Grabensystem geschützt. Jener Abschnitt nun wurde dem Britischen Expeditionskorps zugeteilt, das den ungewöhnlich kalten Winter 1939/40 damit zubrachte, kleine Betonbunker zu bauen, um die Verteidigungslinie wenigstens etwas zu verstärken. Freilich konnte sie in der zur Verfügung stehenden Zeit niemals so befestigt werden, daß sie einem Angriff deutscher Panzerdivisionen standgehalten hätte. Die Briten selbst verfügten nur über eine einzige Panzerdivision, und die war noch nicht soweit, in der Verteidigungslinie in Stellung gebracht werden zu können. Dies war die Lage am 31. Dezember 1939.

Inzwischen hatte ich mein Tagebuch in einer Schublade meines Schreibtisches in Downing Street Nr. 10 deponiert, wo es den ganzen Krieg über eingeschlossen blieb. Täglich holte ich es hervor und machte meine Eintragungen; war ich ein paar Tage unterwegs gewesen, dann beeilte ich mich, meine Notizen nachzutragen, sobald ich wieder zurück war.

Das Folgende sind Auszüge aus meinen Eintragungen in der Zeit vom 10. Oktober bis 31. Dezember 1939.

Dienstag, 10. Oktober Mein erster Tag in Downing Street Nr. 10 begann morgens um 9 Uhr 30 und endete um 18 Uhr 30. Dabei lernte ich den Premierminister kennen, der zurückhaltend, aber freundlich war, seine Frau, Sir Horace Wilson und Captain David Margesson. Letzterer sah mich mit scharfem Blick an und sagte: »Ich glaube, Sie sind mit meinen Töchtern bekannt.«[15]

Ich sitze im selben Büro mit Miss Watson und Lord Dunglass. Miss

Watson erklärte mir, wie ich mit den Bergen von Post fertig werde, die täglich eingehen. Außerdem begann ich mich in die Kirchenfragen einzuarbeiten, die gleichfalls in meine Zuständigkeit fallen; hierin wies mich mein Vorgänger, Jasper Rootham, ein.

Mit Interesse las ich die verschiedenen Entwürfe, die der Premierminister, Churchill, Cadogan, Vansittart und Corbin[16] vorgelegt haben; es geht um die Antwort auf Hitlers Friedensvorschläge. Man erwartet einen gewaltigen Angriff, wenn diese Vorschläge zurückgewiesen werden. Im Augenblick herrscht Ruhe zu Land, zur See und in der Luft.

Mittwoch, 11. Oktober Meine Ernennung wurde in der *Times* bekanntgegeben.

Im Büro gab ich mir Mühe, in die komplizierten Vorgänge des kirchlichen Patronats der Krone einzudringen, las die Kabinettsprotokolle und beantwortete eine Menge ärgerlicher, an den Premierminister gerichteter Briefe. Einer schrieb: »Sie werden diesen Brief sehr wahrscheinlich in den Papierkorb werfen, aber denken Sie daran, daß wir uns vor den Schranken des Jüngsten Gerichtes wiedertreffen, und dann könnte es geschehen, daß dieser Brief wieder aus dem Papierkorb herausgeholt wird.« Schlimme Aussichten, wenn man seine Zeit im Fegefeuer mit unerledigter Korrespondenz verbringen muß!

Donnerstag, 12. Oktober Um 9 Uhr 30 ins Büro gekommen. Zu dieser widerwärtig frühen Zeit beginnen wir mit der Arbeit. Alle strahlten vor Begeisterung über die Erklärung des Premierministers, mit der er heute nachmittag Hitler antworten wird.

Mutter und ich dinierten mit Großvater und Peggy[17] in Argyll House. Danach saß ich noch längere Zeit mit Großvater zusammen, der aus der Zeit erzählte, als er politisch aktiv war. Er sagte, daß er im Indienamt und im Kolonialamt jeden seiner Untergebenen persönlich gekannt und es immer als unerläßlich angesehen habe, daß ein Minister in der Lage ist, die Fähigkeiten seiner einzelnen Mitarbeiter einschätzen zu können. Ein Kriegskabinett mit Männern zu bilden, die kein Ressort verwalten, ist seiner Ansicht nach schwierig, denn in jedem Fall müßte ihm der Außenminister angehören, und wenn man Lord Chatfield[18] einbezieht, aber ohne die Leiter der anderen Militärressorts auskommen will, was wird dann aus Winston? Er könne sich ein Kriegskabinett vorstellen, das nur aus Soldaten und Seeleuten besteht, aber das würde auf eine Art Kriegsrecht hinauslaufen. Man solle dies ernsthaft nur dann in Betracht ziehen, wenn die weitere Entwicklung des Krieges es erforderlich mache. Am wichtigsten ist seiner Ansicht nach, daß Winston nicht Premierminister wird; Chamberlain sollte im Amt bleiben, weil er sowohl über den nötigen Elan wie auch über das Vertrauen der Bevölkerung verfüge. Er stimmte mir zu, daß kein jüngerer Mann mit hervorragenden Fähigkeiten am politischen Horizont sichtbar ist.

Freitag, 13. Oktober Die Deutschen toben über Chamberlains Rede, machen aber keine Anstalten, sofort mit der Offensive zu beginnen. Man muß sich tatsächlich fragen, ob Hitler diesen Krieg wirklich ernsthaft führen will oder ob alles, was bisher passierte, nur ein gigantischer Bluff war. Dies ist vielleicht Wunschdenken, aber solange der Mensch lebt, hofft er. Ich wäre nicht überrascht, wenn Hitler mit weiteren Friedensvorschlägen käme. Das Wichtigste ist momentan, daß jeder Tag der Verzögerung für uns einen Tag Gewinn bezüglich der Produktion von Kriegsmaterial bedeutet.

Arthur Rucker glaubt, daß der Kommunismus eine weitaus größere Gefahr darstellt als Nazideutschland. Alle unabhängigen Staaten in Europa seien zwar antirussisch eingestellt, aber der Kommunismus sei eine Pest, die vor nationalen Grenzen nicht haltmache. Mit dem Vordringen der Sowjets nach Polen sei die Widerstandskraft der osteuropäischen Staaten gegen den Kommunismus stark geschwächt worden. Deswegen sei es äußerst wichtig, ein sehr vorsichtiges Spiel mit Rußland zu spielen und nicht die Möglichkeit aus der Hand zu geben, uns, falls nötig, mit einer neugebildeten deutschen Regierung gegen die gemeinsame Gefahr zu verbünden. Voraussetzung wäre ein gemäßigt konservativer Gegenschlag in Deutschland, die Ablösung des Regimes durch das Militär.

Drei deutsche U-Boote wurden heute versenkt. Wie der BBC-Sprecher sagte: Freitag, der 13., war ein schlechter Tag für die Deutschen.

Sonnabend, 14. Oktober Schade, daß man bei der BBC den Mund so voll genommen hat! Heute morgen kam die Meldung, daß wir die *Royal Oak* [britisches Schlachtschiff] verloren haben, und das mitten in Scapa Flow, umgeben von der ganzen Flotte.

Ich war mit Arthur Rucker den ganzen Tag alleine im Büro. Er meint, es sei äußerst wichtig, die Kriegsbegeisterung nicht noch mehr anzustacheln; er hofft noch immer, daß sich der wirkliche Krieg vermeiden läßt.

Am Nachmittag brachte Winston eine große rote Schachtel, die nur vom Premierminister persönlich geöffnet werden durfte. Er sah ziemlich bedrückt aus, bemerkte aber, ehe er wieder ging: »Sagen Sie dem Premierminister, daß wir noch ein weiteres deutsches U-Boot erwischt haben, das macht zusammen vier.« Die Schachtel lag mindestens eine halbe Stunde vor mir, aber ich widerstand der Versuchung, sie zu öffnen.

Sonntag, 15. Oktober War für ein paar Stunden im Büro, um Cecil Syers abzulösen. Offensichtlich erwartet man eine große Offensive an der Westfront. Sprach mit Sir Walter Monckton über das Informationsministerium, dem er angehört. Er erzählte, daß die besten Leute dort wegen des herrschenden Chaos mit Kündigung drohen. Lord Macmillan[19] müsse abtreten, wir brauchten einen Propagandisten wie Northcliffe, der wieder Leben in die Bude bringt.

Montag, 16. Oktober Dinierte bei den Kemsleys. Zur Gesellschaft gehörten Ali Khan und Frau, Sir Godfrey und Lady Thomas, Beverley Baxter und Lord Davidson[20]. Niemand trug Abendkleidung (wegen des Krieges), aber in jeder anderen Hinsicht hätte es eine Gesellschaft der Vorkriegszeit sein können. Alle Räume des Hauses standen offen, es gab ein Heer von Dienern, das Dinner war ausgezeichnet und üppig, und der Wein floß in Strömen. Etwas unschicklich vielleicht in diesen Zeiten, aber gewiß ein angenehmer Rückfall in die goldene Vergangenheit.

Beim Essen saß ich zwischen Sir Godfrey Thomas, den ich äußerst liebenswürdig fand, und Pam Berry. Danach unterhielt ich mich mit Lord Davidson, der interessant über Ribbentrop zu plaudern wußte, den er gut kannte; er hatte sein Bestes versucht, Ribbentrops Blindheit über unser Land zu kurieren. Er sprach auch über die unmöglichen Ernennungen durch die Regierung in letzter Zeit (z.B. die Berufung Sir John Gilmours zum Minister für die Handelsschiffahrt) und meinte, die meiste Schuld daran trage Sir Samuel Hoare. Außerdem findet er David Margessons Ratschläge schlecht. Am Ende des Dinners verlas Lord Kemsley ein Telegramm, dem zufolge die erwartete deutsche Offensive in der Nähe von Saarbrücken begonnen hat.

Donnerstag, 17. Oktober Am Nachmittag ging ich hinüber ins Parlament, wo Mr. Hore-Belisha [der Kriegsminister] einige unangenehme Anfragen beantworten mußte; ich ging wieder, nachdem der Premierminister zu den ihn betreffenden Anfragen Stellung genommen hatte (es war meine Aufgabe, seine Antworten zu kontrollieren). Vor der Tür von Downing Street Nr. 10 traf ich Lady Astor, die mit den Polizisten dort einige unverschämte Bemerkungen über deren Frauen austauschte.

Freitag, 20. Oktober Kein sehr geschäftiger Tag. Bekam einen erfreulichen Brief von Gay [Margesson], die noch nicht sicher zu sein scheint, ob sie von Amerika zurückkommen soll. Ihr Vater erzählte mir, daß er Winston um Rat gefragt habe, ob ihre Sicherheit bei der Rückkehr auf einem amerikanischen Schiff gewährleistet sei. »Absolut sicher«, entgegnete Winston. »Aber natürlich besteht das Risiko, daß das Schiff torpediert wird oder auf eine Mine läuft!«

Sonnabend, 21. Oktober Es war ein Wetter wie im Sommer; [in Exbury] schossen wir mehr als 250 Fasanen. Beim Lunch saß ich neben einer Amerikanerin namens Gracia Nevill. Sie erzählte mir von einem einstündigen Gespräch, das sie mit Hitler in Berchtesgaden geführt hat. Wenn er nicht über Politik spreche, sei er ein völlig anderer. Politisch sei Hitler ein Fanatiker, bei anderen Themen hingegen ein ruhiger und beeindruckender Gesprächspartner.

Sonntag, 22. Oktober Ich machte einen Spaziergang im Garten, der in seiner herbstlich roten und goldenen Glut einen unvergleichlichen Anblick bot, und unterhielt mich mit Lionel de Rothschild[21], der überaus freundlich war. Er empfahl als Kriegsziel, Deutschland den Juden zu überlassen und die Deutschen unter den anderen Völkern dieser Erde aufzuteilen, mit anderen Worten, die Rollen der beiden Völker zu vertauschen. »Aber dann«, entgegnete ich, »werden sich die Juden in Deutschland darüber beschweren, daß die Deutschen die internationale Finanzwelt beherrschen!«

Dienstag, 24. Oktober Ging am Nachmittag ins Parlament. Nach Beantwortung von Anfragen traf sich der Premierminister mit Attlee und Greenwood, danach mit Sir Archibald Sinclair, um ihnen wegen der Illoyalität der Opposition ins Gewissen zu reden, die, ungeachtet der Tatsache, daß wir uns im Kriegszustand befinden, jede Gelegenheit nutzt, die Regierung zu kritisieren und die Schwierigkeiten zu vergrößern. Offensichtlich hatte er damit Erfolg, denn Attlee und Greenwood machten einen ziemlich niedergeschlagenen Eindruck, als sie wieder herauskamen. Sir Samuel Hoare, mit dem ich eine kurze Unterhaltung führte, erzählte mir, daß sich die Opposition im letzten Krieg niemals in dieser Weise unbeliebt gemacht habe. Vielleicht ist die Erklärung darin zu suchen, daß der Krieg noch immer nicht richtig begonnen hat und noch nichts Einschneidendes geschehen ist, was die lange Tradition von Parteiintrigen unterbrechen könnte.

Mittwoch, 25. Oktober Am Morgen ging ich in den Lambeth Palace, um mit dem Erzbischof von Canterbury über Kirchenangelegenheiten zu sprechen. Er war sehr väterlich und charmant, sprach sehr nett über Mutter (»eines der ausgezeichnetsten und hervorragendsten Mitglieder der Synode«) und zeigte hin und wieder einen entwaffnenden, verstohlenen Humor. »Das«, sagte er und deutete auf einen der Sperrballons im Garten, »nennen die Leute einen ›Erzballon‹.«

Half Arthur Rucker ein wenig bei der Erklärung, die der Premierminister morgen im Unterhaus abgeben wird, eine energische, doch würdevolle Antwort auf Ribbentrops bizarre Rede gestern abend in Danzig. Von Sir Stafford Cripps wird erzählt, daß es die Labour Party jedesmal, wenn er den Mund aufmachte, 100.000 Stimmen kostete, und ich beginne zu hoffen, daß dasselbe auf Ribbentrop und die Nazis zutrifft. Aber vielleicht ist es gar nicht so schwierig, die Deutschen davon zu überzeugen, daß ihre Sache eine gerechte ist, weil sie so unheilbar dumm sind; und sie werden auch sicherlich kämpfen, weil sie so unbestreitbar tapfer sind. Das Ergebnis einer Kreuzung zwischen einem Löwen und einer Eule ist eben ein sehr merkwürdiges Phänomen, aber das ist, biologisch gesehen, das Treffendste, was mir zur Erklärung der deutschen Mentalität einfällt.

Sonntag, 29. Oktober Die interessantesten Denkschriften befassen sich mit einer möglichen Grundlage für einen Frieden. Zwei Engländer namens Christie und Conwell-Evans hatten in der Schweiz eine Unterredung mit einigen hochstehenden Deutschen – darunter Prinz Max von Hohenlohe – über die Möglichkeiten, sich Hitlers zu entledigen und zu einer Einigung mit einer Antinazi-Regierung unter Göring zu kommen. Voraussetzung wäre, daß Polen und die Tschechoslowakei ihre Unabhängigkeit zurückerhalten, allseitig abgerüstet wird und die Einheit und die Grenzen Deutschlands unangetastet bleiben. Es scheint, daß die deutsche Oberschicht und die Militärs daran interessiert sind, den Ausbruch eines wirklichen Krieges zu verhindern, weil sie glauben, daß dann der Bolschewismus in Deutschland nicht mehr aufzuhalten sein wird. Prinz Max präsentierte neun Punkte als Grundlage möglicher Verhandlungen. Lord Halifax schlug eine ziemlich vorsichtige Antwort vor, da unsere Kriegsziele bereits klar in den Reden des Premierministers definiert worden seien (daß wir sie eindeutig definieren, sieht Prinz Max als unerläßlich an, damit das deutsche Volk seine Befürchtungen ablegt, wir wollten Deutschland teilen und es demütigen); auch könnten wir nichts unternehmen, ohne unsere französischen Alliierten zu konsultieren.

Ich fürchte, das Außenministerium ist ziemlich defätistisch, was die Möglichkeiten betrifft, Frieden herbeizuführen. Auf der anderen Seite will der Premierminister eine mehr ermutigende Antwort und ist bereit, acht der neun Punkte zu akzeptieren. Er stellt einzig die Bedingung, daß Hitler keinerlei Rolle mehr in der neuen Ordnung in Deutschland spielen darf. Als Gegenleistung für einen Regimewechsel in Deutschland (oder mindestens eine Umbesetzung [in der Regierung]), für die Wiederherstellung der alten Grenzen und eine Entwaffnung wäre er bereit, einer Wirtschaftshilfe für Deutschland zuzustimmen, keine Reparationen zu fordern und auch über Kolonien zu diskutieren. Er möchte jedoch einige Sicherheiten für die Juden und die Österreicher einbauen.

Montag, 30. Oktober Bei der Rückkehr vom Mittagessen traf ich im Büro Lord Portal, der auf den Premierminister wartete. Er ist darum bemüht, daß das Gewerbe wieder nach London zurückkehrt, weil die Dezentralisation katastrophale Folgen für unser Wirtschaftsleben hat. Er befürchtet, genau wie ich, daß die größte Gefahr im kommenden Winter die wachsende Apathie sein wird, und ist ernstlich besorgt über die Unfähigkeit unserer Propaganda, dagegen anzugehen.

Dienstag, 31. Oktober Sir Eric Phipps stellt in seinem letzten Bericht die französische Stimmung gegen Deutschland heraus und unterstützt die französischen Bedenken gegenüber unserer Theorie, daß wir den Hitlerismus bekämpfen, nicht Deutschland. Vieles von dem, was er sagt, scheint plausibel, und zweifellos stimmen seine Ansichten mit denen der Franzosen überein; aber im Interesse des Weltfriedens hoffe ich, daß er unrecht hat, denn gerade jetzt scheint sich die Chance zu bieten, die Deutschen von ihrer Führung zu trennen, vorausgesetzt, wir können sie von der Aufrichtigkeit unserer Absichten überzeugen. Man kann zwar Sympathie für die Gefühle der Franzosen hegen, aber letzten Endes war es ihre Intransigenz, die jene Bitterkeit und Verzweiflung in Deutschland erzeugte, welche Hitler an die Macht brachten.

Das Weißbuch der Regierung über deutsche Konzentrationslager ist ein miserables Dokument, das an die niedrigsten Instinkte des Menschen appellieren soll. Es erinnert an die Greuelpropaganda des letzten Krieges. Zwar wirft es ein gespenstisches Licht auf den bestialischen Sadismus der Deutschen und zeigt sie von ihrer schlechtesten Seite, aber die meisten Beweise stammen aus nicht vorurteilsfreien Quellen; und es ist in jedem Falle unzweckmäßig, Haßgefühle zu schüren, bevor der Krieg ernsthaft begonnen hat. Besonders Lord Halifax wird nachgesagt, daß er auf eine Veröffentlichung gedrängt habe, aber ich glaube, daß die treibende Kraft im Hintergrund der fanatisch antideutsche Kirkpatrick ist. Alec Dunglass, Cecil, Arthur und ich sind uns einig, daß die Veröffentlichung abzulehnen ist.

Donnerstag, 2. November Las weitere Gutachten über die Vorschläge Hohenlohes. Er möchte nach England kommen, aber das wurde abgelehnt. Ich vermute, daß Christie ihn nun in Holland treffen wird. Ein bedauernswerter Mensch, wenn Hitler von seinen Machenschaften erfährt! Vansittart und Halifax weigern sich, die Möglichkeit von Verhandlungen mit Göring ernsthaft in Betracht zu ziehen; allerdings gibt es gute Gründe, anzunehmen, daß Hohenlohe und seine Freunde, angetrieben von der Angst, Hitler könne sich dem Bolschewismus zuwenden, Göring nur als Strohmann benutzen. Einer von Hohenlohes sehr ungewöhnlichen Vorschlägen war, daß wir sofort mit der Bombardierung militärischer Objekte beginnen sollten, um zu unterstreichen, wie ernst es uns mit unseren Absichten ist; Flugblätter würden nicht genügend Eindruck machen.

Sonnabend, 4. November Im Kabinett scheint man ziemlich aufgeregt über die russisch-finnischen Auseinandersetzungen zu sein. Persönlich glaube ich, daß, wenn die Finnen standhaft bleiben, die Russen, die mehr Hyänen als Bären sind, sie nicht angreifen werden.

Zwischen Hore-Belisha [dem Kriegsminister] und Kingsley Wood [dem Luftfahrtminister] bahnt sich ein ernsthafter Krach an wegen der Bereitstellung von Flugzeugen für das Heer. Belisha wünscht, daß 250 Maschinen ausschließlich dem Oberbefehlshaber des Heeres unterstellt werden, was Kingsley Wood als katastrophal sowohl im Prinzip als auch in der Praxis ansieht; es hieße, daß fast die Hälfte unserer Bomberverbände von der RAF abgezogen würde.

Der Premierminister und Halifax brüten eifrig darüber, welche Antwort man Daladier auf seine Anfrage bezüglich der Kriegsziele geben könnte. Das Problem ist, daß jede Verlautbarung, man wolle Deutschland teilen, alle Deutschen geschlossen hinter ihre Führung bringt, während andererseits jede gemäßigte Erklärung die Franzosen entmutigt. Deshalb wird es wohl notwendig sein, eine möglichst unverbindliche Erklärung abzugeben, eindeutig nur insoweit, als die Autonomie der Polen, Tschechen und Slowaken berücksichtigt werden soll. Sowohl Halifax wie Chamberlain glauben, daß es einer der größten Fehler des Versailler Vertrages war, eine Reihe von kleinen, autonomen Staaten geschaffen zu haben, die nicht stark genug waren, sich gegen die Überfälle reißender Wölfe zur Wehr zu setzen. Wenn Deutschland besiegt ist, wird es äußerst wichtig sein, so glaubt Halifax, eine Art Staatenbund in Mittel- und Südosteuropa zu schaffen, zumindest auf finanzieller und wirtschaftlicher Ebene. Mit den Vorbereitungen könne man bereits jetzt beginnen. Ich fürchte jedoch, daß die Franzosen daran denken, diese Gebiete ihrer Vorherrschaft zu unterwerfen.

Sonntag, 5. November Die allgemeine Lage stellt sich im Moment wie folgt dar: auf der Habenseite steht, daß die Deutschen trotz ihrer militärischen Übermacht bis jetzt noch nicht angegriffen haben. Wenn sie wirklich Ernst machen wollen mit dem Krieg, dann ist es unbegreiflich, warum sie die kostbare Zeit bis jetzt ungenützt haben verstreichen lassen. Das britische Weltreich, vielleicht mit Ausnahme Indiens, steht geschlossen hinter uns, und die materielle Unterstützung, die uns zum Beispiel Kanada gewähren kann, ist genauso groß wie der Wille, uns beizustehen. Die neutralen Staaten sind überzeugt, daß das Recht auf seiten der Alliierten ist, und sind bereit, uns Hilfe zu leisten, sofern dies nicht mit Gefahren für sie verbunden ist; die gestrige Entscheidung der norwegischen Regierung, das deutsche Prisenkommando der *City of Flint* zu internieren, hat dies wieder bewiesen. Schließlich haben die Vereinigten Staaten, zweifellos sowohl aus wirtschaftlichen wie aus anderen Gründen, am Ende ihr neues Neutralitätsgesetz verabschiedet, was die Deutschen gründlich verärgert hat.

Auf der Sollseite ist es alarmierend, in den Kabinettspapieren zu lesen, wie lange es noch dauern wird, bis unsere Waffenproduktion, besonders die von Flugzeugen, zufriedenstellend ist. Sieht man ab vom Premierminister, von Halifax, Churchill und Kingsley Wood, ist unser Kabinett nicht gerade beeindruckend, und unter den jüngeren Ministern ist anscheinend keine einzige überragende Persönlichkeit. Unser Geheimdienst scheint äußerst schwach zu sein, trotz der großen Zahl von Sympathisanten, die wir in Deutschland haben müssen. Wir bekommen nie genaue oder sichere Informationen über die deutschen Heeres- und Flottenbewegungen, während die Deutschen alle unsere Operationen schon nach wenigen Stunden kennen – vielleicht mit Hilfe von Kurzwellensendern hier im Land, die schlecht zu orten sind. Die Öffentlichkeit bei uns neigt zur Lässigkeit und vergißt, daß ein Krieg auch Opfer verlangt. Die Presse und die Opposition ergehen sich in endlosen Angriffen und Kritiken, die die Regierung erbittern und die Propaganda des Feindes mit Argumenten versorgen. Unsere Propaganda in den USA und anderswo scheint dagegen nicht sehr wirksam zu sein. Und dann bahnt sich noch Ärger in Indien an, wo uns die Kongreßpartei konstitutionelle Zugeständnisse als Preis für eine Unterstützung abpressen will und nun sogar mit einer Kampagne droht, man solle uns nicht beistehen.

Dienstag, 7. November Ging wegen einiger Anfragen ins Parlament. Hore-Belisha hatte wie immer einen schweren Stand; die Anfragen betrafen die Unterstützung von Armeeangehörigen und ähnliches. Der Premierminister hatte für eine Anfrage wegen der Behauptung im *News*

Chronicle gesorgt, daß ein »Inneres Kabinett« unter Ausschluß der Ressortminister für Heer, Luftwaffe und Marine bestehe. Er wies diese Behauptung unter allseitigem Beifall zurück.

Nach der Fragestunde traf er sich mit Sinclair und Attlee, danach mit Sir Percy Loraine[22]. Attlee erwähnte, daß er viele Telegramme bekommen habe, die eine Einführung der Rationierung forderten. Wie Alec Dunglass bemerkte, ist es schon erstaunlich, daß die Leute auch dann nörgeln, wenn man sein Bestes tut, um ihnen ein normales Leben zu ermöglichen und Unannehmlichkeiten zu ersparen.

Loraine, den ich zuletzt 1934 in Istanbul getroffen hatte, steckte voller Neuigkeiten. Ciano[23] sei angenehm, wenn auch eingebildet, und sehr geistreich. Loraine nimmt als sicher an, daß Ciano von der Achse enttäuscht ist, besonders nach der widerwärtigen Behandlung durch Hitler und Ribbentrop in Salzburg. Man solle jedoch nicht vergessen, daß Italien ein faschistischer Staat sei und deswegen Demokratien nicht liebe. Auf der anderen Seite sei der König von Italien entschlossen, nicht gegen Frankreich zu kämpfen, und in der Neuzeit habe Italien, wenn es in Gefahr gewesen sei, noch immer auf das Haus Savoyen gehört. Der Kronprinz sei zwar gegen die Faschisten eingestellt, besitze aber nicht die Intelligenz des Königs.

Mittwoch, 8. November Ging wieder ins Parlament wegen Anfragen und wartete Winston Churchills Erklärung zum Verlust der *Royal Oak* und zur Lage der Flotte ab. Die beste Bemerkung, die er machte, griff die Behauptung der Deutschen auf, wie viele unserer Schiffe sie bereits versenkt hätten: Die gesamte deutsche Flotte könnte mit den Schiffen bekämpft werden, die angeblich schon versenkt seien. Die neueste Behauptung der Deutschen ist, die *HMS Kestrel* versenkt zu haben. Dabei handelt es sich um einen Stützpunkt für Marineflugzeuge, der einige Meilen landeinwärts liegt!

Donnerstag, 9. November Ein Attentat auf Hitler hatte leider keinen Erfolg. Vermutlich war es nicht vorgetäuscht, aber es sollte mich nicht wundern, wenn Hitler es zum Anlaß für eine große innere Säuberung nähme, vielleicht sogar zum Vorwand, nun mit dem Krieg Ernst zu machen. Hoffentlich vergrößert es nicht noch seine Popularität im Land.

Der Premierminister hat Gicht, ziemlich schlimm. Das könnte sich als gutes Argument für diejenigen erweisen, die meinen, er sei zu alt für diese Aufgabe und sollte zurücktreten. Aber es gibt niemanden, der seinen Platz einnehmen könnte. Halifax ist nicht energisch genug und Winston zu unzuverlässig.

Der Vormittag verging mit hektischen Vorbereitungen für die Rede im Mansion House [Amtssitz des Londoner Oberbürgermeisters], die Simon anstelle des Premierministers halten mußte. Er zeigte überhaupt kein Entgegenkommen, war unglaublich stur und ließ am Ende die Hälfte der Rede liegen, so daß Arthur Rucker im Taxi hinter ihm herjagen mußte.

Die Kabinettsmitglieder und die Stabschefs nehmen an, daß ein Angriff auf Holland bevorsteht, und die Holländer und Belgier haben schreckliche Angst. Ich teile diese Befürchtungen nicht. Selbst Hitler würde es schwerfallen, einen solchen Angriff zu rechtfertigen, und er hat bisher auch noch keinen Versuch unternommen, die deutsche Öffentlichkeit auf etwas Derartiges vorzubereiten. Allerdings muß immer mit der Möglichkeit gerechnet werden, daß Hitler gerade am 11. November etwas unternimmt, um die Schande von 1918 [Novemberrevolution und Waffenstillstand] auszutilgen, und es ist denkbar, daß er sich für diese Demonstration die kleinen Nachbarn im Westen aussucht.

Auf jeden Fall, erklärte Halifax vor dem Kabinett, wird es Hitler nach der aggressiven Rede, die er gestern in dem Münchner »Bierkeller« [Bürgerbräu] hielt, schwerfallen, einfach untätig zu bleiben. Er erklärte, England angreifen zu wollen, und, in den Worten des *Evening Standard,* man kann nicht *immer* darauf vertrauen, daß er lügt!

Sonntag, 12. November Unsere Geheimberichte besagen, daß es ein Fehler wäre, einen Zusammenbruch der deutschen Kampfmoral ohne größere militärische Niederlagen zu erwarten.

Wir hörten Churchills Rede im Radio. Sie war sehr überheblich, voller Eitelkeit und indiskret (besonders in bezug auf Italien und die USA), aber ohne Zweifel sehr amüsant.

Montag, 13. November Winstons Rede ist in Downing Street nicht gut aufgenommen worden; das Außenministerium und die City beurteilen sie günstiger (die Kriegsanleihe stieg um einen Punkt!). Die italienischen und holländischen Vertreter protestierten dagegen im Außenministerium, und Rab Butler sagte mir, er habe die Rede als überaus vulgär empfunden. Die Kabinettsmitglieder waren offensichtlich befremdet, aber Hankey, der, wie man mir erzählt, jedem Honig ums Maul schmiert, äußerte große Genugtuung gegenüber Winston.

Dienstag, 14. November Die holländisch-belgische Krise scheint im Abklingen. Alec Dunglass meint, daß Hitler keine drastischen Maßnahmen ergreifen wird, weil die Deutschen glauben, einen langen Krieg gewinnen zu können. Ich befürchte, daß er recht hat. Es kann keine andere Erklärung dafür geben, daß Hitler diese kostbaren zehn Wochen ungenutzt verstreichen ließ; es sei denn, Hitler verfügt tatsächlich über eine »Geheimwaffe«, die Widerstand unmöglich macht und auf die er jederzeit zurückgreifen kann[24]. Andererseits scheint das unmöglich zu sein.

Donnerstag, 16. November Im Kabinett erwägt man höchst vertraulich die Bombardierung des Ruhrgebiets, des Zentrums der deutschen Industrie, falls Belgien angegriffen werden sollte. Man will es vermeiden, weil a) dies auch eine Bombardierung der Zivilbevölkerung bedeuten würde, b) drastische Vergeltungsmaßnahmen folgen könnten und c) viele Flugzeuge verlorengingen, was wir uns nicht leisten können.

Darüber hinaus haben die Franzosen keine Lust, einen solchen Schritt vor dem nächsten Frühjahr zu unternehmen, und sie glauben auch nicht, daß er sich auszahlt. Die wichtigste Frage ist, ob eine deutsche Invasion in Belgien kriegsentscheidend sein könnte. Unsere Generalstabschefs bejahen dies. Gamelin [der alliierte Oberbefehlshaber] ist darauf vorbereitet, alle seine Streitkräfte einzusetzen, um einen deutschen Vormarsch an der Schelde oder an der Linie Antwerpen-Namur aufzuhalten, zweifelt jedoch daran, daß eine Invasion in Belgien wirklich kriegsentscheidend ist. Die britischen Überlegungen werden dadurch beeinflußt, daß wir nicht tatenlos zusehen können, wie die Deutschen die holländischen und belgischen Häfen besetzen, von denen aus sie massive Angriffe gegen England unternehmen können. Die Frage wird morgen auf einer Zusammenkunft des Obersten Kriegsrates diskutiert werden.

Freitag, 17. November Ein hektischer Tag. Der Oberste Kriegsrat [Supreme War Council] kam in London zusammen, um über die Frage der Bombardierung des Ruhrgebiets zu diskutieren. Ich fuhr mit Oliver Harvey[25] zur Victoria Station, um Daladier und Gamelin im Auftrag des Premierministers zu begrüßen. Sie sehen beide nicht sehr vornehm aus. Da sich der Premierminister nur schwer bewegen kann, fand die Zusammenkunft in Downing Street Nr. 10 statt. Am Morgen gab es viel Verwirrung mit den französischen Adjutanten und deren Gefolge. Der Rat entschied, das Ruhrgebiet nicht bombardieren zu lassen, falls eine Invasion in Belgien erfolgt, sondern nur, wenn die britische oder französische Zivilbevölkerung oder militärähnliche Ziele angegriffen werden. Bei einer Invasion sollen die alliierten Truppen die Linie Antwerpen-Namur zu halten versuchen.

Nach dem Lunch, als wir die Franzosen wieder zur Victoria Station gebracht hatten, unterhielt ich mich mit Oliver Harvey. Er schätzt Eden als brillanten Kopf (im Gegensatz zu der in Downing Street vertretenen Meinung); er sei mehr als ein redegewandter »glamour boy« und könne leicht einmal Premierminister werden. Harvey glaubt, wenn Chamberlain etwas passiert, würde Halifax seine Nachfolge antreten, vorausgesetzt, daß alles ruhig bleibt, im Falle ernster militärischer Schwierigkeiten würde Churchill es werden (was Gott verhüte!).

Dienstag, 21. November Fuhr hinüber ins Parlament, wo die Erklärung des Premierministers über die Konfiszierung deutscher Exportgüter gut aufgenommen wurde. Er traf sich mit Kingsley Wood und Lord Macmillan. Anschließend fuhr ich ihn zurück, wobei er ziemlich gesprächig war. Sein hauptsächliches Thema war allerdings das Wetter.

Mittwoch, 22. November Der Minenkrieg ist in vollem Gang. Etwa ein Dutzend Schiffe, darunter italienische und japanische, wurden in den letzten Tagen versenkt. Deutsche Flugzeuge haben Minen mit Fallschirmen abgeworfen, und die Gewässer an den Küsten im Osten und Südosten können jetzt nicht mehr als sicher gelten. Die neutralen Staaten sind über unsere Vergeltungsmaßnahmen nicht sehr glücklich, aber in den Vereinigten Staaten scheinen sie gut aufgenommen zu werden.

Wir werfen nun Flugblätter über Deutschland ab, in Form einer kleinen Zeitung, die *Wolkiger Beobachter* genannt wird und von der ich heute morgen ein Exemplar zu Gesicht bekam. Sie ist sehr gut gemacht, mit Karikaturen (eine davon war *sehr* obszön), Versen und kurzen Kriegsnachrichten.

Es ist entschieden worden, eine Minensperre quer über die Nordsee zu legen, um deutschen U-Booten und Kaperschiffen das Auslaufen zu erschweren, aber diese Maßnahme wird eine Menge kosten und es wird lange Zeit dauern, ehe sie voll wirksam werden wird.

Winston setzt sich öffentlich für eine Abschwächung der Verdunkelung ein und machte den albernen Vorschlag, die Straßenbeleuchtung wieder in Betrieb zu nehmen und sie bei Voralarm auszuschalten. Wie der Premierminister richtig feststellte, würde damit der Voralarm zum Hauptalarm werden.

Sonnabend, 25. November Simon schaute herein und sagte, daß seine Rundfunkrede, in der er die Leute zum Sparen aufforderte, stark kritisiert wurde, weil dies Handel und Gewerbe schade, und er hofft, daß der Premierminister in seiner Rundfunkrede am Sonntag nicht darauf eingeht. Er wünscht jetzt, er hätte den Leuten empfohlen, ihre Einkäufe wie bisher zu tätigen und trotzdem soviel zu sparen, wie sie erübrigen könnten. »Ein Schatzkanzler muß immer damit rechnen, kritisiert zu werden, aber wir sind jetzt wirklich gezwungen, den Sparwillen anzukurbeln, damit uns das nötige Geld zur Verfügung steht. Bisher scheint sich niemand klarzumachen, mit welchen Entbehrungen wir noch konfrontiert werden.«

Dienstag, 28. November Lunchte mit Mariora Swinton, um Captain Troubridge kennenzulernen, bis vor kurzem Marine-Attaché in Berlin[26]. Er erzählte, daß es in Süddeutschland kaum antibritische Stimmungen gebe und daß Göring zweifellos Frieden wünsche. Göring habe nicht mit dem Krieg gerechnet und sogar noch 600 junge Fasanen für Oktober bestellt. Troubridge glaubt, daß die deutschen Generale sich in Kürze Hitlers entledigen werden und einen Frieden zu ihren eigenen Bedingungen anbieten – Bedingungen, die wir wegen der öffentlichen Meinung nur schwer würden ablehnen können. Außerdem, meint er, sei es albern, davon zu reden, daß man aus Hitler keinen Märtyrer machen dürfe; Hitler werde in jedem Fall ein Märtyrer für die Deutschen sein, die ihn immer als den größten Mann in ihrer Geschichte verehren würden. Über Hore-Belisha sagte er, die Frauen würden ihn lieben, weil Frauen die Juden immer geliebt hätten; beide seien eben unterdrückte Rassen!

Ich kann mich des Eindrucks nicht erwehren, daß irgend etwas an dem Ehrenkodex falsch sein muß, der vorschreibt, daß ein Schiff – wie jetzt die *Rawalpindi*[27] – bis zum letzten Mann kämpfend unterzugehen hat, wenn es von einem stärkeren Schiff gestellt wird und nicht mehr entkommen kann. Warum soll denn die Mannschaft nicht einfach die Luken öffnen und dann in die Rettungsboote steigen? Das Ergebnis wäre doch das gleiche, nur daß Hunderten von Menschen das grausige Schicksal des Flammentodes erspart bliebe. Solche Ehrbegriffe sind oft Relikte aus barbarischen Zeiten, und ich finde es tragisch, daß man auf diesen obskuren Vorstellungen beharrt. Wenn die Mannschaft der *Rawalpindi* ihr Schiff selbst versenkt und sich gerettet hätte, wäre dies gewiß überall als unehrenhaft empfunden worden.

Mittwoch, 29. November Dinierte mit Dorothy Cambridge, um den Duke of Beaufort kennenzulernen, dem erzählt wurde (vom König, glaube ich), daß Mr. Kennedy, der amerikanische Botschafter, davon spricht, es sei unmöglich für uns, diesen Krieg zu gewinnen. Und beim Premier- und beim Außenminister gibt er sich als der beste Verfechter unserer Sache in den Vereinigten Staaten aus!

Donnerstag, 30. November Die russischen Drohungen waren also doch kein Bluff. Die gleiche Technik wie Hitler anwendend – die auf Grund der Tatsache, daß auch andere sie nutzen, nicht ehrenvoller wird – sind die Russen heute morgen in Finnland einmarschiert. Arthur Rukker meint, daß sich dies am Ende als etwas Gutes herausstellen könnte. Es entlarve Rußland, Deutschland und Japan als die Wölfe im Schafgehege und zerstreue die letzten Illusionen über die menschenfreundlichen Absichten der Russen. Er beklagt, daß die Staatsmänner Europas nach dem letzten Krieg nicht erkannten, daß die größte Bedrohung von Rußland ausging, und deshalb keine Freundschaft mit Deutschland schlossen. Vielleicht hätte es dann keinen Hitler gegeben. Jetzt aber seien wir angesichts eines gemeinsamen Feindes hoffnungslos zerstritten; wie der ungarische Reichsverweser unserem Gesandten in Budapest erklärte, würde der Boden in Europa durch die deutschen und alliierten Kanonen nur umgepflügt, damit die Saat des Bolschewismus Wurzeln fassen könne.

Der Papst [Pius XII.] faßte das eindrucksvoll in seiner letzten Enzyklika zusammen, in der er von einem »Zeitalter des technischen und zivilen Fortschritts« sprach, das von »geistiger Leere und Armut entstellt« werde. Hierin liege die fundamentale Tragödie, *fons et origo malorum*. Die Menschheit habe Gott entthront und den Staat zum Götzen erhoben und den Moralkodex, der auf den religiösen Prinzipien beruht, durch eine Art sentimentaler Philanthropie ersetzt (die an den von der Selbstsucht gezogenen Grenzen haltmacht).

Ging ins Parlament, wo der Premierminister eine an ihn persönlich gerichtete Anfrage wegen Finnland beantwortete. Seine Bemerkungen zum russischen Überfall wurden mit »Schande«-Rufen begrüßt. Er glaubt jedoch, dieser Invasion keine große Bedeutung zumessen zu müssen.

Er erläuterte Arthur seine Ansichten über die Zukunft, wenn der Krieg vorbei ist. Seiner Meinung nach muß man eine Art Weltliga gründen, deren Zuständigkeit sich allerdings nur auf wirtschaftliche und soziale Fragen erstrecken sollte. Innerhalb dieser Liga oder parallel dazu sollte eine europäische Liga bestehen, deren Mitglieder sich verpflichten müßten, ihre Zwistigkeiten vor einem gemeinsamen Rat auszutragen und in langsamen Schritten abzurüsten. Eine internationale Polizeitruppe sieht er als nicht praktikabel an.

Mittwoch, 6. Dezember Fuhr am Abend mit dem Premierminister ins Parlament wegen der Hammelsprung-Abstimmung über den sozialistischen Zusatzantrag zur Erwiderung des Parlaments auf die Thronrede. Hörte einen Teil von Herbert Morrisons Rede. Er sprach flüssig, gemäßigt und ziemlich beeindruckend von der Revolution, die in diesem Jahrhundert in der Welt stattgefunden habe, einer technischen Revolution, die im Westen begann und sich in den Osten fortsetzte. Im Osten habe sie zwar große Fortschritte erzielt – so habe das russische Beispiel bewiesen, daß Kollektivierung funktioniere –, andererseits sei sie dort auf verhängnisvolle Weise zusammengebrochen, weil sie von einer Doktrin begleitet wurde, die die Menschenrechte verneinte (Beifall bei den Liberalen). Eden antwortete für die Regierung, ungezwungen und teilweise amüsant, aber nur mit Allgemeinplätzen, ohne auf die Fakten einzugehen, nach denen die Opposition gefragt hatte. Wie Alec Dunglass bemerkte, war es kaum zu glauben, daß diese Rede von einem Mann gehalten wurde, der einmal Außenminister war.

Donnerstag, 7. Dezember Wurde um zwei Uhr morgens geweckt, um mich mit einem Brief Winstons an den Premierminister zu befassen. Er hat sich aus einer momentanen Eingebung heraus entschlossen, in den Norden zu gehen, um die Situation zu untersuchen, die durch die zeitweilige Kampfunfähigkeit der *Nelson* und der *Rodney* entstand. Die *Nelson* wurde von einer Magnetmine getroffen; man benötigt mindestens zwei Monate für die Reparatur. Dies wird nicht öffentlich bekanntgegeben.

Speiste zu Mittag mit Chips Channon in seinem reichlich überladenen Haus am Belgrave Square und saß zwischen Lady Cunard, die höchst unterhaltsam ist, und Alice von Hofmannsthal[28]. Lady Cunard bemühte sich, mich davon zu überzeugen (als ob ich Einfluß darauf hätte), daß Archie Sinclair der Regierung angehören müsse und daß, trotz des Krieges, die Regierung das Musikleben subventionieren sollte, und sei es, indem man das Geld von den Kirchen abzweigt!

Freitag, 8. Dezember Sir William Seeds, unser Botschafter in Moskau, glaubt, daß die Deutschen und die Russen jetzt ein Herz und eine Seele sind und daß wenig Hoffnung auf ein Zerwürfnis zwischen ihnen besteht. Er argwöhnt, daß die Sowjets die Kontrolle über ganz Skandinavien anstreben, und glaubt, daß die Gründe gegen eine Kriegserklärung an Rußland nun nicht mehr so stark sind. Weiterhin meint er, daß alle neutralen Staaten Rußland für gefährlicher als Deutschland halten und es begrüßen würden, wenn wir den gegenwärtigen Status des unerklärten Krieges mit Rußland in einen erklärten Krieg ändern. Es gibt Anzeichen dafür, daß, wenn nächste Woche der Völkerbund zusammentritt, es starke Unterstützung für den Ausschluß Rußlands und für Sanktionen geben wird. Inzwischen sollten Italien, Schweden, Großbritannien und auch Ungarn bewaffnete Streitkräfte zur Unterstützung nach Finnland senden, und Italien könnte bereit sein, einen Balkanblock gegen die sowjetische Aggression in diesem Gebiet zu unterstützen.

Mittwoch, 13. Dezember Horace Wilson erzählte mir von dem Seegefecht gegen die *Graf Spee*. Er und Edward Bridges hatten den Premierminister wegen des großen Krachs zwischen Hore-Belisha und Ironside [Chef des Generalstabs] auf der einen und Lord Gort auf der anderen Seite aufgesucht. Die beiden ersteren benehmen sich, wie gewöhnlich, schändlich.

Donnerstag, 14. Dezember Tommy Dugdale meinte, Sinclairs Rede gestern abend sei die beste gewesen, die er je gehalten habe. Sinclair ließ durchblicken, daß er eine Menge Einzelheiten über die Kriegsproduktion weiß, wie viele Divisionen wir nach Frankreich schicken wollen und so weiter, Informationen, die er nur aus offiziellen Quellen haben kann. Seine Rede muß entweder von Winston entworfen worden sein (der zu so etwas durchaus imstande ist) oder von Hore-Belisha über Sir Walter Layton.

Freitag, 15. Dezember Der Premierminister, begleitet von Arthur, General Ismay und Alec Dunglass (in Uniform, aber sehr unsoldatisch aussehend), ist nach Frankreich geflogen, um unsere Truppen und das Hauptquartier zu besichtigen. So hatten wir einen ruhigen Tag in Downing Street und nichts anderes zu tun, als eine Menge langweiliger Briefe aus der Bevölkerung zu beantworten. Das einzige interessante Papier, das auf meinem Schreibtisch landete, war der Bericht über ein Gespräch zwischen Alec Cadogan und dem Herzog von Württemberg, der auf einen baldigen Militärputsch in Deutschland hofft – unter Führung zweier antinazistisch eingestellter Generale und mit der Unterstützung von drei Panzerdivisionen – und annimmt (zu optimistisch, wie ich fürchte), daß das Reich sich danach wieder in die Kleinstaaten von früher aufgliedern wird (wobei die Hohenzollern ausgeschlossen bleiben). Die neue Hauptstadt wäre seiner Ansicht nach dann München, vielleicht auch Stuttgart, keinesfalls Berlin. Aber er betont auch die unabdingbare Voraussetzung: Die Generale müssen davon überzeugt sein, daß die Alliierten diese Gelegenheit nicht ausnutzen, um Deutschland zu zerschlagen.

Sonnabend, 16. Dezember Die wichtigsten Papiere heute waren:

1. Ein Memorandum Winstons über Erzlieferungen nach Deutschland. Er erachtet es als äußerst wichtig, drastische, nötigenfalls sogar ille-

gale Maßnahmen zu ergreifen, um diese Lieferungen aus norwegischen Häfen zu unterbinden, und verlangt eine Kabinettsvollmacht, in norwegischen Küstengewässern Minenfelder verlegen zu können (mit der Begründung, daß deutsche U-Boote dort Schiffe versenken); Erztransporter, die diese Sperren umgehen wollen, würden dann in die Fänge unserer Konterbande-Kontrollen geraten.

2. Eine Beurteilung der Lage in Skandinavien durch das Außenministerium, die die Möglichkeiten abwägt, daß die Deutschen im Süden einmarschieren, wenn die Russen im Norden angreifen. Schweden könnte sich auf die Seite Finnlands stellen. Norwegen und Dänemark sind entschlossen, neutral zu bleiben. Vermutlich wird Deutschland versuchen, Rußland davon abzubringen, Nordschweden und Nordnorwegen zu besetzen, weil dann die Erzgruben, von denen Deutschland stark abhängig ist, in russischer Hand wären. Ich habe das Gefühl, daß sich der Hauptakt des Krieges vielleicht in Skandinavien abspielen wird und daß wir Truppen dorthin senden müssen.
3. Ein Bericht über die Lage auf dem Balkan, die sich durch die russische Bedrohung verändert hat. Der wunde Punkt dort ist Rumänien, das Gefahr läuft, von drei Seiten – von Rußland, Bulgarien und Ungarn – angegriffen zu werden, und das deshalb für deutschen Druck anfällig ist. Rumänien (König Carol II.) würde die deutsche Vorherrschaft vermutlich der Unterwerfung unter Rußland vorziehen. Bulgarien wird von der Bolschewisierung bedroht, vor der der König und die herrschende Klasse Todesangst haben. Bulgariens Beziehungen zur Türkei verbessern sich. Jugoslawien ist sehr vorsichtig, neigt jedoch, mit Ausnahme des Außenministers, sehr zu den Alliierten. Die Türkei wird nicht gegen Rußland kämpfen, wenn dieses Bessarabien besetzt, würde aber vermutlich lebenswichtige Interessen bedroht sehen, wenn die Russen die Donau überschreiten. Ungarn ist zunehmend antinazistisch, hat schreckliche Angst vor den Russen und betrachtet Italien als seine Hauptstütze. Falls die Bulgaren und die Russen sich ein Stück vom rumänischen Braten abschneiden, könnte keine ungarische Regierung das Volk davon abhalten, sich Transsylvanien zu holen. Griechenland, obwohl den Alliierten freundlich gesinnt, ist wegen wirtschaftlichen Schwierigkeiten und sinkendem Lebensstandard immer mehr gegen einen Krieg eingestellt.
4. Ein Bericht des Schatzkanzlers über die Finanzsituation. Falls es mit dem Krieg ernst wird, werden unsere Militärausgaben die Hälfte unseres Nationaleinkommens beanspruchen. Wir müssen der Tatsache ins Auge sehen, daß dies eine starke Senkung unseres Lebensstandards bedeuten wird, daß wir keine Luxusgüter mehr bekommen

können und vielleicht nicht einmal mehr Dinge des täglichen Bedarfs, daß die Löhne, wenn keine Inflation verursacht werden soll, nicht im gleichen Umfang erhöht werden können, wie die Preise steigen, und daß diese Bürde gleichmäßig von allen Klassen getragen werden muß.

Keine schönen Aussichten, aber ich nehme an, daß sich die Unbequemlichkeiten nur stufenweise bemerkbar machen werden. Die Frage ist, ob die Moral an der Heimatfront gut genug sein wird, sie zu ertragen. Denkt man an die Kritik, die bereits an den bisherigen, vergleichsweise geringen Unbequemlichkeiten geäußert wurde, möchte man dies bezweifeln, sofern nicht der Enthusiasmus und die Entschlossenheit des Volkes durch sensationelle Kriegsereignisse gestärkt werden – was wir, von einer höheren Warte aus gesehen, gerade vermeiden wollen. Unter diesem Gesichtspunkt ist Deutschland, wie jedes totalitär regierte Land, in einer viel besseren Situation als wir. Darüber hinaus habe ich auch kein Vertrauen zu unserer Propaganda.

Mittwoch, 27. Dezember Gegen 9 Uhr 30 wieder in Downing Street, wo ich einen äußerst mißmutigen Cecil Syers antraf, der hier ein bedrükkendes Weihnachtsfest allein mit Miss Watson feiern mußte.

Ein trüber Tag, einzig von der Aufregung über die Frage unterbrochen, ob wir drastische Schritte unternehmen sollten, um zu verhindern, daß das schwedische Eisenerz nach Deutschland gelangt. Tun wir das, könnte der Krieg dadurch vielleicht verkürzt werden, aber es könnte auch bedeuten, daß wir ein Expeditionskorps nach Schweden schicken müßten. Winston ist natürlich für eine sofortige Aktion, aber das Kabinett und die Chefs der Generalstäbe sind weniger begeistert.

Freitag, 29. Dezember Es gibt Anzeichen für erneute Friedensbemühungen. Der Vatikan und Mussolini stecken die Köpfe zusammen, was die Unterstützung von Roosevelt finden könnte, für den die Stimmen der katholischen Wähler wichtig sind.

Unsere (besser Vansittarts) Gespräche mit deutschen Heerführern und Hohenlohe, über Conwell-Evans, werden fortgesetzt. Die Hoffnung, einen Staatsstreich in Deutschland zustande zu bringen, muß noch nicht ganz aufgegeben werden. Es wird erzählt, daß Hitler sich mit seinen Generalen wegen einer Invasion Hollands in die Haare geraten ist, die Hitler noch immer befürwortet (und Ciano für wahrscheinlich hält).

Ein trüber, aber sehr geschäftiger Tag. Aus Unterhaltungen Arthurs mit C.J. Harris[29] beziehungsweise Horace Wilson reimte ich mir zusammen, daß man an Veränderungen im Kabinett denkt, insbesondere, um Hore-Belisha als Kriegsminister abzulösen. Kingsley Wood und andere möchten ihm das Informationsministerium geben, aber Halifax ist dagegen (vermutlich, weil seine Art Propaganda zu vulgär sein würde), und es scheint, daß man auch den Einfluß von Horace dagegen geltend machen will.

Sonntag, 31. Dezember Hier zu Hause, am Ende des Jahres 1939, hat es den Anschein, daß sich die Leute mit dem Gedanken an den Krieg abgefunden haben, ohne sich wirklich vor Augen zu führen, welche Mühsal und welchen Terror er noch mit sich bringen kann. Jedermann plaudert fröhlich über eine sich verändernde Welt, eine neue soziale Ordnung und eine vollkommene Revolution der nationalen und internationalen Ideale, aber vergegenwärtigen sich die Leute eigentlich auch, welchen Einfluß solche Veränderungen, wenn sie denn kämen, auf sie persönlich hätten? Es ist sehr angenehm, gut gekleidet im Warmen zu sitzen und sich nach einem opulenten Mahl rein akademisch über die Unvermeidbarkeit von Änderungen zu unterhalten oder über den Spaß, den es macht, die Hausarbeit selbst zu erledigen; aber es wird sehr viel weniger angenehm sein, sich mit der schrecklichen Wirklichkeit abfinden zu müssen.

Der Seekrieg entwickelt sich momentan für uns besser. Der Vorfall mit der *Graf Spee* und die Beschädigung deutscher Schlachtschiffe durch zwei unserer U-Boote etwa zur gleichen Zeit haben unser Prestige im Ausland stark verbessert und die Heimat mit dem bitter nötigen Mut erfüllt. Die Bedrohung durch Minen, die Möglichkeit heftiger Luftangriffe auf unsere Häfen oder auf die Flotte in See sowie die Beeinträchtigung des Handels durch die nötig werdende Zusammenstellung von Konvois sind die größten Gefahren und Unbequemlichkeiten, denen wir uns im Moment gegenübersehen.

In Europa konzentriert sich das Interesse zur Zeit auf Finnland, wo die Russen augenscheinlich auf unerwartete und überwältigende Schwierigkeiten stoßen. Deutschland könnte sehr wohl beunruhigt darüber sein, welchen Einfluß die Aktion seines neuen Verbündeten auf die öffentliche Meinung im In- und Ausland hat. Die Italiener sind unverhüllt angewidert und erschrocken (»diese scheußliche Aggression«: wie uns das an Abessinien und Albanien erinnert!), und es wird immer deutlicher, daß Ciano sich nun im alliierten Lager befindet. Er gibt Loraine jetzt sogar Informationen, die Deutschland offensichtlich zum Nachteil gereichen, und übt einen zurückhaltenden Einfluß auf seinen Schwiegervater aus, der Demokratien haßt und die Sanktionen [des Völkerbundes 1935 nach dem Einmarsch in Abessinien] nicht vergeben und vergessen kann. Die neuerlich sich festigende Freundschaft zwischen dem Vatikan und dem Quirinal [dem italienischen Regierungssitz] wird vermutlich beide Partner stärken, die, wie ich annehme, der Meinung sind, daß der Krieg bald beendet werden müßte und die kriegführenden Mächte sich gemeinsam gegen den Bolschewismus wenden sollten.

Wie immer in der Geschichte, ist die Lage auf dem Balkan undurchsichtig, explosiv und anfällig für Veränderungen. Die beiden wahrscheinlichsten Anlässe für Ärger wären eine russische Invasion in Bessarabien oder eine Entscheidung der Deutschen, sich die rumänischen Ölquellen zu sichern. Letzteres ist nicht ganz unwahrscheinlich, weil der deutsche Verbrauch, selbst bei der gegenwärtigen Untätigkeit, weit über dem liegt, was man importieren und ohne Not den eigenen Vorräten entnehmen kann.

Die Vereinigten Staaten geben sich zurückhaltend und kritisch gegenüber allem, was man in Europa denkt und tut, und zeigen nicht die geringste Neigung einzugreifen, um das Gleichgewicht in der Alten Welt wiederherzustellen.

Alles in allem scheinen wir auf einem windstillen Meer zu treiben, in Booten, die nicht aus dem besten Holz gebaut sind. Ob die vielberufene Frühjahrsoffensive kommen wird, bleibt abzuwarten, aber ich glaube kaum, daß wir den nächsten Winter erleben werden, ohne daß etwas Drastisches geschehen ist. Die Chancen für einen wirklichen Krieg oder für den Frieden stehen meiner Ansicht nach 50 zu 50. Zu welchen Bedingungen man einen Frieden schließen könnte, ist gegenwärtig nicht abzusehen; aber zumindest ist sich jede Seite ihrer eigenen Nachteile und Schwachstellen bewußt, und beide haben Angst davor, mit dem Gemetzel zu beginnen, dessen Konsequenzen man leicht voraussehen kann.

Die Zeit der Unentschlossenheit

Januar bis März 1940

Montag, 1. Januar Das Frühstück, das Mrs. Chamberlain zubereitet, ist wirklich kaum genießbar. So ging ich nach der in Downing Street verbrachten Nacht hinüber ins Travellers, um mir in aller Ruhe ein zweites, besseres Frühstück zu gönnen. Das Schlimmste ist der Kaffee bei Premierministers; er schmeckt unangenehm nach stark gerösteter Zichorie, und doch ist gerade der Kaffee, seltsam genug, der ganze Stolz der Chamberlains und ihres Personals, die einhellig der Meinung sind, er sei einzigartig.

Das Kabinett, angestachelt von Winston, stellte Überlegungen bezüglich einer wagemutigen Offensive in Nordskandinavien an. Man ist der Meinung, daß eine solche Offensive Deutschland in die Knie zwingen könnte. Meiner Ansicht nach erinnert ein solches Vorhaben aber fatal an das Gallipoliunternehmen unseligen Angedenkens. Kurz gesagt, man ist im Kabinett davon überzeugt, daß Deutschland, wenn es von den skandinavischen Erzlieferungen abgeschnitten wird, aufgeben muß. Die Überlegungen gehen dahin, daß man entweder den Hafen von Narvik in Nordnorwegen durch Zerstörer und Minenfelder blockiert oder aber, noch dreister, Truppen dort landet, um die Erzlagerstätten selbst zu besetzen und somit auch Lieferungen an Deutschland über den schwedischen Hafen Lulea zu verhindern. Um letzteres verwirklichen zu können, hofft man, Norwegen und Schweden auf unsere Seite zu zwingen. Wenn dies, was wahrscheinlich ist, nicht gelingt, will man wenigstens die geplante Blockade durchführen, selbst gegen den Widerstand dieser Länder. Die zu erwartende deutsche Antwort werden eine Invasion in Südskandinavien sowie schwere Bombenangriffe auf diese Länder als Vergeltungsmaßnahme sein. Äußerst wichtig bei der ganzen Angelegenheit ist das Zeitmoment. Wenn man sich zu der einen oder anderen Maßnahme entschließt, muß sie noch vor Beginn des Frühjahrs durchgeführt werden. Das Kabinett will morgen darüber diskutieren.

Weiterhin steht eine durchgreifende Kabinettsumbildung zur Debatte. Macmillan soll das Informationsministerium abgeben und möglicherweise Lord of Appeal[30] werden. Hore-Belisha soll – zur großen Genugtuung aller, die mit ihm in seiner gegenwärtigen Position zu tun haben – das Informationsministerium übernehmen. Als Kriegsminister ist Oliver Stanley vorgesehen. Lord Stamp soll durch einen bisher einmaligen Gesetzesakt seinen Adelsstatus ablegen können und anstelle von Simon Schatzkanzler werden, während Simon als Präsident des Geheimen Staatsrates sich vorwiegend um Regierungsangelegenheiten im Unterhaus kümmern soll.

Im Travellers mit Con O'Neill[31] und John Cairncross zu Abend gegessen. Cairncross sagte, daß er am meisten Angst vor einem Auseinanderbrechen des deutsch-sowjetischen Paktes habe. Wenn Deutschland sich danach gegen die Bolschewiken wende, werde es mit der Sympathie und vielleicht sogar der aktiven Unterstützung aller neutralen Staaten rechnen können. Seine eigenen Verbrechen würden bei diesem antirussischen Kreuzzug in Vergessenheit geraten. Die Franzosen und wir wären dann vor die Wahl gestellt, uns entweder mit Hitler zu verständigen – auf einer Basis, die ihm, moralisch gestärkt, die Macht in Deutschland sichern würde – oder ihn angreifen zu müssen, obwohl er gegen einen Gegner kämpft, den die Hälfte unserer Bevölkerung als weitaus gefährlicher ansieht als ihn. Ein großer Mann, und vielleicht ist Hitler ein großer Mann, könnte eine solche Gelegenheit nutzen, um sich in den Augen seines eigenen Volkes und der ganzen Welt zu rehabilitieren. Und am Ende stünden wir vor der gleichen Situation wie vor sechs Monaten: einem Deutschland gegenüber, das, bewaffnet bis an die Zähne, bedingungslos einer skrupellosen Bande folgt, deren Wort man nicht vertrauen kann und deren aggressive Instinkte allzu offenkundig sind.

Con, der Sekretär bei Grigg[32] im Informationsministerium ist, wurde aufgefordert, wieder ins Außenministerium zurückzukehren, aber offensichtlich hat Horace Wilson dagegen ein Veto eingelegt. Con glaubt, daß das mit seinem damaligen Rücktritt aus Protest gegen das Münchener Abkommen zusammenhängt. Ich kann mir das nicht vorstellen. Horace Wilson wird sich seinen Kopf bestimmt nicht über einen fünfundzwanzigjährigen Dritten Sekretär zerbrechen.

Dienstag, 2. Januar Der bisher hektischste Vormittag, seit ich in Downing Street arbeite. Das Kabinett diskutierte über die Vorschläge bezüglich Skandinaviens und hat sich mehr oder weniger dazu durchgerungen, die Erzausfuhr von Narvik nach Deutschland zu blockieren. Winston Churchill hofft nun, daß dies Deutschland zur Invasion in Norwegen verleitet; dies würde es uns wiederum gestatten, die Erzgruben selbst zu besetzen. Die endgültige Entscheidung hängt davon ab, wie die Chefs der Stäbe unsere Lage bewerten, wenn Deutschland die südnorwegischen Flugplätze besetzt (von dort geflogene Luftangriffe auf unser Land könnten zu einer ernsten Bedrohung werden).

Der Premierminister sprach mit Stamp, der das Amt des Schatzkanzlers nur ungern übernehmen würde. Die etwas merkwürdige Idee, ihm aus diesem Grund seinen Adelstitel abzuerkennen, wurde deshalb fallengelassen. Sir John Simon wird also sein Amt behalten und nichts von dem erfahren, was man gegen ihn ausgeheckt hatte.

Mittwoch, 3. Januar Miss Watson kam aus den Ferien zurück. So nett, wie sie ist, brachte sie doch bald wieder die Ruhe und Leistungsfähigkeit des Hauses durcheinander.

Es sind neue Zweifel aufgetaucht, ob es klug ist, Hore-Belisha zum Informationsminister zu machen. Die Tatsache, daß er Jude ist, würde ihn zur besonderen Zielscheibe für die Nazis werden lassen. Sie würden kühn behaupten, die ganze britische Propaganda sei vom Weltjudentum inspiriert. Dieses Argument hat besonders Horace Wilson und den Premierminister beeindruckt.

Das Kabinett scheint geneigt, das Skandinavien-Vorhaben weiter voranzutreiben, zum Teil aus der Überlegung heraus, daß die Ausdehnung des Krieges Deutschland in zusätzliche Verwicklungen bringt und ihm zum Nachteil gereichen wird. Wir müßten Bergen, Trondheim und Stavanger mit einem Expeditionskorps von etwa tausend Mann besetzen für den Fall, daß die Deutschen, wenn die Erzausfuhr über Narvik blokkiert ist, in Südnorwegen einmarschieren. Zwar könnten wir nicht verhindern, daß die Deutschen Oslo und Kristiansand einnehmen, aber von dort aus wäre die Bedrohung Englands aus der Luft wesentlich geringer. Der Hauptgegner dieses Plans im Kabinett scheint Hore-Belisha zu sein, der – aus gutem Grund, wie ich meine – Bedenken hat, weil sich in der Vergangenheit derartige Invasionen durch kleine Expeditionskorps praktisch immer als nutzlos herausgestellt haben und höchstens zu einem stärkeren Engagement führten, wie dies zum Beispiel mit Walcheren in den Napoleonischen Kriegen der Fall war.

Donnerstag, 4. Januar Die Kabinettsumbildung ruft eine Menge Neid und Kummer hervor und erweist sich als gar nicht so einfach. Halifax hat sich derart energisch gegen die Ernennung Hore-Belishas zum Informationsminister ausgesprochen, daß die Idee fallengelassen wurde. Ursprünglich war entschieden worden, Malcolm Macdonald zum Handelsminister, »Shakes« Morrison zum Kolonialminister und Rob Hudson zum Ernährungsminister zu machen[33]. Nun soll Hore-Belisha das Handelsministerium und Sir John Reith das Informationsministerium übernehmen. Da Lady Oxford ihrem »Darling Prime Minister« dies regelmäßig nahegelegt hat, wird sie diese Ernennung vermutlich auf ihr Konto buchen. Alle anderen werden nicht ganz so glücklich darüber sein, hat Reith doch erst bei der BBC und dann bei den Imperial Airways versagt.

Nach dem Lunch kam Hore-Belisha zu einer Unterredung mit dem Premierminister. Er wirkte nervös und sehr aufgeregt, hatte aber vermutlich nicht die geringste Ahnung, daß man seinen Rücktritt forderte. Als er wieder herauskam, sah er äußerst verstört aus, faltete verlegen die Hände und sprach übers Wetter. Später hörte ich, daß die Unterredung in keiner sehr guten Atmosphäre stattfand und er alles übelnahm. Man kann sich einer gewissen Sympathie für ihn nicht erwehren. Als Handelsminister wird er nicht einmal mehr dem Kriegskabinett angehören. Dabei hat er sich als Kriegsminister gut geschlagen und besonders auch Tatkraft bewiesen. Aber irgendwie hat er eine besondere Art, die Menschen gegen sich aufzubringen, und oft gerade dann, wenn er besonders tüchtig sein will. An ihm sieht man sehr deutlich die Eigenschaften, die unvermeidlich, wenn auch unerklärlicherweise, die Juden so unbeliebt machen.

Freitag, 5. Januar Nach einigem Zögern hat Hore-Belisha es abgelehnt, das Handelsministerium zu übernehmen, und wird deshalb ganz aus dem Kabinett ausscheiden. Sir Andrew Duncan, ein Geschäftsmann, der über beachtliche Qualitäten verfügen soll, wird dieses Ministerium nun übernehmen, Rob Hudson die Post.

Das Kabinett hat beschlossen, den Finnen, die sich mit bemerkenswertem Erfolg gegen die Russen zur Wehr setzen, eine wirksame Unterstützung zu garantieren. Man will die gleichen »Prinzipien der Nichteinmischung« anwenden wie die Deutschen und Italiener mit Erfolg in Spanien.

Sonntag, 7. Januar Es gibt Berichte über Truppenkonzentrationen in norddeutschen Häfen. Man übt intensiv das Ein- und Ausschiffen, was darauf hindeutet, daß eine Invasion in Südskandinavien bevorsteht. Andererseits ist es bisher immer so gewesen, daß, wenn ein dramatischer Schritt der Deutschen bevorzustehen schien und entsprechende Gegenmaßnahmen getroffen wurden, am Ende nichts bei der Sache herauskam. Entweder ändern Hitler und seine Berater laufend ihre Meinung, oder aber, was typisch für die Deutschen wäre, sie bereiten sich auf alle denkbaren Gegebenheiten vor: einen Angriff auf Holland, einen Einfall in Südskandinavien, um die Flugplätze in die Hand zu bekommen, eine Invasion in England oder einen Schritt in Richtung Südosten. Man muß also mit einem großen, sorgfältig vorbereiteten Schlag rechnen. Von Bedeutung scheint außerdem zu sein, daß sie im Osten Befestigungswerke errichten, so daß sie, auf jede Eventualität vorbereitet, eines Tages vielleicht sogar einen »Ostwall« als Bollwerk gegen ihre gegenwärtigen russischen Verbündeten benutzen.

Montag, 8. Januar Die Aufregung in der Presse über den Fall Hore-Belisha hält an. Der *Daily Express* und andere verantwortungslose Pamphlete behaupten, die Berufung von Oliver Stanley sei ein Komplott der »oberen Zehntausend«. Hore-Belisha selbst richtet offensichtlich Unheil an, indem er sich mit seinem niedlichen kleinen Hund zu Hause ablichten läßt und ähnliches. Zu allem Übel hat Paramount auch noch einen eindeutig für ihn Partei nehmenden Wochenschau-Beitrag gebracht, mit einem flammenden Kommentar, der gestern abend in den Kinos laut beklatscht wurde. All dies wird vielleicht nur ein kurzes Strohfeuer sein, aber Hore-Belisha kennt sich in der Kunst der Publicity aus, und es ist ihm zuzutrauen, daß er Kapital aus dieser Angelegenheit schlägt. Es scheint, daß der Premierminister sich nicht sehr geschickt verhalten hat und bei dem Gespräch mit Hore-Belisha die Geduld verlor. Das erzählte wenigstens Miss Watson, was aber von Arthur Rucker bestritten wurde.

Donnerstag, 11. Januar Die Finnen vollbringen in ihren gefrorenen Wäldern wahre Wunder. Einen russischen Angriff nach dem anderen verwandeln sie in Niederlagen. Die Russen haben sich die Sympathie der ganzen Welt verscherzt. Auch wenn sie auf Grund ihrer großen Übermacht die Finnen schließlich doch besiegen sollten, könnte ihr gegenwärtiges Fiasko eine Verunsicherung im eigenen Land bewirken, wie seinerzeit das mexikanische Abenteuer Napoleons III. in Frankreich (was für ein hinkender Vergleich!).

Im Kabinett denkt man daran, das Vorhaben aufzugeben, Norwegen und Schweden mit der Drohung eines Angriffs auf Narvik dazu zu bewegen, uns freiwillig zu gewähren, was wir erreichen wollen. Beide Länder reagierten auf die Andeutung unserer Absichten unerwarteterweise ablehnend. Norwegen scheint den Premierminister kaltzulassen, aber wir können es uns nicht erlauben, uns Schweden zum Feind zu machen. Andererseits hat man sowohl im Kabinett als auch in der militärischen Führung das Gefühl, daß eine Ausdehnung des Krieges auf Skandinavien für uns nur von Vorteil wäre. Der beste Weg, dies zu erreichen, ist offenbar, Schweden in seiner Hilfe für Finnland zu bestärken und zu unterstützen. Die Situation ist äußerst schwierig. Werden es die Deutschen wagen, Schweden anzugreifen, wenn sie befürchten müssen, bei einem Fehlschlag die schwedischen Erzlieferungen ganz zu verlieren? Können sie es sich andererseits leisten, daß die russische Dampfwalze, wenn im

Frühjahr der Schnee schmilzt, sich durch Finnland wälzt und Nordskandinavien bedroht und die Russen sich vielleicht sogar der Erzgruben bemächtigen? Persönlich bin ich gegen ein Eingreifen, denn zum einen wäre es nicht ohne Gefahr; es könnte verhängnisvoll oder mit einem Rückzug enden und unserem Ansehen Schaden zufügen. Zum anderen verstößt der Gedanke, den Krieg bewußt auf Skandinavien auszudehnen und die Staaten dort gegen ihren Willen mit einzubeziehen, gegen alle Prinzipien, für die wir doch angetreten sind.

Lernte den berühmten Tom Jones[34] kennen, der eine Entdeckung Lloyd Georges war und sein Leben seitdem der Hilfe für die Unterprivilegierten gewidmet hat. Er besitzt einen außerordentlichen, natürlichen Charme und die rasche Auffassungsgabe, die den Kelten eigen ist. Jones erzählte mir von seinen Begegnungen mit Hitler, der in erster Linie, behauptet er, ein Künstler sei; seine Weltanschauung habe ihn 1936 »mit Terror paralysiert«. Auch Ribbentrop hat er gut gekannt; er meint, das Außenministerium und speziell Eden hätten einen großen Fehler begangen, ihn fortgesetzt von oben herab zu behandeln. Man habe den Standpunkt vertreten, daß Ribbentrop ein hirn- und humorloser Dummkopf ist, und dabei sei man geblieben. Besser wäre es gewesen, man hätte sich darüber Gedanken gemacht, wie man mit einem so dummen Mann, der jedoch das Ohr Hitlers hatte, am besten umgeht. Zurechtweisungen und Gelächter jedenfalls führten zu gar nichts.

Sonnabend, 13. Januar War mit Arthur allein in Downing Street. Ziemlich hektischer Morgen. Wegen der heftigen Reaktion aus Schweden hat das Kabinett entschieden, den Narvik-Plan trotz Winstons Donnerwetter fallenzulassen. Es soll lediglich eine Expedition nach Skandinavien vorbereitet werden für den Fall, daß Schweden im Frühjahr Hilfe gegen die Russen oder die Deutschen benötigt. Dann könnten wir unseren Plan zur Besetzung der Erzgruben mit norwegischer und schwedischer Hilfe durchführen. Dem Kabinett liegen Informationen vor, daß die Deutschen in den nächsten Tagen, während Europa noch unter einer Schneedecke liegt, Holland und Belgien angreifen wollen.

Montag, 15. Januar Die Krise um Belgien hat sich über das Wochenende verschärft. Das Kabinett hat entschieden, Truppen nach Belgien zu entsenden, sofern sie von dort angefordert werden, um die Linie Wavre-Namur zu verteidigen und den Deutschen zuvorzukommen. Gestern sah es noch so aus, als würden die Deutschen im Morgengrauen in Linie auf Holland, Belgien und Luxemburg vorgehen, aber heute scheint sich die Lage etwas gebessert zu haben. Auf jeden Fall scheint man den Angriff hinausgeschoben zu haben. Die deutschen Pläne wurden durch Unterlagen bekannt, die man in einem Flugzeug fand, das zur Landung in Belgien gezwungen worden war. Diese Landung einschließlich des angeblichen Versuchs des Piloten, die Dokumente zu verbrennen und sich dann selbst umzubringen, sah freilich sehr nach einer gestellten Sache aus. Aus zwei Gründen könnte man sie inszeniert haben: Entweder wollte man die Belgier dazu verleiten, die Alliierten um Hilfe zu bitten, damit die Deutschen einen Grund zum Angriff hätten; oder aber die Alliierten sollten vorgewarnt werden, damit der deutsche Angriff fehlschlägt. In diesem Fall wäre die deutsche Heeresleitung für diesen Theatercoup verantwortlich; es heißt nämlich, daß sie von Hitlers Invasionsabsichten nichts hält[35].

Dienstag, 16. Januar Das Unterhaus trat zu einer Sitzung zusammen. Nach Erledigung einiger Anfragen erhob sich Hore-Belisha, um seinen Rücktritt zu begründen. Alle Bänke waren voll besetzt, selbst Lloyd George saß auf seinem Platz, und die Stimmung war gespannt. Hore-Belisha sprach ruhig und eindringlich, mit vielen eingängigen Phrasen. Der Eindruck, den seine Rede hinterließ, war: Warum wurde er, der doch in allen wichtigen Fragen mit den Militärs, dem Kabinett und dem Premierminister übereinzustimmen schien, eigentlich zum Rücktritt gezwungen? Der Premierminister antwortete ihm, meiner Meinung nach sehr ungeschickt. Er bestritt entschieden die Gerüchte, weshalb Hore-Belisha zurücktreten mußte, und vermittelte allen Anwesenden den Eindruck, daß er die wahren Gründe nennen würde. Aber dann beschloß er seine Rede – in einem Sturm von Zwischenfragen und Zwischenrufen durch die Opposition – lediglich mit der Feststellung, daß er keine Veranlassung habe, dem Parlament eine Erklärung für seine Entscheidung zu geben. Hore-Belisha hatte, um sich bei der Opposition einzuschmeicheln, von einer »Demokratisierung« der Armee gesprochen. Ich glaube, daß er mit seiner Rede dem Premierminister eindeutig den Rang ablief. Das Problem ist, wie Arthur Rucker mir sagte, daß Belisha, während er nach außen so tut, als wolle er sich beugen und keinen Ärger machen, hinter den Kulissen intrigiert.

Danach gab der Premierminister eine Erklärung zur Lage ab, die viel zu ausführlich war und mit ihren ermüdenden Details, welche Hilfe wir aus den Dominien und Kolonien bekommen, die Abgeordneten sehr zu langweilen schien. Aus unerfindlichen Gründen scheint den normalen Engländer nichts mehr zu langweilen als das Britische Weltreich.

Mittwoch, 17. Januar Ging am späten Nachmittag hinüber ins Parlament. Cross, der Minister für wirtschaftliche Kriegführung, erstattete Bericht über die nicht unbedeutenden Leistungen seines Ministeriums. Für die Opposition antwortete Dalton mit einer sanften, doch verletzenden Rede, die den Premierminister sehr erzürnte. Er vertraute mir später an, wie sehr ihn das ständige Herumnörgeln und die Intrigen der Opposition anwiderten. Seiner Meinung nach leistet sie nur Lippenbekenntnisse zu der allseitigen Übereinkunft, daß sich momentan alles einer erfolgreichen Kriegführung unterzuordnen habe; in Wirklichkeit suche sie nach Gelegenheiten, um der Regierung eins auszuwischen, und wühle in den Niederungen der Parteipolitik herum. Ich entgegnete, daß, wenn die Luftangriffe und der Landkrieg erst einmal richtig begonnen hätten (wobei man nur hoffen kann, daß dies nicht eintrifft), sich dieses Verhalten schon ändern würde. Mr. Chamberlain stimmte zu, meinte aber, daß damit der Frieden zu Hause teuer erkauft wäre.

In der Labour Party ist man, wie mir der Premierminister erzählte, wütend auf Attlee, weil er gestern in der Belisha-Affäre eine Rede gehalten hat, die sich durch Vernunft und Aufrichtigkeit auszeichnete. Man wirft ihm vor, er hätte sich eine so ausgezeichnete Gelegenheit, den Premierminister zu attackieren, nicht entgehen lassen dürfen. Offensichtlich verletzen den armen alten Mann, der sein Bestes gibt und der trotz seiner zur Schau getragenen Kälte sehr sensibel ist, solche Machenschaften zutiefst. Nicht zu Unrecht meint er, daß seine Gegner einen unverständlichen Mangel an Patriotismus und Gemeinsinn zeigen – und das angesichts eines Feindes, der doch der gemeinsame Feind aller Parteien in diesem Lande ist.

Donnerstag, 18. Januar Der Premierminister hat sich gegen eine Veröffentlichung des Blaubuchs über unsere Verhandlungen mit der Sowjetunion im letzten Sommer ausgesprochen; zum Teil, weil der Kurs, den wir dabei einschlugen, Kritik hervorrufen könnte, an der im Moment ohnehin kein Mangel herrscht, zum Teil aber auch, weil er keinen Grund sieht, die Russen zu provozieren, ehe wir mit ihnen Krieg anfangen – falls wir das tun. Unsere derzeitigen Beziehungen zu Rußland sind jetzt schon so schlecht, wie sie nur sein können. Schweden ist verärgert über den Transport von Freiwilligen nach Finnland über sein Staatsgebiet. Ich bin froh, daß wir den Finnen hundert Flugzeuge und einige Freiwillige zur Verfügung stellen.

Sonntag, 21. Januar Nach dem Lunch fuhr ich mit Philip nach Trent, wo sich jetzt ein Lager für deutsche Kriegsgefangene befindet. Das Haus ist mit Stacheldraht umzäunt und wird von Posten bewacht. Trotzdem gelangten wir unbehelligt in den Park und konnten eine Stunde lang auf dem großen, verlassenen See Schlittschuh laufen. Es schneite ein bißchen, und die Landschaft war winterlich weiß. Es war bitter kalt, und wir waren sehr heiter.

Montag, 22. Januar Da Miss Watson krank war, hatte ich einen entsprechend geschäftigen Tag, der vorwiegend mit der Bearbeitung parlamentarischer Anfragen, ihrem Spezialressort, ausgefüllt war.

Schon wieder ging das Führerboot einer Flottille, die *Exmouth*, verloren – das zweite in zwei Tagen.

Speiste zu Hause mit Mutter, die für einen Tag von Badminton herübergekommen war und mir eine Schachtel Pralinen von Queen Mary mitgebracht hatte. Die alte Dame ist überaus aufmerksam und immer darauf bedacht, mit irgendeiner Kleinigkeit jemandem eine Freude zu machen. Noch immer schickt sie mir große, eigenhändig adressierte Päckchen mit Monogrammen – eine Gewohnheit, mit der sie begann, als ich zehn Jahre alt war.

Mittwoch, 24. Januar Ein überaus hektischer Tag, vor allem weil Miss Watson noch immer fehlt. Er begann mit einer Szene. Es hatte viel Ärger gegeben wegen der vorgeschlagenen Veröffentlichung des Blaubuchs über unsere Verhandlungen mit den Russen. Die Franzosen sind dagegen, und das Kabinett hatte beschlossen, sich diesem Wunsch zu beugen. Die Opposition verlangt jedoch, daß es veröffentlicht wird, und der Premierminister konnte Attlee nicht vom Gegenteil überzeugen. In einem Entwurf zu einer parlamentarischen Anfrage hatte Frank Roberts[36] ziemlich taktlos formuliert, der Premierminister habe »versäumt«, gewisse Dinge zu tun und sei bei anderen »nicht erfolgreich« gewesen. Als ihm dieser Entwurf vorgelegt wurde, raste der Premier, nannte Roberts frech und unverschämt und wünschte ihn zur Hölle. Der Grund war offensichtlich auch, daß dieser Entwurf aus dem Außenministerium kam. Ich glaube, der Premierminister kann den Widerstand gegen den Rücktritt von Eden [am 21. Februar 1938] und gegen die Politik von München ebensowenig vergessen wie die grundsätzlichen Vorbehalte des Außenministeriums gegenüber Nr. 10. Überrascht war ich über das Ausmaß des Zorns bei diesem doch so betont beherrschten Mann.

Auf dem Rückweg vom Parlament sprachen wir über ein Gerücht, das Alec Dunglass zu Ohren gekommen ist, wonach die französische Kampfbereitschaft nachlassen soll. Immer mehr Franzosen sprächen sich für einen Frieden um jeden Preis aus. Einige Politiker, darunter Bonnet und Laval, sollen gegen Daladier intrigieren. Der Premierminister betrachtet Laval als den skrupellosesten und unzuverlässigsten französischen Politiker, was eine Menge sagt!

Freitag, 26. Januar Heute hatte ich so viel zu tun, daß ich am Ende des Tages kaum noch die Augen offenhalten konnte. Den Großteil meiner Kräfte investierte ich in die Zusammenstellung eines schwierigen Memorandums über die schlechte Lage des Kraftfahrzeuggewerbes und die Bemühungen der Regierung, dies zu ändern; die Unterlagen hierzu kamen aus neun verschiedenen Ministerien. Die wichtigste Ursache scheint zu sein, daß nichts die Verluste der Reparaturwerkstätten und anderer Betriebe wettmachen kann, die darunter leiden, daß so viele Privatwagen von den Straßen verschwunden sind. Das nötige Benzin steht wegen des anderweitigen Bedarfs und der Devisenschwierigkeiten nicht zur Verfügung. Diese Frage wird in der Debatte über Wirtschaftskoordination am nächsten Donnerstag eine Rolle spielen.

Sonnabend, 27. Januar Ein weiterer anstrengender Tag. Ich hatte am Memorandum zu feilen und mußte deshalb am Nachmittag noch einmal nach Downing Street.

Winston hielt in Manchester eine erstklassige, kämpferische Rede, die vom Rundfunk übertragen wurde. Er ist ein begabter Redner – vielleicht im Augenblick der einzige in diesem Land – und liest seine Reden nicht lahm vom Blatt ab wie Halifax und alle anderen. Aber er ist gefährlich, wenn man ihn nicht unter Kontrolle hält, wie sein Narvik-Lulea-Plan beweist.

Sonntag, 28. Januar Feierte meinen fünfundzwanzigsten Geburtstag in einer Welt, die unter einer weißen Schneedecke versunken ist. Ich verbrachte den Tag mit Pamela Foster in Tadworth, wo ihre Kinder evakuiert sind. Der Schnee war so tief, daß kein Zug pünktlich verkehrte; die Hin- und Rückfahrt war lang, kalt und ermüdend. Für die Rückfahrt benötigten wir dreieinhalb Stunden anstelle der üblichen vierzig Minuten. Die Zeit wurde aber verkürzt durch eine interessante und lebhafte Unterhaltung mit einem österreichischen Flüchtlingsehepaar namens Wassermann, er ein jüdischer Chemiker, sie eine nichtjüdische Ärztin. Er sagte, daß er im August, ehe der zweite Kriegswinter beginnt, einen Paukenschlag in Deutschland erwarte.

Montag, 29. Januar Mußte zur Downing Street durch Schnee und Matsch waten.

Cecil Syers wechselt heute ins Finanzministerium über. Anthony Bevir, ein augenscheinlich angenehmer und schätzenswerter Mann in den Vierzigern, nimmt seinen Platz ein.

Die Franzosen beginnen, sich über Finnland und Skandinavien Sorgen zu machen. Sie behaupten, alarmierende Beweise für ein deutsch-russisches Übereinkommen zu besitzen, das das Ende des Krieges in Finnland beschleunigen soll. Deshalb wollen General Gamelin und Admiral Darlan einen Vorsprung gewinnen und Kriegsschiffe nach Petsamo entsenden, gefolgt von französischen Gebirgsjägern, die die Erzgruben besetzen sollen. Sie nehmen an, daß dies Krieg mit Rußland bedeutet und sich daher auch eine Gelegenheit bieten wird, von Syrien aus die Ölquellen in Baku zu bombardieren, um allen unseren Feinden eine Niederlage zu bereiten. Der Oberste Kriegsrat wird nächste Woche in Paris zusammentreten, um dieses Problem zu diskutieren, obwohl die Franzosen ein sofortiges Treffen gefordert haben.

Manche Leute scheinen zu glauben, daß Hitler nicht zur Offensive übergehen will, weil er in der Lage sei, einen langen Krieg ohne Kampf zu gewinnen, zumindest, uns wirtschaftlich zu ruinieren, und so, wie Samson in der Bibel, das Dach über sich und seinen Feinden einreißen könne. Deshalb kommt zum erstenmal die Meinung auf, daß wir selbst zum Angriff übergehen sollten. Winston hat so etwas in seiner Rede am Sonnabend angedeutet.

Dienstag, 30. Januar Die Zeitungen schreiben, daß das Jahr '40 immer ein schlechtes Jahr für die Deutschen gewesen ist, zumindest für die Hohenzollern, die ja lange eine führende Position in Deutschland einnahmen. Ihre Markgrafen, Kurfürsten und Könige starben regelmäßig, 1440, 1640, 1740 und 1840. Nachdem nun Hitler ihren Platz eingenommen hat, bleibt zu hoffen, daß die Geschichte uns auch diesmal nicht im Stich läßt.

Die Italiener machen guten Gebrauch von ihrer Neutralität. Es sieht so aus, als ob wir Millionen für unnötige Importe aus Italien ausgeben müßten, zum Beispiel für landwirtschaftliche Produkte, damit sie uns ein paar Schiffe und Waffen liefern und ihre Kohlen bei uns statt in Deutschland kaufen.

Mittwoch, 31. Januar Der Bericht der Königlichen Kommission für Westindien ist derart deprimierend, besonders was den Lebensstandard, die Gesundheit und die Wohnverhältnisse der Bevölkerung betrifft, daß das Kabinett beschlossen hat, ihn wegen des Aufschreis, den er verursachen würde, nicht zu veröffentlichen. Man will sich aber bemühen, Abhilfe zu schaffen.

Ein Krieg mit Rußland scheint nun ernsthaft erwogen zu werden. Es wird darüber nachgedacht, wie man Finnland zu Hilfe kommen kann. Dazu gehört die Entsendung eines Flottenverbandes nach Petsamo und die Ausschaltung der russischen Kräfte. Falls wir diesen Krieg beginnen, sind Deutschland und Italien fast automatisch gezwungen, sich offiziell zu verbünden.

Der schwedische Gesandte Prytz hat uns ermutigt, unsere Skandinavien-Pläne weiterzuverfolgen, wie auch immer die Reaktion der norwegischen und schwedischen Regierung sein möge. Halifax sagt, daß die Ansichten von Prytz denen seiner Regierung weit voraus seien. Dies ist ein interessantes Beispiel dafür, wie sich ein Diplomat souverän und sogar im Gegensatz zu seinen Anweisungen verhalten kann. Gegenwärtig besteht die Absicht, daß wir den Schiffsverkehr aus Narvik blockieren und dabei von einem norwegischen Fjord aus operieren. Ich persönlich glaube, daß wir schon viel zuviel Zeit versäumt haben und es sich nicht mehr lohnt – es sei denn, wir wollen unbedingt einen deutschen Angriff auf Südschweden provozieren. In ein oder zwei Monaten wird Lulea eisfrei sein.

Ging ins Unterhaus, wo der Premierminister einen schweren Stand gegenüber der Opposition hatte, insbesondere gegenüber Shinwell[37]. Danach führte ich ein langes Gespräch mit dem Schatzkanzler Sir John Simon, der mir erzählte, daß die Regierung im Moment 50 Millionen Pfund pro Jahr für die Sicherung der Preisstabilität aufwendet. Wenn die Opposition aber alle Hinweise mißachte und die Gewerkschaften weiterhin Lohnerhöhungen forderten, dann werde man diese Politik aufgeben.

Sir John verwies auf unsere enormen Exportanstrengungen. Durch die Aufrechterhaltung unserer normalen Exporte, wie zum Beispiel Tuche, bekämen wir Devisen, die es uns ermöglichten, Stahl und andere Erzeugnisse aus den Vereinigten Staaten zu kaufen. Dies wiederum enthebe uns des Problems, unsere gegenwärtige Produktion auf Kriegsproduktion umzustellen, für die unsere Industrien ungeeignet seien und keine Erfahrungen mitbringen würden. Darüber hinaus sei es dann auch nicht notwendig, bei Kriegsende unsere Produktion erneut umzustellen; außerdem würden wir unsere Vorkriegsmärkte behalten und sogar noch erweitern. Eines unserer Probleme ist laut Sir John, daß Länder wie Italien und Jugoslawien, die im letzten Krieg selbst zu den kriegführenden Mächten gehörten und deshalb keine Konkurrenz darstellten, jetzt sehr stark mit uns konkurrieren. Damals war auch die amerikanische Industrie nicht so entwickelt und allumfassend, wie sie es jetzt ist.

Donnerstag, 1. Februar Debatte über Wirtschaftskoordination und die Forderung nach einem Wirtschaftsminister, der für alle Einzelressorts verantwortlich ist und sie im Kriegskabinett vertritt. Der Premierminister ist gegen diesen Vorschlag, da er wie seine Berater Horace Wilson und Lord Stamp meint, ein solches Superministerium würde eine Doppelherrschaft über die einzelnen Ministerien bedeuten und die Effektivität unserer Kriegsanstrengungen nicht im geringsten verbessern. Die gegenwärtige Kampagne ist zum Teil gegen den Schatzkanzler gerichtet, der dies übelnimmt und verletzt ist. Es wird besonders herausgestellt, daß er sowohl die Finanzen als auch die Wirtschaft im Kriegskabinett zu vertreten hat.

Dem Kabinett liegt eine Information vor, daß alle sowjetischen Schiffe Anweisung erhalten haben, an einem bestimmten Tag entweder in ihren Heimathafen oder in einen neutralen Hafen einzulaufen. Dies sieht unheilverkündend aus. Der sowjetische Botschafter Maisky besaß die Unverfrorenheit, uns nahezulegen, in bezug auf Finnland dieselbe strikte Neutralität einzuhalten, die wir im spanischen Bürgerkrieg praktiziert hätten. Wenn man bedenkt, wie die Russen sich damals verhielten, ist das ein fast unglaublicher Vorschlag.

Freitag, 2. Februar Der Schatzkanzler hat gestern im Unterhaus *die* Rede seines Lebens gehalten. Ich wollte, ich wäre nicht zu müde gewesen, sie mir anzuhören. Auch Herbert Morrison war nicht so giftig wie gewöhnlich. Leider hat der Premierminister es versäumt, darauf zu antworten und den Ölzweig aufzunehmen. Dies ist ziemlich bedauerlich für Arthur Rucker, der sich hinter den Kulissen bemüht hatte, Morrison zu besänftigen. Wie Arthur bemerkte, ist der Premierminister aber unfähig, im rechten Moment gnädig zu sein. Er stellt eine seltsame Mischung von Vorzügen und Fehlern dar. Ich bewundere ihn wegen seines Ungestüms, der Präzision und Leistungsfähigkeit. Zur gleichen Zeit kann er aber auch eigensinnig und eitel sein. Eitelkeit scheint überhaupt ein Nachteil aller Premierminister zu sein. Ich erinnere mich, wie Ramsay Macdonald einmal geschlagene anderthalb Stunden mit Mutter und mir über nichts anderes als sich selbst sprach. Vermutlich hängt das mit den übertriebenen Schmeicheleien zusammen, mit denen man sie in ihrer Position überhäuft und an die sie, im Gegensatz zu Königen, nicht gewöhnt sind. Bei Neville Chamberlain drückt sich diese Eitelkeit in Form einer Aversion gegen jede Art von Kritik aus. Besonders stark kommt dies zum

Vorschein, wenn er in der Presse oder im Parlament angegriffen wird. Sein heiliger Zorn über Frank Roberts vor einigen Tagen rührte wohl daher, daß er bei ihm Mangel an Respekt vermutete. Es gibt keine bessere Methode, um Mr. Chamberlain zu erfreuen, als ihm gegenüber Bemerkungen über die außerordentliche Wichtigkeit seiner Position fallenzulassen. Mit anderen Worten, er schätzt es, auf einen Sockel gestellt und in aller Demut bewundert zu werden.

Am Vormittag erschien General Ismay, um einen Bericht über die Beratung der Generalstabschefs in Paris bezüglich Finnlands und Skandinaviens zu erstatten. Eine Sitzung des Obersten Kriegsrats soll Anfang nächster Woche folgen. Die Franzosen schlagen vor, in Petsamo zu landen und die russischen Streitkräfte in Murmansk abzuschneiden. Dann sollen die finnischen Truppen, unterstützt von vier alliierten Divisionen, nordwärts gegen die Russen vorgehen. Die Landung in Petsamo würde bedeuten, daß wir einen der norwegischen Fjorde als Stützpunkt benützen. Die britische Ansicht ist, daß, wenn wir schon die norwegische Neutralität verletzen, wir überhaupt keine Rücksicht mehr nehmen und den Plan der Besetzung von Narvik und Lulea verwirklichen sollten. Unsere Bedenken gegen den französischen Vorschlag sind, daß wir bei einer Landung in Petsamo Flugzeuge und Flugzeugabwehrkanonen aus der Heimat und von der Westfront abziehen müßten, die wir kaum entbehren können; und daß die vier Divisionen zur Unterstützung der Finnen erst einmal aufgestellt und ausgerüstet werden müssen. Die Franzosen sprechen vage von den Ausländern, die in Frankreich leben und die man dafür einsetzen könnte. Beide Seiten sind sich einig, daß, wenn etwas geschehen soll, es schnell geschehen muß, ehe das Eis im Bottnischen Meerbusen bricht, die Deutschen Lulea erreichen können und die Russen die Finnen besiegen. Größte Geheimhaltung ist erforderlich, aber ist sie mit den Franzosen als »Mitwissern« gewährleistet?

General Ismay vermutet, daß der Plan der Franzosen politische Gründe hat. Er werde von Daladier unterstützt, weil die fortdauernde Inaktivität auf die Moral der Franzosen einen schlechten Einfluß habe. Der französische Generalstab und auch Gamelin stünden nicht voll dahinter. Allerdings habe Gamelin zum erstenmal die Möglichkeit zugegeben, daß die Deutschen nicht an der Westfront angreifen, und gesagt, daß es wünschenswert sei, den Krieg auf andere Fronten auszuweiten. Persönlich kann Ismay nichts Gutes an den riskanten Vorschlägen entdecken. Er meint, wir würden gut daran tun, bei unserer ursprünglichen Auffassung zu bleiben, daß wir eine langfristige Belagerung besser überstehen als die Deutschen. Ich stimme ihm zu, außer in dem einen Punkt, daß in einem so langen Prozeß wahrscheinlich unsere Wirtschaft ruiniert würde und unser Wohlstand dahin wäre. Vielleicht wäre das aber doch einem wirklichen *guerre acharnée* vorzuziehen.

Sonntag, 4. Februar Monty Sherman, einer der Berater des Außenministeriums, ist plötzlich gestorben. Er war keine glanzvolle Persönlichkeit, aber sicherlich ein bemerkenswerter Mensch. Dies beweist die Zuneigung, die ihm von vielen Seiten entgegengebracht wurde, und seine Freundschaft mit so unterschiedlichen Persönlichkeiten wie D. H. Lawrence und T. E. Lawrence. Lebenskünstler, Kunstliebhaber, Sammler von Gemälden und Büchern, war er ein wundervoller Gastgeber und ein sympathischer Gesellschafter. Er brachte etwas akademischen Charme in die nüchterne Gesellschaft der Londoner City und des Außenamtes. Seine fast grenzenlose Gastfreundschaft, ermöglicht durch ein nicht unbeträchtliches Vermögen, entsprang wirklicher Güte und Menschenliebe. Er wird eine Lücke im Leben vieler Menschen hinterlassen, besonders bei vielen Angehörigen des Außenministeriums, in dem er eine Position bekleidete, die mit wenig Arbeit verbunden war und die es ihm ermöglichte, die wohlverdiente Zuneigung sehr vieler Menschen zu erringen.

Montag, 5. Februar Der Premierminister nimmt an einer Sitzung des Obersten Kriegsrats in Frankreich über unsere Pläne für Skandinavien teil. Bestimmte Informationen über diese Pläne sind unvermeidlicherweise bereits nach außen durchgesickert, vermutlich wegen der Notwendigkeit, hierfür Freiwillige in der Armee anzuwerben. So erzählte mir Brian O'Neill gestern, daß er nach Norwegen gehen wird. Andere, die nicht so gut informiert sind, vermuten, daß wir den Finnen zu Hilfe eilen wollen, weil bevorzugt Leute gesucht werden, die Ski laufen können.

Es gibt Ärger wegen zweier IRA-Terroristen, die hingerichtet werden sollen. Ihr Tod würde sie in Irland zu Märtyrern machen, wo Märtyrertum sehr begehrt und im Ergebnis sehr wirksam ist. Dies würde aber die Stimmung der irischen Volksgruppe in den Vereinigten Staaten gegen uns aufbringen. Das Kabinett will nicht nachgeben, trotz der Warnungen Lord Lothians[38] und eines persönlichen Schreibens von De Valera an den Premierminister. Es existiert kein Protokoll der langen Diskussion, die das Kabinett über den Fall führte, denn eine Begnadigung fällt nicht in sein Ressort, sondern ist ein Vorrecht des Königs, das durch den Innenminister ausgeübt wird.

Dienstag, 6. Februar Die beabsichtigte Hinrichtung der IRA-Männer beschäftigt weiterhin alle Gemüter. Die Kabinettsminister werden schwer bewacht, und der Polizist draußen vor der Tür von Nr. 10 hat seinen üblichen Helm mit einem Stahlhelm vertauscht. De Valera unternimmt verzweifelte Anstrengungen, damit die Leute begnadigt werden, weil er fürchtet, daß ihr Tod die Sache der IRA in Irland begünstigt und seine eigene Position schwächt. Es gab Bombenattentate in London, Birmingham und anderswo.

Der Premierminister, Halifax, Winston und andere sind von der Sitzung des Obersten Kriegsrates in Paris zurück. Arthur zufolge verliefen die Beratungen sehr gut. Ich vermute, daß unsere Skandinavien-Pläne jetzt endgültig ausgeführt werden.

Präsident Roosevelt beabsichtigt, seinen Unterstaatssekretär Sumner Welles nach Europa zu senden, der in den verschiedenen betroffenen Hauptstädten die Möglichkeiten für einen Friedensschluß eruieren soll. Dies war vorauszusehen, denn Hitler versteht es sehr gut, mit den Befürchtungen der Neutralen vor einer Ausweitung des Krieges und vor dem weltweiten Terror des Bolschewismus zu spielen. Der Premierminister vermutet, daß Roosevelts Entschluß, wenn auch sehr indirekt, damit zusammenhängt, daß Göring und andere in Deutschland sich gemäßigt geben und Friedensfühler ausstrecken. Die Gefahr ist, daß der Besuch von Welles unserer Frieden-um-jeden-Preis-Minorität Gelegenheit verschafft, ihre Stimme zu erheben, während die gelenkte öffentliche Meinung in Deutschland sich als geschlossene Front präsentiert. Darüber hinaus würde eine solche Initiative – die nie etwas zustande bringen kann, da nach unserer Meinung unerläßliche Voraussetzung für einen Frieden die Niederwerfung des Naziregimes ist – der deutschen Propagandamaschine zahllose Möglichkeiten eröffnen, von denen sie nur allzugut Gebrauch machen würde.

Mittwoch, 7. Februar Las das Protokoll der Sitzung des Obersten Kriegsrates. Es wurde endgültig entschieden, daß wir unseren Plan zur Besetzung der Erzgruben ausführen, unter dem Vorwand, Hilfe für Finnland über Norwegen zu entsenden. Die Finnen werden öffentlich an Norwegen und Schweden appellieren, ausländische Freiwillige durch ihre Länder hindurchzulassen. Dann werden wir um die Genehmigung nachsuchen, unsere »Freiwilligen« in der bewährten »Nichteinmischungsmanier« in Narvik und Trondheim landen zu lassen. Zur gleichen Zeit werden wir weitere Truppen anbieten, um Norwegen und Schweden gegen die deutsche Invasion aus dem Süden zu verteidigen. Für den Fall – den Mr. Chamberlain als äußerst unwahrscheinlich ansieht –, daß die Norweger bewaffneten Widerstand leisten und die Eisenbahnlinie nach Narvik unterbrechen, würden wir vermutlich auf den Plan zur Entsendung eines Flottenverbandes nach Petsamo zurückgreifen, um unser Prestige und die Finnen zu retten. Chamberlain und Daladier stimmen darin überein, daß eine finnische Niederlage auch eine Niederlage der alliierten Sache bedeuten würde. Unser Expeditionskorps nach Norwegen soll am 20. März bereitstehen. Die Befehle, mit der Vorbereitung zu beginnen, wurden telefonisch durchgegeben, unmittelbar nachdem der Oberste Kriegsrat seine Entscheidung gefällt hatte. Das Expeditionskorps soll aus drei britischen Divisionen bestehen, die sich heute nach Frankreich einschiffen sollen, einigen französischen Gebirgsjägern und ein paar polnischen Bataillonen. Es soll unter britischem Oberbefehl stehen. Natürlich wird seine Hauptaufgabe sein, auf dem Marsch nach Finnland die Erzgruben von Gallivare zu erobern und sie entweder zu besetzen oder lahmzulegen. Trotz der schlechten Devisensituation hat der Oberste Kriegsrat des weiteren beschlossen, 3000 Flugzeugmotoren in den USA zu bestellen. Daladier hat erklärt, er würde eher die französischen Kunstschätze verkaufen, als Deutschland eine Überlegenheit in der Luft zu gestatten.

Freitag, 9. Februar Der Herzog von Buccleuch [Lord Dalkeith] versuchte Alec von der Notwendigkeit eines Friedensschlusses zu überzeugen: In einem Jahr würden die gleichen Leute in Deutschland an der Macht sein wie heute, und wir müßten dann möglicherweise Frieden mit ihnen schließen. Warum dann nicht jetzt, bei noch vergleichsweise geringen Zerstörungen und zu einer Zeit, da der wirtschaftliche Ruin noch abzuwenden sei?

Donnerstag, 15. Februar Die Franzosen können tatsächlich kein Geheimnis für sich behalten. Gerüchte über die Entscheidung des Obersten Kriegsrates sind bereits von Paris nach Stockholm gedrungen.

Ging wegen Anfragen ins Unterhaus. Hatte ein langes Gespräch mit Sir Walter Citrine [Generalsekretär des T.U.C.], der gerade aus Finnland zurückgekommen ist, unter anderem über die ökonomische Interpretation der Geschichte. Citrine sagte, daß die Russen selbst für den Sex eine ökonomische Erklärung entdeckt hätten. Außerdem unterhielten wir uns im Hinblick auf Hitler über die Frage, ob er seine Zeit oder seine Zeit ihn bestimmt, und kamen zu dem Ergebnis, daß keins von beiden der Fall ist. Hitler wäre nicht ohne die besonderen Umstände im Nachkriegsdeutschland an die Macht gekommen, aber es war sein besonderer Charakter, der den weiteren Gang der Dinge in seinem Lande bestimmte.

Citrine sprach dann über eine Stunde mit dem Premierminister über seine Eindrücke in Finnland. Während dieser Zeit unterhielt ich mich mit Alec über München und die damalige Haltung des Außenministeriums gegenüber dem Premier und Horace Wilson. Laut Alec hat unsere unzureichende Rüstung seinerzeit großen Einfluß auf die Entscheidung des Premierministers gehabt. Man müsse fairerweise aber auch zugeben, daß er und Horace der gleichen Meinung gewesen seien, mit der Aufopferung der Tschechoslowakei wäre Hitler endgültig zufriedenzustellen und damit ein dauerhafter Frieden zu gewährleisten. Auch das Außenministerium freilich habe sich geirrt, weil es glaubte, Hitler würde mit seiner Kriegsdrohung nur bluffen. Die einzige Rechtfertigung für München sei der Grundsatz *salus populi suprema lex.* Krieg hätte damals ein einziges Desaster für uns bedeutet, und so hätten wir unsere Prinzipien der Sicherheit opfern müssen. Für künftige Historiker werde diese Tatsache wahrscheinlich das entscheidende Faktum sein. Man dürfe dabei nicht vergessen, daß der Premierminister und Horace unsere Prinzipien sozusagen als Tauschmittel eingesetzt und das Münchener Abkommen als etwas Endgültiges betrachtet hätten, nicht nur als Aufschub eines unvermeidlichen Krieges. Die Behauptung, man habe einen »ehrenvollen Frieden« erreicht, hätte sich als große Dummheit herausgestellt, aber zu dieser Aussage sei Mr. Chamberlain durch seine Frau veranlaßt worden.

Auf dem Weg zurück meinte der Premierminister, Citrine spreche – wie alle Leute von der Labour Party – unzusammenhängend und schweife oft ab. So etwas bereitet dem Premierminister schreckliche Qualen. Was Citrine über den heroischen Widerstand der Finnen und über die jämmerliche Moral der Russen erzählt habe – sie seien von hinten mit Schüssen angetrieben worden –, sei dennoch sehr aufschlußreich gewesen (Citrine hat darüber mit russischen Gefangenen gesprochen). Der Premierminister glaubt, wenn dort erst einmal unsere Hurricanes und andere ausländische Flugzeuge im Einsatz wären, würde »in Finnland kein Russe mehr übrigbleiben«. Ich fürchte, daß er sich in diesem Punkt zuviel erhofft.

Sonnabend, 17. Februar In Downing Street herrschte große Begeisterung wegen des *Altmark*-Zwischenfalls; die Nachricht erreichte uns früh am Morgen. Dies ist der gelungene Abschluß des Sieges über die *Graf Spee*[39].

Vom 18. Februar bis 4. März lag ich mit Gelbsucht im Bett. Nette Menschen besuchten mich und unterbrachen meine Langeweile, aber ich war doch froh, als ich wieder aufstehen konnte.

Vom 8. bis 17. März hielt ich mich bei Meg Fetherstonhaugh in Uppark auf. Es ist das ideale Landhaus, in einzigartiger Lage in den Sussex Downs.

Uppark, nahe Petersfield, gehörte ursprünglich der Fetherstonhaugh-Familie. Sir Matthew, der letzte der Linie, ein berüchtigter Wüstling Anfang des 19. Jahrhunderts, heiratete am Ende seines Lebens ein Milchmädchen. Das Haus erbte die Schwester des Mädchens, die, entsprechend dem letzten Willen Sir Matthews, den Namen Fetherstonhaugh annahm. Vielen Nachbarn gefiel dieser gesellschaftliche Aufstieg ganz und gar nicht; aber der Earl of Clanwilliam, ein Großadmiral, erwies sich als sehr zuvorkommend zu Miss Fetherstonaugh. So vermachte sie den Besitz schließlich, nachdem sie ihn an Lord Wintertons Bruder auf Lebenszeit verpachtet hatte, Lord Clanwilliams zweitem Sohn, unter der Bedingung, daß er den Namen Fetherstonhaugh weiterführte.

Als Student in Cambridge war ich einmal zu einem Wochenende nach Uppark eingeladen. Die Meades waren gerade eingezogen. Das Haus hatte sich in den letzten einhundertfünfzig Jahren kaum verändert. Einer der Miteingeladenen war H. G. Wells, dessen Mutter Haushälterin bei der alten Miss Fetherstonhaugh gewesen war. Er hatte seine Kindheit in Uppark verbracht, sorgsam verborgen in der Wohnung seiner Mutter, denn Miss Fetherstonhaugh, obwohl sie kaum besserer Herkunft war, vertrat die unerschütterliche Meinung, Dienstboten hätten sich an dem ihnen zukommenden Platz aufzuhalten.

Wells war seit seiner Jugendzeit nicht wieder in Uppark gewesen. Beim Lunch erzählte er uns, daß er sich nachmittags, wenn Miss Fetherstonhaugh sich in der Kutsche ausfahren ließ, in die Bibliothek schlich und dort in den Büchern stöberte – die Ohren gespitzt, um das Nahen der Kutsche zu hören und sich rechtzeitig wieder davonzumachen. Besonders eine Ausgabe von Platos Staat *hatte es ihm angetan. Dieses Buch las er wiederholt, und es war von bestimmendem Einfluß auf seine Ansichten, damals und in späteren Jahren.*

Nach dem Lunch gingen wir hinüber in die Bibliothek, und am Ende eines Regals, genau an dem Platz, an den es der Zwölfjährige hastig zurückgestellt hatte, stand das Buch noch, verstaubt und zerlesen.

Montag, 18. März Zurück in Downing Street. Während ich fort war, ist der finnische Widerstand zusammengebrochen, trotz der Hilfe, die wir, wie zugesagt, bis zuletzt geleistet haben. Aber Norwegen und Schweden erwiesen sich als widerspenstig, und die Finnen waren erschöpft. Vermutlich hat das Ganze aber etwas Gutes: Wir haben zwar Prestige verloren, aber unsere Kampfkraft erhalten, anstatt sie in den finnischen Wäldern und darüber hinaus vielleicht noch im Kaukasus und bei Batum zu vergeuden.

Dienstag, 19. März Geschäftiger Tag. Am Abend im Unterhaus lange Debatte über Finnland, die der Premierminister mit großem persönlichem Erfolg bestand. Gestern, an seinem Geburtstag, wurden wir mit einer Flut von Briefen und Telegrammen überschüttet.

Mittwoch, 20. März Daladier ist zurückgetreten.

Die Nachricht über unseren riesigen Bombenangriff auf Sylt, als Vergeltungsschlag für den Luftangriff auf Scapa Flow, wurde in der Öffentlichkeit gut aufgenommen, die andererseits über die Niederlage der Finnen enttäuscht ist. Es hat den Anschein, als wäre dies der Beginn einer aktiveren Kriegsphase. Die Deutschen werden sicher wieder einen Vergeltungsschlag führen, und so wird das weitergehen, bis irgend jemand anfängt, auch die Zivilbevölkerung zu bombardieren. Lord Hankey glaubt, daß nun intensivere deutsche Angriffe auf den Schiffsverkehr zu erwarten sind. Er bezweifelt allerdings, daß diese auch auf die Häfen ausgedehnt werden, weil das einen Angriff auf die Zivilbevölkerung bedeuten würde. Die Deutschen wüßten, daß sie damit sofortige Gegenangriffe auf das Ruhrgebiet provozieren. Auch der Papst hat darauf hingewiesen, daß verstärkte Angriffe aus der Luft und zur See zu erwarten sind, und glaubt, daß die Deutschen im nächsten Monat auch auf dem Land angreifen werden. Versteckt deutete er jedoch an, daß durchaus noch mit unerwarteten Ereignissen zu rechnen sei, und gab dem französischen Botschafter gegenüber zu, daß darunter sogar die Ausschaltung Hitlers verstanden werden könne.

Donnerstag, 21. März Lord Hankey hat einen strategischen Bericht vorgelegt, in dem er betont, daß die gegenwärtige »statische« Kriegführung für uns von Vorteil ist, da sie uns Zeit läßt, die Kriegsproduktion auf den Höhepunkt zu bringen. Er bezweifelt, daß die Deutschen Holland angreifen werden, da dieses Land von wirtschaftlichem Interesse für sie ist, nimmt aber an, daß sie versuchen werden, unsere Blockade zu überwinden a) durch intensive Angriffe auf unsere Schiffe, b) durch Verstärkung ihres Einflusses auf dem Balkan, soweit wie möglich mit friedlichen Mitteln. Letzteres war vermutlich der Grund des Treffens zwischen Hitler und Mussolini am Brenner. Zwar ist Italien bemüht, sich mit den Alliierten gut zu stellen, aber persönlich ist Mussolini uns feindlich gesinnt. Er wird mit Sicherheit in seiner prodeutschen Haltung soweit gehen, wie es ihm die öffentliche Meinung in Italien, der König und

Ciano erlauben. Loraine glaubt, daß allein Mussolini für den Mißerfolg der vor kurzem geführten anglo-italienischen Handelsgespräche verantwortlich ist.

Freitag, 22. März Es ist zu hoffen, daß Hitler der Versuchung widersteht, ausgerechnet am Karfreitag etwas Ruchloses zu unternehmen.

Wir für unseren Teil diskutieren darüber, ob wir den Reichsbankpräsidenten Dr. Schacht auf seinem Weg nach Amerika auf der *Conte die Savoia* kidnappen sollen. Das Außenministerium ist strikt gegen einen solchen Bruch des internationalen Rechts, der im übrigen nicht viel bringen würde. Winston, der immer und unter allen Umständen dafür ist, etwas zu unternehmen, drängt auf Schachts Entführung.

Las einen Bericht von Boothby über seine Reise auf den Kontinent. Er malt ein kluges und düsteres Bild des jungen Deutschland, das geschlossen hinter Hitler steht und davon überzeugt ist, den Kampf einer begeisterten tatkräftigen Zivilisation gegen die dekadenten westlichen Demokratien zu führen. Deutschlands Moralkodex sei es jetzt, daß es keine Schande ist, unehrenhaft oder gar brutal zu sein. Die einzige unverzeihliche Sünde für die Deutschen bestehe darin, sich als schwach zu erweisen. Was für eine Karfreitagsbotschaft!

Von allen Seiten kommen abstoßende Berichte über den deutschen Terror in Polen. Junge Männer werden dort zu Hunderten erschossen, junge Mädchen werden sterilisiert und in die Wehrmachtbordelle gezwungen, alte Leute zur Zwangsarbeit in Konzentrationslager verschleppt oder aus ihren Häusern vertrieben, so daß sie erfrieren. Zur gleichen Zeit setzen die Deutschen die Angriffe auf neutrale Schiffe fort. Ohne Warnung feuern sie Torpedos ab und überlassen die Besatzung einfach ihrem Schicksal. Es gibt, wie ich annehme, einen ursprünglichen Zug von Brutalität im deutschen Charakter, und die Empfindungslosigkeit gegenüber menschlichem Leiden scheint ebensogroß zu sein wie die Empfindsamkeit für das Schöne. Zweifellos hat die Nazidoktrin alles Verächtliche in der menschlichen Natur »veredelt«. Wie kann diese bösartige Philosophie nur wieder aus den Gehirnen der heranwachsenden Generation in Deutschland ausgetrieben werden? Jedoch weigere ich mich zu glauben, daß die Deutschen im Kern verdorben sind, und meine, wir sollten gelegentlich auch einmal versuchen, zu verstehen, wie wir selbst in ihren Augen dastehen: pharisäerhaft, uneingedenk der Gewalttaten in unserer Geschichte, reich und ängstlich darauf bedacht, diese Reichtümer mit niemandem zu teilen. Unzweifelhaft sind wir Engländer als Nation selbstgerecht bis zur Irritation.

Dienstag, 26. März Politisch gibt es momentan zwei wichtige Themen: Erstens geht es um Veränderungen im Kriegskabinett. Chatfield, Hankey und Oliver Stanley sollen ersetzt werden. Winston soll zusätzlich zu seinem Amt als Erster Lord der Admiralität Minister für die Koordination der Landesverteidigung werden. Kingsley Wood soll im Kriegskabinett bleiben, aber andere Aufgaben erhalten, weil der Premierminister und David Margesson viel Vertrauen in ihn setzen. Zweitens steht das nächste Treffen des Obersten Kriegsrates bevor, der über die französische Forderung diskutieren soll, den Krieg energischer zu führen. Beabsichtigt ist, a) in die norwegischen Gewässer einzudringen, um die Erztransporte nach Deutschland zu blockieren, und nach Möglichkeit auch norwegische Häfen zu besetzen, um Deutschland zu einem Gegenschlag zu veranlassen und so den Krieg auf Skandinavien auszuweiten; b) soll Rußland angegriffen und seine Ölquellen in Batum durch einen Luftangriff aus dem Nahen Osten zerstört werden. Daladiers Sturz ist letztlich auf jene Kritiker zurückzuführen, in deren Augen der Krieg ohne Kraft und Entschlossenheit geführt wird. Deshalb muß sein Nachfolger, Paul Reynaud, unbedingt etwas aktiver werden. Dies kommt natürlich Winston entgegen, dessen Politik ja unter dem Motto steht »Handeln um des Handelns willen.« Persönlich bin ich der Meinung, daß es falsch ist, Leben zu opfern, nur um sich nicht dem Vorwurf der Untätigkeit auszusetzen, es sei denn, es gibt einen triftigen Grund, der den Einsatz lohnt. Es ist doch ein großer Unterschied, ob man tatkräftig ist, seine Chancen erkennt und sie zu nutzen weiß, oder ob man einfach nur einige spektakuläre, aber nutzlose Taten vollbringt, um die öffentliche Meinung zu beeindrucken. Im gegenwärtigen Stadium des Krieges, der zur Zeit einen mehr psychologischen als militärischen Charakter hat, würde ein Angriff, der mißlingt, ernsthafte Folgen nach sich ziehen.

Mittwoch, 27. März Das Kabinett verschaffte sich für das morgige Treffen des Obersten Kriegsrates einen ausführlichen Überblick über unsere Strategie, besonders im Hinblick auf das dringende Verlangen der neuen französischen Regierung nach einer drastischen Maßnahme. Die Generalstabschefs wiesen darauf hin, daß wir nicht wirklich in einer Lage sind, die uns ein offensives Vorgehen erlaubt. Unsere Flugzeugproduktion sei von einem dreijährigen Krieg ausgegangen; daher sei ihr gegenwärtiger Ausstoß geringer, als es für einen »Blitzkrieg« notwendig wäre. Ferner müßten die Deutschen sich nur auf eine kurze Verteidigungslinie von Luxemburg bis zur Schweiz konzentrieren, während die Alliierten für einen Angriff irgendwo vom Kanal bis hinunter ins Mittelmeer gerüstet sein müßten. Andererseits könnten die Deutschen, wenn es ihnen gelänge, die gegenwärtige Inaktivität noch für weitere sechs Monate aufrechtzuerhalten, ihre Treibstoffknappheit durch Importe aus Rußland und Rumänien überwinden.

Es sieht so aus, daß wir darauf bedacht sein müssen, keine große Offensive zu starten und trotzdem zu verhindern, daß die Deutschen aus unserer gegenwärtigen Inaktivität Vorteile ziehen. Ein deutscher Angriff auf unsere Häfen und Schiffahrtswege mit den neuen Lufttorpedos, die sie vermutlich entwickelt haben, würde eine Verlagerung unseres Außenhandels auf die Häfen an der Westküste bedeuten und unsere Lebenshaltung wesentlich erschweren. Wir können dasselbe Deutschland gegenüber erreichen, indem wir die Blockade verstärken, also verhindern, daß die Deutschen die norwegischen Gewässer benutzen, den Treibstoff für Italien strenger »rationieren« und zudem den geheimnisumwobenen Royal-Marine-Plan[40] durchführen, von dem letztlich so viel die Rede war. Davor haben aber die Franzosen Angst.

Ob wir Baku bombardieren und sowjetische Öltanker im Schwarzen Meer mit U-Booten angreifen, wird vom Verhalten der Türken abhängen. Unser Botschafter in Ankara glaubt nicht, daß die Türken zum gegenwärtigen Zeitpunkt damit einverstanden wären, vielleicht später im Sommer. Wir könnten Baku bombardieren, indem wir persisches oder türkisches Gebiet überfliegen, aber es besteht die Gefahr eines Vergeltungsschlages gegen die Raffinerien der Anglo-Iranian Oil Company. Greifen wir Rußland ohne gewichtigen Grund an, wird es auch eine Menge Kritik geben. Meiner Meinung nach wäre es besser gewesen, diesen Schritt zu unternehmen, als die Russen noch voll in den Krieg mit Finnland verwickelt waren. Aber Saumseligkeit scheint wohl untrennbar mit Demokratie verbunden zu sein.

Der Premierminister brennt darauf, irgend etwas Spektakuläres zu unternehmen, in der Art des Angriffs auf Sylt, um die Kampfmoral der Bevölkerung und ihr Interesse aufrechtzuerhalten. Der Royal-Marine-Plan wäre das Richtige und könnte vielleicht auch die Deutschen zum Angriff im Westen veranlassen, was nicht schlecht wäre.

Ein Bericht aus dem Vatikan besagt, daß die Verhältnisse in Deutschland und die Moral der Bevölkerung sich in den letzten Wochen verschlechtert haben. Wenn das so ist, wäre Hitler gezwungen, seine Karten auszuspielen. Nach wie vor bleibt das, was Hitler und Mussolini am Brenner ausgehandelt haben, im dunkeln. Es handelt sich aber vermutlich um den Balkan, speziell um Ungarn, an dem beide Diktatoren sehr interessiert sind, und um Rumänien.

Nach dem Dinner zeigte uns Charles Peake eine alarmierende Nachricht: Die Franzosen haben das Projekt, ein Minenfeld in norwegischen

Gewässern zu legen, um die Erztransporte aufzuhalten, durch Indiskretion publik werden lassen. Anschließend sah ich einen Bericht des Geheimdienstes über ein Telefongespräch Reynauds – der heute abend in London eingetroffen ist – mit Paris. Reynaud war aufrichtig entsetzt. In Frankreich werden aus innenpolitischen Gründen die außergewöhnlichsten Dinge hinter dem Rücken der Regierung getan!

Donnerstag, 28. März Der Oberste Kriegsrat trat in Downing Street Nr. 10 zusammen. Man einigte sich darauf, mit dem Royal-Marine-Plan und der Verminung der norwegischen Gewässer in der nächsten Woche zu beginnen. Der Plan zur Bombardierung von Baku muß noch von beiden Generalstäben sorgfältig geprüft werden. Sollten die Deutschen die Niederlande besetzen, werden die Alliierten in Belgien einmarschieren, ohne eine Aufforderung hierzu abzuwarten. Es sind weitere Möglichkeiten zur Verschärfung der Blockade zu untersuchen.

Die Kabinettsumbildung ist in ihr letztes Stadium getreten. Chatfield wird fallengelassen und soll als Gouverneur nach Neuseeland gehen, sofern er damit einverstanden ist. Sam Hoare soll das Luftfahrtministerium übernehmen, und Kingsley Wood soll Lordsiegelbewahrer werden. Er ist müde und verliert auch im Luftfahrtministerium ein wenig den Boden unter den Füßen. Hoare ist im Unterhaus überhaupt nicht wohlgelitten, und David Margesson, Arthur und vermutlich auch Horace Wilson würden ihn gern definitiv loswerden, aber dem widersetzt sich der Premierminister, so daß er wohl das Luftfahrtministerium bekommt. Hier muß er sich zumindest offener Kritik stellen und kann nicht mehr so leicht intrigieren. Rob Hudson bekommt das Ernährungsministerium, der diskreditierte Morrison soll das Erziehungsministerium übernehmen und Lord De La Warr die Post. Hoares Ernennung wird bestimmt übel aufgenommen.

Das skandinavische Abenteuer

April 1940

Montag, 1. April Die Franzosen machen Schwierigkeiten wegen des Royal-Marine-Plans. Sie verlangen, daß es aufgeschoben wird, vermutlich, weil Daladier, der nun Kriegsminister ist, nicht will, daß Reynaud den Ruhm dafür einheimst – oder aber, weil sie einen sofortigen Gegenschlag befürchten, dem sie nicht standhalten könnten.

Dienstag, 2. April Die Kabinettszusammensetzung wurde erneut geändert. Sam Hoare übernimmt das Luftfahrtministerium, Kingsley Wood wird Lordsiegelbewahrer, und Morrison übernimmt die Post. Ramsbotham, ein Pädagoge, ist für das Erziehungsministerium vorgesehen, Woolton für die Ernährung, Hudson für die Schiffahrt, De La Warr für die öffentlichen Bauten und Geoffrey Shakespeare für den Überseehandel.

Donnerstag, 4. April Die Wechsel im Kabinett stießen auf ein gemischtes Echo in der Öffentlichkeit. Man findet, daß sie in einigen Positionen nicht drastisch genug sind. Sam Hoare kann sehr gut mit Beaverbrook, weshalb die Boulevardpresse seiner Ernennung zujubelt, während die *Times* sich sehr enttäuscht zeigt.

Im Mittelpunkt des Interesses in Downing Street steht das Bemühen, die Franzosen von ihrem Widerstand gegen den Royal-Marine-Plan abzubringen. Der Premierminister hat Daladier persönlich geschrieben, und Winston wird nach Paris reisen, um seinen persönlichen Einfluß geltend zu machen. Wir wollen die Franzosen damit erpressen, daß wir die Absichten bezüglich Norwegens nur durchführen, wenn wir sie mit dem anderen Vorhaben kombinieren können.

Nach dem Dinner führte ich ein Gespräch mit dem Schatzkanzler, der äußerst verärgert darüber ist, daß das Informationsministerium, um sich beliebt zu machen, Lord Stamp dazu überredet hat, der Presse ein Interview zu geben. In den Augen von Simon ist Stamp in Fragen der Finanzpolitik überhaupt nicht kompetent. Das Resultat ist, daß die Presse behauptet, die Regierung spreche sich für den Keynes-Plan aus, der die Ausgabe unverzinslicher Zwangsanleihen sowie eine Vermögenssteuer bei Kriegsende vorsieht. Simon war außer sich und nannte Sir John Reith einen »selbstherrlichen Armleuchter«, den man niemals zum Informationsminister hätte machen dürfen. Er ist der Meinung, daß mit Lord Woolton eine gute Wahl für das Ernährungsministerium getroffen worden sei und Lennox-Boyd das Ministerium gut im Unterhaus vertreten werde, da er etwas von der Sache verstehe. Sam Hoare ist seiner Ansicht nach eine gute Wahl für das Luftfahrtministerium, da er ein ausgezeichneter Verwaltungsfachmann ist, aber seine Ernennung sei bei den Konservativen nicht sehr gut aufgenommen worden.

Freitag, 5. April Winston, der in Paris ist, um Daladier von dem Royal-Marine-Plan zu überzeugen, rief mitten in der Kabinettssitzung an und erklärte, daß Daladier umgekehrt ihn überzeugt habe! Der Premierminister war darüber äußerst belustigt und meinte, dies erinnere ihn an die Geschichte von dem gottesfürchtigen Papagei, den man zu einem fluchenden Papagei in den Käfig gesetzt habe, um ihm gute Manieren beizubringen, und der am Ende selber fluchte. Wir werden also zunächst nur Minen in den norwegischen Gewässern auslegen und den Royal-Marine-Plan so lange aufschieben, bis die Franzosen alle möglichen Angriffsziele wie Flugzeugfabriken und so weiter aus der Reichweite deutscher Vergeltungsschläge verlegt haben.

Anthony Gibbs, Sohn des Schriftstellers Sir Philip Gibbs, suchte mich auf, um mir von seinen Gesprächen mit dem deutschen General Wenninger in Holland über mögliche Friedensbedingungen zu berichten. Der General behauptet, die Nazis hätten das Gefühl, in der Falle zu sitzen, und würden deshalb einen Frieden begrüßen, der es ihnen ermöglicht, das Gesicht zu wahren. Er schlug Friedensbedingungen vor, die die Wiederherstellung Polens in den Grenzen von 1914 – ohne den Korridor, aber mit gewissen Rechten in Gdingen – und für die Tschechoslowakei die in München ausgehandelten Grenzen vorsehen. Ich übermittelte diese Vorschläge dem Außenministerium, wo schon ähnliche Vorschläge von anderen Leuten dieser Art bekannt sind; sie alle behaupten, Göring sei einer der Gemäßigten und würde sich für eine solche Regelung aussprechen. Im Außenministerium begegnet man ihm zu Recht mit tiefstem Mißtrauen.

Sonnabend, 6. April Das Minenfeld in den norwegischen Gewässern soll am Montag bei Tagesanbruch gelegt werden. Die Maßnahme könnte einige Kritik herausfordern, zumal sie jetzt nicht mehr mit der spektakulären Royal-Marine-Operation zusammenfällt. Als Vorspiel wurden gestern bereits der norwegischen und schwedischen Regierung in scharfem Ton gehaltene Noten überreicht, die unsere völkerrechtlich illegale Aktion rechtfertigen sollen. Die Schweden haben überaus aufgebracht reagiert und uns gefragt, welche Begründungen wir denn für unsere Anschuldigungen hätten. Sie wiesen auf die bisherigen freundschaftlichen Beziehungen hin und beschuldigten uns, unsere beiden Staaten nahe an einen Krieg gebracht zu haben.

Rab Butler erzählte mir, daß man im Außenministerium nicht sehr glücklich über diese Aktion sei und sich entschieden gegen das Legen von Minen oder andere Maßnahmen in Lulea ausspreche. Der Grund sei, daß wir erst kürzlich ein Abkommen mit Schweden unterzeichnet hätten, das diesem gestatte, eine bestimmte Menge Erz nach Deutschland zu liefern. Wir könnten es uns nicht leisten, ein unterzeichnetes Abkommen auf solche Weise zu brechen. Rab behauptet, daß die Operation gegen Norwegen zustande gekommen sei, weil sich im Kabinett die »Winston-Politik« gegenüber der »Halifax-Politik« durchgesetzt habe. Halifax habe sich mit der Operation gegen Norwegen nur aus Loyalität zum Premierminister einverstanden erklärt.

Der Premierminister selbst ist nicht allzu enthusiastisch. Er glaubt aber, daß nach den Erwartungen, die auf der Sitzung des Obersten Kriegsrates geweckt wurden, irgend etwas geschehen müsse. Wie manch anderer hält er nichts von dem Motto »Handeln um des Handelns willen«, aber er ist sich der Wichtigkeit des psychologischen Faktors im gegenwärtigen Krieg bewußt. Hin und wieder ist es seiner Ansicht nach nötig, der Öffentlichkeit einen kleinen Brocken in den Rachen zu werfen. Aber wird es ein kleiner Brocken bleiben? Werden die Deutschen sich nicht zu einem heftigen Gegenschlag provoziert fühlen? Rab glaubt das nicht, weil die deutschen Gehirne wie Uhrwerke funktionieren. Im Moment bereiteten sie sich darauf vor, unsere Luftwaffe und unsere Marine durch konzentrierte Angriffe zu vernichten. Unsere Operation in Norwegen könnte die Präzision dieses Uhrwerks stören.

Die Grundeinstellung der Schweden sei es, so Rab, unter allen Umständen Feuer und Schwert zu vermeiden. Sie würden eher ihre Seele und ihr Land den Nazis verkaufen – vorausgesetzt, dies geht ohne Blutvergießen ab –, als tapfer für ihre Überzeugung und ihre Unabhängigkeit einzustehen. Eher würden sie Deutschland auffordern, ihr Land ohne Gewaltanwendung zu besetzen, als eine bewaffnete Invasion riskieren.

Aus Dänemark kommen Gerüchte, daß die Deutschen am Montag in Norwegen einmarschieren und Truppen in Narvik landen wollen. Es wird auch berichtet, daß deutsche Marineeinheiten sich auf dem Weg nach Norden befinden.

Aus den Vereinigten Staaten kommen Berichte über eine Unterredung zwischen Lothian, Roosevelt und Sumner Welles. Roosevelt befürwortet eine Erklärung der Alliierten an die neutralen Staaten, daß sie nicht beabsichtigen, Deutschland zu teilen oder seine Souveränität aufzuheben. Der Nachteil einer solchen Erklärung wäre, wie Lothian glaubt, daß sie als Ankündigung eines Friedensplanes mißverstanden werden und die Deutschen dazu verleiten könnte, ihre Bedingungen, sofern sie solche überhaupt haben, durch Feilschen noch aufbessern zu wollen.

Montag, 8. April Im Morgengrauen legten unsere Zerstörer Minenfelder vor der norwegischen Küste. Auf dem Rückweg stoppte einer von ihnen, die *Glow-worm,* um einen Mann aufzufischen, der über Bord gegangen war. Dabei wurde das Schiff von den Deutschen vom Verband abgeschnitten. Während ich dies schreibe, werden keine Signale mehr von der *Glow-worm* empfangen. Es ist zu befürchten, daß sie versenkt wurde. Den ganzen Vormittag gab es Gerüchte über eine drohende Marineoperation. Unsere Schiffe sollen nach einem deutschen Flottenverband unter Führung der *Gneisenau* Ausschau halten. Nach dem Lunch sah der Schatzkanzler zur Tür herein und erzählte uns, mit seiner Vorliebe für das Sensationelle, daß die Deutschen im Begriff seien, Südschweden zu besetzen. Wir schalteten sofort die Nachrichten ein, in denen sich diese Behauptung auf eine norwegische Meldung beschränkte, daß deutsche Schiffe über den Belt in Richtung Schweden unterwegs seien. Dies kommt für uns nicht unerwartet. Ein Expeditionskorps steht bereit, sofort in Norwegen zu landen, falls sich die Meldungen bewahrheiten. Die Spannung wächst.

Dienstag, 9. April Wurde früh mit der Nachricht geweckt, daß das Kabinett um 8 Uhr 30 zu einer Sitzung zusammentritt, und hastete hinüber nach Downing Street, wo ich erfuhr, daß die Deutschen in Norwegen und Dänemark einmarschiert sind. Mittlerweile ist der größte Teil unserer Flotte bemüht, deutsche Schiffe in Richtung Nordpol zu verfolgen.

Der Vormittag war hektisch. Für das Kabinett, das um zwölf Uhr erneut zusammentrat, trafen Meldungen über die neuesten deutschen Bewegungen ein, Anweisungen für unsere Gegenzüge gingen hinaus. In unserem Büro drängten sich die Leute, und jedermann stellte die Frage, wie unsere Flotte es zulassen konnte, daß die Deutschen Bergen und Trondheim besetzten. Es sieht so aus, als ob sie durch eine geschickte Finte nach Norden gelockt wurde. Das Resultat ist so oder so unerfreulich. Ich kann mir nicht vorstellen, wo die Truppen, die wir nun einschiffen, landen sollen. Nach unbestätigten Meldungen haben die Deutschen auch Narvik eingenommen. Ermutigend ist nur, daß die letzte Finte, mit der die britische Flotte abgelenkt wurde, mit dem Sieg von Trafalgar endete!

Während der Kabinettssitzung kam »Pug« Ismay heraus und erklärte, soweit er es beurteilen könne, stehe man im Begriff, genau das zu tun, was uns am Ende die Niederlage bringen könnte, nämlich nicht entschieden zu reagieren. Im Moment überlegt man, kleinere Schiffseinheiten zu entsenden, um Bergen und andere Häfen zu entsetzen, während der größere Teil der Flotte die *Scharnhorst* und die *Gneisenau* nordwärts verfolgt. Truppeneinheiten sollen Narvik, Trondheim, Bergen und Stavanger besetzen oder zurückerobern. Stavanger ist besonders wichtig, weil sich hier der beste norwegische Luftwaffenstützpunkt befindet. Außerdem soll erneut versucht werden, die Franzosen vom Royal-Marine-Plan zu überzeugen, und es sollen erneute Verhandlungen mit Holland und Belgien aufgenommen werden. Bei alledem darf man die Möglichkeit nicht außer acht lassen, daß der ganze Angriff nur gestartet wurde, um die Aufmerksamkeit von einem Angriff auf unser Land abzulenken.

Während der Mittagspause setzte ich mit Rab Butler, Horace Wilson, Gladwyn Jebb und Collier[41] vom Außenministerium eine Erklärung auf, die der Premierminister am Nachmittag im Unterhaus abgab. Generell besteht noch eine Menge Unklarheit darüber, was tatsächlich geschehen ist. Ich persönlich habe den Eindruck, daß es den Deutschen gelang, einen großen Vorsprung sowohl an Zeit wie an Entscheidungsmöglichkeiten zu gewinnen, was kaum zu begreifen ist, weil wir ja mit einer gewaltsamen Reaktion auf unsere Minenlegoperation rechnen mußten. Sollten wir jedoch eine Seeschlacht für uns entscheiden können, dann würde das Blatt sich wieder zu unseren Gunsten wenden. Schlechte Sicht und eine schwere See haben die Lage sehr schwierig gemacht.

Im Anschluß an die Erklärung des Premierministers trat um 16 Uhr 15 der Oberste Kriegsrat zusammen. Reynaud, Daladier und Admiral Darlan waren aus Paris herübergeflogen. Der Rat beschloß, der belgischen Regierung anzubieten, daß alliierte Truppen die belgischen Verteidigungslinien verstärken. Ein deutscher Angriff auf Belgien und/oder Holland wird in den nächsten Tagen erwartet, und die Franzosen möchten den Deutschen unverzüglich zuvorkommen.

Die Situation wird übersichtlicher. Die Deutschen haben durch die Besetzung der norwegischen Häfen trotz unserer Übermacht auf See einen bemerkenswerten Erfolg errungen. Wir, die wir das ganze Spiel doch begonnen hatten, haben die Initiative abgeben müssen. Allerdings scheint der Zugriff der Deutschen auf die nördlichen Häfen noch nicht sehr fest zu sein. Vielleicht können wir sie ohne größere Schwierigkeiten wieder von dort vertreiben. Dabei hätten wir dann die Chance, unseren ursprünglichen Plan zu verwirklichen, sie von den Erzlieferungen aus Gällivare abzuschneiden. Der Erste Lord der Admiralität [Churchill], der jetzt die Gelegenheit zum Handeln gekommen sieht, triumphiert und behauptet, daß wir die deutsche Flotte nur wegen der schlechten Sicht und des sehr schlechten Wetters in der Nordsee bisher noch nicht vernichten konnten. Wenn sie sich in die Heimathäfen zurückziehen müßte, wären die deutschen Truppen unserem Expeditionskorps ausgeliefert. Horace Wilson ist ziemlich beunruhigt, weil er fürchtet, daß die Deutschen nun, da sie Dänemark besetzt haben – wobei ihnen nebenbei auch unsere Gesandtschaft in die Hände fiel –, ohne Schwierigkeit eine Überlandverbindung nach Bergen und Trondheim schaffen können. Arthur Rucker ist überzeugt, daß, wenn die Sache für uns schlecht ausgeht, die Regierung zurücktreten oder zumindest umgebildet werden muß.

Beim Dinner mit [meinem Bruder] David hörten wir die Nachrichten, die fast alle aus deutscher Quelle stammten; kaum ein Wort von uns selbst. Das ist wirklich schockierend. Ich weiß aus den Bemerkungen von Sir John Reith, daß er gleichfalls sehr verbittert über diese Tatsache ist. Aber niemand liefert ihm die notwendigen Informationen.

Als ich nach Downing Street zurückkehrte, bestätigte mir der Schatzkanzler, daß die Gerüchte, die Deutschen hätten Narvik mit einer Aktion nach Art des Trojanischen Pferdes erobert, den Tatsachen entsprechen. Sie versammelten im Hafen eine Anzahl Erztransporter mit Soldaten, die als Seeleute verkleidet oder auf den Schiffen versteckt waren. »Sehr geschickt«, bemerkte der Kanzler, »und wir waren die Trottel, wirkliche Trottel.«

Gegen 22 Uhr kamen Berichte durch, daß unsere Wellingtons sicher wieder von Bergen zurückgekehrt sind, wo sie einem deutschen Kreuzer schwer zugesetzt haben. Ich informierte den Premierminister, der sehr erfreut schien und bemerkte: »Das klingt besser als einige der Nachrichten, die wir kürzlich bekommen haben.«

Mittwoch, 10. April Ich sprach mit dem Premierminister, kurz bevor er sich auf seinen Morgenspaziergang begab. Er schien ziemlich niedergeschlagen und gab zu, daß die Deutschen Grund hätten, auf ihren Erfolg stolz zu sein. »Die Lehre«, sagte er, »die wir aus alledem ziehen müssen, ist nicht etwa, daß die Alliierten feige oder schwerfällig sind, sondern daß es unmöglich ist, Neutralen zu helfen, die sich nicht helfen lassen wollen. Wenn die Norweger und Schweden unseren Plänen, den Finnen zur Hilfe zu kommen, zugestimmt hätten, dann säßen jetzt *wir* in den norwegischen Häfen.«

Nach dem Lunch kamen beruhigende Nachrichten von unserer Narvik-Expedition – weit davon entfernt, nichts eingebracht zu haben! Es ist uns gelungen, größere Mengen Kriegsmaterial zu vernichten, obwohl wir auch zwei Zerstörer verloren. Der Premierminister entschied, darüber eine Erklärung abzugeben. Ich ging wegen der Einzelheiten zur Admiralität hinüber und mußte in dem ärmlich ausgestatteten kleinen Büro des Privatsekretärs warten, während der Erste Lord der Admiralität an einem Entwurf herumbastelte. Man zeigte mir eine Menge interessanter Funksprüche von der Flotte. Offensichtlich befinden sich noch zwei große deutsche Geschwader in See. Heute nacht werden Maschinen von der *Furious* einen neuen Lufttorpedo-Angriff auf Bergen unternehmen.

Donnerstag, 11. April Am Morgen traf eine französische Delegation in Downing Street ein, um mit dem Premierminister und Halifax zu sprechen. Sie ist auf dem Weg nach Stockholm, um die Schweden zu überreden, in den Krieg einzutreten, und wird von Monsieur Coulondre geleitet.

Dem Kabinett liegen Hinweise vor, daß ein deutscher Angriff an der Westfront unmittelbar bevorsteht. Dies deutet darauf hin, daß der Angriff auf Norwegen nur zur Ablenkung geschah, zumal die deutschen Truppen dort nur in geringer Stärke auftreten und von unbedeutenden Generalen befehligt werden. Es ist jedoch kaum einzusehen, warum Hitler einen großen Teil seiner Flotte lediglich für ein Ablenkungsmanöver opfern will. Möglicherweise hält er das Opfer für sinnvoll, wenn er dafür Plätze wie Stavanger erobern kann, von denen aus intensive Luftangriffe gegen unser Land unternommen werden können.

Am Nachmittag hörte ich eine Rede Winstons im Unterhaus über die Lage der Flotte. Sie war geistreich, aber nicht so ausgefeilt wie sonst. Er erregte viel Heiterkeit mit der Bemerkung, daß von allen Neutralen Dänemark die Deutschen am meisten zu fürchten gehabt hätte, weil es das letzte Land gewesen sei, das einen Nichtangriffspakt mit ihnen geschlossen habe.

Die allgemeine Stimmung ist von Nervosität gekennzeichnet. Wo erfolgt der große Schlag?

Freitag, 12. April P.J. Grigg, der Ständige Staatssekretär im Kriegsministerium, kam vorbei und erzählte, daß in seinem Ministerium eine Menge Leute darauf drängen, statt Narvik lieber Trondheim zurückzuerobern. Die norwegische Regierung ist der gleichen Meinung.

Später kam der Schatzkanzler und blieb bis in die Nacht hinein. Er wollte mit dem Premierminister über das Budget sprechen und über die Schwierigkeiten, die sich aus der beabsichtigten Registrierung der Vermögen ergeben, die es der Regierung ermöglichen soll, Kriegsgewinne für eine spätere Besteuerung festzustellen. Der Gouverneur der Bank von England befürchtet, daß eine solche Maßnahme allgemeines Unbehagen verursachen wird. Man werde annehmen, daß dies die Vorstufe zu einer allgemeinen Vermögenssteuer sei – auf jeden Fall unter einer politisch fortschrittlicheren Regierung –, und dies werde die Leute davon abhalten, Kriegsanleihen zu zeichnen. Der Schatzkanzler sagte mir, sein Budget sei erschreckend und er könne nur hoffen, daß die Haushaltsdebatte im Parlament mit dem Angriff auf die Westfront zusammenfalle.

Montag, 15. April War den ganzen Tag mit Kirchenangelegenheiten und ähnlichem beschäftigt. Sonst passierte nicht viel. Wir warten alle auf verschiedene in Norwegen in Aussicht genommene Maßnahmen, die so geheimnisvolle Tarnnamen wie »Maurice«, »Henry«, »Primrose« und »Alphonse« tragen. Im Mittelpunkt des Interesses steht dabei nicht mehr Narvik, sondern Trondheim, das wir, um den Norwegern wieder Mut zu machen, schnell und entschlossen zurückerobern wollen. Die Vernichtung der halben deutschen Flotte hat bei uns die öffentliche Moral gestärkt und in Deutschland, so scheint es, den umgekehrten Effekt gehabt. Aus diesem Grund wird aber mit einem weiteren deutschen Coup gerechnet. Die allgemeine Unsicherheit über Italien, speziell was seine Absichten in Dalmatien und Korfu betrifft, läßt es als möglich erscheinen, daß dieser nächste Coup ein gemeinsamer deutsch-italienischer Schlag auf dem Balkan ist. Mussolinis Prestige in seinem Land ist so groß, daß er, wenn er will, vermutlich sogar ein unwilliges Volk in einen Krieg oder ein anderes gefährliches Abenteuer treiben kann, obwohl dies unzweifelhaft sein sicheres Ende bedeuten würde. Holland zittert noch immer vor der drohenden Invasion und vor unheilverkündenden Bewegungen auf der anderen Seite der Grenze.

Dienstag, 16. April Wenig Neues über unseren Stand in Norwegen. Mussolinis plötzlicher Haß auf die Alliierten liefert noch immer einigen Grund zur Beunruhigung. Er scheint sich große Mühe zu geben, die Italiener aufzuputschen; im Taubenschlag Balkan herrscht ängstliches Flattern.

Ich hatte mich in Downing Street gerade schlafen gelegt, als der Premierminister mich rufen ließ. Er war leicht schockiert, als er mich im Morgenrock erblickte, erklärte dann aber, auf Grund einer Unterredung mit Churchill wünsche er, daß die Kommission für militärische Koordination morgen früh um zehn Uhr zu einer Sitzung einberufen werde. Ich nehme an, daß unsere Truppen unter Lord Cork[42] wegen des Schnees um Narvik wenig Neigung zu einem Angriff zeigen und daß Winston fürchtet, eine zu lange Verzögerung könne sowohl aus militärischen als auch aus psychologischen Gründen verhängnisvoll sein. Es gibt Anzeichen dafür, daß die Norweger den Mut verlieren, wenn sie nicht unverzüglich entschiedene Unterstützung bekommen.

Mittwoch, 17. April Die Pläne für den Angriff der Garde, der Gebirgsjäger und anderer Truppen auf Trondheim sind fertig (Operation »Maurice«). Sie sollen an Land gehen, sobald das feindliche Feuer durch unsere Schlachtschiffe gebrochen ist, und durch Truppenbewegungen unter General Carton de Wiart von Namsos aus nach Süden unterstützt werden (Verband »Henry«). Lord Hankey deutete mir gegenüber an, daß er besorgt über Winstons Entschlossenheit sei, den Krieg selbst zu leiten. Er erinnere sich noch zu gut, sagte er, an die Schlacht bei den Dardanellen; er will den Premierminister warnen. Ronald Harris, der Sekretär von Sir Edward Bridges, sagte, daß Winston unzähligen Komitees vorstehe, viel rede und nichts bewege. Erst seit der Premierminister selbst die Kommission für militärische Koordination leite, beginne sich etwas zu rühren. Seitdem würden realistischere Pläne gemacht.

Donnerstag, 18. April Traf im Unterhaus Sir Wardlaw Milne, der behauptete, daß die Öffentlichkeit anfange, den übertriebenen deutschen Kommuniqués Glauben zu schenken, die immer wieder behaupten, unsere Flotte sei bereits versenkt. Er ist der Meinung, daß ein entschiedenes Dementi nötig sei. Der Premierminister, den ich auf dem Rückweg daraufhin ansprach, lehnte dies mit der Begründung ab, es gebe immer wieder Leute, die bereit seien, das Schlimmste zu glauben, aber sie repräsentierten nicht die wahren Gefühle der Nation.

Dinierte mit Gordon Etherington-Smith, der nach einigen aufregenden Abenteuern aus Kopenhagen zurückgekehrt ist. Er erzählte, daß das Personal der Gesandtschaft gerade noch die letzten Geheimakten verbrennen konnte, ehe die Deutschen eintrafen. Sie hätten erklärt, er sei ein dreckiger Engländer und wenn er nicht aufpasse, werde er erschossen; schließlich habe man sie im Bierwagen durch die Stadt kutschiert und überaus höflich entlassen.

Montag, 22. April Der Premierminister ist nach Frankreich geflogen, um an einer Sitzung des Obersten Kriegsrates teilzunehmen. In Norwegen gelang es uns, erfolgreich zwei Truppenverbände an Land zu bringen, den einen nördlich von Trondheim, den anderen südlich. Nicht zuletzt wegen der in höchstem Maße zutreffenden Warnungen in der

Presse gaben wir den Plan eines direkten Angriffes von See unter dem Feuer der Schiffsgeschütze auf und entschlossen uns statt dessen zu einem Zangenangriff. Starke Kräfte werden Trondheim von Namsos aus im Norden angreifen, sofern es General Carton de Wiart gelingt, der Transportprobleme und anderer Schwierigkeiten Herr zu werden, die durch schwere deutsche Bombenangriffe entstanden sind. Weitere Streitkräfte kommen von Åndalsnes im Süden, wo die Eisenbahn in Besitz genommen werden muß. Gleichzeitig wird ein Täuschungsangriff versucht, und unsere Schiffe werden die Stadt beschießen, die auf diese Weise belagert und nicht direkt erstürmt wird.

Dinierte mit Herschel Johnson, dem Gesandten an der amerikanischen Botschaft. Er bewundert Lord Halifax, der, wenn es sich nicht gerade um eine Sache von prinzipieller Bedeutung handele, immer bereit sei, sich überzeugen zu lassen und sich niemals scheue, ein Vorhaben aufzugeben, wenn er es als falsch erkannt habe. Danach sprachen wir über die anglo-amerikanischen Beziehungen und beklagten die Unkenntnisse und Mißverständnisse auf beiden Seiten, speziell die wachsende Verbitterung in unserem Land über Amerikas Verhalten im gegenwärtigen Krieg. Johnson betonte das Bestreben seiner Regierung, uns beizustehen. In Amerika vertrete man die Auffassung, daß England dekadent und seine herrschende Klasse verbraucht sei. Er selbst sei sich aber im klaren darüber, daß, welchen Eindruck nach außen sie auch immer machen, es keinen zäheren Menschenschlag als die Engländer gebe.

Dienstag, 23. April Nahm im Grosvenor House am Lunch der St. Georgs-Gesellschaft zur Feier des St. Georg-Tages teil. Duff Cooper sprach in Vertretung von Winston. Seine Eloquenz war bemerkenswert. Er lobte den abwesenden Ersten Lord – übertrieben, wie mir schien, aber andererseits bemüht sich Winston zur Zeit, ihn in die Regierung zurückzuholen – und sprach mit einem haarsträubenden Haß über die Deutschen. Er putzte all diejenigen herunter, die zwar die Nazis verdammen, aber die übrigen Deutschen weißwaschen; seiner Ansicht nach ist das ganze deutsche Volk verantwortlich für die wiederholten Verbrechen der Nazis. Ich mußte an Burkes viel weiseren Ausspruch denken: »Ich sehe keine Möglichkeit, ein ganzes Volk anzuklagen.«

Der Premierminister kehrte aus Frankreich zurück. Er und seine Begleiter schienen erleichtert zu sein. Hier hingegen herrscht ziemlich düstere Stimmung wegen der Schwierigkeiten in Namsos.

Schlief wieder in Downing Street. Die Kommission für militärische Koordination traf sich zu einer Sitzung und diskutierte die Situation. Edward Bridges erzählte mir später, daß Winston allen den Nerv getötet habe. Er behauptete, wir hätten in Namsos versagt, und machte die unmöglichsten Vorschläge. Über Oliver Stanley sagte Bridges, er habe »überhaupt keinen Mumm in den Knochen«. Der Premierminister ist niedergeschlagen, weniger wegen der strategischen Schwierigkeiten, denen wir uns in Norwegen gegenübersehen, als wegen Winstons Tobsuchtsanfällen.

Mittwoch, 24. April In unserem Büro steht jetzt eine große Karte von Skandinavien, übersät mit farbigen Stecknadeln. Den ganzen Vormittag über versammelten sich vor dieser Karte immer wieder Gruppen von Leuten, die die Aussichten unseres skandinavischen Abenteuers diskutierten. General Ismay vertrat die Meinung, es sei ja nur ein kleiner Einsatz, den wir bei Trondheim aufs Spiel setzten, und wenn wir den verlören, sei es nicht so schlimm. Eine kaltblütige militärische Betrachtungsweise, finde ich. Zumindest der Verlust an Vertrauen würde schwer wiegen. Rob Hudson, der Schiffahrtminister, ist vorwiegend daran interessiert, daß uns König Haakon nicht verlorengeht, denn solange er sich auf unserer Seite befindet, stehen uns drei Millionen Tonnen norwegischer Schiffskapazität zur Verfügung.

Ich habe das unbehagliche Gefühl, daß bei uns nicht alles so kompetent gehandhabt wird, wie es sein sollte. Das Versäumnis, unsere Soldaten in Namsos nicht mit Skiern ausgerüstet zu haben, während die Deutschen sehr wohl darüber verfügen, erinnert mich in unangenehmer Weise an den Krimkrieg. Auch schenke ich dem Urteil unserer Stabschefs und militärischen Weisen kein großes Vertrauen. Sie vermitteln nicht den Eindruck präzis durchdachter, uhrwerkgleicher Effektivität, wie ich sie mir vorstelle. Es kann aber sein, daß die englische Art, Dinge anzugehen, einfach etwas schlampig ist und wenig eindrucksvoll erscheint. Von einem bin ich allerdings überzeugt: wir treffen unsere Entscheidungen beklagenswert langsam und ziehen auch nicht jede Eventualität in Betracht, wie das die Deutschen gewohnt sind. Gelegentlich haben wir einfach »den Zug verpaßt«, wie im Fall Finnland und Norwegen, weil wir zu lange hin und her überlegten und uns vor Extravaganzen fürchteten.

Italien ist immer weniger für den Krieg zu gewinnen. Mussolini soll gesagt haben: »Deutschland will mich an den Haaren in den Krieg ziehen. Zum Glück habe ich eine Glatze.« Sollte Italien dennoch in den Krieg eintreten, werden die Alliierten ein Expeditionskorps nach Saloniki entsenden, vorausgesetzt, die Griechen haben nichts dagegen.

Donnerstag, 25. April Der Ärger über Winston, der in den letzten Tagen ausbrach, ist auf seine Forderung zurückzuführen, daß man ihm den Vorsitz des Komitees der Stabschefs überträgt. Dies würde nicht nur die beiden anderen Wehrminister verschnupfen, sondern vermutlich auch zu einem Chaos unter den Stabschefs und Planungsexperten führen, wie das der Fall war, als Winston noch der Kommission für militärische Koordination vorstand. Seine Schwatzhaftigkeit und seine Ruhelosigkeit verursachen viel unnütze Arbeit, viele Reibereien und verhindern eine wirksame Planung. Wenn der Premierminister seine Zustimmung verweigert, droht Winston, vor dem Parlament zu erklären, keine Verantwortung mehr übernehmen zu können für das, was passiert. So etwas in Kriegszeiten ist undenkbar! Es würde eine erstklassige politische Krise auslösen, weil man draußen im Land glaubt, Winston sei der tatkräftige Mann, der den Krieg gewinnen wird, und sich nicht vergegenwärtigt, daß ein Großteil seiner Energie sich als ineffektiv, ja sogar schädlich erweist. Gibt der Premier jedoch nach, dann hat Winston mit seiner Erpressung Erfolg gehabt und wird das gleiche auch in Zukunft wieder versuchen. Winston seinerseits versichert den Premierminister seiner absoluten Loyalität, und tatsächlich kommen sie auch bewundernswert miteinander aus. Er beklagt sich freilich darüber, daß die Stabschefs und die »Joint Planners« ein hoffnungsloses Durcheinander verursachen. Eine mögliche Lösung des Problems wäre es, ihn zum Minister für die Koordination der Landesverteidigung zu machen und jemand anderen zum Ersten Lord zu ernennen.

Fuhr mit dem Premierminister ins Parlament, der guter Stimmung ist, obwohl er offensichtlich nicht weiß, wie er aus der Sackgasse mit Winston herauskommt. Er lunchte mit Stanley Baldwin, der Erfahrung hat mit solchen unangenehmen Situationen und dessen Rat er wohl einholen will.

Am Abend führte ich das Protokoll bei einer Ministersitzung, die vom Premierminister geleitet wurde. Fast alle Minister, die nicht dem Kriegskabinett angehören, waren anwesend. Der Premier gab ihnen einen Überblick über die Ereignisse der letzten Woche. Er berichtete über die Sitzung des Obersten Kriegsrates, die entgegen seinen Befürchtungen wegen eines möglichen Streits mit den Franzosen einmütig verlaufen war. Die französische Regierung hat in der Frage des Oberbefehls über die französischen Truppen in Norwegen nachgegeben und außerdem zugestimmt, daß wir, wenn die Deutschen in Belgien und Holland einmarschieren sollten, das Ruhrgebiet und militärische Anlagen in Deutschland bombardieren. Das letztere Zugeständnis kam wegen der französischen Besorgnisse hinsichtlich ihrer Flugzeugfabriken unerwartet. Aus diesem Grund hatten sie ja auch den Royal-Marine-Plan abgelehnt.

Der Premierminister erwähnte, daß ihm Monsieur Reynaud diesmal gut gefallen habe. Er sei ein Mann, der bei näherer Bekanntschaft gewinne. Von der Lage in Norwegen malte der Premier ein Bild in den dunkelsten Farben. Während die Gesichter in der Runde länger und länger wurden – denn selbst Minister lassen sich manchmal von dem übertriebenen Optimismus der Presse verführen –, beschrieb der Premierminister die Landung der Deutschen *von See aus* in Trondheim, wodurch die Truppen Carton de Wiarts abgeschnitten wurden. Er berichtete von den Schwierigkeiten, die Eis und Schnee Lord Cork in Narvik bereiteten, von der Erschöpfung und der Unfähigkeit der Norweger, die noch nicht einmal in der Lage wären, eine Eisenbahnlinie in die Luft zu sprengen, und von den großen Problemen, die es gibt, weil Flugplätze und Flugzeuge fehlen. Zum Schluß erwähnte Mr. Chamberlain Berichte über Truppenansammlungen in den deutschen Ostseehäfen. Er glaubt nicht, daß dies einen Angriff auf Schweden bedeutet, jedenfalls nicht, solange Lulea nicht eisfrei ist; er hält es jedoch für möglich, daß die Deutschen beabsichtigen, die Ålandinseln zu besetzen. Der Premierminister durchstand die Sitzung bewundernswert. Er lehnte sich bequem in seinen Sessel zurück, sprach langsam, in ziemlich familiärem Ton und bewies sogar einen gewissen Sinn für Humor, den ich ihm bisher abgesprochen habe. Er besaß zweifellos die ungeteilte Aufmerksamkeit aller Anwesenden. Was mich betrifft, so schrieb ich so hektisch mit, wie ich es seit den Tagen der Vorlesungen in Cambridge nicht mehr getan habe.

Freitag, 26. April Die Kommission für militärische Koordination hat unter Leitung des Premierministers und in Gegenwart der drei Wehrminister und ihrer Stabschefs entschieden, unsere Truppen aus Südnorwegen zurückzuziehen, denn selbst wenn wir Trondheim einnehmen sollten, könnten wir es auf Dauer kaum halten. Wir werden uns auf Narvik konzentrieren, um nahe an der schwedischen Grenze und bei den Erzgruben zu sein, für den Fall, daß die Deutschen Schweden angreifen. Das Kabinett stimmte zu. Der Rückzug wird in Etappen erfolgen, zusammen mit einem konzentrierten Angriff auf Narvik. Ich sehe schon die schlimmen psychologischen Auswirkungen: Hitler wird in Deutschland einen willkommenen Triumph feiern, und Italien wird in einen gefährlichen Sog geraten. P.J. Grigg ging so weit, zu behaupten, daß dies eine absolute Fehlentscheidung sei, und deutete sogar an, es handele sich um ein politisches Manöver Winstons, der damit die Position des Premierministers schwächen und seine eigene Stellung stärken wolle. Wäre er wirklich so hinterhältig?

Das Problem Winston steht noch immer stark im Vordergrund. Die jetzt vorgeschlagene Lösung ist, daß er ein eigenes Sekretariat bekommt, das von General Ismay geleitet wird, der Mitglied des Komitees der Stabschefs werden soll und dort Winstons Ansichten vertreten kann. Winston soll eine Art stellvertretender Premierminister in Fragen der Verteidigung werden. Der Premierminister gibt Winston also klugerweise nach, dessen Position in diesem Land – völlig ungerechtfertigt – unangreifbar ist.

Die Franzosen haben von unserem beabsichtigten Rückzug erfahren und sind in die Luft gegangen. Der Chef des Generalstabs – Ironside, den Grigg als den unfähigsten aller Generale ansieht – sollte heute nach Paris fliegen, um dort unsere Absichten zu erläutern, aber die Franzosen bekamen offenbar schon vorher Wind von der Sache. Gamelin kam heute abend herüber, um dem Premier, Halifax und Winston ins Gewissen zu reden. Inzwischen prophezeite uns der norwegische Gesandte in Brüssel ein zweites Gallipoli, diesmal in Norwegen.

Sonnabend, 27. April Gespräch mit Rab Butler, der mir beipflichtete, daß unsere Stabschefs einen bestürzenden Mangel an Voraussicht zeigen (zumindest sieht es so aus), daß keiner in der Lage ist, Entscheidungen zu treffen, und daß jedermann wegen Italien aus dem Konzept gebracht ist, mit einem Wort: daß die Regierung und ihre Berater nicht das Vertrauen erwecken, das man sich wünscht.

Von den Franzosen wurde berichtet, daß sie beschlossen haben, die eigenen Truppen in Norwegen zu belassen, auch wenn wir unsere zurückziehen. Deshalb wurde eine Sitzung des Obersten Kriegsrates angesetzt, und ich fuhr gegen Mittag mit Ivo Mallet vom Außenministerium nach Heston, um Reynaud, Daladier und ihre Begleitung abzuholen. Leider war das Flugzeug früher eingetroffen, und wir verfehlten uns. Ich fuhr mit einem französischen Stabsoffizier, der mir erzählte, daß die Franzosen genau wie wir glauben, daß Narvik und die Erzlieferungen der entscheidende Punkt sind, daß wir aber aus psychologischen Gründen, besonders um den Schweden den Rücken zu stärken, uns zumindest aus Mittelnorwegen nicht zurückziehen sollten. Die nackte Wahrheit ist aber, daß wir dummerweise zu wenig Truppen dort landeten, die nur unzureichend ausgerüstet sind und über zu wenig Unterstützung aus der Luft verfügen, und daß wir inzwischen ernste Schlappen erlitten haben. Die politische Bedeutung dieser Fakten ist einschneidender als die militärische. Wenn es uns nicht gelingt, unsere Schlappen in Narvik oder anderswo auszubügeln, werden die Auswirkungen auf die öffentliche Meinung im In- und Ausland verheerend sein. Soweit ich sehe, sind unsere

Stabschefs daran schuld, auch Winston, der viel Lärm macht, aber wenig tut, sowie Oliver Stanley, der ein hoffnungsloser Versager ist. Horace, David und Arthur scheinen aber schon das Messer in ihm zu haben, so wie es bei Hore-Belisha der Fall war, und ich nehme an, daß seine Tage im Kriegsministerium gezählt sind. Wenn Norwegen ins Auge geht, erwarte ich, daß der Aufschrei in der Öffentlichkeit eine Regierungsumbildung erzwingen wird. Und dann wird Winston, dem man mindestens soviel Schuld zumessen kann wie jedem anderen, auf der Woge der unverdienten Publikumsgunst triumphierend weiterreiten.

Einer von Hitlers gerissensten Schachzügen ist es gewesen, Winston zum Staatsfeind Nr. 1 zu machen, was dazu beitrug, ihn hier und in den USA zum öffentlichen Helden Nr. 1 hochzustilisieren.

Der Oberste Kriegsrat trat am Nachmittag zusammen, kurz nachdem »dieses Schwein Rib« [Ribbentrop], wie Halifax ihn nennt, eine Rede gehalten hatte, in der er behauptete, die Deutschen hätten Norwegen besetzt, weil die Alliierten dies mit dem geheimen Einverständnis Norwegens gleichfalls beabsichtigt hätten. Tragisch war es, der Unterhaltung des polnischen Botschafters mit dem norwegischen Gesandten zuhören zu müssen, die in unserem Büro warteten, um am Ende der Sitzung hineingerufen zu werden. Was, so fragten sie sich gegenseitig, hat dies alles zu bedeuten? Offensichtlich spürten sie, daß etwas nicht in Ordnung ist, und waren alarmiert.

Montag, 29. April Arthur glaubt, wir müßten uns ernsthaft auf eine deutsche Invasion einstellen, zuerst aus der Luft, dann über See, wie es in Norwegen geschah. Wenn die deutschen Luftstützpunkte in Norwegen erst einmal installiert sind, wäre eine solche phantastische Möglichkeit nicht mehr von der Hand zu weisen.

Schlief wieder in Downing Street und wurde in den frühen Morgenstunden von General Dill[43] geweckt. Er hatte ein Telegramm bekommen, daß die Norweger kapitulieren wollten, wenn sie nicht mit umfassenderer Hilfe von uns rechnen könnten. Ich weigerte mich, den Premierminister zu wecken, so daß Dill auf eigene Faust antwortete.

Dienstag, 30. April Abgesehen von den schlechten Wetterbedingungen und fehlenden Flugplätzen für unsere Kampfflugzeuge scheinen die zwei wichtigsten Gründe für unsere Mißerfolge in Norwegen die folgenden zu sein:

1. Feigheit, Unfähigkeit und selbst Verrat bei den Norwegern. Sie kämpfen nur halbherzig, was wohl auf die finnische Niederlage im letzten Winter zurückzuführen ist, und weigern sich sogar, ihre Brük-

ken und ähnliches sprengen zu lassen, wenn unsere Sprengkommandos erscheinen.

2. Mangelnde Ausbildung unserer Truppen, bei denen es sich – zumindest im Gebiet von Trondheim – um unerfahrene Landwehrtruppen und Reservisten handelt, die erst bei Kriegsausbruch eingezogen wurden. Die Franzosen gestatten es nicht, daß wir reguläre Divisionen aus Frankreich abziehen, obwohl die Situation in Norwegen es erfordern würde. Auch fehlt es an ausreichendem Nachschub sowie an Fliegerabwehrkanonen.

Regierungsumbildung und Dünkirchen

Mai 1940

Mittwoch, 1. Mai [Großadmiral] Sir Roger Keyes hat Winston einen Brief geschrieben, in dem er die Zaghaftigkeit des Admiralstabs geißelt, und dem Premierminister eine Kopie zukommen lassen. Er behauptet, die Marine habe die Armee im Stich gelassen. Der Trondheimfjord hätte eingenommen und die deutschen Stellungen hätten von den Schiffen aus beschossen werden müssen. Die Schuld gibt er Pound. Seiner Ansicht nach steht das Prestige der Royal Navy auf dem Spiel. Charbonnière von der französischen Botschaft sagte mir, daß dies auch die allgemeine Meinung in Frankreich sei. Keyes schließt mit der Forderung, ihn zu reaktivieren.

Ich glaube, daß es dringend erforderlich ist, Ironside als Chef des Generalstabs durch Dill zu ersetzen. Ich habe immer weniger Vertrauen zu unseren Stabschefs. Winstons unkoordinierte Energie trägt auch nicht zur Beruhigung bei. »Wenn ich der 1. Mai wäre, würde ich mich schämen«, sagte er heute abend, als er das Wetter draußen betrachtete. Ich meine, daß er allen Grund hätte, sich über sich selber zu schämen.

Freitag, 3. Mai Unsere Truppen konnten in der vergangenen Nacht ohne Zwischenfälle aus Namsos abgezogen werden. Heute morgen ist die Presse voll mit Berichten über unseren Rückzug aus Mittelnorwegen, und man spart nicht mit Kritik, obwohl sie nicht so heftig ist, wie ich erwartet hatte. Sir John Reith zufolge »haben wir die Situation wieder in der Hand, obwohl noch nicht vollständig«. Berlin und Rom jubeln, und Schweden, diese hasenfüßigste aller Nationen, hat tatsächlich die Stirn, unsere Maßnahmen heftig zu kritisieren.

General Dill sagte heute nachmittag, militärisch erweise sich die Lage überhaupt nicht als gefährlich. Er glaubt nicht, daß die Deutschen in einer wirklich guten Kampfverfassung sind; ihre Soldaten seien zwar jung und enthusiastisch, aber nicht ausdauernd genug. Seiner Ansicht nach besteht die einzige Gefahr der gegenwärtigen Situation in den Auswirkungen a) auf Italien und die Neutralen, b) auf die Heimatfront mit ihren Intrigen, einen »aktiveren Premierminister zu ernennen, und c) auf unsere Alliierten. Dill ist ein Mann, der Vertrauen einflößt. Ich kann nur hoffen, daß er Ironside recht bald ablöst.

Sir Archibald Sinclair schrieb dem Premierminister in höchst ungehörigem Ton einen Brief, in dem er dagegen protestiert, daß sein Telefon angezapft wird. Es deutet alles darauf hin, daß der Oppositionsführer höchst unzuverlässig ist und das, was ihm der Premierminister vertraulich mitteilt, an die Presse weiterleitet[44]. Darüber hinaus machen ihn seine Voreingenommenheit und sein Haß auf den Premierminister blind. Er läßt des öfteren erkennen, daß seine Emotionen stärker sind als seine Vernunft. In welche giftigen Abgründe von Nichtigkeit ist doch die Liberale Partei gestürzt! Welch ein Mangel an Geisteskräften in den Reihen einer Partei, die noch zu Anfang des Jahrhunderts das intellektuell brillanteste Kabinett der britischen Geschichte stellte!

Sir Victor Mallet, der Gesandte in Stockholm, hat uns einen bestürzenden Bericht über mangelnde Effektivität und mangelnde Ausrüstung in Namsos übersandt; er wurde von einem Mann namens Binney von der British Steel Federation verfaßt. Binney zitiert einen französischen Offizier, der erklärte: »Die Briten haben diesen Feldzug wie eine Strafexpedition gegen die Zulus geplant. Unglücklicherweise sind dabei die Briten und wir in der Lage der Zulus, die mit Pfeil und Bogen bewaffnet gegen wissenschaftliche Kriegführung anstürmten.«

Außerdem gab es einen ziemlich alarmierenden Bericht aus der Parteizentrale der Konservativen. Vertrauensleute in den einzelnen Regionen hätten die allgemeine Stimmung beobachtet und dabei festgestellt, daß der Krieg in den unteren Bevölkerungsschichten nicht sehr populär sei. Man argwöhne, daß er für die Interessen der Reichen geführt wird, und sei sehr unzufrieden über den Anstieg der Lebenshaltungskosten. Dies ist nur ein leichter Vorgeschmack auf Probleme, mit denen wir nach Kriegsende fertig werden müssen.

Montag, 6. Mai In Downing Street konzentriert sich die gesamte Aufmerksamkeit auf die morgige Norwegen-Debatte im Unterhaus. Der Premierminister ist sehr enttäuscht über die Angriffe in der Presse. David Margesson meint, er brauche etwas zur Aufmunterung. Ich denke, daß er eher an den Folgen seiner merkwürdigen Selbstgefälligkeit und Eitelkeit leidet, die in den Tagen von München geboren wurden und seitdem, trotz manch erlittener Wunde, noch weiter gewachsen sind. David, Alec und Rab Butler glauben, daß die Lage, politisch gesehen, gut ist, aber in strategischer und diplomatischer Hinsicht besser sein könnte.

Dienstag, 7. Mai Nach dem Lunch ging ich ins Unterhaus, um die mit Spannung erwartete Debatte über Norwegen anzuhören. Der Premier sprach gut, obwohl er etwas matt begann. Er trug seine Argumente zwingend vor, ohne sich von den ständigen Unterbrechungen aus den

Reihen der Opposition aus dem Konzept bringen zu lassen. Als er geendet hatte, war die allgemeine Ansicht, daß die Regierung davonkommen würde. Attlee ritt eine heftige Attacke gegen die Unfähigkeit der Regierung und erklärte, daß das Vertrauen des Volkes nur erhalten bliebe, wenn es der Überzeugung sei, gut geführt zu werden.

Sinclair sprach für die Liberalen. In seiner giftigen und eloquenten Rede – bei der ihn der Premierminister und Winston zweimal ins Stolpern brachten – bewies er wie gewöhnlich eine bemerkenswerte Kenntnis vertraulicher Informationen. So kannte er zum Beispiel auch die Geschichte mit den fehlenden Skiern. Er ist ein guter Debattenredner, doch leiden seine Argumente, die oft sehr einfallsreich sind – im Gegensatz zu Attlee, der nur Gemeinplätze verbreitet – unter seiner Engstirnigkeit.

Mittwoch, 8. Mai Die Debatte im Unterhaus nahm gestern abend plötzlich doch noch eine ungünstige Wendung, wodurch die Regierung zu wackeln beginnt. Sir Roger Keyes trat in voller Uniform auf und hielt eine dramatische, wenn auch ziemlich geschmacklose Rede über den Fall Trondheim – die Antwort auf Winstons verständliche Weigerung, ihn zu reaktivieren. Anschließend wurde die Regierung von Amery scharf kritisiert; Oliver Stanleys Entgegnung war schwach und wirkungslos. Er beeindruckt niemanden mehr, und es wird Zeit, daß er geht.

Daher ist heute morgen die Stimmung in Downing Street auf dem Nullpunkt angelangt. Alle sind der Meinung, daß man die Regierung sofort umbilden müsse, und diskutieren über das Wie. Man spricht von einem Handel, den Halifax Morrison vorschlagen soll und der vorsieht, daß die Labour Party in die Regierung eintritt, als Preis dafür Sam Hoare, Kingsley Wood, Simon und andere entlassen werden, aber der Premierminister die Führung behält. Sollte die Labour Party auf ihrer Pfingstkonferenz nächste Woche nicht über ihren Schatten springen können, müßte der Premierminister ein Kabinett nationaler Persönlichkeiten (Lloyd George und andere) zusammenstellen.

Was mir mißfällt, ist die Tatsache, daß sich jedermann *à la française* nur um diese interne politische Krise Sorgen macht, anstatt zu überlegen, was Hitlers nächster Schachzug sein wird. Er darf uns nicht noch einmal überrumpeln. Ich habe aber den Eindruck, daß eine deutsche Invasion in Holland und Belgien im Moment das einzige ist, worauf wir bestens vorbereitet sind und entsprechend antworten können.

Kurz nach Wiederaufnahme der Debatte im Unterhaus wurde klar, daß das Schicksal der Regierung tatsächlich auf der Kippe steht. Nicht, daß sie nicht die Hammelsprung-Abstimmung gewinnen würde, die die

Sozialisten heute durchzusetzen beschlossen, aber die Tatsache, daß alle Attacken gegen die Regierung persönliche Angriffe auf den Premierminister waren, zeigt, daß seine Position im Parlament angeschlagen ist. Herbert Morrison, Stafford Cripps, Lloyd George und Duff Cooper, alle hielten giftige Reden. Dagegen konnte die Regierung nur Winston aufbieten, der heute abend antworten wird. Sam Hoare war einfach wirkungslos. Inzwischen fordern auch konservative Hinterbänkler mehr oder minder seinen Kopf als Preis für ihre weitere Gefolgschaft.

Lloyd George hielt seine vermutlich wirkungsvollste Rede seit Jahren. Es war deutlich zu spüren, wie er das Haus mitriß, als er seine Arme hochwarf und dem Premier und der Regierung Unfähigkeit vorwarf. Er erklärte, unsere »Schuldscheine« für die Tschechoslowakei, Polen, Finnland und Norwegen seien das Papier nicht wert, auf das sie geschrieben wurden, und er sprach die Hoffnung aus, daß Winston sich nicht als »Luftschutzbunker« der Regierung mißbrauchen lasse. Die Opposition schrie sich heiser, je vehementer und maßloser er wurde. Horace Wilson, der mit mir auf der Tribüne saß, sagte, daß der Haß in ihren Gesichtern ihn tief bestürze. Seit Jahren angestaute Bitterkeit und persönliche Animositäten würden sich jetzt entladen. Auch Duff Coopers Rede war beißend, aber zweifellos beeindruckend.

Arthur, Kingsley Wood, George Steward und Alec Dunglass scheinen alle zu glauben, daß der Premierminister zurücktreten muß, wenn er nicht eine Mehrheit von mindestens hundert Stimmen bekommt. Es hängt sehr viel davon ab, ob die Zauderer bei den Konservativen, durch Amery, Duff Cooper, Spears, Gunston, Lady Astor und andere dazu veranlaßt, den Mut aufbringen, mit der Opposition zu stimmen. Wenn der Premierminister hart bleibt, kann er, glaube ich, davonkommen; das Pendel schlägt auch wieder nach der anderen Seite aus. Alles hängt davon ab, wie sehr sein starkes, aber empfindliches Wesen durch die schrecklichen Angriffe und den offenkundigen Abscheu seiner Gegner verletzt wurde.

Horace bemerkte, die größte Sorge bereite ihm die Tatsache, daß diese Debatte mit all ihren Indiskretionen unsere Feinde ermutige. Jetzt, da sich unsere ganze Energie in derartigen persönlichen Zänkereien verzettele, sei eine günstige Gelegenheit gekommen, mit dem Großangriff auf Holland zu beginnen, der stündlich erwartet wird.

Nach einem eiligen Dinner hastete ich ins Unterhaus zurück, um die Rede Winstons zu hören. Unglücklicherweise war die Galerie voll besetzt, und selbst Rab Butler gelang es nicht, mich hineinzuschmuggeln, so daß ich die Rede verpaßte. Die Regierung bekam in der Abstimmung eine Mehrheit von 81 Stimmen – man hatte mit 100 gerechnet – und war damit ziemlich zufrieden. Es war ein harter Tag für die Regierung, die alle und jeden gegen sich hatte.

Donnerstag, 9. Mai Ich übernachtete wieder in Downing Street und wurde um zwei Uhr morgens durch einen Anruf Mr. Kennedys, des amerikanischen Botschafters, geweckt, der gerade die telefonische Nachricht von Präsident Roosevelt bekommen hatte, die Deutschen hätten Holland am Nachmittag ein Ultimatum gestellt. Ich rief sofort verschiedene Stellen an und verursachte große Aufregung, bis sich herausstellte, daß die Nachricht – wie so manches, was aus Amerika zu uns dringt – nicht stimmte.

Das Kabinett trat im Unterhaus zusammen, das sich am Morgen wieder versammelte. Die Luft schwirrte von Gerüchten über einen bevorstehenden Rücktritt, und tatsächlich verbrachte der Premierminister den ganzen Tag damit, gemeinsam mit Halifax, Winston und den Oppositionsführern die Möglichkeiten zu diskutieren. Ich habe bis jetzt noch nicht viel herausbekommen, außer daß die Bildung einer Koalitionsregierung noch nicht zu den Akten gelegt ist. Aber wird Labour in eine Regierung unter dem jetzigen Premierminister eintreten? Die große Schwierigkeit ist doch, daß kein anderer geeigneter Premier zur Verfügung zu stehen scheint; allerdings besteht die Möglichkeit, daß Mr. Chamberlain als Minister ohne Portefeuille und rechte Hand des neuen Premierministers, der Churchill oder Halifax heißen könnte, in der Regierung bleibt. Eines ist klar: Wenn man die Presse stärker an die Kandare nehmen will, was gegenwärtig sehr wünschenswert ist, und wenn man einen Arbeitsdienst einführen möchte, was auf längere Sicht unvermeidbar scheint, dann geht dies nur mit einer nationalen Regierung.

Freitag, 10. Mai Ritt in sommerlicher Hitze in Richmond aus. Als ich aus dem Sattel stieg, erzählte mir der Stallbursche, daß die Deutschen in Holland und Belgien einmarschiert sind. In Downing Street war der Kriegsnebel viel zu dicht, als daß ich von dem, was vorging, viel hätte in Erfahrung bringen können. Das Kabinett war bereits um acht Uhr früh zusammengekommen, und offensichtlich überschlagen sich die Entscheidungen. Die Kabinettskrise hat jetzt in den Hintergrund zu treten. Attlee und Greenwood haben gestern abend klargestellt, es sei nicht damit zu rechnen, daß ihr Parteiausschuß einer Regierungsbeteiligung unter dem gegenwärtigen Premierminister zustimmen werde. In diesem Fall müßte Mr. Chamberlain wohl das Amt des Schatzkanzlers übernehmen, und die Koalition würde unter Winston gebildet werden. Halifax hat es angeblich abgelehnt, eine Regierung zu bilden. Wenn also der Premierminister resigniert, *muß* es, fürchte ich, Winston machen. Durch die Ereignisse in Belgien ist die Angelegenheit aber nicht mehr so dringend, denn der gegenwärtige Zeitpunkt wäre nicht der beste für eine Kabinettsumbildung.

Rab Butler erzählte mir, daß der Geheimdienst ihm noch gestern erklärt habe, mit einem deutschen Einmarsch in Belgien und Holland sei nicht zu rechnen; es sei alles nur eine Finte. Vielmehr stünde ein Angriff auf Ungarn unmittelbar bevor. Soviel zu den Qualitäten unserer renommierten Agenten im Ausland.

Inzwischen bekam ich heraus, daß der Premierminister gestern abend sowohl Winston wie Halifax erklärte, er stelle sich gern zur Verfügung, wenn einer von beiden die Regierung übernehmen würde. Halifax lehnte dies kategorisch ab, Winston leckte sich nur die Lippen. Heute nachmittag lungerten wir alle herum und diskutierten die mögliche Zusammensetzung der neuen Regierung. Besonders eifrig wurde die Chance erwogen, die der König hat, Halifax von seiner strikten Weigerung abzubringen. Ihm wird nachgesagt, daß er – vermutlich in Erinnerung an die Abdankungsaffäre – Winston nicht sehr gerne mit dem Amt betrauen möchte. Auch warteten wir auf die endgültige Entscheidung der Labour Party, die, so wurde befürchtet, möglicherweise an keiner Regierung sich beteiligt, der der Premierminister auch nur als Mitglied angehört. Gegen 16 Uhr 45 rief dann Attlee an, um mitzuteilen, daß man sich an einer Regierung beteiligen würde, vorausgesetzt, daß Neville Chamberlain nicht Premierminister bleibt. Winston wäre dann der neue Lloyd George. Vorausgesetzt, Chamberlain und Halifax gehören weiterhin dem Kriegskabinett an, würde unser neuer »Oberster Kriegsherr« zumindest einer gewissen Kontrolle unterliegen. Er mag ja zugegebenermaßen der Mann mit Energie und Tatkraft sein, als der er draußen im Lande geschätzt wird, und er mag auch in der Lage sein, unsere ächzende Kriegsmaschinerie wieder in Schwung zu bringen, aber ein gefährliches Risiko bleibt er doch. Seine Ernennung würde die Gefahr tollkühner und spektakulärer Unternehmungen heraufbeschwören. Ich kann mich der Furcht nicht erwehren, daß er unser Land in die gefährlichste Situation hineinmanövrieren könnte, in der es sich je befunden hat. Wenn Winston argwöhnen müßte, daß der jetzige Premierminister auch weiterhin die Zügel der Macht in Händen halten will, dann würde er einen solchen Streit im Unterhaus anzetteln, daß daraus tatsächlich eine ernste Krise entstünde. Nichts könnte ihn aufhalten, seinen Willen durchzusetzen, weil er über soviel Erpressungsmöglichkeiten verfügt – es sei denn, der

König macht vollen Gebrauch von seinen Rechten und ernennt einen anderen. Unglücklicherweise gibt es nur einen einzigen anderen, und das ist der nicht zu überredende Halifax.

Jedermann hier ist verzweifelt über die Aussichten, die sich eröffnen. Auch ich bin betroffen, denn ich fühle, daß ich eine größere Loyalität zu dem Premierminister hege, als ich je annahm. Und mich schaudert bei dem Gedanken, daß mir dann anstelle des charmanten, gutmütigen und sensiblen Alec ein Mann wie Brendan Bracken gegenübersitzt.

19 Uhr 05: Der Premierminister ist aus dem königlichen Palast zurückgekommen. Die Minister ohne Kabinettsrang wurden zusammengerufen, und man erklärte ihnen, daß sie zurückzutreten hätten. Der König hat Winston rufen lassen (zum Glück, denn Halifax war sich treu geblieben und zum Zahnarzt gegangen!).

19 Uhr 15: Alec und ich gingen hinüber zum Außenministerium, um Rab die Lage zu erklären. Er meinte, die gute alte Tradition in der englischen Politik – etwa die Haltung, die Pitt gegenüber Fox einnahm – sei zugunsten des größten politischen Abenteurers der Neuzeit aufgegeben worden. Er habe lange und eindringlich versucht, Halifax davon zu überzeugen, die Regierungsverantwortung zu übernehmen, habe aber keinen Erfolg gehabt. Der überraschende Coup, den Winston und sein Mob gelandet hätten, sei eine große Katastrophe und eine unnötige dazu. Die Verteidigungsstellung sei von Chamberlain, Halifax und Stanley verraten worden. Sie hätten sich feige einem amerikanischen Halbblut ergeben, dessen Hauptanhänger ebenso untauglich und schwatzhaft seien wie er selbst, amerikanische Abtrünnige wie Lady Astor und Ronnie Tree.

Ich fuhr zu einem einsamen Abendessen nach Hause und las anschließend *Krieg und Frieden*. Um 21 Uhr hörte ich im Radio die Abschiedsrede des bisherigen Premierministers. Die Worte waren wohlgesetzt. Allerdings spricht er weniger beeindruckend, wenn er die Stimme hebt und sich in Rhetorik übt.

Später hörte ich Winston oft über seine Unterredung mit Mr. Chamberlain und Lord Halifax erzählen; er berichtet darüber auch in seiner Geschichte des Zweiten Weltkriegs. Er hat wohl immer geglaubt, daß Chamberlain Halifax als Premierminister vorgezogen hätte. Aus meinem Tagebuch geht ja hervor, wie sehr alle in Downing Street und auch Leute wie Lord Butler hofften, daß irgendein Wunder dies noch möglich machen würde. Der König, obwohl er Winston mit allen Kräften unterstützte, sobald die Entscheidung gefallen war, sah den Wechsel sicher nicht gern und hätte wohl ebenfalls Lord Halifax als Premierminister vorgezogen. Das

Gefühl in konservativen, zumindest altmodischen Kreisen spricht wohl aus einem Brief von Queen Mary an meine Mutter, in dem sie die Hoffnung äußerte, ich würde zu Mr. Chamberlain halten und mich dem neuen Premierminister nicht zur Verfügung stellen.

Jedenfalls erzählte mir Winston zu wiederholten Malen, daß Chamberlain, nachdem er ihn und Halifax in den Sitzungssaal des Kabinetts hatte rufen lassen, ihn scharf angesehen und gefragt habe: »Wissen Sie irgendeinen Grund, Winston, weshalb in schwierigen Zeiten wie diesen ein Angehöriger des Oberhauses nicht Premierminister sein sollte?« Winston bemerkte die Falle, die in dieser Frage steckte. Er konnte schwerlich bejahen, ohne zu erklären, daß er sich selbst als die bessere Wahl ansah. Hätte er die Frage jedoch verneint oder die Antwort zu umgehen versucht, dann hätte Chamberlain sich sicher an Halifax gewandt und gesagt: »Da Winston einverstanden ist, werde ich dem König, wenn er um meinen Rat bittet, Sie als meinen Nachfolger vorschlagen.« Deswegen drehte Winston sich um und sah, ohne eine Antwort zu geben, auf den Horse Guards Parade hinaus. Es sei eine peinliche Pause entstanden, bis endlich Halifax von sich aus vorgeschlagen habe, Chamberlain solle Churchill als Nachfolger empfehlen.

Sonnabend, 11. Mai In Downing Street herrscht lastende Unsicherheit. Wer wird gehen und wer wird bleiben? »Wir schweben zwischen Himmel und Hölle«, meinte Arthur. Gegen 10 Uhr 30 Uhr bekam Chamberlain einen Brief vom neuen Premierminister, der ihm das Amt des Lord President[45] anbot. Chamberlain nahm an. Churchill hatte darauf hingewiesen, daß Chamberlain als Schatzkanzler, für welches Amt er vorzüglich geeignet sei, allzusehr der Kritik der Sozialisten in Finanzfragen ausgesetzt wäre, abgesehen von zusätzlichen persönlichen Animositäten.

Beim Lunch im Travellers unterhielt ich mich mit John Dashwood und Nigel Ronald. Letzterer steht für eine vollkommen andere Meinung im Außenministerium. Er sieht Rab Butler als eine öffentliche Gefahr an. Er sei nicht nur als Person schlapp, sondern auch moralisch und geistig – ein junger Mann, dessen Wirkung die eines alten sei, der jegliche Initiative verhindern wolle. Auch Kingsley Wood ist in seinen Augen gefährlich. Er habe den Premierminister immer falsch über die öffentliche Meinung in diesem Land informiert, weil er eine kleine nonkonformistische Welt vertrete. In Downing Street waren Rab und Kingsley immer als Übermenschen angesehen worden. Es ist erfrischend, auch einmal die entgegengesetzte Meinung zu hören.

Ich kann die Untätigkeit und Ungewißheit nicht länger ertragen und bin deshalb über Nacht nach Hinchingbrooke gefahren.

Pfingstsonntag, 12. Mai Zurück in London, fuhr ich in Downing Street vorbei und traf Arthur, der einen sehr enttäuschten Eindruck machte. Er begleitet Mr. Chamberlain in sein neues Amt. Tony und ich bleiben. Hinzu kommen Seal und Peck aus der Admiralität. Horace hat man grob erklärt, daß man seiner Dienste in Downing Street nicht länger bedürfe, und Miss Watson wurde in ein Hinterzimmer verbannt, wo sie sich »um die Post kümmern« soll.

Hier, an einem Punkt, an dem eine der bedeutendsten Regierungen in der Geschichte des Vereinigten Königreiches sich zu formieren begann, erscheint es zweckmäßig, einzuhalten und etwas über den Charakter des Mannes zu sagen, der sie leitete – nicht indem ich schildere, was ich an jenem Maitag des Jahres 1940 empfand, sondern im Lichte meiner persönlichen Erfahrung während der folgenden fünfundzwanzig Jahre. Das ist keine leichte Aufgabe, denn nur wenige Persönlichkeiten der Geschichte haben sich hinter so wechselnden Fassaden versteckt, haben über so viele verschiedenste Talente verfügt, haben über einen so langen Zeitraum hinweg so viele Triumphe gefeiert und so viele Niederlagen erlitten, genossen so viel Vertrauen und wurden in solchem Maße beargwöhnt, wurden so verehrt und so verabscheut wie Churchill.

Ich denke, daß auf den Seiten dieses Tagebuches einige Charakterzüge nach und nach von selbst deutlich werden. Hier will ich nur diejenigen aufzählen, die mich in der Rückschau am meisten beeindrucken. Churchill war weder in seinen Urteilen noch in seinen Handlungen einigermaßen zu kalkulieren. Als Privatsekretär, der über einen langen Zeitraum eng mit seinem Chef zusammenarbeitet, kann man für gewöhnlich mit großer Wahrscheinlichkeit voraussagen, wie dieser in einer bestimmten Situation reagieren wird. Bei Winston war das unmöglich, das fand selbst seine Frau. Man hat mich oft gefragt, wie der Premierminister über bestimmte Dinge denke, und es gab Gelegenheiten, bei denen ich vollkommen sicher war, dies zu wissen. Manchmal hatte ich sogar recht, aber ebensooft lag ich vollkommen falsch. Keiner seiner engeren Mitarbeiter hätte es jedoch besser voraussagen können. Der Grund ist in einer merkwürdigen Intuition zu sehen, über die er verfügte und die ihn dazu brachte, einen vollkommen anderen Standpunkt einzunehmen, als ihn Logik und normales Denken jedem anderen Menschen vorgeschrieben hätten.

Von dieser unerschütterlichen Unabhängigkeit des Denkens wich Churchill niemals ab. Er ging an ein Problem nur so heran, wie er selbst es sah. Von allen Menschen, die ich gekannt habe, war er derjenige, der am schwersten von seinen eigenen Absichten abzubringen war, selbst nicht durch seine engsten Berater. Viele Leute machten den Fehler, zu glauben, der eine oder andere, für den Churchill größten Respekt und Zuneigung hegte – wie zum Beispiel General Ismay oder Professor Lindemann –, wäre in der Lage, irgend etwas bei ihm durchzusetzen. Wenn der Premierminister nicht selber überzeugt war, dann hatte Druck von anderer Seite höchst selten Erfolg. Wenn eine Sache ihn nicht interessierte, dann überließ er sie, wie wichtig sie auch immer sein mochte, der Entscheidung anderer und kümmerte sich auch nicht weiter um die Hintergründe. Sobald aber sein persönliches Interesse an einer Sache geweckt war, mußte er erst davon überzeugt werden, daß seine ursprüngliche Reaktion falsch war, ehe er sich bereit zeigte, seine Meinung zu ändern. Er ließ sich zwar überzeugen – obwohl manchmal Mut dazu gehörte, eine Auffassung bei ihm durchsetzen zu wollen –, aber niemals auf Grund der Tatsache, daß derjenige, mit dem er über einen bestimmten Punkt stritt, bei ihm wohlgelitten war. Es gibt eine Reihe von Beispielen, wo er mit unbegreiflicher Leichtigkeit trotz falscher Logik und entgegen allen guten Ratschlägen die richtige Entscheidung traf.

Churchill besaß die Gabe, ungewöhnliche Zuneigungen zu entwickeln. Denjenigen, die er lange kannte oder die ihm gut gedient hatten, bewies er große Loyalität. Manchmal schoß diese Loyalität auch über ihr Ziel hinaus, wie im Fall von Sir Roger Keyes; und manchmal verleitete ihn die Zuneigung, die er seinen Kindern und Freunden gegenüber empfand, zu Handlungen, die ihm den Vorwurf des Nepotismus eintrugen. Sein ausgeprägtes Mitleid verband er mit einer persönlichen Großzügigkeit, von der viele in Not geratene Menschen berichten können, denen es gelang, seine Aufmerksamkeit auf sich zu ziehen. Obwohl es auch einige Leute gab, die er ausdauernd verabscheute, war Großmut eine seiner hervorstechendsten Charaktereigenschaften. Rachsucht lag ihm absolut fern.

Sein Zorn fuhr wie ein Blitz hernieder und war manchmal schrecklich, dauerte aber nie lange an. Er konnte seine Untergebenen außerordentlich verletzend behandeln, doch obwohl er sich niemals ausdrücklich entschuldigte, ließ er die Sonne nicht untergehen, ohne auf die eine oder andere Weise zu erkennen gegeben zu haben, daß es ihm leid tat. Sein Sarkasmus konnte äußerst bissig sein, war aber oft von einem Lächeln begleitet, das andeutete, er meine es gar nicht so. Für junge Leute, Männer wie Frauen, hegte er eine große Zuneigung, und sein Sekretariat behandelte er so, als ob wir seine Kinder wären.

In der täglichen Arbeit war er nicht leicht zufriedenzustellen, besonders nicht in den unruhigen Kriegstagen. Geduld war eine Tugend, die ihm vollkommen abging. Sobald er etwas angeordnet hatte, erwartete er auch schon, daß es ausgeführt war. Wie oft trug er mir nicht etwas auf, und ehe ich auch nur die Zeit hatte, zum Telefon zu eilen, läutete schon seine Glok-

ke, und er fragte ungeduldig nach dem Resultat. Wie oft forderte er nicht eine Vorlage an, aus seinem Sekretariat oder einer anderen Abteilung, und erwartete, daß sie im Grunde schon fertig war. Teilweise war diese Ungeduld auf seine schnelle Auffassungsgabe zurückzuführen, teilweise aber auch darauf, daß er sein ganzes Leben lang eigentlich immer nur in der Position des Befehlenden gewesen war und selten selbst Befehle ausführen mußte, so daß er keine Ahnung davon hatte, wie schwierig so etwas sein konnte.

Darüber hinaus besaß Churchill in ungewöhnlichem Maß die Fähigkeit, sofort die wichtigsten Punkte in einem komplizierten Fall herauszufinden. Er konnte eine lange Kabinettsvorlage überfliegen und ein oder zwei Aspekte herausgreifen, die auf den ersten Blick oft nicht als die wichtigsten erschienen; diese verfolgte er dann mit äußerstem Nachdruck. Es ist erstaunlich, wie oft sich am Ende herausstellte, daß es tatsächlich die wichtigsten waren.

So liebenswert Churchill war und sosehr auch alle, die mit ihm in engen Kontakt kamen, Zuneigung zu ihm faßten, so bemerkenswert rücksichtslos konnte er aber auch sein. In den Kriegsjahren, als das Essen ein Problem war, fand er nichts dabei, das Kabinett so lange tagen zu lassen, bis die Minister alle Hoffnung aufgeben mußten, irgendwo noch etwas zu essen zu bekommen. Er selbst brauchte ja nur nach oben zu gehen, wo ihm Lunch oder Dinner serviert wurden. Auch fiel es ihm niemals ein, daß irgend jemand müde oder überarbeitet sein könnte. Er dachte sich nichts dabei, einen Mitarbeiter selbst aus dem Badezimmer aufscheuchen zu lassen, auch mit belanglosen Sachen, die noch gut hätten warten können. Während der Mahlzeiten draußen in Chequers schickte er mich manchmal ein halbes Dutzend Mal zum Telefon; auch als ich mich später so gut mit ihm stand, daß ich einwenden konnte, der Anruf habe doch Zeit bis nach dem Essen, oder die gewünschte Auskunft liege bereits vor, ließ er keine Entschuldigung gelten. Was man jedem anderen übelgenommen hätte, wurde bei ihm jedoch mit fast vollständiger Gelassenheit hingenommen. Dies galt nicht nur für seine Privatsekretäre, sondern auch für die Schreibkräfte, die manchmal bis drei oder vier Uhr in der Nacht festgehalten wurden, obwohl überhaupt keine Arbeit vorlag, und ebenso für die Dienerschaft, die oft bis nach Mitternacht warten mußte, um das Geschirr abräumen zu können.

Die wichtigeren Entscheidungen traf Churchill langsam. Manchmal benötigte er Wochen des Nachdenkens, ehe er zu einem befriedigenden Entschluß kam. Über die Dinge, die ihn sehr beschäftigten, pflegte er halblaut mit sich selbst zu reden. Manchmal sprach er dabei zusammenhanglos mit seiner Umgebung, während er gleichzeitig flüsternd ein Konzept für den

Generalstab oder eine Rede vor dem Unterhaus memorierte. Seine Interessen galten in erster Linie der Verteidigung, der Außenpolitik und der Parteipolitik. Um die Innenpolitik und um die Heimatfront kümmerte er sich weniger. Er konnte allerdings äußerst zornig werden und seinen Ministern böse Memoranden übersenden, wenn er aus der Presse von offensichtlichen Fehlurteilen erfuhr.

Über Verteidigungsmaßnahmen dachte Churchill besonders intensiv nach; auf diesem Gebiet hatte er jahrelange Erfahrung. Nichts konnte ihn mehr beeindrucken als ein Beweis von Ritterlichkeit auf dem Schlachtfeld. Was die Außenpolitik betraf, so war Churchill mehr an Ereignissen als an Entwicklungen interessiert. Dem Anwachsen des Nationalismus als Faktor der britischen Weltmachtpolitik schenkte er wenig Beachtung. Indien, Ägypten und Afrika sollten, wäre es nach ihm gegangen, das bleiben, was sie in den Tagen von Omdurman gewesen waren. Dem Außenministerium mißtraute er, weil er dessen Angehörige des Defätismus und der Neigung zum Sozialismus verdächtigte. Trotzdem bedauerte er es, daß er zwar jedes andere bedeutende Ressort, aber nie das Außenministerium geleitet hatte. Wenn Eden verhindert war, benahm Churchill sich so, als sei er selbst der amtierende Außenminister – sehr zum Ärger Edens. Bei Gelegenheit äußerte Churchill mir gegenüber sogar die Absicht, das Außenministerium selbst zu übernehmen und es von Downing Street aus zu verwalten. Zwar drang davon nie ein Wort nach außen, aber ich nehme an, daß Churchill tatsächlich ernsthaft darüber nachgedacht hat.

Zusammenfassend gesagt, war Churchill in der Politik und auch in seinem Privatleben eine der seltsamsten Mischungen zwischen einem Radikalen und einem Traditionalisten, die man sich denken konnte. Er war gewiß kein Konservativer aus Leidenschaft, wie er auch die Konservative Partei nicht aus purer Überzeugung unterstützte. Andererseits war er, wie Mrs. Churchill mir gegenüber einmal äußerte, der letzte überlebende Verfechter des Glaubens an die göttliche Sendung der Monarchie. Seine Verehrung für die Monarchie grenzte fast an Abgötterei. Mit Widerwillen beäugte er alles, was die Abschaffung alter Traditionen bedeutete. In Fragen der Religion war er Agnostiker, der jedoch mit zunehmendem Alter, besonders auch unter dem Eindruck der »Battle of Britain«, zu der Ansicht kam, daß es doch eine Allmacht gibt, die einen bestimmenden Einfluß auf unser Schicksal ausübt. In die Kirche ging er selten; seltsamerweise liebte er jedoch Taufen. Aber unzweifelhaft kam er in späteren Jahren zu der Überzeugung, daß nach diesem Leben noch etwas kommen müsse. Als wir einmal vom britischen Kernforschungszentrum Aldermaston zurückfuhren, wo ihn die apokalyptische Vision einer atomaren Verwüstung mit Schrecken befallen hatte, meinte er zu mir, daß er wohl bald sterben werde.

Er frage sich, ob das Regiment dort oben auch eine konstitutionelle Monarchie sei. In diesem Fall würde doch die Möglichkeit bestehen, daß der Allmächtige einmal so nach ihm rufen werde wie einst der König.

Montag, 13. Mai Winston hält sich noch in seiner Höhle in der Admiralität auf, wird aber heute nachmittag mit seiner Arbeit in Downing Street beginnen. Es hat den Anschein, als wolle er die vier Wochen, bis Chamberlain aus Downing Street Nr. 11 ausgezogen ist, von beiden Sitzen aus regieren. Neville Chamberlain ließ mich rufen, um sich zu verabschieden. Er versicherte, daß er meine weitere Karriere mit Interesse verfolgen werde.

Fuhr mit Seal [Churchills Erster Sekretär] ins Unterhaus, um die Rede des neuen Premierministers anzuhören, in der er um das Vertrauen für die neue Regierung bat; dieser Aufgabe entledigte er sich in einer ausgezeichneten kurzen Rede. Maxton[46] kritisierte die Regierung mit Witz und Vehemenz. Er ist ein großer Idealist und schämt sich dessen nicht. Gegenwärtig sieht er keine Möglichkeit, seine Ideale zu verwirklichen, und scheut sich nicht, dies einzugestehen. Lloyd George sprach gleichfalls und wurde hinterher in das Zimmer des Premierministers gebeten. Man bot ihm das Landwirtschaftsministerium an (die Boulevardpresse tippt seit langem auf ihn). Er lehnte ab, weil er unser Land in einer hoffnungslosen Lage sieht und äußerst verzagt ist.

Ich hatte meinen neuen strahlend blauen Anzug an, der seinen Schneider nicht verleugnet: Er sieht billig und sagenhaft aus, was mir dem heutigen Tag angemessen zu sein schien. Freilich muß man zugeben, daß Winstons Regierung, bei allen Schwachstellen, über Energie und Tatkraft verfügt. Männer wie Duff Cooper, Eden, Lord Lloyd und Herbert Morrison dürften tatsächlich in der Lage sein, die Dinge voranzutreiben. Und nicht zu vergessen, die Regierung besitzt das Vertrauen des ganzen Landes.

Dienstag, 14. Mai Die Stimmung in Downing Street ist noch nicht die beste; ich führe das zurück auf den Kontrast zwischen der Gelassenheit des ehemaligen Premiers und der unruhigen Natur Winstons. Wir werden uns wohl daran gewöhnen. Nur die Aussicht, immer bis spät in die Nacht hinein arbeiten zu müssen, ist ziemlich deprimierend.

Einige der Briefe, die Winston heute erhielt, waren recht unterhaltsam. Der Herzog von Windsor gratulierte ihm und erwähnte »das große Maß an praktischer Unterstützung und Sympathie in der Vergangenheit«. Randolph Churchill sprach von den Intrigen, die den Vater neun Jahre lang aus einem Amt ferngehalten hätten, und drückte die Hoffnung aus, daß es noch nicht zu spät sei für einen neuen Anfang. Oliver Stanley lehnte das Angebot ab, das Ministerium für die Dominien zu übernehmen, angeblich wegen der geringschätzigen Art, in der er gefragt wurde; auch beklagte er sich über Winstons Vorwurf, es mangele ihm an Tatkraft. Warum hat man ihm dann das Angebot überhaupt gemacht?

Die Abendnachrichten von der Front waren erschreckend. Holland scheint auf jeden Fall verloren zu sein. Die Franzosen werden an der Maas bedrängt, und bei Sedan scheinen die Deutschen einen Durchbruch erzielt zu haben. Wir werden bestürmt, mehr Jagdgeschwader hinüberzuschicken, um den feindlichen Vormarsch aufzuhalten. Die Franzosen sprechen in unheilverkündendem Ton von fehlenden Verteidigungsstellungen zwischen Sedan und Paris.

Der Royal-Marine-Plan wurde endlich ausgeführt; im Rhein und in der Mosel wurden Minen gelegt. Das Ruhrgebiet soll nicht bombardiert werden, solange die Lage nicht übersichtlicher ist. Das Kabinett hat beschlossen, die Langstreckenbomber zur Unterstützung für die Schlacht zu Land bereitzuhalten oder für den Fall, daß Italien in den Krieg eintritt, was von Tag zu Tag wahrscheinlicher wird.

Nach dem Abendessen ging ich in die Admiralität, wo Winston nachts zu arbeiten beabsichtigt. Er hat das Parterre für diesen Zweck umgestalten lassen. Im Speisesaal sitzen jetzt ein Privatsekretär und eine besonders auf Nachtarbeit geschulte Schreibkraft. Dahinter liegt der ehemalige Salon mit seinen bemerkenswert häßlichen maritimen Möbeln, der nun als eine Art Aufenthaltsraum dient. Durch ihn gelangt man in das Arbeitszimmer, in dem der große Mann selber sitzt. Sein Schreibtisch ist überladen mit allem möglichen Krimskrams: Zahnstochern, Goldmedaillen, die er als Briefbeschwerer benutzt, Ärmelschonern, unzähligen Dosen und Schachteln mit Pillen und Pülverchen. Daneben steht ein Tisch voll mit Whiskyflaschen und ähnlichem.

Peck und ich kamen um 21 Uhr 15 an und mußten bis 22 Uhr 30 warten, ehe irgend etwas passierte. Ich nutzte die Zeit, um in Winstons Korrespondenz zu lesen, die wir für ihn bereitgelegt hatten. Darunter befand sich ein zwei oder drei Tage alter Brief des Königs, in dem er Winston auffordert, Lord Beaverbrook *nicht* zum Minister für die Flugzeugproduktion zu ernennen, im Hinblick auf das Echo, das diese Ernennung in Kanada finden würde.

Gegen halb elf kam Winston dann herunter. Nach und nach fand sich eine buntgemischte Gesellschaft ein: David Margesson, Sinclair, Eden Beaverbrook, Pug Ismay und der amerikanische Botschafter, der mir höchst beunruhigende Anzeichen dafür nannte, daß Italien in den Krieg einzutreten gedenke. Wirklich seltsame Nachtgefährten! Sie spazierten herum und unterhielten sich, während Winston durch die eine oder andere Tür sauste, mit David Staatssekretäre bestimmte, mit Eden über die deutsche Bedrohung vor Sedan sprach und zwischendurch den meiner Meinung nach übertrieben pessimistischen Ansichten Mr. Kennedys zuhörte. Gegen ein Uhr morgens wurde ich endlich erlöst.

Mittwoch, 15. Mai Ein Tag voller Nebensächlichkeiten für mich. Termine, Telefongespräche und so weiter in ununterbrochener Reihenfolge. Den Nachmittag verbrachte ich damit, dem einen den Posten eines Staatssekretärs anzubieten, dem anderen telefonisch auseinanderzusetzen, daß seine Dienste nicht mehr benötigt werden.

Pug Ismay ist nicht sehr glücklich über die militärische Lage. Er behauptet, daß die Franzosen nicht ernsthaft kämpfen. Sie seien nun einmal eine flatterhafte Nation, und es würde wohl einige Zeit verstreichen, bis sie in die richtige Kampfstimmung kämen. Walte Gott, daß dies nicht zu lange dauert!

Donnerstag, 16. Mai Offensichtlich geben sich die Franzosen keine sehr große Mühe, und so ist den Deutschen ein bedenklicher Vorstoß in Richtung Laon nordwestlich von Reims gelungen. Mir hat das uneingeschränkte Vertrauen, das hier in die französische Armee gesetzt wurde, immer etwas Sorgen bereitet. Nachdem es aber nun um ihren eigenen Heimatboden geht, werden sie hoffentlich ihre traditionelle Zähigkeit unter Beweis stellen.

Am Nachmittag wurden die Nachrichten von der Front immer alarmierender. Der deutsche Durchbruch bedroht nicht nur Paris, sondern die gesamte französische Armee. Winston war unterwegs, und so konnten wir im Garten von Nr. 10 sitzen und die Sonne genießen. Aber niemand genoß sie wirklich.

Das Kabinett trat um elf Uhr abends zusammen und diskutierte eine alarmierende Depesche, die Winston aus Paris geschickt hatte. Es mußte entschieden werden, ob wir unsere eigene Verteidigung dadurch gefährden, daß wir mehr Flugzeuge nach drüben schicken. Ich erspare es mir, die Situation näher zu beschreiben. Man wird sie später vermutlich in jedem Geschichtsbuch nachlesen können. Offensichtlich war die Stabsarbeit der Franzosen ganz unzulänglich. Es stehen keinerlei Reserven zur Verfügung, um Paris zu verteidigen. Wir hatten gehofft, daß es nur deutschen Panzerdivisionen gelungen wäre, die französische Front zu durchbrechen, aber nun sieht es so aus, als ob auch Infanteriedivisionen auf einem 50 Kilometer breiten Abschnitt einbrechen.

Winstons Depesche wurde abschnittweise dechiffriert und von mir dem Kabinett vorgelegt. Er verlangt, daß wir unsere gesamte Luftstreitmacht zum Einsatz bringen, um den deutschen Vormarsch aufzuhalten und die französische Kampfmoral zu stärken. Dabei sprach er vom »tödlichen Ernst der Stunde«, was Arthur Rucker zu der Bemerkung verleitete: »Er denkt schon wieder an seine Bücher.« Seal nannte es seine »verdammte Rhetorik«. Jedermann ist aufs äußerste gereizt, nur die Militärs nicht. Winston will bis Mitternacht eine Antwort haben. Cornwall-Jones soll sie Ismay, der bei Churchill ist, in Hindustani übermitteln.

Das Kabinett beschloß am Ende, die zehn Jagdgeschwader der RAF zu entsenden, um die die Franzosen gebeten haben. Das bedeutet, daß wir unsere eigene Verteidigung um ein Viertel unserer Flugabwehrkräfte entblößen. Dieser Bescheid wurde von Cornwall-Jones telefonisch durchgegeben. Ich konnte nicht anders, ich mußte lachen, als er vom »Lord President Sahib« und vom »Stabschef Sahib« sprach. Dieser Hindustani-Trick ist gefährlich. Wir haben ihn schon zu oft angewendet, und die Deutschen werden inzwischen dahintergekommen sein, welche Sprache wir benutzen. Schlief wieder in Downing Street.

Freitag, 17. Mai Stand um sechs Uhr in der Frühe auf, um den Premierminister mit seiner Delegation in Hendon abzuholen. Er machte einen aufgeräumten Eindruck, denn er hatte in der Pariser Botschaft übernachtet und gut gefrühstückt. Dill, Ismay und die anderen hatten dagegen eine schlimme Nacht hinter sich. Winston hatte ihnen befohlen, um 5 Uhr 45 bereitzustehen; dann sickerte durch, daß er nicht vor sieben Uhr aufbrechen wollte. Während er noch schlief, liefen sie herum und suchten vergeblich nach einem Frühstück. Er ist schon sehr rücksichtslos zu seinen Leuten.

Ich fuhr mit Ismay und zwei anderen Offizieren zurück, die alle übermüdet und ausgehungert waren. Ismay zeigte sich sehr pessimistisch und erzählte, daß die Franzosen sich nicht etwa planmäßig zurückziehen, sondern sich auf wilder Flucht befinden. Der Panzerkrieg und die deutsche Luftüberlegenheit hätten sie vollkommen fertiggemacht. Die französische Regierung stehe kopf, nachdem der Glaube an die Unbesiegbarkeit ihrer Armee so plötzlich zerstört worden sei.

Winston ist niedergeschlagen. Er meint, die Franzosen seien im Begriff, genauso zusammenzubrechen wie die Polen. Ich kann nur hoffen, daß dies eine Übertreibung ist. Unsere Truppen in Belgien müßten sich schnellstens zurückziehen, sagte er, damit die Verbindung mit den Franzosen nicht abreiße. Es könnte sonst passieren, daß sie, wenn es den Franzosen nicht gelänge, sich rechtzeitig wieder zu sammeln, ganz abgeschnitten würden.

Sonnabend, 18. Mai Die Lage ist noch immer kritisch. Admiral Phillips, der beste Kopf in der Marine, bemerkte zum Premierminister, daß das Kabinett nicht umhinkönne, jetzt eine grundsätzliche Entscheidung zu treffen. Entweder müsse man, um an der Westfront noch eine Wende zu erzwingen, die meisten Jagdflugzeuge aus unserem Land abziehen, wodurch der Krieg merklich verkürzt werden könnte; oder aber man müsse sie zu unserer eigenen Verteidigung hierbehalten, in der Hoffnung, daß wir, wenn Frankreichs Widerstand gebrochen würde, den Krieg von hier aus weiterführen könnten. Für den Fall, daß wir unsere Flugzeuge nach Frankreich beordern und sie dort verlieren, wären wir allerdings den deutschen Luftangriffen schutzlos ausgesetzt. Es wäre also ein recht gefährliches Spiel, aber ich fürchte, daß wir nicht darum herumkommen.

Nach dem Dinner ging ich wieder in die Admiralität. Winston befand sich in ausgezeichneter Stimmung. Während er noch diktierte, unterhielt ich mich mit Brendan Bracken und Professor Lindemann darüber, warum wir, wo wir doch über eine große Anzahl ungenutzter Flugzeuge verfügen, nicht mehr Jagdgeschwader aufstellen können. Offensichtlich sind aber die Verluste, besonders bei der Ausbildung, erschreckend hoch. Bracken ist Nichtakademiker, gewandt, amüsant und ganz liebenswert in seiner Art, jedoch zu geschwätzig und jederzeit bereit, eine freche Bemerkung zu machen. Lindemann ist äußerst unattraktiv, vermittelt aber den Eindruck von Kompetenz und Tüchtigkeit.

Winston, der voller Kampfgeist steckt und angesichts von Krisen und Gefahren aufblüht, diktierte ein paar kurze Mitteilungen an verschiedene Leute mit Fragen strategischer Art und einen Brief an General Georges[47] bezüglich der Lage in Frankreich. Zum raschen Vormarsch der Deutschen meinte er: »Die Schildkröte streckt den Kopf weit aus dem Panzer heraus.« In Wirklichkeit, glaube ich, sind wir aber die Schildkröte, und die Deutschen sind der Hase aus dem Märchen. Am Ende wird zwar die Schildkröte gewinnen, aber der Hase bestimmt vorerst einmal das Tempo. Ich hoffe – aber vielleicht ist dies nur Wunschdenken –, daß die gegenwärtige Lage sich mit der vom März 1918 vergleichen läßt, als die Deutschen noch einmal alle Kräfte aufboten, der 11. November aber nicht mehr fern war.

A.V. Alexander, der neue Erste Lord der Admiralität, kam herein, und Winston zeigte ihm die scharfe und unversöhnliche Antwort Mussolinis auf das entschlossene, aber höfliche Telegramm, das er ihm anläßlich seines Amtsantritts übersandt hatte. Alexander meinte, da Italiens Kriegseintritt nun wohl unvermeidbar sei, was ich bezweifle, sollten wir selbst die Initiative ergreifen und Kreta besetzen. Winston meinte jedoch, wir hätten alle Hände voll zu tun mit anderen Dingen und könnten uns solche Abenteuer nicht erlauben. So kann ein verantwortungsvolles Amt einen Mann verändern, dem die Liebe zur tollkühnen und spektakulären Aktion angeboren ist.

Sonntag, 19. Mai Nach der Kabinettssitzung am Vormittag ging ich hinüber in die Admiralität. Mrs. Churchill erzählte, der Geistliche in St. Martin-in-the-Fields habe eine derartig pazifistische Predigt gehalten, daß sie aufgestanden sei und die Kirche verlassen habe. »Du hättest laut ›Schande‹ rufen sollen«, bemerkte Winston, »das Haus Gottes mit Lügen zu entweihen!« Später kam er noch einmal darauf zurück und wies mich an: »Berichten Sie das dem Informationsminister, damit er den Mann an den Pranger stellt.« Es ist erfrischend, für einen Mann zu arbeiten, der sich auch von der größten Gefahr, die sein Land bedroht hat, nicht unterkriegen läßt.

Nach dem Lunch kam die bestürzende und – wenn sie sich bewahrheitet – äußerst bedrohliche Nachricht, daß die französische Armee südlich unseres Expeditionskorps sich aufgelöst und eine riesige Lücke an unserem rechten Flügel hinterlassen hat. Winston wurde aus Chartwell zurückgerufen, wo er ein paar Stunden Sonne genießen und seine Rundfunkrede für heute abend ausarbeiten wollte. Momentan scheint es Lord Gorts Absicht zu sein, sich zur Kanalküste zurückzuziehen und einen Brückenkopf um Dünkirchen zu bilden oder aber sich nach Südosten durchzukämpfen, um wieder Anschluß an die Franzosen zu gewinnen. Dabei müßte er die Belgier ihrem Schicksal überlassen. Er wünscht einen Kabinettsbeschluß darüber, was er tun soll.

Unser Glück scheint auf einem Tiefpunkt angelangt zu sein, aber ich bin noch immer zuversichtlich, daß wir am Ende siegen werden. Vielleicht ist ein derartiger Schock zur Stärkung unseres Selbstvertrauens ganz nützlich. Jedenfalls scheint Winston, welche Nachteile er auch immer hat, der richtige Mann für die gegenwärtige Situation zu sein. Sein Kampfgeist ist unbezwingbar. Selbst wenn Frankreich und England in Feindeshand fielen, würde er, glaube ich, mit einer Freibeuterschar weiterkämpfen. Vermutlich ist meine bisherige Beurteilung ihm nicht gerecht geworden, aber die Situation war vor einigen Wochen auch noch eine andere.

Das Kabinett trat um 16 Uhr 30 zusammen und entschied, daß das Expeditionskorps sich südlich in Richtung Amiens durchkämpfen soll, um sich wieder mit den Franzosen zu vereinigen. Winston entschloß sich, ins Alliierte Hauptquartier hinüberzufliegen, mit Gort zu reden und die Front zu besichtigen. Ich sollte ihn begleiten. Zu meiner bitteren Enttäuschung wurde dieser Plan umgestoßen, gerade als ich nach Hause gefahren war, um einige Sachen einzupacken.

Der Premierminister setzte sich um sechs Uhr nachmittags hin, um seine Rede zu schreiben, die um neun Uhr gesendet wurde. Ich hörte sie zu Hause an. Sie war gut und dem Ernst der Stunde angemessen, aber nicht der Fanfarenstoß, den ich erwartet hatte; Winston war nicht in Hochform.

In der Admiralität kam wieder die übliche »Abendgesellschaft« mit den Stabschefs, Beaverbrook, Eden und so weiter zusammen. Der Premierminister schickte Roosevelt eine Depesche, in der er um die Lieferung von Jagdflugzeugen bat und betonte, andernfalls befänden wir uns in einer gefährlichen Lage, auch wenn wir den Kampf niemals freiwillig aufgeben würden. In Anbetracht der freundlichen Worte, die er immer für die Amerikaner übrig hat, besonders für ihren Präsidenten, war ich einigermaßen schockiert, als er sagte: »Hier ist eine Depesche an die verdammten Yankees. Lassen Sie sie noch heute nacht weiterleiten.« Ich ließ sie Herschel Johnson von der amerikanischen Botschaft zugehen und war ein wenig befremdet, als mich der Premierminister um halb drei wecken ließ, weil er die Depesche zurückhaben wollte, um sie noch einmal zu überlesen.

Montag, 20. Mai Neuerdings bricht in Downing Street jeden Morgen eine fieberhafte Aktivität aus, wenn nämlich der Aktenkoffer des Premierministers zurückkommt. Er enthält die Vorgänge, die er über Nacht bearbeitet hat – allesamt Dinge, deren Erledigung man ihm am vorhergehenden Tag nicht hatte abnötigen können: Depeschen, Briefe, Kabinettspapiere, Berichte des Generalstabs und so weiter. Vieles kommt auch unerledigt zurück und muß ihm in der nächsten Nacht noch einmal vorgelegt werden. Auf andere Vorgänge hat er mit roter Tinte unleserliche Anweisungen gekritzelt, die sofort ausgeführt werden sollen.

Dienstag, 21. Mai Die Lage in Frankreich ist wirklich außergewöhnlich. Die Deutschen befinden sich dank dem raschen Vormarsch ihrer Panzertruppen an manchen Stellen bereits hinter den alliierten Linien. Sie haben inzwischen Amiens erreicht und sind im Vorrücken auf Abbeville. Ihr Hauptstoß richtet sich nach Nordwesten auf die Kanalhäfen.

Später erreichten uns Nachrichten, daß die deutschen Panzer bereits vor Boulogne stehen. Ich schaltete mich – ziemlich skrupellos, aber mit dem Einverständnis von Tony und Peck – in ein Gespräch zwischen dem Premierminister und dem Generalstabschef ein. Man glaubt zwar, Boulogne halten zu können, aber es ist schon bedrohlich, daß die Deutschen so weit gekommen sind. Offensichtlich scheinen auch die Nachschublinien des Expeditionskorps gefährdet zu sein. Die Franzosen haben sich gegen die deutsche Invasion bisher offenbar noch weniger gewehrt als die Polen, Norweger und Holländer. Für den Notfall bereitet man sich auf die Evakuierung unserer Truppen vor.

In der Admiralität herrschte am Abend das reinste Chaos, denn wegen des Zusammenbruchs der Verbindungen gab es kaum Informationen. Ich habe Winston noch nie so niedergeschlagen gesehen. Während ich versuchte, für ihn eine Telefonverbindung mit Monsieur Reynaud herzustellen, sagte er: »Niemals zuvor hat es soviel Unfähigkeit in einem Krieg gegeben.« Entgegen dem Rat des Stabschefs und aller anderen Anwesenden entschied er sich, am Morgen nach Paris zu fliegen und Weygand und Reynaud zu treffen. Er will ihnen klarmachen, daß es keinen Zweck hat, die deutschen Panzerkolonnen, die schon so weit nach Frankreich eingedrungen sind, zu bekämpfen, sondern daß man sich darauf konzentrieren muß, dem Hauptangriff zu widerstehen und selbst anzugreifen.

Gegen halb zwei, gerade als der Premierminister sich zurückgezogen hatte, rief das Luftfahrtministerium an, um mitzuteilen, daß General Billotte, dessen Unschlüssigkeit und Wankelmut man einen Großteil der Niederlage zuschreibt, bei einem Autounfall schwer verletzt worden sei; der Premierminister werde über diese Nachricht erleichtert sein. Ich traf ihn in seinem Schlafzimmer an. Er bot einen ziemlich komischen Anblick im Unterhemd. Auf meine Mitteilung hin murmelte er nur: »Der Ärmste«, aber es klang nicht gerade überzeugend.

Mittwoch, 22. Mai Der Premierminister kehrte am Abend aus Paris zurück. Pug Ismay meinte, man habe jetzt wenigstens die Gewißheit, daß die Franzosen von einem fähigen Mann kommandiert würden. Weygand sei großartig, mache einen jugendlichen Eindruck trotz seines Alters und habe begriffen, um welche Art von Krieg es sich handelt. Wir hätten ihn geradeheraus gefragt, ob er sich zutraue, die französische Armee wieder zum Kämpfen zu bringen, und er habe entgegnet: »Ich werde es versuchen.« Dennoch sind die Berichte über die Kampfmoral der Franzosen entmutigend. Pug befürchtet, daß sie, wenn die Deutschen ihnen großzügige Friedensbedingungen anbieten, weitere vierzig Divisionen und fünfzehn Geschwader der Luftwaffe von uns fordern; wenn unsere Antwort dann *non possumus* sei, würden sie bedauernd erklären, daß sie unter diesen Umständen den Kampf nicht fortführen könnten. Wir müßten uns also nach einem erstklassigen Befehlshaber im eigenen Land umsehen und auf das Schlimmste gefaßt sein. Ich glaube, Pug ist ein zu großer Schwarzseher, denn so tief werden sich die Franzosen doch nicht demütigen lassen.

Donnerstag, 23. Mai Gestern erhielt die Regierung vom Unterhaus größere Vollmachten, als je eine Regierung in diesem Land besessen hat. Sie besagen, daß, wenn unser Land selbst angegriffen wird oder sonst etwas Schlimmes passiert, die Rechte von einzelnen oder von Institutionen der Sicherheit unseres Landes nicht im Weg stehen dürfen. So können zum Beispiel Häuser zerstört werden, um angreifende Panzer aufzuhalten, die Einführung eines Arbeitsdienstes ist denkbar, und Industrieanlagen dürfen beschlagnahmt werden. Nun gilt das *salus populi suprema lex* erst recht; in einem totalen Krieg muß eben auch eine Demokratie ihre Freiheiten opfern. Aber welch ein Präzedenzfall für eine künftige Friedensregierung! Und wird staatliche Kontrolle, einmal eingeführt, je wieder abgeschafft?

Die Lage war heute morgen schwärzer als je zuvor. Die Nachschublinien unseres Expeditionskorps sind unterbrochen, und die Verpflegung ist gefährdet. Dazu stehen feindliche Infanterieeinheiten vor Amiens, und starke Panzerverbände haben Dünkirchen, Calais und Boulogne fast erreicht. Unseren Truppen ist es nicht gelungen, nach Süden durchzubrechen, um sich mit den Franzosen zu vereinigen. Es scheint ziemlich sicher, daß sie sofort den Rückzug antreten müssen, um unter wahrhaft herkulischen Schwierigkeiten zu versuchen, sich nach England einzuschiffen.

Freitag, 24. Mai Ich fuhr früh in die Admiralität und traf den Premierminister, der einen herrlich geblümten Morgenmantel trug und eine lange Zigarre paffte, auf dem Weg von der Operationszentrale in sein Schlafzimmer. Er führte ein oder zwei Telefongespräche, zu denen er, nur mit einem Handtuch bekleidet, aus dem Badezimmer kam.

In Downing Street gibt es zwei neue Gesichter: einen weiteren Sekretär namens Martin und einen Angestellten, der vom Pensionsministerium kommt. Damit sind wir zwar hoffnungslos überbesetzt, aber es bedeutet kürzere Arbeitszeiten. Im Moment sind wir alle durch die langen Dienststunden zwar nicht überarbeitet, aber übermüdet.

Montag, 27. Mai Die Stimmung in Downing Street war bei meiner Rückkehr noch schwärzer als am vergangenen Freitag. Die Lage hat sich in den letzten achtundvierzig Stunden noch einmal entscheidend verschlechtert. Unsere Truppen haben mit dem Rückzug zur Kanalküste begonnen, um sich, von welchem Hafen auch immer, nach England einzuschiffen. Die Franzosen scheinen endgültig demoralisiert zu sein, so daß mit ihrem Zusammenbruch ernsthaft gerechnet werden muß. Im Kabinett überlegt man fieberhaft, ob wir den Krieg unter diesen Umständen alleine weiterführen können. Es gibt Anzeichen dafür, daß Halifax genug hat. Er behauptet, es könne nicht länger unser Ziel sein, Deutschland in die Knie zu zwingen, sondern nur noch, unsere eigene Integrität und Unabhängigkeit zu verteidigen.

Glücklicherweise ist Ironside [Chef des Generalstabs] abgetreten, und Dill, der großes Vertrauen erweckt, hat seinen Platz eingenommen. Angesichts der Schwierigkeiten beneide ich ihn nicht. Ich bin jedoch noch immer fest davon überzeugt, daß wir am Ende siegen werden, selbst wenn die Franzosen aufgeben. Allerdings befinden wir uns in der äußersten Notlage, und ein rechtzeitiges Wunder wäre jetzt nicht unwillkommen.

Am Nachmittag traf eine Depesche von Lothian ein, in der er über ein Gespräch mit Roosevelt berichtet, der offensichtlich glaubt, daß, wenn uns das Wasser wirklich bis zum Halse steht, die Vereinigten Staaten eingreifen werden. Roosevelt meint, daß, vorausgesetzt, unsere Flotte bleibt intakt, mit den Hilfsquellen der Alliierten der Krieg von Kanada aus fortgeführt werden könnte. Dabei macht er den seltsamen Vorschlag, unser Regierungssitz sollte dann auf den Bermudas sein und nicht in Ottawa, weil die Republikaner Amerikas den Gedanken, eine Monarchie auf ihrem Kontinent zu haben, verabscheuen würden.

Um zehn Uhr abends trat das Kabinett zusammen, um über die Folgen von König Leopolds Entschluß zu diskutieren, trotz des Widerstandes seiner Regierung, die bereits auf englischem Boden ist, um einen Waffenstillstand nachzusuchen. Dieser Abfall Belgiens bringt unsere Truppen in eine äußerst gefährliche Lage. Duff Cooper fürchtet, daß damit »eine Menge von ihnen niedergemetzelt wird«.

Dienstag, 28. Mai Sir Roger Keyes, der heute morgen von Belgien herüberkam, erklärte, daß Lord Gort, den er noch vor kurzem sprach, die Chancen, unsere Truppen in Sicherheit zu bringen, nicht sehr hoch einschätzt. Winston sagte in einer Erklärung vor dem Unterhaus heute nachmittag, es kämen »harte und schwere Zeiten« auf uns zu. Wir haben die erste große Schlacht dieses Krieges verloren, aber es war mit Sicherheit nicht die letzte.

Ich habe beschlossen, wenn der Krieg fortdauert, mich mit Entschiedenheit darum zu bemühen, freigestellt zu werden, nehme aber an, daß es Widerstand aus dem Außenministerium geben wird. Unter den gegenwärtigen Umständen muß man nicht das tun, was die Vernunft diktiert, sondern das, was einem das Gewissen gebietet. Ich werde noch einen Monat warten und dann Himmel und Hölle in Bewegung setzen, um an die Front zu kommen.

Mittwoch, 29. Mai Ciano hat Loraine erklärt, der Eintritt Italiens in den Krieg sei beschlossene Sache und nur noch eine Frage von Tagen. Die Verantwortung dafür liege einzig und allein bei Mussolini. Vermutlich nimmt er an, daß Deutschland den Krieg gewinnen wird, und sieht eine günstige Gelegenheit, ihn nach Süden auszuweiten. Es gibt Hinweise darauf, daß der Angriff [auf Frankreich] über die Schweiz erfolgen wird.

Lunchte mit Tony Bevir im Travellers. Sir Kenneth Clark[48], der hinzukam, erzählte uns, daß man überlege, die Gemälde der National Gallery und der Königlichen Sammlungen nach Kanada auszulagern. Er sprach auch über den Pazifismus in Wales, der vorwiegend auf den Einfluß der Geistlichkeit zurückgehe. Tony machte den klugen Vorschlag, Tom Jones um Hilfe anzugehen. Nach dem Lunch unterhielten Tony und ich uns über den Sozialismus. Ich glaube, die Sozialisten machen fast immer den Fehler, sich ein Utopia auszudenken und sich von dort aus rückwärts vorzuarbeiten. Es ist aber viel klüger, sich vorwärts zu kämpfen, mit einem definitiven Ziel vor Augen, und sich dabei immer zu vergegenwärtigen, daß es Hindernisse auf dem Weg dorthin geben kann und am Ziel vielleicht andere Bedingungen herrschen.

Fixe Ideen sind immer sehr gefährlich, wenn sie sich auf die Zukunft beziehen, denn unsere Erfindungsgabe vermag den Ablauf der Ereignisse nicht zu beeinflussen. Deshalb sind auch fein ausgeklügelte Friedenspläne so vergeblich, weil es unmöglich ist, Friedensbedingungen von vornherein festzulegen. Entweder gewinnen wir auf der ganzen Linie, oder wir sind gezwungen, Kompromisse einzugehen. Daß wir verlieren könnten, glaube ich keinen Moment.

Die Nachricht traf ein, daß wir Narvik erobert haben. Wir brauchen im Moment aber auch wirklich etwas, woran wir uns aufrichten können.

Nach dem Dinner ging ich wieder in die Admiralität. Die Evakuierung unseres Expeditionskorps kommt besser voran, als wir zu hoffen gewagt hatten. 70 000 Soldaten befinden sich bereits in Sicherheit. Wir sollen 77 deutsche Flugzeuge abgeschossen und nur 16 verloren haben. Als ich dies dem Chef des Generalstabs der Luftwaffe mitteilte, weigerte er sich, es zu glauben.

Lloyd George hat dem Premierminister auf dessen Angebot, ein Amt in der Regierung zu übernehmen, geantwortet, er sei zwar »ehrlich daran interessiert, meinem Land aus dem schrecklichsten aller Schlamassel herauszuhelfen, in den es durch die Unfähigkeit seiner Regierung je hineingezogen wurde. Einige Urheber dieser Katastrophe sind aber noch immer führende Mitglieder Ihrer Regierung, und zwei von ihnen gehören dem Kriegskabinett an.« Damit meint er Chamberlain und Halifax. Der Premierminister hat ihm geantwortet, daß nichts seine Loyalität gegenüber Chamberlain beeinflussen könne, der immer auf seiner Seite gestanden und ihm jede Unterstützung gewährt habe.

Winstons nicht nachlassende Betriebsamkeit ist beeindruckend. Ihm fällt unablässig etwas ein, was er in Form von Fragen niederschreibt und an Ismay oder den Chef des Generalstabs zur Prüfung weiterleitet. Bisweilen handelt es sich dabei um recht triviale Angelegenheiten. Das sieht dann so aus: »General Ismay. Stellen Sie die Anzahl der deutschen Kanonen fest, die sich als Trophäen in unserem Land befinden, und lassen Sie prüfen, ob sie wieder instand gesetzt werden können, um die Küsten zu verteidigen, wenn feindliche Panzer landen.« In einem anderen dieser Billette warf er heute die Frage auf, ob man den Soldaten nicht Wachs zur Verfügung stellen sollte, mit dem sie sich die Ohren gegen den Kriegslärm verstopfen könnten.

Freitag, 31. Mai Jedermann ist erleichtert über den Fortgang der Evakuierung. Eine der größten Niederlagen in der Weltgeschichte wurde durch große Tapferkeit und überaus gute Organisation wieder wettgemacht. Die Nachhut des Expeditionskorps, obwohl dezimiert, hielt dem Feind mutig stand, die RAF ist unablässig über Dünkirchen im Einsatz, und unsere Flotte hat das Unmögliche wahr gemacht. 220 Kriegsschiffe und 665 andere Schiffe waren im Einsatz. Die Seeleute sind so erschöpft, daß sie nur noch automatisch arbeiten, aber sie kämpfen unverdrossen weiter.

Der Geheimdienst berichtet aus Deutschland, daß dort die Schwierigkeiten zunehmen. Die Nazis hätten Angst davor, den Krieg nicht in diesem Sommer entscheiden zu können. In ihrem Land herrsche eine allgemeine Apathie. Die Verluste seien groß, der Mangel an Nahrungsmitteln und Rohstoffen mache sich bemerkbar und die Produktion von Panzern und Flugzeugen sei um vierzig Prozent zurückgegangen. Wenn diese Berichte stimmen, dann könnte der Krieg Weihnachten zu Ende sein, trotz der berüchtigten Zähigkeit der Deutschen und der Standfestigkeit ihrer Armee.

Es gibt indirekte Versuche, unter anderem durch die Hohen Kommissare der Dominien, die Vereinigten Staaten mit in den Krieg zu ziehen, indem man Regierungsmitgliedern in den düstersten Farben ausmalt, was von einem siegreichen Deutschland zu erwarten sei, und indem man andeutet, daß Frankreich kapitulieren könne.

Obwohl Italien sich auf einen unmittelbaren Kriegseintritt vorzubereiten scheint, glaube ich, daß doch noch eine Chance besteht und sich alles als großer Bluff herausstellt. Wenn Mussolini es wirklich ernst meinte, dann würde er die Sache doch nicht so offensichtlich betreiben.

Frankreichs Zusammenbruch

Juni 1940

Sonnabend, 1. Juni War den ganzen Tag sehr beschäftigt, insbesondere, nachdem der Premierminister mit einem Aktenkoffer voller Papiere aus Paris zurückgekommen war. Auf der Vorlage, mit der Tony die Auslagerung der Gemälde der National Gallery nach Kanada vorschlug, hatte er notiert: »Nein, bringt sie in Höhlen oder Gewölben unter. Nichts darf weg. Wir werden sie schon schlagen.«

Heute nachmittag hatte ich einen recht stürmischen Auftritt mit Winston, weil die Stabschefs nicht in der Admiralität waren, als er mit ihnen reden wollte. Er brüllte mich an, aber ich machte mir nichts daraus, weil ich in diesem Fall unschuldig war und weil ich weiß, daß er dazu neigt, seinen Zorn immer auf den ersten besten abzuladen, egal, wer es gerade ist. Aber er ist auch nicht nachtragend. Sprach mit Lord Gort, der heute morgen aus Dünkirchen zurückkam.

Seal ist, soweit es ihn betrifft, damit einverstanden, daß ich mich zum Militär melde, und will mir eine Offiziersstelle in der Freiwilligenreserve der Marine besorgen. Jedoch bedeutete mir Mallet vom Außenministerium, mit dem ich mich sofort in Verbindung setzte, daß es im Moment zu viele Bewerber im Außenministerium gebe und Alec Cadogan entschieden habe, niemanden mehr freizustellen. Er sagte, dies könne sich, wenn die Lage weiterhin gespannt bleibe, bald ändern, und versprach mir, mich umgehend zu unterrichten.

Sonntag, 2. Juni Ich war wieder in Downing Street, kurz bevor der Premierminister aus Chequers zurückkam. Von den eintreffenden Stabschefs hörte ich, daß die Evakuierung unserer Truppen in Dünkirchen zügig vorangeht. Die gesamte Aufmerksamkeit konzentriert sich jetzt auf zwei Punkte: den bevorstehenden Angriff auf Paris und die Maßnahmen zur Ausrüstung eines neuen Expeditionskorps. Reynaud hat telegrafisch um mehr Jagdflugzeuge, mehr Bomber und mehr Truppen gebeten, um dem erwarteten Angriff an Somme und Aisne begegnen zu können. Darüber ist Winston sehr verärgert; in seinen Augen sind die Franzosen unverschämt. Er wendet seine ganze Aufmerksamkeit jetzt der Verteidigung der Insel zu. Dazu will er unbedingt die Kampfkraft unserer Luftwaffe erhalten; auch will er neue Armeen aus den Resten der alten und jenen Truppen aufstellen, die sich in Indien und Palästina befinden.

Andererseits ist es wichtig, daß man die Franzosen moralisch unterstützt und ihnen keinen Vorwand für eine Kapitulation liefert.

Montag, 3. Juni Winston ist es leid, daß wir uns immer in der Defensive befinden, und denkt über Angriffe auf das Territorium des Feindes nach. »Wie schön wäre es doch«, schrieb er an Ismay, »wenn wir die Deutschen dazu bringen könnten, sich zu fragen, wo wir sie als nächstes schlagen werden, anstatt immer nur überlegen zu müssen, wie wir uns auf unserer Insel verschanzen und sie überdachen. Wir müssen Anstrengungen unternehmen, die geistige und moralische Niedergeschlagenheit und die Initiative des Feindes, unter der wir leiden, abzuschütteln.«

Dienstag, 4. Juni Die beabsichtigte Räumung Narviks, die sicherlich ein schwerer Fehler ist, wurde noch aufgeschoben, da mit den Deutschen über einen schwedischen Vorschlag verhandelt werden soll, der dem norwegischen König den Norden des Landes belassen würde.

Das wichtigste Problem ist jetzt die Forderung der französischen Regierung nach neuen Divisionen und weiteren Jagdflugzeugen. Unsere Verluste in den letzten zwei Wochen haben offensichtlich unsere Luftverteidigung geschwächt. Newall erklärt, wenn wir keine Atempause bekämen, könnte er für höchstens achtundvierzig Stunden unsere Verteidigung gegen massierte Luftangriffe garantieren. Demnach können wir es uns nicht leisten, weitere Jagdflugzeuge nach Frankreich zu schikken. Wir überlassen ihnen zwei zusätzliche Divisionen, aber ob wir noch weitere stellen können, hängt davon ab, wie schnell es uns gelingt, die verlorene Ausrüstung zu ersetzen.

Ging ins Unterhaus, um die Erklärung des Premierministers zur Evakuierung unseres Expeditionskorps anzuhören. Es war eine phantastische Rede, die offensichtlich das Haus bewegte. Nachdem er die schrecklichen Möglichkeiten erwähnt hatte, die uns bevorstehen können, kam er zu folgendem eindrucksvollen Schluß: »Wir werden bis ans Ende gehen. Wir werden in Frankreich kämpfen, wir werden auf den Meeren und Ozeanen kämpfen, wir werden mit wachsender Zuversicht und wachsender Stärke in der Luft kämpfen. Wir werden unsere Insel verteidigen, koste es, was es wolle. Wir werden an den Stränden kämpfen, wir werden in den Landungsgebieten kämpfen. Wir werden in den Feldern und auf den Straßen kämpfen, wir werden auf den Hügeln kämpfen, wir werden uns niemals ergeben ...«

Churchill erwähnte in seiner Rede nicht, obwohl er es ursprünglich beabsichtigte, daß König Leopold, den er heftig kritisierte, Lord Gort die Zusage zu weiterem Widerstand gegeben hat.

Nach dem Dinner in der Admiralität erzählte mir der Erste Lord Alexander, daß er sich dreimal gegen die Räumung von Narvik ausgesprochen habe, daß sie aber inzwischen entschieden sei und er nichts mehr tun könne. Er zeigte mir ein bemerkenswertes Telegramm von Lord Cork aus Narvik, in dem dieser berichtet, daß die Norweger Angst hätten, die Russen könnten ihr Land besetzen, und daß sie deswegen daran denken, vor den Deutschen zu kapitulieren. Sie stellten das Ansinnen, daß wir beim Abzug unsere Ausrüstung zurücklassen, damit die Deutschen sie gegen die Russen einsetzen können!

Mittwoch, 5. Juni Winston ist noch immer offensiv und begeistert. Er glaubt, daß man die Australier für kleine Überfälle an der Küste besetzter Länder wie Dänemark, Holland und Belgien einsetzen kann. In einer Notiz an Ismay schlug er vor: »Es müssen Unternehmen mit speziell ausgebildeten Truppen vorbereitet werden, die nach Methode ›zuschlagen und verschwinden‹ Terror an den Küsten verbreiten. Später oder aber sobald wir dazu in der Lage sind, sollten wir Calais oder Boulogne überfallen, die Garnison der Hunnen töten oder gefangennehmen und den Ort so lange halten, bis alle Vorbereitungen getroffen sind, daß wir ihn durch Belagerung oder Erstürmung wiedererobern können, und danach verschwinden.« Leichtbewaffnete Einheiten müßten »an den Küsten landen, tief ins Land hinein Überfälle machen, wichtige Verbindungslinien des Feindes zerstören und sich dann wieder zurückziehen, eine breite Blutspur zurücklassend. Es ist möglich, daß die besten deutschen Truppen zum Angriff auf Paris eingesetzt werden, so daß im Hinterland nur die gewöhnlichen Linientruppen zurückbleiben. Denen müssen wir das Leben zur Hölle machen.«

Die Deutschen haben heute mit einer großen Offensive in Richtung Paris begonnen. Offensichtlich legen sie es darauf an, unseren erschöpften Truppen keine Atempause zu gönnen. Die Franzosen verlangen gewaltige Luftunterstützung von uns. Winston will ihnen mehr geben, als unsere Luftverteidigungsexperten zugestehen wollen. Sie weisen darauf hin, daß wir Zeit für eine Auffrischung benötigen und unser Land nicht schutzlos lassen können.

Donnerstag, 6. Juni In den frühen Morgenstunden gab es eine Vorwarnung, aber glücklicherweise kamen die feindlichen Flugzeuge nicht bis London.

Ein interessanter Bericht kam von der Zensurbehörde. Aus den Briefen, die dort zensiert werden, spricht keine rasende Wut über die Deutschen, sondern kalter, wohlüberlegter Haß. Der Krieg ist nun zum erstenmal auch für den Durchschnittsengländer zu einem Problem erster Ordnung geworden. Es gibt keine Anzeichen für eine schlechte Kampfmoral, und nur wenige wollen einen Frieden um jeden Preis. Bemerkenswert ist allerdings, daß die mutlosen und defätistischen Frauen die Männer im Verhältnis von 2:1 übertreffen.

Der Premierminister war im Kino, um sich den Film über Dünkirchen anzusehen, und kam ziemlich schlecht gelaunt zurück. Ich mußte ihm das Kaminfeuer anzünden, obwohl es die wärmste aller warmen Nächte war; dann arbeitete er bis halb zwei Uhr. Er ist verägert über die Franzosen, die unablässig nach weiteren Jagdflugzeugen schreien. Pétain und Weygand drohen, wenn wir ihnen keine weiteren Jagdflugzeuge überlassen, werde Frankreich kapitulieren müssen. Pétain hat Reynaud erklärt, wenn er nicht den Mut dazu hätte, würde er, Pétain, das übernehmen. Ich glaube, daß die Franzosen uns nur Angst einjagen wollen, damit wir weiter nachgeben. Pug Ismay findet die Franzosen reichlich unverschämt. Sie bewürfen uns mit Schmutz, ohne ein Wort des Dankes für all die Hilfe, die wir ihnen geleistet haben. Alles, was sie über Solidarität unter den Alliierten von sich gäben, diene lediglich dem Zweck, den geheiligten Boden Frankreichs vor dem Zugriff des Feindes zu retten. Wir müßten von allen guten Geistern verlassen sein, wenn wir ihnen unsere sämtlichen Jagdflugzeuge zur Verfügung stellten. Würden sie nämlich kapitulieren, dann wäre unser Land innerhalb von zwei Tagen ebenfalls bezwungen; wenn unsere eigene Verteidigung dagegen intakt bliebe, würden wir den Krieg auch dann gewinnen, wenn die Franzosen aufgeben.

Der Premierminister war in einer äußerst gereizten Verfassung. Er ärgert sich über den Ersten Seelord, der sehr zurückhaltend ist, was Winstons geliebte »Operation Paul« betrifft, die vorsieht, die Erztransporte aus Lulea durch das Legen von Minenfeldern zu unterbinden. Und dann ärgert er sich über seinen Kriegsminister Eden, der Schwierigkeiten macht, ausgebildete Truppen aus Palästina abzuziehen. »Wir sind das Opfer eines maroden und schwachen Zuständigkeitsdenkens«, diktierte er in einer Note, und weiter nach einem Vergleich unserer Anstrengungen im letzten Krieg mit den jetzigen: »Unsere Schwäche, Langsamkeit und Unentschlossenheit sind vor dem Hintergrund dessen, was wir vor fünfundzwanzig Jahren geleistet haben, ganz offensichtlich.«

Freitag, 7. Juni Nach dem Tee fuhr ich über Nacht nach Uppark. Herbert Meade, der redet, wie viele in diesem Land denken, sagte, er hoffe, daß wir nach dem gewonnenen Krieg Deutschlands Städte zerbomben werden, um den Deutschen beizubringen, daß es sich nicht auszahlt, einen Krieg vom Zaun zu brechen. Meine Ansicht ist, daß pure Rachsucht weder gerecht noch vernünftig ist.

Montag, 10. Juni Am Nachmittag herrschte das reinste Chaos in der Admiralität. Winston hatte wieder einmal eine seiner aus heiterem Himmel kommenden Entscheidungen getroffen. Er wollte nach Paris fliegen und war schon fast auf dem Weg zum Flugplatz, als eine Depesche eintraf, daß die französische Regierung im Begriff sei, Paris zu verlassen. »Was zum Teufel ...«, war alles, was er dazu bemerkte. Da drüben kein Flugplatz mehr zur Verfügung stand, meinte er brummig: »Es gibt keine Hühnerstange, auf der ich mich niederlassen könnte«, und ließ seinen Plan fallen. Nach vielem Hin und Her und einer Unzahl Telefonaten warf Mary Churchill ihn schließlich aus der »Wohnung«, und wir verzogen uns nach unten.

Die Nachrichten aus Frankreich sind wirklich entmutigend. Winston ist zwar froh, daß die französische Regierung Paris verläßt, weil dies ein Anzeichen dafür ist, daß sie weiterkämpfen will. Andererseits befürchtet er, daß Flandin und andere »Quislinge« zurückbleiben und mit dem Feind paktieren.

Mussolini hat sich endgültig entschlossen, in den Krieg einzutreten. Noch nie ist ein Kriegseintritt mit soviel Pauken und Trompeten erfolgt, aber die Italiener haben ja einen Sinn fürs Melodramatische. Jedenfalls hatten wir Zeit genug, uns darauf vorzubereiten und Langstreckenbomber in Südfrankreich zu stationieren. Morgen nacht werden wir mit dem ersten großen Angriff beginnen.

In der Admiralität steht nicht so sehr Italiens bevorstehender Kriegseintritt im Mittelpunkt des Interesses als die Frage, ob die Franzosen wohl aufgeben oder besiegt werden. Alles, was Winston zu Italien bemerkte, war: »Leute, die nach Italien reisen, um sich Ruinen anzusehen, werden in Zukunft nicht mehr bis nach Neapel oder Pompeji fahren müssen.« Er war sehr schlecht gelaunt, bellte jeden an, diktierte verärgert Mitteilungen an den Ersten Seelord und weigerte sich, mündlich Vorgetragenes zur Kenntnis zu nehmen. Später hörten wir uns alle Roosevelts Rede an, der von Italiens »Dolchstoß in den Rücken« sprach. Sie war so nützlich, wie sie es unter den gegebenen Umständen nur sein konnte.

Dienstag, 11. Juni Der Premierminister ist nach Frankreich geflogen, um den Franzosen den Rücken zu stärken.

Mittwoch, 12. Juni Die Nachrichten sind heute noch schlechter als je zuvor. General Haining meint, daß Paris mit Sicherheit innerhalb der nächsten achtundvierzig Stunden fallen wird. Die Franzosen kämpften zwar mit äußerster Verbissenheit, seien aber am Ende ihrer Kräfte angelangt. Obwohl Reynaud bis zum bitteren Ende durchhalten will, ist Pétain bereit, Frieden zu schließen. Er ist schlimmer als Bazaine[49] 1870. Inzwischen ist unsere 51. Division bei St. Valéry eingeschlossen. Die Franzosen haben angeordnet, daß sie sich ergibt. Ihr Kommandeur hat sich zwar geweigert, aber da ihm ein Rückzug nicht offensteht, wird ihm nichts anderes übrigbleiben. Die französischen Truppen in St. Valéry haben bereits die weiße Flagge gehißt.

Gestern nacht haben die Franzosen versucht, unsere Langstreckenbomber von einem Angriff auf Italien abzuhalten. Sie fuhren sogar Lastwagen auf das Rollfeld, um den Start der Wellingtons zu verhindern. Das ist ihr Geist der Zusammenarbeit! Sie haben Angst vor einer italienischen Vergeltung. Arme Kerle, sie befinden sich wirklich schon im Stadium der äußersten Verzweiflung.

Nach dem Dinner las ich den Bericht über Winstons gestrige Verhandlungen mit den Franzosen. Offensichtlich haben sie keinerlei Reserven mehr. Ihre Divisionen sind dezimiert. Sie haben alle verfügbaren Soldaten und Waffen in die Schlacht geworfen, aber nichts vermag die deutsche Dampfwalze aufzuhalten. Weygand und Georges sind der Meinung, daß der Kampf so nicht fortzuführen ist. Es gibt da einen jungen französischen General namens de Gaulle, auf den Winston große Stücke hält. Er kann vielleicht den weiteren Widerstand von hier oder von der Atlantikküste aus organisieren, mit der Unterstützung unserer Truppen. Wir werden zwar bald eine neue Armee auf die Beine gestellt haben, aber in Frankreich geht es, wie Weygand sagt, jetzt nicht mehr um Wochen oder Tage, sondern um Stunden.

Winston hat Roosevelt eine anschauliche Schilderung der zu erwartenden Katastrophe zukommen lassen. Er scheint zu hoffen, daß Amerika nun gleichfalls in den Krieg eintritt, zumindest als kämpfender Alliierter. Aber würde Amerikas materielle Unterstützung uns noch rechtzeitig erreichen?

In der Admiralität herrschte fieberhafte Aktivität. Beaverbrook machte großen Lärm, vermutlich in der Hoffnung, damit die Leute aufzurütteln. Alle führenden Leute aus dem Luftfahrtministerium waren damit beschäftigt, ein Telegramm nach Frankreich auszubrüten, wie viele Bomber und Jagdflugzeuge wir ihnen morgen schicken können. Leider ist die Reichweite unserer Jagdflugzeuge beschränkt und reicht nicht weit über die Seine hinaus, aber es wäre selbstmörderisch, sie auf französischen Flugplätzen zu stationieren, wo sie durch Bomber am Boden zerstört werden könnten.

Nach Mitternacht rief Reynaud an. Winston konnte ihn nicht verstehen, da die Verbindung zu schlecht war. Schließlich mußten de Margerie[50] und ich uns mit Hilfe der Vermittlung verständigen. Reynaud ließ Winston bitten, morgen nach Frankreich zu kommen, und zwar um 14 Uhr 45 zur Präfektur von Tours. Es sieht so aus, als hätten die Franzosen die Absicht, endgültig aufzugeben, denn Reynaud versprach Winston, ihn auf jeden Fall zu konsultieren, bevor man weitreichende Entscheidungen treffen würde, und das klingt sehr verdächtig. Vielleicht kann Winston sie dazu überreden, mit einem Guerillakrieg westlich von Paris weiterzumachen. Auch die Deutschen sind erschöpft, und ihre Verbindungslinien sind sehr weit auseinandergezogen. Falls die Franzosen also noch ein paar Tage durchhalten, klärt sich der Himmel über Frankreich vielleicht wieder auf.

Winston war außer sich, daß Reynaud über eine offene Telefonverbindung Ort und Zeitpunkt ihres Treffens erwähnte. Er dachte lange darüber nach, wie man die Deutschen, die dieses Gespräch bestimmt abgehört hätten, täuschen könnte. Schließlich entschied er sich, es ganz früh am Tage mit starkem Begleitschutz zu wagen. Gleichzeitig sollte ich de Margerie anrufen und ihm sagen, daß er nicht käme. Da dies aber nur große Konfusion erzeugt hätte, riskierte ich meinen Kopf und weigerte mich, dies zu tun.

Donnerstag, 13. Juni Da ich meinen freien Abend hatte, lud ich Moore Crosthwaite zum Dinner ein, um eine verlorene Wette einzulösen, daß Chamberlains Regierung durchhalten würde. Er erzählte mir, daß man in Labour-Kreisen großen Groll gegen Chamberlain und seine ehemaligen Minister hege, weil sie es versäumt hätten, rechtzeitig für ausreichende militärische Ausrüstung zu sorgen. Die rasche Verbesserung seitdem halte man vorwiegend Morrison und Bevin zugute, die die Gewerkschaften davon hätten überzeugen können, die Versäumnisse der herrschenden Klasse und der Unternehmer wettzumachen. Ich empfinde dieses Denken als unfair. Zwar haben die Gewerkschaften sich als sehr kooperationswillig erwiesen, aber es waren doch vorwiegend Winston und Beaverbrook, die Land und Regierung wieder in Schwung brachten.

Als ich in Downing Street eintraf, berichtete Winston, der aus Tours zurückgekehrt war, dem Kabinett gerade über seine Eindrücke. Offensichtlich schlägt Weygand einen Waffenstillstand vor, um die Reste seiner Armeen zu behalten und mit deren Unzufriedenheit fertig zu werden. »Sie sind fast am Ende«, sagte Winston, und hätten darum gebeten, von ihrer Zusage, keinen Separatfrieden zu schließen, entbunden zu werden. Winston hat das im Namen der britischen Regierung abgelehnt.

Gerade noch rechtzeitig erreichte Reynaud eine Botschaft Roosevelts, in der dieser Unterstützung zusagte. Dies verstärkt bei Winston die Hoffnung, die Amerikaner doch noch als aktiven Bundesgenossen gewinnen zu können. Darauf sollte er aber nicht zu sehr bauen, denn die Entscheidung liegt nicht beim Präsidenten, sondern beim Kongreß. Jedenfalls hat die Botschaft Roosevelts die Franzosen wieder ein bißchen aufgemuntert, die nun einen »Lichtstrahl am Ende des langen Tunnels« sehen. Winston hat Roosevelt deshalb telegrafisch um Erlaubnis gebeten, die Botschaft veröffentlichen zu dürfen, um der französischen Nation den Rücken zu stärken und zu verhindern, daß Hitler ihr einen Diktatfrieden aufzwingt. »Alle weitreichenden Aspekte in strategischer, wirtschaftlicher, politischer und moralischer Hinsicht, die Ihre Botschaft darlegt, könnten sich als totgeboren erweisen, wenn die Franzosen jetzt aufgeben«, schrieb Winston an Roosevelt, und er fuhr fort: »Es ist uns klar, daß in dem Moment, in dem Hitler erkennen muß, daß er Paris keinen Nazifrieden aufzwingen kann, sich seine volle Wut gegen uns wenden wird.«

Freitag, 14. Juni Mr. Kennedy rief an, um mitzuteilen, daß Roosevelts Botschaft an Reynaud nicht veröffentlicht werden dürfe. Es scheint, daß die Erwartungen des Premierministers hinsichtlich der sofortigen Hilfe der Amerikaner letzte Nacht übertrieben waren. Roosevelt muß vorsichtig vorgehen. Die nackte Wahrheit ist, daß Amerika bei der Rüstung geschlafen hat. In einem Jahr kann man uns vielleicht unter die Arme greifen, aber jetzt leben wir von einer Stunde zur nächsten.

Paris ist gefallen. Ich lese noch immer *Krieg und Frieden*, wozu ich bisher nie die Zeit fand, und bin an der Stelle angelangt, wo die Franzosen in Moskau einmarschieren. Irgendwie gleichen sich die Situationen, obwohl der Winter mit Eis und Schnee weiter weg ist als damals im September 1812. Wenn die Franzosen weiterkämpfen, müssen wir uns jetzt auf die Atlantikküste zurückziehen und dort gleichsam neue Linien wie bei *Torres Vedras*[51] errichten, hinter denen sich die britischen Truppen mit amerikanischen Hilfslieferungen verschanzen können. Paris ist nicht Frankreich. Vorausgesetzt, der Defätismus im französischen Oberkommando kann überwunden werden, gibt es keinen Grund, daß die Deutschen ganz Frankreich bezwingen. Ein Guerillakrieg scheint bei den langen Verbindungswegen, die sie jetzt haben, nicht aussichtslos zu sein.

Am Nachmittag traf eine Depesche unserer Militärmission in Frankreich ein, aus der hervorgeht, daß es dort keinen organisierten Widerstand mehr gibt, daß die französische Armee sich auflöst und daß Weygand, Georges und Brooke übereinstimmend erklärten, es sei unmöglich, die Bretagne zu halten. Ein französischer Zusammenbruch kann jetzt wohl nur noch durch ein Wunder oder durch die heroische Haltung der Führung verhindert werden. Ersteres ist vermutlich wahrscheinlicher, obwohl Reynaud, de Gaulle und andere voll finsterer Entschlossenheit zu sein scheinen. Wichtig für die französische Kampfmoral ist das Verhalten Amerikas. Aber die USA sind von allen Demokratien die langsamste, und das sagt viel.

Die Churchills ziehen heute in Downing Street ein. Der Premierminister führte nach dem Dinner eine lange Besprechung mit David Margesson, Desmond Morton, Brendan Bracken und Duncan Sandys über den Vorschlag, daß 250000 französische Soldaten samt ihrer Ausrüstung auf die Insel geschafft werden sollen, um mitzuhelfen, eine Invasion zu verhindern. Es ist jetzt fast sicher, daß die Franzosen um einen Waffenstillstand ersuchen werden, da ihre Widerstandskräfte am Ende sind und Reynaud allein dem Druck seines Kabinetts und der Generale kaum noch standhalten kann. Wir müssen deshalb sofort damit beginnen, die 120000 Mann britischer Truppen und soviel wie möglich französische Truppen und Ausrüstungen fortzuschaffen.

Gegen zwei Uhr morgens brachte Herschel Johnson Roosevelts Antwort. Er verspricht alle nur denkbare Hilfe, vermied aber sorgfältig, genau zu definieren, was darunter zu verstehen sei. Eine offene und aktive Unterstützung ist also nicht so nahe, wie der Premierminister geglaubt und Reynaud glauben zu machen versucht hat. Winston sagte zu Eden, daß die Franzosen wohl in den nächsten ein oder zwei Tagen aufgeben werden.

Sonnabend, 15. Juni Nach dem Tee diktierte Winston lange Depeschen an Roosevelt und an die Regierungschefs der Dominien, die rührende und ermutigende Botschaften geschickt haben. Er wies darauf hin, daß wir nun mit heftigen Bombardements zu rechnen hätten, und vertrat die Meinung, daß das zu erwartende Blutbad und die Zerstörungen in unserem Land die Vereinigten Staaten zum Kriegseintritt zwingen würden. Die französische Bedingung für ein Durchhalten sei die Zusage aktiver Unterstützung durch Amerika gewesen; das erneute Versprechen verstärkter Hilfslieferungen habe nicht ausgereicht.

Um 21 Uhr 30 kamen wir in Chequers an, rechtzeitig zum Dinner. Die Gesellschaft bestand aus Winston, Duncan und Diana Sandys, Professor Lindemann und mir. Es war einer der dramatischsten und phantastischsten Abende meines Lebens. Bevor wir uns zum Essen setzten, hatte mich Tony Bevir telefonisch benachrichtigt, daß Telegramme aus Bordeaux eingetroffen seien, wonach die Situation sich stündlich verschlechtere und die Franzosen in immer drohenderer Form forderten, einen Separatfrieden abschließen zu können. Ich teilte dies Winston mit, den es sehr bedrückte. Wir setzten uns alle höchst niedergeschlagen zu Tisch. Winston schlang sein Essen hastig hinunter, sein Gesicht fast im Teller. Hin und wieder stellte er Lindemann, der schweigend seine vegetarische Diät zu sich nahm, eine technische Frage. Die beiden Sandys und ich schwiegen ebenfalls, nachdem unsere gelegentlichen Versuche, Konversation zu machen, fehlgeschlagen waren. Später lockerten Champagner, Weinbrand und Zigarren die Stimmung auf; wir wurden gesprächiger, ja fast schwatzhaft. Um uns und sich selbst aufzumuntern, las Winston die Botschaften vor, die er aus den Dominien erhalten hatte, sowie seine Antworten, auch die an Roosevelt. »Der Krieg wird jetzt auch für uns blutig werden«, meinte er, »aber ich hoffe, daß unser Volk die Bombardements durchsteht, und die Hunnen werden von dem, was wir ihnen heimzahlen, nicht erbaut sein. Aber was für eine Tragödie, daß unser Triumph im letzten Krieg durch einen Haufen Weichlinge so verspielt wurde!«

Winston und Duncan Sandys spazierten danach im Mondlicht durch den Rosengarten, während Diana, Lindemann und ich auf der anderen Seite des Hauses einen Gang machten. Es war ein herrlicher warmer Sommerabend. Leider ließen einen die Wachen, die mit Helm und aufgepflanztem Bajonett das Haus umstanden, die schreckliche Gegenwart nicht vergessen. Die meiste Zeit mußte ich telefonieren, Winston zwischen den Rosenbeeten suchen und seine Kommentare zum Krieg anhören. Als ich ihm die Mitteilung überbrachte, daß die Franzosen jetzt wohl endgültig ins Rutschen gekommen wären, sagte er: »Teilen Sie ihnen mit, daß, wenn sie uns ihre Flotte überlassen, wir ihnen das niemals vergessen werden, daß wir aber, wenn sie kapitulieren, ohne uns zu fragen, wir ihnen das niemals vergeben werden. Dann werden wir ihren Namen für die nächsten tausend Jahre in Verruf bringen.« Er bekam dann wohl Bedenken, daß ich dies ernst nehmen könnte, und fügte hinzu: »Das erzählen Sie ihnen natürlich nicht.« Er befand sich wieder in hochgemuter Stimmung, rezitierte Verse, verbreitete sich weitläufig über die gegenwärtige dramatische Situation und erklärte, daß Hitler und er nur eines gemeinsam hätten: die Abscheu vor dem Pfeifen. Er bot jedem freigiebig Zigarren an und murmelte dazwischen krampfhaft: »Peng, peng, peng, macht des Bauern Flinte, lauf, Hase, lauf, lauf, lauf!«

Als Kennedy anrief, wurde Winston für einen Augenblick wieder ernst und bot all seine Beredsamkeit auf, ihm zu erklären, welch wichtige

Rolle Amerika bei der Rettung der Zivilisation zukomme. Zu der versprochenen wirtschaftlichen und finanziellen Hilfe bemerkte er, man würde sich »auf dem Schauplatz der Geschichte lächerlich machen«, wenn man die Bemühungen »unseres gemeinsamen Freundes«, nämlich Roosevelts, totlaufen ließe.

Gegen ein Uhr ging Winston ins Haus zurück. Wir standen in der Halle herum, während der große Mann auf dem Sofa lag, eine Zigarre paffte, mit uns diskutierte, wie unsere Kampfkraft zu stärken sei, und ein paar anzügliche Witze erzählte. Schließlich sagte er »Gute Nacht, meine Kinder« und begab sich zu Bett.

Sonntag, 16. Juni Um 6 Uhr 30 wurde ich durch das Telefon geweckt. Kurz danach kam auch der Kurier aus London, der die neuesten Nachrichten über die Lage in Frankreich brachte. Eine Stunde später, als der Premierminister aufgewacht war, brachte ich ihm die Unterlagen. Er lag in seinem seidenen Unterhemd im Bett und sah wie ein niedliches rosa Schweinchen aus. Nachdem er eine Weile nachgedacht hatte, entschloß er sich, für 10 Uhr 15 das Kabinett zu einer Sitzung in London einzuberufen, statt wie geplant mit dem französischen General de Gaulle, Eden und dem Generalstabschef in Chequers zu lunchen. Also eilte ich in mein Zimmer zurück, frühstückte hastig und stand um 8 Uhr30 bereit. Aber erst kurz nach neun brachen wir auf, jagten im strömenden Regen nach London, alle Verkehrsampeln mißachtend, und trafen gerade noch rechtzeitig zu Beginn der Sitzung ein. Unterwegs diktierte Churchill Mrs. Hill[52] eine Anzahl Entwürfe und versorgte uns alle mit mehr als ausreichender Arbeit für den Vormittag. Dies ist einer der grundlegenden Unterschiede zwischen Chamberlain und Churchill: Während ersterer beim Lesen der Kabinettsvorlagen kaum Kommentare abgab, meist nur bei Angelegenheiten von höchster Wichtigkeit, kümmert sich letzterer um beinahe alles, was mit dem Krieg zu tun hat, und ist sich nicht zu schade, sich auch mit den geringsten Kleinigkeiten zu befassen.

Das Kabinett trat um drei Uhr nachmittags zu einer weiteren Sitzung zusammen. Offensichtlich hat man die großartige Idee, die politische Einheit von England und Frankreich zu deklarieren, und Reynaud soll gesagt haben, in diesem Fall würde Frankreich weiterkämpfen. Ich kenne noch nicht die Einzelheiten dieser epochalen Idee, aber offensichtlich hat man Chamberlain überzeugt, auch Salter, Amery, Lloyd und Vansittart. Einer ihrer glühendsten Verfechter ist de Gaulle, von dem Morton sagte: »Er ist ein großartiger Gauner, ein zweiter Beaverbrook, genau das, was wir brauchen.« Bridges kam aus dem Kabinettsaal und diktierte Mrs. Hill in meinem Arbeitszimmer den Text der Deklaration. Er weckt Begeisterung und wird die nachlassenden Energien der Franzosen anfeuern wie auch die Stimmung in unserem eigenen Volk wieder beleben. Ein historisches Dokument, dessen Auswirkungen weiter reichen werden als alles, was in diesem Jahrhundert geschehen ist.

Und inzwischen hat der König nicht die geringste Ahnung davon, was man mit seinem Reich vorhat. Der Lord President will ihn um sieben Uhr aufsuchen und ihm die Neuigkeiten beibringen. Wer weiß, vielleicht sehen wir auf der königlichen Standarte demnächst auch die französische Lilie!

Montag, 17. Juni Reynaud ist zurückgetreten. Er konnte dem auf ihn ausgeübten Druck nicht länger standhalten, obwohl ihm noch gestern nachmittag der Entwurf der Deklaration übermittelt worden war. Pétain hat eine Regierung von Quislingen zusammengestellt, einschließlich Lavals, und wird nun sicher ungeachtet der uns gegebenen Zusicherungen einen Waffenstillstand anstreben. Allerdings läßt ein Telegramm von Baudouin, dem neuen Außenminister, darauf schließen, daß die Kapitulation der Flotte abgelehnt wird. Als Vermittler sollen die Spanier dienen, nicht, wie erwartet, die Amerikaner. Ich vermute, daß die Demoralisierung in Frankreich inzwischen ihren Höhepunkt erreicht hat und Weygand befürchtet, die Truppen könnten sich gegen ihre Offiziere wenden. Jedenfalls ist die innere Explosion, die Winston prophezeit hat, jetzt sehr wahrscheinlich geworden. Vielleicht wird sich die neue Regierung am Ende vielleicht doch noch der Deklaration anschließen, wenn sie erkennen muß, daß sie die deutschen Bedingungen nicht mit ihrer Ehre vereinbaren kann. Aber wahrscheinlicher ist, daß die »in die Wolken ragenden Türme, die herrlichen Paläste«, die wir gestern errichteten, »sich in Nichts auflösen werden« – und die Vision eines goldenen Zeitalters, das die Deklaration verhieß, mit ihnen. Ich fühle mich wie ein zusammengefallenes Soufflé.

Das Kabinett trat um elf Uhr zusammen. Kurz darauf kam die Nachricht, daß Pétain den französischen Truppen befohlen hat, die Waffen niederzulegen. Nach der Sitzung lief der Premierminister ruhelos im Garten auf und ab, die Hände auf dem Rücken gefaltet. Er dachte sicherlich darüber nach, wie er die französische Flotte, die Luftwaffe und die Kolonien noch für uns retten kann. Dieser Mann, da bin ich sicher, bleibt ungebeugt.

Vier Uhr nachmittags. Ging ins Außenministerium hinüber, um zu hören, ob es dort Neuigkeiten gab. Ich traf Vansittart, der behauptet, die Deklaration sei keinesfalls gestorben. Die Bedingungen der Deutschen würden vermutlich so hart sein, daß die Franzosen sie nicht akzeptieren könnten. Er habe gerade eine Depesche des Premierministers an Pétain entworfen, in der an dessen bekanntes Ehrgefühl appelliert werde. Man spricht darin von der *vainqueur de Verdun* und stellt noch einmal heraus, in welcher Form wir Frankreich helfen können. Vansittart macht einen entschlossenen und energischen Eindruck. Er hat wieder Anerkennung gefunden, wie so manches schwarze Schaf und so mancher abservierte Politiker in letzter Zeit[53].

Ich habe das ungute Gefühl, daß wir den heutigen Tag ziemlich nutzlos vertan haben. Wir hätten uns bemühen sollen, die Gouverneure der französischen Kolonien aufzuwiegeln und unsere Agenten anzuweisen, Sabotageakte in Frankreich auszuführen. Vielleicht sind wir doch nicht ganz untätig gewesen, aber die notwendigen Anweisungen scheint unsere Spitze versäumt zu haben.

Der Premierminister schickte Pétain ein Telegramm, in dem er seinen Unglauben darüber ausdrückte, daß »der gefeierte Marschall Pétain und der berühmte General Weygand« bereit sein könnten, »ihren Alliierten durch die Auslieferung der vorzüglichen französischen Flotte an den Feind Schaden zuzufügen. Eine derartige Handlung würde beider Namen für alle Zeiten in Verruf bringen.« Vans Telegramm scheint keine Zustimmung gefunden zu haben.

Dienstag, 18. Juni Heute ist der Tag von Waterloo – ein pikanter Gedenktag!

Den Kabinettsbeschlüssen entnehme ich, daß viele Offiziere der Landwehr versagt haben und daher »Sturmtruppen« gebildet werden sollen. Um diesen Krieg zu gewinnen, müssen wir uns immer mehr unseren Feinden anpassen. Erst gaben wir der Regierung ziemlich umfassende Machtbefugnisse, dann richteten wir Internierungslager ein und nun bekommen wir auch noch unsere eigenen SA-Männer!

Heute vormittag diskutierte das Kabinett über eine Deklaration, die de Gaulle über Rundfunk an das französische Volk richten will. Obwohl sie scheinbar loyal zum Pétain-Regime ist, ist sie es in Wirklichkeit nicht. Sie hat den Zweck, die Franzosen bei uns und überall um de Gaulle zu scharen. Er geht vorerst besser nicht nach Frankreich zurück.

Die Deklaration der politischen Union mit Frankreich wurde heute in der Presse veröffentlicht – nicht, wie Desmond Morton bemerkte, weil es sich um einen unzustellbaren Brief handelt, sondern weil man hofft, damit die öffentliche Meinung in den Vereinigten Staaten beeinflussen zu können. Vielleicht tritt sie doch noch einmal in Kraft, wenn Herriot mit einigen anderen Unentwegten die Regierung an sich reißt und von außerhalb Frankreichs weiterkämpft.

Am Nachmittag veranlaßten mich Vansittart und Morton, Winston zu wecken, der sich gerade zu einem Nickerchen niedergelegt hatte. Sie wollten ihn von einer neuen Idee Vans überzeugen, der sich unter anderem ausgedacht hatte, daß Lord Lloyd nach Bordeaux fliegen sollte, um der französischen Regierung freundlich, aber energisch unseren Standpunkt auseinanderzusetzen. Van glaubte, daß dies besser sei als die Rede de Gaulles, die damit überflüssig werden würde.

Ich ging hinauf in das Schlafzimmer Winstons. Er hatte die Vorhänge zugezogen und den Kopf unter die Bettdecke gesteckt. Als er darunter hervorkam, trug er über den Augen noch eine Blende gegen das Licht. Er vereinbarte mit seinen Besuchern, daß Vans Projekt durchgeführt wird – von dem Halifax und Morton glauben, daß es verlorene Liebesmühe ist –, daß aber de Gaulle trotzdem seine Rede halten soll. Halifax ist der Meinung, wir sollten alle Fäden zur gleichen Zeit ziehen. Es könnte zwar sein, daß sie sich dabei verwirren, das heißt, daß man Lord Lloyd wegen der Rede de Gaulles einen kühlen Empfang bereitet, aber es herrsche schon soviel Chaos in Frankreich, daß ein bißchen mehr kaum zusätzlichen Schaden anrichten könne.

Nach dem Dinner fand in Downing Street die übliche nächtliche Zusammenkunft statt. Beaverbrook gestand mir, was für ein verlotterter Haufen das Luftfahrtministerium ist. Sinclair sei ein durch und durch untauglicher Minister, dem von seinen Untergebenen nur Sand in die Augen gestreut würde. Pug Ismay behauptete, unsere Stabschefs seien alle zu alt und viel zu langsam. Es müsse ihnen jemand übergeordnet werden, der Entscheidungen herbeizwinge. Seiner Meinung nach wird der Premierminister bald auch noch das Oberkommando über die drei Teilstreitkräfte übernehmen.

Winston regte sich schrecklich auf, weil die Morgenzeitungen, in die er vor dem Schlafengehen noch gern hineinschaut, diesmal nicht gekommen waren. In seinem Zorn verschüttete er seinen Whisky-Soda über seine Papiere. Ich fragte ihn, ob er morgen General Sikorski[54] empfangen wolle. »Ich will ihn treffen, wenn die Sonn' am höchsten steht«, entgegnete er und deklamierte noch einige vollkommen unsinnige Verse über diese Tageszeit, von denen er behauptete, sie würden von der Amme in *Romeo und Julia* gesprochen.

Mittwoch, 19. Juni Vergangene Nacht war Vollmond; jetzt werden die Luftangriffe erst richtig beginnen. Den bisher größten Angriff erlebte in der letzten Nacht Cambridge, wo eine Reihe von Häusern zerstört wurde.

In Downing Street war es am Vormittag vergleichsweise ruhig, obwohl es Anzeichen dafür gibt, daß die französische Flotte sich nicht ausliefern will. Die Gouverneure der französischen Kolonien schwanken noch, aber fast alle Militärbefehlshaber drohen ihnen, sie festzusetzen, sofern sie die Absicht haben, sich zu ergeben.

Präsident Roosevelt hat unsere Bitte um Lieferung von vierzig Zerstörern abgelehnt. Auf Vans Betreiben hin wird die Sache aber noch nicht fallengelassen. Wir brauchen sie einfach zu dringend.

Sah einen Brief von Bob Boothby, in dem er erklärte, es herrsche jetzt ein revolutionärer Geist in unserem Land, den man nutzen müsse. Er spricht sich für drastische Maßnahmen aus: die Umbildung des Kriegskabinetts in ein Komitee für öffentliche Sicherheit, das mit diktatorischen Vollmachten ausgestattet ist, und die Verkündung des Kriegsrechts. »Dies ist notwendigerweise ein Krieg der jungen Männer«, sagt er, die Folge der »ungewöhnlichen Konzeption einer Bewegung in Deutschland, die jung, lebendig, dynamisch und leidenschaftlich ist und die unbeirrbar voranschreitet, um eine in Verfall geratene Welt aus den Angeln zu heben; dies ist, das müssen wir uns immer vor Augen halten, die wichtigste Quelle für die Macht und Stärke der Nazis.« Weiterhin behauptet Boothby, er habe über die Schweiz Informationen erhalten, daß die deutsche Invasion in drei Formen erfolgen würde: über eine breite Seefront von Petsamo bis Le Havre, einschließlich Amphibientanks, durch Landung von Fallschirmtruppen auf der Westseite der Insel und durch heftige Bombardierung unserer Häfen.

Es gibt Anzeichen dafür, daß Spanien bald in den Krieg gegen uns eintreten wird. Auch die japanischen Militärs betonen immer wieder, daß man die gegenwärtig günstige Situation nicht ungenutzt verstreichen lassen sollte.

Donnerstag, 20. Juni Miriam Pease kam zum Frühstück. Sie ist Fabrikinspektorin und erzählte mir, daß die Arbeitsbedingungen in den Rüstungsbetrieben allmählich bestürzende Formen annehmen. Selbst vierzehn Jahre alte Jungen arbeiten mittlerweile siebzig Stunden in der Woche. Weil es an erfahrenen Arbeitskräften fehlt, ist es nicht möglich, in Schichten zu arbeiten, und darunter leidet die Produktion. Die Entlüftung in den Fabriken sei sehr schlecht, sagt sie; das Arbeitsministerium erzeuge nur Konfusion, indem es unzählige Komitees bilde, die sich um Dinge kümmern, die man besser den Experten überließe.

Vergangene Nacht gab es heftige Luftangriffe in Southampton, Yorkshire und Südwales.

Winston treibt Ironside, den Oberbefehlshaber der in England stationierten Streitkräfte [Home Forces], an, endlich aus seiner Ideenarmut aufzuwachen. Er schlägt vor, spezielle Panzerjagdverbände aus mobilen Truppenformationen zu bilden. Außerdem befaßt er sich sehr ernsthaft mit Fragen der militärischen Ausrüstung und hält darüber fast jeden Morgen Konferenzen ab. Seine rechte Hand in dieser Frage ist Lindemann.

Das größte Problem bei den nächtlichen Luftangriffen ist, daß sie unerwartet genau sind und unsere Luftabwehr unerwartet wirkungslos. Es scheint sehr schwierig zu sein, Flugzeuge bei Nacht zu treffen. Wir entwickeln aber zur Zeit ein äußerst geheimes Abwehrsystem, das die Tarnbezeichnung A.I. [Airborne Interception, das spätere Radar] trägt. Im Moment gibt es davon erst sechs Einrichtungen mit erfahrenem Bedienungspersonal, die sich in der Themsebucht befinden.

Im Unterhaus fand eine Geheimsitzung über Fragen der Landesverteidigung statt, bei der es offenbar Ärger mit Hore-Belisha gegeben hat. Bei der Rückfahrt nach Downing Street nahm Winston Alexander und Duff Cooper mit, »ein altes Linienschiff in Begleitung zweier Schlachtschiffe«, wie er bemerkte. Ich hatte große Schwierigkeiten, ihnen wegen der intensiven Bewachung des Regierungsviertels in meinem eigenen Wagen zu folgen. In Nr. 10 trafen wir Lord Lloyd, der gerade aus Bordeaux zurückgekehrt war. Seiner Meinung nach sieht es nicht mehr ganz so schlecht aus. Es sei jetzt fast sicher, daß die Regierung aus Frankreich emigrieren und den Widerstand von Nordafrika aus fortsetzen werde. Pétain sei zwar ohne jede Hoffnung, auch Weygand, aber Admiral Darlan stecke voller Kampfgeist.

Freitag, 21. Juni Winston schickte folgende Notiz an den Außenminister: »Sehen Sie einen Nutzen darin, die Möglichkeit in Aussicht zu stellen, daß wir nach dem Krieg über eine Abtretung Gibraltars an Spanien mit uns reden lassen? Die Spanier wissen, daß, wenn wir den Krieg verlieren, Gibraltar ohnehin in ihre Hände fällt. Sie wären aber große Dummköpfe, wenn sie glaubten, daß wir im Falle eines Sieges ihr Verhalten dadurch belohnen, daß wir ihnen Gibraltar überlassen. Also würde die Behauptung, daß wir uns das überlegen wollen, eine Menge Schaden anrichten.«

Wir warten alle darauf, wie die deutschen Friedensbedingungen für die Franzosen ausfallen. Allgemein nimmt man an, daß sie sehr hart sein werden, aber ich fürchte, daß sie im Gegenteil sehr großzügig sind, um die französische Regierung in Versuchung zu führen. Die Hauptsensation des Tages ist, daß sechs unserer Kreuzer die *Scharnhorst*, die sich in Begleitung einiger Zerstörer befindet, vor der norwegischen Küste vermutlich abgefangen haben. Letzte Nacht wurde sie von einem unserer

Unterseeboote torpediert. Jetzt, um 20 Uhr 30, werden die beiden Geschwader wohl gerade in Gefechtsbereitschaft gegangen sein. Es besteht natürlich auch die Möglichkeit, daß die *Scharnhorst* in den Stavangerfjord geflüchtet ist.

Sonnabend, 22. Juni Das erwartete Seegefecht ist nicht zustandegekommen, weil die feindlichen Schiffe in den Stavangerfjord geflüchtet sind. Dort sollen sie heute bombardiert werden.

Während der Kabinettsitzung traf eine Depesche ein, in der es hieß, die deutschen Waffenstillstandsbedingungen würden uns von Bordeaux aus durchtelegrafiert. Der Teil, der die Flotte betrifft, soll bald nachfolgen. Jedermann ist äußerst begierig, zu erfahren, wie die Bedingungen lauten. Sollten die Deutschen tatsächlich so dumm sein, durch unannehmbare Forderungen die Franzosen zu zwingen, den Kampf von Übersee aus fortzuführen? Wohl kaum, fürchte ich.

Dienstag, 25. Juni Die französische Flotte scheint nicht bereit zu sein, unter britischem Befehl gegen die Deutschen und Italiener zu kämpfen, nicht einmal als Alliierte. Und, so unglaublich es auch klingt, die Regierung in Bordeaux scheint bereit zu sein, Hitlers Versicherungen bezüglich der Flotte Glauben zu schenken und seinem Wort zu vertrauen. Frankreichs Name wird für lange Zeit verrufen sein, wie Winston es prophezeite. Und natürlich werden die Franzosen alle Schuld auf uns schieben, weil wir sie angeblich nicht genug unterstützt haben.

De Gaulle scheint nicht genügend Prestige zu besitzen, um die entschlosseneren Franzosen um sich zu scharen. Es ist wirklich bedauerlich, daß, so weit ich es beurteilen kann, niemand sich um die Bildung einer starken französischen Regierung bemüht hat – einer Regierung, die jene in Bordeaux nicht anerkennt und alle militärischen und zivilen Autoritäten des französischen Weltreichs hinter sich bringen könnte. Im Moment erweisen sich nur Syrien, Kamerun, die französischen Westindischen Inseln und Indochina als standhaft.

Ismay hat einen erstklassigen Schriftsatz erstellen lassen, der vermutlich von Colonel Jacob stammt. Er befaßt sich mit der Frage, wie wir in die Offensive gehen können. Sobald wir die Ausrüstung und die Flugzeuge beisammen haben, müssen wir den Kontinent angreifen, denn Deutschland wird erst dann besiegt sein, wenn seine Armee auf dem Schlachtfeld besiegt wurde. Eine Blockade allein wird das Deutsche Reich nicht niederzwingen, auch wenn dies zum Sieg über seine Armee beiträgt. Wir müssen mit der Planung der Invasion sofort beginnen und einen tüchtigen jungen General finden, dem wir ein solches Unternehmen unter dem Oberbefehl der Stabschefs und Winstons anvertrauen können.

Beim Dinner erzählte mir Seal, wie Winston sich verändert habe, seitdem er Premierminister ist. Er sei nicht mehr so aufgeregt und impulsiv, sondern viel ruhiger geworden. Dennoch sei er absolut von seiner Mission überzeugt, dieses Land aus seinen gegenwärtigen Schwierigkeiten erlösen zu müssen, und notfalls werde er sich für diese Aufgabe sogar selbst umbringen. Interessant ist, wie abergläubisch Winston ist. Seal erzählte vom Verlust der *Royal Oak*, die am Freitag, dem 13. November, versenkt wurde, an einem Tag, an dem Winston versehentlich eine schwarze Schleife anstelle der gemusterten, die er sonst trägt, umgebunden hatte – Fakten, denen er große Bedeutung beimißt.

Alles deutet darauf hin, daß man mich bald für den aktiven Militärdienst freigeben wird. Leider werde ich wegen meiner Sehschwierigkeiten wohl kaum zur Marine kommen, muß mich also bei den Garden bewerben.

General Sikorski, der polnische Ministerpräsident, kam zu einer Unterredung mit Winston. Sein Adjutant erzählte, daß die Art, wie die Franzosen vor dem Feind davonliefen, unbeschreiblich sei. Sie besäßen keinerlei Kampfgeist. Ich hörte von allen Seiten, daß die Polen in Frankreich hervorragend kämpften. Sie scheinen unsere brauchbarsten Alliierten zu sein.

Mittwoch, 26. Juni Gestern bekam der Premierminister folgenden Brief: »Lieber Premierminister, warum erklären Sie nicht Frankreich den Krieg und bringen seine Flotte auf (die sich bestimmt gern ergeben würde), ehe A.H. wieder Atem geschöpft hat? Das scheint doch die Logik der Situation zu sein. Mit taktischen Grüßen, Ihr G. Bernard Shaw.«

Belgrad und Bukarest, wie immer sehr ergiebig mit ihren Berichten aus Berlin, sagen eine deutsche Friedensoffensive voraus, beziehungsweise die Einberufung einer europäischen Wirtschaftskonferenz durch Hitler, von der nur Großbritannien und die Türkei ausgenommen sein sollen. Aus Bern kommt ein Bericht, daß die Deutschen die beabsichtigte Invasion verschoben, wenn nicht sogar ganz fallengelassen hätten und daß sie höchst erstaunt gewesen seien über die intelligente Tapferkeit unserer Truppen in Frankreich.

Beim Tee erzählte uns George Stewart von einem Gespräch, das er während des Lunchs mit französischen Journalisten führte. Diese vertraten die Meinung, daß de Gaulle, obwohl ehrlich und aufrichtig, nicht der Mann sei, der eine neue Regierung auf die Beine stellen könne. Tatsächlich bestand wohl niemals die Absicht, daß de Gaulle mehr als eine Anlaufstelle für geflüchtete Franzosen sein sollte. Es war ein Fehler des Informationsministeriums, diesen falschen Eindruck vermittelt zu haben. Die neue französische Regierung muß nach Ansicht der Journalisten in den Kolonien gebildet werden, und zwar in enger Zusammenarbeit mit der britischen Regierung.

Unsere Flotte erhielt Befehl, das neue französische Schlachtschiff *Richelieu* aufzubringen und, falls sie von Casablanca in See stechen sollte, auch die *Jean Bart.* Wenn die Dinge in Nordafrika sich nicht besser entwickeln, als es jetzt den Anschein hat, werden wir so viele Schiffe der französischen Flotte gewaltsam übernehmen müssen, wie wir nur abfangen können.

Donnerstag, 27. Juni Als ich gegen zehn Uhr das Schlafzimmer des Premierministers betrat, lag er in seinem roten Morgenmantel im Bett, paffte eine Zigarre und diktierte Mrs. Hill, die mit einer Schreibmaschine am Fuß seines Bettes saß. Sein Aktenkoffer, halb voll mit Papieren, lag geöffnet auf der Bettdecke; neben ihm stand ein riesiger verchromter Spucknapf. Sein schwarzer Kater Nelson, der an die Stelle der alten schwarzen Nummer-Zehn-Katze getreten ist, räkelte sich an seinem Fußende. Hin und wieder blickte er ihn zärtlich an und sagte: »Cat, Darling«.

Während der Kabinettsitzung traf die Nachricht ein, daß Noguès [der Oberkommandierende der französischen Truppen in Algerien] und Mittelhauser in Syrien alle Gedanken an Widerstand fallengelassen und sich für die Regierung in Bordeaux ausgesprochen haben. Das ist wahrhaft tragisch, weil dadurch Nordafrika mit seinen reichen Rohstoffquellen praktisch an den Feind ausgeliefert wird. In Frankreich selbst werden die Deutschen in den Besitz großer Vorräte an Erdöl, Stahl und Speisefetten sowie an immense Goldreserven gelangen. Mit dem Verlust von Nordafrika hat sich die Lage für uns noch verschlechtert; auch unsere lebenswichtige Verbindungslinie in den Nahen Osten ist bedroht. Es ist zweifelhaft, ob die Franzosen, einschließlich derer, die loyal zu ihren Verbündeten geblieben sind, viele wirksame Sabotageakte unternehmen werden. Die Weise, in der sie die Auslieferung gefangengenommener deutscher Piloten an uns verzögerten, bis es zu spät war, läßt nichts Gutes hoffen. Es scheint Jahre her zu sein, seit auch nur der Zipfel einer guten Nachricht eintraf!

In Frankreich und Algerien gibt es offenbar eine Menge Anglophobie, die zum Teil wohl auf Winstons böse Bemerkungen über das Pétain-Regime zurückzuführen ist, zum Teil auch auf die Behauptung, wir hätten die Franzosen nicht genügend unterstützt. Aber es gibt noch mehr Frankophobie in England. Das ist aus der Entente Cordiale geworden!

Freitag, 28. Juni Das russische Ultimatum an Rumänien bezüglich Bessarabien könnte sich als gute Nachricht für uns entpuppen. Es scheint, daß die Russen die rumänischen Öllieferungen an Deutschland erschweren wollen. Sie werden sich mit der Idee einer deutschen Vorherrschaft über Europa wohl kaum anfreunden können. Leider hat die Vergangenheit gezeigt, daß man den Russen nicht sehr vertrauen kann.

Der Premierminister ist wie immer auch an den Kleinigkeiten des Krieges stark interessiert. Heute morgen: »Innenminister, ich möchte eine Liste der Prominenten, die Sie interniert haben.«

Fuhr mit Mrs. Churchill nach Chequers. Wir unterhielten uns hauptsächlich über Politik; ihre Ansichten sind ebenso unbesonnen wie unumstößlich. So sprach sie von der Zeit, die wir in den letzten neun Monaten vertan hätten. Ich versuchte mühsam, sie davon zu überzeugen, daß Chamberlains Regierung ohne absolute Vollmachten keine großen Ergebnisse erzielen konnte und daß diese Vollmachten nur eine nationale Koalition erlangen konnte. Bis zur Niederlage in Norwegen sei dies aber nicht der Fall gewesen, da Labour und Liberale alle Aufforderungen zur Zusammenarbeit mit dem Hinweis ablehnten, gerade in Kriegszeiten sei eine Opposition und eine Kritik der Regierungsarbeit lebensnotwendig. »Dann hätte Chamberlain eben zurücktreten müssen«, meinte sie. Ich mußte mir eine boshafte Entgegnung verkneifen, daß es dann keinen Nachfolger gegeben und die Nation ihren Mann niemals akzeptiert hätte.

In Chequers trafen wir Lindemann, Mary Churchill, Judy Montagu und Ismay, die über Nacht blieben. Zum Dinner kamen noch Sir Robert und Lady Vansittart und Monsieur Léger vom französischen Außenministerium hinzu. Nachdem die Damen sich zurückgezogen hatten, diskutierte Winston mit Van und Léger über den französischen Zusammenbruch. Er erklärte Léger, daß er frei von der Leber weg reden könne, da er sich in einem *cercle sacré* befinde. Er, Winston, befürchte, daß Frankreich uns sogar den Krieg erklären könnte. Deshalb würde er gern wissen, wie man sich den guten Willen der Franzosen, für deren Freiheit wir doch die letzte Hoffnung seien, erhalten könne, auch wenn wir gezwungen wären, sie durch die Blockade auszuhungern und ihre Städte zu zerbomben. Wie könne man sie davon überzeugen, daß wir grausam zu ihnen sein müßten, um gut zu ihnen zu sein.

Léger erwiderte, vor allem sei es wichtig, die Beziehungen zur Regierung in Bordeaux aufrechtzuerhalten und uns dort durch einen Geschäftsträger vertreten zu lassen. Abgesehen davon sehe er drei Wege, wie wir die Franzosen beeinflussen könnten:

1. Durch geschickte Nutzung von Presse und Rundfunk. Der britische

Rundfunk würde in Frankreich mehr gehört als der französische. Gerade jetzt würde er zur einzigen objektiven Informationsquelle werden. Auch englische Zeitungen würden weiterhin den Weg nach Frankreich finden. Sie müßten freundlich über das Land schreiben und Vorwürfe vermeiden.

2. Man dürfe nichts tun, was die französischen Gefühle unnötig provoziere. Was die französische Flotte betrifft, die, wie er bestätigte, momentan das größte Problem darstellt, so schlug er vor, die französische Regierung aufzufordern, sie durch eine dritte Macht, die als Vermittler auftritt, in den französischen Häfen festhalten zu lassen. Damit würden sich die Achsenmächte bestimmt nicht einverstanden erklären, und das würde uns dann einen Grund liefern, möglicherweise mit Unterstützung der französischen Marine und mit Billigung der Bevölkerung soviel Schiffe wie möglich in Beschlag zu nehmen. Von diesem Vorschlag war Winston nicht sehr beeindruckt. Er überlegt sich Gewaltmaßnahmen gegen die französischen Schiffe in afrikanischen Häfen.
3. Wir müßten soviel Propaganda wie möglich in den Vereinigten Staaten betreiben. Die Amerikaner hätten immer sehr viel Sympathien für die Franzosen gehegt und könnten leicht zu der Meinung kommen, daß Frankreich nur kapitulieren mußte, weil wir es im Stich gelassen hätten. Wären die Briten in Amerika aber erst einmal in Verruf geraten, dann würden die Franzosen mit dieser Behauptung – von der sie im Grunde ihres Herzens wüßten, daß sie falsch ist – ihre eigene Propaganda stützen, zumal der Einfluß der amerikanischen öffentlichen Meinung auf Frankreich ungeheuer groß sei.

Winston wollte auch von diesem Vorschlag nichts wissen. »Propaganda ist gut«, meinte er, »aber es sind die Taten, die die Welt verändern. Wenn wir die Hunnen besiegen, brauchen wir keine Propaganda in Amerika.« Im Moment lebten wir, sagte er, »in der Nacht vor der entscheidenden Schlacht. Sie kann lange dauern. Jetzt müssen wir überleben; im nächsten Jahr werden wir siegen, und im Jahr darauf triumphieren.« Wenn es uns gelänge, die Deutschen den kritischen Juli über in Schach zu halten, dann würde sich unsere Lage rasch bessern. »Und dann wird ein sehr anderer Wind auf der Welt blasen.«

Sonnabend, 29. Juni Professor Lindemann meint, daß der französische Zusammenbruch Deutschland auf wirtschaftlichem Gebiet sehr genutzt hat, auch wenn sich dies, wie zum Beispiel bei Speisefetten, erst im nächsten Frühjahr erweisen würde. Ich fürchte, daß es den Krieg verlängern kann, wenn die Deutschen ihren Gürtel nicht noch enger schnallen müssen. Winston ist darüber beunruhigt. In einer Notiz heute morgen sagte er: »Mir scheint, daß unsere Blockade ihr Ziel größtenteils verfehlt hat. In diesem Fall wäre unsere einzige entscheidende Waffe ein gewaltiger Luftkrieg gegen Deutschland.«

Beaverbrook und Brendan Bracken kamen zum Lunch. Die Unterhaltung bei Tisch drehte sich um die Evakuierung der Kanalinseln und die Lebensmittelvorräte dort. Winston wandte sich an mich und sagte: »Weisen Sie das Ernährungsministerium an, die Sache zu evaluieren, und die Admiralität, zu evakuieren.« Die Ausführung seines Befehls verursachte zwar eine Menge Ärger, da zum Beispiel das Vieh in Jersey die Maul- und Klauenseuche hat, aber Winston ist sehr stolz auf das Wortspiel, das ihm gelungen ist, und nicht bereit, in dieser Frage mit sich reden zu lassen.

Nach dem Tee kam Alec Hardinge, der mit Winston über den Herzog von Windsor[55] sprach. Dieser hält sich in Madrid auf und versucht, wegen seiner Rückkehr nach England Bedingungen zu stellen, auch finanzieller Art. Es ist unglaublich, in solch schweren Zeiten derart zu feilschen! Winston schlug vor, ihm ein sehr unwirsches Telegramm zu schicken und ihm zu erklären, er sei Soldat und habe den Befehlen zu gehorchen. Der König hat zugestimmt; er will auf keinerlei Bedingungen eingehen, weder was die Herzogin noch was andere Sachen betrifft.

Kurz darauf traf Randolph Churchill mit seiner Frau Pamela ein. Randolph ist einer der unangenehmsten Menschen, die ich je kennengelernt habe: laut, anmaßend, schnell gekränkt, offen gesagt: unausstehlich. Auch macht er auf mich keinen sehr intelligenten Eindruck. Beim Dinner benahm er sich Winston gegenüber, der ihn zärtlich liebt, alles andere als nett, und General Paget machte er eine Szene, daß man an höchsten Stellen viel zu selbstgefällig sei, daß unsere Generale nichts taugten, daß es überall an Ausrüstung fehle etc. etc.

Der Innenminister schickte auf die entsprechende Anfrage des Premierministers hin eine Liste mit den Namen von 150 »prominenten Persönlichkeiten«, die interniert wurden. Unter den ersten drei sind zwei, Lady Mosley und Geo Pitt-Rivers, mit den Churchills verwandt, was Winston ärgerte und unter seinen Kindern Heiterkeit auslöste.

Nachdem die Damen sich zurückgezogen hatten, kam Winston in Fahrt und gab ein interessantes Resümee der Schlacht in Frankreich aus seiner Sicht. Er behauptete, daß alle Klassen und Gesellschaftsschichten in Frankreich verrottet seien, nicht nur die Generale und Politiker, sondern das ganze Land. Dann ließ Winston sich des längeren über den unglaublichen Erfolg der deutschen Panzerdivisionen aus und über die seltsame Unfähigkeit der Franzosen, sich dagegen zur Wehr zu setzen. Er sieht darin eine neue Art der Kriegführung, die er noch nicht ganz erfaßt hat. Es sei doch erstaunlich, daß 4000 erfahrene Soldaten so leicht aus Calais vertrieben werden konnten. Seiner Meinung nach hat Gort die Gelegenheit, mit einer seiner Divisionen einen Überraschungsschlag zum Entsatz von Calais zu führen, verpaßt. Solch ein Schlag wäre zweifellos erfolgreich gewesen und hätte dem britischen Expeditionskorps eine viel breitere Basis für seine Evakuierung verschafft.

Im weiteren Verlauf des Abends meldete das Luftfahrtministerium, südlich von Aylesbury seien feindliche Flugzeuge im Anflug. Winston daraufhin: »Ich wette einen Affen gegen eine Mausefalle, daß sie dieses Haus hier nicht treffen können.« Berichten des Geheimdienstes zufolge haben die Deutschen die Geschwader ihrer Langstreckenbomber bis zum 8. Juli angriffsbereit, ihre Jagdflugzeuge sind es bereits jetzt. Mit einer Großoffensive wird vom 30. Juni an gerechnet. Die Angriffe der letzten Nächte scheinen also nur dazu zu dienen, unsere Verteidigungseinrichtungen zu testen.

Winston ging kurz nach eins zu Bett. Ich mußte mich seines betrunkenen Sohnes annehmen, der unbedingt mit mir über die Fünfte Kolonne diskutieren wollte, von der Winston inzwischen annimmt, daß sie weitaus ungefährlicher ist, als ursprünglich befürchtet.

Randolph war in einem fürchterlichen Zustand und benahm sich grob, vulgär und aggressiv. Ich schämte mich für ihn. Wenn man bedenkt, daß Winston, als Randolph bat, eine aktivere Rolle im Krieg spielen zu dürfen, erklärt hat, wenn sein Sohn fiele, wäre er selbst nicht in der Lage, weiterzumachen!

Sonntag, 30. Juni Nach dem Lunch diskutierte Winston mit Thorne über eine mögliche Invasion. Thorne vermutet, daß die Deutschen versuchen werden, mit 80000 Mann in seinem Befehlsbereich zwischen Thanet und Pevensey zu landen. Winston ist noch nicht so pessimistisch und meint, daß unsere Marine da auch noch ein Wort mitzureden habe. Nicht ganz so zuversichtlich ist er allerdings in der Frage, ob es uns gelingt, alle Küsten zu verteidigen. Er wies darauf hin, daß zum Beispiel ein Fluß noch nie ein ernsthaftes Hindernis für eine vorrückende Armee gewesen sei; es dürfte nicht schwierig für den Feind sein, Schwachstellen in unseren Verteidigungslinien zu entdecken. Thorne, der Militärattaché in Berlin gewesen ist, meint, daß die Deutschen ihren bisherigen Gepflogenheiten entsprechend ihren Angriff auf eine Stelle konzentrieren und an anderen Stellen nur Scheinangriffe starten werden.

Winston ist geneigt zu glauben, daß Hitler seine ursprünglichen Pläne ändern mußte. Den Zusammenbruch Frankreichs habe er nicht voraussehen können. Deswegen habe er seine Pläne zur Invasion bestimmt unter der Annahme gemacht, daß die Franzosen an der Somme, mindestens aber an der Seine standhalten würden. Damit wäre unser Expeditionskorps gebunden, wenn nicht gar vernichtet gewesen. Nun stelle sich die Lage aber ganz anders dar. Einerseits stünden Hitler jetzt viel mehr Möglichkeiten für eine Invasion offen, auch wenn die Straße von Dover schwer bewacht werde. Andererseits hätten wir jetzt das ganze Expeditionskorps wieder für die Verteidigung unseres Landes zur Verfügung. Thorne pflichtete dem bei, wies aber darauf hin, daß die Truppen unter seinem Befehl unzureichend ausgerüstet und schlecht ausgebildet sind. Er glaubt, daß er den linken Flügel der Deutschen im Fall eines Angriffs in Ashdown Forest aufhalten kann, weiß aber nicht, wie ein Vormarsch des rechten Flügels über Canterbury nach London zu verhindern ist, wenn seine einzige voll ausgerüstete und gut ausgebildete Division nach Nordirland abgezogen wird. Der Premierminister versprach ihm, daß dies nicht geschieht.

Wir verließen Chequers gegen vier Uhr nachmittags. Ich nahm Mr. Amery und General Thorne mit. Amery meinte, daß Winston mehr Verteidigungs- als Premierminister sei. Ich stimmte ihm zu, denn die meiste Zeit des Tages verbringt Winston mit den Stabschefs. General Thorne bekräftigte, daß dies auch so sein sollte. Es sei höchst wünschenswert, daß einer der besten Kenner der Militär- und Kriegsgeschichte die führende Rolle bei der Bestimmung unserer Strategie spiele.

Allein

Juli 1940

Montag, 1. Juli In einem Geheimpapier des Außenministeriums hat Roger Makins geschrieben: »Was in Bordeaux geschah, war ein Staatsstreich der korruptesten Elemente Frankreichs, die sich berühmter Namen bedienten.« Man nimmt hier an, daß die antibolschewistischen Ressentiments von Petain, Weygand und anderen von Leuten wie Laval und Baudouin ausgenutzt wurden.

Der Premierminister hat Ismay angewiesen, sich mit dem Problem des »Einweichens« der Küste mit Senfgas im Fall einer Landung der Deutschen zu befassen. Er vertritt die Ansicht, daß ein Gaskrieg in diesem Fall gerechtfertigt sei. Neulich sagte er zu General Thorne: »Ich kenne keine Skrupel mit Ausnahme des einen: daß ich nichts Unehrenhaftes tun möchte.« Das Vergasen von Deutschen scheint er also nicht als etwas Unehrenhaftes zu betrachten.

Dienstag, 2. Juli Morgen bei Tagesanbruch werden wir die Operation »Catapult« durchführen, mit der alle französischen Schiffe in englischen Häfen beschlagnahmt werden sollen. Später am Tag werden wir den großen französischen Schlachtschiffen im Hafen von Oran ein Ultimatum stellen.

Für den Fall, daß London angegriffen wird, soll es auch verteidigt werden, hat der Premierminister erklärt. Der Versuch, die Stadt einzunehmen, werde die Deutschen viele Menschenleben kosten. Der Geheimdienst berichtet aus Norwegen, daß eine Invasion sowohl von dort aus wie auch von anderen Gebieten aus vorbereitet wird. Vermutlich zählen Island und die Shetland-Inseln zu den ersten Angriffszielen. An der Ostküste soll ein Scheinangriff stattfinden, während der Hauptangriff in Wirklichkeit der Westküste gilt.

Beaverbrook möchte wegen der Schwierigkeiten, die er im Luftfahrtministerium hat, insbesondere mit den Luftmarschällen, zurücktreten. Winston will davon aber zum gegenwärtigen Zeitpunkt nichts wissen. Es sieht so aus, als wolle Beaverbrook sich auf dem Höhepunkt der Erfolge in der Flugzeugproduktion zurückziehen, so wie ein Spieler nach einer Glückssträhne paßt.

Winston kam am Abend von einer Inspektion der Verteidigungseinrichtungen im Süden zurück. Prompt wurde das Leben in der Downing Street wieder hektisch.

Mittwoch, 3. Juli Das Interesse in Downing Street konzentrierte sich auf die Operation »Catapult«. Zunächst hörten wir von den Unternehmungen in Portsmouth und Plymouth; dann erfuhren wir, daß die Operation in Oran um 13 Uhr 30 anlaufen soll. Im Laufe des Nachmittags trafen immer wieder Meldungen über Terminverschiebungen ein, die in der Hoffnung angeordnet wurden, daß der französische Widerstand nachlassen werde.

Um sieben Uhr abends sickerte durch, daß wir uns mit den Franzosen heftig in der Wolle haben. Ich war die meiste Zeit mit Lord Lloyd und Sir John Dill alleine in Downing Street. Lloyd war bestellt worden, um über einen Vorschlag zu diskutieren, demzufolge der Herzog von Windsor Gouverneur der Bahamas werden soll. Dill erzählte mir, daß Winston bei einem Gespräch mit ihm über Verteidigungsangelegenheiten nur auf und ab gelaufen sei und vor sich hin gemurmelt habe: »Schrecklich, schrecklich.« Er habe noch nie etwas ähnliches erlebt, sagte Dill: Zwei Nationen, die gemeinsam für die Rettung der Zivilisation gekämpft hätten, stünden sich nun zähnefletschend gegenüber, während die Barbaren sich ins Fäustchen lachten. Das ist tatsächlich die bitterste Ironie der Geschichte.

Die Aufregung wuchs immer mehr. Eine halbe Stunde vor Mitternacht traten schließlich die Stabschefs zu einer Sitzung zusammen. Winston sagte zum Ersten Lord, daß sich die Franzosen zum erstenmal seit Kriegsausbruch mit aller Kraft wehren würden. Er sah keine Möglichkeit, wie wir morgen um einen Krieg mit Frankreich herumkommen.

Offensichtlich ist Brendan Bracken bei einer Dinnerparty indiskret gewesen und hat die ganze Situation enthüllt, so daß sie jetzt unverzüglich publiziert werden muß. Der Schock für die öffentliche Meinung wird größer denn je sein. Es heißt, Kriege seien stets voller Überraschungen, aber das übertrifft nun jede Phantasie.

Ehe er zu Bett ging, läutete der Premierminister noch nach mir und diktierte mir ein Telegramm an den Herzog von Windsor, in dem er ihm den Gouverneursposten auf den Bahamas anbot. Dabei murmelte er jeden Satz erst einmal vor sich hin und ließ sich offensichtlich dadurch stimulieren, daß er mit seinem Bauch die Sessel unter den Kabinettstisch schob. »Das ist doch ein gutes Angebot, Max«, sagte er zu Beaverbrook, der dabeistand. »Glauben Sie, daß er annehmen wird?« – »Sicher«, entgegnete Beaverbrook, »und er wird mit großer Erleichterung annehmen.« – »Noch größere Erleichterung wird sein Bruder empfinden«, meinte Winston. Als ich ihm das fertige Telegramm vorlegte, sagte er: »Was für eine saubere Handschrift (!), aber, mein lieber Junge, wenn ich ›stopp‹ diktiere, dann müssen Sie auch ›stopp‹ schreiben und nicht einfach einen Klecks machen.« Er ist bei Kleinigkeiten immer pedantisch.

Donnerstag, 4. Juli Die Aktion gegen die französische Flotte in Oran war sehr erfolgreich; allerdings konnte die *Strasbourg* entwischen. Aus Alexandria hörten wir am frühen Morgen, daß sich dort etwas zusammenbraut. Es sieht so aus, als ob die Franzosen dort ihre Schiffe versenken und den Hafen blockieren wollen.

Der Premierminister gab eine Erklärung vor dem Unterhaus ab, die ich mir anhörte. Er schilderte in Einzelheiten, was in Oran geschehen ist, und das Haus hörte ihm erstaunt und gebannt zu. Man konnte einige Stoßseufzer vernehmen, aber es war deutlich, daß die Aktion einmütig gebilligt wurde. Als Churchill seine Rede beendet hatte, sprangen alle Abgeordneten auf, winkten mit ihren Sitzungsunterlagen und jubelten ihm zu. Er verließ das Haus sichtlich gerührt. Ich hörte, wie er zu Hore-Belisha bemerkte: »Das bricht mir fast das Herz.«

Ich saß mit Jarrett, dem Privatsekretär des Ersten Lords, in meinem Arbeitszimmer im Unterhaus, als Neuigkeiten aus der Admiralität eintrafen. Ein Teil davon war gut und kam unerwartet: ein zufriedenstellendes Abkommen über die französischen Schiffe in Alexandria. Es gab aber auch schlechte Nachrichten: ein schwerer Luftangriff auf Portland, der zahlreiche Zerstörungen angerichtet hatte. Zwanzig deutsche Sturzkampfflugzeuge hatten sich daran beteiligt und konnten nicht abgefangen werden. Das sind schlechte Aussichten für die Zukunft, wenn so etwas ungestraft bei hellem Tageslicht erfolgen kann.

Freitag, 5. Juli Die Welt hat die Nachricht über die Schlacht von Oran anscheinend günstig aufgenommen. Wie Mutter bemerkte, scheint sich überall auf der Welt eine seltsame Vorliebe für die Gewalt entwickelt zu haben, selbst bei denen, die darunter leiden müssen. Es ist wirklich bemerkenswert: Selbst emigrierte deutsche Juden sprechen mit Ehrfurcht und Hochachtung über die Nazis, die doch verantwortlich sind für ihr Elend. Daher kann es durchaus sein, daß unsere Aktion sogar in Frankreich auf Zustimmung stößt.

Der Premierminister hat noch einmal an Roosevelt telegrafiert und ihm unseren dringenden Wunsch nach sofortiger Lieferung von Zerstörern und Torpedobooten unterbreitet. Da sich die gesamte französische Küste in Feindeshand befinde, sei unsere Stärke zur See doppelt so wichtig. Wenn Amerika uns jetzt im Stich lasse, trage es eine große, oder wie der Premier sich ausdrückte, schmerzliche Verantwortung. [*Nachtrag, 13. Juli 1940:* Dieses Telegramm wurde wegen der Einwände, die Halifax dagegen erhob, nicht abgesandt.]

Aus deutschen Quellen war zu hören, daß die Franzosen die diplomatischen Beziehungen zu uns abgebrochen hätten. Aber wir haben nichts davon erfahren!

Montag, 8. Juli Heute ist der Tag, an dem die deutschen Bomberverbände zum Überfall auf unsere Insel bereit sein sollen. Ich habe das Gefühl, daß sich Deutschland auf einen großen Sprung vorbereitet; es ist ein beunruhigendes Gefühl.

Der Premierminister übergab mir am Morgen eine Notiz zur Weiterleitung an Lord Beaverbrook: »Wenn ich darüber nachdenke, wie wir den Krieg gewinnen können, dann sehe ich nur einen sicheren Weg. Wir besitzen keine Armee auf dem Kontinent, die in der Lage ist, die deutsche Militärmacht zu besiegen. Die Blockade ist gebrochen, und Hitler steht Nachschub aus Asien und eventuell auch aus Afrika zur Verfügung. Sollten wir seine Invasion abwehren oder sollte er sie erst gar nicht wagen, wird er sich bestimmt nach Osten wenden, und wir haben nichts, um ihn aufzuhalten. Es gibt nur ein Mittel, das ihn von dort zurückbringen und in die Knie zwingen wird, und das ist eine totale Verwüstung, eine Ausrottung der Nazi-Heimat durch massive Bombenangriffe von hier aus. Damit müssen wir ihn besiegen. Einen anderen Weg sehe ich nicht.«

Es ist wirklich ein seltsamer Krieg. Heute morgen haben wir noch geglaubt, schwere Zerstörungen auf der *Richelieu* in Dakar angerichtet zu haben, und nun bemühen wir uns, über unseren Generalkonsul dort herauszubekommen, wie schwer diese Zerstörungen tatsächlich sind. Die Franzosen werden in der Zwischenzeit immer wilder. Eines unserer Unterseeboote hat unbedachterweise einen ihrer Kreuzer zu einem Zeitpunkt und an einem Ort versenkt, wo dies nicht hätte passieren dürfen. Das Resultat: eine Entschuldigung unserer Regierung an die französische Regierung, bei der wir gleichzeitig wegen der Bestellung eines Geschäftsträgers im unbesetzten Frankreich vorfühlen.

Dienstag, 9. Juli Der Großangriff der Deutschen und die Invasion werden nun für Donnerstag erwartet. Unterdessen scheinen sich die Russen mit den Türken wegen der Dardanellen anlegen zu wollen.

Verbrachte einen Teil des Tages damit, Sir Ronald Campbells Bericht über die letzten Tage der Schlacht in Frankreich zu studieren. Von dem Moment an, wo die Stellungen an der Somme nicht länger zu halten waren, gaben die französischen Politiker und Generale offensichtlich alle Hoffnungen auf. Campbell: »Einen beklagenswerten Einfluß übte das mystische Denken General Weygands aus, das ihn glauben ließ, Frankreich müsse seine gemachten Fehler büßen.« Campbell glaubt nicht, daß die Ursache des Untergangs in Frankreichs Verfassung zu suchen ist, auch wenn seine vielen kleinen Parteien keinen entschlossenen Führer großwerden ließen. Es war der unbegreifliche Zusammenbruch seiner

Armee, der allen weiteren Widerstandswillen lähmte. »Frankreich lag am Boden wie ein Mann, der, durch einen unerwarteten Hieb gelähmt, nicht in der Lage ist, sich wieder zu erheben, ehe er vom Gegner den Gnadenstoß erhält.«

Mittwoch, 10. Juli Es gibt Anzeichen dafür, daß Hitler eine Wirtschaftskonferenz der europäischen Mächte unter Ausschluß Englands vorschlagen will, um seine grandiosen Ansichten über die Gestaltung der Zukunft vorzuschlagen. Ein solches Vorhaben, attraktiv formuliert, könnte die Zustimmung einer kriegsmüden Welt finden, obwohl es natürlich die wirtschaftliche und damit auch die politische Vorherrschaft Deutschlands impliziert. Deshalb beraten wir uns mit den Vereinigten Staaten, wie man eine solche Initiative von vornherein am besten abblocken kann. Wir könnten versuchen, Hitlers Plan zuvorzukommen, indem wir alle Welt darauf hinweisen, er wolle unter Vorspiegelung eines wirtschaftlichen Paradieses nur die angestrebte Vorherrschaft der Nazis aufputzen. Wir sollten allen klarmachen, daß ein solcher Plan nur dazu dienen kann, Europas Reichtümer und Industriepotentiale vor den Nazi-Karren zu spannen und eine großdeutsche »Autarkie« zu errichten: zur militärischen Verstärkung der »überlegenen« arischen Rasse und zur Unterdrückung der Freiheit überall auf der Welt.

Donnerstag, 11. Juli Um halb drei nachmittags begleitete ich Winston zur Besichtigung der Verteidigungsanlagen an der Südostküste. Wir reisten zunächst in einem sehr komfortablen Sonderzug nach Dover. Mit von der Partie waren Ismay, Duncan Sandys, Colonel Jacob und Commander Thompson[56]. In Dover wurden wir vom Kommandierenden Admiral und von General Thorne empfangen und begaben uns durch die unterirdischen Gänge der Kreidefelsen in die Festung. Wir hofften auf einen Luftangriff, nachdem gestern 150 Maschinen in einen Luftkampf über Dover verwickelt waren, aber obwohl die Luftabwehr plötzlich einige Aktivitäten entwickelte, zeigte sich kein feindliches Flugzeug. Aus der Befehlszentrale des Admirals an der Stirnseite der Klippe konnten wir über den sonnenbestrahlten Kanal bis nach Frankreich hinübersehen, vergegenwärtigten uns aber nur mühsam, daß dort bereits Feindesland war. Von Dover aus fuhren wir zur Besichtigung der Stellung einer riesigen 14-Zoll-Kanone, die auf Grund einer Laune Churchills mit erheblichem Risiko und unter großem Aufwand installiert worden war, um die französische Küste zu beschießen. Sie benötigt allein drei teure und störanfällige Hebekräne, um in Schußposition gebracht zu werden, und taugt nur für insgesamt hundert Salven. Die Militärexperten nennen sie eine »reine Schaunummer«.

Danach besichtigten wir Verteidigungsanlagen, Bunker und Truppen auf dem ganzen Weg von Dover bis Whitstable. Das Land an der Küste macht einen recht verlassenen Eindruck, denn die meisten Bewohner wurden evakuiert. Aber es war ermutigend, das kultivierte Land und seine wogenden Kornfelder zu betrachten – ein Anblick, der in England selten ist. Überall Soldaten, Maschinengewehre und Straßensperren. Vor Deal konnten wir die Masten vieler gesunkener Schiffe sehen, die seit Ausbruch des Krieges auf Minen gelaufen oder miteinander kollidiert sind. Außerdem sahen wir ein deutsches Sanitätsflugzeug, das gestern nach einem Treffer heil am Strand aufgesetzt hatte: weiß gestrichen, vorne ein Rotes Kreuz, hinten ein Hakenkreuz.

Es war ein herrlicher Sommerabend mit ausgezeichneter Sicht. Über die Dünen von Kent hinweg konnten wir in dreißig Meilen Entfernung Kap Gris Nez erkennen. Für den Anflug feindlicher Flugzeuge war der Himmel zu klar und wolkenlos, und so mußten wir uns damit begnügen, die patroullierenden Spitfires zu beobachten, die in 10.000 Fuß Höhe über uns in der Sonne blinkten. Winston war enttäuscht: Der ganze Zweck der Fahrt war es gewesen, daß er einen feindlichen Luftangriff erleben wollte!

Wir bestiegen in Canterbury wieder unseren Zug und speisten auf der Fahrt zurück nach London. Ich saß neben Colonel Jacob, hatte aber wegen des unweit sitzenden Winston Mühe, zu verstehen, was er sagte. Jacob kann die Ereignisse der letzten Jahre aus einer ausgezeichneten Perspektive beurteilen. Zum einen ist er Soldat und hat einen Blick fürs Praktische, zum anderen hatte er verschiedene einflußreiche Posten. Chamberlain, so meinte er, trage eine schwere Schuld an unserer mangelhaften Vorbereitung auf den Krieg, obwohl das, was er für den Frieden getan hat, nicht unterschätzt werden dürfe. Als Schatzkanzler und später als Premierminister habe er aber das Militär ausgehungert und sich geweigert, für die Stärkung unserer Kampfkraft zu sorgen, weil er ernsthaft glaubte, den Frieden erhalten zu können, und alles auf diese Karte setzte. Wäre der Krieg nicht ausgebrochen, was viele Beobachter für möglich hielten, dann hätte man Chamberlain als Übermenschen angesehen. Aber so wie die Dinge stehen, müsse er sich erhebliche Tadel gefallen lassen für das, was wir nun Kurzsichtigkeit nennen.

Die Berichte über die Auswirkungen unserer Bombardements in Nord- und Nordwestdeutschland sind sehr ermutigend. Sie stammen aus zu vielen verschiedenen Quellen, um nicht zu stimmen. Das bedeutet aber, daß wir wohl in Kürze mit Vergeltungsmaßnahmen rechnen müssen.

Freitag, 12. Juli Um 18 Uhr fuhr ich mit dem Premierminister in Begleitung von Ismay, Sandys, Seal und Elliot nach Kenley zur Besichtigung des Hurricane-Geschwaders, dessen Air Commodore ehrenhalber Winston ist. Dieser trug seine RAF-Uniform, die ihm, seltsam genug, gut stand. Wir inspizierten in strömendem Regen die Männer und ihre Maschinen, sahen zu, wie zwölf Hurricanes zu einem Übungsflug starteten und besichtigten auch den Kontrollraum, von dem aus die Flüge aller Maschinen in diesem Gebiet überwacht werden. Dann bestiegen wir eine große Maschine, die »Flamingo« genannt wird, und flogen in nur 400 Fuß Höhe nach Northolt. Die Sicht war zu schlecht, um direkt bei Chequers landen zu können.

Mit von der Partie in Chequers waren diesmal Paget und Auchinleck, zwei der jüngeren Generale, die viel bessere Soldaten sein sollen als Dill, Ironside und so weiter. Winston erzählte von der gestrigen Inspektionstour an die Südostküste. Er war sehr erfreut, in einem der Generale dort einen regelrechten »Hunnenfresser« entdeckt zu haben. »Ich habe die Deutschen im letzten Krieg nie gehaßt, aber nun hasse ich sie wie ... ja wie Ohrwürmer.« Nachdem die Damen sich zurückgezogen hatten, wurde die Unterhaltung ernsthafter. Paget und Auchinleck mußten sich einer Prüfung auf Herz und Nieren unterziehen. Sie zogen sich gut aus der Affäre. Dann gab Winston einen kurzen Überblick, wie er sich den weiteren Verlauf des Krieges vorstellt. Er hat wenig Hoffnung, daß er vor 1942 endet. Der nächste Winter wird Winston zufolge schrecklich für Europa sein, aber »Hitler wird den anderen Kindern ihre Bonbons wegnehmen« und deshalb diesen Winter überstehen. Im nächsten Jahr werden wir eine große Angriffsarmee aufbauen; wir rechnen mit 55 Divisionen. Damit werden wir großflächige, überfallartige Angriffe auf den Kontinent unternehmen. Hitler wird feststellen müssen, daß es nicht so einfach ist, 2000 Meilen Küste zu verteidigen. Darüber hinaus werden wir das zahlenmäßige Verhältnis in der Luft ausgleichen. Bis 1942 werden wir dann die Luftüberlegenheit erreicht haben und zu Großangriffen gegen die Deutschen in der Lage sein. Natürlich sei es schwierig, meinte Winston, dies alles genau vorherzusagen. Im letzten Krieg hätten wir uns aber auch immer wieder gefragt, wie wir nun siegen könnten, und plötzlich und unerwartet hätten wir den Sieg in der Tasche gehabt.

Die Diskussion wandte sich dann der Invasion zu. Winston glaubt nicht, daß diese in Fischerbooten von Norwegen aus möglich ist, wie jetzt vermutet wird. Paget und Auchinleck nehmen an, daß auf diesem Weg eine kleine Vorhut eintreffen könnte. Gleichzeitig würden die Deutschen vermutlich Truppentransporter, Lastensegler und Fallschirmjäger einsetzen, um einen Hafen zu erobern, in dem dann die

Hauptstreitmacht landen könnte. Winston ist dagegen, unsere Truppen an den Küsten zu verstreuen; er spricht sich dafür aus, sie im Hinterland zu konzentrieren, so daß sie schnell an die Front geworfen werden können, wo sich eine ernsthafte Bedrohung abzeichnet. Er betonte, daß die große Angst vor einer Invasion, die wir vor sechs Wochen noch bekämpften, sich jetzt als sehr nützlich erweisen würde. Sie hätte uns nicht nur die beste Offensivarmee beschert, die wir je besaßen, sondern auch jeden Mann und jede Frau in unserem Lande wachgerüttelt. Er will diese Angst deshalb nicht weiter bekämpfen. Obwohl er persönlich bezweifelt, daß eine Invasion eine ernsthafte Bedrohung darstellt, will er dennoch diesen Eindruck vermitteln, wenn er am Sonntagabend wieder im Rundfunk spricht.

Es folgte eine Meinungsverschiedenheit darüber, ob man die gesamte Bevölkerung zum Kampf gegen den Feind aufstacheln soll. Wenn sie sich den Invasoren mit Sensen und Wurfgeschossen entgegenstellt, wird sie in ihrer Gesamtheit massakriert werden, wurde gesagt. Paget meint, die Leute sollten besser zu Hause bleiben; Winston glaubt, sie würden nicht, und Auchinleck, sie dürften nicht. Winston ist hartherzig genug, darauf hinzuweisen, daß im Krieg Pardon nicht aus Mitleid gewährt wird, sondern um den Feind davon abzuhalten, bis zum bitteren Ende zu kämpfen. Aber in unserem Fall wollten wir doch, daß jeder einzelne Bürger verbissen kämpft, und das würde er tun, wenn er weiß, daß die Alternative nur ein Massaker sein kann. Die Freiwilligen der Heimwehr müßten bewaffnet werden – allerdings nicht auf Kosten der regulären Armee, wie Paget einwarf –, und selbst Frauen sollten, wenn sie es forderten, als Kombattanten registriert werden. Sandys wies an diesem Punkt darauf hin, daß die Tatsache, daß in Spanien sich auch Frauen am Kampf beteiligten, die Männer nur noch eifriger habe kämpfen lassen. Heute sind große Mengen Waffen und Munition aus den USA eingetroffen, die der Heimwehr (Winston möchte sie gern Home Guard nennen) zur Verfügung gestellt werden.

Sonnabend, 13. Juli Beim Lunch saß ich zwischen Horatia Seymour und Duncan Sandys. Ich hatte Miss Seymour (und Ismay) gestern abend gewaltig schockiert, als ich erklärte, daß ich die Deutschen weiterhin gut leiden könnte. Sie schien sich von diesem Schock wieder erholt zu haben, und wir kamen gut miteinander aus. Winston war munterer und überschwenglicher als je zuvor. Er eröffnete das Tischgespräch, indem er die fragwürdige These aufstellte, daß »die menschlichen Wesen nicht nach Ruhe verlangen, sondern nach ständigem Wechsel, sonst wird das Blut zu dickflüssig«. Dann pries er die Militärmusik und fluchte auf Hore-

Belisha, weil er sie abgeschafft hat. Er schlug vor, sie in jedem Regiment wieder einzuführen, und fragte dann, wie noch das große Instrument heiße, das ihm so gut gefalle. Ich nannte auf gut Glück das Saxophon, woraufhin er mich väterlich ansah und bemerkte: »Man sieht, daß Sie nicht in der Armee aufgewachsen sind, sondern Ihre Bildung aus Nachtklubs haben.« Danach erzählte er der Gesellschaft, daß ich ihn unbedingt verlassen möchte, um an die Front zu kommen. Er würde mich aber erst gehen lassen, wenn das wirkliche Schlachten begonnen hätte – und so ging's weiter.

Später sprach er noch einmal von den »Panthersprüngen«, die unsere motorisierten Divisionen im nächsten Jahr hinüber auf den Kontinent machen würden, und von unserer künftigen »Bombenübermacht«. Selbst wenn »dieser Kerl« (so bezeichnet er Hitler immer) am Kaspischen Meer stünde – und nichts könnte ihn wohl davon abhalten, dorthin zu gelangen –, würden wir ihn mit einem »gewaltigen Feuer in seinem eigenen Hinterhof« zurückholen, »und wir werden Deutschland zu einer Wüste machen, ja, zu einer Wüste«. Hitler könne alles erreichen, was er nur wolle, solange er kein Salzwasser überqueren müsse. Und deshalb würde ihm alles nichts nützen, nicht einmal, wenn er bis zur Großen Mauer in China gelangte, solange unsere Insel uneinnehmbar sei. Deswegen sei er am Ende gezwungen, eine Invasion zu wagen, selbst wenn er sich jetzt dagegen entscheiden sollte und sich nach Osten wendet. Aber damit würde er keinen Erfolg haben. Zwar könnte unsere Zeit der Nachtwachen lang und beschwerlich werden, aber wir müßten auf Wacht bleiben, um jederzeit und unter allen Umständen gegen überraschende Angriffe gewappnet zu sein. Wir würden auf die härteste Probe gestellt.

Zum Dinner kam Luftmarschall Sir Hugh Dowding, der Oberbefehlshaber der Jägerverbände, mit einem weiteren RAF-Offizier. Er erzählte dem Premierminister, das einzige, was ihn im Leben bedrücke, seien die schrecklichen Träume, die ihn jede Nacht heimsuchten. So habe er in der vergangenen Nacht geträumt, er sei der einzige Mann in England, der eine Bofors-Kanone bedienen könne, und sein Name sei William Shakespeare. Dies habe ihn doch sehr durcheinandergebracht.

Während des Essens sprachen wir über Angelegenheiten der Luftwaffe. Winston hob hervor, daß die letzten vier Tage die ruhmreichsten in der Geschichte der RAF gewesen seien, die Probe aufs Exempel. Der Feind sei im Verhältnis 5 : 1 geschlagen worden. Nun könnten wir uns unserer Überlegenheit sicher sein. Dann wandte sich das Gespräch technischen Fragen zu: der Überlegenheit der Hurricanes über die feindlichen Jagdflugzeuge, den Mängeln der Defiant [einer neu entwickelten

Jagdmaschine, insbesondere für Nachteinsätze gedacht] und der merkwürdigen Tatsache, daß die Deutschen ihre Motoren noch nicht mit einer Panzerung versehen haben. Sollten sie es demnächst tun, sagte Dowding, dann würden unsere taktischen Schwierigkeiten größer werden. Des weiteren sprachen sie über eine neue deutsche Entwicklung, die bei uns »Headache« (Kopfweh) genannt wird, ein Leitstrahl, der ihre Flugzeuge an ihr Ziel heranbringt. Die Deutschen wissen noch nicht, daß wir dessen Existenz inzwischen entdeckt haben.

Uns liegen Berichte darüber vor, unter anderem von Maisky, daß die Deutschen bei der Invasion auch Gas einsetzen wollen. Winston hat also vielleicht gar nicht so unrecht mit seinem Vorschlag, unsere Küsten mit Senfgas »einzuweichen«.

Sonntag, 14. Juli Es herrscht eine unheilverkündende Stille. Zum ersten Mal seit einem Monat gab es keine nächtlichen Luftangriffe. Alle deutschen U-Boote bis auf zwei haben ihre Heimathäfen angelaufen. Es hat den Anschein, daß *der Tag* [deutsch im Original] nicht mehr fern ist. Der Premierminister läuft unruhig herum und wiederholt immer wieder: »Hitler muß angreifen oder scheitern. Wenn er scheitert, muß er sich nach Osten wenden, und scheitern wird er.«

In der Frage der Lebensmittelrationierung vertritt der Premierminister einen gesunden Standpunkt. Seiner Meinung nach ist es absurd, strikt zu rationieren, solange unsere Zulieferungen noch so ausreichend sind wie jetzt. In einem Brief an den Ernährungsminister schrieb er: »Alle die sogenannten Ernährungskünstler, die ich kennengelernt habe – Nußesser und andere Eigenbrötler –, sind nach langwährendem senilen Verfall jung gestorben. Der britische Soldat hat vermutlich weit mehr recht als alle Wissenschaftler zusammen. Alles, was er zu seiner Ernährung braucht, ist ein ordentliches Stück Rindfleisch … Wenn wir den Krieg verlieren wollen, dann brauchen wir unsere Bevölkerung nur zu einer Diät aus Milch, Haferflocken, Kartoffeln und ähnlichem zu zwingen, die bei Galadiners mit einem Schluck Zitronensaft heruntergespült werden kann.«

Dienstag, 16. Juli Hatte wieder Spätdienst. Es ereignete sich nichts Besonderes außer den üblichen abendlichen Besuchen, darunter Dr. Dalton, den ich liebenswürdig fand. Am Telefon sagte Winston zu Beaverbrook: »Ich fühle mich wieder besser. Unsere Himmelsknaben haben es geschafft. Sie tragen uns auf ihren Flügeln.« Ich war jedoch ziemlich niedergeschlagen, als ich in einem Bericht Dowdings lesen mußte, daß wir nicht in der Lage sind, wahllose nächtliche Bombenangriffe zu verhindern, sobald Hitler erst einmal seine Furcht vor Vergeltungsangriffen überwunden hat. Je länger die Nächte jetzt werden, desto größer wird auch die Gefahr. Offensichtlich werden wir zwar bald eine wirksame Technik entwickelt haben, anfliegende Bomber bei Nacht aufzuspüren – Winston nennt sie »Riecher« –, aber wir verfügen über keine Nachtjäger, die sich diese Technik zunutze machen können. Selbst wenn wir sie hätten, wäre der Effekt nur begrenzt. Dowding nimmt deshalb an, daß jede Seite früher oder später mit der Zerstörung der gegnerischen Flugzeugindustrie beginnen muß, und dies schließt natürlich auch die Bombardierung der Zivilbevölkerung ein. Dann erst beginnt die wirkliche Prüfung: Haben wir oder haben die Deutschen die festere Moral?

Mittwoch, 17. Juli Halifax glaubt, daß die Pläne für eine engere englisch-französische Zusammenarbeit, die ihren Höhepunkt in der vorgeschlagenen Union beider Länder fanden, zugunsten engerer Beziehungen mit den Vereinigten Staaten aufgegeben werden müssen. In meinen Augen ist dies logisch. Es liegt auf der Hand, daß der Beginn einer weltweiten Zusammenarbeit aller Nationen in der Kooperation der beiden großen englischsprachigen Weltreiche liegen muß. Spanien und Lateinamerika können dann leicht folgen.

Brendan erzählte mir, daß die Deutschen jetzt eine 2-Tonnen-Bombe haben, die wahrscheinlich schwere Verwüstungen anrichtet. Ihr großer Luftangriff wird jetzt täglich erwartet. Man nimmt an, daß ihm wohl eher eine Friedensoffensive folgt als eine Invasion. Seit Montag stürmt und regnet es unablässig, so daß wir vielleicht noch eine kleine Atempause haben, bis die Sonne wieder herauskommt.

Die Kritik an Chamberlain und den »Männern von München« verstärkt sich zusehends. Immer lauter wird gefordert, sie aus ihren Ämtern zu entfernen. Darauf wird Winston niemals eingehen, es sei denn, er erachte diese Männer als unfähig. Das ist aber nicht der Fall.

Freitag, 19. Juli Abgesehen davon, daß sich der Herzog von Windsor sehr streitsüchtig und unvernünftig benimmt, gibt es wenig Neues. Wir warten.

Montag, 22. Juli Die Deutschen in Washington haben unsere Botschaft aufgefordert, Friedensbedingungen vorzulegen, die Deutschland akzeptieren könne. Ich glaube, daß jetzt der Zeitpunkt gekommen ist, an dem wir unsere eigenen Kriegsziele genau definieren müssen und unsere Friedensbedingungen auf den Tisch legen sollten. Sie würden natürlich so sein, daß Hitler gezwungen wäre, sie abzulehnen. Damit würde er seine Glaubwürdigkeit vor der ganzen Welt und vor seinem eigenen Volk verlieren. Kurt Hahn, der ehemalige Leiter des Internats in Salem, hat eine interessante Denkschrift zu dieser Frage vorgelegt, die Tony Bevir an den Premierminister weiterleitete. Aber ich fürchte, daß die Regierung für einen solchen Schritt nicht genügend Phantasie besitzt, obwohl ich andererseits meine, daß sie recht daran getan hat, unsere Kriegsziele bisher im Ungewissen zu belassen. Abgesehen davon war in dieser Frage aber auch keine Übereinstimmung mit den Franzosen zu erzielen.

Hore-Belisha hat vorgeschlagen, daß wir den Herzog von Guise [Thronanwärter des Hauses Orleans] unterstützen sollten, um die königstreue französische Flotte und die Kolonien auf unsere Seite zu ziehen. Er glaubt, daß ein solcher Schachzug sowohl die Linke in Frankreich, die den Krieg fortsetzen will, als auch die Rechte, die die Monarchie wieder einführen möchte, ansprechen könnte. Er vergißt dabei aber die Mitte, die zahlenmäßig und politisch das stärkste Element in Frankreich darstellt.

Blieb zur Übernachtung wieder in Downing Street, wo ich mich mit Professor Lindemann über seine Geheimwaffen unterhielt, die sich hinter den Kürzeln UP, PF, GL und PE verbergen. Er glaubt, daß sie im nächsten Jahr einsatzfähig sein werden. Dann wäre es durchaus möglich, daß Flugzeuge als Kriegswaffen ganz hinfällig werden, da dann die Luftabwehr nicht mehr nur wirksam, sondern tödlich sein würde[57].

Spät in der Nacht führten der Professor, Brendan, Tony und ich noch eine Diskussion über Kurt Hahns Vorschläge, die man allgemein als klug empfand. Es ist sehr wichtig, den Makel, Friedensvorschläge abgelehnt zu haben, Hitler zuzuschieben. Hahn glaubt, daß Hitler sich im klaren darüber ist, daß er auf die Unterstützung von Quislingen in diesem Land nicht zählen kann, und deshalb wohl hofft, einen Defätisten wie Lord Lansdowne im November 1917 zu finden, der sich zum Fürsprecher eines Kompromißfriedens macht.

Mittwoch, 24. Juli Auf einer Vorlage Vansittarts über eine mögliche Antwort auf Hitlers Rede vom vergangenen Sonntag hat Churchill vermerkt: »Ich habe nicht die Absicht, auf Herrn Hitlers Rede irgend etwas zu antworten, da ich mit ihm nicht spreche.«

Donnerstag, 25. Juli Der Erzbischof von York hat dem Premierminister einen Brief geschrieben, in dem er sich über folgende Punkte beschwerte: 1. das kürzlich mit Japan getroffene Abkommen über die Burma-Straße, mit dem wir China im Stich gelassen hätten, 2. die unterschiedslose

Internierung aller feindlichen Staatsangehörigen, was zu Härten gegenüber manchen uns wohlgesinnten Deutschen und Österreichern führe, die uns überdies auch von Nutzen sein könnten. Beide Probleme beunruhigen die Öffentlichkeit, und hinsichtlich der internierten Ausländer bemüht sich die Regierung, zu einem Kompromiß zu kommen. Was die Burma-Straße betrifft, so argumentiert man, daß wir einen Krieg auf Leben und Tod führen und es uns nicht erlauben können, auch noch die Japaner zu Feinden zu haben. Aber irgendwie bedeutet es doch einen moralischen Defekt, wenn wir in dem einen Teil der Welt ein Prinzip opfern, für das wir im anderen Teil kämpfen. Auf die Dauer wird es uns sicher schaden, dem japanischen Druck nachgegeben zu haben. Es ist so, wie der Erzbischof schreibt: »Nichts wahrt so sehr unser Gesicht wie die Aufrichtigkeit, die sich nicht darum schert, das Gesicht zu wahren«.

Führte Mrs. Churchill und ihre Tochter Mary zum Dinner aus. Danach gingen wir ins »Q«-Theater, um Sarah[58] in Ivor Novellos Stück *Murder in Mayfair* zu sehen. Sarah gilt als durch und durch schlechte Schauspielerin. Deshalb war ich angenehm überrascht, als ich feststellen mußte, daß sie eine wirklich gute Vorstellung gab und auf der Bühne auch besser aussah, als dies in Wirklichkeit der Fall ist. Ihr prächtiger roter Haarschopf machte sich auf der Bühne sehr gut. Ich saß neben Mary, die hingerissen war. Sie hegt überhaupt eine naive, allerdings ziemlich charmante Bewunderung für alles, was mit der Familie zu tun hat, mit Ausnahme von Randolph. Nach der Vorstellung gingen wir mit den Sandys zu einem kleinen Nachtessen in die luxuriös ausgestattete Wohnung von Sarah und Vic Oliver. Die Churchills waren *en famille* höchst amüsant. Unter anderem zogen sie die Chamberlains durch den Kakao.

Freitag, 26. Juli Es werden immer mehr Stimmen laut, die eine energische Antwort auf Hitlers Rede fordern. Auch ich bin der Meinung, daß Winston darauf antworten sollte, um unsere Ziele und Bedingungen eindeutig klarzustellen. Winston weigert sich aber nach wie vor, und Vansittart bestärkt ihn in seiner Haltung eines »bedrohlichen Schweigens«.

Ich unterhielt mich mit Arthur Rucker. Er verteidigte die Haltung von Sir John Anderson in der Flüchtlingsfrage. Zunächst habe dieser es abgelehnt, alle Flüchtlinge ohne Ansehen der Person zu internieren, und für eine vernünftige Haltung in dieser Frage plädiert. Später habe er, von der Regierung mehr oder minder gedrängt, nachgegeben, um der öffentlichen Furcht vor einer Fünften Kolonne zu begegnen. Jetzt sei er darauf bedacht, daß das Pendel nicht zu sehr nach der anderen Seite ausschlage, nur weil die Leute anfangen, die Flüchtlinge zu bedauern.

Sonnabend, 27. Juli Die Presse hat uns keinen guten Dienst erwiesen, indem sie unsere erstaunliche Anzahl neuer Zerstörer bejubelte – gerade zu einem Zeitpunkt, da wir in den USA um Lieferung von weiteren fünfzig Schiffen betteln. Winston hat noch einmal beredsam an den Präsidenten appelliert.

Unser Gesandter in Bern berichtet, daß Paravicini[59], dem man nichts anderes als Wohlwollen uns gegenüber nachsagen kann, verläßliche Informationen darüber besitzt, daß die Mehrheit des deutschen Generalstabs ihre Meinung geändert habe und nun einen Angriff auf unser Land befürworte. Dowding, der Oberbefehlshaber der Jägerverbände, schätzt, daß die Deutschen dreitausend Maschinen für einen massierten Angriff aufbieten können, über einen längeren Zeitraum hinweg allerdings nur fünfhundert Maschinen am Tag und zweihundert bei Nacht. Bemerkenswert ist, daß gestern und heute die deutschen Maschinen abdrehten, wenn sie unsere Jagdflugzeuge ankommen sahen. Sie scheinen bei ihren letzten Besuchen über Tag »schwer verprügelt« worden zu sein, wie Winston es ausdrücken würde.

Sonntag, 28. Juli Verbrachte den Vormittag in Downing Street, wo ich wegen der Indien-Frage in ständiger Verbindung mit Chequers stand. Das Problem in Kürze ist dies: Amery [Staatssekretär für Indien und Burma] hat sich mit [dem Vizekönig von Indien] Linlithgow wegen einer öffentlichen Erklärung in Verbindung gesetzt, die dieser darüber abgeben soll, welche Haltung die Regierung bezüglich Indiens Status und der Verabschiedung einer Verfassung nach dem Krieg einnimmt. Amery hat versucht, seine Ideen, die einer indischen Verfassunggebenden Versammlung nach dem Krieg einen Blankoscheck ausstellen würden, durchzupeitschen, praktisch ohne das Kabinett zu konsultieren. Damit hat er den Vizekönig in eine zweifelhafte Lage gebracht, und jetzt ist, was Amery betrifft, der Teufel los.

Chamberlain ist erkrankt und muß sich vermutlich einer Magenoperation unterziehen. Armer, alter Mann! Brendan glaubt, daß mit dem zeitweiligen Ausfall Chamberlains die Gelegenheit da sei, Lloyd George ins Kabinett zu bekommen. Ich meinte dazu, daß wir es uns, das schlechte Beispiel von Hindenburg und Pétain vor Augen, sehr überlegen sollten, ob wir tatsächlich die Unterstützung ehrwürdiger Veteranen aus dem letzten Krieg in Anspruch nehmen.

Montag, 29. Juli Es hat Ärger gegeben. Attlee ist dahintergekommen, daß Amerys liberale und staatsmännisch kluge Indien-Vorschläge von Churchill sabotiert werden. Das stimmt so natürlich überhaupt nicht, denn Amery hat lediglich ein verschwommenes Versprechen angeregt, daß sich die Regierung mit allen Vorschlägen einverstanden erklärt, die nach dem Krieg von einer Verfassunggebenden Körperschaft in Indien ausgearbeitet werden. Zum einen ist es schier unmöglich, dort eine repräsentative Körperschaft zusammenzubringen, zum anderen würde ein solch weitgefaßtes Versprechen Hoffnungen wecken, die mit Sicherheit nicht erfüllt werden könnten. Es besteht die große Gefahr, daß, wenn Amery jetzt gehen muß, was ich glaube, sein Rücktritt falsch interpretiert wird und die Regierung als reaktionär dasteht.

Dienstag, 30. Juli Jetzt haben der Premierminister und der Erste Lord eine kleine Meinungsverschiedenheit. Schuld sind die Kommentare Winstons zu der Versenkung von fünf Schiffen und der Beschädigung sechs weiterer aus einem Geleitzug im Ärmelkanal am vergangenen Freitag. Er hatte beanstandet, daß die Vorsichtsmaßnahmen der Admiralität »total unzureichend« gewesen seien, und erklärt: »Ich muß dies als einen der beklagenswertesten Zwischenfälle des bisherigen Seekrieges ansehen.« Alexander ist daraufhin aufgebraust und hat verlangt, daß dieser Vermerk zurückgenommen wird. Winston lehnte dies ab und schrieb: »Natürlich war ich betroffen, als ich von dem Massaker an all diesen armen kleinen Schiffen erfuhr, und glaube, daß ich mich mit dem Ausdruck ›beklagenswert‹ nicht vergriffen habe, denn dieses Wort drückt Trauer und nicht zwangsläufig eine Bewertung des Vorfalls aus.«

Mittwoch, 31. Juli Bei meinem Morgenritt nach Richmond fand ich die Furt, die ich sonst von Wimbledon aus durchquere, mit Unterständen und Barrikaden blockiert. Im Park bei Louis Greigs Haus ist eine Siedlung aus häßlichen grauen Baracken mit blauen Fensterscheiben aus dem Boden gewachsen. Glücklicherweise wappnen einen die Morgenfrische und die Sonne gegen derartige Kriegsvorbereitungen.

Winston befindet sich wieder auf einer seiner Inspektionsreisen, diesmal in den Norden. Desmond Morton erzählte mir, daß »C«, dem Chef des Geheimdienstes, aus mittlerweile über 260 Quellen Meldungen über eine unmittelbar bevorstehende Invasion vorliegen. Der Hauptangriff soll gegen den Süden der Insel geführt werden, verbunden mit kleineren Angriffen gegen Hull, Schottland und Irland, die in Besitz genommen werden sollen, wenn der Hauptangriff erfolgreich ist. Fallschirmjäger sollen nur im Süden eingesetzt werden. Es ist sicher, daß alle Vorbereitungen getroffen wurden. Was tatsächlich geschieht, hängt jedoch von Hitlers Laune ab. Bezeichnenderweise werden im Osten deutsche Truppen zusammengezogen, und es ist durchaus denkbar, daß Hitler auch bestimmte Absichten hinsichtlich der Ukraine verfolgt.

Einer der Diskussionspunkte auf der anstehenden Sitzung des Generalstabs ist das Problem, daß in Dover zahllose Schaulustige den Pier belagern, um von dort aus einen Blick auf unsere Flugabwehrbatterien zu werfen. Es ist ermutigend, daß die Neugier anscheinend noch immer größer ist als alle Zwänge der Selbsterhaltung.

Nach dem Dinner unterhielt ich mich mit Desmond Morton über den Vorschlag des Außenministeriums, man solle einer Anzahl amerikanischer Lebensmitteltransporter gestatten, Häfen im unbesetzten Frankreich anzulaufen. Desmond und die Leute im Ministerium für wirtschaftliche Kriegführung befürchten, daß wir gegenüber dem Vichy-Regime die gleiche Beschwichtigungspolitik betreiben wie gegenüber Italien, dessen Blockade wir im letzten Winter durchlässiger machten, um zu verhindern, daß Italien in den Krieg eintritt. Halifax und sein Ministerium halten dem entgegen, daß, wenn genügend Lebensmittel in das unbesetzte Frankreich gelangten, damit keineswegs die deutsche Position gestärkt würde. Wir könnten damit vielmehr die französische Bevölkerung auf unsere Seite ziehen und die deutsche Propaganda widerlegen, daß wir Frauen und Kinder brutal dem Hungertod preisgäben. Damit würden auch die unangebrachten humanitären Gefühle in Amerika beschwichtigt. Ich wäre für die Argumente des Außenministeriums offener, wenn es uns auch nur einen einzigen Erfolg der Appeasement-Politik vorweisen könnte. Leider müssen wir aber wohl Frankreich gegenüber unsere Ohren verschließen und unsere Herzen verhärten.

Japan hat eine Anzahl britischer Staatsangehöriger verhaftet, die Spionage betrieben haben sollen, und die Wogen gehen hoch. Neuseeland und Australien sind natürlich ängstlich darauf bedacht, daß dieser Zwischenfall nicht zum Krieg mit Japan führt.

Von den Italienern wird behauptet, daß sie irrtümlich eines ihrer eigenen Schiffe bombardiert haben statt die *Hood.*

Die Schlacht um England

August 1940

Donnerstag, 1. August J. B. Priestley hat dem Premierminister einen Artikel geschickt, in dem er sich dafür einsetzt, daß die Regierung etwas für die Zerstreuung der Bevölkerung tut. Wenn wir schon unsere Bankfeiertage abschaffen, sollten wir wenigstens sonst unseren Spaß haben – einschließlich unversteuerter Bücher (der Schatzkanzler hat in seinem vielkritisierten Haushaltsentwurf auch eine Steuer auf Bücher vorgesehen und damit einen Sturm der Entrüstung entfacht). Priestley wendet sich gegen den allgemeinen Trend zur Freudlosigkeit. Mutter meint, noch viel gefährlicher sei der durch das Kino geförderte unersättliche Hunger der Öffentlichkeit nach Sensationen. Es wurde oft behauptet, daß sich Diktatoren nur halten können, wenn sie mindestens jedes halbe Jahr irgend etwas Dramatisches unternehmen. Und nun beginnt auch schon die britische Öffentlichkeit, aufgeputscht durch Hollywood und die dramatischen Ereignisse der letzten Zeit, fortwährend nach Veränderungen und Aufregungen zu gieren. In der Provinz wird bereits davon geredet, daß Churchill »ausgereizt« sei und abtreten müsse. London ist davon zwar ausgenommen, aber London bedeutet ja ebensowenig England, wie Paris Frankreich ist.

Freitag, 2. August In der Nacht haben die Deutschen Flugblätter mit einem Auszug aus der Rede Hitlers abgeworfen. Die deutsche Presse ist eifrig bemüht, ihren Lesern beizubringen, daß mit einem Blitzerfolg gegen England nicht zu rechnen sei. Es hat den Anschein, als hätten die deutschen Militärs Zweifel an einer schnellen und erfolgreichen Invasion bekommen. Inzwischen wurden deutsche Sturzkampfbomber in Süditalien stationiert; die Achsenmächte scheinen eine größere Aktion im Mittelmeerraum zu erwägen.

Lothian hat uns die amerikanische Antwort auf Winstons gestrige Bitte um Lieferung von Zerstörern übermittelt. Der Präsident sei dazu bereit, glaube aber, die Zustimmung des Kongresses nur unter zwei Bedingungen zu erhalten: 1. Kanada muß ein Pfandrecht auf einige unserer schnellen Kreuzer bekommen, die, falls unser Land bezwungen würde, zur Verteidigung Nordamerikas eingesetzt werden könnten; 2. wir müssen, ohne unsere Hoheitsrechte preiszugeben, den USA Stützpunkte auf Trinidad und den Westindischen Inseln einräumen. Obwohl die

Amerikaner den vollen Ernst der Situation offensichtlich noch nicht begriffen haben und einen Mangel an Realitätssinn erkennen lassen, den sie bei uns immer so freimütig kritisierten, ist jetzt nicht die Stunde, um sich mit ihnen herumzustreiten. Auch spricht nach Ansicht Lothians einiges dafür, eine gemeinsame Front im Westatlantik aufzubauen.

In einem Gespräch mit Lord Halifax meinte der Herzog von Alba, der spanische Botschafter in London, die Franzosen hätten nationale Niederlagen schon immer auf Verrat zurückgeführt. So habe man den Tod Rolands dem Verrat Ganelons angelastet, die Niederlage Franz' I. bei Padua dem Verrat des Herzogs Karl von Bourbon und die Niederlage im deutsch-französischen Krieg von 1870/71 dem Verrat von Bazaine. Es bestehe deshalb wohl kein Zweifel daran, daß man die gegenwärtige Niederlage dem republikanischen System in die Schuhe schieben werde. Alba glaubt, daß Pétain die Absicht hat, wieder die Monarchie einzuführen, und dies würde seiner Meinung nach sowohl die spanisch-französischen Beziehungen verbessern, als auch die Zustimmung der französischen Landbevölkerung finden.

Montag, 5. August Um 13 Uhr 30 wurde im Kabinettsaal ein Militärabkommen zwischen dem Premierminister und Halifax auf der einen und Vertretern der polnischen Exilregierung unter Einschluß von General Sikorski auf der anderen Seite unterzeichnet. Zum erstenmal bei solcher Gelegenheit war auch ein Fotograf dabei. Später ging man hinaus in den Garten und trank sich mit Champagner zu.

Das ganze Interesse in Downing Street gilt jetzt der Operation »Scipio«, die vorsieht, daß General de Gaulle mit französischen Truppen in Französisch-Westafrika landet und dort die Macht übernimmt. Kopfzerbrechen bereiten die sie begleitenden britischen Kriegsschiffe. Sollen sie sich den Schiffen des Vichy-Regimes entgegenstellen dürfen, falls diese versuchen, de Gaulles Streitkräfte abzufangen? Die Regierung Seiner Majestät ist bemüht, dies zu vermeiden. Am Nachmittag unterschrieb der Premierminister einen Brief an de Gaulle, in dem die Bereitschaft zur Anerkennung eines französischen »Verteidigungsrates« erklärt wurde, um den sich alle Anti-Vichy-Kräfte in den Kolonien sammeln sollen. Vertrauensleute des Generals werden morgen mit Kopien des Briefes nach Nigeria fliegen.

Weiterhin in Diskussion ist die Operation »Razzle«, die vorsieht, daß die deutsche Getreideernte verbrannt werden soll; allerdings liegt nur ein Teil innerhalb der Reichweite unserer Luftstreitkräfte.

Dienstag, 6. August Winston war am Abend nervös und reizbar. Ihn quält die Frage, ob wir von den Vereinigten Staaten die fünfzig Zerstörer geliefert bekommen, die wir so dringend benötigen. Er weigert sich, Kanada und damit den USA ein Pfandrecht auf unsere Kriegsschiffe für den Fall einzuräumen, daß unsere Inseln erobert werden. Das ist für ihn reinster Defätismus. Derartiges könnten wir nur zugestehen, wenn ein britisch-amerikanisches Bündnis zustande käme. Unser einziges *quid pro quo* kann seiner Ansicht nach nur darin bestehen, daß wir den USA Marine- und Luftstützpunkte auf den Westindischen Inseln einräumen. Dies ließe sich auch damit rechtfertigen, daß es in unserem eigenen Interesse liegt, eine starke englisch-amerikanische Verteidigungslinie im Westatlantik zu errichten.

Mittwoch, 7. August Winston ist auf Inspektionsreise in East Anglia und hat Randolph und Major Jack Churchill mitgenommen. Ich fürchte, daß Winston zum Nepotismus neigt. Duncan Sandys hat bereits einen wichtigen Posten im Kabinettsbüro unter Ismay bekommen, und nun soll auch Randolph eine Stellung im Stab erhalten[60].

Von Desmond Morton hörte ich, daß der Geheimdienst mit dreizehn Millionen Pfund (in französischen Francs) entkommen konnte, die man auf dem Hof einer Bank im besetzten Frankreich gefunden hat. Mit diesem Geld soll de Gaulle finanziert werden. Der Geheimdienst ist also doch nicht ganz überflüssig.

Der König von Schweden [Gustav V.] hat sich telegrafisch beim König und bei Hitler als Vermittler angeboten – offensichtlich eine persönliche Initiative. Der Antwortentwurf des Außenministeriums, über den das Kabinett morgen entscheiden muß und in dem dieses Angebot höflich abgelehnt wird, ist ein sprachliches Meisterstück.

Dinierte mit Lady Wolverton und ihren beiden Töchtern Marion Hyde und Esmé Glyn. Marion [Hofdame der Königin] erzählte, daß der König und die Königin, obwohl sie Winstons Qualitäten schätzen, mit seiner ungezwungenen Art nicht besonders gut zurechtkommen. Sie waren sehr von Chamberlains Angewohnheit angetan, sich regelmäßig einmal wöchentlich im Palast zu melden und die Lage ausführlich zu erläutern. Winston meldet sich für sechs Uhr an, läßt den Termin telefonisch um eine halbe Stunde verschieben und taucht dann schließlich um sieben Uhr auf, um zehn Minuten lang einen eiligen Bericht zu erstatten. Unglücklicherweise hat der König, zweifellos auf den Rat von Alec Hardinge hin, sich auch noch entschlossen, Winston in der einen oder anderen Sache zu widersprechen, bei der er besser taktvoll geschwiegen hätte. Dazu gehört in erster Linie die Ernennung Beaverbrooks zum Minister für die Flugzeugproduktion, aber auch die Ernennung Brendans zum Staatsrat und Ironsides Erhebung zum Peer. Aber Winston, so unbekümmert er auch mit seinem Herrscher verkehrt, ist im tiefsten Grunde seines Herzens doch ein unbedingter Royalist.

Die Beziehungen zwischen dem König und dem Premierminister verbesserten sich sehr rasch, und selbst Queen Mary entwickelte bald eine große Bewunderung für Winston. Tatsächlich achtete der Premierminister äußerst genau darauf, den König in allen wichtigeren Fragen zu informieren und um Rat zu bitten. Er versäumte auch nie die wöchentliche Audienz, wenn er es nur einrichten konnte. Der Verdacht, Winston stehe auf seiten des Herzogs von Windsor, verflüchtigte sich beim König und der Königin rasch, als der Herzog in seinem neuen Amt als Gouverneur der Bahamas Schwierigkeiten machte und der Premierminister persönlich den König darum bat, energisch darauf reagieren zu dürfen. Im weiteren Verlauf des Krieges waren König und Königin dem Premierminister ebenso zugetan wie dieser ihnen.

Zurück in Downing Street wurde ich Zeuge, wie Winston die Stabschefs in der Luft zerriß, weil sie nicht sehr begeistert von der geplanten Operation »Scipio« in Westafrika sind. Schließlich traf de Gaulle ein, um eine entsprechende Vereinbarung zu unterzeichnen.

Donnerstag, 8. August Aus dem Luftfahrtministerium traf die Meldung ein, daß vor der Isle of Wight ein heftiger Luftkampf über einem Geleitzug stattgefunden habe. Es scheint, daß wir eine große Anzahl deutscher Flugzeuge abschießen konnten, andererseits aber auch mehrere Schiffe verloren, zwei davon durch deutsche Torpedoboote. Als ich dies dem Premierminister mitteilte, meinte er: »Und die britische Flotte läßt es einfach zu, daß diese armen kleinen Schiffe bei hellem Tageslicht versenkt werden!«

Es gibt Berichte, daß Italien Deutschland bedrängt, endlich in der Nordsee aktiv zu werden, während die Deutschen ihrerseits bei den Italienern darauf drängen, das gleiche im Mittelmeer zu tun. Ich persönlich glaube, daß der deutsche Angriff auf unser Land, sei es aus der Luft, sei es über das Meer, nicht mehr lange auf sich warten lassen wird. Deutschland sammelt zur Zeit wohl alle seine Kräfte für einen furchtbaren Schlag. So ist es ganz tröstlich zu hören, daß ein führender Deutscher kürzlich einem Vertreter der Neutralen anvertraute, Deutschlands Position sei »glänzend, aber hoffnungslos«.

Was Molotows jüngste Rede betrifft, in der er uns und die USA angegriffen und Rußlands Freundschaft mit Deutschland unterstrichen hat, so kommentiert das Außenministerium: »Molotows Rede darf nicht für bare Münze genommen werden. Die Sowjetregierung hat in der ganzen Welt keinen einzigen Freund, und keine Regierung verfolgt ähnliche Ziele wie sie. Vorübergehende diplomatische Beziehungen zu anderen Ländern entspringen lediglich opportunistischen Überlegungen. Dabei mißtraut die Sowjetregierung allen Ländern, mit denen sie solche Beziehungen unterhält, und umgekehrt. Sie ist allerdings immer auf der Hut, daß andere, also zum Beispiel auch wir, dieses Mißtrauen ausnutzen könnten. Daraus resultiert dann ihr Bestreben, bei jeder nur möglichen Gelegenheit die freundschaftlichen Beziehungen zu Deutschland zu betonen.«

Freitag, 9. August Die Strecke bei dem gestrigen Luftkampf vor der Isle of Wight scheint aus sechzig deutschen Flugzeugen zu bestehen; wir haben sechzehn Maschinen verloren. Fünf Schiffe aus dem Geleitzug wurden versenkt, eine Anzahl weiterer beschädigt.

Fuhr übers Wochenende wieder nach Chequers. Zu Gast waren Eden, Dill, Ismay und Sir Archibald Wavell, der Oberbefehlshaber im Nahen Osten. Knapp zwei Minuten vor dem Dinner sickerte durch, daß der Premierminister auch noch den Ersten Seelord, Pound, eingeladen, aber vergessen hatte, irgend jemand etwas davon zu sagen. Dies hatte einige hastige Umorganisationen zur Folge. Gegen Ende des Dinners diskutierten Eden, Ismay und ich über die Niederlage Frankreichs. Eden und Ismay meinten, die Schande sei so groß, daß Frankreich sich davon nicht wieder erholen werde. Winston bestritt das.

Nachdem die Damen sich zurückgezogen hatten, wurde über verschiedene Themen gesprochen, darunter auch über den gestrigen Angriff auf unseren Geleitzug. Winston scheint zu glauben, daß wir diese Küstendampfer als eine Art Köder benutzen sollten, obwohl er einräumte, daß »der übriggebliebene Köder ein wenig gemästet« werden müßte. Pound warf ein, daß wir sogar einen Überschuß an solchen Schiffen hätten. Dabei würden wir wenig riskieren und viel gewinnen, fuhr Winston fort, weil wir bei Luftkämpfen dieser Art uns und der Welt unsere Luftüberlegenheit beweisen könnten. Der Feind scheine »weniger übermächtig« in der Luft zu sein, als wir es erwartet hätten. Wäre er wirklich so stark, wie wir bisher alle glaubten, dann wäre er heute wieder erschienen und hätte mittlerweile auch ununterbrochen unsere Häfen bombardiert. Eden kann nicht verstehen, warum die Deutschen einen so großen Aufwand bei so verhältnismäßig uninteressanten Objekten entwickeln. Es wurde die Meinung vertreten, daß die Deutschen vielleicht noch immer glauben, sie könnten uns aushungern, und nicht erkennen, wie unwichtig solche Küstengeleitzüge in Wirklichkeit sind. Wenn das stimmt, dann sieht es kaum danach aus, daß die Deutschen alle ihre Kräfte für einen Massenangriff und eine Invasion schonen.

Pound vertrat die Ansicht, die Deutschen hätten einen großen Fehler gemacht, indem sie, als die Schwäche der französischen Armee offenbar wurde, zu einem vernichtenden Schlag ausholten. Sie hätten statt dessen besser an der Somme haltmachen und sich gegen uns wenden sollen. Eden meinte, die Deutschen hätten vermutlich ebenso wie wir angenommen, daß die Franzosen sich wieder zusammenreißen würden. Darauf warf der Premierminister ein, daß dieser Fehler, wenn es überhaupt einer war, die bewundernswerte Leistung der Deutschen kaum schmälern würde. Man müsse die Brillanz ihrer Strategie und ihren entschlossenen Vormarsch durch Abbeville und Boulogne nach Calais und fast bis Dünkirchen bewundern. Gerettet habe uns nur der Mut der Männer von Calais, die sie aufgehalten hätten – ähnlich wie Sidney Smith Napoleon bei Acre.

Beim anschließenden Gespräch über die Heimatverteidigung sagten Eden und Winston, die einzige wirkliche Sorge bereite der akute Mangel an Munition für Handfeuerwaffen. Wenn man sich vorstelle, der Kampf in Frankreich hätte bereits im März begonnen und würde noch andauern! Im weiteren Gespräch über die Küstenverteidigung erwähnte Winston den Fall des Golfers, der kürzlich an der Küste einen Ball verschlug. Er ging mit seinem Schläger hinunter, legte sich den Ball zurecht – und alles was von ihm übrigblieb, war der Ball, der sicher im Grün landete.

Noch in diesem Herbst, sagte der Premierminister, würden wir damit beginnen, kleinere Einheiten bis zu 5000 Mann Stärke auf den Kontinent zu schicken. Alle anwesenden Generale schienen sehr begeistert davon zu sein, endlich in die Offensive überzugehen. Diese Einheiten würden die Erfahrungen sammeln, die sie befähigten, im nächsten Jahr den Kern weiterer Operationen zu bilden. Ansatzpunkte für wirksame Angriffe gebe es viele. Wir könnten zum Beispiel in Holland landen und von dort aus das Ruhrgebiet angreifen. Wir könnten aber auch die Halbinsel von Cherbourg besetzen oder Italien angreifen. Eden vertrat die Ansicht, Italiens Schwachstelle sei Sizilien, weil die Sizilianer schon immer gegen die Faschisten gewesen wären.

Zu Wavell gewandt meinte der Premierminister, er verspreche ihm, ihn niemals zu einer Landung in Feindesgebiet aufzufordern, wenn wir nicht die Gewähr hätten, am Landungsort auch über die Luftüberlegenheit zu verfügen. Es gebe gute Aussichten, daß man mit der »Spaniel«

– einer Rakete, die Flugzeuge verfolgt, ohne genau auf das Ziel eingestellt zu sein – und einer ähnlichen Rakete, die auch nachts funktioniert, den Feindflugzeugen das Leben bald sehr schwer machen würde. Dann stünden uns alle Möglichkeiten offen, selbst anzugreifen.

Sonnabend, 10. August In einer Depesche an die Ministerpräsidenten von Australien und Neuseeland, in der Winston zusagte, daß wir uns für den Fall eines japanischen Angriffs auf diese Länder aus dem Mittelmeer zurückziehen und unsere Flotte ostwärts beordern, bemerkte er: »Falls Hitler es nicht schafft, England noch vor Anbruch des Winters zu erobern, hat er seine erste, vermutlich sogar entscheidende Schlappe erlitten.«

Sir Stafford Cripps hat Lord Halifax aus Moskau einen interessanten Brief über die Zukunft des britischen Weltreiches übersandt. Er sieht künftig vier neue internationale Blöcke:

1. einen asiatischen, vermutlich unter japanischer, eventuell auch japanisch-chinesischer Führung,
2. einen euro-asiatischen, einschließlich der baltischen und einiger Balkanstaaten, unter russischer Führung,
3. einen europäischen, einschließlich Skandinaviens, eines Teils der Balkanstaaten und des Nahen Ostens, unter Führung einer der europäischen Staaten,
4. einen amerikanischen unter Führung der USA.

Das britische Weltreich als Ganzes fällt natürlich in keinen dieser Blöcke. Die Lösung, die Cripps für uns sieht, ist, daß wir uns mit den USA zu einem anglo-amerikanischen Block verbünden, dessen europäischen Vorposten wir bilden. Diese Vorstellung würde es der britischen Regierung auch erleichtern, notfalls nach Kanada auszuweichen. Winston schrieb dazu eine Bemerkung für den Umlauf, die er später jedoch wieder zerriß. Sie lautete: »Mir scheint, daß die Spekulationen von Sir Stafford Cripps über die Nachkriegssituation des britischen Weltreiches viel zu unsicher sind, als daß sie uns im gegenwärtigen Moment, wo es darum geht, erst einmal den Krieg zu gewinnen, um zu überleben, von Nutzen sein könnten. Sofern nicht einer meiner Kollegen anderer Meinung ist, halte ich es nicht für notwendig, diese Überlegungen unseres Botschafters in der UdSSR dem Kabinett vorzulegen.«

Später, beim Lunch, erläuterte mir Winston seine eigenen Ansichten über unsere Kriegsziele und über unsere Zukunft. Für ihn gibt es gegenwärtig nur ein Ziel: Hitler unschädlich zu machen. Sollen diejenigen, die sagen, sie wissen nicht, wofür sie kämpfen, doch den Kampf aufgeben und sich dann überraschen lassen, was mit ihnen geschieht. Frankreich würde jetzt auch allmählich entdecken, wofür es gekämpft hat. Nach dem letzten Krieg hätten die Völker viele konstruktive Ideen gehabt. Eine davon war der Völkerbund. Irgend etwas in dieser Art würde man auch nach diesem Krieg wieder schaffen müssen. Vermutlich würde es die Vereinigten Staaten von Europa geben, und unsere Insel wäre dann das Verbindungsglied zwischen dieser Vereinigung und der Neuen Welt, das die beiden Blöcke im Gleichgewicht hält. »Ein neues Konzept des Gleichgewichts der Mächte?« fragte ich. »Nein, des Gleichgewichts der sittlichen Werte«, war die Antwort.

Ich lunchte mit den Churchills *en famille,* und es war recht amüsant. Winston war in Hochstimmung. Als er auf unseren beklagenswerten Mangel an Kriegsausrüstung zu sprechen kam, meinte er: »Wir werden zwar gewinnen, aber verdient haben wir es eigentlich nicht. Zumindest werden wir den Sieg unseren Tugenden, nicht unserer Intelligenz zuschreiben können.« Dann behauptete er, die Konservative Partei sei das Rückgrat dieses Landes. Nur wenige Dinge müßten bei uns schnell und dramatisch geändert werden. Konservativismus im Sinne Disraelis bedeute die stufenweise Verbesserung der Lebensqualität für immer mehr Menschen, ihre Teilhabe an Annehmlichkeiten, die früher nur wenigen vorbehalten waren, also eine Anpassung nach oben, nicht Gleichmacherei.

Beim Dinner saß ich zwischen Mary und Colonel Jacob und lauschte, wenn ich mich nicht gerade mit den beiden über Hetzjagden unterhielt, auf das, was Winston zu sagen hatte. Er erwähnte die zahlreichen Projekte, Erfindungen und so weiter, die er vorantreiben müsse, und verglich sich mit einem Bauern, der Schweine mit dem Stock über die Straße treibt und immer darauf achten muß, daß keines ausbricht. Dann pries er den vorzüglichen Kampfgeist unserer Bevölkerung und behauptete, er könne kaum verstehen, warum er selbst so populär sei. Letzten Endes sei doch, solange er regiere, fast alles schiefgelaufen und er habe nur Niederlagen bekanntgegeben. Die Grundlage, auf der er stehe, sei noch immer »Blut, Schweiß und Tränen«.

Winston ließ Professor Lindemann und mich einige seiner geliebten Statistiken und Tabellen holen und begann, die Nachschubsituation zu erläutern. Beaverbrook, so meinte er, verfüge über Genie und, was noch mehr zähle, über brutale Unbarmherzigkeit. Nie in seinem Leben habe er solch erstaunliche Ergebnisse gesehen, wie Beaverbrook sie erzielt. Er erklärte, daß unsere Stückzahlen diejenigen der Deutschen bereits um ein Drittel überträfen. Alle waren der Ansicht, daß Hitlers Flugzeugproduktion schlechtere Ergebnisse erzielt, als wir vermutet hatten. Warum sonst die Verzögerung, die Dürftigkeit des Angriffs?

Nach dem Dinner (gegen 23 Uhr 15!) machten wir einen Spaziergang unter dem Sternenhimmel, ein Brauch, den Winston eingeführt hat. Danach zeigte ich ihm einen Brief Nelsons an den damaligen Ersten Lord, den ich in einem der Zimmer von Chequers gefunden hatte. Er begann mit dem Satz: »Mylord, wenn ich in diesem Augenblick sterben müßte, würde man in meinem Herzen den sehnlichen Wunsch nach mehr Fregatten eingebrannt finden ...« Ich schlug Winston vor, seine Depeschen an Roosevelt, die er mit »Ein ehemaliger Seemann« zu unterzeichnen pflegt, mit dem gleichen Satz zu beginnen und statt »Fregatten« »Zerstörer« einzusetzen. Seine Antwort war, daß wir die Zerstörer mit Sicherheit geliefert bekommen. Es ist aber schon recht merkwürdig, wie sich die Geschichte oftmals sogar in kleinen Details wiederholt.

Sonntag, 11. August Bei einem Spaziergang mit Jacob behauptete dieser, Beaverbrook sei ein Pirat, der geistigen Diebstahl begehe. Auch als Minister für die Flugzeugproduktion benehme er sich noch immer wie Beaverbrook, der Pressemagnat. Wie er früher dafür berüchtigt gewesen sei, die verkauften Stückzahlen des *Daily Express* in die Höhe zu treiben, so seien es jetzt die Stückzahlen der produzierten Flugzeuge, denen sein ganzes Interesse gelte. »Auflagenhöhe« bedeute ihm eben alles.

Das große Ereignis des Tages war ein weiterer Luftkampf. Ich hing fast ununterbrochen am Telefon, um die neuesten Abschußergebnisse in Erfahrung zu bringen. Winston war äußerst vergnügt und wiederholte immer wieder, daß »diese Schweine« drei Tage gebraucht hätten, »um ihre Wunden zu lecken« und daß es mit ihrer angeblichen Überlegenheit nicht weit her sei.

Danach telefonierte er mit Beaverbrook, der am Abend kommen wird. Die Tatsache, daß die Stückzahlen der produzierten Flugzeuge in der letzten Woche gesunken sind, hatte dieser auf einem Zettel so kommentiert: »Bevins freier Tag. Andere freie Tage stehen noch vor der Tür – wie die Deutschen vielleicht demnächst auch.«

Nach dem Tee begleitete ich den Premierminister zum nahegelegenen Schießstand, wo er mit seinem Mannlicher-Gewehr auf Ziele bis 270 Meter Entfernung schoß. Er schoß auch mit seinem Revolver, wobei er stets eine Zigarre im Mund hatte, und traf mit ausreichender Genauigkeit. Trotz seines Alters, seiner Figur und mangelnder Übung hielt er sich wacker. Dabei sprach er die ganze Zeit über die beste Methode, Hunnen umzulegen. Dumdumgeschosse seien das Beste für sie, meinte er. Randolph wandte ein, daß diese Geschosse geächtet sind. Darauf entgegnete Winston, daß die Deutschen kurzen Prozeß mit ihm machen würden, wenn sie ihn erwischten; warum also sollte er Erbarmen mit ihnen haben. Er scheint sich immer wieder einzubilden, daß er sich eines Tages persönlich gegen die Deutschen verteidigen muß.

Montag, 12. August Auf Wunsch des Premierministers frühstückte ich mit Bevin. Er war in der ungewohnten Umgebung zunächst sehr auf der Hut, taute dann aber auf und leckte sogar seinen Honig vom Messer. Wir unterhielten uns über die Presse. Bevin bedauerte, daß die Zeitungen auf ein so niedriges Niveau herabgestiegen seien.

Um 11 Uhr 15 ging es nach London zurück, wie üblich auf äußerst halsbrecherische Art und Weise, um rechtzeitig zur Kabinettssitzung um 12 Uhr 30 einzutreffen. Ich saß im eskortierenden Polizeiwagen, zusammen mit Sawyers, Churchills Butler. Er hat früher bei Lord Wigram gedient und erinnert sich noch daran, wie ich als Page [König Georgs V.] Neville Wigram einmal abholen wollte und mich standhaft weigerte, meinen Federhut abzunehmen. Nach meiner Erinnerung war es viel zu schade, solch einen schönen Hut unter dem Arm zu tragen.

Dienstag, 13. August Aus Schweden kam ein Telegramm, daß die Deutschen sich an der norwegischen Küste zur Invasion einschiffen.

Der Premierminister ist hochgradig gereizt. Zum einen streitet er darüber, wie man auf dem schnellsten Wege Verstärkung in den Nahen Osten schafft, bevor der erwartete Angriff auf Ägypten stattfindet. Das Kriegsministerium und die Admiralität wollen die Truppen um das Kap der Guten Hoffnung herum schicken, Winston besteht auf einem überraschenden Durchbruch durch das Mittelmeer. Das andere Problem ist der Mangel an RAF-Piloten. Dies ist nach Meinung von Winston darauf zurückzuführen, daß zu viele von ihnen zur Ausbildung und als Bodenpersonal zurückgehalten werden.

Das erstaunliche Resultat der heutigen Luftschlacht: 78 deutsche Flugzeuge wurden mit Sicherheit abgeschossen, während wir nur drei Piloten verloren. Das ist wahrhaftig ein Sieg und wird die Kampfmoral in unserem Lande stärken. Die Deutschen können diese Verluste gewiß nicht mit Gleichmut hinnehmen. Es hat wirklich den Anschein, als ob das Blatt sich wendet. Professor Lindemann ist, im Gegensatz zu anderen Propheten, der Meinung, daß die deutsche Front bereits in diesem Winter zusammenbrechen wird.

Die heftigen Diskussionen darüber, wie die Truppen im Nahen Osten am schnellsten verstärkt werden können, gingen nach dem Dinner weiter. Winston, der äußerst übel gelaunt war, zumal er auf seinen gewohnten Mittagsschlaf verzichten mußte, schrieb an Eden: »Ich bin von General Wavell in vieler Hinsicht beeindruckt, vermisse bei ihm aber die geistige Stärke und Entschlossenheit, um Widerstände zu überwinden, was unerläßlich ist, um einen Krieg erfolgreich zu führen. Statt dessen bemerke ich bei ihm eine gewisse Nachgiebigkeit gegenüber einer Reihe örtlich bedingter Schwierigkeiten, die zu einem beklagenswerten Mangel an Konzentration auf die entscheidenden Punkte führt. Bitte vergessen Sie nicht, daß der Verlust von Alexandria das Ende der britischen Seemacht im östlichen Mittelmeer bedeuten würde, mit allen sich daraus ergebenden Konsequenzen.« In seiner Antwort bemerkte Eden, der Hauptärger im Nahen Osten sei die unvollständige Ausrüstung der dort stationierten Truppen.

Die Frage, die sich hier jeder heute stellt, lautet: Was ist das Motiv der gigantischen deutschen Luftangriffe bei vollem Tageslicht, die so viel kosten und so wenig einbringen? Dienen sie der Aufklärung oder etwa der Ablenkung, oder sind sie eine Art Kavallerieattacke vor dem Hauptsturm? Vielleicht werden die nächsten Tage eine Antwort bringen.

Donnerstag, 15. August Der amerikanische Präsident hat uns eine Botschaft zukommen lassen, daß er den Kongreß davon überzeugen kann, uns die erbetenen 50 Zerstörer zu überlassen, sofern wir ihm die Zusicherung geben – die nicht unbedingt veröffentlicht werden muß –, daß die britische Flotte notfalls weder an den Feind ausgeliefert wird noch sich selbst versenkt. Ferner müßten wir den Vereinigten Staaten Marine- und Luftwaffenstützpunkte in allen britischen Besitzungen von Neufundland an südwärts überlassen. Dies schmeckt stark nach den russischen Forderungen an Finnland. In seiner Antwort erklärt Winston, daß ihm diese Botschaft Mut gemacht habe, und fährt fort: »Sie werden uns, dessen bin ich sicher, alles überlassen, was Sie nur können, denn Sie wissen genau, daß der Wert eines jeden Zerstörers, den Sie für uns erübrigen können, in Rubinen aufgewogen wird.«

In Somaliland haben wir eine weitere Niederlage erlitten. Unsere stark befestigte Stellung in Tug Argan wurde von weit überlegenen italienischen Truppen überrannt. Der Schlag gegen Ägypten wird nicht mehr lange auf sich warten lassen. Aber dort befinden wir uns in einer besseren Position.

Wenn der Premierminister selbst einmal eine Verabredung trifft, vergißt er meist, uns davon zu unterrichten. Nicht selten vergißt er sie dann auch noch selbst. So war es heute nachmittag. Das Haus war voller militärischer Würdenträger, die auf ihn warteten, und er saß derweilen fröhlich und zufrieden im Rauchzimmer im Parlament und genoß seinen Whisky-Soda.

Heute gab es die größte und erfolgreichste Luftschlacht seit Beginn des Krieges. Die Zahl der abgeschossenen feindlichen Flugzeuge stieg konstant, so daß sich Winston am Ende voller Begeisterung ins Auto setzte und zum Gefechtsstand nach Stanmore fuhr. Als er zurückkam, erzählte er, daß es mehr als hundert abgeschossene Feindflugzeuge waren. Ich mußte den Lord President anrufen, der auf dem Land die Folgen einer Operation auskuriert. Mr. Chamberlain war zunächst etwas verschnupft, als ich ihn mitten im Abendessen störte, zeigte sich dann aber äußerst erfreut über die Nachricht und über die Tatsache, daß Winston an ihn gedacht hatte. Winston liebt es, mit Kleinigkeiten wie diesen jemandem eine große Freude zu bereiten. Als ich ihm sagte: »Der Lord President ist Ihnen sehr dankbar«, entgegnete er: »Das sollte er auch sein, denn dies ist einer der größten Tage in unserer Geschichte.«

Jedermann hier ist begeistert, und die Niederlage in Somaliland ist in den Hintergrund des Interesses gerückt. Die bestätigten Abschüsse deutscher Maschinen haben inzwischen die Zahl 161 erreicht. Hinzu kommt noch eine Anzahl unbestätigter Abschüsse. Unsere Verluste hingegen betragen nur 34 Maschinen und 18 Piloten.

Am späten Abend diktierte der Premierminister noch ohne Vorbereitung eine »Direktive« über die Operationen im Nahen Osten. Ein meisterliches Dokument, lang, aber eindeutig und die Hauptsache herausstellend. Es ist das erste Mal, daß ich erlebte, wie ihm seine lange Erfahrung als Militärstratege und seine Studien der Militärwissenschaft zugute kommen.

Freitag, 16. August 12 Uhr 30: Es hat wieder Luftalarm gegeben. Aus dem Central War Room erfahre ich, daß Chatham heftig bombardiert wird und auch Kenley, wo das Geschwader des Premierministers stationiert ist. Winston hat entschieden, daß das Kabinett wie üblich zusammentritt, aber einige Minister sind in Deckung gegangen und nur schwer aufzutreiben. Beaverbrook sieht ein bißchen trübselig aus, weil er glaubt, daß die Angriffe vorwiegend seinen Flugzeugfabriken gelten.

Um fünf Uhr nachmittags, als ich oben beim Premierminister war, ertönte erneut die Sirene, zum dritten Mal innerhalb von vierundzwanzig Stunden. Ich lief nach unten, um am Telefon herauszufinden, was diesmal zu erwarten war, stolperte und fiel mit einem solchen Lärm die Treppe hinunter, daß der Chef des Generalstabs glaubte, eine Bombe sei eingeschlagen.

Am Abend fuhr ich nach Stansted. Der Zug, mit dem Lord Bessborough kommen wollte, hatte zwei Stunden Verspätung, weil eine Bombe auf die Schienen gefallen war. So aßen wir ohne ihn.

Sonntag, 18. August Ich hatte halb im Spaß erklärt, Zweck meines Besuches sei es, einen großen Luftkampf einmal aus nächster Nähe zu erleben. Dieser Wunsch ging in Erfüllung. Nach verschiedenen Alarmen am Morgen genossen wir schließlich eine Extravorführung von der Terrasse aus. Es war nach dem Lunch. Wir saßen mit Blick auf die Insel Thorney. Zu unserer Rechten waren über den Bäumen gerade noch die Sperrballone von Portsmouth zu erkennen. Plötzlich hörten wir das Feuer von Flugabwehrkanonen und erkannten weiße Explosionswölkchen über Portsmouth. Dann ertönte zu unserer Linken, aus der Richtung von Chichester und Tangmere, das Brummen von Flugzeugmotoren und der Lärm von Maschinengewehrfeuer. Nicht weit über uns am Himmel entdeckten wir etwa zwanzig Maschinen, die in einen Luftkampf verwickelt waren. Unvermittelt stürzte ein deutscher Bomber in wilden Kurven nach unten, eine lange Rauchfahne hinter sich herziehend, und verschwand hinter den Baumkronen. Am Himmel öffnete sich ein Fallschirm und schwebte anmutig zwischen den durcheinanderwirbelnden Flugzeugen nach unten. Ein Sturzkampfbomber löste sich aus dem Wirrwarr, schwebte kurz wie ein Raubvogel über der Beute und stieß dann auf Thorney hinunter. Heftige Explosionen ertönten, als sich nacheinander noch weitere Maschinen hinunterstürzten. Aus dem Hangar des Flugplatzes auf Thorney stiegen dichte Rauchwolken auf. Das Ganze dauerte höchstens zwei Minuten, dann verzog sich der Spuk wieder hinaus auf See. Mindestens zwei der feindlichen Flugzeuge blieben schwelend am Boden zurück. Es schienen aber noch mehr Maschinen im Anflug zu sein, denn die Abwehrbatterien feuerten unentwegt weiter. Plötzlich sahen wir vier der Sperrballone über Portsmouth in Flammen aufgehen. Zahlreiche Bomben fielen, dann war der Spuk endgültig vorbei.

Das Endergebnis des heutigen Tages: Mindestens 141 feindliche Flugzeuge wurden abgeschossen, wir haben zehn unserer Piloten verloren.

Montag, 19. August Am Abend las ich den ersten Entwurf der Rede des Premierministers, die er morgen im Unterhaus halten will. Er hat heute nachmittag viele Stunden daran gearbeitet. Für mich ist es interessant, wie er wochenlang auf einer Redensart oder einem Zitat herumkaut, bis er die Wendung schließlich in eine seiner Reden einbaut. Bei den verschiedensten Gelegenheiten habe ich ihn in letzter Zeit von unseren Bombenangriffen auf Deutschland sagen hören, daß diese Hitler zurückzwingen werden, um sein Heim zu verteidigen, selbst wenn er sich bis ans Kaspische Meer verkrochen hätte. Und nun taucht diese Formulierung in seiner Rede auf. Der Satz, der mir am meisten gefiel, bezog sich auf die Behauptung der Deutschen, in den gestrigen Luftkämpfen hätten wir 150 Maschinen verloren: Wenn Hitler so weitermache, werde »sein guter Ruf, glaubwürdig zu sein, ernsthaft angetastet«.

Dienstag, 20. August Im Unterhaus fand ich einen Platz auf der überfüllten Galerie, um die Rede des Premierministers anzuhören[61]. Sie schien mir rhetorisch nicht so gelungen wie sonst. Das größte Interesse des Hauses fanden die Ausführungen zu den Vereinbarungen mit den Vereinigten Staaten über die Einrichtung von Stützpunkten auf den Westindischen Inseln. Churchill erwähnte freilich nicht, was wir dafür zu erhalten hoffen. Generell schien die Rede etwas zu langweilen – mit Ausnahme solcher Stellen wie der über »des Führers guten Ruf, glaubwürdig zu sein«, die große Heiterkeit verursachte. Das Haus, das nicht gewohnt ist, im August zu tagen, war träge. Der Premierminister beendete seine Rede damit, daß er die amerikanisch-englische Zusammenarbeit mit dem Mississippi-Missouri verglich, und er schloß: »Laßt sie weiterfließen!« Auf dem Weg zurück fuhr ich mit ihm im Wagen. Er sang die ganze Zeit »Old Man River«, ohne die Melodie richtig zu treffen.

Dinierte mit Audrey Paget im *Mirabelle,* besuchte anschließend mit ihr die Aufführung des Thrillers *Cottage to Let* und führte sie dann noch in einen leeren, öden und miserablen Nachtklub namens *Slippin.* Wir flirteten schamloser als je zuvor, und einen Augenblick lang hatte es den Anschein, als ob Ernst daraus werden könnte. Aber dann hatte ich nicht den Mut, das Verbrechen zu begehen, für das Sokrates den Schierlingsbecher leeren mußte[62].

Mittwoch, 21. August Verbrachte einen geschäftigen Vormittag damit, überschwengliche Briefe für den Premierminister aufzusetzen.

Die Amerikaner wollen die Lieferung der Zerstörer von der zusätzlichen Überlassung von Stützpunkten auf den Bahamas und anderswo abhängig machen. Dies ist dem Kabinett sehr unangenehm, das beides strikt trennen möchte und die Ansicht vertritt, dies sollte unabhängig voneinander auf der Grundlage der guten Beziehungen zwischen beiden Ländern geregelt werden. Winston meinte dazu in einer Depesche an den kanadischen Ministerpräsidenten: »Es wäre besser, auf die Zerstörer zu verzichten, so dringend wir sie auch benötigen, als sie zum Objekt eines zähen Feilschens der Experten zu machen, wieviel wir denn nun genau dafür herausrücken müssen. Sofort würden die Leute fragen: ›Wieviel sind sie denn tatsächlich wert?‹ und: ›Hat man nicht Vorteile aus unserer bedrohten Lage gezogen?‹ Jede Diskussion dieser Art würde dem Gang der Dinge schaden. In dieser Stunde sollte jeder das leisten, was er kann, ohne zäh darum zu feilschen.«

Das macht der Premierminister auch dem amerikanischen Präsidenten klar, beschließt aber seine Depesche, die wie üblich mit »Ein ehemaliger Seemann« unterzeichnet ist, mit den Sätzen: »Obwohl die wütenden Angriffe der Deutschen in den letzten Tagen nachgelassen haben und unsere Stärke auf vielen Gebieten zunimmt, glaube ich nicht, daß dieser üble Kerl schon alle Katzen aus dem Sack gelassen hat. Wir haben große Verluste an Handelsschiffen in der Seepassage im Nordwesten, die gegenwärtig unser einziger Zugang zu den Weltmeeren ist. Deshalb würden Ihre fünfzig Zerstörer, sofern sie umgehend geliefert werden, eine willkommene Hilfe darstellen.«

Am Abend las ich eine interessante Denkschrift von Duff Cooper über die weitere Entwicklung, die morgen dem Kabinett vorgelegt wird. Er schlägt die Einsetzung eines Komitees vor, das Vertreter aller Parteien und Persönlichkeiten wie Chamberlain, Attlee und Sinclair umfassen und Vorschläge für die Nachkriegszeit ausarbeiten soll. Als demokratische Antwort auf Hitlers »Neue Europäische Ordnung« sollte eine bundesstaatliche Organisation für Europa vorgesehen werden. Was unser eigenes Land betrifft, sollte das Komitee Vorschläge zur Beseitigung der Arbeitslosigkeit ausarbeiten und untersuchen, wie sich gleiche Bildungschancen für alle und die Abschaffung von Privilegien durchsetzen lassen. Kein Land sei besser geeignet als Großbritannien, in diesen Fragen voranzugehen, denn kein Land habe in den letzten fünfzig Jahren hinsichtlich sozialer Reformen mehr geleistet. Bemerkenswert ist, daß diese Vorschläge von einem Konservativen stammen und das vorgeschlagene Komitee vorwiegend aus Konservativen bestehen soll. Wie zu Disraelis Zeiten sollen also die Tories wieder die Initiatoren einer sozialen Revolution sein.

Die Beziehungen zwischen Italien und Griechenland sind inzwischen äußerst gespannt. Griechenland hat erklärt, ehe es sich Italien unterwerfe, würde es »den ganzen Balkan in Brand setzen«.

Donnerstag, 22. August Der Premierminister ist ziemlich ungehalten, weil die so mühsam in Dover aufgestellte Kanone – seine Kanone – nicht in der Lage war, auf die Kanonade einer deutschen Küstenbatterie zu antworten, die zunächst einen Geleitzug und dann Dover unter Beschuß nahm.

In der Kabinettssitzung wurde über unsere finanzielle Situation diskutiert. Unsere Reserven an Gold und Devisen sind stark geschrumpft, und reichen höchstens noch für ein paar Monate. Trotzdem entschied man, weiteres Kriegsmaterial in den USA zu bestellen, in der Hoffnung, daß nach der Präsidentschaftswahl sich die amerikanische Regierung großzügiger und hilfsbereiter erweisen wird. Winston führte vor dem Kabinett aus, daß es noch immer besser wäre, Amerika Pfandrechte an der britischen Industrie einzuräumen, als auf seine Lieferungen zu verzichten. Als letztes Mittel bliebe uns noch die Beschlagnahme von Goldschmuck, Eheringen und dergleichen, um die Amerikaner mit einer solchen Maßnahme zu beschämen. Allerdings kämen bei einer solchen Aktion höchstens zwanzig Millionen Pfund zusammen.

Montag, 26. August Die neuesten Nachrichten klingen nicht allzu gut. Unsere Verluste an Schiffstonnage durch feindliche U-Boote nehmen ein bedrohliches Ausmaß an. London wurde Sonnabend nacht von einem einzelnen deutschen Flugzeug bombardiert. Zur Vergeltung haben wir in der vergangenen Nacht 89 Maschinen nach Berlin geschickt. Vermutlich müssen wir deshalb heute nacht mit einem heftigen Vergeltungsangriff auf London rechnen. Vielleicht wird Göring dadurch letzten Endes seine Luftwaffe überbeanspruchen. Ein RAF-Offizier erzählte mir kürzlich, daß Göring seinerzeit ähnlich mit dem Jagdgeschwader Richthofen umgegangen sei, nachdem er dessen Kommando übernommen hatte.

Der erste Luftalarm – blinder Alarm, wie sich herausstellte – kam kurz nach dem Mittagessen. Der Premierminister, der ebenfalls eine Vergeltung für die Ereignisse der letzten Nacht befürchtet, schickte uns alle in die Schutzräume. Dann telefonierte er mit dem Chef des Luftwaffenstabes und beschwerte sich darüber, daß unser Angriff in der kommenden Nacht Leipzig und nicht Berlin gelten soll. »Nachdem sie begonnen haben, unsere Hauptstadt zu bedrängen«, sagte er, »wünsche ich, daß Sie hart zurückschlagen, und Berlin ist der Ort, wo sie verwundbar sind.«

Während ich dies schreibe, ist es eine halbe Stunde nach Mitternacht. Die Entwarnung ist noch nicht erfolgt. Und das alles wegen einiger vereinzelter Feindflugzeuge! Die Folge ist, daß in den Fabriken jegliche Produktion eingestellt wurde und auch die Zeitungen nicht erscheinen. Am Himmel kreuzen sich die langen Finger der Suchscheinwerfer, und hin und wieder hört man das Dröhnen eines feindlichen Flugzeugs über uns und den Lärm der Flugabwehrkanonen.

Ich hatte mich nach dem Alarm in den Garten von Nr. 10 begeben und über die dunkle, regungslose Stadt hinweggeschaut, während nebenan die Glocken von Big Ben Mitternacht schlugen. Plötzlich ertönte das Brummen eines Flugzeugmotors und entferntes Kanonenfeuer. Der Premierminister kam die Treppe heruntergehastet – in seinem Morgenmantel mit den prächtigen goldenen Drachen, den Stahlhelm in der Hand – und verschwand im Schutzraum. Ich saß danach noch lange mit

Professor Lindemann und Brendan auf einen Schwatz zusammen. Vermutlich werden noch viele solcher unruhigen Nächte folgen.

Dienstag, 27. August Eines der dringlichsten Probleme im Moment ist die Ausweitung des Trainingsprogramms für Piloten und dessen Verlegung ins Ausland, wo ungehindert geübt werden kann. Beaverbrook wollte dies nicht einsehen. Darauf der Premierminister zu ihm: »Ich schenke Ihren Ansichten die größte Aufmerksamkeit, aber Sie müssen entweder bereit sein, den Fakten ins Auge zu sehen und vernünftige Lösungen zu präsentieren, oder aber die Meinungen derjenigen anerkennen, die verantwortlich sind.«

Gegen 21 Uhr 30 ertönten wieder die Sirenen. Ich ging hinauf, um den Premierminister davon zu unterrichten, daß der Alarm wegen eines einzigen Flugzeuges gegeben wurde. Er bot mir Kaffee und eine Zigarre an, verzichtete aber selbst – zu seinem sichtlichen Bedauern – auf einen Brandy und verlangte nur eisgekühltes Sodawasser. Dabei erklärte er, daß das bequeme Leben, das er nun führe, ihn etwas beschäme. Nie zuvor habe er in solch einem Luxus gelebt wie jetzt. Desmond Morton hat mir erzählt, daß seine Mitarbeiter in bezug auf das »bequeme Leben« allerdings ganz anderer Ansicht seien. »Jeden Abend«, fuhr Winston fort, »überprüfe ich mich selbst gewissenhaft, ob ich am Tag auch etwas Nützliches geleistet habe. Verstehen Sie, nicht irgend etwas, sondern etwas tatsächlich Nützliches.«

Mittwoch, 28. August Der Premierminister befand sich auf Inspektionsreise im Südwesten, so daß es ein ruhiger Arbeitstag für uns war. Ich konnte mich sogar nach Churchills Vorbild zu einem Mittagsschläfchen hinlegen.

Der unvermeidliche Alarm kam diesmal erst um 21 Uhr, während unsere Bomber gerade in Richtung Berlin starteten. Der Premierminister kehrte um 23 Uhr zurück und war sichtlich beeindruckt von den verschiedenen Luftkämpfen, die er hatte beobachten können, aber auch von der Notlage derjenigen, deren Häuser bei den Luftangriffen zerstört oder ernstlich beschädigt wurden. Er habe beschlossen, sagte er, daß diese Leute bis tausend Pfund Schadenersatz erhalten, und machte sich eine Notiz, daß er den Schatzkanzler morgen entsprechend bedrängen will.

Der Alarm dauerte bis vier Uhr morgens. Die Scheinwerfer zeichneten ihre nutzlosen Figuren an den Himmel, und wir hörten, wie die Bomben nicht weit von uns entfernt in Chelsea und auf der Südseite der Themse fielen.

Donnerstag, 29. August Kingsley Wood kam wegen der Schadenersatzregelung und erwies sich als der perfekte Ja-Sager. Hinterher beklagte er sich bei Beaverbrook und Brendan, die ihm schmeichelten, obwohl sie nicht viel von ihm halten.

Beim Lunch hatte ich mit Seal eine interessante Diskussion über das Münchener Abkommen, und warum man hinterher immer klüger ist. Er wies darauf hin, daß erst die Ereignisse, die auf München folgten, unser Land wirklich geeinigt hätten. Noch im September 1938 hätte es bei uns eine starke Anti-Kriegspartei gegeben.

Freitag, 30. August Fuhr Mrs. Churchill mit Pamela nach Chequers. Später traf General Ismay mit den Planungschefs von Heer, Marine und Luftwaffe ein, die unsere sämtlichen militärischen Operationen vorbereiten. Es sind dies Air Commodore Slessor, der der energischste von den dreien zu sein scheint, Brigadier Playfair und Captain Daniel von der Royal Navy. Bis zum Eintreffen des Premierministers führte ich sie durch Haus und Garten und war erstaunt, daß Captain Daniel, dem ich von Nelsons Ruf nach weiteren Fregatten erzählte, diesen Brief fast auswendig kannte und auch annähernd das Datum wußte, an dem er geschrieben worden war.

Beim Dinner, abgerundet durch Champagner des Jahrgangs 1911, zeigte sich der Premierminister wieder von seiner unterhaltsamsten Seite. Er sagte, es gebe nur drei Dinge, die ihn wirklich bekümmerten: eine zu ungünstige Verlustbilanz bei den Flugzeugen, wie wir sie gestern hatten; dann die beunruhigenden Schiffsverluste in der Nordwest-Passage, die leicht zu einem tödlichen Problem werden könnten, wenn wir ihrer nicht Herr würden; schließlich die feindlichen Geschützbatterien auf Kap Griz Nes, die eine Fahrt unserer Geleitzüge durch den Kanal fast unmöglich machten und eventuell sogar Dover in Schutt und Asche legen könnten. Er schlug vor, diese Batterien von See aus zu zerstören. Captain Daniel möchte dies lieber von Landungstruppen erledigen lassen.

Winston hat die drei Planungschefs eingeladen, weil er ihnen seine Ideen für die Offensive des nächsten Jahres erläutern wollte; sie sollen anfangen, darüber nachzudenken, wie wir den Spieß umdrehen und die Deutschen verwirren können. Wichtigste Voraussetzung sei, daß wir die Luftüberlegenheit an den Küsten gewinnen, an denen unsere Truppen landen sollen. Wir hätten eine Anzahl neuer Waffen in Entwicklung, die uns sehr bald dabei behilflich sein könnten. Winston zählte die verschiedenen Möglichkeiten auf, mit denen die Planer sich in den nächsten Monaten intensiv beschäftigen sollen: die Eroberung von

Oslo, um Hitlers ersten großen Erfolg rückgängig zu machen, die Invasion von Italien, das Abriegeln der Halbinsel von Cherbourg (dies nur als Ablenkungsmanöver, da er nicht gern in Frankreich kämpfen wolle) und, am interessantesten von allen, die Landung in Holland und Belgien und die anschließende Eroberung des Ruhrgebietes oder irgendeines Teiles von Norddeutschland, damit der Feind am eigenen Leib zu spüren bekäme, was Krieg im eigenen Land bedeute. Für diese Operationen könnten Streitkräfte in Stärke von 100 000 bis 120 000 Mann eingesetzt werden. Wären diese Operationen erst einmal erfolgreich, könne man weitersehen, was sich daraus ergibt.

Sonnabend, 31. August Ich mußte den Premierminister mit der Nachricht wecken, daß drei weitere große Schiffe in der Nordwest-Passage versenkt wurden, eines davon mit Kindern an Bord, die nach New York gebracht werden sollten. Dies berührte ihn besonders, weil die Nordwest-Passage nach wie vor ein wunder Punkt ist. Andererseits gibt es gute Nachrichten über unser nächtliches Bombardement von Berlin: Wir scheinen unsere Ziele getroffen und gründlich zerstört zu haben.

Es gibt weitere Anzeichen dafür, daß die Deutschen Schiffe in Emden zusammenziehen, das wir letzte Nacht bombardiert haben, aber auch vor der norwegischen Küste. Vermutlich hat man sich jetzt zum Angriff entschlossen. Aber ich glaube, daß dazu auch die Überlegenheit in der Luft gehört, und davon ist die deutsche Luftwaffe weit entfernt.

Beim Lunch war der Premierminister wieder sehr gesprächig. Als er sich einen weiteren Brandy eingoß, uns alle wohlwollend musternd, sagte er, daß er sich dies im Gegensatz zu den anwesenden Planern erlauben könne, denn von ihnen hänge sehr viel ab, während er nur die Verantwortung trage. Es sei schon seltsam: in diesem Krieg habe er keinen Erfolg vorzuweisen, ernte aber viel Lob; im letzten Krieg hingegen glaube er eine Menge vernünftiger Dinge getan zu haben, die ihm aber nur Beschimpfungen eingetragen hätten. Über die Amerikaner, die sich mit vielen unserer Maßnahmen einverstanden erklärt haben, zum Beispiel damit, daß wir die Schweizer Neutralität in der Luft verletzen, sagte er, sie hätten sich als sehr mutig erwiesen – indem sie den mutigen Taten anderer applaudierten.

Sir Hugh Dowding, der Befehlshaber unserer Jagd-, und Sir Charles Portal, der Befehlshaber unserer Bomberverbände, kamen zum Dinner. Dowding ist phantastisch. Er wagt es, dem Premierminister zu widersprechen, weigert sich, über die Deutschen herzuziehen, und ist das absolute Gegenteil zu der Selbstgefälligkeit, unter der so manche Engländer leiden. Er sagte zu mir, er könne nicht verstehen, warum die deutschen Flugzeuge in einzelnen Wellen kommen, anstatt sich auf einen Massenangriff zu konzentrieren, den man nicht so leicht abwehren könnte. Ismay meinte dazu, daß sie vielleicht nicht genügend Maschinen hätten und sie deshalb zweimal am Tag einsetzen müßten. Eine heftige Diskussion entbrannte über die Frage, ob man einen mit dem Fallschirm abspringenden feindlichen Piloten abschießen dürfe. Dowding vertrat diese Meinung. Der Premierminister hielt dem entgegen, daß ein abspringender Pilot nichts anderes sei als ein ertrinkender Seemann.

Portal erzählte mir, daß die allgemeine Meinung, die gefangengenommenen deutschen Piloten seien außergewöhnlich jung, nicht stimme. Im Gegenteil, ihr Durchschnittsalter betrage 25 bis 26 Jahre.

Später rief der Erste Lord von Brighton aus an, um mitzuteilen, daß man westlich von Terschelling feindliche Schiffe gesichtet habe. Dies könnte die Invasion bedeuten – obwohl ich noch immer bereit bin, 10 : 1 dagegen zu wetten –, und so gehen alle Schiffe der Royal Navy auf Alarmstation. Sollten die deutschen Schiffe ihren Kurs fortsetzen, würden sie morgen früh die Küste bei Norfolk erreichen.

Der Premierminister sah sich mit den Luftmarschällen und Lindemann Schaubilder über den Leitstrahl an, der die deutschen Bomber von ihrem Einsatzort direkt zum Ziel lenkt, wie auch immer Sicht- und Wetterbedingungen sein mögen. Wir entwickeln zur Zeit ein Verfahren, wie wir diesen Strahl stören oder umleiten können. Umleiten verspricht mehr Spaß, weil es die Flugzeuge an falsche Zielorte führt.

Die endgültigen Ergebnisse für heute: 85 sichere Abschüsse, 34 wahrscheinliche, 33 Beschädigungen. Wir haben 37 Maschinen verloren, 12 Piloten ließen ihr Leben, 14 wurden verwundet. Unsere steigenden Verluste hängen damit zusammen, daß die Deutschen ihre Maschinen nun auch hinten gepanzert haben – eine Vorsichtsmaßnahme, die wir schon lange zuvor ergriffen – und dadurch die Kämpfe viel intensiver werden.

London wird bombardiert

September 1940

Sonntag, 1. September Die erwartete Invasion entpuppte sich als Windei. Aber drei unserer Zerstörer, die zur Beobachtung ausgelaufen waren, gerieten in ein Minenfeld, und einer von ihnen sank.

Ich spazierte mit Ismay rund um das Lager der Wache für Chequers, die jetzt von den Coldstream-Guards gestellt wird. Ismay zitierte auswendig aus dem Buch des Premierministers, *World Crisis,* das für ihn zur besten Prosa in der englischen Literatur zählt. Seine Bewunderung für den Premierminister als einen Mann, der das Kriegshandwerk von der Pike auf gelernt hat, kennt keine Grenzen.

Am Nachmittag fuhr ich mit dem Premierminister, Lindemann und Ismay nach Uxbridge in das Hauptquartier der 11. Gruppe, die alle Jagdgeschwader im Südosten Englands befehligt. Wir sprachen mit Air Marshal Park, der die Ansicht des Premierministers bestätigte, daß die Deutschen bereits alles gezeigt hätten, was sie können, und nun allmählich nachlassen würden. Der Premierminister drückte seinen Stolz über den Erfolg unserer Piloten aus, sagte aber auch: »Es ist schrecklich, wirklich schrecklich, an welch seidenem Faden das Schicksal des ganzen britischen Weltreiches hing.« Beim Lunch hatte er bereits bemerkt: »Dies ist einer der unnötigsten Kriege, und es wird vermutlich einer der schrecklichsten sein.«

Nach dem Gespräch mit dem Luftmarschall gingen wir gemeinsam in den Lageraum. Die Karten, die farbigen Leuchten, die komplizierten Vorrichtungen, die Soldaten und die Frauen des Freiwilligen Hilfskorps der Luftwaffe, die in Hemdsärmeln an den Tischen wie Croupiers arbeiteten, all das machte einen fast gespenstischen Eindruck. Zur Zeit unseres Besuches wurden keine größeren Luftangriffe erwartet – nachdem der Feind gestern und heute morgen heftig Prügel bezogen hat –, aber es war interessant zu sehen, wie die Ergebnisse von Radar und Aufklärung auf der großen Karten verzeichnet wurden. Der Lageraum befindet sich fünfzig Fuß oder tiefer unter der Erde.

Air Marshal Park kam mit seiner Frau zum Dinner, ebenso zwei Offiziere von den Coldstream-Guards. Es ist schon amüsant, daß Mrs. Churchill, die immer so demokratische und radikale Bemerkungen von sich gibt, die Einladung an die Offiziere des Wachregimentes so lange hinausgezögert hat, bis die Coldstreams da waren. Die anderen hat sie nie eingeladen. In der Unterhaltung bei Tisch bemerkte der Premierminister in Hinblick auf unsere neuen Waffen, wir könnten nicht darauf hoffen, jemals so viele Menschen und Munition auf die Beine zu bringen, daß wir damit die Deutschen besiegen könnten. Dies sei ein Krieg der Wissenschaften, und er würde gewonnen mit neuentwickelten Waffen.

Montag, 2. September Sir Stafford Cripps telegrafiert aus Moskau, daß die deutsch-russische Freundschaft sehr eng ist, enger als je zuvor, denn die Russen hätten Angst vor den Deutschen und die Freundschaft sei eine Art Verteidigung. Wir dürften uns nicht der Hoffnung hingeben, daß diese Freundschaft auseinanderbrechen könnte, oder nach Mitteln suchen, sie auseinanderzubringen. Diese Meinung habe ich schon lange vertreten. Es ist interessant, daß ein so eifriger Parteigänger der extremen Linken wie Cripps zu den gleichen Schlüssen kommt.

Die Verlegung deutscher Bomberstaffeln auf vorgeschobene Flugplätze in Frankreich läßt vermuten, daß die Angriffe auf unser Land sich gegen Ende der Woche noch verstärken werden. Und sie sind bereits verdammt stark!

Berichte der Postzensur zeigen, daß die Kampfmoral in unserem Land außerordentlich groß ist. Hitler wird sehr gehaßt, Deutschland weniger. Über Frankreich wird mit großer Verachtung und wenig Sympathie gesprochen. Sehr vielen Leuten ist klar, daß wir für die Unterstützung, die wir aus Amerika bekommen, in barer Münze zahlen müssen.

Dienstag, 3. September Besuchte den Gottesdienst in Westminster Abbey zum Gedenken an den ersten Jahrestag des Kriegsbeginns. Der König und die Königin sollten auch teilnehmen, aber kurz vor Beginn des Gottesdienstes gab es Alarm. Der Premierminister und viele seiner Minister nahmen jedoch teil. Bischof Hensley Henson, der neue Kanonikus, hielt eine beredsame Kampfpredigt, mit vielen Stabreimen, heftigen Verdammungen des Gegners, viel Politik und wenig Christentum – genau das, was Winston hören wollte.

Mittwoch, 4. September Nahm als Vertreter des Premierministers am Begräbnis von Professor Thomson in Westminster Abbey teil. Ich war bewegt, weil mit ihm die Zeit des alten Trinity Colleges, wie ich es noch gekannt habe, endgültig vorbei zu sein scheint.

Zurück in Downing Street befaßte ich mich mit der Frage, wer der neue Master des Colleges werden soll, meine letzte Aufgabe, bevor ich die Zuständigkeit für Patronatsangelegenheiten endgültig Tony Bevir übergebe. Im Kollegium möchte man diese Frage bis nach Kriegsende offenlassen, aber Brendan meint, das sei ein Fehler, weil diese Position von mehr als nur akademischem Interesse ist. Da ich mit ihm einer Meinung bin, wurde beschlossen, George Trevelyan, dem Historiker, dieses Amt anzubieten.

Montag, 16. September In Downing Street herrscht leichtes Chaos, weil man annimmt, daß das Gebäude nicht sicher genug ist. Der Keller wird ausgebaut, damit der Premierminister dort leben und arbeiten kann. Seine Mitarbeiter müssen vielleicht ganz umsiedeln. Im Gespräch ist das neugebaute Church House in Westminster. Brendan schlägt das Bridgewater House vor, einen soliden Steinbau.

Ich war enttäuscht, von Desmond Morton zu hören, daß die Operation »Menace« abgeblasen werden mußte. Die Admiralität konnte nicht verhindern, daß französische Schiffe Dakar zuerst einnahmen. Vielleicht hatte das Vichy-Regime Wind von dem beabsichtigten Coup bekommen.

Dienstag, 17. September Am Nachmittag ging ich ins Unterhaus, wo der Premierminister eine Erklärung zu den Bombenangriffen abgeben wollte. Er stand eben im Begriff, mit seiner Rede zu beginnen, da meldeten sich die Wachen auf dem Dach, die in Ergänzung zum Luftalarm mit Signalpfeifen bekanntgeben, wenn feindliche Flugzeuge tatsächlich sehr nahe sind. Also verkrochen sich die Abgeordneten in ihren Schutzlöchern. Ich blieb in meinem Arbeitszimmer im Parlament, da ich mittlerweile eine ziemliche Verachtung für diese Alarme und Ausflüge in die Schutzräume entwickelt habe. Vorsichtig bin ich nur bei Dunkelheit, wenn die Splitter umherfliegen. Danach sprach der Premierminister sehr eindrucksvoll.

Von de Gaulle trafen einige Telegramme ein, in denen er sich enttäuscht zeigte, daß wir die Operation »Menace« abblasen mußten. Er hat nun die Absicht, Dakar über Land anzugreifen.

Gerade als ich wieder in Downing Street eintraf, gab es in der Nähe eine heftige Explosion. Winston schwor, er habe von seinem Schlafzimmerfenster aus beobachtet, wie eine Bombe den Buckingham-Palast traf. Alles wurde in den Schutzraum gejagt, aber allmählich sickerte durch, daß der Lärm durch eine Zeitbombe verursacht worden war, die im Palastgarten explodierte.

Die Nachtangriffe und das sie begleitende Abwehrfeuer beginnen fast pünktlich jeweils um acht Uhr abends. Die Privatsekretäre haben nun einen Wagen mit einem Soldaten als Fahrer zur Verfügung, und so ließ ich mich gegen halb neun, den Stahlhelm fest über die Ohren gezogen, nach Hause fahren. Die Äquinoktialstürme haben ziemlich früh eingesetzt, so daß die Angriffe heute nacht nicht mehr so leicht zu fliegen waren; auch der Westwind ist sehr stark.

Mittwoch, 18. September Nach dem Lunch führte ich einen japanischen Journalisten, der für die Zeitung *Asaki* einen Artikel über den Premierminister schreibt, durch Nr. 10 und schilderte ihm die Verdienste des Premierministers in den glühendsten Farben. Mit der typisch japanischen Verachtung für die Wahrheit erklärte er mir, daß er in seinem Artikel beschreiben werde, wie er dem Premierminister die Hand gegeben habe, den Adlerblick in seinem Auge bemerkte und so weiter. Ich sagte ihm, daß ich bei solchen Erfindungen nicht mitmachen werde.

Miss Violet Markham [bekannte Sozialarbeiterin] kam auf Empfehlung von Mutter, um mit mir über die Auswirkungen der Bombenangriffe auf die Bevölkerung von London zu sprechen. Im Moment wird nichts getan, um sicherzustellen, daß die Leute irgendwie nach Hause kommen, wenn die Busse während der Angriffe anhalten. Auch wird nichts getan, um ihnen eine warme Mahlzeit zur Verfügung zu stellen, wenn sie nach langem, kaltem und ermüdendem Aufenthalt die Luftschutzräume verlassen. Ich empfahl Miss Markham an Sir John Reith, den Transportminister, und versprach ihr, weitere Schritte zu unternehmen, falls keine befriedigenden Ergebnisse zustande kämen. Es ist höchst wichtig, daß alles nur mögliche unternommen wird, um das harte Los der Londoner Bevölkerung zu erleichtern, zumal der Winter vor der Tür steht und die Schwierigkeiten noch zunehmen werden.

Verbrachte die Nacht wieder in Downing Street. Der Premierminister begab sich zusammen mit Seal hinüber in den Central War Room. Brendan, Lindemann und Jack Churchill schliefen im Schutzraum von Nr. 10 in Kojen, wie man sie vor dem Krieg auf den Dritte-Klasse-Decks der Kanalfähren hatte. Die Schreibkräfte und Bediensteten mußten im größeren Raum des Luftschutzkellers mit Matratzen vorlieb nehmen. Über uns dröhnten die Motoren der feindlichen Flugzeuge. Ein-oder zweimal sah ich in den Garten hinaus, aber die herumsausenden Splitter trieben mich bald wieder ins Haus.

Donnerstag, 19. September Der Premierminister ist von den Luftangriffen keineswegs so beeindruckt, daß ihm nicht auch weiterhin Kleinigkeiten auffielen. Gestern sandte er folgende Notiz an den Ersten Lord: »Sicherlich können Sie sich eine neue Flagge für die Admiralität erlauben. Ich ärgere mich jeden Morgen, wenn ich Ihr schmutziges Fähnchen betrachten muß. W. S. C.«

Die Bomberverbände wurden angewiesen, sobald das Wetter es erlaubt, den schwersten nur möglichen Angriff auf Berlin zu fliegen. Jetzt, da die Deutschen ihre Fallschirm-Minen so wahllos abwerfen, müssen sie, so hat Winston erklärt, für jede Mine zwei zurückbekommen.

Die Deutschen strecken via Stockholm vorsichtig Friedensfühler aus. Selbstverständlich werden sie von uns überhaupt nicht beachtet. Trotz ihrer unbestrittenen Erfolge können die Deutschen nicht ganz glücklich sein, denn

1. steht ihnen ein weiterer kalter Winter mit Versorgungsproblemen bevor,
2. hat unser Abkommen mit den USA über die Lieferung der Zerstörer einen tiefen Eindruck in Rom und Berlin hinterlassen,
3. scheint es zwischen Deutschen und Russen zu einer gewissen Entfremdung wegen der Gebietsansprüche in Rumänien gekommen zu sein und
4. wird deutlich, daß die Franzosen immer anglophiler werden und daß die Siege der RAF auf Europa erfrischend wirken.

Amerika hockt wie üblich als passiver Zuschauer auf dem Zaun, und sein Außenminister Hull erklärt, die Möglichkeit, daß uns die USA im Fall eines Konfliktes mit Japan beistehen – im nächsten Monat werden wir die Burma-Straße wieder öffnen –, hänge davon ab, wie sich die Luftschlacht um England in den nächsten Wochen entwickelt. Die Amerikaner scheinen noch immer nicht begriffen zu haben, daß auch ihr eigenes Schicksal, ja das der gesamten Zivilisation, vom Ausgang dieser Schlacht abhängt. Da nutzt es sehr wenig, wenn man hin und wieder seinen guten Willen betont oder, wie kürzlich einer ihrer Journalisten, schreibt, daß die Angriffe auf London sie »krank vor Ärger« machen.

Ich hatte ein Gespräch mit Sir Walford Selby, unserem Botschafter in Lissabon, der zu Besuch beim Premierminister weilte. Er sagte, daß die anglo-portugiesische Allianz sehr geholfen habe, Spanien aus dem Krieg herauszuhalten. Salazars Einfluß in Madrid sei sehr nützlich für uns. Er verstehe sich zwar vorzüglich auf das Feilschen und sei argwöhnisch, aber absolut ehrlich. Selby vertrat auch die Meinung, daß die Deutschen die Grundlagen zu ihrer gegenwärtigen militärischen Stärke bereits in den Jahren 1926 und 1927 gelegt hätten. Indem wir Brüning und Stresemann nachgaben, hätten wir sie geschwächt und damit den deutschen Militarismus gestärkt.

Freitag, 20. September General Catroux, den man als Anführer einer Anti-Vichy-Revolte in Syrien gebrauchen könnte, kam, um den Premierminister zu besuchen. Er macht einen energischen Eindruck und ist, so hörte ich, bei weitem der bedeutendste »Name«, der sich auf die Seite von de Gaulle geschlagen hat.

Fuhr diesmal mit Randolph Churchill nach Chequers, der zwar sehr nett war, aber eine Menge beleidigenden Unsinns über Horace Wilson und andere von sich gab. Wir folgten dem Premierminister und seiner Frau nach Dollis Hill, wo sich das Ausweichquartier des Kabinetts befindet, und inspizierten die tief unter der Erde liegenden bombensicheren Räume, wo das Kabinett und seine Anhängsel – also zum Beispiel ich – arbeiten und notfalls auch schlafen sollen. Sie sehen eindrucksvoll, aber auch irgendwie abschreckend aus. Wenn das gegenwärtige heftige Bombardement von London nicht bald aufhört, werden wir hier wie die Troglodyten leben müssen. Ich beginne zu verstehen, was die ersten Christen gefühlt haben müssen, die in den Katakomben hausten.

In Chequers berichtete ich Mrs. Churchill über mein Gespräch mit Violet Markham. Mrs. Churchill will eine fahrbare Kantine einrichten, die die hungrige und müde Bevölkerung versorgt, wenn sie in den frühen Morgenstunden aus den Luftschutzräumen hervorkriecht. Mit dem Premierminister und Ismay sprach ich über die Möglichkeit, daß die Deutschen Giftgas einsetzen könnten. Beide sind der Meinung, daß es nichts Neues gibt, was noch teuflischer als Senfgas wäre. Der Premierminister bezweifelt, daß die Deutschen in nächster Zeit eine Invasion versuchen werden, versichert aber, daß jede nur mögliche Vorsichtsmaßnahme getroffen ist. Er ist immer weniger gut auf die Deutschen zu sprechen, nachdem er kürzlich in Wandsworth sehen mußte, welche Zerstörung ihre Landminen anrichten, und spricht davon, daß man sie alle kastrieren müßte. Jedenfalls werde es keinen solchen Unsinn wie einen »gerechten Frieden« geben. Ich meine, daß das die falsche Einstellung ist, nicht nur ungerecht, sondern auch unklug. Wir sollten uns bemühen, sie in die Knie zu zwingen, uns dann aber als großmütige Sieger erweisen.

Sonnabend, 21. September Ich war den ganzen Tag sehr beschäftigt. Einen Teil des Morgens verbrachte ich mit der Planung eines sicheren Luftschutzarbeitsraumes, zusammen mit dem Premierminister, der seinen luftwaffenblauen Overall angezogen hatte. Mit den Reißverschlüssen, die er über seinem runden Bauch straff zusammengezogen hat, sieht er aus wie ein Eskimo.

Zum Dinner trafen Lord Gort und Sir Hugh Dowding ein. Die Unterhaltung drehte sich zunächst um die deutschen Landminen. Da diese nicht gezielt abgeworfen werden können, verursachen sie viel nutzlose Schlächterei. Der Premierminister, obwohl im Prinzip dagegen, lechzt nach Vergeltung. Er verlangt, daß wir für jede Mine, die bei uns abgeworfen wird, eine über einer offenen deutschen Stadt abwerfen. »Das ist die einzige Sprache, die sie verstehen«, meinte Lord Gort.

Sir Hugh Dowding erzählte, daß die Polen in unseren Jagdgeschwadern zwar sehr kühn, aber vollkommen undiszipliniert seien. Allgemein herrscht Übereinstimmung, daß es sich um tapfere Kämpfer handelt. »Wenn wir Deutschland erst in die Knie gezwungen haben«, sagte der Premierminister, »werden wir mit Sicherheit den Staat Polen wieder errichten. Dann werden wir Polen zu einer bleibenden Einrichtung in Europa machen.« In seinen Augen wiegt ein Pole drei Franzosen auf; Gort und Dowding sagten, eher sogar zehn.

Es wird mit jedem Tag offensichtlicher, wie gut der Feind auf eine Invasion vorbereitet ist. Der Premierminister glaubt, daß der gefährdetste Punkt zwischen dem North Foreland und Dungeness [nördlich und südlich von Dover] liegt und daß das gefährlichste Wetter Nebel ist. Ismay ist skeptisch, ob es den Deutschen im dichten Nebel gelingt, Verbindung untereinander zu halten. Gort dagegen meint, er würde es sich zutrauen, bei Nebel an dieser Küste zu landen, und weist auch darauf hin, daß die Deutschen, sobald sie gelandet sind, weiter vorstoßen werden. Alle drei glauben, daß die erste Welle der Invasion aus Sturmtruppen – speziell ausgebildeten Soldaten – besteht, die leicht bewaffnet sind und in schnellen Motorbooten an Land gebracht werden. Die zweite Welle würden Panzer bilden, an Land gebracht von Schiffen mit besonders konstruiertem Bugteil. In der dritten Welle käme dann die schwere Artillerie und die Masse der Infanterie. Die ersten zwei Wellen könnten landen, ehe Nacht und Nebel sich lichten. Natürlich würden unsere Bomber sofort ihr ganzes Gewicht zur Geltung bringen. Der Premierminister scheint jetzt mehr mit einer Invasion zu rechnen als noch bis vor kurzem. Er ruft ständig bei der Admiralität an und erkundigt sich nach dem Wetter im Kanal.

Vermutlich nimmt man an, daß die Deutschen den Leitstrahl für ihre Bomber auch benutzen werden, um ihre Invasionstruppen zu lenken, und das würde ihnen bei Nebel einen großen Vorteil verschaffen. Es ist aber interessant, daß die Deutschen bis jetzt keine anderen neuen Waffen produziert haben. Der Leitstrahl wurde schon lange zuvor in Amerika für den Nachtluftverkehr benutzt, und ihre Magnetmine ist lediglich die Verbesserung einer alten Waffe. An den Fallschirmminen, die sie auf London abwerfen, ist, wissenschaftlich gesehen, überhaupt nichts Neues. Dies alles steht in auffallendem Gegensatz zu ihrer militärischen Strategie, die sich in Frankreich als vollkommen neu und phantasievoll erwiesen hat. In der Erfindung neuer Waffen scheinen wir ihnen um mehrere Nasenlängen voraus zu sein.

Sonntag, 22. September Barker[63] weckte mich telefonisch, um mir ein Telegramm von Roosevelt durchzugeben, der »aus höchst zuverlässiger Quelle« aus Berlin erfahren haben will, daß die Invasion heute um drei Uhr morgens beginnen soll. Der Premierminister, obwohl leicht skeptisch – wer wäre das nicht nach den vielen falschen Alarmen in diesem Sommer –, rief eine Menge Leute deswegen an. Ich holte Lord Gort aus dem Bett, dessen Wohnung in der letzten Nacht zum zweitenmal hintereinander bombardiert worden war. Er erklärte freimütig, daß er nicht an eine Invasion glaube. Dann informierte ich Mrs. Churchill und Mary, die nebeneinander im Bett hockten, mit Tabletts auf ihren Knien, und das Ganze mehr als einen Spaß ansahen. Nicht ganz so spaßig ist die Tatsache, daß wir wieder eine Menge Schiffe verloren haben, genauso wie in der Nacht zuvor. Die Verluste nehmen allmählich unangenehme Ausmaße an, und der Premierminister ist entsprechend zornig auf die Admiralität.

12 Uhr 50: Was die Invasion betrifft, so sind die Aussichten für die Deutschen nicht gut. Es regnet in Strömen, dazu erhebt sich ein starker Wind. Bedeutsam scheint mir, besonders im Hinblick darauf, was der Premierminister letzte Nacht sagte, daß von den Deutschen berichtet wird, sie übten die Ausschiffung unter künstlichem Nebel.

Beim Lunch unterhielten wir uns wieder über Frankreich. Der Premierminister äußerte seine Überraschung über das Tempo, mit dem wir uns gefangen haben, nachdem ein so wichtiger Verbündeter ausgefallen war. Mary, die selten spricht, wenn ihr Vater anwesend ist, dachte über ein Bonmot nach, vertraute es zunächst mir an und äußerte dann laut und ziemlich nervös: »Nie zuvor wurden so viele um so vieles von so wenigen betrogen.«

Montag, 23. September Heute bei Tagesanbruch wurde die Operation »Menace« ausgeführt. Den ganzen Morgen über bekamen wir aus der Admiralität telefonische Nachrichten über den jeweils neuesten Stand. Bis jetzt (12 Uhr 30) scheint alles nach Plan zu verlaufen. Als ich vom Lunch zurückkam, sah die Angelegenheit nicht mehr so gut aus. Die Franzosen hatten das Feuer eröffnet, und eine friedliche Landung schien nicht mehr möglich.

Heute nacht werden wir Berlin mit 120 schweren Bombern angreifen.

Dienstag, 24. September Die Operation »Menace« läuft leider überhaupt nicht nach Plan. Die Franzosen wehren sich entschieden, und der Premierminister fürchtet, daß dies böse Folgen haben kann. Ein schnelles *fait accompli* ohne Blutvergießen, auf das wir alle hofften, wäre in

Frankreich vielleicht akzeptiert worden, aber diese harten Kämpfe werden eher zu einem entgegengesetzten Resultat führen. Wir haben das Pech, daß schlechte Sicht herrscht.

Mr. Chamberlain hat seinen Rücktritt angeboten, da er sich von seiner Operation noch nicht wieder erholt hat und nicht in der Lage ist, sich dauernd in London aufzuhalten. Der Premierminister hat ihn gebeten, zu bleiben und auf seinen Posten zurückzukehren, wenn er wieder vollkommen hergestellt ist. Er sagte: »Lassen Sie uns gemeinsam durch den Sturm gehen. Es ist eine große Zeit, in der wir leben.«

Mittwoch, 25. September Die Operation »Menace« hat sich als totales Fiasko herausgestellt; welche Folgen das haben kann, ist nicht schwer vorauszusagen. Ich saß den ganzen Vormittag im Central War Room, wo Winston nun die meisten seiner Besprechungen abhält. Nachdem die Lage zunächst von den Generalstabschefs und Wehrministern und dann vom Kabinett genau untersucht worden war, ging Winston hinaus und diktierte Mrs. Hill ein Telegramm, mit dem die Operation abgeblasen und die Flotte zurück nach Gibraltar beordert wurde. Diesen Felsen haben die Franzosen übrigens gestern als Vergeltung für »Menace« bombardiert. Alles in allem kann dies das Ende de Gaulles bedeuten. Zumindest ist es ein ernster Rückschlag für ihn.

Donnerstag, 26. September Jedermann ist verstört über unseren Rückzieher in Dakar und scheint zu glauben, daß wir die Sache, einmal angefangen, auch zu Ende hätten führen müssen. Tatsächlich wären wir dazu aber nicht in der Lage gewesen, nachdem man die *Resolution* torpediert hatte.

In einem Gespräch mit General Sikorski vertrat Lord Halifax die Ansicht, daß die ständige Drohung mit der Invasion vielleicht nur dazu dient, unsere Aufmerksamkeit von Ägypten abzulenken. Es kann sehr gut sein, daß die Achsenmächte plötzlich ihre ganze Macht gegen dieses Land einsetzen. Wir haben zwar genügend Truppen dort, um mit den Italienern fertig zu werden; wenn aber die Deutschen hinzukommen, sieht die Sache ganz anders aus. Sikorski meinte, wir sollten Rom bombardieren. Darauf entgegnete Halifax, daß diese Stadt etwas Besonderes in der Welt sei. Sikorski: »London aber auch.«

Der Teil der französischen Kolonien in Afrika, der sich bereits für de Gaulle erklärt hat, scheint fest zu ihm zu stehen, trotz der Niederlage von Dakar. Französisch-Kamerun sandte ein ermutigendes Telegramm an Winston. In meiner Antwort, in der ich mich bemühte, Churchills Stil zu kopieren, erklärte ich, die Regierung Seiner Majestät sei sich bewußt, daß die Franzosen in Kamerun »Seite an Seite mit den Völkern des Britischen Empires kämpfen werden, bis Frankreich befreit und in seinen alten Grenzen wiederhergestellt und der Schatten der deutschen Tyrannei auf immer von dieser Erde verbannt ist«. Mit großer Mühe gelang es mir, die Zustimmung für diesen Text zu bekommen. Er wird heute abend im Radio und morgen früh in den Zeitungen veröffentlicht.

Freitag, 27. September Während des Frühstücks kreuzten wieder Bomber auf und kamen beunruhigend nahe. Etwa 18 Maschinen von insgesamt 250 hatten es geschafft, unsere Jägerabwehr zu durchbrechen.

Mittags rief Sammy Hood an, um mir mitzuteilen, daß Deutschland, Italien und Japan im Begriff stünden, einen Dreibund zu unterzeichnen. Ich gab diese Nachricht in die Kabinettssitzung hinein, und Winston blickte daraufhin sehr nachdenklich. Natürlich war uns seit einiger Zeit bekannt, daß Deutschland und Japan miteinander verhandelten. Auch die kürzliche Besprechung zwischen Ciano und Ribbentrop hat vermutlich dem gleichen Zweck gedient. Nun werden die Vereinigten Staaten gezwungen sein, gleichfalls Farbe zu bekennen. Unglücklicherweise findet die Präsidentschaftswahl dort erst im November statt. Bis dahin ist das Land praktisch gelähmt.

Montag, 30. September In Downing Street liegen Kabinettsveränderungen in der Luft. Es hat sich herausgestellt, daß Chamberlain wirklich zu krank ist, um weiterzumachen. Ich vermute, daß Halifax Churchill geraten hat, seinen Rücktritt anzunehmen. Vermutlich wird Halifax dann Lord President, Eden Außenminister, Oliver Lyttelton – bisher politisch noch nicht hervorgetreten – Kriegsminister, Morrison Innenminister und Beaverbrook Minister für die gesamte Rüstung. John Anderson wird vielleicht in das Ministerium für die Dominien eintreten und später Vizekönig von Indien werden – aber das wird Sam Hoare das Herz brechen. Eine solche Umbildung würde das Rüstungsproblem lösen, für das Herbert Morrison ein Hindernis darstellt, aber ich befürchte, daß Beaverbrook dann der Flugzeugproduktion auf Kosten von Panzern und anderen Rüstungsgütern den Vorzug geben wird.

George Trevelyan hat zugestimmt, Master von Trinity College zu werden. In seinem Brief an den Premierminister schreibt er: »Ich bin von Ihrer Freundlichkeit gerührt und von Ihrer guten Meinung gestärkt. Sie auf Ihrem großen Weg und ich auf meinem kleinen Weg, wurden wir beide zu unerwarteten Würden berufen seit der Zeit, als ich als Ihr jüngster Mitschüler in Harrow Ihre Energie aus der Entfernung bewundern lernte, die nun der ganze Rückhalt unserer Nation ist.«

David Margesson erzählte mir, daß er gegen die Ernennung Edens zum Außenminister oder Lord President ist. Er möchte, daß Anderson, einer unserer besten Verwaltungsfachleute, dem Kriegskabinett angehört. Wenn Lyttelton in die Regierung eintritt, sollte er das Rüstungsministerium übernehmen. Er ist ein Geschäftsmann und arbeitet bereits für das Ministerium. Beaverbrook zeigt sich widerspenstig. Er hat keine Lust, für alle Rüstungsfragen zuständig zu sein und deshalb eine Einladung Winstons zum Dinner abgelehnt, bei dem über diese Frage diskutiert werden sollte. Begründung: Er habe Fieber – wahrlich ein recht willkommenes und politisches Fieber!

Großbritannien wird bedrängt

Oktober 1940

Dienstag, 1. Oktober Beaverbrook hat dem Premierminister gestern wie folgt geschrieben: »Mein lieber Winston, aus unserem Gespräch heute abend gewann ich den Eindruck, daß Sie von mir die Übernahme zusätzlicher Verantwortung erwarten. Leider hege ich die Befürchtung, daß das unfreundliche Wetter mein Asthma so verschlimmern wird, daß sich meine Leistungsfähigkeit dem Nullpunkt nähert. Ich habe schon viele Mittel versucht, aber es vergehen immer mehr Nächte, ohne daß ich den nötigen Schlaf finde. Sollte ich den Krieg überleben, dann werde ich Ihnen meinen Dank dafür abstatten, daß Sie ihn gewonnen haben, selbst wenn Sie vorher sterben sollten; Dank für das Vorbild, das Sie der Nation in den letzten vier Monaten waren, und Dank für Ihre Führung in den dunklen Tagen unseres Rückzuges aus Frankreich, der den Kampf zu unserem Vorteil entschied. Ihr ergebener Max.« In einem weiteren Brief erklärt er, daß er daran denke, zurückzutreten. Natürlich ist er ein gerissener Bursche und sagt nicht immer die Wahrheit. Aber von Brendan höre ich, daß er tatsächlich eine Menge zu leiden hat.

Halifax hat man die Wahl gelassen, entweder Lord President und damit Nummer Zwei in der Regierung zu werden oder auf seinem gegenwärtigen Posten zu bleiben. Er hat letzteres vorgezogen und empfohlen, daß John Anderson Lord President und Mitglied des Kriegskabinetts wird. Er schreibt, er bezweifele, »daß Anthony« [Eden], den Winston zum Lord President machen möchte, wenn Halifax Außenminister bleibt, »die gleiche integrierende Kraft im Kabinett habe wie Anderson. Anderson hat den gleichen Sinn für Disziplin wie Neville – was ich bei Anthony bezweifle ... Zu diesen Schlußfolgerungen bin ich unabhängig von David Margesson gekommen.« Eden selbst hat erklärt, daß er alles machen werde, wozu man ihn auffordere. Wenn es nach ihm ginge, würde er lieber im Kriegsministerium bleiben.

Sir Stafford Cripps kommentierte die sowjetische Reaktion auf den Dreibund zwischen Deutschland, Japan und Italien: Da dieser Pakt Rußland weniger wohlgesinnt gegenüber der Achse stimme, werde es ängstlicher und damit entgegenkommender. Deshalb sollte es unser ganzes Bestreben sein, Rußland davon zu überzeugen, daß seine Hoffnung auf Selbsterhaltung nur in einem Sieg unseres Landes liegen könne. Es scheint mir bereits Anzeichen dafür zu geben, daß die Wölfe bald übereinander herfallen. Monsieur Kiosseivanoff, ehemaliger bulgarischer Ministerpräsident, behauptet, daß Deutschland und Italien sich über das italienische Vorhaben gestritten hätten, in Griechenland einzumarschieren. Die Sowjetunion wisse, daß Italien sie haßt und daß Deutschland sie zwar braucht, aber verachtet.

Mutter ist gerade von Badminton zurückgekommen mit der Nachricht, daß Chamberlain Krebs hat.

Mittwoch, 2. Oktober Eifrige Kabinettsumbildung. Herbert Morrison weigert sich beharrlich, das Innenministerium zu übernehmen – vermutlich, weil er glaubt, daß er das Angebot seinen Erfolgen im Versorgungsministerium zu verdanken hat, was stimmt. Er ist ein Griesgram und nicht besonders gut als Minister. John Anderson wird Lord President, Andrew Duncan Versorgungsminister. Oliver Lyttelton übernimmt das Handelsministerium, Lord Cranborne wird Minister für die Dominien, Caldecote Lord-Oberrichter und Moore-Brabazon[64] Verkehrsminister. Reith übernimmt das Ministerium für die Staatsbetriebe. Bevin und Kingsley Wood sollen in das Kriegskabinett eintreten. Brendan behauptet, Wood habe sich durch Schmeicheleien den Weg gebahnt. Er und Eden, den Brendan den »Filmstar im Kriegsministerium« nennt, hätten ziemlich dick aufgetragen, und das höchst erfolgreich. Ich glaube, daß alle diese Ernennungen draußen im Land gut aufgenommen werden, mit Ausnahme der von Kingsley Wood.

Das wichtigste Problem für das Kabinett ist im Moment unser Verhalten gegenüber der Vichy-Regierung. Halifax kommt einer Beschwichtigungspolitik gefährlich nahe, wenn er erklärt, alles, was wir benötigen, sei die Garantie, daß die französischen Kolonien sich »entschieden antideutsch und antiitalienisch« verhielten. Wenn das der Fall wäre, dann würde es praktisch keine Rolle spielen, ob sie formal unter Vichy oder unter de Gaulle stehen. Ich habe aber das unbedingte Gefühl, daß wir darauf achten sollten, de Gaulle nicht vor den Kopf zu stoßen.

Natürlich verlangen die Franzosen, daß wir die Blockade für Nahrungsmittel aufheben, aber es wird schwierig sein, die Garantie dafür zu bekommen, daß diese nicht in deutsche Hände fallen. Sollten sich die Deutschen dazu entschließen, ganz Frankreich zu besetzen, dann ist zu vermuten, daß sich die Vichy-Regierung – mit Ausnahme vermutlich von Laval – nach Nordafrika absetzen wird. Dann würde sich das gesamte französische Weltreich wieder aktiv am Widerstand gegen den Feind beteiligen. Inzwischen sind die französischen Monarchisten unter dem Grafen von Paris nicht untätig; sie werden von Weygand und seinen Anhängern unterstützt.

Gleichzeitig mit der Regierungsumbildung werden auch die Stabschefs, die zwar noch bei Kräften, aber alt und unbeweglich geworden sind, ausgewechselt. Newall geht als Generalgouverneur nach Neuseeland. Sein Nachfolger als Stabschef der Luftwaffe wird Portal. Auch Pound wird als Erster Seelord vermutlich abgelöst. Auf jeden Fall ist in den höheren Kommandostellen der Marine ein drastischer Wechsel unumgänglich. Die ständigen Verluste in der Handelsschiffahrt wiegen schwer, und die Marine hat sich in letzter Zeit nicht gerade von ihrer besten Seite gezeigt.

David Margesson erzählte mir, daß sich Chamberlain bewundernswert tapfer zeigt. Er hat hart für den Frieden gekämpft und noch härter um den Sieg. Ihm ist ziemlich übel mitgespielt worden. Aber ich glaube fest, daß die Historiker, wenn sie sich später einmal mit den Bedingungen befassen, unter denen seine Entscheidungen getroffen werden mußten – und davon absehen, einzig nach dem zu urteilen, was nachher geschah –, in ihr Urteil über Chamberlain viel Lob für seine ehrlichen Bemühungen einfließen lassen werden.

Freitag, 4. Oktober Fuhr mit Mrs. Churchill nach Chingford, um die Zerstörungen in Augenschein zu nehmen, die der Bombenkrieg im Wahlbezirk des Premierministers angerichtet hat. Am traurigsten war es, mit den Ausgebombten zu sprechen, die in einer Schule untergebracht waren. Eine Frau mit einem Baby in einem Kinderwagen erzählte mir, daß sie bereits zum zweitenmal ausgebombt wurde, und jammerte immer wieder: »So viel Leid, so viel Leid.« Eine andere Frau blickte uns an und bemerkte: »Für die, die alles haben, ist es nicht so schlimm, aber uns trifft es hart.«

Montag, 7. Oktober Vater und Mutter haben eine Einladung Großvaters akzeptiert und werden nach Madeley gehen, das man wieder bewohnbar gemacht hat. Sie werden auch die Möbel vom Eccleston Square mitnehmen, was bedeutet, daß ich künftig als Höhlenbewohner in Downing Street leben muß.

Heute sind die Deutschen und die Italiener in Rumänien einmarschiert. Eden meint, daß dies Teil einer Zangenbewegung in Richtung Naher Osten sei. Den Deutschen wird es aber nicht leichtfallen, gegen den Widerstand der Türken durch Anatolien zu marschieren. Die Bedrohung des Bosporus und der Ägäischen Inseln ist aber nun offensichtlich. Eden will deshalb am Wochenende nach Ägypten fliegen.

Dienstag, 8. Oktober Als ich am Morgen in Downing Street eintraf, hatten sich alle im Luftschutzraum verkrochen, weil am Horse Guards Parade und auf das Kriegsministerium Bomben gefallen waren.

Der Premierminister hielt eine lange Rede im Unterhaus, die ich mir anhörte. Er sprach über die Bombardierung von London, unser Verhältnis zu Japan und die Position Spaniens – eine subtile Passage, die ihm das Außenministerium mit allen Mitteln hatte ausreden wollen. Ich bekam mit, wie Winston Halifax am Telefon erklärte, er lege großen Wert darauf, Spanien als ein »führendes und geachtetes Mitglied in der Familie der Völker Europas und der Christenheit« zu bezeichnen.

Dann beschäftigte er sich geschickt mit der Affäre Dakar und erklärte, daß die unglücklichen Vorkommnisse und gewisse Fehler, die dort passiert seien, in ihren wahren Zusammenhängen betrachtet werden müßten. Seine abschließende Zusammenfassung, in der er daran erinnerte, daß »lange, dunkle Monate leidvoller Prüfungen« vor uns liegen, war großartig und wurde begeistert aufgenommen. »Frau Sorge und Gevatter Tod werden unsere Begleiter auf dieser mühseligen Reise sein; Standhaftigkeit und Mut sind unser einziger Schutz. Wir müssen einig sein, wir müssen furchtlos sein, wir dürfen uns nicht beugen. Unsere Haltung und unsere Taten müssen glühen und durch das Dunkel Europas strahlen – als das wahre Leuchtfeuer zu seiner Rettung.« Ich verfolgte diese Rede anhand eines Durchschlags. Später korrigierten John Peck und ich das offizielle Protokoll und verbesserten an einigen Stellen Stil und Grammatik, denn die Reden des Premierministers sind zwar rhetorische Meisterstücke, aber er fügt beim Reden manches ein, was sich gut anhört, sich jedoch schlecht liest.

Vor der Rede des Premierministers wurde Randolph als neugewählter Abgeordneter für Preston eingeführt – mit Applaus, der jedoch nicht ihm, sondern dem Premierminister galt, dessen Popularität im Unterhaus, wie im ganzen Land, ungebrochen ist.

Später speiste der Premierminister mit Eden in seinem neuen Speisesaal in Nr. 10, dem früheren Raum für die Schreibkräfte im Keller, der befestigt und frisch tapeziert worden ist. Winston war wieder in großer Form, wie immer, wenn eine seiner Reden günstig aufgenommen wurde. Er belustigte Eden und mich, indem er sich mit Nelson, seinem schwarzen Kater, unterhielt, den er dafür tadelte, daß er sich seines Namens unwürdig erweise, indem er sich vor Bomben fürchte. »Nimm dir ein Beispiel daran«, sagte er, »wie tapfer die Jungs von der RAF sind.«

Professor Lindemann, mit dem ich nach dem Essen sprach, ist ziemlich niedergeschlagen wegen des bisherigen Mißerfolges unserer Geheimwaffen. Er meinte, daß die Deutschen, denen wir eine Nasenlänge voraus gewesen seien, jetzt über neue Flugzeugtypen verfügten, während wir in dieser Beziehung auf der Stelle treten würden. Lindemann schwankt immer zwischen grenzenlosem Optimismus und tiefem Pessimismus.

Mittwoch, 9. Oktober Ein Skandal braut sich zusammen. Bob Boothby, Parlamentarischer Unterstaatssekretär im Ernährungsministerium, soll einen Tschechen namens Weininger – den der Geheimdienst auch noch verdächtigt, ein Spion zu sein – gegen eine zehnprozentige Gewinnbeteiligung begünstigt haben. So etwas ist äußerst selten in der englischen Politik, aber wenn es zutrifft, besonders ernst zu nehmen, weil es sich um ein Regierungsmitglied handelt.

Der Premierminister nahm an einem Kongreß der Konservativen teil, um sich zum Vorsitzenden wählen zu lassen. Ich las das Redemanuskript, in dem er begründete, warum er die Wahl annehme: »Ich habe in meinem ganzen Leben für zwei Dinge von übergeordnetem Interesse gekämpft: für die Aufrechterhaltung der Größe Englands und seines Weltreiches und für die Sicherheit unseres Inseldaseins. Als einziges unter allen Völkern haben nur wir es fertiggebracht, Tradition und Demokratie in Übereinstimmung zu bringen ... Die Konservative Partei wird es keiner anderen Partei erlauben, sie in der Aufopferung von Parteiinteressen zu übertreffen.« So sieht also seine Rechtfertigung des Konservativismus aus.

Die wöchentliche Übersicht des Außenministeriums vermittelt ein höchst unerfreuliches Bild vom Leben in Polen. Die Russen reißen ganze Familien auseinander, indem sie die Männer nach Sibirien deportieren, die Frauen in den Süden Rußlands und die Kinder wieder woandershin. So versuchen viele Polen, in den von den Deutschen besetzten Teil des Landes zu flüchten. Dort wiederum wurden letzte Woche in einem Ort zwanzig Männer erschossen und die anderen ausgepeitscht, weil ein polnischer Heckenschütze einen deutschen Feldgendarm erschossen hatte. Es spricht vieles für die Theorie, daß die Zivilisation an Rhein und Donau aufgehört hat, das heißt an den Grenzen des ehemaligen römischen Weltreiches.

Sir Stafford Cripps spricht sich dafür aus, daß wir versuchen sollten, mit den Russen zu einem baldigen Kompromiß über die baltischen Staaten zu gelangen, die sie kürzlich besetzt haben. Er meint, daß jetzt der richtige Moment sei, die unguten Gefühle auszunutzen, die die Russen beim Abschluß des Paktes zwischen den Achsenmächten und Japan beschlichen haben müssen.

Mutter und ich fuhren mit Betty Montagu und Mrs. Crosthwaite zur

Besichtigung eines Sammellagers für Ausgebombte in Kentish Town. Vor einigen Tagen waren diese Lager noch in einem beklagenswerten Zustand, zurückzuführen auf mangelnde Zusammenarbeit zwischen übergeordneten und örtlichen Behörden. Seitdem hat sich die Lage aber verbessert, und die Unterkünfte, die wir sahen, präsentierten sich besser als erwartet. Die Leute müssen sich dort zwischen zwei und zehn Tagen aufhalten, schlafen auf einfachen Matratzen auf dem Boden und haben Armeedecken zum Zudecken. Die Sanitäreinrichtungen bestehen aus Eimern ohne Deckel, die Beleuchtung aus Sturmlaternen, jedoch soll in Kürze Elektrizität installiert werden. Dementsprechend ist die Luft in dem Gebäude heiß und stickig. Es handelt sich um eine ehemalige Grundschule, die nicht unterkellert und gegen direkte Bombentreffer nicht abgesichert ist. Da es nicht genügend Platz gibt, liegen die Matratzen teilweise in den Gängen. Andererseits ist die Verpflegung ausreichend und gut. Es spielte sogar jemand Klavier, und die Leute tanzten; Hilfsbereitschaft und gegenseitige Sympathie bestimmen die Atmosphäre. Es gibt wenig Beschwerden, und die Stimmung unter den Ausgebombten und ihren Helfern ist bemerkenswert gut. Ich machte den Vorschlag, daß man Ventilatoren aufstellen sollte, um die Belüftung zu verbessern.

Bei der Rückfahrt durch die Nacht sahen wir Leuchtraketen an Fallschirmen niedergehen, die vom Boden aus beschossen wurden. In der Gegend von Victoria Station fielen eine Menge Bomben.

Donnerstag, 10. Oktober In den frühen Morgenstunden wurde die St.-Pauls-Kathedrale von einer Bombe getroffen.

Ich bin heute ein Jahr in Downing Street und habe schon manchen Wechsel hier erlebt.

Während der Premierminister sich zum Dinner umzog, berichtete ich ihm, was ich in dem Sammellager in Kentish Town gesehen hatte. Er ordnete an, daß ich einen ausführlichen Bericht über Sammellager und Luftschutzräume zusammenstelle, aus dem hervorgeht, wer für was verantwortlich ist. Nach dem Dinner fuhr er zur Besichtigung der Flugabwehr und der Suchscheinwerfer in Richmond und Kenley.

Freitag, 11. Oktober Am Morgen lagen auf dem Platz der Horse Guards Parade zwei Blindgänger. »Werden sie Schaden bei uns anrichten, wenn sie hochgehen?« fragte der Premierminister, der noch im Bett lag, als ich ihn davon unterrichtete. »Ich glaube nicht, Sir«, entgegnete ich. »Es hilft mir nichts, was Sie glauben«, war seine Antwort. »Sie haben noch nie einen Blindgänger in die Luft gehen sehen. Verschaffen Sie sich eine Expertenmeinung.« So ergeht es einem, wenn man gegenüber Churchill nur Vermutungen äußert. In diesem Fall wurde ich allerdings durch die Experten bestätigt.

Fuhr übers Wochenende wieder nach Chequers, diesmal mit einem leicht geziert und ziemlich verbohrt und anmaßend wirkenden Jüngling namens Alastair Forbes, einem Freund von Mary, der bei dem Dakar-Abenteuer dabeigewesen war.

Beim Dinner kam der Premierminister wieder auf die Franzosen zu sprechen und nannte Gamelin einen Holzkopf, der überhaupt nichts von Artillerie verstehe. Er wiederholte das oft gehörte Zitat von der *supériorité de nombres, supériorité d'armes, supériorité de méthodes*[65] und imitierte dann das berühmte Schulterzucken.

Dann sprach man über den französischen »Maginot-Komplex«. Winston meinte, ein Festungswall dieser Art sei nutzlos, wenn man keine manövrierfähige Feldarmee habe. Brooke und Ismay wiesen darauf hin, daß die Franzosen sich geweigert hatten, uns Informationen über den Zustand ihrer Truppen zur Verfügung zu stellen, weil sie die englische Armee verachteten und sich selbst für erfahrene, unbesiegbare Soldaten hielten. Den Winter hätten sie nutzlos verstreichen lassen, ohne sich zu bemühen, die Maginot-Linie nördlich von Luxemburg weiterzubauen. Alle ergingen sich in Lobpreisungen des Panzers und bedauerten die Tatsache, daß wir es versäumt hätten, unsere eigene Erfindung weiterzuentwickeln. Randolph meinte, die Deutschen hätten zwanzig Jahre benötigt, das über Panzerwagen zu lernen, was uns zwanzig Jahre gekostet hätte, es wieder zu vergessen. Ihre Informationen hätten sie aus dem »Purple Primer« bezogen, den ihnen der Leutnant Baillie Stewart verkauft habe, aber in England sei diese Fibel nie gelesen worden.

Am Ende wurde einige Besorgnis wegen des mangelhaften Schutzes von Chequers geäußert. Es sei ein leichtes Ziel für die deutschen Bomben. »Vermutlich nehmen sie an«, meinte Churchill, »daß ich nicht so einfältig bin, hierher zu kommen. Aber ich setze hier eine Menge aufs Spiel: Sie könnten drei Generationen auf einen Schlag erwischen« (Randolphs Sohn war zwei Tage zuvor geboren worden). Mit Sicherheit begibt sich Winston hier in Gefahr, denn es hat sich sowohl in Norwegen wie in Polen und Holland herausgestellt, daß die Deutschen zuallererst versuchen, die Regierung zu erwischen. Und Winston wäre ihnen bestimmt mehr wert als die Regierungen aller drei Länder zusammen.

Sonnabend, 12. Oktober Ein herrlicher Tag, der Beginn eines schönen Altweibersommers, wie ich hoffe. Ich wurde den ganzen Tag in Trab gehalten, mit nur kurzen Verschnaufpausen. Beim Lunch sprachen wir hauptsächlich über die Bombenangriffe und ihre Auswirkungen. Der Premierminister meinte, daß dies die Art von Krieg sei, die dem englischen Volk liege, sobald es sich erst einmal daran gewöhnt habe. Das Volk würde es begrüßen, in der Schlacht um London eine gemeinsame Front bilden zu können, anstatt hilflos solchen Massenschlächtereien wie Passchendaele [Flandern 1917] zusehen zu müssen.

Cripps und einige unserer Gesandten vom Balkan haben telegrafiert, daß die Russen jetzt zugänglicher geworden seien, vermutlich wegen des deutschen Zugriffs auf Rumänien. Sie versuchen, ihre Differenzen mit dem Iran und der Türkei zu klären. Obwohl sie uns gegenüber noch immer befangen sind, könnten sie sich für gewisse Versprechungen empfänglich zeigen. Zum Ärger von Cripps kompliziert die Presse die Angelegenheit, indem sie über eine englisch-russisch-türkisch-griechisch-jugoslawische Zusammenarbeit in Südosteuropa angesichts der Bedrohung durch die Achsenmächte berichtet. Dies hat die Russen bereits veranlaßt, heftig ins Horn zu stoßen.

Der Premierminister scheint sich nun doch vor einem Angriff auf Chequers zu fürchten. Er bemerkte, daß er keine Angst vor dem Zufall habe, sich aber der Gefahr auch nicht bewußt aussetzen wolle. Wenn die Deutschen ihren Leitstrahl weiterentwickeln, könnten sie das Haus doch einmal genau treffen.

Nach dem Dinner kam es mit Attlee zu einer Diskussion über Politik und das Unterhaus. Attlee sagte, daß David Margesson sich in allen seinen Verhandlungen mit der Labour Party seit 1931 als absolut ehrlich erwiesen habe. Selbst Randolph gab zu, daß Margesson bemerkenswerte Fähigkeiten als Fraktionsführer bewiesen habe. Winston meinte, daß Ramsay Macdonald 1931 einen großen und unnötigen Fehler begangen habe. Die nationale Regierung habe sich als Schwindel erwiesen und einen schlechten Einfluß auf die Parteipolitik gehabt. Hinterbänkler seien damals daran gehindert worden, sich durch Erfahrung Können anzueignen, was auf beiden Seiten des Hauses zu einem Mangel an Talenten geführt habe. Dadurch habe Macdonald den Platz in der Geschichte eingebüßt, den er sich durch die Etablierung der Labour Party als politische Macht in diesem Land bereits erworben hatte. Attlee und der Premierminister erzählten dann abwechselnd Geschichten aus ihren Wahlkämpfen. Winston sagte, er habe eine große Lehre von seinem Vater mitbekommen: sich niemals vor der britischen Demokratie zu fürchten.

Heute abend wurde das Kriegsministerium zweimal direkt getroffen; auch die Nationalgalerie bekam einen Treffer ab. Eine Bombe war neben dem Denkmal König Charles' gefallen und bis zum Tunnel der Untergrundbahn durchgeschlagen, wo sich trotz des Verbots der Regierung Nacht für Nacht Tausende von Menschen versammeln. Etwa hundert seien verwundet worden, hieß es in einem ersten Bericht, der sich später als übertrieben herausstellte. Der Premierminister, Attlee und Dill zeigten sich über die präzise Bombardierung sehr beunruhigt; sie spüren, daß Whitehall und speziell Downing Street Nr. 10 äußerst gefährdet sind. Der Premierminister plant, strenge Vorschriften über Luftschutzräume herauszugeben und die Leute mit Gewalt daran zu hindern, in den Tunnels der Untergrundbahn Schutz zu suchen. Jeder einzelne sollte seinen Platz in einem Schutzraum zugewiesen bekommen, damit die Menschen möglichst weiträumig verteilt sind.

Sonntag, 13. Oktober Attlee blieb mit seiner Frau zum Lunch. Die einzige bemerkenswerte Äußerung Winstons, die während dieses Gespräches fiel: »Jeder lebende Hunne bedeutet einen möglichen Krieg.«

Zum Dinner kamen Sir Hugh Dowding, Sir Dudley Pound und Sir Charles Portal, so daß sich das Gespräch vorwiegend um Fragen der Luftwaffe drehte: das Bombardement von London, die geringe Größe der Bomben, die wir bisher einsetzten, und die Schwierigkeiten bei der Entwicklung unserer Geheimwaffen. Viel wurde darüber spekuliert, warum die Deutschen bisher noch keinen nächtlichen Großangriff unternommen haben (ich fürchte, daß er bald kommen wird), bei dem sie sich auf ein kleineres Gebiet konzentrieren und erst Brand- und danach Sprengbomben abwerfen. Portal sagte, daß wir gegen Deutschland so vorgehen wollen, sobald wir die nötige Stärke erreicht haben. Dowding meinte, daß die deutschen Angriffe bisher merkwürdig unkonzentriert wirken; es gebe keine Anzeichen dafür, daß sie es auf bestimmte Objekte abgesehen haben oder eine bestimmte Absicht verfolgen. Vermutlich wird ihnen der Vorteil einer solchen Taktik aber noch aufgehen, wie sie inzwischen ja auch eingesehen haben, daß es idiotisch ist, ihre wertvollen Bomber reihenweise bei Tageslicht abschießen zu lassen. In der letzten Woche flogen sie ihre Angriffe, ohne daß wir sie dafür strafen konnten: Ihre Bomber sind massenweise in großer Höhe erschienen, haben ihre Bomben wahllos abgeworfen und waren verschwunden, bevor wir sie hätten abfangen können. Wir haben nur einige wenige erwischt.

Nach dem Dinner unterhielt ich mich mit Randolph, dessen phantastische Vorstellungen einen schaudern lassen. Für ihn stellt die Beherrschung der Welt das größte Ideal dar, und er bewundert deshalb die Deutschen, die dies anstreben. In seinen Augen müßte dies auch unser Ziel sein. Er kritisiert unsere Schwäche im letzten Jahrhundert, die er darin sieht, daß wir es nicht fertiggebracht haben, Südamerika und Niederländisch-Ostindien dem Empire einzuverleiben. Meine Bemerkung, daß Hitler den Fehler gemacht habe, sich nicht darüber klarzuwerden, wie weit er gehen kann, und sich nicht mit dem zufriedenzugeben, was er ohne Krieg erreicht hatte, tat Randolph als Wischiwaschi ab. Arrogant und frech behauptete er, es seien Leute wie ich und Ramsay Macdonald und Baldwin, die unser Land daran gehindert hätten, zu seiner wahren Größe emporzuwachsen. Dieser Randolph Churchill ist eine höchst unangenehme Kombination von Großmäuligkeit, Streitsüchtigkeit und Dummheit, obwohl er manchmal auch recht nett sein kann. Auf jeden Fall hat er nichts von Winstons Umsichtigkeit.

Heute sprach zum erstenmal Prinzessin Elizabeth im Rundfunk, und zwar in der Kinderstunde. Diana Sandys und ich hörten ihr zu und waren ziemlich unangenehm berührt davon, wie übertrieben sentimental man sie reden ließ. Aber ihre Stimme war sehr eindrucksvoll. Sollte die Monarchie in England überleben, wird Königin Elizabeth II. eine recht erfolgreiche »Radiokönigin« abgeben.

Der Premierminister hat heute für die Stabschefs ein meisterhaftes Memorandum über unsere Strategie im Mittelmeer und an anderen Kriegsschauplätzen geschrieben. Der springende Punkt ist die Wiederbesetzung von Malta für unsere Mittelmeerflotte. Die Stärke dieser Flotte muß vergrößert und im Nahen Osten müssen weitere Divisionen stationiert werden, unterstützt von Bombern und Kampffliegern. Dann stünde uns dort spätestens im Januar eine große Armee zur Verfügung und damit zweifellos auch die Kontrolle über das östliche Mittelmeer. Diese Pläne müssen ohne Rücksichtnahme auf das Vichy-Regime ausgeführt werden. Der Premierminister glaubt, daß es für das Regime von Tag zu Tag schwieriger wird, Frankreich in einen Krieg gegen uns zu treiben, ganz unabhängig davon, wie entschieden wir die Blockade durchführen, wie entschieden wir de Gaulle unterstützen und was auch immer für Unglücksfälle auf See passieren. Für unsere Bomber müssen die Schlachtschiffe *Bismarck* und *Tirpitz* das bevorzugte Ziel sein, damit unsere *King George V.* für das Mittelmeer zur Verfügung steht.

Beim Gutenachtsagen erklärte Winston den Luftmarschällen, er sei vollkommen sicher, daß wir den Krieg gewinnen würden, nur wisse er jetzt noch nicht genau wie. Der Professor und ich sprachen anschließend darüber und waren übereinstimmend der Meinung, daß, wenn die USA in den Krieg eintreten, wenn Rußland »böse wird« – wozu es allen Grund hat – und die Italiener einen Rückschlag in Nordafrika erleiden, das Kriegsende näher sein kann als erwartet. Der Professor setzt jetzt große Hoffnungen auf die in der Entwicklung befindliche Luftminensperre. Sie arbeitet nach demselben Prinzip wie die Seeminensperre und könnte sich als sehr wirkungsvoll gegen nächtliche Luftüberfälle erweisen.

Mittwoch, 16. Oktober Kehrte aus Cambridge nach London zurück. Die Stadt wurde in den vergangenen zwei Nächten schwer heimgesucht. Leicester Square ist eine einzige Wüste, und auch Pall Mall wurde schwer in Mitleidenschaft gezogen. Eine Bombe hat Downing Street Nr. 10 nur knapp verfehlt, große Zerstörungen im Schatzamt angerichtet und auch einige Räume in Nr. 10 beschädigt. Die Verwüstungen, die ich sehen konnte, als der Zug in Liverpool Street einfuhr, sind kaum zu beschreiben. Armes London!

Donnerstag, 17. Oktober Ein sehr geschäftiger Tag für mich. Doch ich fand die Zeit, mit Brendan und anderen nach Nr. 11 hinüberzugehen, um den Keller und die Fluchtwege dort in Augenschein zu nehmen. Vermutlich werden wir uns künftig dort aufhalten müssen, wenn die nächtlichen Bombenangriffe beginnen.

Der spanische Außenminister hat Sam Hoare erzählt, daß Hitler Franco in den Pyrenäen treffen wird. Es kann sein, daß er versuchen wird, Franco einzuschüchtern, damit er deutsche Truppen durch Spanien zum Angriff auf Gibraltar marschieren läßt.

Ich hatte mich gerade in Nr. 10 schlafen gelegt, als der Lärm einer explodierenden Bombe uns alle aus den Betten riß. Die Luft war durch den Gestank von Rauch, Schwefel und Pulver verpestet. Im Morgenmantel lief ich hinüber zum Schatzamt, das in einer dichten Rauchwolke lag. Vor dem Innenministerium hatte eine Bombe einen riesigen Krater gerissen. Als sich der Qualm verzog, kam das Unheil zum Vorschein, das die Bomben angerichtet hatten. Das Schatzamt ist größtenteils zerstört. Unser Schutzraum ist etwa 35 Meter von der Stelle entfernt, an der die Bombe niederging. Vier Männer vom Heimatschutz wurden unter den Trümmern begraben und sind vermutlich tot. Jedenfalls bekamen wir auf Klopfzeichen und Rufe keine Antwort.

Dies ist der zweite Treffer innerhalb von vier Tagen fast an der gleichen Stelle. Es kann nur noch eine Frage von Tagen sein, bis sie Nr. 10 gleichfalls erwischen. Jack Churchill und der Professor zitterten vor Aufregung.

Freitag, 18. Oktober Der Vorteil der Jugend besteht darin, daß man auch nach solch aufregenden Ereignissen fest schlafen kann. Aber es ist schon entmutigend, wenn man dann mit der Nachricht geweckt wird, daß im St.-James-Park eine Mine liegt, die, wenn sie hochgeht, alles im Umkreis von vierhundert Metern in Stücke reißen kann. Der Premierminister allerdings weigerte sich, das Haus zu verlassen, und bedauerte vornehmlich das Schicksal »der armen kleinen Vögel« auf dem Teich im Park. Als ich vom Frühstück zurückkam, war die Mine von unserem großartigen Minenräumkommando entschärft worden und die Gefahr vorüber.

Die gesamte Einrichtung von Nr. 10 wird über das Wochenende in das sicherere Ministerium für öffentliche Bauten und in den Central War Room ausgelagert[66].

Die Nacht in Nr. 10 hätte ruhig verlaufen können, wäre nicht um drei Uhr morgens ein als »sehr dringend« bezeichnetes, höchst unwichtiges Telegramm von Eden eingetroffen. Eden, der sich gerade in Ägypten befindet, hat zur Stärkung seines Selbstbewußtseins einen persönlichen Code entwickelt, der nicht über das Kriegsministerium geht. Es wird erwartet, daß wir seine Telegramme selbst dechiffrieren. Da wir aber nicht die Zeit dazu haben, wurde hierfür ein Dechiffreur aus dem Kriegsministerium bestochen. Es war nicht leicht, diesen mitten in der Nacht aufzutreiben. Eden ist beunruhigt über die Schwäche unserer Luftstreitkräfte im Nahen Osten – eine Tatsache, die sowohl unsere Leute dort als auch das Außenministerium schon seit Wochen beunruhigt.

Sonnabend, 19. Oktober Smuts [Ministerpräsident von Südafrika] hat mit Datum vom 12. Oktober eine Depesche geschickt, in der er wie immer einige scharfsinnige Bemerkungen macht: »Die Hinweise aus neutralen Ländern, daß bei dem Brennertreffen eine große Offensive über Konstantinopel und Syrien Richtung Ägypten beschlossen wurde, bestätigt meine Befürchtungen, die ich bereits wiederholt zum Ausdruck gebracht habe. Ein solcher Schachzug wäre die größte Gefahr, der sich das britische Weltreich gegenübersehen würde, seitdem der deutsche Blitzkrieg gegen Großbritannien teilweise zum Stillstand gebracht werden konnte ... Das Vorhaben scheint mir durchaus wahrscheinlich zu sein, da es grandios genug ist, einen Menschen wie Hitler zu reizen. Es verspricht, falls es gelingt, wichtige Ergebnisse. Hitler würde der Weg nach Bagdad und Persien und damit zum Erdöl offenstehen, uns würde es wichtige Verbindungswege abschneiden, und Mussolini würde es Hoffnung machen ... Deshalb sollte der große Gegenangriff zu Land, von dem der Premierminister gesprochen hat, vielleicht nicht in Westeuropa stattfinden, wo die Umstände Deutschland begünstigen, sondern im Nahen Osten, wo wir im Vorteil sind.«

Smuts unterstreicht eindringlich die Notwendigkeit, in Ägypten eine starke Streitmacht aufzustellen und mit möglichen Alliierten zusammenzuarbeiten, *bevor* sie überrannt werden: »Wir sollten rechtzeitig dort sein, um mit der Türkei und Griechenland zusammenzuarbeiten ...

Was Rußland betrifft, so habe ich meine Bedenken. Wird es uns nicht erneut hintergehen, und ist es nicht bereits von Deutschland bestochen, das ihm Konstantinopel versprochen hat?«

Nach dem Abendessen zu Hause fuhr ich mit einem der Armeewagen, die uns nun zur Verfügung stehen, wieder nach Downing Street zurück. Als ich einen riesigen Feuerschein erblickte, wies ich den Fahrer an, über den Kai zu fahren. Östlich der County Hall stand ein großes Warenhaus in Flammen. Da diese den angrenzenden Bezirk hell erleuchteten und wir so ein leichtes Ziel für feindliche Flugzeuge geworden wären, bogen wir mit der größtmöglichen Geschwindigkeit in Richtung Downing Street ab. In Whitehall sah ich, wie eine Sprengbombe auf die Admiralität an der Horse-Guards-Parade fiel. Kurz vor dem Schatzamt sprang ich aus dem Wagen. Ich war noch keine fünf Meter gelaufen, als eine Ladung Brandbomben rings um mich herunterfiel. Ich warf mich flach auf den Boden. Eine der Bomben setzte das Dach des Außenministeriums in Brand, zwei weitere fielen in die Ruinen des Schatzamtes. Ziemlich verstört wankte ich zur Downing Street und kletterte erleichtert durch den Notausgang in Nr. 10. Den Abend verbrachte ich im befestigten Speiseraum des Premierministers im Keller.

Die Nacht verlief ziemlich ruhig mit Ausnahme von gelegentlichen Telefonanrufen und dem Geräusch der Entlüftungsanlage, das klingt, als ob feindliche Flugzeuge im Anflug wären.

Sonntag, 20. Oktober Heute begann der Umzug in das Ministerium für öffentliche Bauten. Nur der Kabinettssaal und das Vorzimmer bleiben möbliert. Es stimmt traurig, von dem ehrwürdigen Gebäude in Downing Street Abschied nehmen zu müssen, zumal es sehr wahrscheinlich die Schlacht um London nicht überstehen wird.

Bei einem Glas Bier mit Tony Bevir meinte ich, was für ein bemerkenswerter Mann Smuts doch sei und wie scharfsinnig er aus so weiter Entfernung das Geschehen kommentiere. Tony meint, daß er Premierminister werden könnte, falls Winston etwas passiert, was Gott verhüten möge. Das scheint mir ein großartiger, dem Empire würdiger Gedanke! Ein Politiker aus einem britischen Dominium als Premierminister von England wäre ein lebendiger Beweis für die Solidarität des Commonwealth. Smuts, Mitglied des Kriegskabinetts im letzten Krieg und der Mann, dessen Takt und Geschick den Streik der Bergleute in Wales in einem kritischen Moment beendete, besitzt die Erfahrung, die Klugheit, den Elan und die Reputation, um ein würdiger Nachfolger Winstons zu werden. Natürlich würde es einige Schwierigkeiten geben: Eifersüchteleien in den anderen Dominien und Widerstände in Südafrika.

Aber die Idee erschien mir so grandios, daß ich Mutter schrieb und sie bat, die Angelegenheit über Queen Mary dem König vorzutragen. Der König ernennt schließlich den Premierminister und ist frei in seiner Entscheidung. Ich werde die Idee auch David Margesson und anderen vortragen[67].

Montag, 21. Oktober Am Eccleston Square herrscht das reinste Chaos, nachdem die meisten Möbel nach Madeley geschafft wurden, und in Downing Street sieht es nicht viel besser aus. Ich verbrachte den Großteil des Tages damit, die Rede Pitts vom 3. Februar 1800 durchzusehen, um bestimmte Passagen für den Premierminister zu finden. Der Satz, der mich am meisten berührte, lautete: »Es ist der Allianz zwischen den abscheulichsten Prinzipien und den abscheulichsten Mitteln zuzuschreiben, daß ein derartiges Elend über Europa gekommen ist.«

In den letzten Tagen wurden gleich zwei Geleitzüge böse heimgesucht. Der eine verlor siebzehn, der andere vierzehn Schiffe. Das ist darauf zurückzuführen, daß die Deutschen sich Radareinrichtungen zunutze machen, die ihnen in Frankreich in die Hände fielen. Natürlich wurmt das den Premierminister sehr. Unsere Position wird sich aber verbessern, wenn die amerikanischen Zerstörer geliefert sind und unsere neue Anti-U-Boot-Waffe fertig ist.

Dem Premierminister unterlief ein Fauxpas. Er hatte am Abend eine Rundfunkrede auf Französisch zu halten. Als er in das Studio kam, in dem sich der französische BBC-Mitarbeiter und Übersetzer Monsieur Duchesne aufhielt, sagte er laut: »Wo ist meine Rede für die Frogs[68]?« Monsieur Duchesne blickte etwas gequält.

Schlief zum letzten Mal am Eccleston Square. Für wie lange wohl?

Dienstag, 22. Oktober Mrs. Churchill ist ausfallend geworden. Sie hatte mich gebeten, die Arrangements für einen Besuch in Glasgow am Donnerstag zu treffen. Da ich durch unseren Umzug sehr beschäftigt war und mich auch nicht gern als ihr Privatsekretär behandeln lasse, hatte ich ihre Anordnungen an ihre Privatsekretärin Miss Hamblin weitergegeben. Mrs. Churchill war wütend und nannte mich aufgeblasen und so weiter, sehr zum Vergnügen von Brendan, der Zeuge dieser Szene wurde. Mrs. Churchill sieht es als eine der Missionen ihres Lebens an, Leute auf den rechten Platz zu verweisen, und preist sich selbst als freimütig.

Ich begleite den Premierminister auf eine Besichtigungsreise nach Schottland. Mit von der Partie ist neben verschiedenen Militärs Mrs. Churchill, die sich wieder beruhigt hat, und Victor Cazalet, der, obwohl man ihm dreimal erklärt hatte, daß er nicht erwünscht sei, einfach auf dem Bahnsteig erschien und Winston auf unverschämte Weise bat, ihn mitzunehmen. Während des Essens äußerte Ismay, die Regierung habe 1938, zur Zeit des Münchener Abkommens, nicht die Absicht verfolgt, Hitler hinzuhalten, bis wir besser gerüstet wären. Den Krieg zu verhindern, nicht, ihn hinauszuschieben, sei das Ziel gewesen.

Auf der Fahrt machte Winston die Bemerkung, daß eine Menge Leute eine Menge Unsinn redeten, wenn sie behaupten, durch einen Krieg würde nichts geregelt. Im Gegenteil, in der Geschichte sei alles immer nur durch Kriege geregelt worden. Das was wir jetzt durchmachten, sei wichtig nur vor dem Hintergrund der Geschichte. Damit wollte er vermutlich sagen, daß wir gegenwärtig nichts Konstruktives schaffen, daß wir aber die künftige Entwicklung entscheidend beeinflussen und viele Erfahrungen sammeln können, aus denen spätere Generationen vielleicht lernen.

Die allgemeine Unterhaltung drehte sich größtenteils um die britische Armee und ihren Mangel an guten Offizieren. Der Premierminister meinte, jeder angehende Offizier sollte General Gordons Empfehlung beherzigen und Plutarchs *Lebensbeschreibungen* lesen. Dill sieht das größte Problem darin, daß die Offiziere zwar vorbildlich mit der Waffe umzugehen lernen, aber kaum dazu angeregt werden, ihre Phantasie zu gebrauchen und militärische Probleme von einer höheren Warte aus zu betrachten.

Mittwoch, 23. Oktober Wir nahmen unser Frühstück im Zug ein, der auf einem Nebengleis abgestellt war, und erreichten Coupar Angus um neun Uhr vormittags. General Sikorski bestieg mit seiner Begleitung den Zug, der Premierminister setzte seinen komischen Hut auf, äußerte sein Mißvergnügen, daß ihm niemand sein eisgekühltes Sodawasser beschaffen konnte, und machte sich schließlich in strömendem Regen auf, ein polnisches Bataillon zu besichtigen. Danach fuhren wir zu einem Ort namens Tentsmuir, wo weitere Polen aufmarschiert waren, und stellten uns an den Straßenrand; zunächst zog eine motorisierte Kolonne vorbei; dann folgte Infanterie in einer Art Stechschritt, wobei alle Stahlhelme verrutschten. Später besichtigten wir noch ein Lager und einige Küstenverteidigungsanlagen. Alle Polen schienen abgehärtet und in guter Form zu sein und darauf zu brennen, jeden lebenden Deutschen, der ihnen in die Hände fällt, in Stücke zu reißen.

Sikorski und seine Begleitung kamen zum Lunch in unseren Zug, nachdem wir in St. Andrews ziemlich lange auf den Premierminister hatten warten müssen, der Bücher signierte und für große Aufregung unter der Menge sorgte. Ich saß zwischen zwei prächtigen Polen, General Paskiewicz, einem Divisionskommandeur, ausgezeichnet mit hohen Orden – die etwa drei Victoriakreuzen entsprechen –, und Oberst Klimecki. Paskiewicz machte einen bärbeißigen Eindruck, drückte seine Geringschätzung für die Franzosen und seine Verachtung für die Russen aus, redete sonst aber wenig. Klimecki, mit stahlblauen Augen und zuvorkommenden Manieren, sprach über Mittel und Wege, um aus Polen Informationen über die Deutschen zu beschaffen.

Nach dem Lunch verließen uns die Polen. Wir besichtigten eingehend die Werftanlagen in Rosyth und verbrachten längere Zeit auf dem neuen Schlachtschiff *King George V.*, das im Trockendock ausgerüstet wird, ehe es sich auf die erste Probefahrt begibt. Beim Versuch, in einen der kleinen Geschütztürme zu klettern, blieb der Premierminister fast stekken. Zum Schluß hielt er, gekleidet in seinen marineblauen Anzug mit Messingknöpfen, den Werftarbeitern eine Rede darüber, wie notwendig es ist, das Schiff seetüchtig zu machen, ehe die *Bismarck* auslaufen kann.

Donnerstag, 24. Oktober Der Zug hatte beachtliche Verspätung, und so konnten wir ausgiebig frühstücken, bevor wir in King's Cross eintrafen. Der Premierminister verbrachte die Zeit damit, mit Dill über das Außenministerium zu lästern. Dill beklagte sich darüber, daß die mittleren Ränge im diplomatischen Dienst so schlecht besetzt seien. Winston meinte, daß viele Diplomaten bald in Pension geschickt werden sollten.

Ich fuhr mit dem Premierminister zurück nach Downing Street. Als uns die Passanten unterwegs zujubelten, meinte er: »Ich repräsentiere für sie etwas, was sie von ganzem Herzen unterstützen: den Willen zum Sieg. Ein oder zwei Jahre werden sie mir noch so zujubeln.« Wir wären bei weitem noch keine Nation in Waffen, sagte er. Eine Nation benötige vier Jahre, um ihren Höchststand in der Waffenproduktion zu erreichen. Deutschland sei bereits so weit, während wir erst das Ende des zweiten Jahres unserer Anstrengungen erreicht hätten. Ich fragte ihn, was er von der *King George V.* halte und er entgegnete, sie sei »ein Denkmal für Chatfields Dummheiten«. Ein Geschützturm für vier Kanonen sei wieder demontiert worden, um Flugzeughangars zu installieren; auch sei sie mit 14-Zoll-Rohren armiert worden statt mit 16-Zoll-Rohren, die er lieber gesehen hätte. Chatfield habe es fertiggebracht, einen schwachen und ahnungslosen Ersten Lord auszumanövrieren. »Neville scheint niemals daran gedacht zu haben, wie wichtig es ist, wem er die Admiralität anvertraut.«

Freitag, 25. Oktober Um vier Uhr in der Frühe wurde ich geweckt. Hoare hatte aus Madrid zwei höchst dringende Depeschen geschickt.

Der französische Botschafter hatte ihm mitgeteilt, daß die Regierung in Vichy am Mittag darüber entscheiden wolle, ob man Toulon, die Häfen und die Flotte an Deutschland ausliefert. Pétain und Weygand seien dagegen, Darlan und Laval dafür. Ein Telegramm des Königs oder des Premierministers könnte die Waage vielleicht noch zu unseren Gunsten neigen. Ich ging zunächst wieder zu Bett, um auf den Premierminister zu warten, der die Nacht im Tunnel an der Down Street verbrachte[69]. Dann überlegte ich mir aber, wie wenig Zeit uns blieb, rief Alec Cadogan an und veranlaßte, daß die amerikanische Botschaft durch ihren Geschäftsträger in Vichy den Franzosen eine Mitteilung zukommen ließ, sprach noch mit Lord Halifax und war um halb acht vollkommen hektisch und durchgefroren.

Als der Premierminister eintraf, begab er sich sogleich ins Bett und entwarf eine Botschaft des Königs. Er habe geahnt, sagte er mir, daß so etwas passieren könnte. Deshalb habe er Sam Hoare in der letzten Woche telegrafisch gebeten, sich mit dem französischen Botschafter in Verbindung zu setzen.

Ein Luftalarm trieb uns alle in den Schutzraum. Die Leute, die aus dem halbzerstörten Schatzamt hereinströmten, verursachten soviel Unruhe, daß der Premierminister sich kaum auf seinen Entwurf konzentrieren konnte. Als Entwarnung gegeben wurde, ging er zurück in sein Bett, aber ein paar Minuten später kam schon wieder ein Voralarm, und alle rannten zum zweiten Mal in den Schutzraum. Unter solchen Bedingungen mußte dieses äußerst wichtige Dokument, im Wettlauf mit der Zeit, aufgesetzt werden. Gleichzeitig mußte ich dafür sorgen, daß Telegramme an den Präsidenten in Washington abgingen, der ebenfalls seinen Einfluß auf Pétain und Weygand geltend machen soll. Der unglückliche alte Marschall ist inzwischen jedoch zu einem Gespräch mit Hitler geladen worden, und es ist fraglich, ob er viel erreichen kann, zumal Darlan und die französische Admiralität fanatische Englandhasser sind.

Sonntag, 27. Oktober Von Lord Bessborough hörte ich, daß es in de Gaulles Hauptquartier in London furchtbar zugehen muß. Wenn man nicht irgend etwas dagegen unternimmt, könnte darunter sogar Winstons Ansehen leiden.

Montag, 28. Oktober In der Downing-Street-Filiale, wie wir unsere neue Wirkungsstätte nennen, ist man über die Ereignisse in Frankreich gänzlich im unklaren. Das Außenministerium verfügt über keinerlei Informationen, versucht aber, über die Amerikaner etwas herauszubekommen.

Als ich dem Premierminister die Nachricht überbrachte, daß Athen heute morgen bombardiert wurde, meinte er, ohne zu zögern: »Dann müssen wir Rom bombardieren«, und ordnete an, sofort die Stabschefs zusammenzurufen.

Mittwoch, 30. Oktober Ich führte ein interessantes Gespräch mit einem Besucher des Premierministers, dem amerikanischen Zeitungsmagnaten Ingersoll. Er ist beeindruckt vom Mut der Londoner Bevölkerung, hält aber nicht viel von unseren Fürsorgemaßnahmen, was verständlich ist. Er wollte von mir alles über die Gewohnheiten des Premierministers wissen, so zum Beispiel, ob er zum Frühstück Tee oder Kaffee trinkt. Typisch amerikanischer Journalismus.

Gestern nachmittag habe ich mit Mrs. Churchill die Suppenküche in Southwark besucht, die Violet Markham eingerichtet hat. Außerdem besichtigten wir den umgebauten U-Bahn-Tunnel, in dem Tausende die Nächte verbringen. Mrs. Churchill, die höchst unpassenderweise einen Leopardenfell-Mantel trug, wurde von der Bevölkerung lautstark begrüßt. Beide waren wir von der allgemeinen Heiterkeit beeindruckt – und das trotz der erbärmlichen Bedingungen.

Violet Markham brachte bei ihrem Besuch heute die Unfähigkeit und Lieblosigkeit zur Sprache, mit der die Londoner Stadtverwaltung die Probleme angeht. Dies bringe die Armen zu der Meinung, daß »die da oben« gefühllos sind. Sie bestätigte, was ich bereits gehört hatte, daß der Ärger hauptsächlich auf die Eifersucht einzelner Behörden untereinander und deren Sturheit zurückzuführen ist. In den letzten Wochen habe sie alle Illusionen über die Tüchtigkeit der Stadtverwaltung verloren.

Nach dem Dinner fuhr ich mit Ismay zum Down-Street-Tunnel, wo der Premierminister mit Bevin diniert hatte. Ich fuhr mit Bevin im Lift nach oben. Er hatte ziemlich viel Brandy konsumiert und war äußerst gesprächig. Ich hatte große Schwierigkeiten, mit ihm aus dem Lift zu kommen, weil er störrisch darauf bestand, die Gittertüren zu öffnen, bevor der Lift hielt. Anschließend wäre der Premierminister beinahe noch von einem Polizisten verhaftet worden, weil die Begrenzungslichter an seinem Wagen zu hell waren. Der arme Mann wurde schließlich mit einem »Fahren Sie doch zur Hölle« entlassen.

Endlich erreichten wir gemeinsam Raynes Park und mußten über einen nassen Acker stapfen, um eine Batterie Flugabwehrkanonen und die dazugehörigen radargesteuerten Suchscheinwerfer zu besichtigen. Es regnete, kein feindliches Flugzeug zeigte sich, die Kanonen schwiegen. So trotteten wir um die Stellung herum und zogen uns dann in die Offiziermesse zurück. Dort hockte der Premierminister in seinem

RAF-Mantel in einem Sessel und schaute wie Napoleon in die Gegend, während Bevin pausenlos schwatzte und die Offiziere uns mit Whisky traktierten. Der Premierminister sagte, wenn die neue Radaranlage so weit sei, daß sie perfekt funktioniere, werde sich das Blatt wenden. Der Luftkrieg werde dann seine Vorherrschaft verlieren und Land- und Seekrieg wieder zu ihrem Recht kommen lassen. Bevin bemerkte, daß dies der Anbruch einer neuen Ära sei. Ob er damit den Krieg im allgemeinen meinte oder die Anwendung dieser neuen drahtlosen Wunder oder was sonst, war mir nicht ganz klar. Die Offiziere jedenfalls schienen mit der neuen Erfindung sehr zufrieden zu sein: Wenn erst einmal die Kinderkrankheiten überwunden wären, würde sie gewiß ein Erfolg.

Donnerstag, 31. Oktober Louis Greig und Victor Cazalet erzählten mir, daß Chaim Weizmann einen neuen Treibstoff mit 120 Prozent Oktan entdeckt habe, der das Fliegen revolutionieren werde. Die Entdeckung liegt aber offensichtlich nicht im Interesse der Ölfirmen und ist in höheren Kreisen auf heftigen Widerstand gestoßen. Es ist wirklich niederschmetternd, daß althergebrachte Interessen in diesem Land auf solche Weise durchgesetzt werden.

Der Premierminister fühlte sich nicht wohl und zog sich in die Down Street zurück, wo er zu seinem Leidwesen sogar auf das Dinner verzichten mußte. John Peck, der eine Begabung für Unverschämtheiten besitzt, gefiel sich darin, folgenden »Tagesbefehl« zu tippen: »Ich ordne an, daß sechs neue Büros für mich eingerichtet werden, und zwar im Selfridges, Lambeth Palace, Stanmore, Tooting Bec, Mile End Road und im Palladium. Ich werde Sie allabendlich um 18 Uhr darüber informieren, in welchem dieser Büros ich essen, arbeiten und schlafen werde. Es müssen Unterkünfte für Mrs. Churchill, zwei Stenotypistinnen, drei Sekretäre und für Nelson vorhanden sein. Ferner muß für alle ein Schutzraum eingerichtet werden sowie ein Platz für mich auf dem Dach, von dem aus ich die Luftangriffe beobachten kann. Dies alles muß bis spätestens Montag fertig sein. Während der Bürostunden von 19 Uhr bis drei Uhr früh darf nicht gehämmert werden. 31.10.40 W. S. C.«

Dieses Rundschreiben wurde von Seal, Ismay und vielen anderen tatsächlich ernstgenommen. Das beweist, wie zermürbt die Umgebung des Premierministers bereits durch all die Umzüge und die ständigen Änderungswünsche ist.

Am Ende des ersten Kriegsjahres, das Churchill in vorderster Front gesehen hatte – bei dem Debakel in Norwegen, in Dünkirchen, bei der drohenden Invasion und in der Schlacht um England, nicht zu reden von der Schlacht im Atlantik, bei der es jetzt ums nackte Überleben ging –, bei alledem war es kein Wunder, daß Churchills Nerven aufs höchste angespannt waren.

Er pflegte aber weder durch die Gegend zu brüllen, wie es jetzt in Filmen und im Fernsehen dargestellt wird, noch habe ich ihn jemals betrunken gesehen, wie die Medien und gewisse uninformierte Leute verschiedentlich behaupten. Niemals sehr rücksichtsvoll – außer denen gegenüber, die sich in Not oder in einer Zwangslage befanden –, war er in jenen letzten Monaten des Jahres 1940 über Gebühr rücksichtslos. Er beschwerte sich über Versäumnisse, wo es keine gab, änderte sorgfältig vorbereitete Pläne im letzten Moment und sagte vereinbarte Termine ab, ohne sich dabei um andere zu kümmern. Beständig pochte er bei überarbeiteten Mitarbeitern auf seine persönlichen Annehmlichkeiten, was in manchen Fällen sogar von den Anstrengungen des Krieges ablenkte. So machte ihn zum Beispiel das Hämmern, das er durch irgendwelche Anordnungen oft selbst veranlaßt hatte, fuchsteufelswild. Man konnte oft beobachten, wie seine Mitarbeiter durch Whitehall irrten, um die Lärmquelle ausfindig zu machen, nur um ihren fluchenden Herrn zu beschwichtigen.

Irgendwann im Sommer 1940 schrieb ihm deshalb sogar seine Frau einen Brief. Jahrelange Erfahrung hatte sie gelehrt, daß schriftliche Vorhaltungen eher seine Aufmerksamkeit weckten als mündliche. Vielleicht hatte er damals schon seine Fehler eingesehen, korrigiert hat er sie erst Monate später.

Das Dilemma im Mittelmeer

November 1940

Freitag, 1. November Nachdem der Premierminister sein Mittagsschläfchen gehalten hatte, ging es nach Chequers. Ich fuhr in seinem Wagen mit. Zunächst war er brummig, taute dann aber auf. Er hatte seine RAF-Uniform angezogen, weil wir unterwegs noch in Northolt das Hurricane-Geschwader Nr. 615 inspizierten, bei dem er Air Commodore ehrenhalber ist. Die Piloten hatten heute viermal starten müssen. Bei einem Whisky-Soda in der Messe berichteten sie von ihren Erfahrungen. Als wir unsere Fahrt fortsetzten, sprach der Premierminister über die Italiener, deren Frechheit, Bomber herüberzuschicken, ihn sehr ärgert. Er hat die Absicht, in Kürze Rom angreifen zu lassen, sobald genügend Wellingtons auf Malta stationiert sind. Letzte Nacht haben unsere Bomber von dort aus bereits erfolgreich Neapel angegriffen. Die Presse, die die Fakten nicht kennt, hat heute den großartigen 3.000-Meilen-Flug von England nach Neapel und zurück bejubelt. Ich sprach die Hoffnung aus, daß wir bei unseren Angriffen auf Rom das Kolosseum verschonen würden. Er meinte, es könne dem Kolosseum nichts schaden, wenn es noch ein paar Steine mehr einbüße. Dann wurde er elegisch und zitierte Byron: »Solange das Kolosseum steht, wird auch Rom stehen ...«

Das brachte das Gespräch auf unsere Internate. Er sagte, er hätte gern Griechisch gelernt. Dann bedauerte er, wie wenig RAF-Piloten doch von den Public Schools wie Eton, Harrow und Winchester kämen. Ich berichtete ihm, was ich von Lord Bessborough über de Gaulles Hauptquartier gehört hatte. Er meinte, daß de Gaulle bei unseren derzeitigen Verhandlungen mit Vichy und dem französischen Volk eine wirkliche Belastung darstelle. Dann erzählte ich ihm noch, was ich von Louis Greig über Weizmanns 120-Oktan-Öl erfahren hatte. Wenn ich ihm beweisen könnte, daß die Ölfirmen tatsächlich aus selbstsüchtigem Interesse handelten, würde er ihre Machenschaften sofort unterbinden.

Seiner Überzeugung nach wird Roosevelt die Wahlen mit unerwartet großer Mehrheit gewinnen, und danach wird Amerika an unserer Seite in den Krieg eintreten. In diesem Zusammenhang pries er die Klugheit der britischen Presse, die mit keinem Wort zu erkennen gibt, wie sehr wir auf einen Sieg Roosevelts hoffen. Er habe sehr viel Verständnis für die Wut, sagte er, die so manche Engländer über das Verhalten der USA hegten, aber wir müßten geduldig sein und unsere Verbitterung nicht zeigen.

Sonnabend, 2. November Ich hockte den ganzen Tag an meinem Schreibtisch und schlug mich mit einer Flut ein- und ausgehender Post herum.

Der Marineminister, der Erste Seelord und der Chef des Generalstabes kamen zum Lunch. Der Premierminister unterhielt sich mit ihnen über Vichy und die letzten Verhandlungen des Regimes mit den Deutschen und bemerkte: »Nach unserem unerwarteten Widerstand konnten sie ihren Verrat besser verkaufen, als es ihnen sonst möglich gewesen wäre.« Er sprach ziemlich verächtlich über die Vichy-Regierung und meinte, er habe zwar Verständnis dafür, wenn Menschen böse seien, aber er könne nicht verstehen, daß Menschen so nichtswürdig handeln. Er glaubt, daß mit der Invasion nicht mehr zu rechnen ist, und führt dies auf unsere anhaltende Verteidigungsbereitschaft zurück. Sobald wir darin nachließen, würde die Gefahr einer Invasion sofort wieder auftauchen. Das bedeute allerdings, daß starke Streitkräfte an die Insel gebunden seien. Ganz ähnlich erfordere es die Bedrohung Nordafrikas, alles, was wir noch besitzen, in Ägypten zu konzentrieren. Dadurch seien die Achsenmächte in der Lage, unsere Streitkräfte an ein oder zwei Stellen festzunageln, während sie sich anderswo vergnügen.

Dennoch ist der Premierminister entschlossen, alles uns mögliche zu Land, zu Wasser und in der Luft zu tun, um Griechenland zu helfen. Deshalb waren seine Abschiedsworte, als Dill aufbrach: »Vergessen Sie nicht! Alles nur menschenmögliche für Griechenland!« In einer Notiz für den Chef des Stabes der Luftwaffe hinsichtlich der Unterstützung Griechenlands sagte er heute morgen: »Vielleicht werden Sie antworten, daß alles, was ich vorgeschlagen habe, unmöglich ist. Das würde ich sehr bedauern, weil wir damit eine gute Gelegenheit verpaßten, für die wir später schwer bezahlen müssen. Bitte versuchen Sie Ihr Bestes!«

Heute war einer der Tage, an denen fast alles schiefgeht. Von Zeit zu Zeit fiel das Licht aus; die direkte Telefonverbindung nach London funktionierte nicht; ein Telegramm an Eden in Kairo mit dem Bescheid, daß er dort bleiben soll, wurde ungebührlich lange verzögert. Zuletzt zog ich den Unmut des Premierministers auf mich, weil ich die Durchschläge einiger Notizen, die er diktiert hatte und noch einmal sehen wollte, bereits nach London weitergeleitet hatte.

Der neue Oberbefehlshaber der Bomberverbände, Sir Richard Peirse, zwei Piloten von der Staffel Nr. 615 und der Kommandeur des Wachbataillons, Sir George Forestier-Walker, kamen zum Dinner. Das Tischgespräch drehte sich vorwiegend um Taktik und Strategie des Luftkriegs. Die deutschen Maschinen sind wendiger als unsere, aber ihre Piloten sind sehr ängstlich. In Kürze werden wir über einige neue Bombertypen mit großer Zerstörungskraft verfügen: Halifax, Manchester und Stirling. Spätestens Ende nächsten Jahres, so hofft der Premierminister, werden wir in der Lage sein, »jede Hunnenecke jede Nacht« bombardieren zu können. Peirse erzählte mir, daß die hochgelobten amerikanischen »Fliegenden Festungen« veraltet seien und wir uns geweigert hätten, sie zu übernehmen. Was die Bombardierung Roms betrifft, so meinte der Premierminister: »Wir müssen darauf achten, den Papst in Ruhe zu lassen. Er hat eine Menge einflußreicher Freunde.«

Nach dem Dinner setzte der Premierminister zusammen mit Peirse und Ismay ein weiteres Telegramm an Eden auf, dessen Inhalt Ismay morgen den Stabschefs übermitteln soll. In ihm heißt es: »Wie falsch dies gegebenenfalls auch sein kann, aber der Zusammenbruch Griechenlands, ohne daß wir ihm zur Hilfe kommen, hätte tödliche Auswirkungen auf die Türkei und auf den gesamten weiteren Kriegsverlauf ... Niemand wird Verständnis dafür haben, wenn wir mit unseren ständig sich verstärkenden Kräften in Ägypten ruhig sitzen bleiben, während uns die Situation in Griechenland und alles, was davon abhängt, entgleitet ... Örtlich begrenzte Gesichtspunkte dürfen übergeordneten Interessen nicht vorgezogen werden ... Das Trachten nach unbedingter Sicherheit kann in einem Krieg die Niederlage bedeuten, selbst wenn man über die Sicherheit verfügt, was aber hier nicht der Fall ist.«

Sonntag, 3. November Der Premierminister hat sich über eine Rundfunkrede aufgeregt, in der der Marineminister ein extravagantes Bild dessen entwarf, was wir für Griechenland tun und tun werden. »So ein netter Kerl«, meinte er, »aber ...« Die Presse hat Alexanders Ausführungen natürlich auf den Frontseiten herausgestellt. Dies wird viele falsche Hoffnungen wecken.

Dann traf ein Telegramm von Eden ein, in dem er erklärte, daß er zurückkommen wolle, um die Situation mit dem Premierminister zu diskutieren. Ich brachte es Winston ins Schlafzimmer hinauf und wartete, während er eine Antwort entwarf. Er lag in seinem Himmelbett mit den blumigen Chintzvorhängen, kaute an seiner Zigarre, trank öfter einen Schluck eisgekühltes Sodawasser, zappelte unter der Decke nervös mit seinen Zehen und suchte leise brummend nach den richtigen Formulierungen, während Mrs. Hill ihm gegenüber saß und geduldig wartete. Zu beobachten, wie er wichtige Schriftstücke entwirft, gibt einem das Gefühl, als schaue man der Geburt eines Kindes zu, so angespannt ist seine Haltung dabei, so rastlos wirft er sich von der einen auf die andere Seite, so merkwürdig sind die Töne, die er dabei von sich gibt. Am Ende kommen einige meisterhaft formulierte Sätze heraus. Dann sagt er: »Her damit«, geht den Entwurf noch einmal durch und korrigiert ihn mit seinem Füller, den er merkwürdig ungeschickt zwischen den Fingern hält, oder er zeichnet einfach ab.

Von Lord Beaverbrook traf ein Brief ein, in dem er wegen seines Asthmas seinen Rücktritt erklärt. Der wirkliche Grund ist, daß er sich mit dem Luftfahrtministerium verkracht hat. Darüber hinaus ist er über Winston verärgert, weil dieser bei seinem großartigen Plan, das Faraday House zum Regierungssitz zu machen, nicht mitgezogen hat. Der Premierminister lächelte nur schwach, als ich ihm den Brief überreichte, denn Beaverbrook tritt alle paar Tage zurück. Dann rief er ihn an und erklärte ihm, wenn er seine Absicht tatsächlich verwirklichen würde, gäbe es einen entrüsteten Aufschrei in der Öffentlichkeit, und man würde von Fahnenflucht sprechen. Er solle doch einfach mal ein paar Wochen ausspannen.

Zu Gast beim Lunch war diesmal ein Coldstream-Offizier namens Waddilove. Winston hielt einen Vortrag über Sadowa[70], Bismarck und die Österreicher. Waddilove meinte, Bismarck sei der letzte Deutsche gewesen, der gewußt habe, wann er aufhören müsse. Darauf entgegnete der Premierminister, er werde den Deutschen von heute schon beibringen, wo sie aufhören müßten – nämlich im Grab.

Nach dem Tee trafen die drei Stabschefs und der Professor zusammen mit Lady Portal ein. Man wollte über den Plan diskutieren, den sie zur Unterstützung Griechenlands ausgearbeitet haben. Ismay behauptet, daß wir nichts wirklich Entscheidendes zur Rettung der Griechen tun können. Die Stabschefs scheinen nicht sehr glücklich über die Entschlossenheit des Premierministers zu sein, nennenswerte Kräfte auf Kosten unserer Position in Ägypten in die Bresche zu werfen. Ismay glaubt, daß ein konzentrierter Luftangriff der Deutschen, wie im Fall von Polen und Frankreich, die Griechen in die Knie zwingen wird.

Der Premierminister ist hocherfreut darüber, daß die Italiener ihre Verluste in Afrika zugeben mußten, die zehnmal größer als die unsrigen sind. Er meinte, die Italiener seien »leichter umzubringen als einzufangen«.

Nach dem Dinner wurde über Pläne zur Eroberung der Inseln Pantelleria und Rhodos diskutiert. Nach der Vorstellung des Premierministers kann dies mit »dreihundert entschlossenen Männern mit geschwärzten Gesichtern, Messern zwischen den Zähnen und Revolvern im Gürtel« geschehen. Pantelleria könnte Sir Roger Keyes und seinen Kommandos überlassen werden; der lechze danach. Rhodos sei eine schwierigere Aufgabe. Der Premierminister glaubt, man sollte es erobern und dann den Türken überlassen. Die Türken würden es nicht über sich bringen können, das Angebot abzulehnen, und prompt bekämen sie dann Ärger mit den Italienern.

Lange Stunden diskutierte man so über die Unterstützung für Griechenland. Unter anderem wurde die Zahl der Flugzeuge festgelegt, die wir entbehren können. Währenddessen trafen Telegramme von Eden ein, in denen er erklärte, wenn wir Truppen aus Ägypten abzögen, wäre Wavell nicht mehr zu seinem geplanten Schlag gegen die Italiener in der Lage. Die Antwort an Eden war, er solle doch nicht feige, kleinmütig und übervorsichtig sein. Eine Pause nutzte ich, um Dill am Beispiel einiger gerade eingetroffener Kuriere vorzuführen, daß die Regenmäntel, über die das Militär verfügt, nicht wasserdicht sind.

Montag, 4. November Der Premierminister ist tief davon beeindruckt, daß die Luftangriffe nachgelassen haben, und meint, daß das nicht nur mit dem Wetter zusammenhänge. Die Deutschen müßten ihre Angriffe zwar fortsetzen, um ihre Niederlage zu verbergen, aber offensichtlich gefalle ihnen weder der Empfang, den wir ihnen bereiten, noch die Vergeltung, die wir in Berlin üben.

Dagegen gab es schlechte Nachrichten von der See. Zwei große bewaffnete Handelskreuzer, die *Laurentic* und die *Patroclus,* wurden zusammen mit einem weiteren Handelsschiff vor Irland torpediert.

Gegen Abend fuhr ich nach Ardley, um meine Familie zu besuchen. Mutter erzählte mir, daß mein Vorschlag, General Smuts zum Premierminister zu ernennen, falls eine Neubesetzung notwendig werde, der Königin sehr gefallen habe. Sie habe dies auch dem König vorgetragen, der es wohlwollend aufnahm.

Dienstag, 5. November Wahltag in den USA. Es wird allgemein mit einem knappen Wahlausgang gerechnet.

Mittwoch, 6. November Die Griechen halten sich tapfer, die Präsidentschaftswahlen in den Staaten sind günstig ausgegangen, und in der Admiralität herrscht Aufregung darüber, daß sich offensichtlich ein weiterer Westentaschenkreuzer im Atlantik herumtreibt.

Donnerstag, 7. November Das Unterhaus trat zum erstenmal im Church House zusammen, das sicherer erscheint als der Palast von Westminster. Das Kabinett hielt gleichfalls seine Sitzung dort ab. Da ich

Dienst beim Premierminister hatte, fand ich Zeit, mir den Sitzungssaal anzuschauen, in dem das Haus zusammenkommt. Es waren nicht sehr viele Abgeordnete in der engen und ungewohnten Umgebung. Die Zuschauer sitzen auf einer Art Bühne hinter dem Speaker. Ich bemerkte, daß Rab Butler auf der Vorderbank auch hier den Traditionen des Hauses folgt und die Beine auf den Tisch legt.

Die Flut der Papiere im Aktenkoffer des Premierministers nimmt ständig zu. Es ist schon eine zeitraubende Aufgabe, sich in diesem Wust einen genauen Überblick zu verschaffen.

Der Premierminister war sehr verärgert über eine Notiz in den Akten des Kriegsministeriums, eine seiner hingekritzelten Anmerkungen sei unleserlich. Er sandte einen empörten Vermerk an P.J. Grigg, in dem er eine Entschuldigung verlangte und bemerkte, der betreffende Offizier hätte statt seiner Intelligenz besser seinen Kunstverstand gebrauchen sollen.

Sonnabend, 9. November Der Premierminister hat einer Notiz, die er bezüglich der Unterstützung Griechenlands verfaßte, folgende Bemerkung angeheftet: »Obwohl ich mich vor den Schwierigkeiten verbeuge, die die Planungschefs in ihrem Bericht vom 31. August so sorgfältig zusammengetragen haben, und auch vor dem allgemein herrschenden Geist der Negation, wäre ich dem Komitee der Stabschefs doch sehr verbunden, wenn es freundlicherweise meine Notiz lesen würde, um festzustellen, ob nicht doch irgend etwas Brauchbares dran ist.«

Horace Wilson rief an, um mir mitzuteilen, daß Mr. Chamberlain am Abend gestorben ist. Er hatte Krebs, starb aber schmerzlos. Ich benachrichtigte Seal, der sich mit dem Premierminister in Ditchley aufhält, weil man bei zunehmendem Mond mit einem Angriff auf Chequers rechnet.

Man kann in diesen Tagen trotz der Bomben ganz bequem leben. Ich nahm ein Bad in Downing Street, dann las ich *Madame Bovary* und trank dazu ein paar Gläser vorzüglichen Braunbiers.

Sonntag, 10. November Nach dem Frühstück mußte ich mich mit dem Sekretär des Herzogs von Westminster herumärgern. Die Freundin Seiner Hoheit wurde bei ihrer Ankunft hier vom Geheimdienst festgenommen. Der Herzog verlangt, daß Winston sich einschaltet. Eine ziemliche Zumutung, der Winston bestimmt nicht nachkommen wird.

Die Streitkräfte der Freien Franzosen scheinen Libreville erfolgreich angegriffen zu haben. Ihre Aktivitäten wirken sich mittlerweile jedoch ziemlich störend auf unsere Beziehungen zu Vichy aus. De Gaulle und

Spears wurden aufgefordert, nach London zurückzukommen. Winston bezweifelt, daß sie auf so gutem Fuß miteinander stehen, daß sie das gleiche Schiff nehmen.

Vom Balkan kommen Gerüchte, daß sich die Russen an einem Angriff der Achsenmächte in Richtung Südosten beteiligen könnten, um ihre Kontrolle über die Häfen am Schwarzen Meer und die Zufahrt zum Mittelmeer zu sichern. Im Moment betreiben die Russen eine äußerst verachtenswerte Appeasement-Politik gegenüber den Deutschen.

Unsere Missionen auf dem Balkan überschütten uns mit Telegrammen, in denen sie die psychologische Notwendigkeit einer Unterstützung Griechenlands betonen. Das ganze Problem wird sehr gut in der wöchentlichen Übersicht des Außenministeriums dargestellt: »Wir müssen noch immer für unser Versagen zahlen, nicht rechtzeitig genug aufgerüstet zu haben. Die Stärke unserer Streitkräfte im östlichen Mittelmeer erlaubt keine Verzettelung, und die Unterstützung in der Luft, deren Griechenland so dringend bedarf, kann nur auf Kosten anderer Interessen gewährt werden. Die Hilfe für Griechenland ist ein militärisches Problem, das sich durch den Zusammenbruch Frankreichs bedeutend erschwert hat. Unter politischen Gesichtspunkten bleiben jedoch die Vorteile einer schnellen und wirkungsvollen Hilfe entscheidend«.

Die Luftangriffe begannen heute abend sehr früh, so daß ich mich nach einem kurzen Blick nach draußen mit *Madame Bovary* in den Luftschutzraum verzog. Der Himmel und die Sperrballone wurden von zwei mächtigen Feuern erhellt, aber die Nächte sind doch schon zu kühl, als daß man sich in Morgenmantel und Pantoffeln herumtreiben könnte, auch wenn die Aussicht noch so interessant ist.

Montag, 11. November Am Vormittag fungierte ich als Vertreter des Premierministers am Ehrenmal [für die Gefallenen des Ersten Weltkrieges]. Es gab keine besondere Feier; nur der Verkehr wurde für einen Moment gestoppt, und ich legte den Kranz nieder, während die Kameras der vielen Pressefotografen klickten.

Der Premierminister kam mittags aus Ditchley zurück. Nach dem Essen wollte er sich einen Moment hinlegen, wurde aber durch das Pfeifen von in der Nähe niedergehenden Bomben aufgeschreckt. Er kam sehr bald aus dem Schutzraum zurück und verzog sich müde wieder in sein Schlafzimmer, wo er mir einen Vortrag über seine fabelhafte Mundspülvorrichtung hielt. Diese besteht aus einem Elektroapparat, der mit hoher Geschwindigkeit Wasser in seinen Mund sprüht, um den Zigarrengeschmack zu beseitigen. Er behauptete, wenn junge Männer wie ich vernünftig genug wären, solch einen Apparat zu benutzen, würden wir niemals unter schlechten Zähnen leiden.

Winston ist sehr ungehalten über Archie Sinclair, der nach dem Münchener Bürgerbräu-Attentat im *Daily Express* erklärt hatte, daß Diktatoren nun einmal militärische Ziele seien. Er meint, daß dies unerfreuliche Rückwirkungen auf ihn selbst haben könnte; eine solche Bemerkung sei fast eine Aufforderung zum Meuchelmord. Aber, so frage ich mich, wenn es erlaubt ist, Bomben auf Staatsoberhäupter abzuladen, darf man sie dann nicht auch erschießen?

Heute haben wir mehr Flugzeuge als sonst heruntergeholt. Zum erstenmal befanden sich darunter auch mindestens acht italienische Maschinen. Der Premierminister jauchzte vor Freude, als ich ihm das berichtete.

Dienstag, 12. November Lord Lothian hat den Text einer Depesche entworfen, die der Premierminister an Roosevelt schicken will. Darin wird sehr freimütig über unseren Wunsch nach amerikanischer Unterstützung gesprochen. Man will Roosevelt das Gefühl geben, daß, wenn wir verlieren, die Schuld bei Amerika liegt. Brendan zufolge ist der Entwurf so gut, daß der Premierminister nicht ein einziges Wort daran verändern will. Der Text muß aber noch vom Kabinett abgesegnet werden.

Um zwölf Uhr erhob sich der Premierminister in der ungewohnten Umgebung des Church House von seinem Sitz und hielt eine bewegende Gedenkrede auf Mr. Chamberlain. Die allgemeine Unruhe in dem kleinen Saal wirkte sich dabei leider sehr störend aus. Besonders beeindruckt war ich von folgender Passage: »Die Geschichtsforschung stolpert wie mit flackernden Kerzenstummeln den endlos langen Pfad der Vergangenheit entlang und versucht, die Szenen der Geschichte zu rekonstruieren, das Echo der Ereignisse wiederzubeleben und mit ihrem schwachen Licht die Leidenschaften vergangener Zeiten zu erhellen. Welchen Sinn hat dies alles? Der einzige Führer des Menschen ist sein Gewissen. Sein einziger Schutz vor dem Urteil der Nachwelt ist die Redlichkeit und Aufrichtigkeit seiner Handlungen. Es ist sehr unklug, ohne diesen Schutz durch das Leben zu wandeln, denn wie oft werden wir nicht enttäuscht, wenn unsere Hoffnungen scheitern und unsere Berechnungen vereitelt werden. Mit diesem Schutzschild aber marschieren wir jederzeit in den Reihen der Ehre, wie auch immer das Schicksal entscheidet.«

Unsere Niedergeschlagenheit über die hohen Schiffsverluste in den nordwestlichen Seepassagen, die, wenn sie so weitergehen, uns in die Knie zwingen könnten, wurde wettgemacht durch die Freude über die Zerstörung der italienischen Flotte im Hafen von Tarent und die erfolgreichen Angriffe auf Durazzo und Valona, die beiden einzigen Versorgungshäfen für die italienischen Truppen in Griechenland.

Mittwoch, 13. November Der Marineminister ist ein komischer Kauz. Als ich ihn zu dem Erfolg in Tarent beglückwünschte, erwiderte er, das Lob gebühre Cunningham, dem Oberbefehlshaber unserer Flotte im Mittelmeer. »Aber, um Pound [dem Ersten Seelord] gegenüber fair zu sein«, fuhr er fort, »muß ich sagen, daß ich es ihm vorschlug und er es an Cunningham weitergab.« Dieses seltsame Verhalten ist vielleicht mit seiner Enttäuschung darüber zu erklären, daß der Premierminister vorhat, der Admiralität den Lorbeer zu stehlen und selbst den Sieg im Unterhaus zu verkünden.

Rasch setzte Winston seine Rede auf, dann mußte ich mit ihm eilig ins Church House fahren. Auf dem Weg dorthin sprach er mit mir über die Wende, die uns dieser Sieg im Mittelmeer gebracht hat, und über die Panik, die die Italiener befallen haben muß, als wir sie so unerwartet in dem geschützten Hafen angriffen. Seine Schilderung dieser »ruhmreichen Episode« wurde im Unterhaus enthusiastisch bejubelt, von einer Zuhörerschaft, die nach etwas Erfreulichem geradezu hungert.

Der Besuch Molotows in Berlin kann dreierlei bedeuten:

1. Eine Friedensoffensive (für diese Möglichkeit plädiert niemand außer mir).
2. Druck auf die Türkei zur Offenhaltung der Meerengen. Darauf muß Rußland wegen seiner Schwarzmeerhäfen bedacht sein. Dies ist die wahrscheinlichste Interpretation.
3. Eine Machtaufteilung im Fernen Osten und Asien, wobei Rußland in der einen oder anderen Form Persien und Afghanistan zugesprochen werden. Diese Vermutung äußerte Craigie, der Botschafter in Tokio.

Beim Dinner unterhielt ich mich mit Sir Reginald Dorman Smith, der Landwirtschaftsminister in Chamberlains Regierung war. Er meinte, der jüngste Brief des Premierministers an die Bauern, in dem er ihnen empfahl »bleibt dabei und murrt nicht«, sei nicht sehr glücklich gewesen. Diesen Brief hat Beaverbrook geschrieben, der in mancher Beziehung ein boshafter Mensch ist.

Donnerstag, 14. November Mittags war die Trauerfeier für Neville Chamberlain in Westminster Abbey. Eine große Trauergemeinde hatte sich versammelt und hockte frierend unter den zerbrochenen Kirchenfenstern. Im Chorgestühl saß die gesamte Regierung. Der Premierminister, David und die meisten Mitglieder des Kriegskabinetts trugen den Sarg. Der König war durch den Herzog von Gloucester vertreten; Heer, Marine und Luftwaffe wurden durch die Stabschefs repräsentiert. Zeit und Ort der Feier hatte man geheimgehalten und beiden Häusern des Parlaments streng vertraulich mitgeteilt, denn eine wohlplazierte Bombe hätte spektakuläre Ergebnisse erzielt.

Am Nachmittag war der Premierminister auf dem Weg nach Ditchley. Da er aber kurz vor dem Aufbruch gehört hatte, daß für heute nacht mit dem Beginn der deutschen Operation »Mondscheinsonate« gerechnet wird, änderte er seine Meinung und kehrte nach kurzer Fahrt zurück. Über diese Operation ist er durch den Inhalt der geheimnisvollen Aktenkoffer unterrichtet, die er täglich von Brigadier Menzies[71] bekommt und die er immer persönlich öffnet. Offensichtlich handelt es sich um einen großangelegten Luftangriff, der vermutlich durch unseren Erfolg in Tarent veranlaßt wurde. Genaueres scheint darüber nicht bekannt zu sein. Jedenfalls haben wir uns alle entschlossen, die nötigen Vorsichtsmaßnahmen zu treffen und am sichersten Ort zu übernachten.

Das bestgehütete Geheimnis des Krieges war, neben der Entwicklung der Atombombe, die Tatsache, daß uns durch den großen Mut der Polen die Enigma-Maschine in die Hände gefallen war. Sie ermöglichte es uns, zunächst den Funkverkehr der deutschen Luftwaffe, später auch den der Marine und des Heeres zu entschlüsseln. Diese entschlüsselten Botschaften waren im innersten Kreis der Regierung unter dem Kodenamen »Boniface« bekannt. Sie wurden nur einem kleinen Kreis von Personen zugänglich gemacht, nicht einmal den Sekretären des Premierministers. Wir bekamen aber bald heraus, aus welcher Quelle sie stammten. Brigadier Menzies pflegte sie persönlich in Downing Street abzuliefern, in altmodischen Lederkoffern mit der Aufschrift V. R. I. Ausschließlich der Premierminister verfügte über einen Schlüssel. Im weiteren Verlauf des Krieges vergaß er bisweilen die Geheimhaltung und zeigte einem von uns einen besonders interessanten Bericht.

Großes Lob gebührt den französischen Entschlüsselungsexperten, die bis zum Zusammenbruch Frankreichs zusammen mit ihren britischen Kollegen an der Enigma gearbeitet haben und darüber niemals etwas an das Vichy-Regime verrieten. Den Freien Franzosen, die dafür bekannt waren, daß es bei ihnen undichte Stellen gab, wurde das Geheimnis niemals preisgegeben – aber auch nicht den Amerikanern, die Geheimnisse nicht viel besser hüten konnten. Die Russen erhielten von uns Informationen, erfuhren aber nichts über die Quelle.

Obwohl erste Entschlüsselungsversuche bereits Anfang des Jahres 1940 erfolgreich waren, dauerte es bis zum Fall von Dünkirchen Ende Mai, ehe die jeweiligen Funksprüche der Luftwaffe, kurz nachdem wir sie aufgefangen hatten, entschlüsselt werden konnten. Die Funksprüche der deutschen Marine konnten im Frühsommer 1941 »gemeistert« werden, die des Heeres erst im Jahr 1942.

Ein typischer Zwischenfall ereignete sich heute mittag. Der Premierminister hatte Cross, den Schiffahrtsminister, zum Lunch eingeladen und empfing ihn mit großer Freundlichkeit. Kurz bevor sie sich in den Speisesaal begaben, hastete Winston zu mir herüber – ich telefonierte gerade – und wisperte mir ins Ohr: »Wie ist nochmal der Name des Schiffahrtsministers?« So leise wie möglich, weil der Minister noch in der Tür stand, flüsterte ich zurück: »Cross.« – »Aha«, meinte der Premierminister. »Und sein Vorname?« Cross muß die ganze Unterhaltung mitbekommen haben.

Ich aß mit John Peck in der Down Street (von Winston »das Erdloch« genannt) zu Abend, wo wir auch komfortabel übernachteten. Der Premierminister verbrachte die Nacht in Erwartung der Operation »Mondscheinsonate« im Central War Room. Er war so ungeduldig, daß er sich die meiste Zeit allerdings auf dem Dach des Luftfahrtministeriums aufhielt.

Freitag, 15. November London war eine ruhige Nacht vergönnt, aber Coventry mußte heftige Bombenangriffe erdulden. Vermutlich war das der erste Satz der Sonate, die während der gegenwärtigen Vollmondperiode gespielt werden soll.

Sonnabend, 16. November Ich ritt mit Audrey Paget aus und fuhr dann mit ihr nach Cambridge, wo wir an einem Essen mit den Masters und Fellows des Trinity Colleges anläßlich der Ernennung George Trevelyans teilnahmen. Audrey sah in ihrer neuen Uniform des Military Transport Corps[72] entzückend aus. Ich saß bei Tisch zwischen dem Dean, Hollond, und dem vornehm aussehenden und reizenden Dr. Adrian, Nobelpreisträger und bald vielleicht Master von Trinity. Der Konrektor Winstanley hielt eine wunderschöne Rede auf Trevelyan, die dieser mit einem Rückblick auf die Geschichte des Colleges und einer düsteren Klage über den Krieg und die Zukunft erwiderte.

Montag, 18. November Bei meiner Rückkehr in die Downing-Street-Filiale war der Premierminister damit beschäftigt, Geheimdienstberichte zu studieren. Mit roter Tinte kreiste er die Namen griechischer Städte ein und kicherte fröhlich beim Gedanken an die Mißerfolge der Italiener.

Nachdem er mir von seiner Enttäuschung über Admiral Sommerville erzählt hatte, der zwölf Hurricanes, die für Malta bestimmt waren, zu früh von seinem Flugzeugträger starten ließ, so daß acht von ihnen ins Meer stürzten, zog er sich bis zur Kabinettssitzung noch einmal zum Schlafen zurück.

Gegen Abend, während ich mich verzweifelt mit einem Wust von Papieren herumschlug, erschien er, sagte, ich solle mich mit einer Taschenlampe ausrüsten, und führte mich in den Keller. Dort turnte er erstaunlich behende über herumliegende Träger, die zur Verstärkung des Gebäudes bestimmt sind, balancierte hoch über dem Boden über schmale Kanten und sprang wie eine Gemse vom einen zum anderen Träger. Das ist schon erstaunlich für einen Sechsundsechzigjährigen, der niemals Sport treibt.

Dienstag, 19. November Der Morgen im Church House begann mit großen Problemen, da der Spucknapf des Chefs verschwunden war. Die wirklichen Probleme liegen im Moment 1. in der Bedrohung durch die U-Boote, deren ohne die irischen Marinestützpunkte nicht Herr zu werden ist, 2. in der anhaltenden Hilflosigkeit gegenüber den nächtlichen Bombenangriffen, die zum Beispiel Coventry in Schutt und Asche legten trotz dort stationierter Flugabwehrkanonen und der hundert Hurricanes, die zur Verteidigung starteten. Es ist ungeheuer wichtig, daß endlich das neue Flugabwehrsystem und die Beaufighter in Aktion treten, sonst müssen, wenn die Deutschen merken, was los ist, Sheffield, Birmingham, Bristol und Southampton das Schicksal Conventrys teilen. Der Premierminister und das Luftfahrtministerium zerbrechen sich die Köpfe.

Die Griechen setzen ihre erstaunlichen Erfolge fort und haben sich nun auch auf albanischem Boden eingegraben. Sie fordern dringend Unterstützung durch unsere Jagdflugzeuge an. Wir stehen damit vor dem gleichen Problem wie in Frankreich, wenn auch in geringerem Umfang. Es hat jedoch den Anschein, als würden die zeitgenössischen Griechen Vergeltung dafür üben, daß ihre Vorfahren der militärischen Übermacht Roms erlagen, und als sei Byron nicht vergeblich gestorben.

Die Londoner Transportbehörde hatte sich für das Dinner tief unten in der Down Street große Mühe gegeben: Kaviar, der sonst fast nicht mehr zu bekommen ist, ein Perrier Jouet Jahrgang 1928, 1865er Brandy und exquisite Zigarren. Nach dem Dinner traf sich das Verteidigungskomitee, das aus den Stabschefs, den Wehrministern und Pug Ismay besteht, um über die noch immer ungelösten Probleme zu diskutieren, wie man die Luftverteidigung im Mittleren Osten verbessern und Griechenland unterstützen kann, ohne unsere Position in Ägypten zu schwächen.

Nach Mitternacht telefonierte man mir eine lange Liste von Zielen in London durch, die in dieser Nacht bombardiert wurden. Auch gab es schlechte Neuigkeiten über einen heftigen Angriff auf Birmingham, wohin Scharen von Bombern unterwegs über unser Land waren. »Ein kompletter Fehlschlag aller unserer Methoden«, kommentierte der Premierminister grimmig. »Vier Tage sind schon seit Coventry vergangen, und uns ist noch nichts eingefallen.«

Freitag, 22. November Die Erfolge der Griechen lassen uns alle aufatmen. Am Horizont leuchtet ein Hoffnungsschimmer auf, daß die Italiener aus Albanien vertrieben werden und Frieden schließen müssen. Dahinter steckt aber auch einiges an Wunschdenken. Unsere anhaltenden Schiffsverluste stellen allerdings ein Geschwür dar, das nach dem Messer des Chirurgen schreit. Die feindlichen Bomber haben heute nacht Birmingham verwüstet, aber die Bedrohung durch sie ist nichts, verglichen mit den feindlichen U-Booten.

Sonnabend, 23. November Die wirtschaftliche Situation in Spanien ist so schlecht – größtenteils auf Grund der Unfähigkeit und der Korruption in der Regierung –, daß Sam Hoare einen totalen Zusammenbruch befürchtet, der Spanien in die Klauen der Achsenmächte treiben könnte. Als geborener Beschwichtiger empfiehlt er, Spanien große Kredite zu gewähren und ein Auge zuzukneifen, wenn bestimmte Lieferungen aus den USA nach Deutschland und Italien weitergeleitet werden.

Aus einem Bericht der Zensurbehörde über Briefe, die aus Frankreich eintreffen, geht hervor, daß die Stimmung dort zu unseren Gunsten zu steigen scheint. Die Deutschen erweisen sich als raubgierig, und die Gegensätze zwischen besetztem und unbesetztem Gebiet wachsen. Im unbesetzten Frankreich scheint man sich allmählich mit Pétain abzufinden. Dagegen herrscht in der besetzten Zone eine aufrührerische Stimmung, die einen Sieg Englands herbeisehnt und sich nicht damit abfindet, von den Deutschen beschwichtigt oder in Verlegenheit gebracht zu werden.

Nach dem Abendessen im Central War Room – die ewigen Dosensuppen und Würstchen hängen mir bald zum Hals heraus – mußte ich ein Telegramm des »ehemaligen Seemannes« ins Außenministerium bringen. Roosevelt wird darin ersucht, begrenzte Lebensmittellieferungen nach Spanien zu gestatten.

Sonntag, 24. November Jugoslawien scheint am Rande des Abgrunds zu stehen. Sir Ronald Campbell hat um Erlaubnis gebeten, dem Prinzregenten versichern zu dürfen, daß wir ihm, wenn er dem Druck der Achse nicht nachgibt, »mit aller Hilfe, die in unserer Macht liegt«, zur Seite stehen werden. Das ist natürlich wenig, aber wir können zumindest garantieren, das Land wiederherzustellen, wenn der Krieg gewonnen ist.

Der Premierminister und Halifax glauben beide, daß die Aussichten im Fall eines griechischen Triumphs großartig sind. Trotzdem meinte der Premierminister in einer Notiz an Halifax: »Ich befürchte einen deutschen Angriff über Bulgarien hinweg. Es muß alles unternommen werden, um der Türkei und Jugoslawien den Rücken dagegen zu stärken. Die kommenden zwei Wochen werden sehr wichtig sein.«

Beim Lunch traf ich Lord Lloyd, dessen Leben als Kolonialminister durch Juden und Araber vergällt wird. Er ist eine starke Persönlichkeit und doch irgendwie unsicher, und er neigt zu Klagen. Er hofft inständig, daß der Premierminister sich gegenüber de Gaulle und Spears, die an diesem Wochenende aus Afrika zurückgekehrt sind, vorsichtig verhält.

Ich fuhr zur amerikanischen Botschaft, um ein Telegramm abzuholen, das gerade vom Präsidenten eingetroffen war und sich mit der Frage der französischen Flotte befaßte. Herschel Johnson, der jetzt Chef der amerikanischen Mission beim Hof von St. James ist, hockte verlassen in seinem Büro und tippte das Telegramm mit zwei Fingern. Das sind die Sonntagnachmittage – selbst in Kriegszeiten. Pétain hat dem Präsidenten zugesagt, sich mit ihm in Verbindung zu setzen, bevor die *Richelieu* oder die *Jean Bart* von Dakar und Casablanca ins Mittelmeer verlegt werden.

Eine ruhige Nacht. London wurde trotz des klaren Himmels in der letzten Woche kaum bombardiert. Die Deutschen haben offensichtlich begriffen, daß sie uns nicht unterkriegen können, auch nicht, wenn sie Angst und Schrecken verbreiten, und konzentrieren ihre Nachtangriffe jetzt auf unsere Industrie. Bristol mußte in dieser Nacht darunter leiden, Southampton in der Nacht zuvor.

Montag, 25. November Der Premierminister kam mittags zurück und beschäftigte sich damit, ein Telegramm des Außenministeriums zu durchlöchern, in dem die Vor- und Nachteile erörtert werden, die entstehen, wenn die Türkei in den Krieg getrieben wird. Er erwartete einen Bericht in dieser Angelegenheit direkt nach Tisch – ein Verlangen, das das Außenministerium und mich buchstäblich durcheinanderwirbelte. Nachdem die Sache zu jedermanns außer des Premierministers Zufriedenheit erledigt war, konnte ich endlich zum Essen gehen.

Donnerstag, 28. November Kehrte nach einem zweitägigen Urlaub nach Downing Street zurück und mußte zu meinem Ärger feststellen, daß der *Daily Express* einen Artikel Mr. Ingersolls gebracht hat, in dem er sein Gespräch mit Winston schildert. Auch was ich ihm erzählt habe, gibt er breit und ungenau wieder. Er beschreibt mich als einen »dunkelhaarigen, schlanken Mann Mitte Dreißig« und legt mir Dinge in den Mund, die ich nie gesagt habe. Winston wird wahrscheinlich fuchsteufelswild gewesen sein. Auch ich war beschämt und wütend.

Bei einem Schwatz mit Brendan griff dieser, anscheinend zum Bilderstürmen aufgelegt, Chamberlain heftig an, der es versäumt habe, unser Land aufzurüsten. Mir scheint, daß man die Schuld mehr bei der Regierung Baldwin suchen muß, die die Theorie vertrat, daß ein demokratisches Regime versuchen sollte, in Übereinstimmung mit der öffentlichen Meinung zu handeln und diese nicht selbst zu formen. Von 1931 bis 1938 war unser Volk gegen eine Wiederaufrüstung und hegte pazifistische Gefühle. Die Regierung unternahm nichts dagegen, sondern leistete diesen Gefühlen noch Vorschub, indem sie durch Erklärungen dazu beitrug, daß unsere Stärke überbewertet wurde. Durch Baldwins Versicherungen wurden wir in einen Schlaf gelullt, aus dem wir unsanft durch den Ausbruch des Krieges gerissen wurden.

Freitag, 29. November Der Premierminister ist bereits gestern nach Chequers gefahren, um seinen 66. Geburtstag und die Taufe seines Enkels zu feiern. Dadurch war das Leben heute in London angenehm, und ich hatte Zeit, einen Haufen unerledigter Korrespondenz aufzuarbeiten.

Die Nacht war die schlimmste seit der »Mondscheinsonate«. Immer wieder mußten wir aus unseren Sesseln und uns flach auf den Boden werfen, wenn Bomben in nächster Nähe vorbeipfiffen. Einmal erbebte das Haus bis in die Grundfesten.

Sonnabend, 30. November Zum Geburtstag des Premierministers traf in Downing Street eine Unmenge Briefe und Telegramme ein. Er hat jetzt endlich seinen langen Brief an Roosevelt fertiggestellt, in dem er weitgehend den Vorschlägen Lothians folgte. Es kostete mich eine Menge Anstrengung, den Brief für das Kabinett kopieren zu lassen, nach Amerika auf den Weg zu bringen und das Schatzamt, das Außenministerium und die Admiralität zu Kommentaren zu veranlassen. Der wichtigste Punkt ist die besorgniserregende Lage unserer Schiffahrt. Deshalb ist der Leitsatz: »Die Entscheidung von 1941 liegt auf See.« Churchill führt aus: »Die Gefahr, daß Großbritannien durch einen unvermittelten Überraschungsschlag überwältigt wird, ist momentan geringer geworden. Dagegen wächst langsam, aber stetig eine Gefahr, die nicht so plötzlich in Erscheinung tritt, aber mindestens ebenso tödlich sich auswirken kann ... Die Tatsache, daß unsere Schiffstransporte über die Meere, insbesondere über den Atlantik, zur Zeit stark gefährdet sind, könnte im nächsten Jahr eine Krise heraufbeschwören. Wenn es uns jedoch gelingt, die notwendigen Versorgungslieferungen über die Weltmeere hin unbegrenzt durchzuführen, dann kann es sehr gut sein, daß die Auswirkungen unserer verstärkten Luftangriffe auf die Heimat der Deutschen und der wachsende Unmut unter ihnen und anderen Völkern, die die Nazis in ihren Klauen halten, den Todeskampf der Zivilisation gnädig und glorreich beenden. Aber wir sollten diese Aufgabe nicht unterschätzen ...«

Winston erwähnt abschließend das Finanzierungsproblem, ein Thema, das von beiden Seiten bald zur Sprache gebracht werden muß. Lothian hat dies bei seiner Rückkehr in die Vereinigten Staaten indiskreterweise bereits gegenüber der Presse getan. Eine Passage, die nach Meinung des Schatzkanzlers geändert werden sollte, lautet wie folgt: »Zwar werden wir unser Äußerstes tun und dabei vor keinem Opfer zurückschrecken, um unseren Verbindlichkeiten nachzukommen. Ich bin jedoch nicht gewillt, auch nicht auf dem Höhepunkt dieser Schlacht, Großbritannien aller in Frage kommender Vermögenswerte zu berauben. Wenn der Sieg mit unserem Blut und Schweiß errungen und die Zivilisation gerettet sein wird, während die Vereinigten Staaten Zeit gewonnen haben, sich gegen alle künftigen Eventualitäten zu wappnen, dann werden wir nackt bis auf die Haut dastehen: Eine solche Entwicklung kann weder im moralischen noch im wirtschaftlichen Interesse unserer beiden Länder liegen.«

Winston nennt in seinem Brief Einzelheiten der von uns benötigten Unterstützung: Handelsschiffe, Zerstörer, Amerikas Beistand, um die irischen Häfen benutzen zu dürfen, und den Schutz amerikanischer Kriegsschiffe für amerikanische Konvois. Der 15seitige Brief schließt: »Wenn Sie, Herr Präsident, was ich glaube, gleichfalls annehmen, daß die Bezwingung der Tyrannei von Nazis und Faschisten von außerordentlicher Wichtigkeit für das Volk der Vereinigten Staaten und die gesamte westliche Hemisphäre ist, dann werden Sie diesen Brief nicht als eine Bitte um Hilfe auffassen, sondern als eine Aufzählung des Dringlichsten, um dieses gemeinsame Ziel zu erreichen.«

Im Wartestand

Dezember 1940

Montag, 2. Dezember Ich habe selten einen anstrengenderen Arbeitstag gehabt. Obwohl der Premierminister erst nachmittags von Chequers zurückkam – und ein weiteres Rücktrittsgesuch von Lord Beaverbrook vorfand –, war der Tag vollauf ausgelastet mit der Beantwortung der Gratulationen und einer Menge anderer Post, der Bearbeitung parlamentarischer Anfragen (da Miss Watson krank ist) und dem üblichen Durcheinander täglicher Pflichten.

Dienstag, 3. Dezember Der Tag begann damit, daß der Premierminister nach dem Frühstück den Regierungssitz wieder nach Downing Street verlegte, weil ihn das Hämmern in der Filiale nervös machte. Wie üblich verursachte diese kurzfristig getroffene Entscheidung viel Durcheinander und Ärger.

Mittags trafen die Stabschefs ein, um über die geplante Operation »Workshop«[73] im Mittelmeer zu diskutieren. Inzwischen las ich ein kurioses Dokument von Liddell Hart, in dem er empfiehlt, auf einen baldigen Friedensabschluß mit Deutschland hinzuarbeiten. Er ist der Meinung, daß wir die Nazis nur propagandistisch überwinden können. Auf militärischem Gebiet könnten wir höchstens ein Patt erreichen, bei dem beide Seiten am Ende vollkommen erschöpft und ausgeblutet wären, wenn wir nicht gar eine Niederlage zu befürchten hätten. Die Admiralität vertritt die Meinung, daß dieses Dokument, das nur privat kursiert, von der Feindpropaganda beeinflußt ist und nicht ohne Vorbedacht verfaßt wurde. Der Marineminister hat darauf vermerkt: »Kein anderer Fachberichterstatter trägt für die Strategie, die vor dem Krieg propagiert wurde und die sich als so verhängnisvoll in der Schlacht um Frankreich erwies, mehr Verantwortung als Liddell Hart. Ich hätte angenommen, daß er jetzt schamvoll sein Haupt verhüllt, anstatt eine weitere Theorie aufzustellen, die noch pazifistischer ist als seine früheren, die sich inzwischen als reine Irrlehren erwiesen haben.«

Obwohl ich alles andere als den Triumph der Nazis wünsche, den ein Kompromißfrieden bedeuten würde, schaudert mich vor dem Bild, das Liddell Hart heraufbeschwört, denn vielleicht ist es gar nicht so weit von der Wirklichkeit entfernt: ein Westeuropa, das infolge eines schrecklichen Krieges dahinsiecht; das Vermächtnis von Jahrhunderten in Kunst und Kultur verspielt; die Gesundheit der Völker durch Unterernährung und Epidemien in äußerster Gefahr; Rußland und möglicherweise die Vereinigten Staaten als diejenigen, die von unserer Erschöpfung profitieren; und am Ende dann doch nur ein Kompromißfrieden oder ein Pyrrhussieg. Schreckliche Aussichten – und trotzdem würden wir falsch handeln, wenn wir jetzt auch nur zögern, denn es geht um höhere moralische Prinzipien. In einem Punkt könnte Liddell Hart allerdings recht haben: Die Aussicht, das Schicksal Napoleons zu teilen, wird Hitler zum Durchhalten zwingen. Wenn die Deutschen einen Friedensvertrag fürchten müssen, der noch schlimmer ist als der von Versailles – und vieles bei uns kann sie in diesem Glauben nur bestärken –, dann wird sie dies antreiben, geradezu verzweifelt weiterzukämpfen. Ich bin überzeugt davon, daß – trotz allem, was Winston dazu meint – eine entschlossene, aber eindeutige Erklärung unserer Kriegsziele einen wichtigen psychologischen Effekt zu unseren Gunsten haben würde.

Der Kommentar des Premierministers zu Liddell Harts Memorandum: »Es ist gänzlich unaktuell. Mir scheint, daß er eher ins Irrenhaus gehört.«

Mindestens achtmal änderte der Premierminister heute seine Meinung, wo er übernachten will, und dreimal, ob er Dr. Dalton, den er nicht sonderlich schätzt, empfangen will oder nicht. Beim Dinner unterhielt er sich mit Cranborne und den anderen darüber, wie man Druck auf Irland ausüben könne. Wenn wir uns weigerten, dort Lebensmittel zu kaufen, Irland unsere Schiffe weiterhin zur Verfügung zu stellen oder die vereinbarten Unterstützungen zu zahlen, müßte De Valera innerhalb kurzer Frist in die Knie gezwungen sein. Andererseits handelt es sich bei den Iren um ein explosives Völkchen. Wirtschaftliche Erpressung könnte uns eine Menge Ärger mit ihnen einhandeln.

Mittwoch, 4. Dezember Der Premierminister verlangt vom Befehlshaber der Luftwaffe, daß wir die deutschen Angriffe auf unsere Städte mit einem massiven Luftangriff auf eine deutsche Stadt vergelten und anschließend eine Liste der Städte veröffentlichen, denen gleiches blüht, falls die Deutschen so weitermachen wie bisher.

Einen ansehnlichen Teil meiner Arbeitszeit mußte ich mit der Klärung der lästigen Frage vergeuden, ob Weihnachten die Kirchenglocken läuten sollen oder nicht[74]. Der Premierminister neigte dazu, eine entsprechende parlamentarische Anfrage positiv zu beantworten, aber nach einer längeren allseitigen Diskussion hat der Befehlshaber der Heimatfront so viele überwältigende Argumente dagegen vorgebracht, daß der Premierminister sich schließlich doch dagegen aussprach.

David Margesson fragte mich, ob Beaverbrook inzwischen sein erneutes Rücktrittsgesuch zurückgezogen hat. Wir stimmten beide darin überein, daß die Zeit für ihn gekommen sei; er hat seine Aufgabe erfüllt. »Wen würden Sie an seiner Stelle gern sehen?« fragte ich, »Moore-Brabazon?« Die erstaunliche Antwort war: »Stafford Cripps.« Der Fraktionsführer der Tories wies darauf hin, daß die überragenden Fähigkeiten dieses Mannes in Moskau verschwendet würden. Daß er dort wenig erreichen kann, ist inzwischen allen klargeworden. Hier in London hingegen wäre Cripps nicht nur als Minister nützlich, sondern auch als innerparteiliches Gegengewicht zu Bevin.

Donnerstag, 5. Dezember Cripps, der ohne lange Vorreden wie andere Botschafter in seinen Depeschen immer direkt zur Sache kommt, führte heute über unsere Beziehungen zur Sowjetunion aus: »Ich rate ab von Ungeduld und Irritation, bin aber auch nicht der Meinung, daß wir uns im Moment allzu hilfreich und entgegenkommend zeigen. Bisher haben wir keinerlei Ermutigung erfahren, was unsere Vorschläge in politischer oder wirtschaftlicher Hinsicht betrifft. Wir sollten unter allen Umständen den Eindruck vermeiden, daß wir der Sowjetregierung hinterherlaufen, was uns ohnehin nur als Schwachheit ausgelegt werden würde, und sollten sie an uns herankommen lassen.« Ideologen vom linken Flügel besitzen selten einen so realistischen Blick. Cripps scheint mir tatsächlich der fähigste Mann in der Labour Party zu sein.

Freitag, 6. Dezember Lunchte mit Arthur Rucker. Wir sprachen über alte Zeiten in Nr. 10, die jetzt schon so fern erscheinen. Arthur sagte, er könne sich am besten an die unwichtigen Dinge erinnern, wie zum Beispiel, daß er einmal meinen Regenschirm hatte mitgehen lassen. Ich entgegnete, daß ein Tagebuch helfen könnte, sich an die wichtigeren Vorfälle zu erinnern. »Dies wäre aber ein sehr gefährliches Dokument«, meinte Arthur. Ich glaube, das ist es auch.

Montag, 9. Dezember Als ich vom Wochenende in Hichingbrooke nach London zurückkam, herrschte dort große Freude über unsere Offensive gegen die italienische Armee in Ägypten. Der Premierminister, der mittags erkältet aus Chequers zurückkam, sagte in einem Telefongespräch mit dem Generalstabschef: »Also brauchen wir uns doch nicht den General Papagos[75] zu holen.«

Dienstag, 10. Dezember Die Nachrichten aus Nordafrika klingen stündlich besser. Es handelt sich zwar nur um eine kleine Operation, aber sie beweist, daß die Italiener keinem Angriff standhalten können – wenn es eines solchen Beweises überhaupt bedurft hätte.

Mittwoch, 11. Dezember In einem Bericht der Zensur merkte ich eine Anzahl interessanter Passagen an. Ein Zitat aus einem Brief fand das besondere Interesse des Premierministers: »Es ist schwierig, noch in Klassen zu denken, weder in politischen noch in sozialen ... eine Art Wärme durchflutet ganz England.« Mich amüsierte besonders ein Brief, den ein im Londoner Eastend lebender Jude geschrieben hat: »Hier ist es des nachts schrecklich – jede Nacht. Herr mein Gott, was haben wir getan, daß wir das verdienen? Aus den Wolken regnet der Tod ... Gott sei Dank gibt es Lebensmittel noch im Überfluß. Sie sind zwar teuer, aber trotzdem erschwinglich für uns. Noch nie war das Geschäft so profitabel. Die Leute zahlen ohne zu murren, was verlangt wird. Aber die Luftangriffe und das Maschinengewehrfeuer sind der reinste Mord. Die Engländer sind allerdings nicht so zart besaitet wie wir. Sie scheinen erst betroffen zu sein, wenn einer der Ihren vor ihrer Nase getötet wird. Und anstatt sich zu fürchten oder zu beten, sagen sie nur: ›Gott strafe diese verdammten Schweine‹.«

Gegen Abend rief der Premierminister den König an, um ihn über die Eroberung von Sidi Barrani zu unterrichten. »Meine untertänigsten Glückwünsche, Sir, zu diesem großen britischen Sieg.« Es ist das erstemal seit Beginn dieses Krieges, daß wir tatsächlich das Wort Sieg verwenden können. Eine der ersten Reaktionen des Premierministers war, daß er die zwei Bücher von General Wavell [dem der überraschende Sieg gelungen war] haben will, um sie sorgfältig zu studieren – ziemlich merkwürdig.

Donnerstag, 12. Dezember Der Premierminister gab im Church House einen gedämpften, aber trotzdem freudig aufgenommenen Bericht über unsere Operationen in Nordafrika. Fuhr danach im eigenen Wagen nach Chequers.

Lord Lothian ist unerwartet in Washington gestorben. Das ist ein schwerer Schlag für unsere Beziehungen zu den Vereinigten Staaten, die er so erfolgreich gepflegt hat.

Da Mrs. Churchill Migräne hatte, speisten der Premierminister, Mary und ich alleine zu Abend. Er sagte zunächst, daß er sein Buch weiterlesen wolle, Boswells *Tagebuch einer Reise nach den Hebriden:* »Ihr Kinder könnt euch alleine unterhalten.« Dann regte er sich aber mächtig über die fade Suppe auf und rannte in die Küche, um sich bei der Köchin zu beschweren. Nachdem er sich wieder beruhigt hatte, begann er, den Tod

Lothians zu beklagen, und fragte uns, wen wir als Nachfolger empfehlen würden. Ich schlug Cranborne oder Vansittart vor. Er hatte auch an beide gedacht und hielt zumindest Cranborne für einigermaßen geeignet. Aber im Laufe des Abends erwärmte er sich immer mehr für Lloyd George. Seine Kenntnis der Rüstungsprobleme und seine mitreißende Persönlichkeit ließen ihn am geeignetsten erscheinen. Um ihn dazu zu bewegen, den Posten anzunehmen, und um ihm die bittere Pille zu versüßen, daß er dann unter Lord Halifax dienen müßte, würde er ihn zum Mitglied des Kriegskabinetts ernennen. Lloyd George würde sich ihm gegenüber bestimmt loyal erweisen, meinte er. Wenn nicht, könnte er ihn jederzeit rauswerfen. Die Eignung Cranbornes rückte dabei immer mehr in den Hintergrund. Als ich erwähnte, daß die Fähigkeiten von Cripps in Rußland verschwendet würden, entgegnete der Premierminister, Cripps sei ein Irrer in einem Land von Irren und es sei deshalb unklug, ihn dort wegzuholen.

Beim Brandy, als ich allein mit ihm war, wurde er immer überschwenglicher, inspiriert von unseren zunehmenden Erfolgen in Nordafrika. Wir seien in den letzten Monaten auf wundersame Weise gerettet worden, und es werde allmählich schwierig, sich noch an all das zu erinnern, was wir durchgemacht hätten. Sich der Zukunft zuwendend, skizzierte er die europäische Konföderation, die nach dem Krieg geschaffen werden müsse; ihn schauderte bei dem Gedanken an die komplizierten Währungsfragen, die dann auftauchen würden. Davon würde er nichts verstehen und sich deshalb raushalten. Von einem parteipolitischen Streit mit den Labour-Führern, die jetzt so loyal zu ihm hielten, wolle er nichts wissen. Er habe die Absicht, sich nach Chartwell zurückzuziehen und dort ein Buch über den Krieg zu schreiben, das bereits Kapitel für Kapitel im Geist entworfen sei. Jedenfalls habe er nicht vor, seine Karriere bis in die Zeit des Wiederaufbaus hinein auszudehnen.

Nach ein paar Seitenhieben auf Baldwin rief er Gwylym Lloyd George an, um ihn über seinen Vater auszuhorchen, dann machten wir es uns vor dem Kamin in der Halle bequem. Er fragte mich, ob ich Lloyd Georges Rede in der großen Debatte gehört hätte, die zum Rücktritt der Regierung Chamberlain führte. Ich bejahte dies und bedauerte Chamberlains Mißgriff, der feindseligen Minderheit im Haus entgegenzuhalten: »Auch ich besitze Freunde«. Churchill sagte, das sei eine willkommene Gelegenheit für ihn gewesen, seinen Chef entschieden verteidigen zu können; dabei habe er selbst an Ansehen und Unterstützung gewonnen. Niemand könne von ihm behaupten, er sei jemals illoyal gegenüber Chamberlain gewesen oder habe gegen ihn intrigiert. »So etwas habe ich niemals getan!«

Mir fiel ein, daß morgen Freitag, der 13. ist, und erinnerte daran, daß im vergangenen Jahr an einem solchen Freitag, dem 13. November, im Rundfunk orakelt wurde, dieses Datum könne sich als ein unheilverkündendes für die deutschen U-Boote herausstellen. Vier Stunden später wurde indes die *Royal Oak* versenkt. »Dieses Kommuniqué stammte von mir«, sagte Winston lakonisch. Ich versank in den Boden.

Freitag, 13. Dezember Als der Premierminister mit Halifax darüber sprach, wer neuer Botschafter in Washington werden solle, schlug Halifax zunächst Eden vor, der diesen Posten aber bestimmt nicht annehmen wird, danach Lord Dudley, schien aber auch mit Lloyd George einverstanden zu sein.

Mit dem Chef des Stabes der Luftwaffe diskutierte Winston über die Operation »Abigail«. Sie sieht vor, daß wir uns eine bestimmte deutsche Stadt heraussuchen, die so wie Coventry dem Erdboden gleichgemacht wird, und danach eine Liste weiterer deutscher Städte veröffentlichen, denen das gleiche Schicksal bevorstehen könnte. Die anfänglichen moralischen Skrupel des Kabinetts sind überwunden.

General de Gaulle und Major Morton kamen zum Lunch. Der Premierminister legte in seinem gräßlichen, aber ausdrucksvollen Französisch los. Man klopfte sich gegenseitig wegen Sidi Barrani auf die Schulter. De Gaulle meinte, das sei ein guter Name für die Schlacht. »Nein«, sagte der Premierminister, »sie soll Schlacht von Libyen heißen.« Nach einer Plauderei darüber, wie Tintenfische schmecken, die die Italiener so lieben, wandte sich das Gespräch ernsteren Dingen zu. Was werden die Deutschen als nächstes unternehmen? De Gaulle meinte, wie Winston gestern abend, daß ihr nächstes Ziel wohl Nordafrika sei – auf dem Weg über Spanien. Aber das spanische Volk, *fier et misérable,* könne sich dem sehr wohl widersetzen.

De Gaulle vertrat dann die Ansicht, daß wir viel mehr aus der Tatsache machen sollten, daß wir ganz allein stünden, *le champion du monde* gegen Hitler. Sobald man dies in der Welt begriffen habe, werde man uns alle unsere Aktionen verzeihen. Dann würde auch der Angriff auf Oran verständlich erscheinen, denn er sei erfolgt, weil die Zukunft der ganzen Welt auf dem Spiel stand. Winston sagte, er lege Wert auf die Tatsache, daß wir gegen die Nazis und nicht gegen die Deutschen kämpften, obwohl mancher Engländer inzwischen mörderische Gedanken gegenüber dem gesamten deutschen Volk hege. »Aber«, wandte de Gaulle ein, »im letzten Krieg mußten wir gegen die Hohenzollern und den deutschen Militarismus kämpfen und sie beide niederzwingen. Dann kam Hitler – *et toujours le militarisme allemand.*« Man könne also sehr wohl Verständnis für diejenigen haben, die die Deutschen insgesamt verdammten.

Nach dem Tee, als de Gaulle sich wieder verabschiedet hatte, wünschte der Premierminister einige Informationen aus dem Kriegsministerium – dem »Haus der Schande«, wie Ismay es nennt. Der Chef des Generalstabs hatte zehn Tage Urlaub, und sein Vize wußte noch weniger als alle anderen dort. In der Bevölkerung hält man schon nicht viel von den Staatsbeamten. Wenn man erst wüßte, was bei den Militärs los ist!

Beim Dinner kam der Premierminister wieder auf seine Ideen zur Gestaltung der Zukunft zurück. Wir müßten uns eingestehen, daß Deutschland ein Mitglied der europäischen Völkerfamilie bleiben werde, denn Deutschland habe schon vor der Gestapo existiert. Nach dem Krieg würde es wohl fünf große europäische Nationen geben: England, Frankreich, Italien, Spanien und Preußen. Hinzu kämen vier Konföderationen: eine nördliche mit Den Haag als Hauptstadt; Mitteleuropa mit der Hauptstadt Prag oder Warschau; die Donaukonföderation aus Bayern, Württemberg, Österreich, Ungarn usw. mit der Hauptstadt Wien; und den Balkan mit der Türkei als führender Nation und Konstantinopel als Hauptstadt. Diese neun Mächte müßten einen europäischen Rat bilden, der zuständig für die oberste Gesetzgebung ist, und einen europäischen Wirtschaftsrat, der die Währungsfragen usw. regelt. Jede Macht einschließlich Preußens müsse einen Beitrag zur Luftwaffe leisten, zu der die jungen Männer ab siebzehn Jahren einberufen würden. Sie dürften nicht unter nationalem Oberbefehl stehen, aber auch niemals gezwungen werden, ihr eigenes Land anzugreifen. Alle Luftflotten, militärische und zivile, sollten internationalisiert werden. Was die Armeen betrifft, so sollte jede Nation über eine eigene Miliz verfügen, denn Demokratie beruhe auf einer Volksarmee und dürfe keinem Oligarchen oder einer Geheimpolizei ausgeliefert sein. Nur Preußen dürfe über einen Zeitraum von hundert Jahren über keinerlei Bewaffnung verfügen, mit Ausnahme seines Anteils an der internationalisierten Luftflotte. Der europäische Rat müsse gegenüber einem Mitglied, das von den anderen verurteilt worden sei, jedes nötige Zwangsmittel anwenden können.

Die englisch sprechende Welt würde von diesem Bündnis unabhängig sein, aber eng mit ihm zusammenarbeiten, und allein die Kontrolle über die Meere ausüben, als Belohnung für ihren Sieg über die Nazis. Sie würde durch Übereinkunft verpflichtet, den Handel und die Kolonialrechte aller Völker zu schützen. England und Amerika würden genau gleich große Flotten besitzen. Rußland müsse in eine Reorganisation des Ostens einbezogen werden, wobei man sich mit dem gesamten asiatischen Problem zu befassen habe. Was aber Europa angeht, so könnte nur die vorgeschlagene Konföderation gewährleisten, daß auch kleine Mächte weiterhin existieren. Unter allen Umständen müßten wir vermeiden, in den alten Fehler einer »Balkanisierung« Europas zu verfallen.

Es dürfe keine Kriegsschulden, keine Reparationen und keinerlei Forderungen an Preußen geben. Sehr wahrscheinlich müßten bestimmte Territorien an andere Länder abgetreten und bestimmte Bevölkerungsgruppen umgesiedelt werden, so wie das Griechenland und die Türkei mit Erfolg zuwege gebracht hätten. Aber es dürfe keine Parias unter den Völkern geben. Der Bestand Preußens, das waffenlos bliebe, müsse durch den europäischen Rat garantiert werden. Nur die Nazis, die Mörder vom 30. Juni 1934 und die Gestapo müßten zur Verantwortung gezogen werden.

All dies seien jedoch Fragen einer noch fernen Zukunft. Es würden wohl noch hundert Jahre vergehen, ehe dies alles funktioniere. Solange noch jedes Dorf in Europa nach deutschem Blut lechze und jeder Engländer fordere, daß alle Deutschen massakriert oder zumindest kastriert werden sollten, solange könne man solche Ideale nicht in Umlauf bringen.

Allen Gesprächsteilnehmern gefiel dieser »Große Entwurf«. Ich hoffe sehr, daß Winston noch so lange lebt, um den Grundstein hierzu legen zu können. Aber wird die bloße Entwaffnung Preußens die über Generationen hinweg überlieferten militärischen Traditionen tatsächlich auslöschen oder gar das Übel, das den jungen Deutschen durch den Nazismus eingeimpft wurde?

Das Gespräch endete wieder mit der Frage, was Deutschland wohl als nächstes unternehmen wird. Vermutlich wird Irland oder Spanien das nächste Angriffsziel sein. Der Premierminister tippt auf Spanien. Wenn er Hitler wäre, würde er sich dorthin wenden. Wir diskutierten dann unsere Strategie für den Fall, daß Spanien entweder Widerstand leistet oder aber den deutschen Truppen den Durchmarsch erlaubt.

Über einen Vorschlag Seals, daß alle Mitarbeiter in Downing Street eine Woche Weihnachtsurlaub erhalten sollten, regte sich der Premierminister schrecklich auf. Er meint, daß wir normal weiterarbeiten sollten und höchstens anderthalb Stunden für die Teilnahme am Gottesdienst frei bekommen. Arbeit hätte noch keinem geschadet.

Ein später Kurier brachte die Nachricht, daß Spanien die Absicht hat, die Internationale Zone in Tanger zu besetzen. Dies zusammen mit der Tatsache, daß es die Spanier zwei beschädigten italienischen Unterseebooten ermöglichten, aus Tanger zu verschwinden, hat unsere Regierung sehr aufgebracht. Das Außenministerium hat eine für seine Verhältnisse böse Depesche entworfen, in der damit gedroht wird, daß wir weitere Weizenlieferungen nach Spanien unterbinden, ohne die die Spanier, *fier et misérable,* verhungern müßten.

Der Premierminister vermutet, daß das die Vorzeichen für schlimme Dinge sind, die sich demnächst tun werden. Er glaubt, daß die geplante deutsche Operation »Felix«, von der wir wissen, in Spanien erfolgen wird. Dies könnte eine drastische Änderung von vier oder gar fünf unserer geplanten Operationen bedeuten.

Sonnabend, 14. Dezember Früh um sechs wurde ich bereits wieder von Nelson geweckt, der partout an meinem Fußende schlafen wollte. Ich bin ein bißchen mißtrauisch gegenüber schwarzen Katzen: Sie scheinen mich immer am Vorabend großer Ereignisse heimzusuchen. Aber vielleicht sagt Nelson, am Vorabend einer Krise mit Spanien, ein neues Trafalgar voraus.

Der Premierminister hatte gestern abend noch behauptet, daß wir im Fall Nordafrika den richtigen Kurs eingeschlagen hätten. Obwohl wir noch unter dem Druck einer möglichen Invasion standen, hätten wir Material und Truppen nach Ägypten geschickt; auch hätten wir Griechenland entschiedene Luftunterstützung gewährt, obwohl wir uns auf den »Löwensprung« nach Nordafrika vorbereiteten. Aber was, wenn die Ereignisse anders abgelaufen wären, was durchaus im Bereich des Möglichen lag? Er »zitierte« dramatisch aus einem fiktiven künftigen Geschichtswerk, in dem die Entscheidung, Truppen nach Übersee zu entsenden, als kriminelles Glücksspiel kritisiert worden wäre und als Wankelmut, Flugzeuge, die das Fiasko in Nordafrika in einen Erfolg hätten verwandeln können, nach Griechenland zu schicken. Ein guter Kommentar zu meiner beliebten These, daß man hinterher immer klüger ist.

Nach dem Lunch fuhr ich durch den Schneesturm nach Ditchley. Ich nahm eine unserer Telefonistinnen mit, ein nettes Kind; was ihr zur Zeit am meisten Freude im Leben macht, ist die Tatsache, daß in Chester ein neues Café eröffnet wurde. Ditchley ist ein schönes Landhaus im Stil der Vorkriegszeit. Ich traf eine Stunde vor dem Premierminister dort ein; anwesend waren Ronnie Tree mit seiner sehr attraktiven Frau, Mrs. Churchill, Lady Cranborne und Brendan. General Alexander, der neue Oberbefehlshaber Süd, kam zum Dinner und blieb über Nacht. Das Ehepaar Tree ist sehr gastfreundlich und hat das Haus dem Premierminister zu dessen freier Verfügung überlassen. Natürlich macht es den Trees Spaß, ihn bei sich zu haben, aber es kommt doch fast schon einer Heimsuchung gleich, wenn er mit einem derartig großen Gefolge aufkreuzt.

Nach dem Dinner sahen wir einen Film: Charlie Chaplins *Der große Diktator,* der bei uns noch nicht gezeigt wurde und auf den jedermann äußerst neugierig war. Wir mußten alle sehr lachen. Danach diktierte mir der Premierminister ein kurzes Telegramm an Roosevelt, in dem er anfragte, ob Lloyd George als Botschafter akzeptiert würde, und ging dann früh zu Bett.

Sonntag, 15. Dezember Am Morgen stand ich ganz gemütlich in meinem luxuriösen Schlafzimmer auf, frühstückte ohne Hast und setzte mich dann an die Arbeit, während die Dezembersonne zum Fenster hereinschien. General Wavells erste Berichte über abgeschlossene und geplante Operationen in Nordafrika sind eingetroffen. »Rom wird nicht in einem Tag zerstört sein«, sagte er, »aber es ist zu hoffen, daß die letzten und weitere Ereignisse es in seinen Fundamenten erschüttern.« Überdies erreichte uns die Nachricht, daß Laval entlassen wurde und Flandin, der ein bißchen besser ist, an seine Stelle trat. Die Verbindungen mit der Schweiz sind unterbrochen. Die letzte Botschaft von dort, die New York erreichte, war: »Es scheint sich etwas Bedeutsames anzubahnen.« Der Premierminister ist geneigt anzunehmen, daß dies nicht eine Besetzung der Schweiz bedeutet, die ohne Sinn wäre, sondern die Vorbereitung zu einer Operation gegen Spanien.

Dann traf ein Telegramm aus Südafrika ein, in dem Smuts, beeindruckt vom Militärpotential der Deutschen, erklärte, daß wir unsere Propaganda in den USA verstärken und alles tun müßten, um die Staaten zu bewegen, an unserer Seite in den Krieg einzutreten. Das Militärpotential des gesamten Commonwealth reiche nicht aus, auch nicht in Verbindung mit der Wirtschaftsblockade, um Deutschland schon im übernächsten Jahr in die Knie zu zwingen.

Beim Lunch wurde der Vorschlag gemacht, daß man den Herzog von Aosta[76], der nun Vizekönig von Abessinien ist, an die Spitze einer Bewegung gegen Mussolini stellen sollte. »Ja«, meinte Winston, »dann wird er seine erschöpfte und fast kastrierte Armee im Stich lassen, ein pompöses Flugzeug besteigen, nach Rom fliegen und dort die Demokratie wieder einführen.« Richter Singleton, der beim Lunch anwesend war, vertrat die Meinung, daß Mussolini mit einer Regimeänderung seinen Kopf retten könnte. Winston erwiderte, er traue dem Schuft zu, daß er tapfer ist und eher mit seinem Schiff untergehen würde. Eine Änderung seines Regimes entspräche weder Mussolinis Charakter, noch habe er die Möglichkeiten dazu.

Nach dem Lunch fuhr der Premierminister mit Lady Cranborne nach Blenheim. Ich machte einen Spaziergang mit Ronnie Tree, seiner Frau und Richard Law. Meine Meinung über Ronnie Tree muß ich tatsächlich ändern. Er war bisher für mich immer das vollkommene Abbild eines müßiggängerischen reichen Tories gewesen. Ich fand in ihm nun einen interessanten Gesprächspartner mit klugen Ansichten über die Zukunft der konservativen Idee. Er meinte auch, daß Lloyd George zu alt für Washington sei, was sich mit meiner Meinung deckt. Wir haben noch die schlechten Beispiele von Pétain und Hindenburg vor Augen. Cranborne dagegen sei ideal: Ein Mann, der bereits in die fünfziger Jahre blicke, müsse den Amerikanern einfach gefallen.

Am Abend traf Eden ein und zeigte sich sehr umgänglich. Ronnie Tree sieht in ihm einen zukünftigen Premierminister. Ich glaube, daß er zwar über viele Fähigkeiten verfügt, daß diese aber nicht sehr solide sind.

Beim Dinner bemerkte Richard Law zu mir, das Geheimnis von Hitlers Macht liege in seinem Appell an die Opferbereitschaft seiner Anhänger. Der Premierminister verstehe sich auch darauf. Seine Reden seien in dieser Hinsicht vorzüglich. Bevin hingegen meine, er mache den Leuten nur Mut, indem er ihnen höhere Löhne und bessere Zeiten verspreche. Damit liege er falsch.

Nachdem wir uns noch *Vom Winde verweht* angesehen hatten, gingen wir sehr spät zu Bett. Der Premierminister wollte sich in seinem Schlafzimmer auf einen Sessel werfen und fand sich in einer höchst komischen Position wieder: auf dem Boden liegend, die Beine hoch in der Luft. Ohne falsche Scham nahm er dies als einen ungeheuren Spaß und wiederholte mehrere Male: »Genau wie Charlie Chaplin, genau wie Charlie Chaplin.«

Mittwoch, 18. Dezember Fuhr im Nebel auf eisglatter Straße nach London zurück.

Nachmittags fuhren wir mit großer Gesellschaft nach Harrow, um beim Jahressingen dabeizusein. Die Schüler sangen sehr gut, obwohl sie nicht vollzählig waren. Winston genoß es sichtlich und sang, wie wir alle, fröhlich mit. Zu seinen Ehren hatte man in »Stet Fortuna Domus« eine zusätzliche Strophe eingefügt. Vor dem Schlußgesang hielt er eine brillant formulierte, improvisierte Ansprache. Harrow und seine Gesänge hätten ihm außerordentlich viel im Leben bedeutet, erklärte er. Hitler habe behauptet, die Adolf-Hitler-Schulen hätten ihre Überlegenheit über Eton bewiesen. Aber er habe Harrow vergessen! Nach dem Krieg müßten die Vorteile, die die Public Schools bieten, auf einer besseren und breiteren Grundlage dem ganzen Land zugänglich gemacht werden. Es wurde heftig applaudiert.

Nach unserer Rückkehr nach London empfing der Premierminister Halifax und bot ihm die Position des Botschafters in Washington an, da Lloyd George aus Altersgründen abgelehnt hat. David Margesson hatte mir auf dem Weg nach Harrow erzählt, daß Eden das Außenministerium und Amery das Kriegsministerium übernehmen soll.

Freitag, 20. Dezember Halifax hat die Entscheidung darüber, ob er nach Washington geht oder nicht, dem Premierminister überlassen, und dieser hat sich dafür entschieden. Vermutlich macht man Sir Gerald Campbell zum Gesandten, so daß Halifax als Mitglied des Kriegskabinetts Gelegenheit hat, oft nach England zu kommen.

Vor dem Lunch erzählte mir der Premierminister, wie schwierig seine gestrige Unterredung mit Halifax gewesen sei. Er habe erklärt, daß sowohl seine Neigung als auch seine Beurteilung der Lage ihn davon abhielten, nach Washington zu gehen. Der Premierminister habe dagegengehalten, daß er in diesem Land keine Zukunft mehr habe. Ihm würde immer der Makel der Beschwichtigungspolitik gegenüber Deutschland anhaften. Dagegen hätte er in Amerika ausreichend Gelegenheit, Verdienste zu sammeln. Wenn Amerika nicht in den Krieg eintrete, hätten wir keine Chance, ihn zu gewinnen oder wenigstens einen ehrenvollen Frieden zu schließen. Wenn es ihm also gelänge, seine Mission erfolgreich durchzuführen, würde er auf einer Woge des Triumphes heimkehren. Churchills Urteil scheint wesentlich von den monatlichen Berichten der Zensurbehörde beeinflußt zu sein, aus denen hervorgeht, daß Halifax hier sehr unpopulär ist und die Kritik an Chamberlain inzwischen auf ihn übertragen wurde.

Sonnabend, 21. Dezember In Downing Street herrscht friedliche Stille.

Unter den Papieren, die von Chequers zurückkamen, war ein Brief Churchills an Lord Cecil [den Leiter von Eton], in dem er ihm die Erhebung zum Peer anbietet, »um den Sturmangriff der Adolf-Hitler-Schulen abzuwehren, die aristokratische Moral zu stützen und die Bischöfe zu tadeln, wenn sie irren. Da ich in der Zeitung las, daß der Prügelbock in Eton durch Feindeinwirkung zerstört wurde, nehme ich an, daß Sie jetzt auch über mehr Muße und Kraft verfügen ...«

Aus einer Notiz an Lord Halifax: »Wir haben bisher nichts von den USA bekommen, wofür wir nicht bezahlt haben; und das, was wir bekommen haben, hat keine entscheidende Rolle in unserem Widerstand gespielt.«

David Margesson telefonierte mit Chequers und sagte mir anschließend, er habe dem Drängen nachgegeben und eingewilligt, das Kriegsministerium zu übernehmen. Ich gratulierte ihm aufrichtig. Er meinte, es sei eine große Ehre für ihn, aber er wisse nicht, ob er der Aufgabe auch gerecht werden könne. Als ich bemerkte, daß ich ihn in Zukunft wohl ehrerbietiger behandeln müßte, entgegnete er: »Das werden Sie bestimmt nicht tun, alter Junge.«

Dienstag, 24. Dezember Nach dem Essen signierte der Premierminister die Bücher, die er uns allen zu Weihnachten schenkt, und schickte seine Präsente in den Palast: für den König einen Arbeitsanzug und für die Königin Fowlers *English Usage!* In Erinnerung daran, daß er uns den gewünschten Weihnachtsurlaub abgelehnt hat, wünschte er mir »geschäftige Weihnachten und ein anstrengendes neues Jahr«.

Die Messe im Central War Room war zum Dinner festlich geschmückt. Wir werden die Deutschen heute nacht nicht angreifen, und wenn sie es wagen sollten, werden wir morgen heftig zurückschlagen. Es hat aber den Anschein, daß das schlechte Wetter der Luftwaffe behilflich sein wird, die *Stille Nacht, heilige Nacht* [deutsch im Original] zu respektieren.

Mittwoch, 25. Dezember Dies ist das erste Weihnachtsfest, das ich, soweit ich mich erinnere, in London verbringe. Ich besuchte den Frühgottesdienst in der Westminster Abbey, in der sich trotz der nächtlichen Verdunkelung Hunderte von Gläubigen eingefunden hatten, und kniete in dem von Kerzen erleuchteten Mittelschiff.

Am Abend speiste ich mit Nicholas Lawford im White's. Da Lord Gort außer uns der einzige Gast war, gesellte er sich zu uns. Wir führten ein langes Gespräch über alles mögliche, vom Größenwahn Sir Roger Keyes' bis hin zur Schwäche der Franzosen, vornehmlich aber über die Schlacht um Frankreich und über Dünkirchen. Lord Gort äußerte sich kritisch über die Informationen, die er seinerzeit von hier erhielt, und bestätigte, daß man ihm keine Warnung über den bevorstehenden Zusammenbruch Belgiens hatte zukommen lassen. Seine größte Kritik galt aber dem Befehl, nach dem deutschen Durchbruch bei Amiens südlich zu marschieren und sich mit den Franzosen zu vereinigen. Er sagte, daß die Berichte, die Franzosen hätten die Somme überquert und befänden sich auf dem Marsch nordwärts, um die entstandene Lücke zu schließen, überhaupt nicht der Wirklichkeit entsprochen hätten. Das Kabinett und die Stabschefs hätten angenommen, er sei in der Lage, sich mit seinen neun Infanteriedivisionen südwärts durchzukämpfen, gegen acht deutsche Panzerdivisionen und weitere Reserven motorisierter Divisionen. Der Marschbefehl, den er erhielt, habe die tatsächliche Lage völlig außer acht gelassen und auch nicht die Situation der belgischen Armee an seiner linken Flanke in Betracht gezogen. Die Geschichte würde noch manches zu diesem Befehl zu sagen haben. Hätte er den Befehl tatsächlich befolgt, wäre das gesamte Expeditionskorps und damit der Krieg verloren gewesen. Es sei nur seinem Glück und einer Art Vorahnung zu verdanken, daß er Vorkehrungen für den Schutz seiner linken Flanke getroffen habe. Hätte er das nicht getan, dann wäre, als die Belgier aufgaben, seine Lage verzweifelt gewesen.

Dies alles trug Lord Gort sehr emotionslos vor, und er vermied es auch, sich selbst zu rühmen oder sich über seine Behandlung zu beklagen. Es war ihm aber anzumerken, daß er gegen die Verantwortlichen einen tiefen Groll hegt. Er empfindet es wohl auch als ungerecht, daß man die Publikation seiner Depeschen verhindert. Mit größter Verachtung sprach er über Hore-Belisha.

Der inoffizielle Waffenstillstand zu Weihnachten wurde von beiden Seiten eingehalten. Weder haben wir die Deutschen bombardiert, noch sie uns.

Sonntag, 29. Dezember Die Deutschen fügten der ständig wachsenden Liste ihrer Greueltaten eine weitere hinzu, indem sie London mit Tausenden von Brandbomben überschütteten und das Rathaus und acht von Wren gebaute Kirchen zerstörten. Ich danke Gott, daß ich mir die Mühe gemacht habe, sie alle an einem Sommerabend vor zwei Jahren zusammen mit Mutter zu besichtigen.

Dienstag, 31. Dezember Die meiste Zeit des Tages verbrachte ich damit, den Premierminister bei der Inspizierung zweier neuer Luftschutzräume zu begleiten, was ihm die willkommene Gelegenheit bot, seine technischen Kenntnisse als Baumeister zu demonstrieren.

Eric Seal scheint Erfolg bei seinen Bemühungen zu haben, mich mit Hilfe des Premierministers, aber über den Kopf des widerstrebenden Außenministeriums hinweg, doch noch in der Armee unterzubringen. Er sagt aber, daß ich bis zum Frühjahr warten muß.

Das neue Jahr wurde mit Brandy und Champagner begrüßt.

Die Vereinigten Staaten fühlen vor

Januar 1941

Mittwoch, 1. Januar Der Premierminister hat in einer Verfügung auf die Wichtigkeit der Geheimhaltung aller amtlichen und sonstigen Papiere hingewiesen. Ich fühle mich sehr unsicher, was dieses Tagebuch betrifft, kann es aber nicht übers Herz bringen, es zu vernichten. Ich werde es künftig noch sorgfältiger als zuvor unter Verschluß halten.

Heute abend erlitt der Premierminister sein Waterloo, als er wieder einmal den Fortgang der Bauarbeiten in der Befehlszentrale inspizierte. Anstatt darauf zu warten, daß ich mit ausreichendem Licht zurückkam, bewegte er sich nur mit Hilfe der kleinen Lampe im Griff seines Spazierstocks vorwärts und versank bis zu den Knöcheln in flüssigem Zement.

Desmond informierte uns über die Entdeckung von M. I. 5, daß Muselier[77] und verschiedene Offiziere seines Stabes Verrat geübt haben. Dokumente beweisen, daß sie Agenten des Vichy-Regimes sind, die unser Dakarunternehmen verraten haben. Der Premierminister erteilte den Befehl, daß sie heute nacht verhaftet werden. De Gaulle wird durch einen Kurier hiervon unterrichtet.

Ich hatte lange Nachtdienst, bis der Premierminister sich endlich auf das Dach des Luftfahrtministeriums zurückzog, um die Sterne und den zunehmenden Mond zu betrachten. Eden und Kingsley Wood waren lange Zeit dagewesen, um die Frage einer Finanzhilfe aus Amerika zu diskutieren. Der Premierminister entwarf eine energische Depesche an Roosevelt, in der er kein Hehl aus unserer gefährlichen finanziellen Situation machte. Nur mit finanzieller Unterstützung seitens der Vereinigten Staaten könne es gelingen, den »Hitlerismus aus Europa, Asien und Afrika« zu vertreiben. Der Premierminister befürchtet offensichtlich, daß die Vorliebe der Amerikaner für gute Geschäfte sie veranlassen könnte, erst abzuwarten, bis wir bankrott sind, ehe sie den barmherzigen Samariter spielen.

M. I. 5 hat Muselier, einen anderen Franzosen und zwei Französinnen festgenommen. Eine der Damen wurde im Bett mit einem Arzt gefunden, der den Freien Franzosen zugeordnet ist. Im Haus der anderen Dame wurde halbnackt der 2. Sekretär der brasilianischen Botschaft entdeckt. Über die brasilianische Botschaft ist die Information auch an Vichy gelangt. Beim Admiral selbst fand man gefährliche Drogen.

Donnerstag, 2. Januar Der Premierminister erklärte Brendan, dessen Unterstützung ich mich versichert hatte, daß er mich nicht entbehren könne. Also werde ich es im Frühjahr noch einmal versuchen, zur Armee zu kommen.

Freitag, 3. Januar Vom Krieg gibt es keine neuen Nachrichten, ausgenommen, daß die Eroberung von Bardia[78] bevorsteht.

Die Deutschen verhalten sich merkwürdig still. Das bestärkt manche Leute in der Ansicht, daß jetzt die Invasion ernsthaft vorbereitet wird. Jedenfalls scheint es klar, daß wir mit immer heftigeren Luftangriffen rechnen müssen. Die in London angerichteten neuen Zerstörungen wurden mit einem Großangriff auf Bremen beantwortet.

Sonntag, 5. Januar Bardia ist gefallen. In einem sehr charmanten Brief an den König nennt der Premierminister den heutigen Tag den »Bardia-Tag« und sagt: »Eure Majestät werden von allen Klassen und Ständen mehr geliebt als je zuvor ein Mitglied des Königshauses.«

Montag, 6. Januar Lunchte mit Horace Wilson und Peter Loxley in Wyndham. Wilson sprach davon, wie die Regierungsarbeit durch Komitees erleichtert werden könnte. Er behauptet, daß der Premierminister es nicht versteht, sich solche Komitees zunutze zu machen. Wilson und Peter meinen, daß sie sehr nützlich sind, indem sie Entscheidungen vorbereiten können, ohne großen Papierkrieg zu verursachen. Beaverbrook – der schon wieder ein Rücktrittsgesuch eingereicht hat – betrachtet die Sache aus genau dem entgegengesetzten Blickwinkel. Er weigerte sich, den Vorsitz eines zur Koordinierung und Straffung der Produktion bestimmten Gremiums zu übernehmen, weil er als Geschäftsmann glaubt, daß Komitees Entscheidungen, die besser ein einzelner träfe, komplizieren und verschleppen. Beaverbrook und Wilson verkörpern sehr deutlich die unterschiedlichen Auffassungen von Beamten und Geschäftsleuten. Der heute veröffentlichte neue Plan sieht vor, daß eine Reihe Komitees aufgelöst und zwei neue Gremien, eines zur Lenkung der Produktion, das andere zur Steuerung des Imports, eingerichtet werden. Dies könnte eine Maschinerie vereinfachen helfen, die inzwischen sehr kompliziert geworden ist.

Vansittart hat ein sehr scharfes Papier über Deutschland verfaßt. Er macht keinen Unterschied zwischen Deutschen und Nazis und wendet sich dagegen, bei ihnen Hoffnungen auf eine nachsichtige Behandlung nach dem Krieg zu nähren. Auf eine Revolution bei diesem unterwürfigen und disziplinierten Volk zu hoffen sei vergebens. Der Premierminister ist mit diesem Ausbruch nicht einverstanden und erwiderte Vansittart: »Ich denke über eine wiedervereinigte europäische Familie nach, in der die Deutschen einen wichtigen Platz einnehmen. Wir dürfen diese Vision nicht durch Haß verdunkeln und unsere Gefühle nicht verzerren lassen. Eine viel bessere Lösung scheint mir zu sein, die Preußen von den Süddeutschen zu trennen ... Wichtige Begriffe, die ich herausstellen möchte, sind für mich ›Nazityrannei‹ und ›Preußischer Militarismus‹.« Was für ein Kontrast zwischen diesem fiebernden Dämon und der Weisheit eines Staatsmannes!

Neuerdings unternehmen wir Annäherungsversuche an Vichy, weil wir die Hoffnung hegen, daß die Franzosen den Krieg in Nordafrika fortsetzen, und weil uns klargeworden ist, daß Pétain in Frankreich so verehrt wird, daß es dumm und nutzlos wäre, ihn zu attackieren.

Auf dem Weg zum Dinner in der »Filiale« bemerkte der Premierminister: »Ich glaube, Anthony hat inzwischen das Außenministerium in den Griff bekommen. Ich bemerke einen veränderten Klang in den Depeschen.«

Nach dem Dinner traf eine ermutigende Depesche ein, die es wahrscheinlich werden läßt, daß nach Bardia jetzt auch noch Tobruk fällt. Dann müssen wir uns entscheiden, ob wir weiter auf Bengasi vordringen oder unserer Schlagkraft eine andere Richtung geben. Der deutsche Druck auf dem Balkan nimmt zu, und die Verlangsamung der griechischen Offensive in Albanien gibt zu denken. Es wäre katastrophal, wenn der griechische Triumph letztlich mit einer Niederlage enden würde, ähnlich wie die Siege der finnischen Armee im vergangenen Winter.

Der Premierminister arbeitete intensiv bis zwei Uhr morgens. Dabei diktierte er einen Brief an Beaverbrook, der mit den Worten endete: »Zeig' keine Schwäche, Danton!« Als er endlich ins Bett ging, sich unter die Decke kuschelte und selig lächelte bei dem Gedanken an Bardia und Tobruk, das, wie er hofft, bald fällt, war er ausnahmsweise einmal so gnädig, sich bei mir dafür zu entschuldigen, daß er mich so lange wachgehalten hatte.

Donnerstag, 9. Januar Es hat sich herausgestellt, daß die Dokumente, die Admiral Muselier belasteten, von zwei unzufriedenen Anhängern der Freien Franzosen gefälscht wurden. Der Premierminister war höchst erfreut darüber, daß de Gaulle »sich wie ein Gentleman benahm«, uns nichts nachtrug wegen der Episode und erklärte, sein einziges Interesse sei es, daß der Ehre und Gerechtigkeit Genüge getan werde.

Den Posten des Fraktionsvorsitzenden bei den Konservativen bekommt James Stuart, bisher David Margessons Stellvertreter.

Freitag, 10. Januar Mr. Hopkins, der Abgesandte des amerikanischen Präsidenten, war zum Lunch mit dem Premierminister gekommen. Sie waren so beeindruckt voneinander, daß ihr Tête-à-tête bis vier Uhr nachmittags dauerte.

Danach brachen wir nach Ditchley auf. Ich fuhr zusammen mit Brendan. Er erzählte mir, daß Hopkins, ein enger Vertrauter Roosevelts, der wichtigste amerikanische Besucher sei, der je zu uns gekommen ist. Er wolle für den Präsidenten erkunden, wie die Sache bei uns steht, und er habe mehr Einfluß auf den Präsidenten als jeder andere. Offensichtlich sei Hopkins von Halifax sehr angetan, dessen breitgestreute Interessen und dessen religiöse Ansichten seiner Meinung nach den Präsidenten beeindrucken werden.

Ins Bett kam ich erst wieder weit nach Mitternacht, nachdem Winston noch ein langes und schwieriges Telegramm an Wavell entworfen hatte, Erwägungen der Stabschefs berücksichtigend. Kern dieses Telegramms ist es, daß wir im Falle eines deutschen Vormarschs auf dem Balkan nach der Eroberung von Tobruk unsere Anstrengungen in Libyen reduzieren und einen Teil von Wavells Streitkräften zur Unterstützung Griechenlands bereitstellen müßten. Unsere Militärs im Mittleren Osten sind damit allerdings ganz und gar nicht einverstanden, weil sie glauben, daß es sich bei der deutschen Operation auf dem Balkan um einen Bluff handelt.

Tobruk ist offenbar schwieriger zu knacken, als wir angenommen haben. Es kann noch eine ganze Woche dauern, bis es fällt, meint der Premierminister.

Sonnabend, 11. Januar War recht verärgert, daß der Premierminister mich schon früh aus dem Bett holte. Er freut sich über das neue amerikanische Gesetz, das es britischen Kriegsschiffen gestattet, amerikanische Häfen anzulaufen, und dem Präsidenten weiten Spielraum zu unserer Unterstützung läßt. Er meint, dies sei gleichbedeutend mit einer Kriegserklärung der USA, jedenfalls eine Herausforderung an die Deutschen, die ja nun von sich aus den Krieg erklären könnten, wenn sie es wagten. Angesichts dieses Gesetzes sei es allerdings schwieriger geworden, dem amerikanischen Bestreben zu widerstehen, uns für die Hilfslieferungen so ziemlich alles abzuknöpfen, was sich zu barer Münze machen läßt.

Ronnie Tree fuhr am Morgen in seinen Wahlkreis, und seine Frau mußte sich noch früher mit ihrem Geschwader motorisierter Suppenküchen nach Portsmouth begeben, das in der Nacht die volle Härte des deutschen »Blitzes« zu spüren bekommen hatte. So waren wir zum

Lunch ohne unsere Gastgeber. Statt dessen kam Mr. Hopkins, dessen Würde und ruhiger Charme uns alle fesselten. Seiner Meinung nach wird das neue Gesetz heftige Kontroversen auslösen, aber am Ende durchkommen. Er erzählte vom kürzlichen Besuch des Herzogs von Windsor auf der Jacht des Präsidenten, bei dem ersterer freundlich vom König gesprochen habe, was Winston sichtlich gefiel. Mr. Hopkins meinte allerdings, die Umgebung des Herzogs tauge überhaupt nichts. Auch habe sein kürzlicher Jachtausflug mit einem bekannt nazifreundlichen Schweden keinen guten Eindruck gemacht.

Winston vertrat entschieden die Ansicht, Sozialismus sei schlecht und Chauvinismus sei noch schlechter; die Kreuzung von beidem aber, eine Art verkommener italienischer Faschismus, sei die schlechteste Ideologie überhaupt, die sich die Menschheit bisher ausgedacht habe.

Der Premierminister hat sich über einen Angriff in der *Times* auf sein zur Steigerung der Effektivität bestimmtes Komitee geärgert. Diese Kritik entspricht der in weiten Kreisen der Bevölkerung vertretenen Meinung. So machte er sich die Mühe und schrieb einen langen erklärenden Brief an Geoffrey Dawson[79]. Beim Dinner erläuterte er noch einmal seine Ansichten über dieses Gremium. Komitees in lediglich beratender Funktion seien nicht von Nutzen, sagte er. Heutzutage gebe es aber niemanden, der als einzelner wirtschaftlicher Diktator sein könne.

Nachdem die Damen sich zurückgezogen hatten, lobte Mr. Hopkins in eindringlichen Worten die Reden des Premierministers, die, wie er sagte, alle Bevölkerungsschichten in allen Staaten der USA sehr aufgewühlt hätten. Der Präsident habe zu einer Kabinettssitzung sogar einen Rundfunkempfänger hereinbringen lassen, so daß alle dem Premierminister zuhören konnten. Dieser zeigte sich erfreut und bewegt. Er sagte, er könne sich kaum noch an Einzelheiten seiner Reden im letzten Sommer erinnern. Er sei damals nur von der Überzeugung durchdrungen gewesen, daß es »besser für uns sei, vernichtet zu werden, als den Triumph eines solchen Hochstaplers zu erleben«.

Er sehe sich nicht in der Lage, sagte Winston, nach dem Krieg eine Ein-Parteien-Regierung gegen die Opposition anzuführen, die jetzt so fair mit ihm zusammenarbeite. Er hoffe aber, daß sich nach dem Krieg für mindestens noch zwei oder drei Jahre eine Allparteien-Regierung halten werde, die in der Lage sei, die nötigen Maßnahmen für den Wiederaufbau zu verwirklichen. Nachdem er erklärt hatte, daß der Text des neuen amerikanischen Gesetzes ihm das Gefühl vermittelt habe, eine neue Welt sei im Werden, ging er dazu über, seine Ideen von der Zukunft zu erläutern, und zwar vorwiegend unter internationalem Blickwinkel. Er begann damit, daß es künftig die Vereinigten Staaten von

Europa geben müsse, die von den Engländern zu errichten seien. Wenn die Russen dies übernähmen, würde es Kommunismus und Elend bedeuten, überließe man es den Deutschen, dann bedeute dies Tyrannei und brutale Gewalt. Dann wiederholte er ausführlich die Ideen, die er uns schon mehrfach erläutert hatte.

Churchill fragte dann Hopkins nach seiner Meinung. Die Antwort kam langsam und überlegt – ein bemerkenswerter Kontrast zu der Redeflut, der wir vorher gelauscht hatten. Hopkins sagte, es gebe zwei Arten von Menschen: diejenigen, die reden, und diejenigen, die handeln. Der amerikanische Präsident gehöre, genau wie der Premierminister, zu letzteren. Der Präsident vertrete ähnliche Ansichten wie Winston. Er weigere sich, denen Gehör zu schenken, die endlos über Kriegsziele redeten. Ihn interessiere nur eines: Hitler unschädlich zu machen. Winston stimmte zu, daß die Vernichtung »dieses gemeinen Schweins« das oberste und wichtigste Ziel ist.

An diesem Punkt holte Mrs. Tree uns zur Vorführung eines Films über den Mormonen Brigham Young. Danach sahen wir einige aktuelle deutsche Filme, darunter einen, der über das Treffen Hitlers und Mussolinis am Brenner berichtete. Die feierlichen Begrüßungsszenen und die Absurdität des Ganzen waren alberner als alles, was sich Chaplin in seinem *Großen Diktator* hatte einfallen lassen.

Sonntag, 12. Januar Der Respekt des Premierministers vor den klugen Ratschlägen General Smuts' drückt sich im letzten Satz eines Telegrammes aus, das er ihm gerade gesandt hat: »Bin äußerst dankbar für all Ihre Hilfe und besonders für Ihre wohlbegründeten Urteile, die immer mit unseren mühselig erarbeiteten Schlußfolgerungen übereinstimmen.«

Das Gespräch nach dem Dinner kreiste vorwiegend um Amerika und sein Bemühen, die Folgen der Arbeitslosigkeit durch Arbeitsbeschaffungsmaßnahmen zu beseitigen, anstatt Arbeitslosenunterstützung zu zahlen, was in England allerdings viermal soviel kosten würde. Der Premierminister fragte, was die Amerikaner tun würden, wenn sie alles Gold dieser Welt gehortet hätten und die anderen Länder entschieden, daß Gold keinen Wert mehr besitze und nur zur Füllung von Zähnen nützlich sei. »Dann werden wir«, erwiderte Hopkins, »unsere Arbeitslosen von der Straße kriegen, indem wir sie das Gold bewachen lassen.«

Wir sahen uns wieder verschiedene Filme an, darunter *Nachtzug nach München*, den ich schon kannte. Mittendrin läutete das Telefon, und ich wurde darüber informiert, daß die *Southampton* durch deutsche Sturzkampfbomber im Mittelmeer versenkt worden ist. Als ich den Premierminister anschließend auf die Seite nahm, zeigte er sich weniger aufgebracht, als ich erwartet hatte. Er beklagte sich nur bitterlich, daß man ihm die Operation »Workshop«, die Eroberung von Pantelleria, ausgeredet hatte. »Ich habe nachgegeben«, sagte er, »und nun habe ich die Folgen zu tragen.«

Von Mitternacht bis zwei Uhr morgens wandelte der Premierminister, mit einer ungeheuer dicken Zigarre im Mund, vor dem Kamin auf und ab und gab Hopkins eine Zusammenfassung der bisherigen Kriegsereignisse. Er begann mit den Zukunftsaspekten. Besonders wichtig sei die Bevölkerungsfrage. Die Nazis hätten sechzig Millionen Menschen, auf die sie bauen könnten. Der Rest sei zumindest eine Belastung, wenn nicht gar eine Gefahr für sie. Das britische Weltreich verfüge über mehr weiße Bewohner, und wenn sich die USA auf unsere Seite stellen würden – im Verlauf des Gespräches schien er immer sicherer, daß dies geschieht –, dann kämen noch weitere 120 Millionen hinzu. So könne man uns in der Zahl der zur Verfügung stehenden Menschen genausowenig übertrumpfen wie in unserem Mut und unserer Entschlossenheit. Er glaube nicht, daß Japan in den Krieg eintreten werde. Im Fall Frankreichs nimmt er an, daß die Deutschen dieses bald ganz besetzen werden und es damit veranlassen, die Waffen in Nordafrika wieder aufzunehmen.

Sich dann den vergangenen Kriegsereignissen zuwendend, gab er Hopkins eine Übersicht über alles, was passiert ist: Norwegen, die Falle, in die wir in Belgien hineinliefen, seine Besuche in Frankreich, um den Franzosen den Rücken zu stärken, die Luftschlacht um England, Libyen und die Bedrohung durch eine Invasion. Seiner Ansicht nach bedeutete Oran den Wendepunkt. Diese Operation habe der Welt klargemacht, daß wir den ernsten Willen hätten, weiterzumachen. Er skizzierte die Möglichkeit einer deutschen Invasion in England, die »Verschanzungen«, den Gebrauch von Gas; er sei jetzt ziemlich zuversichtlich, auch wenn es falsch wäre, was einige Leute behaupteten, daß wir die Invasion begrüßen würden. Ich glaube, Hopkins war recht beeindruckt.

Montag, 13. Januar Lud Janet Margesson und Betty Montagu zum Lunch ins Mirabelle ein. Janet hat kürzlich als Delegierte an einer von den Kommunisten organisierten »Volksversammlung« teilgenommen, die auf Wunsch des Premierministers vom Innenministerium sorgfältig beobachtet worden ist.

Dienstag, 14. Januar Der Premierminister ist nach Scapa Flow gefahren, um Lord Halifax bei seinem Aufbruch in die Vereinigten Staaten zu verabschieden und um bei dieser Gelegenheit der Flotte einen Besuch abzustatten.

Prinz Paul von Jugoslawien ist äußerst beunruhigt über unsere Absicht, Griechenland offen zu unterstützen. Er befürchtet, daß das die Deutschen auf den Plan rufen wird. Zu den panischen Telegrammen aus Belgrad meint der Premierminister, daß die Deutschen sich bestimmt nicht durch ein paar kleine Truppenbewegungen unsererseits von ihren sorgfältig vorbereiteten Plänen ablenken lassen würden. Prinz Paul ist in seinen Augen wie der Mann in einem Tigerkäfig, »der hofft, die Bestie nicht zu provozieren, während die Essenszeit immer näherrückt«.

Mittwoch, 15. Januar War die meiste Zeit des Tages mit einer Untersuchung über die tatsächliche Stärke der deutschen Luftwaffe beschäftigt. Es scheint so, daß die Deutschen uns kaum überlegen sind, mit Ausnahme der Langstreckenbomber. Ihr hauptsächlicher Vorteil liegt in der kurzen Distanz, die sie bis zu uns zu überwinden haben.

Donnerstag, 16. Januar Sir Stafford Cripps berichtet, es habe den Anschein, als wolle Rußland sich aus der Sache heraushalten und den Deutschen auf dem Balkan nichts in den Weg legen. Er erwartet in den nächsten Monaten eine deutsche Offensive durch Bulgarien, abgestimmt mit anderen Angriffen anderswo. »Wenn die Dinge sich für die Türkei schlecht entwickeln«, sagt er, »dann ist zu vermuten, daß Rußland dort angreifen wird, unter Umständen auch Persien, oder an beide Länder riesige Forderungen stellt. Zumindest wird Rußland mit solchen Forderungen an Persien herantreten, wenn erst die Türkei alle Hände voll zu tun hat mit Deutschland.«

Es ist interessant, daß einer der Führer der extremen Linken in unserem Land keine Illusionen über die Absichten der Russen hegt.

Jedenfalls scheint klar zu sein, daß Deutschland sich sehr bald entscheiden muß, was es unternehmen will, ehe die amerikanische Hilfe für uns wirksam wird. Das Frühjahr wird kritisch werden. Ein kalter Schauer läuft einem den Rücken hinunter, wenn man die aus den verschiedensten Quellen stammenden Berichte über die Produktion und Lagerung von Gasbomben in Deutschland liest.

Montag, 20. Januar Die Kabinettssitzung war, wie immer am Montag, um fünf Uhr nachmittags. Danach fand ich den Premierminister in ungewohnt höflicher Stimmung. Diese ging so weit, daß er mich bat, nachdem ich ihm seinen roten Füller und manches andere hinterhergetragen hatte: »Würden Sie, nachdem Sie schon so viele Freundlichkeiten auf mein Haupt gehäuft haben, jetzt noch die Güte besitzen und die Elektroheizung ausdrehen?« Dies ist nicht der Ton, in dem er gewöhnlich um etwas bittet.

Malta wurde von heftigen Luftangriffen heimgesucht. Es wird als wahrscheinlich angesehen, daß als nächster deutscher Schritt ein Angriff auf diese Insel erfolgt oder eine deutsch-italienische Invasion in Tunis, um neuerliche französische Aktivitäten im Keime zu ersticken und um dem heftig bedrängten Graziani in Libyen zur Hilfe zu kommen. Aber wir werden unverzüglich ans Werk gehen.

Nach dem Dinner las ich einen Bericht des kanadischen Gesandten Dupuy über seinen Besuch in Vichy. Danach scheint Pétain lebendiger zu sein, als wir angenommen haben und einen britischen Sieg zu wünschen. Die einzige Befürchtung, die viele Franzosen in diesem Falle zu hegen scheinen, ist, daß dann die alten Politiker zurückkommen könnten, die Frankreichs Niedergang verschuldet haben. Vordergründig sollen wir den Anschein tiefgreifender Meinungsverschiedenheiten aufrechterhalten, um Laval und die Deutschen zu täuschen. Hinter diesem Schleier könnten aber Geheimverhandlungen stattfinden. Die Franzosen haben zwei bedeutende Trümpfe gegenüber Deutschland in der Hand: die Flotte und die Kolonien. Wir wiederum verfügen über ein lukratives Objekt gegenüber den Franzosen: die Aufhebung der Blockade für bestimmte Artikel. Der kanadische Gesandte beendet seinen Bericht mit den Worten: »Die französisch-britischen Beziehungen hängen von zwei Dingen ab: dem guten Willen und psychologischen Momenten. Der gute Wille existiert bereits. Nun müssen noch die psychologischen Momente geklärt werden.«

Die wöchentliche Übersicht des Außenministeriums beschreibt, wie die Deutschen, nachdem es ihnen mißlang, die Polen zu terrorisieren, nun versuchen, sie mit anderen Mitteln zu demoralisieren. Dazu gehört die Förderung des Glückspiels, erotischer Literatur und unschicklicher Darbietungen, während andere, seriösere Formen der Unterhaltung verboten wurden. Ein interessanter Vorgeschmack auf Hitlers »neue Ordnung«.

Dienstag, 21. Januar Das Unterhaus trat an seinem angestammten Platz zu einer Sitzung zusammen. David Margesson hatte bei seinem ersten Erscheinen als Minister gleich vierzig Anfragen zu beantworten und entledigte sich dieser schweren Aufgabe mit großem Geschick. Anschließend debattierte das Haus über Kriegsproduktion und Arbeitskräfte. Bevin las eine lange Erklärung vor, und jedermann gähnte. Das Haus schreckte erst auf, als eine Registrierung aller in der Industrie Beschäftigten angekündigt wurde, um gegebenenfalls Dienstverpflichtungen vornehmen zu können. Nachdem Bevin über eine Stunde lang geredet hatte, stand Lord Winterton auf und unternahm eine beredte

Attacke auf die Regierung. Er warf ihr – mit einiger Berechtigung – vor, daß sie eine Art »Maginot-Linien-Komplex« in bezug auf die amerikanische Hilfe entwickele. Wir sollten auf nichts anderes als auf die eigenen Anstrengungen vertrauen.

Bei einem späten, aber ausgedehnten Lunch mit Barker war ich überrascht, welche blutdürstigen und gnadenlosen Ressentiments er gegenüber Deutschland entwickelt hat. Ich finde immer weniger Unterstützung mit meiner Ansicht, daß nach unserem Sieg die gerechte Bestrafung durch Gnade gemildert werden sollte.

Mittwoch, 22. Januar Die Debatte im Unterhaus dauerte an. Nach Beendigung der Anfragen gab Morrison eine Erklärung über das Verbot des *Daily Worker* ab. Obwohl man im Haus allgemein damit einverstanden erschien, brachte Aneurin Bevan es fertig, daß darüber noch eine Debatte zustandekam.

Tobruk ist gefallen.

Ich bin immer wieder von der wahren Liebe des Premierministers für die Demokratie beeindruckt, wie sie auch kürzlich wieder in einer Notiz an den Außenminister über Ägypten zum Ausdruck kam: »Ich bin sicher, daß die Zeit kommen wird, wo unsere Regierung die Interessen der Fellachen besser vertreten kann, selbst wenn das bedeuten sollte, daß die reichen Paschas und Landbesitzer dieselben Steuern zu zahlen haben, wie die wohlhabenden Leute bei uns. Dem Nildelta, wo so manche eigennützigen Partei- und Klasseninteressen unter unserer toleranten Protektion herangewachsen sind, dürften ein paar Schläge mit dem radikal-demokratischen Vorschlaghammer nicht schaden.«

Freitag, 24. Januar Der Premierminister ist mit Mr. Hopkins nach Dover gefahren, um ihm die Küstenbatterien zu zeigen. Ich hätte sie begleiten können, zog es aber vor, direkt nach Chequers zu fahren, um mich durch den Haufen unerledigter Arbeit dort hindurchzuwühlen. Der Premierminister erschien dort mit Harry Hopkins gegen sieben Uhr.

Beim Dinner erzählte Hopkins, daß er bei einem Essen mit Bevin, Morrison und Sir Andrew Duncan erstaunt zur Kenntnis genommen habe, auf wie freundschaftlichem Fuß Industrie- und Arbeiterführer in unserem Land miteinander verkehrten. In Amerika sei dies nicht so. Weiterhin berichtete er, daß er am Nachmittag bei der Besichtigung in Dover mitbekommen habe, wie ein Arbeiter zum anderen sagte, als Winston vorbeiging: »Da geht das verdammte britische Weltreich.« Winston lächelte geradezu selig und flüsterte mir zu: »Sehr gut!« Ich glaube, daß ihm lange nichts so viel Freude bereitet hat.

Hopkins meinte, in den USA würde es mit Genugtuung zur Kenntnis genommen, wenn wir eine Erklärung abgäben, jeden Eingriff Japans in die amerikanischen Interessen im Fernen Osten sehe Großbritannien als unfreundliche Handlung an. Der Premierminister zeigte sich erfreut über diesen Vorschlag und sagte zu, dies zu veranlassen, sobald der Präsident den Zeitpunkt dafür gekommen sieht.

Nach dem Dinner las ich dem Generalstabschef über das Telefon – das jetzt mit unserer neuen Geheimhaltungsvorrichtung, dem »Scrambler«, versehen ist – ein langes Telegramm des Premierministers an Wavell vor. Er protestiert darin gegen Wavells enormen Bedarf an rückwärtigen Diensten. Wavell verfügt über mehr als 300.000 Soldaten in Nordafrika, davon sind aber nur etwa 45.000 Mann kämpfende Truppe. Dill war mit diesem Telegramm nicht einverstanden, und ich mußte ihn mit Winston verbinden. Dieser sagte schließlich zu, das Telegramm etwas verbindlicher zu formulieren. Auf der anderen Seite sei eine offene Sprache im Krieg angebracht. Er könne auch wirklich nicht verstehen, warum Wavell zum Beispiel noch mehr CVJM-Stellen und ähnliches in der Etappe einrichten will.

Nach Mitternacht kamen der Premierminister und Hopkins in mein Arbeitszimmer und unterhielten sich. Churchill war sehr beeindruckt von der Tatsache, daß es 200.000 Weiße in Abessinien gibt. Er ist über ihr Schicksal beunruhigt, wenn sie in die Hände »dieser wilden Krieger« fallen, »die mit Giftgas traktiert wurden«. Er hofft, daß der Herzog von Aosta rechtzeitig aufgibt, damit wir die Abessinier zurückhalten können.

»Man darf niemals nachgeben«, meinte er, »dann muß man auch niemals bereuen.« Ein Verhandlungsfrieden käme einem deutschen Sieg gleich und würde einen weiteren »Tigersprung« in einigen Jahren ermöglichen. Hopkins stimmte dem zu und sagte, daß Lindbergh und andere Amerikaner, die einen solchen Frieden befürworteten, in Wirklichkeit einen deutschen Sieg wünschten. Der Premierminister bemerkte abschließend, nach dem letzten Krieg habe man ihn nach einem Text für die Inschrift auf einem französischen Kriegerdenkmal gefragt. Sein Vorschlag, den man indes abgelehnt habe, sei gewesen: »Im Krieg: Entschlossenheit, in der Niederlage: Trotz, im Sieg: Großmut, im Frieden: guter Wille[80].«

Später rief der Premierminister mich noch in sein Schlafzimmer und erklärte mir beim Auskleiden sehr freundlich, er habe keinen Sinn darin gesehen, mich zur Garde gehen zu lassen, obwohl er für meinen Wunsch Verständnis habe. Es sei jetzt nicht so wie im letzten Krieg, wo man tatsächlich jeden Mann benötigt habe. Jetzt gebe es schon zu viele fähige Männer in der Armee, deren Fähigkeiten oft aber nicht genützt würden.

Er versprach mir, daß er mich gehen lassen würde, wenn man mich wirklich brauche, und daß er dann dafür sorge, daß man mich sinnvoll einsetzt. Er würde meine Interessen berücksichtigen und dies nicht vergessen.

Ich machte noch einen schwachen Vorstoß, mich doch früher gehen zu lassen, weil die Angehörigen des diplomatischen Dienstes dazu neigten, das Leben zu sehr aus der Sofaecke zu betrachten, und es deshalb nur gut für mich sein könnte, wenn ich mehr Erfahrungen sammelte. Er entgegnete, dieser Krieg würde nicht geführt, damit ich meine Erziehung vervollkommnen könnte.

Sonnabend, 25. Januar Der Premierminister, alarmiert durch die Flut von Papieren, die sich in seinem Aktenkoffer staute, verbrachte den ganzen Nachmittag arbeitend im Bett. Wir erledigten eine Menge. Unter anderem beschwerte sich Winston in einem Brief an den Chefredakteur des *Daily Mirror* über die Einstellung des Blattes, die einer »fünften Kolonne« gleichkäme.

Beim Brandy erläuterte Hopkins dem Premierminister und Dill, der am Nachmittag hinzugekommen war, Einzelheiten des amerikanischen Rüstungsprogramms, das ich bereits studiert hatte. Man unternimmt tatsächlich riesige Anstrengungen. Der Premierminister wies aber darauf hin, daß zufriedenstellende Ergebnisse wohl erst in anderthalb Jahren zu erwarten seien. Auch unsere eigenen Fabriken nähmen erst jetzt die volle Produktion auf (zum Beispiel hat sich der Munitionsausstoß in der vergangenen Woche verdoppelt).

Danach legte der Generalstabschef die Papiere über die Operation »Victor« vor. Dabei handelt es sich um ein Manöver, bei dem in den letzten Tagen die Abwehr einer Invasion geübt wurde. Diese Papiere enthalten unter anderem eine vortreffliche Bewertung der Vorteile und der Taktiken einer Invasion; verfaßt wurde sie von General Weeks vom Kriegsministerium, und zwar so, als stammte sie vom deutschen Generalstab. Sie beeindruckte den Premierminister sehr und wäre den Deutschen vermutlich von großem Nutzen, wenn sie selbst sie verfaßt hätten. Ich mußte diesen Teil laut vorlesen. Die Darlegung enthielt als Anlage auch den Entwurf einer Rundfunkrede des Premierministers im Falle einer Invasion. Ihr Stil erregte große Heiterkeit. Churchill versprach, käme es dazu, würde er eine weitaus bessere Rede liefern. Der Entwurf sei ein abschreckendes Beispiel voller Klischees und würde wohl kaum seinen Zweck erfüllen. Wenn er jemals eine solche Rede zu halten hätte, dann würde der letzte Satz lauten: »Die Stunde ist gekommen, tötet die Hunnen!«

Den Rest des Abends verbrachten wir in der Halle vor dem Kamin, bei Grammophonmusik. Ich konsumierte fünf verschiedene Sorten Alkohol, um eine Erkältung zu kurieren, blieb aber nüchtern.

Sonntag, 26. Januar Ich arrangierte für Mr. Hopkins einen Besuch in West Wycombe und danach bei Fred Cripps und seiner Frau. Mrs. Churchill äußerte die Befürchtung, daß Mr. Hopkins der attraktiven Mrs. Cripps verfallen könnte. Tatsächlich brachte diese es fertig, ihn zum Lunch dortzubehalten. Mrs. Churchill regte sich sehr darüber auf, daß Hopkins ohne sie nach West Wycombe gefahren war. Es gelang mir, sie zu beruhigen. Tatsächlich wünschte Hopkins nicht, daß Mrs. Churchill ihn begleitete.

Beaverbrook bedankte sich für die ehrende Erwähnung durch den Premierminister neulich im Unterhaus. Er schreibt: »Sie stellten mir ein Charakterzeugnis aus, das mich den Kopf fortan höher tragen läßt. Es hat mir gutgetan, weil es einen großen Unterschied zwischen uns beiden gibt. Über Sie wird man nach Ihrem Tod noch ehrfürchtiger reden als jetzt zu Ihren Lebzeiten. Über mich spricht man jetzt, und nach meinem Tod wird man mich, außer in der Beziehung zu Ihnen, vergessen haben.« Beaverbrook versteht es gut, jemandem zu schmeicheln, besonders wenn er Unterstützung in seiner nicht enden wollenden Auseinandersetzung im Luftfahrtministerium benötigt, die dem Premierminister – wie er mir am Freitag sagte – von Herzen zuwider ist.

Am Nachmittag trafen Sir Charles Portal und Frau ein. Wir tranken Tee mit ihnen, Hopkins und dem Professor und unterhielten uns über die Klassiker. Der Premierminister meinte, daß die neue Art, Latein auszusprechen, ihm überhaupt nicht gefalle. Latein zu hören, sei früher eine wahre Freude gewesen. Die neue Art der Aussprache sei nicht nur häßlich, sondern verberge auch die Ähnlichkeit zwischen vielen englischen und lateinischen Wörtern, die eine der wichtigsten Begründungen für das Erlernen klassischer Sprachen gewesen sei.

Dann unterhielten wir uns über das Oberhaus. Der Premierminister vertrat die Meinung, daß unsere Architektur unsere Art zu leben beeinflußt habe und nicht umgekehrt. So verdanke unser Zweiparteiensystem seine Existenz vorwiegend der Innenarchitektur des Parlaments. Man müsse entweder auf der einen oder auf der anderen Seite sitzen. Es sei sehr schwierig, den Gang dazwischen zu überqueren. Er habe es getan und wisse, wie das sei. Er habe es sogar wiederholt, was manche für unmöglich gehalten hätten. Es gebe ein Sprichwort, daß man nur einmal überlaufen könne.

Während des Dinners zeigte der Premierminister sich sehr vergnügt, wie schon das ganze Wochenende über. Er erwähnte Generis Mainwaring, und ich erzählte ihm, daß sie von einer Ratte gebissen wurde und fast daran starb. Er fragte, ob ihr nicht ein Schwanz gewachsen sei, und wollte sich darüber fast totlachen.

Nachdem die Damen sich zurückgezogen hatten, konnte ich in der Halle eine interessante Diskussion verfolgen, wie ich sie mir zu hören gewünscht hatte. Wir saßen im Kreis: Portal, Hopkins, Jack Churchill, ich und der Professor. Der Premierminister stand vor dem Kamin, an den Sims gelehnt, eine Zigarre zwischen den Zähnen und die Daumen in der Weste eingehakt. Alle Augenblicke machte er ein paar Schritte nach vorn, wandte sich dann abrupt um und nahm wieder seinen Standplatz ein. Währenddessen flossen die Worte nur so von seinen Lippen, und gelegentlich fixierte er einen von uns, um seinen Standpunkt zu unterstreichen. Er sprach von der Vergangenheit, der Gegenwart und der Zukunft. Zusammengefaßt sagte er etwa folgendes:

In der unmittelbaren Vergangenheit hätten zwei Männer die englische Politik höchst unglücklich beeinflußt: Joseph Chamberlain und Baldwin. Ersterer habe uns in den Burenkrieg verwickelt und, indem er Europa gegen uns aufbrachte, bewirkt, daß die Deutschen sich eine Flotte schufen. Baldwin habe, indem er fünfzehn Jahre lang die politische Szene beherrschte, Männer mit größter Erfahrung, wie Lloyd George, Birkenhead und andere, aus der Politik gedrängt; er habe den Wiederaufstieg Deutschlands und den Verfall unserer eigenen Stärke möglich gemacht. Dies führte zu einer Abschweifung über den »karthagischen Frieden« von Versailles. Wir hätten zwar eine Milliarde Reparationsforderungen in Deutschland eingetrieben, aber auch, gemeinsam mit den Vereinigten Staaten, zwei Milliarden in Anleihen aufgebracht, um es Deutschland zu ermöglichen, wieder auf die Füße zu kommen und seine Kraft zu erneuern. Es sei sehr gut möglich, daß wir innerhalb der nächsten zwei Jahre wieder einen Friedensvertrag mit Deutschland abschließen müßten, gemeinsam mit den USA, und daß dann gewisse Leute wieder darauf drängen würden, Deutschland entgegenzukommen, damit es bald wieder auf eigenen Füßen stehe. »Nur eine Tatsache ist in der Geschichte wirklich unbestritten, daß nämlich die Menschheit unbelehrbar ist.«

Dann gab es eine kurze Debatte über Währungsprobleme. Der Premierminister plädierte für die Einführung eines »Commodity-Dollars«, dessen Kurs anhand des Preises ausgewählter Rohstoffe festgelegt wird. Er verglich das Währungsproblem mit der Einführung der Sommerzeit. Spielt man ein bißchen mit der Uhrzeit, kann man daraus unter Umständen größeren Nutzen ziehen, übertreibt man jedoch in beide Richtungen, sind alle Vorteile wieder vertan. Hopkins stimmte zu, daß das gegenwärtige Währungssystem nicht befriedige, und sagte, daß auch der Präsident über ein ähnliches System wie Churchill nachdenke. Die Opposition der Wall Street sei indes sehr groß. Zur Entschuldigung der Finanziers sagte der Premierminister, daß heutzutage alle Welt nach Krediten verlange, aber niemand etwas für die Kreditgeber übrig habe.

Nach Ende des Krieges gibt es nach Meinung des Premierministers eine kurze Ruhepause, in welcher wir Gelegenheit hätten, einige grundlegende Prinzipien zu verwirklichen, sei es in der Rechtspflege, bei der Respektierung der Rechte und des Eigentums anderer Nationen oder bei der Garantierung des Privateigentums, sofern die Eigentümer ehrlich sind und keinen unsozialen Gebrauch von ihrem Besitz machen. Es gebe nichts, auf das wir besser bauen könnten, als auf die moralischen Prinzipien des Christentums. Je enger wir uns an die Bergpredigt hielten, desto mehr könnten wir darauf hoffen, in unseren Bemühungen vom Erfolg belohnt zu werden. Aber alles Gerede über Kriegsziele sei gegenwärtig absurd.

Das Verhältnis zwischen Japan und den USA war der nächste Gesprächspunkt. Hopkins ist der Meinung, daß Amerika, falls es in den Krieg eintritt, dies wegen Japan tut. Der Premierminister entgegnete darauf, daß sich der Vorteil, mit Amerika verbündet zu sein, zu dem Nachteil, Japan als Feind zu haben, im Verhältnis von 10 zu 1 bewege. Man müsse nur die Stahlproduktion beider Länder vergleichen, denn »der moderne Krieg hängt vom Stahl ab«. Japan sei bestimmt sehr betroffen über das Schicksal der italienischen Marine, die sich auf dem Papier so großartig ausnahm. »Das Schicksal hält für diejenigen, die sich allzu sicher sind, ein schreckliches Pfand bereit.«

Danach ließ sich der Premierminister ermattet aufs Sofa nieder, sagte, er habe schon zuviel geredet und bat Hopkins um seine Ansichten. Langsam, aber eindringlich sprechend, erklärte dieser, der amerikanische Präsident sorge sich nicht so sehr um die fernere Zukunft, als vielmehr darum, was die nächsten Monate bringen werden. Es gebe in den Vereinigten Staaten vier verschiedene Ansichten: eine kleine Gruppe Nazis und Kommunisten um Lindbergh, die erklärten, für einen Verhandlungsfrieden zu sein; insgeheim wünschten sie aber einen Sieg der Deutschen; dann eine Gruppe, repräsentiert durch Joe Kennedy, die sage: »Helft den Engländern, paßt aber verdammt genau auf, daß sie euch nicht in den Krieg hineinziehen«; sodann eine Majorität, die den Präsidenten in seinem Willen unterstützt, England die größtmögliche Hilfe zu gewähren, welches Risiko auch immer damit verbunden ist; schließlich eine Gruppe von etwa zehn bis fünfzehn Prozent der Bevölkerung, zu der auch Knox, der Marineminister, und Stimson, der Kriegsminister, gehörten, die einen sofortigen Kriegseintritt Amerikas befürworten.

Das wichtigste Moment sei die Standhaftigkeit des Präsidenten, der die öffentliche Meinung präge und ihr nicht etwa hinterherlaufe; er sei überzeugt davon, daß auch Amerika verloren ist, wenn England geschlagen wird. Er würde, falls nötig, von seinem Einfluß Gebrauch machen und keine Skrupel haben, die bestehenden Gesetze notfalls im Sinne seiner Absichten auszulegen. Gelegentlich könnten seine Schritte allerdings dazu führen, daß Leute vor Überraschung aufseufzen, wie das im britischen Außenministerium der Fall gewesen sein müsse, als man die Bedingungen des Leih-und-Pacht-Gesetzes zu Gesicht bekam. Der Präsident, dessen Standhaftigkeit (er wiederholte es) den Ausschlag gebe, würde den Krieg nicht herbeisehnen, sondern sein Land eher als Arsenal für Waffenlieferungen zur Beendigung des Konfliktes betrachten, ungeachtet der Kosten; er würde aber auch vor dem Krieg nicht zurückschrecken.

Montag, 27. Januar Hopkins, der die meisten meiner Chesterfields geraucht hat, verabschiedete sich mit dem Professor, der ihm eine Mappe mit Statistiken über unsere Bestände und unseren Bedarf überlassen hat. Der Premierminister arbeitete noch bis elf Uhr vormittags im Bett und fuhr dann nach London zurück, während ich mich in meinen Wagen setzte und nach Ardley fuhr. Es ist ein wirklich angenehmes Wochenende gewesen, interessant und nicht zu hektisch. Der Premierminister zeigte sich durchweg von seiner besten Seite. Gestern abend beim Dinner sagte er noch, er hasse niemanden und glaube nicht, daß er Feinde habe, mit Ausnahme der Hunnen – aber das sei aus beruflichen Gründen! Wenige Menschen sind so gutmütig wie er. Es wirft ein bezeichnendes Licht auf die Stimmung im letzten Winter in Downing Street, daß er mit solcher Antipathie und solchem Mißtrauen beäugt worden ist.

Donnerstag, 30. Januar Der Premierminister entwarf ein Telegramm an den türkischen Präsidenten, in dem er anfragte, ob man uns erlauben würde, im Hinblick auf den erwarteten deutschen Einmarsch in Bulgarien, eine Anzahl Geschwader der Luftwaffe in der Türkei zu stationieren. Die Nachrichten aus allen Quellen besagen, daß die deutschen Angriffsabsichten auf dem Balkan ernst sind. Und aus welchem Blickwinkel heraus die Stabschefs die Situation auch beleuchten, es liegt auf der Hand, daß die Türkei die Schlüsselfunktion hat. Deshalb das Telegramm des Premierministers.

Ich fuhr zu David Margesson ins Kriegsministerium, um mit ihm über die Besoldung der Armee-Krankenschwestern zu reden. Königin Mary hatte gebeten, daß ich mich darum kümmere. David erwies sich als sehr freundlich und sehr hilfsbereit, obwohl er zunächst – typisch David Margesson – vorschlug, die Krankenschwestern sollten ihre Bezüge doch dadurch verbessern, daß sie sich besonders freundlich gegenüber den Soldaten verhielten!

Freitag, 31. Januar Gestern und heute sind zum erstenmal seit einigen Wochen wieder zahlreiche Tagesangriffe erfolgt und Bomben gefallen. Die vergangene ruhige Periode war vermutlich den Wetterbedingungen zuzuschreiben, sicherlich aber auch der Tatsache, daß die Deutschen umfangreiche Angriffsvorbereitungen treffen. Es kann kein Zweifel mehr daran bestehen, daß sie etwas in Bulgarien vorhaben, das sich endgültig dem deutschen Einfluß unterworfen hat und wo starke Kräftekonzentrationen vorgenommen werden. Die Frage ist nur, inwieweit die Türkei Widerstand leisten wird und ob sie sich mit Jugoslawien verbündet.

Inzwischen ist auch Derna gefallen. Der Generalstab ist nur darüber enttäuscht, daß Wavell entgegen den Erwartungen erklärt, er könne Bengasi nicht vor Ende Februar einnehmen. Der Premierminister hat entschieden, daß unsere Anstrengungen sich nun hauptsächlich auf den Balkan konzentrieren müssen, wo wir es mit den Deutschen und nicht mit den Italienern zu tun haben werden.

Die Nachrichten werden besser

Februar bis März 1941

Sonntag, 2. Februar Die Rumänen begehen im Zusammenhang mit einem gescheiterten Umsturzversuch bisher unübertroffene schreckliche Greueltaten. So haben sie zum Beispiel Hunderte von Juden in die Schlachthäuser getrieben und sie wie Vieh geschächtet. Der Premierminister schrieb in einer Notiz an den Außenminister: »Sollte man General Antonescu nicht zu verstehen geben, daß wir ihn und seine Gefolgsleute mit Leib und Leben für eine so abscheuliche Tat zur Verantwortung ziehen werden? Vielleicht können Sie das noch etwas diplomatischer formulieren.«

Montag, 3. Februar Überall sind die Aussichten ziemlich düster, nur in Italienisch-Ostafrika wird es von Tag zu Tag heller am Horizont. Der Premierminister ist mit der Berufung neuer Staatssekretäre und Hoher Kommissare beschäftigt. Er möchte gern Malcolm MacDonald loswerden, indem er ihn als Hohen Kommissar nach Kanada schickt. Winterton soll in gleicher Funktion nach Südafrika gehen.

Clifford Norton, ehemals Privatsekretär bei Vansittart, erzählte mir beim Lunch, daß Van schon seit 1932 unablässig vor den Deutschen gewarnt habe. Eden sei mit ihm einer Meinung gewesen, habe es aber dann nicht mehr ertragen können, praktisch nur als die Stimme Vansittarts im Kabinett angesehen zu werden.

Dienstag, 4. Februar Ich vertrat den Premierminister beim Gedenkgottesdienst für General Metaxas[81] in der griechisch-orthodoxen Kirche an der Moscow Road. Vor mir in der Bankreihe, in der ich neben dem Luftfahrt-, dem Kriegs- und dem Außenminister Platz genommen hatte, saßen der Herzog und die Herzogin von Kent. Lady Oxford schlüpfte in eine seitliche Bankreihe und brachte es fertig, sich anschließend im Blitzlichtgewitter der Fotografen unter die bekannten Persönlichkeiten zu mischen. Ich stimme mit Winston darin überein, daß die Herzogin von Kent eine der schönsten Frauen der Gegenwart ist.

Der Gottesdienst war ziemlich kurz. Zu Beginn tauchten einige orthodoxe Priester hinter einem bemalten Vorhang auf, begleitet von einem Mann mit einem eindrucksvollen Knebelbart und einer tiefen Baßstimme, und sangen, den meisten unverständlich, etwa eine halbe

Stunde lang vor dem geschmückten Katafalk, auf dem Kerzen brannten und ein Weihrauchkessel stand. Es war sehr viel weniger eindrucksvoll als auf dem Berg Athos, aber die anwesenden Griechen vermittelten den gleichen Eindruck von gelangweilter Uninteressiertheit, gemischt mit ergebener Aufmerksamkeit. Scheich Hafiz Wahba, der jordanische Gesandte, und General de Gaulle gaben dem Ganzen einen unpassenden Akzent.

Ich unterhielt mich heute mit Malcolm MacDonald, der es ablehnt, nach Kanada zu gehen. Der Premierminister hat zugegeben, daß er sich nicht schlecht im Gesundheitsministerium geschlagen hat, hält aber offenbar trotzdem nicht viel von ihm. Also versucht er das gleiche wie bei Halifax und redet MacDonald ein, daß er in Kanada bessere Chancen habe.

Zwischen Deutschland und Frankreich finden zähe Verhandlungen statt. Pétain scheint sich entschieden zu weigern, Laval wieder ins Amt zu berufen und die Waffenstillstandsbedingungen ändern zu lassen. Sein Trumpf bei diesen Verhandlungen wird die Drohung sein, mit der Flotte und den Kolonien den Kampf wiederaufzunehmen. Die Deutschen sind offensichtlich wütend auf Vichy. Selbst Darlan scheint ihren Zorn geweckt zu haben.

Die neue Messe im Central War Room, mit einem gemeinsamen Dinner eröffnet, könnte ein Erfolg werden. Mit dem Koch scheint man eine gute Wahl getroffen zu haben. Wir führten eine lange Diskussion über die Reform der staatlichen Bürokratie, ausgehend von meiner Bitte an Brendan, daß er den Premierminister dazu bewegen möge, das Pensionsalter schon bei fünfundvierzig Jahren beginnen zu lassen. Andere vertraten die Ansicht, daß jeder neue Bewerber für den Staatsdienst zunächst ein Probejahr absolvieren und mit dreißig erneut eine Akademie besuchen sollte, ehe er weiter befördert wird.

Mittwoch, 5. Februar Keynes hat eine heftige Entgegnung auf Hitlers »Neue Ordnung« verfaßt. Sie stellt unsere Kriegsziele auf wirtschaftlichem Gebiet heraus – und die Hohlheit derjenigen unserer Feinde –, verspricht drastische Maßnahmen gegen die Arbeitslosigkeit und verkündet für die Zukunft Wechselkurse, die auf dem Austausch von Waren basieren. Das Schatzamt hat die Denkschrift völlig neu entworfen, aber ich bevorzuge das Original, das auch für Laien verständlich ist.

Der Bericht der Zensurbehörde über die Ansichten und Meinungen der Briefschreiber in unserem Land, den ich für den Premierminister immer zusammenfasse, läßt die allgemeine Erwartung klar erkennen, daß der Krieg ein Ende mit den Klassenunterschieden und der ungerechten Verteilung des Reichtums machen müsse. Es gibt jedoch keinerlei antidemokratische Regungen. Die Tatsache, daß Rationierungen und Verknappungen die Reichen kaum treffen, da sie in der Lage sind, höhere Preise zu zahlen und in gutversorgten Restaurants zu essen, ruft – berechtigterweise – einige Bitterkeit hervor. Die Forderung, unsere Kriegsziele klar zu definieren, kommt offensichtlich nur von seiten der Intellektuellen. Vorherrschend scheinen Haßgefühle auf die Deutschen und der Wunsch, daß man sie ausrotten werde – letzteres speziell eine Hoffnung der Arbeiterklasse. Arbeitnehmer und Arbeitgeber behaupten wechselseitig, die andere Seite profitiere vom Krieg.

Donnerstag, 6. Februar Der Premierminister hielt im Parlament eine Gedenkrede auf Lord Lloyd, der am Sonntag gestorben ist. Er sprach einfach und gut und sagte, daß Lloyd, obwohl ein Imperialist und in mancher Beziehung auch sehr autoritär, doch unter den ersten war, die die Gefahr des Nazismus erkannten. Mit seinen Freunden von der Labour Partei habe er in vollkommener Übereinstimmung gehandelt. Spezielle Kenntnisse habe er über die Moslems besessen, und da der König über mehr Moslems herrsche als jeder andere Fürst, wiege der Tod Lloyds besonders schwer.

Am Abend berief der Premierminister eine Reihe neuer Minister und Staatssekretäre. Lord Moyne ist Nachfolger von Lloyd, Ernest Brown löst MacDonald als Gesundheitsminister ab, und Tom Johnston wird Minister für Schottland. Der Premierminister verriet mir, daß er mit dem »Layout« seiner Regierung sehr zufrieden sei, da sie das gesamte politische Spektrum umfasse.

Freitag, 7. Februar Der Premierminister ist auf Besichtigungsreise in Colchester. Gegen 10 Uhr 30 konnte ich ihm telefonisch die gute Nachricht durchgeben, daß Bengasi sich ergeben hat. Wavell hatte nicht vor Ende des Monats damit gerechnet.

Sonnabend, 8. Februar Machte in Madeley mit Mutter und Philip einen langen Morgenspaziergang durch den Park und das Dorf. Die Umgebung ist hügelig und sehr hübsch. Der Anblick einzelner Zechen und die Nähe der fünf Städte stört kaum. Das Haus ist außen allerdings sehr viel weniger attraktiv als innen. Dies muß verwundern, wenn man überlegt, daß es in der wohlhabenden Zeit um 1800 erbaut worden ist.

Mittags traf Peggy ein und wollte alles über die mißlungene Verhaftung Museliers hören, über die bereits gesprochen wird. Geheimnisse scheinen nie lange Geheimnisse zu bleiben.

Nach dem Tee besuchte ich Großvater in seinem Zimmer im Obergeschoß. Er hat eine leichte Rippenfellentzündung gehabt, was man mit dreiundachtzig nicht leichtnehmen darf. Wir unterhielten uns über Politik. Großvater meint, der Premierminister sei in den letzten Jahren sanftmütiger geworden und nicht mehr so aufbrausend wie früher. Er stimmte der Meinung zu, daß Baldwin von der Nachwelt sehr schlecht beurteilt werden wird, schlechter noch als Chamberlain. Er glaubt aber nicht, daß dies wirklich gerechtfertigt sei, obwohl Baldwin wenig Verständnis für auswärtige Angelegenheiten gehabt habe. Unter anderen Umständen hätte er sehr wohl ein großer Premierminister sein können.

Bei diesem Aufenthalt in Madeley entschloß ich mich, die drei voluminösen Bände meiner bis dahin geführten Tagebücher wohlverschlossen dort zu lassen, denn sie enthielten eine Menge Indiskretionen. Außerdem befürchtete ich, daß sie in London bei einem Luftangriff verbrennen könnten. Bei der Abreise von Madeley am 10. Februar notierte ich: »Ich bin sicher, daß wir den Kriegs bereits gewonnen haben. Zwar werden wir noch manchen Prüfungen und Gefahren ins Auge sehen müssen und viel großen Schaden erleiden; aber mit der Gewißheit, daß Amerika uns beistehen wird, und den entschlossenen Mut unseres Volkes vor Augen kann über den Ausgang des Krieges kein Zweifel bestehen. Was danach kommt, kann man noch nicht voraussehen, aber es besteht Grund zu der Hoffnung, daß wir aus der Vergangenheit so viel gelernt haben, daß wir in Zukunft nie mehr die Dummheit begehen werden, den Idealen zu erlauben, sich von der Wirklichkeit zu entfernen.« Nach London zurückgekehrt, konnte ich aber doch der Versuchung nicht widerstehen, in einem kleinen Notizbuch weiter Tagebuch zu führen. Die Eintragungen wurden mit der Zeit wieder ausführlicher. Bald fügte ich auch längere Notizen über Ereignisse ein, die mir besonders aufschreibenswert erschienen, besonders über Reisen mit dem Premierminister und über die Wochenenden in Chequers. Auf den nachfolgenden Seiten habe ich solche Passagen unter dem entsprechenden Datum eingefügt.

Mittwoch, 12. Februar Beaverbrook erklärte dem Premierminister am Telefon, daß er in drei Dingen große Einfühlsamkeit bewiesen habe: in der Behandlung von Hopkins und Wendell Willkie[82] und in der Terminierung seiner letzten Rundfunkrede, die die amerikanische Bevölkerung genau zum richtigen Zeitpunkt erreicht habe.

Desmond Morton erzählte mir, daß die Entscheidung des Premierministers, nicht weiter in Richtung auf Tripoli vorzudringen, sondern uns mehr um Griechenland und die Türkei zu kümmern, auf heftige

Opposition gestoßen ist: In Fortsetzung unseres afrikanischen Feldzuges könnten wir dort mit ziemlicher Sicherheit eine unangreifbare Position erringen. Würden wir dagegen einen Brückenkopf in Griechenland errichten, bestünde die Gefahr eines zweiten Dünkirchens. Der Chef des Generalstabs denke sogar daran, wegen dieser Frage zurückzutreten, und andere Militärs versuchten, auf Wavell einzuwirken, daß er interveniert. Es gebe keine legitimen Mittel, mit denen man Wavell zwingen könne, zu gehorchen, wie die seinerzeitige Kontroverse zwischen Haig und Lloyd George gezeigt habe.

Mittwoch, 26. Februar In den frühen Morgenstunden kam aus der Admiralität die Nachricht über eine weitere große Geleitzug-Katastrophe. Brendan und ich stimmten darin überein, daß unsere lebenswichtigen Verbindungslinien allmählich wirklich unheilvoll bedroht werden. Brendan schlug vor, daß ich dem Premierminister diese Nachricht erst morgen früh beibringen sollte, weil sie ihm den Schlaf rauben würde. Aber um drei Uhr fragte er mich unverblümt, ob es neue Nachrichten aus der Admiralität gebe, und ich mußte ihm reinen Wein einschenken. Er reagierte äußerst betroffen. »Es ist sehr betrüblich«, meinte ich lahm. »Betrüblich?« wiederholte er. »Es ist schrecklich! Wenn das so weitergeht, bedeutet es unser Ende!«

Freitag, 28. Februar Der Premierminister leitete am Vormittag eine Sitzung des neuen Komitees für Import-Angelegenheiten, die sich damit befaßte, wie wir unsere Schiffahrtsprobleme lösen können. Ich mußte ihm assistieren, weshalb es mir sehr recht war, daß die Sitzung in der freundlichen Atmosphäre von Downing Street Nr. 10 und nicht in der trostlosen Filiale stattfand.

Montag, 3. März Fuhr nach einem Morgenritt in Richmond mit Louis Greig nach London zurück und sagte aus einem plötzlichen Impuls heraus, daß ich gern einer Bomberbesatzung angehören würde. Louis versprach mir, eine ärztliche Untersuchung zu veranlassen. Vielleicht ist Winston zu überreden, mich für die RAF freizugeben.

Dienstag, 4. März Der Premierminister kam erst heute von Chequers zurück und empfing Colonel Donovan[83], der gerade vom Balkan zurückgekehrt ist. Die Bühne dort ist vorbereitet, und der Vorhang kann sich jederzeit heben.

Mittwoch, 5. März Ein arbeitsreicher und interessanter Tag, an dem einige weitreichende Entscheidungen zur Diskussion standen.

Gegen Mittag empfing der Premierminister Lord Moyne, Cranborne, Herschel Johnson und Winant, den neuen amerikanischen Botschafter, um über das verzwickte Problem der amerikanischen Stützpunkte auf den Westindischen Inseln zu diskutieren, die wir den Amerikanern als Gegenleistung für die Lieferung von fünfzig veralteten Zerstörern für neunundneunzig Jahre überlassen sollen. Die Bewohner unserer ältesten Kronkolonie sind darüber sehr aufgebracht. Ihre Gefühle werden in Anbetracht der Bedingungen, die die Amerikaner stellen und die fast einer Kapitulation gleichkommen, von vielen Leuten hier geteilt. Von beiden Seiten wird hart gefeilscht, was bereits zu Mißstimmungen geführt hat. Bridges glaubt, daß, wenn die Regierung alle amerikanischen Forderungen erfüllt, es große Schwierigkeiten im Unterhaus geben wird. Im Kolonialministerium befürchtet man, daß wir in der Hitze des Gefechtes Zugeständnisse machen könnten, die wir später bereuen. Für den Premierminister hingegen ist ausschlaggebend, daß die Sicherheit unseres Landes auf dem Spiel steht. Amerika versorge uns mit Krediten, die wir anderswo nicht bekommen können und die uns helfen, diese Sicherheit zu verteidigen. Seiner Meinung nach dürfen wir dies nicht aus den Augen verlieren, nur weil wir unseren Stolz bewahren und auf die Gefühle der Einwohner einiger unbedeutender Inseln Rücksicht nehmen wollen.

Ich bin der Meinung, daß diese Haltung zwar staatsmännisch ist, daß aber die Amerikaner, falls sie nicht nachgeben, eine Menge Bitterkeit in unserem Land erzeugen, die der Idee der angloamerikanischen Einheit abträglich ist.

Während der Premierminister sich noch bemühte, zu einem erträglichen *modus vivendi* zu kommen, traf eine alarmierende Depesche von Eden ein. Die Situation in Griechenland hat sich verschlechtert. General Papagos ist wegen des Verlustes von Metaxas offensichtlich entmutigt. Eden, Dill und Wavell mußten einer strategischen Position zustimmen, die unsere Truppen in eine gefährliche Lage bringt. Auch Jugoslawien ist schwach und wankelmütig geworden, und die Türkei sieht sich in einer Situation, die nichts anderes als die Defensive gestattet. Eden: »Dies ist die schlechteste Ausgangslage, die ich je erlebt habe.«

Was mir David Margesson gestern abend anvertraute, denken zur Zeit viele. Demnach sind wir vor allem deshalb in diese Situation hineingeschlittert, weil der Premierminister der Meinung war, wir könnten unser Prestige in Frankreich, Spanien und in den Vereinigten Staaten nicht dadurch aufs Spiel setzen, daß wir Griechenland im Stich lassen.

Eden, Dill, Wavell und Cunningham – der gestern in einem Telegramm seine schlechte Nachschublage erwähnte – hätten den Premierminister in seiner Ansicht bestärkt. Nun bestehe die Gefahr, daß wir mit den Situationen von Norwegen, Dünkirchen und Dakar gleichzeitig fertigwerden müßten.

Die Telegramme überschlugen sich förmlich, so daß mir kaum Zeit blieb, hastig ein paar Bissen zum Mittagessen hinunterzuschlingen. Nach seinem Mittagsschlaf meinte der Premierminister, unter seinen Decken auftauchend und kräftig gähnend: »Den armen Stabschefs wird bei ihrem Bemühen, davonrennen zu wollen, bald die Puste ausgehen.« Ich zeigte ihm ein Telegramm von Eden, in dem dieser andeutete, daß eine hohe Auszeichnung für General Papagos hilfreich sein könnte. »Zu billig«, kommentierte Winston mit einer verächtlichen Geste.

Nach der Kabinettssitzung am Nachmittag entwarf der Premierminister eine Depesche an Eden, daß wir uns nicht einmischen sollten, falls die Griechen sich nicht mehr in der Lage fühlen, weiteren Widerstand zu leisten, und vor den Deutschen kapitulieren wollen. Wollten sie hingegen weiterkämpfen, dann müßten wir eben unser möglichstes tun, ihnen beizustehen. Über diesen Entwurf wurde in einer nächtlichen Sitzung des Verteidigungsrates diskutiert.

Freitag, 7. März Sehr wichtige Entscheidungen liegen in der Luft. Sie machen den Premierminister ungeduldig, laden die ganze Atmosphäre auf, und das Arbeitstempo wird nahezu unerträglich.

Am Vormittag ging ich hinüber ins Außenministerium, um Vansittart darüber zu informieren, was der Premierminister in der Frage der amerikanischen Stützpunkte denkt. Van meint, es sei sehr wichtig, zu einem Übereinkommen zu gelangen, ehe die Amerikaner nervös werden.

Gegen Abend fuhr ich nach Chequers, blieb aber auch dort nicht von einer Menge wichtiger Telegramme verschont. Die Stimmung des Premierministers hatte sich gebessert. Er fühlt sich erleichtert, nachdem eine bedeutsame Entscheidung unwiderruflich getroffen wurde.

Sonnabend, 8. März Sir Arthur Salter und Sir William Beveridge kamen zum Lunch. Der Premierminister nahm sie stark auf die Schippe und zwinkerte mir und Tommy Thompson unaufhörlich zu. Er behauptete, Sozialismus sei der reinste Wahnsinn, Profitstreben sei unerläßlich für die Leistungsfähigkeit der Volkswirtschaft und lauter solche Dinge, die Salter sehr schockiert haben müssen.

Gegen Abend trafen Mr. Menzies, der Premierminister von Australien, General de Gaulle, General Spears und das Ehepaar Sandys ein. Es folgte ein interessanter Abend, nur gestört von eintreffenden Gerüchten über eine bevorstehende Seeschlacht und der Nachricht von einem Luftangriff auf London, dem ersten seit Wochen. Das Café de Paris wurde getroffen, und hundert Menschen sind unter seinen Trümmern verschüttet. Mr. Hopkins rief mich um drei Uhr morgens aus New York an, um mitzuteilen, daß das Pacht- und Leihgesetz gebilligt worden ist.

Bei Tisch unterhielten wir uns über Deutschland und die Deutschen. De Gaulle meinte, das Wichtigste für die Menschen, die in einem besetzten Land leben müßten, sei, daß sie sich nicht mit den Besatzungsmächten einließen und den Kopf oben behielten. Die Deutschen wüßten, daß sie mittelmäßig sind, und in diesem Punkt seien sie empfindlich. Deshalb müsse man auch mit Nachdruck betonen, daß dieser Krieg ein Weltkrieg sei. Im Augenblick könnten sich die Deutschen zwar als die Herren Europas fühlen, dies ließe sie aber auch unvorsichtig werden. Über Hitler meinte er: »Sie werden ihn zum Schluß nicht gefangennehmen können, und diesmal wird es auch kein Doorn geben.«

Duncan Sandys gab sich blutrünstig. Er möchte, daß die deutschen Städte und Fabriken bis auf die Grundmauern niedergebrannt werden und man die Landwirtschaft verwüstet, so daß die Deutschen Jahrzehnte mit dem Wiederaufbau beschäftigt sind. Auch ihre Bücher und Bibliotheken müsse man zerstören, damit dort eine Generation von Analphabeten aufwachse. Der Premierminister entgegnete, von diesen Ausführungen sei er überhaupt nicht angetan. Er halte nichts davon, Deutschland als Parianation zu behandeln, sondern man müsse es als Teil der europäischen Völkerfamilie akzeptieren; es gebe keine Alternative. Im Falle einer deutschen Invasion bei uns würde er sich noch nicht einmal damit einverstanden erklären, daß die Zivilbevölkerung ihre Eroberer meuchlings ermordet. Noch viel weniger würde er im umgekehrten Fall Grausamkeiten von uns gegen die deutsche Zivilbevölkerung dulden. Er erwähnte einen Fall aus der Antike, bei dem die Athener eine Stadt verschonten, deren Bevölkerung einige der Ihren massakriert hatte, nicht weil es sich bei den Einwohnern um Menschen handelte, sondern »wegen der Natur der Menschen«. Menzies war von diesen Ausführungen sehr beeindruckt. So wandte sich das Gespräch Rom und Karthago zu. Der Premierminister zog einen Vergleich zwischen unserem Land und Karthago und wies darauf hin, daß Karthago am Ende unterworfen worden sei, weil es die Herrschaft über die Meere verloren habe.

Sonntag, 9. März Gegen Abend traf Sir Alan Brooke ein, der Oberkommandierende der in England stehenden Truppen. Zum Dinner kamen der Professor und Alastair Forbes hinzu. Die Konversation war diesmal nicht sehr tiefschürfend. Hinterher spielte das Grammophon Märsche und altmodische martialische Lieder, die der Premierminister so liebt. Dazu exerzierte er mit seiner Großwildbüchse. Zu Bett gingen wir diesmal schon eine halbe Stunde vor Mitternacht, außergewöhnlich früh.

Montag, 10. März Der Premierminister leidet unter einer Bronchitis und fuhr deshalb nicht nach London zurück. Seine Arbeitskraft und sein Temperament waren allerdings vollkommen ungebrochen. Beim Lunch mit Mary, Tommy und mir erzählte er von dem Buch über den amerikanischen Unabhängigkeitskrieg – *Sergeant Lamb* von Graves –, das er mit einem gewissen Vergnügen gerade liest, und beklagte sich über die Schwierigkeiten, die das Stützpunkt-Abkommen mit den USA ihm bereitet.

Lord Moyne und Sir Richard Peirse kamen am Abend. Das Gespräch nach dem Essen berührte abwechselnd die neuentwickelten Zwanzig-Zentner-Bomben und die amerikanischen Stützpunkte auf den Westindischen Inseln.

Dienstag, 11. März Am Morgen führte der Premierminister, noch im Bett liegend, eine Unterredung mit Lord Moyne. Er beschloß, das Problem der Stützpunkte heute nachmittag noch einmal mit dem amerikanischen Botschafter zu diskutieren. Seine Bronchitis ist noch immer sehr schlimm, aber trotz aller Ratschläge entschloß er sich, zu seinem üblichen Dienstags-Lunch mit dem König nach London zu fahren.

Mittwoch, 12. März Fuhr mit dem Premierminister ins Unterhaus, wo er ein Loblied auf die Vereinigten Staaten wegen ihres Pacht- und Leihgesetzes sang. Er verglich es mit einer zweiten Magna Charta.

Später empfing der Premierminister eine Delegation von den Bermudas und sprach mit ihnen so freundlich über den Zwang, der ihnen mit den amerikanischen Stützpunkten zugefügt wird, daß sie mir hinterher erklärten, er leide wohl genauso wie sie.

Mittwoch, 19. März Fuchsjagd in Hertfordshire. Der anfängliche Nebel wich später einem herrlichen Sonnenschein. Es hätte kein schöneres Wetter sein können, um in dieser zauberhaften Landschaft zu reiten. Nach dem Tee fuhr ich wieder zurück nach London. Der Premierminister hatte am Abend die Amerikaner Biddle, Gesandter bei den in London ansässigen Exilregierungen, und Harriman, den persönlichen Abgesandten des Präsidenten, zu Gast. Als es zu einem schweren Luftangriff kam, stieg er mit seinen Gästen und Mitarbeitern auf das Dach des Luftfahrtministeriums, um den »Spaß« von dort aus zu beobachten. Er zitierte Tennysons vorausschauende Zeilen über Kriegführung aus der Luft.

Donnerstag, 20. März Helle Freude über die Nachricht, daß man die *Scharnhorst* und die *Gneisenau* im Atlantik gesichtet hat und die Möglichkeit besteht, ihnen den Rückzug abzuschneiden.

Dienstag, 25. März Am Abend veröffentlichten die Zeitungen die Botschaft zum griechischen Unabhängigkeitstag, die ich für den Premierminister aufgesetzt hatte: »Mr. Churchill, der Premierminister, hat dem griechischen Volk folgende Botschaft anläßlich seines gestrigen Unabhängigkeitstages übermittelt: ›An diesem Tag stolzer Erinnerungen möchte ich einen kurzen Beitrag dazu leisten, was die gesamte zivilisierte Welt dem Heldenmut der griechischen Nation verdankt. Vor einhundertzwanzig Jahren haben die nobelsten Geister Englands für die griechische Unabhängigkeit gekämpft und frohlockt, als dies erreicht war. Heute wiederholt sich dieser heldenhafte Kampf gegen noch größere Widerstände, aber mit dem gleichen Mut und nicht geringerer Siegeszuversicht. Wir in England wissen, daß die Sache, für die Byron starb, eine heilige Sache ist. Wir sind entschlossen, sie mit aller Kraft zu unterstützen.‹«

Während der Premierminister seine Reden immer selbst aufsetzte, entwarf ich in jenen Tagen und später, als ich wieder nach Downing Street zurückgekehrt war, fast alle seine Botschaften, Vorworte und ähnliches. Obwohl Churchill nicht leicht zu plagiieren war, gelang es mir, mich seinem Stil so anzupassen, daß er meine Entwürfe, die weniger wichtige Angelegenheiten betrafen, kaum abändern mußte. Dies befähigte mich nach dem Krieg sogar dazu, auch viele seiner Reden zu schreiben – mit Ausnahme der Reden, die er zu wichtigen Anlässen im Parlament hielt.

Donnerstag, 27. März Machte mit Rab Butler einen Spaziergang rund um den Teich im St. James Park, wobei er mir gestand, daß er sich allmählich auch dazu durchgerungen habe, den Premierminister zu bewundern. Allerdings hält er noch immer nicht sehr viel von seinem eigenen Minister, Anthony Eden.

Ein großer Tag. Revolution in Belgrad. Das kann die gesamten Geschehnisse auf dem Balkan nachhaltig ändern. Der Premierminister ist hocherfreut, und ich wäre es auch, hätte ich nicht Leberbeschwerden. Churchill ging in zwei Reden auf das grandiose Ereignis ein, vor der

Konservativen Vereinigung und vor dem Gewerkschaftskongreß. Das ganze Land jubelt[84]. Der Premierminister schwimmt auf einer Woge der Freude, meint aber, daß wir nun bestimmt auch wieder mit schlechten Nachrichten rechnen müßten.

Freitag, 28. März Kam gerade noch rechtzeitig zum Dinner in Chequers an. Im Mittelpunkt der Unterhaltung stand die Meldung über ein Seegefecht mit den Italienern vor Kreta – diesmal eine wahre Nachricht. Weiter sprach man über die Außenpolitik und die Stimmung in der Heimat. Der Premierminister meinte, daß die Bevölkerung sich weit besser mit dem Krieg abgefunden habe, als zu erwarten gewesen war. Anderson behauptete sogar, dieser Krieg habe sich als ein wahrer Segen für unser Land erwiesen. Er ist ein bombastischer Klugschwätzer, aber sehr gerissen.

Der Premierminister lobte Chamberlains Tapferkeit während seiner Krankheit, meinte allerdings, er habe vom Krieg, von Europa oder von Außenpolitik überhaupt nichts verstanden. Auch die Admiralität wurde aufs Korn genommen. Der beste Mann in der Marine sei Pound, wenn auch der vorsichtigste. Alexander blieb von gehässiger Kritik wohl nur verschont, weil er Labourmitglied ist.

Sonntag, 30. März Zum Lunch kamen noch der Herzog und die Herzogin von Kent. Ich saß zwischen Lord Cranborne, der außerordentlich freundlich ist, und Averell Harriman. Anschließend inspizierte der Herzog die Wache, während ich mich mit seinem chauffeurlosen Auto und seiner Frau abmühen mußte. Mr. Menzies fotografierte eifrig.

Die Nachricht über unseren großen Seesieg vor Kap Matapan traf ein, kurz nachdem die Kents uns verlassen hatten. Sie wurde mit großem Jubel begrüßt. Der Premierminister kommentierte: »Das war die Vernichtung der italienischen Papierflotte.«

Montag, 31. März Das war der wundervolle Abschluß einer Woche voller Siegesmeldungen. Der Premierminister befindet sich in Hochstimmung. Er ist überzeugt, daß die neuesten Nachrichten Japan nachdenklich stimmen werden. Deshalb hat er Matsuoka[85], der sich auf dem Weg nach Vichy befindet, einen Brief geschrieben, ähnlich dem, den er im letzten Juni an Mussolini geschickt hat, nur noch etwas drohender im Ton. Der Brief beginnt mit der Frage: »Wird Deutschland, ohne daß es die Meere beherrscht und ohne daß es Großbritannien bei Tageslicht bedrohen kann, im Verlauf dieses Jahres tatsächlich in der Lage sein, die britischen Inseln anzugreifen und sie zu erobern? Wird es dies überhaupt wagen? Wäre es nicht klug von Japan, erst einmal abzuwarten, bis diese Fragen sich von selbst beantwortet haben?« Er stellt noch weitere sieben bohrende Fragen und schließt: »Von der Antwort auf alle diese Fragen kann es abhängen, ob Japan eine ernste Katastrophe vermeidet und statt dessen seine Beziehungen zu den zwei großen westlichen Seemächten verbessert.«

Der Premierminister ist jetzt sicher, daß Deutschland erst Jugoslawien, danach dann Griechenland oder die Türkei angreifen wird, und ist sehr zuversichtlich, was diese Front betrifft.

Die Nachricht über unseren Seesieg regte ihn dazu an, einige brillante Depeschen an Roosevelt und andere zu senden. Deshalb hatte er auch den größeren Teil des Wochenendes damit verbracht, in der Halle von Chequers auf und ab zu laufen – besser zu trippeln – und zum Klang des Grammophons, das Marschlieder, Walzer und jede Art trivialer Militärmusik spielte, über die Formulierungen nachzudenken.

Schlappe in Afrika – Fiasko in Griechenland

April 1941

Mittwoch, 2. April Heute abend gab es ein glänzendes Wohltätigkeitsfest im *Claridges*. Die ganze Londoner Gesellschaft war versammelt und vergnügte sich vorzüglich. Der Krieg scheint ein gutes Heilmittel gegen Blasiertheit zu sein. Vor zwei Jahren wäre einem das Ganze noch äußerst langweilig erschienen.

Donnerstag, 3. April Wegen des deutschen Vormarsches von Tripolis aus sind wir gezwungen, Bengasi wieder aufzugeben. Der Premierminister ist höchst beunruhigt, aber Pug weigert sich, die Sache zu tragisch zu nehmen.

Sonntag, 6. April Wir hörten im Rundfunk, daß die Deutschen in Griechenland und Jugoslawien einmarschiert sind.

Montag, 7. April Vom Balkan gibt es nichts Neues, aber die Nachrichten aus Libyen sind schlecht. Der deutsche Angriff hat uns vollkommen überrascht. Eine Panzerbrigade ist vernichtet.

Budget: Die Einkommensteuer soll künftig zehn Schilling pro Pfund betragen. Niemand scheint sich darüber aufzuregen. Brendan meint, daß Parlament und Bevölkerung sich wie Flagellanten geradezu masochistisch daran ergötzen.

Nach dem Dinner traten die Stabschefs zu einer kurzen Sitzung zusammen. Der Premier vertraute mir an, daß Wavell und die anderen sich in Nordafrika seiner Meinung nach sehr leichtsinnig verhalten hätten. Sie hätten mit einem Angriff rechnen müssen.

Dienstag, 8. April Der Premierminister verbrachte den ganzen Nachmittag damit, seine morgige Rede vorzubereiten. Nach dem Abendessen brachte ich einen Teil davon in die amerikanische Botschaft zu Winant. Er machte einige beachtenswerte Anmerkungen in bezug auf die amerikanische öffentliche Meinung. Ich war von seiner unaufdringlichen Klugheit sehr beeindruckt. Der Premierminister akzeptierte seine Vorschläge.

Während ich beim Botschafter saß, begann ein Luftangriff. Er hob nicht einmal den Kopf. Massawa ist in unsere Hände gefallen. Aber die

Nachrichten aus Jugoslawien sind sehr beunruhigend. In Griechenland haben die Deutschen bereits Saloniki eingenommen.

Mittwoch, 9. April Die Rede des Premierministers im Unterhaus wurde gut aufgenommen. Er malte ein düsteres und doch ermutigendes Bild der Kriegslage und stellte heraus, daß die Schlacht im Atlantik kriegsentscheidend sei. Die Gefahren, denen wir uns in Griechenland und Nordafrika gegenübersehen, wurden von ihm nicht bagatellisiert. Wenn Jugoslawien, Griechenland und die Türkei fest zusammengehalten hätten, wäre Deutschland auf eine starke Front gestoßen, verteidigt von siebzig Divisionen.

Freitag, 11. April Karfreitag. Wir trafen um acht Uhr morgens in Swansea ein und inspizierten in der völlig zerbombten Innenstadt Einrichtungen der Zivilverteidigung; kein Haus steht mehr. Ich war erstaunt vom Eifer und der Heiterkeit der Bevölkerung. Winston wurde begeistert empfangen.

Wir fuhren dann mit dem Zug weiter nach Cardigan und von dort aus per Auto nach Aberporth an der Cardigan Bay, wo wir eine geräuschvolle, aber interessante Vorführung von Raketen, Luftminen und anderem erlebten. Sie hätte bestimmt das Herz des Professors erfreut, den eine Erkältung in Marlow ans Bett fesselte. Der Abschuß der Raketen war allerdings nicht sehr erfolgreich. Beim erstenmal wurde ein kindisch einfaches Ziel wiederholt nicht getroffen. Aber alles andere machte einen vielversprechenden Eindruck.

Sonnabend, 12. April Am frühen Morgen trafen wir in Bristol ein. Der Bürgermeister zeigte uns Verwüstungen, wie ich sie nicht für möglich gehalten hätte. Swansea ist im Vergleich dazu gar nichts. In der Nacht hatte ein Luftangriff stattgefunden, und aus vielen Ruinen stieg noch Rauch auf. Die Leute, denen wir begegneten, sahen verstört aus. Aber wie in Swansea hielten sie sich tapfer und jubelten Winston zu, der im offenen Wagen fuhr und mit dem Hut winkte.

In der Universität verlieh Winston in seiner Eigenschaft als Kanzler akademische Ehrengrade an Winant und Menzies. Er hielt eine vorzügliche, improvisierte Rede, in der er die Standhaftigkeit der Bevölkerung von Bristol mit derjenigen der Menschen »im antiken Rom und im modernen Griechenland« verglich. Die Talare und Prachtentfaltung drinnen bildeten einen seltsamen Kontrast zu den rauchenden Ruinen draußen.

Zur Dinnerzeit trafen wir in Chequers ein. Winant erhielt dort ein

Telegramm Roosevelts an den Premierminister, in dem er ankündigt, Amerika plane seine Seepatrouillen weiter westlich bis zum 25. Längengrad auszudehnen.

Sonntag, 13. April Ostersonntag. Der Chef des Generalstabes nahm Mary und mich in seinem Wagen zum Frühgottesdienst mit. Die Stabschefs, Eden, Amery, Horace Seymour und Pug Ismay diskutierten den ganzen Vormittag über den Irak, wo ein für die Achsenmächte erfreulicher Staatsstreich unter Führung von Rashid Ali stattgefunden hat, und über Jugoslawien, wo der Widerstand gegen die Deutschen etwas entschlossener zu werden scheint. In Libyen haben die Deutschen, wie wir hörten, Bardia eingenommen und Tobruk angegriffen.

Ich fragte Harriman, ob die Nachricht von gestern abend nicht den Kriegseintritt der Vereinigten Staaten bedeute. »Genau das hoffe ich«, entgegnete er.

Mittwoch, 16. April Jugoslawien hat den organisierten Widerstand eingestellt. In Griechenland sind die Deutschen inzwischen bis Volos vorgedrungen, und es ist von einer Schlacht bei den Thermopylen die Rede. In Tobruk verteidigen wir uns tapfer.

Um Mitternacht begann der bisher schwerste Luftangriff, den London auszuhalten hatte. Mittendrin fuhr ich in einem gepanzerten Wagen zur amerikanischen Botschaft, um mit Winant über eine Depesche zu sprechen und seine Frau zu treffen. Als ich gegen 1 Uhr 45 zur Nr. 10 zurückkehrte, dröhnten mindestens 450 Maschinen über der Stadt, und die Bomben fielen wie Hagelkörner. Ein widerlicher Rückweg.

In jener Zeit des Krieges schliefen Jack Churchill und ich im oberen Stockwerk von Downing Street Nr. 10, in den ehemaligen, noch möblierten Schlafzimmern des Premierministers und seiner Gattin. Das war bequem, aber mit Lärm und Gefahren verbunden. Im Herbst 1944, als ich während des V-Waffen-Bombardements nach Downing Street zurückkehrte, schlief ich eine Zeitlang in dem unterirdischen Quartier unter dem Central War Room, wo sowohl die Stabschefs wie auch die Kabinettssekretäre und Ministerialbeamten schliefen. Dies war in jedem Fall sicherer, aber es sah dort aus und roch wie in einem Schlachtschiff, und am Morgen suchte man nach frischer Luft schnappend rasch zu entkommen.

Donnerstag, 17. April London ist triefäugig und verunstaltet erwacht. In der Admiralität klafft eine große Lücke. St. Peter am Eaton Square wurde gleichfalls getroffen. Dabei kam der außerordentlich beliebte

Vikar, Mr. Austin Thompson, ums Leben. Die Old Church in Chelsea ist zerstört, die Jermyn Street liegt in Ruinen. Auch Mayfair hat bitter gelitten.

Am Abend flogen unsere Bomber nach Berlin. Das zeigt, daß wir keineswegs vor Vergeltungsschlägen zurückschrecken.

Freitag, 18. April Esmé Glyn zeigte mir nach dem Lunch im Carlton Grill das Haus ihrer Mutter am St. James Place, das durch Feuer und eine Luftmine gestern morgen zerstört wurde. Nur die Außenmauern sind stehengeblieben. Innen brannte es noch immer. Der Butler war unerschüttert dabei, zu retten, was noch zu retten war. In der ganzen früher so reizvollen Straße blieb nur Nr. 23, Jimmy Rothschilds Haus, verschont. Der einsetzende Regen hat ein übriges getan.

Der Premierminister empfing die Chefredakteure der Presse, um sie auf das Schlimmste in Hinblick auf Griechenland vorzubereiten. Um 18 Uhr fuhr er nach Ditchley.

Wir veröffentlichten eine Erklärung, daß Rom bombardiert würde, falls feindliche Bomber Athen oder Kairo angreifen. Außerdem würden wir unsere Angriffe auf Berlin fortsetzen, nicht als Vergeltung, sondern aus politischen Gründen, wann immer es uns richtig erscheint.

Sonnabend, 19. April Nach dem Abendessen begann ein weiterer Luftangriff, dessen Heftigkeit sich schnell steigerte. Während ich dies schreibe, ist in der Nähe eine Bombe explodiert. Es scheinen eine Menge Flugzeuge in der Luft zu sein.

Tony meinte heute, London beginne allmählich so auszusehen, wie er glaubte, daß es 36 Stunden nach Kriegsausbruch aussehen werde. Wenn ich jetzt durch die Straßen gehe, betrachte ich die Sehenswürdigkeiten der Stadt intensiver als zuvor, im Gefühl, es könnte das letztemal sein, daß ich sie zu sehen bekomme.

Montag, 21. April Der Premierminister kehrte gegen Mittag aus Ditchley zurück und leitete sofort eine Sitzung des Verteidigungsrates. Heute ist ein kritischer Tag in der Geschichte dieses Krieges, soweit es Griechenland betrifft. Der endgültige Entschluß zum Rückzug unserer dort eingesetzten Truppen fiel. Darüber hinaus wurde über die Operation »Tiger«[86] entschieden.

Dienstag, 22. April Ging in das neue Unterhaus – das alte wurde zerstört – zur Beantwortung von Anfragen und um eine Erklärung abzugeben, warum keine Erklärung abgegeben wird! Tripolis wurde von unserer Flotte beschossen, es steht aber noch nicht fest, mit welchem Erfolg. Der Premier empfing Hore-Belisha zum Essen. »Rein zufällig« stand dabei zum erstenmal ein Pressefotograf vor der Filiale. Beim Lunch fragte ich David Margesson, ob Winston mit Belisha etwas vorhabe; er vermutet es. Er meinte, der Premierminister wittere eine beginnende Opposition aus dieser Ecke und sei geneigt, Opposition eher mit Wohlwollen als mit Besorgnis zu begegnen. David hat eine sehr geringe Meinung von Belisha, ebenso Duff Cooper, mit dem ich am Nachmittag gleichfalls über Belisha sprach.

Mittwoch, 23. April Die Kapitulation der griechischen Westarmeen wurde bekanntgegeben. Die Regierung ist ins Exil gegangen.

Der Bericht der Zensurbehörde über Briefe, die von hier ins Ausland geschickt werden, ist zum erstenmal etwas alarmierend. Die Briefe offenbaren eine gewisse Unzufriedenheit. Das Volk scheint der Meinung zu sein, daß die »herrschenden Klassen« vom Krieg profitieren, was mit Bestimmtheit nicht der Fall ist. Außerdem gibt es beträchtliche Kritik an der Regierung und eine Menge Kritik an der BBC. Die Leute scheinen besonders der aufmunternden Propaganda müde zu sein, die die Regierung über den Rundfunk betreibt. Brendan meinte, es sei klar, weshalb die Regierung jetzt kritisiert werden würde: Die Flitterwochen seien vorüber, und man müsse nun »den harten Realitäten der Ehe« ins Auge sehen.

Donnerstag, 24. April Als ich am Nachmittag mit dem Premierminister von der Admiralität zurück nach Downing Street lief, erzählte er mir, daß neuseeländische Truppen heute in einen Kampf auf den Thermopylen verwickelt seien – die Wiederholung einer historischen Begebenheit, mit der er gerechnet habe. Ich erinnerte mich daran, wie blutrot der Paß vor sieben Jahren aussah, als ich ihn auf dem Weg von Saloniki nach Athen bei Sonnenaufgang überquerte.

Am Abend begab sich der Premier auf eine Inspektionsreise nach Liverpool und Manchester.

Freitag, 25. April Eine ärztliche Untersuchung für die RAF bestand ich in allem bestens, mit Ausnahme des gerade noch genügenden Sehtests. Man erklärte mir, daß ich Pilot werden könnte, wenn ich Kontaktlinsen trüge. Falls ich mir diese selbst anschaffte, könnte man meine Bewerbung unverbindlich in Betracht ziehen. Die verschiedenen Tests dauerten länger als zwei Stunden und waren sehr gründlich.

Montag, 28. April In Downing Street herrscht eine gespannte Atmosphäre, da nun unser Rückzug aus Griechenland begonnen hat.

Die gestrige Rede des Premierministers ist gut aufgenommen worden, obwohl natürlich einige Ernüchterung nach den großartigen Erfolgen der letzten Zeit unvermeidlich war. Manche Leute meinen, daß die Beteiligung australischer und neuseeländischer Truppen allzu sehr betont worden ist. Nach den Zeitungen würde man kaum annehmen, daß auch britische Truppen in Griechenland und Afrika gekämpft haben; es war wie im letzten Krieg bei Gallipoli.

Einigen Trost vermittelten unsere anhaltenden Erfolge in Äthiopien und Ostafrika.

Dienstag, 29. April Ins Unterhaus wegen Anfragen. Dem Premierminister wurden drei recht nichtssagende Fragen gestellt, die er alle drei mit einem knappen »No, Sir« beantwortete.

Am Nachmittag gab es eifrige Diskussionen über unsere nächsten militärischen Operationen. Ägypten und Suez müssen unter allen Umständen gehalten werden. Der Rückzug aus Griechenland scheint ziemlich erfolgreich vonstatten zu gehen. Von 55.000 Mann haben wir bereits über 40.000 in Sicherheit gebracht. Die Deutschen triumphieren, sind aber wütend über Winstons gestrige Rede.

Mittwoch, 30. April Ins Unterhaus, wo der Premierminister eine kurze Erklärung über den Rückzug aus Griechenland abgab.

Speiste mit Mrs. Churchill zu Abend und fuhr dann mit ihr nach Stepney, wo Pfarrer Groser uns durch einige Luftschutzräume und Notstationen führte. Mrs. Churchill, die sehr gut aussah, wurde von einer Schar sie bewundernder Frauen verfolgt und hielt, im Bunker auf einem Stuhl stehend, eine ganz gute Rede. Der Arzt, der uns begleitete, erzählte uns, daß die Leute sich trotz all der Verwüstungen ringsum tapfer hielten. Verärgert seien sie jedoch über a) unsere ständigen Versicherungen, daß wir mit den nächtlichen Bombenangriffen schon fertigwerden würden, und b) die unaufrichtige Einstellung der Presse zu unseren Niederlagen in Afrika.

Heß, Kreta und die *Bismarck*

Mai 1941

Donnerstag, 1. Mai Der Tag verging atemlos mit Umbesetzungen im Kabinett. »Lord Spitfire«, das ist Beaverbrook, wurde Staatsminister; Moore-Brabazon übernahm das Ministerium für Flugzeugproduktion, Mr. Leathers das Verkehrsministerium.

Lunchte mit Mutter im spanischen Restaurant in der Swalow Street. Sie ist wirklich eine bemerkenswerte Frau, selbstlos, ohne eingebildet zu sein, gutherzig und nicht blasiert, intelligent, doch immer bescheiden und vor allem nie zu ängstlich, das zu tun und zu sagen, was sie denkt. Ich könnte mir keine bessere Mutter gewünscht haben, hätte man mir die Wahl gelassen.

Nach dem Dinner ging es mit dem Premierminister, Mrs. Churchill, dem Ersten Seelord, dessen Sekretär, Averell Harriman, Pug Ismay und Tommy auf eine Besichtigungsreise nach Plymouth. Die Stadt ist in den letzten zwei Wochen grausam verwüstet worden.

Auf dem Weg zum Bahnhof Paddington erzählte mir der Premierminister, daß Leathers seine ganz persönliche Wahl war. Er erhoffe sich von ihm auf Grund seiner Erfahrung und seiner unzweifelhaften Leistungen große Dinge.

Freitag, 2. Mai Wir erwachten im Zug, der irgendwo auf der Strecke in Devonshire stand. Die Böschungen ringsum waren mit Schlüsselblumen und Veilchen übersät. Um halb zehn trafen wir in Plymouth ein und wurden von den dortigen zwei Unterhausabgeordneten begrüßt: Lady Astor, die auch die Bürgermeisterin ist, und Mrs. Rathbone. Die beiden Damen zankten sich wie zwei Katzen herum, bis der Premierminister, der sich bei unserer Ankunft noch rasierte, auf dem Bahnsteig erschien.

Die ganze Gesellschaft begab sich zum Haus der Admiralität, um dort den neuen Oberkommandierenden, Sir Charles Forbes, zu treffen. Dann begann eine unendlich lange Besichtigung der Hafenanlagen, entlang den Kais, durch Fabriken und über Schiffe. Unter anderem besichtigten wir auch die *Centurion,* jetzt als U-Boot-Falle mit Attrappen wie ein Schlachtschiff verkleidet. Kurz vor dem Lunch trafen wir bei den Marinekasernen ein. Dort haben die Bomben mehrere Matrosen getötet. Die Sporthalle bot einen grausigen Anblick. Neben den Betten, in denen etwa vierzig leichtverwundete Männer lagen, wurden hinter einem niedrigen Vorhang gerade einige Särge zugenagelt. Das Hämmern muß für die Verwundeten schrecklich gewesen sein, aber die Zerstörungen waren so groß, daß kein anderer Platz zur Verfügung stand.

Nach dem Lunch machten wir eine Besichtigungsfahrt durch die Stadt. Plymouth erlitt in neun Nächten fünf schwere Luftangriffe. Kaum ein Haus scheint noch bewohnbar zu sein. Es ist schlimmer als in Bristol: Die ganze Innenstadt ist zerstört, außer, typisch beinahe, den wichtigeren Teilen der Marine-Einrichtungen. Wir sahen einen Bus, der durch die Wucht einer Explosion auf das Dach eines fast 150 Meter entfernten Hauses geschleudert worden war. Nach dem Tee in Lady Astors Haus verließen wir diesen Ort des Grauens und der Verwüstung und kamen um Mitternacht in Chequers an.

Dort erwarteten uns einige Nachrichten, die den Premierminister tief erschütterten. Roosevelt hat eine lange Depesche geschickt, in der er erklärt, daß die Vereinigten Staaten nicht mit uns zusammenwirken können, um die Deutschen daran zu hindern, die Azoren und die Kapverdischen Inseln einzunehmen. Eines der Schiffe der Operation »Tiger«, das zahlreiche Panzer zur Verstärkung von Wavells Truppen transportiert, hat einen schweren Maschinenschaden erlitten. Die *Jersey,* einer von Lord Louis Mountbattens Zerstörern, ist vor Malta gesunken und blockiert den großen Hafen. Und zu allem noch die Nachricht, daß die Iraker, die zwei Stunden vor uns das Feuer eröffnet haben, wider Erwarten sehr tapfer kämpfen.

Deshalb diktierte der Premierminister – in der finstersten Stimmung, in der ich ihn je erlebt habe – ein Telegramm an Roosevelt, in dem er ein düsteres Bild davon entwarf, was eine Niederlage im Nahen Osten für uns bedeuten würde. Anschließend skizzierte er Harriman, Pug und mir das Bild einer Welt, in der Hitler ganz Europa, Asien und Afrika beherrscht und den USA und uns nichts anderes übrigbleibt, als einen Zwangsfrieden abzuschließen. Es ist klar, daß Spanien, Vichy und die Türkei nur darauf warten, wie das Ergebnis der Kämpfe in Nordafrika sein wird, wo sich Tobruk tapfer hält. Wenn Suez fällt, sind der Nahe und der Mittlere Osten verloren, und Hitlers unmenschliche »Neue Ordnung« würde verwirklicht werden können.

Nachdem Winston sich etwas beruhigt hatte, sagte er, dieser Augenblick entscheide, nicht darüber, ob wir gewinnen oder verlieren, aber darüber, wie lange der Krieg noch dauert. Wenn Hitler die Kontrolle über das Erdöl im Irak und über den Weizen in der Ukraine gewinnt, dann würde selbst alle Standhaftigkeit unserer »Plymouth-Brüder«[87] diese Zerreißprobe nicht verkürzen.

Ich vermute, daß vorwiegend die Eindrücke in Plymouth seine düstere

Stimmung verursacht haben. Er wiederholt immer wieder: »So etwas habe ich in meinem Leben noch nie gesehen.«

Mrs. Churchill hatte mich heute morgen im Zug unvermittelt gefragt: »Jock, glauben Sie, daß wir gewinnen werden?« Ohne zu zögern antwortete ich wahrheitsgemäß: »Ja.«

Sonnabend, 3. Mai Da er zu wenig geschlafen hatte, war der Premierminister den ganzen Morgen über knurrig. Seine Stimmung wurde noch griesgrämiger, als er beim Lunch entdecken mußte, daß seine Frau etwas von »seinem« Honig, den er sich extra aus Queensland kommen läßt, verwendet hatte, um Rhabarber zu süßen.

Sonntag, 4. Mai Der Premierminister saß arbeitend im Garten, ließ sich von der Sonne bescheinen und beäugte mich von Zeit zu Zeit argwöhnisch, ob ich auch nicht versuchte, hinter den Inhalt seines geheimnisvollen Aktenkoffers zu kommen.

Der Premierminister arbeitete noch bis zwei Uhr nachts im Bett Akten auf. Dabei saß der Professor neben ihm und fungierte als Papierkorb, während ich am Fuß des Bettes stand und die Papiere in Empfang nahm, die er bearbeitet hatte.

Mittwoch, 7. Mai Der Premierminister redete zum Schluß einer Unterhausdebatte über die Kriegslage, wobei er einen großen parlamentarischen Erfolg erzielte und Lloyd George und Hore-Belisha sehr aus der Fassung brachte. Frohgestimmt über diesen Erfolg ging er früh zu Bett. Ich wies ihn darauf hin, daß es genau ein Jahr her ist seit der Debatte, die Chamberlains Sturz zur Folge hatte.

Heute nacht haben wir mehr feindliche Bomber als je zuvor abgeschossen. Mindestens dreiundzwanzig fielen unseren Flugabwehrkanonen und Jagdfliegern zum Opfer.

Donnerstag, 8. Mai Das Kabinett trat im Unterhaus zu einer Sitzung zusammen. Ich unterhielt mich mit dem dynamischen und hervorragenden Minister für Schottland, Tom Johnston, der mir von der unglaublichen Taktlosigkeit erzählte, die manche Unternehmer in Lanarkshire an den Tag legten. Er sagte, die Moral der Werftarbeiter auf der Clydeside sei sehr viel besser geworden, nachdem sie die Bombenangriffe erleben mußten, und er könnte sich des Wunsches nicht erwehren, daß Lanarkshire gleichfalls bombardiert würde.

Eric Seal geht in einer speziellen Mission in die Vereinigten Staaten, und wir werden einen neuen Ersten Privatsekretär bekommen. Brendan, auf den ich alle Hoffnung gesetzt hatte, hat es nicht geschafft, den Premierminister zu bewegen, mich für die RAF freizugeben. Mit weiteren Bemühungen werde ich warten müssen, bis Seals Nachfolger im Amt eingeführt ist.

Unser bisher größter Luftangriff auf Deutschland mit 380 Maschinen.

Freitag, 9. Mai Der Premierminister fuhr nach Ditchley, hocherfreut über das Ergebnis der Operation »Tiger«. Der Geleitzug hat inzwischen die Meerengen zwischen Sizilien und Nordafrika passiert und dabei nur eines der fünf Schiffe verloren, die große Mengen Panzer für Wavell transportieren. Er sagte zu mir: »Der arme Tiger hat zwar eine Pranke eingebüßt und eine andere ist verwundet, aber er bleibt trotzdem gefährlich.«

Sonnabend, 10. Mai Die Lage beginnt sich zu bessern, nicht nur im Irak und in Spanien (wo die Falangisten und Serrano Suñer schlimm dran sind), sondern besonders auch in Nordafrika, nachdem dem Tiger der Durchbruch gelang.

Vollmond. Ich wollte gerade zu Bett gehen, als ein heftiger Luftangriff begann. Also verschwand ich in den Schutzraum, wo mein Bett dauernd wackelte durch die Explosionen der Bomben auf der Horse Guard Parade. Seltsam war es, daß ich jedesmal etwa fünf Sekunden erwachte, bevor die Bomben tatsächlich explodierten.

Sonntag, 11. Mai Beim Erwachen mußte ich unerklärlicherweise an Peter Flemings Buch *Flying Visit*[88] denken und was wohl geschähe, wenn wir Göring bei einem seiner angeblichen Flüge über London gefangennehmen würden.

Um acht Uhr wollte ich hinüber zum Frühgottesdienst in Westminster Abbey. Es war ein sonniger Morgen, und der Himmel leuchtete blau, aber der Rauch vieler Feuer lag dicht über der Stadt und ließ die Sonne verschwimmen. Versengte Papierfetzen aus einer zerstörten Papierfabrik fielen wie Blätter an einem windigen Herbsttag hernieder.

Whitehall war mit Menschen überfüllt. Die meisten waren Schaulustige, aber es gab auch einige Männer der Zivilverteidigung, mit rußgeschwärzten Gesichtern und übernächtigten Mienen. Einer von ihnen, ein junger Bursche von achtzehn oder neunzehn Jahren, deutete in Richtung des Parlaments und fragte: »Ist das die Sonne?« Aber der orange Feuerball, den wir erblickten, war nur der Schein vieler Feuer südlich des Flusses. Vor Westminster Abbey stand die Feuerwehr, und der Polizist am Portal erklärte mir: »Heute finden keine Gottesdienste in der

Kirche statt, Sir« – gerade so, als sei die Kirche zum Frühjahrsputz geschlossen. Ich sah zur Westminster Hall hinüber. Auf ihrem Dach züngelten noch die Flammen. Ein Feuerwehrmann erzählte mir, daß durch Big Ben eine Bombe senkrecht hindurchgegangen ist. Es hatte ihm aber große Freude bereitet, daß Big Ben kurz nach dem Treffer zwei Uhr geschlagen habe. Die Uhr gab auch jetzt die genaue Zeit an. Überall stieg dichter Qualm empor. London hat noch nie so verwundet gewirkt wie nach diesem Angriff.

Nach dem Frühstück rief ich den Premierminister in Ditchley an und berichtete ihm, was ich gesehen hatte. Er zeigte sich tief betroffen darüber, daß William Rufus' Dach auf der Westminster Hall gleichfalls zerstört war und berichtete mir, daß wir fünfundvierzig der dreihundertundachtzig angreifenden Maschinen heruntergeholt hätten[89].

Große Aufregung herrschte über eine Geschichte, die eines E. Phillips Oppenheim würdig wäre; es geht dabei um den Herzog von Hamilton und ein abgestürztes Naziflugzeug. Der Herzog war nach London geflogen, und ich sollte ihn in Northolt treffen, aber man bat ihn, unmittelbar nach Ditchley zu kommen.

Ich war an jenem Morgen ins Außenministerium gegangen, um ein wenig mit Nicolas Lawford zu plaudern, dem Zweiten Privatsekretär Anthony Edens, der an diesem Wochenende Dienst hatte. Er telefonierte gerade, als ich sein Büro betrat, wandte sich um und sagte ins Telefon: »Warten Sie einen Moment. Ich glaube, hier kommt der richtige Mann für Sie.« Er hielt die Hand über die Muschel und erklärte mir, daß er mit dem Herzog von Hamilton spreche, der eine phantastische Geschichte zu erzählen habe, deren Einzelheiten er nicht preisgeben könne. Er verlange, den Privatsekretär des Premierministers am Flugplatz Northolt zu treffen. Er sei im Begriff, dorthin zu fliegen. Außerdem solle auch Sir Alexander Cadogan nach Northolt kommen. Lawford übergab mir das Telefon. Natürlich hätte es ein Spinner sein können, der vorgab, der Herzog zu sein. Der Anrufer lehnte es erneut ab, sich näher zu äußern, und sagte, er könne das, was geschehen sei, nur mit einem Roman von E. Phillips Oppenheim vergleichen; es gehe um ein abgestürztes Naziflugzeug. In diesem Augenblick fielen mir meine Gedanken über das Buch von Peter Fleming beim Aufwachen wieder ein, und ich war sicher, daß entweder Hitler oder Göring angekommen war. Ganz falsch lag ich damit nicht. Ich telefonierte mit Ditchley, und der Premierminister wies mich an, den Herzog direkt dorthin zu schicken; ich sollte mich jedoch erst vergewissern, daß tatsächlich er es sei und nicht irgendein Irrer.

Montag, 12. Mai Der Premierminister brachte aus Ditchley den Herzog von Hamilton mit nach London. Während er aufgeregt mit Eden telefonierte, konnte ich ein paar Worte mit dem Herzog wechseln und ihm den Hinweis entlocken, daß es sich bei dem Piloten der abgestürzten Maschine um Rudolf Heß handele. Eine so phantastische Geschichte hat es noch nicht gegeben.

Lunchte im Travellers mit John Martin, den der Premierminister endgültig zu seinem Ersten Privatsekretär ernannt hat.

Dinierte mit Philip (Champagner usw., danach Bridge) in der Messe des 4. Grenadierbataillons in Wanstead. Als wir das Radio für die Neun-Uhr-Nachrichten anstellten, wurde ein deutsches Kommuniqué zum Verschwinden von Rudolf Heß angekündigt. Niemand schenkte dem besondere Aufmerksamkeit oder schien auch nur zu ahnen, was es bedeutete. Ich sagte nichts. Ich kam zur rechten Zeit nach Nr. 10 zurück, um von einer Erklärung zu hören, die der Premierminister über diese Angelegenheit entworfen hatte.

Dienstag, 13. Mai Die Heß-Story ließ natürlich jedermann vor Erstaunen den Mund aufreißen. Am Vormittag, mit dem Premierminister aus dem Parlament zurückgekehrt, sah ich einen Bericht über die Unterredung, die Kirkpatrick mit Heß führte; nur Eden, Attlee und Beaverbrook werden ihn lesen. Aus dem Bericht geht hervor, daß Heß kein Verräter ist, sondern aufrichtig glaubt, er könne uns davon überzeugen, daß der Krieg für uns nicht zu gewinnen und ein Kompromißfrieden erreichbar sei. Unabdingbare Voraussetzung dafür sei die Absetzung der Regierung Churchill. Der arme Herzog von Hamilton fühlt heftig den Makel, als möglicher Quisling angesehen zu werden, was er mit Sicherheit nicht ist.

Beim Lunch im Travellers gab es nur dieses eine Gesprächsthema. Die verschiedenen Gerüchte und Theorien sind zum Teil sehr amüsant.

Mittwoch, 14. Mai Am späteren Nachmittag versammelten sich »C«, Alec Cadogan, Duff Cooper und Brendan in meinem Arbeitszimmer, und ich bekam manch' kluge Theorie und Vermutung über den Fall Heß zu hören. Cadogan meinte, wenn sich sein Fallschirm nicht geöffnet hätte, stünde er jetzt als glücklicher und tüchtiger Mann da. Die Behandlung der ganzen Angelegenheit ist schwierig, aber psychologisch außerordentlich wichtig.

Donnerstag, 15. Mai Der Tag begann mit Ärger. Erst ließ ich an Stelle des D. M. I. versehentlich den D. N. I. kommen.[90] Der Premierminister beantwortete Anfragen und gab auf eine Zusatzfrage versehentlich preis, daß sich das Wohlfahrtsministerium mit Propaganda befaßt; dann schlug er eine Dankadresse an das Oberhaus für dessen Kondolenz an das Unterhaus anläßlich dessen Zerstörung vor.

Gladwyn Jebb machte beim Dinner einen großen Wirbel und behauptete, der Premierminister habe die Geheimhaltung für Dr. Daltons Organisation gefährdet. Nebenbei hat Winston sich geweigert, Dalton in dieser Angelegenheit zu empfangen, weil er dessen Anblick nicht ertragen kann.

Montag, 19. Mai Während der Premierminister und der Verteidigungsrat eine Entscheidung suchten, wie auf den neuesten Verrat Vichys in Syrien reagiert werden soll (dort ist deutschen Flugzeugen die Benutzung von Flugplätzen gestattet worden), schwatzte ich im Central War Room mit Anthony Head und den beiden Adjutanten Ismays.

Bevor er schlafen ging, sagte mir der Premierminister, daß er für morgen einen Angriff der Deutschen auf Kreta erwarte.

Dienstag, 20. Mai Die Deutschen greifen Kreta an. Im Unterhaus gab der Premierminister aus dem Stegreif eine Erklärung sowohl über Aostas Kapitulation als auch über die Rückeroberung von Sollum und das Kreta-Abenteuer der Deutschen ab. Auf der Rückfahrt zeigte ich ihm zwei dringende Depeschen über Syrien. Er meinte, »wir müssen dort einsteigen«, und berief sofort den Verteidigungsrat ein.

Lunchte mit Tommy Lascelles und diskutierte mit ihm darüber, ob bedeutende Männer gewöhnlich auch einen Hauch von Scharlatanerie an sich haben müßten.

Nachmittags um fünf eilte der Premierminister wieder ins Unterhaus, unterbrach die Tagesordnung und teilte die neuesten »heißen Neuigkeiten« über Kreta mit, wobei ihm als Gedächtnisstütze eine zerknitterte Postkarte diente, auf die ich den letzten Funkspruch gekritzelt hatte.

Mittwoch, 21. Mai Eine weitere kurze Erklärung im Unterhaus zu Kreta, wo hart, aber bisher erfolgreich gekämpft wird. Allgemein wird die Exekution deutscher Fallschirmjäger gefordert, von denen behauptet wird, daß sie in neuseeländischen Uniformen abgesprungen seien.

Donnerstag, 22. Mai Die Marine hatte vor Kreta eine schwere Aufgabe zu bestehen und dabei eine Menge Schiffe verloren, einschließlich der *Gloucester* und der *Fiji*. Ich drückte dem Premierminister darüber meinen Kummer aus. Seine Antwort war: »Was meinen Sie, wozu sonst wir die Schiffe gebaut haben?« Er verabscheut die Haltung der Marine, die sich benimmt, als wären ihre Schiffe zu wertvoll, um überhaupt aufs Spiel gesetzt zu werden.

Mit Tom Troubridge führte ich beim Abendessen in der Messe eine interessante Diskussion über unsere Propaganda gegenüber Deutschland. Er sagte, die Deutschen liebten Jazz, den die Nazis verboten haben. Anstatt nun Jazz zu senden, mache die BBC Programme mit deutscher Musik! Seiner Meinung nach ist die Stumpfheit des Informationsministeriums wesentlich auf den Cliquenkampf zurückzuführen, der dort stattfindet.

Die *Bismarck* ist zusammen mit einem anderen deutschen Schiff ausgelaufen. Vermutlich befindet sie sich auf einem Beutezug im Atlantik. Nun wird es sich erweisen, wie wirksam die Hilfe der Amerikaner zur See ist.

Freitag, 23. Mai Fuhr mit dem eigenen Wagen nach Chequers. Der Premierminister kam später von einer Panzerinspektion. Diesmal war es eine reine Männergesellschaft. Der Premierminister beklagte sich heftig darüber, daß Wavell seiner Anregung nicht gefolgt sei und keine Panzer nach Kreta geschickt habe. Sie hätten dem Kampf dort eine ganz andere Wendung geben können.

Die *Bismarck* befindet sich in isländischen Gewässern. Sie wird von der *Prince of Wales* und der *Hood* verfolgt. Vielleicht kann sie schon bei Morgengrauen in der dänischen Meerenge gestellt werden.

Sonnabend, 24. Mai Um sechs Uhr früh weckte mich der diensthabende Offizier der Admiralität mit der Mitteilung, daß sich die *Prince of Wales* und die *Hood* der *Bismarck* genähert haben und sie angreifen. Als ich um neun Uhr aus meinem Schlafzimmer auftauchte, sagte mir Mrs. Hill, daß die *Hood* versenkt worden ist.

Am Vormittag gab es eine Konferenz über Einberufungen in Nordirland, ein Sachverhalt, der die Republik Irland sehr verärgert und in den Vereinigten Staaten und Kanada ungünstige Rückwirkungen verursacht. Der Premierminister besteht auf diesen Einberufungen. An der Konferenz nahm der Premierminister von Nordirland, Andrews, mit zwei seiner Minister teil.

Beim Lunch saß ich neben Pownall, der gerade vom Posten des Oberkommandierenden in Nordirland zurückgekehrt ist. Seiner Ansicht nach stehen die Chancen in Kreta noch immer leicht zu unseren Gunsten. Gestern hätte er noch 6:4 auf unseren Sieg gewettet, heute schätzt er die Chancen pari ein. Er wies darauf hin, daß wir in diesem Krieg drei große Siege errungen hätten, die unsere verschiedenen Niederlagen mehr als wettmachten. Diese drei Siege seien der Erfolg der RAF gegenüber den deutschen Angriffen bei Tageslicht, der Erfolg der Marine, die die Schiffahrtswege offenhalten konnte, und, was am wichtigsten sei, die Standhaftigkeit der Zivilbevölkerung gegenüber den Bombenangriffen.

Im Verlauf des Nachmittags wurde klar, daß es in Kreta ernst wird. Die Deutschen kämpfen mit blindem Mut und haben die Luftüberlegenheit. Das Problem ist, wie lange die Marine ihre gefährliche Aufgabe erfüllen kann, Landungen von See aus zu verhindern.

Erster Abend des Chequers-Filmtheaters, das auf Wunsch des Premierministers eingerichtet wurde. Nachdem alle Tagesgäste gegangen waren, sahen wir im großen Salon Marlene Dietrich in *Seven Sinners* – sehr verführerisch.

Alle unsere Schiffe laufen auf die *Bismarck* zu. Der Oberbefehlshaber beabsichtigt, um 9 Uhr morgens anzugreifen.

Sonntag, 25. Mai Die *Bismarck* ist in den Nachtstunden entkommen. Ein Tag schrecklicher Düsternis folgte. Der Premierminister kann nicht verstehen, warum die *Prince of Wales* ihren Angriff gestern nicht fortgesetzt hat, und wiederholt immer wieder, daß dies die schlimmste Sache sei, seit Troubridge 1914 von der *Goeben* abließ. Er schimpfte immer wieder über den Marineminister und den Ersten Seelord, nicht nur wegen dieser Sache, sondern weil die Flotte sich seiner Meinung nach auch vor Kreta um die Aufgabe drückt, Landungen von See aus zu verhindern. Seiner Meinung nach müßte Cunningham, der ernste Verluste durch Bombenangriffe befürchtet, jedes nur mögliche Risiko eingehen. Die Rettung Kretas sei selbst den Verlust der halben Mittelmeerflotte wert.

Zum Dinner hatte sich die Stimmung des Premierministers wieder etwas gebessert. Heftig kritisierte er Wavell wegen der verweigerten Panzer für Kreta; auch zeigte er sich verwundert darüber, daß Wavell geglaubt hat, noch Verstärkungen in Kreta landen zu können, nachdem der Angriff begonnen hatte. Er meinte, daß die militärische Führung im Nahen Osten nicht besonders gut sei. Wenn man ihm das Oberkommando dort übertragen würde, dann würde er gern sein gegenwärtiges Amt aufgeben und dorthin gehen – ja, selbst unter Verzicht auf Alkohol und Zigarren.

Später gab es wieder eine Filmvorführung: zunächst *Western Union* mit Rothäuten und Trappern und danach den Lieblingsfilm des Premierministers, *March of Time*.

Mit der abschließenden Bemerkung, daß die letzten drei Tage die bisher schlimmsten gewesen seien, ging der Premierminister schließlich um viertel nach zwei schlafen. Es gibt vielleicht noch eine Chance, daß die *Ark Royal* und die *Rodney* die *Bismarck* abfangen, bevor sie einen französischen Hafen erreicht, was sie vermutlich beabsichtigt.

Montag, 26. Mai Ich verließ Chequers um 12 Uhr 30, dem Gefolge des Premierministers mit halsbrecherischer Geschwindigkeit im eigenen Wagen folgend. Die Lage in Kreta hat sich leicht gebessert. Die Stabschefs haben auf Veranlassung des Premierministers dem dort Kommandierenden zu verstehen gegeben, daß kein Risiko zu groß sein darf, um die Schlacht um die Insel doch noch zu gewinnen.

Brendan und Desmond glauben, daß Präsident Roosevelts morgige Rede sehr wichtig für den weiteren Verlauf des Krieges sein wird. Es hat den Anschein, als ob Vichy-Frankreich, Spanien und Japan auf der Lauer liegen, um über das britische Weltreich herzufallen, wenn es weitere Zeichen von Schwäche zeigt.

Dienstag, 27. Mai Der Premierminister gab im Unterhaus eine Erklärung über Kreta und über die *Bismarck* ab und kündigte die Entscheidung der Regierung an, keine Einberufungen in Nordirland vorzunehmen. Die Sitzung kulminierte in einer dramatischen Szene, als wir dem Premierminister, gerade als er sich wieder hingesetzt hatte, einen Zettel zuschoben mit der Nachricht, daß die *Bismarck* versenkt wurde.

Die Lage in Kreta ist bejammernswert. Es scheint, daß wir dort erledigt sind, weil mit einer Unterstützung aus der Luft nicht mehr zu rechnen ist.

Erste Anprobe von Kontaktlinsen, da ich nun entschlossen bin, auf jeden Fall als Jägerpilot in die RAF einzutreten, selbst wenn ich dafür aus dem Diplomatischen Dienst ausscheiden muß. Mein Kopf ist voll von Plänen und Tagträumen über ein neues Leben als Pilot der RAF.

Die Entscheidung über unseren Rückzug aus Kreta ist gefallen.

Die Räuber fallen übereinander her

Juni 1941

Montag, 2. Juni Am Spätnachmittag begleitete ich den Premierminister und seine Frau nach Chartwell, wo sie ein paar Tage ausspannen wollen. Ich schlafe im sehr komfortablen Schlafraum Winstons in dem Sommerhaus, das er sich eigenhändig erbaut hat.

Dienstag, 3. Juni Es war so kalt und regnerisch, daß der Premierminister, der mißvergnügt in seinem Bett lag, sich entschloß, seinen Urlaub abzukürzen und nach dem Lunch wieder nach London zurückzufahren.

David Margesson erklärte er am Telefon, daß er keinen Zweifel an der Weisheit unserer Handlungen in Kreta hege. Bezüglich der griechischen Kampagne habe er gelegentlich seine Zweifel. Zumindest hätten wir uns aber ehrenhaft verhalten.

Ich begann, *My Early Life*[91] zu lesen, ein mit Anmerkungen versehenes Exemplar, das ich im Arbeitszimmer entdeckte. Einiges daraus könnte ich vielleicht verwenden, wenn ich um meine Beurlaubung zur Front bitte.

Beim Lunch hatte der Premierminister nur mich und seine gelbe Katze zur Gesellschaft, die auf einem Stuhl an seiner rechten Seite saß und seine meiste Aufmerksamkeit auf sich zog. Er meditierte über die Lage im Nahen Osten, wo er beabsichtigt, die rückwärtigen Dienste zu reorganisieren, sowie über Lord Beaverbrook, der besonders viel Ärger macht. Er meinte, Beaverbrook verstünde einfach nicht, mit den Militärs umzugehen. Während er über diesen Fragen brütete, unterhielt er sich ständig mit der Katze, säuberte ihre Augen mit seiner Serviette, bot ihr Hammelfleisch an und bedauerte sie, daß sie wegen des Krieges keinen Rahm bekommen könne. Zum Schluß äußerte er sich sehr böse über Wavell, dessen übergroße Vorsicht und Neigung zum Pessimismus ihm überhaupt nicht zusagen.

Mittwoch, 4. Juni Lunchte im Travellers mit Moley Sargent und Horace Wilson. Sargent glaubt, daß die Pläne zur Reform des diplomatischen Dienstes, die inzwischen vom Kabinett genehmigt wurden, zwar gut sind, daß es aber nicht so gut ist, den diplomatischen und den konsularischen Dienst zusammenzulegen. Dies würde nämlich bedeuten, daß man die Versager in den konsularischen Dienst abschiebt, worunter dieser leiden würde.

Der deutsche Kaiser ist, vergessen und verachtet, gestorben. Die *Times* kommentierte: »Die Geschichte wird eines Tages entscheiden müssen, wieviel Verantwortung die gekrönten beziehungsweise ungekrönten Demagogen dafür tragen, daß sie das deutsche Volk ruiniert und die friedliche Zivilisation in Europa ins Elend gestürzt haben.«

Donnerstag, 5. Juni Im Zusammenhang mit der Einrichtung eines Energieministeriums stehen neue Ämter zur Diskussion. Beaverbrook hat es abgelehnt, ein kombiniertes Ministerium für Landwirtschaft und Ernährung zu übernehmen. Brendan sagte, Beaverbrook beanspruche inzwischen die Zeit des Premierministers mehr als Hitler.

Allmählich regt sich Kritik an der Kreta-Episode. Die Presse benimmt sich inzwischen recht zänkisch, und der Regierung steht in der nächsten Woche eine wichtige Debatte im Unterhaus über diese Angelegenheit bevor. Unsere Propaganda im In- und Ausland ist in der Tat auf der falschen Spur.

Freitag, 6. Juni Der Premierminister fuhr nicht nach Ditchley, da er Depeschen aus Washington erhalten hat, die darauf hinweisen, daß sich sowohl Pétain als auch Weygand zur militärischen Zusammenarbeit mit den Deutschen bereit erklärt haben. Ferner gibt es Schwierigkeiten mit den Freien Franzosen, General Spears und Syrien sowie unzählige weitere Komplikationen, die mit Prestige und *amour propre* zusammenhängen.

Spätdienst. In der Nacht diktierte der Premierminister seine Unterhausrede für nächsten Dienstag. Sie ist ziemlich zänkisch im Ton und wird wahrscheinlich, sofern sie nicht noch gemildert wird, eine Menge ungünstiger Kommentare provozieren. Pug meint, es sei fast unmöglich, einen Krieg ordentlich zu führen, wenn man soviel Zeit darauf verwenden müsse, seine Handlungen im Unterhaus zu rechtfertigen. Selbst auf die Gefahr hin, selbstgefällig zu erscheinen, behaupte er, daß in der Leitung der Schlacht um Kreta kein Fehler gemacht wurde.

Sonnabend, 7. Juni Der Premierminister traf sich am Vormittag mit den Herausgebern der wichtigsten Zeitungen, um ihnen die Lage zu erläutern, und mit der Absicht, die Kritik der Presse zu dämpfen.

De Gaulle ist äußerst reizbar und streitsüchtig. Desmond Morton glaubt sogar, daß er auf die Seite Vichys überlaufen könnte. Viel wird von den Ereignissen in nächster Zukunft abhängen.

Sonntag, 8. Juni Heute marschieren unsere Truppen zusammen mit denen General de Gaulles in Syrien ein, um die Operation »Exporter« durchzuführen. Dies kann Krieg mit Vichy bedeuten, aber der Premierminister ist nicht dieser Meinung.

Unterdessen finden Verhandlungen zwischen Deutschland und Rußland statt, die, so hat es den Anschein, bald entweder zu einer vollkommenen Übereinstimmung beider Länder führen oder aber eine deutsche Invasion in Rußland zur Folge haben werden, falls die Russen sich widerspenstig zeigen. Nachdem Rußland sich so aus ganzem Herzen in den Mantel einer Appeasement-Politik gehüllt hat, nehme ich an, daß es sich eher für Zusammenarbeit als für Kampf entscheiden wird.

Dienstag, 10. Juni Verbrachte den größten Teil des Tages im Church House, um die Debatte über Kreta anzuhören. Hore-Belisha sprach gut, wenn auch bitterscharf, aber er gewann nicht die Sympathie des Hauses. Lord Winterton, der fließend und amüsant spricht, griff mit gleicher Wendigkeit seine eigene Partei und Labour an, Unternehmer wie Arbeiter. Er äußerte die Hoffnung, daß der Premierminister sich angesichts der Kritik nicht in reine Rhetorik flüchten möge. Außerdem kritisierte er, daß Churchill Lloyd George mit Marschall Pétain verglichen habe.

Der Premierminister beschloß die Debatte des Hauses mit einer energischen eineinhalbstündigen Rede, in der er dem Unterhaus das Recht abstritt, Informationen über taktische Probleme zu verlangen. Er weigerte sich außerdem, für jede Phase des Krieges Rechenschaft ablegen zu müssen. Hätte etwa Hitler den Reichstag einberufen, um über den Verlust der *Bismarck* zu berichten, oder hätte Mussolini sich bemüßigt gefühlt, sich für das Disaster in Afrika zu entschuldigen? Außerdem sagte er einige harsche Dinge an die Adresse Hore-Belishas, allerdings nicht so harsch, wie ursprünglich beabsichtigt.

Später traf ich bei den Sinclairs einen jungen Mann namens Michael Young, der mir die Tugenden des Kommunismus zu erläutern versuchte. Er fragte mich, ob die Kommunisten in Cambridge zu meiner Zeit nicht die »Elite der Studenten« gewesen seien. Ich beleidigte ihn tief, als ich erwähnte, daß sie sehr unsauber gewesen seien.

Zum erstenmal in diesem Krieg fühle ich mich unruhig und unzufrieden, gedankenarm. Die meisten Leute, die ich treffe, langweilen mich. Gewiß habe ich einen Wechsel nötig und denke, ein aktives, tatkräftiges Leben in der RAF ist die wirkliche Lösung. Ich will mich nicht unbedingt auf Mars' Altar opfern, habe aber ein Stadium erreicht, wo ich glaube, daß mir das auch nichts ausmachen würde.

Mittwoch, 11. Juni Lord Simon, der Lordkanzler, hat mit Heß gesprochen. Es wird immer klarer, daß er tatsächlich aus eigenem Entschluß herübergekommen ist. Die Politik und die öffentliche Meinung dieses Landes scheint er gänzlich mißverstanden zu haben, und es sind auch sehr wenig nützliche Informationen aus ihm herauszubekommen. Obwohl er Hitlers persönlicher Freund und seine rechte Hand ist, bezweifle ich, daß er über die deutschen Pläne und Produktionsziffern soviel wie Brendan weiß, gewiß nicht mehr.

Shigemitsu, der lahme japanische Botschafter, kam zu seiner Abschiedsvisite. Ich nehme an, daß er wegen seiner bekannten Anglophilie zurückberufen wurde.

Speiste mit Clarissa Churchill in einem guten Restaurant in Soho. Ich genoß den Abend sehr. Clarissa ist wirklich äußerst liebenswürdig und eine der klügsten Frauen, die ich kenne, auch ausgeglichener als die meisten. Sie erzählte mir, daß sie nach ein paar Wochen Dienst in der Nachrichtenzentrale des Außenministeriums bereits einen steuerfreien Wochenlohn von sechs Pfund bekommt – fast soviel wie ich – bei kurzen Arbeitszeiten und ohne daß besondere Sachkenntnis gefordert würde.

Donnerstag, 12. Juni Die jährliche Liste der Auszeichnungen ist veröffentlicht. Der Professor wurde zum Peer erhoben. Dies wird in manchen Kreisen und besonders in Oxford viel Ärger hervorrufen, zumal wenn man erfährt, daß er vorschlug, ihn Lord Cherwell of Oxford zu nennen.

Der Präsident der Royal Society, Sir Henry Dale, kam, begleitet von den Professoren A.V. Hill und A.C. Egerton sowie von Sir Henry Tizard, um den Premierminister als Fellow in die Gesellschaft aufzunehmen. Er ließ sie vierzig Minuten warten, in denen ich mich angenehm mit ihnen unterhielt, und trug sich dann in ihr Goldenes Buch ein. Die Eintragungen beginnen mit »Charles R. Founder«[92] und verzeichnen jeden berühmten Namen seit dieser Zeit, so den von Sir Isaac Newton, Queen Victoria und Freud.

Um zwölf Uhr begann eine Sitzung der Repräsentanten unserer Verbündeten in der Gemäldegalerie des St. James-Palastes. Ich nahm daran teil und saß an einem Tisch mit Edward Bridges, Nicholas Lawford und Roger Makins. Der Premierminister hielt eine kräftige Rede voller Schmähungen des Feindes. Dies kann er hervorragend, und es bereitet ihm auch Spaß. Die Repräsentanten von zehn Nationen saßen rund um den langen Tisch und lauschten dankbar anerkennend. Die Erhabenheit der Szene wurde durch herumstehende moderne Gerätschaften wie Mikrophone und Filmapparate und durch unzählige Fotografen beeinträchtigt, was den Premierminister allerdings nicht beeindruckte. Er drohte einem Mikrophon mit dem Finger, als sei es der Führer persönlich. Bei einer Passage der Rede, in der Churchill von dem Schandfleck auf der deutschen Ehre sprach, der in Hunderten von Jahren nicht zu löschen sein werde, huschte über Vans Miene – der heute zum Lord Vansittart erhoben wird – ein zustimmendes Lächeln. Er liebt den Haß und die bösen Worte.

Am Nachmittag sprachen die Vertreter von neun Verbündeten: Sikorski, Pierlot (der sehr beredte belgische Premierminister), der Niederländer Gerbrandy sowie die Sprecher der Freien Franzosen, der Tschechoslowaken, Norweger, Griechen, Jugoslawen und der Vertreter von Luxemburg. Nur Äthiopien kam nicht zu Wort. Es gibt keinen Äthiopier von einiger Bedeutung in England. Um vier Uhr nachmittags erschien der König in Marineuniform, ging herum und unterhielt sich mit allen Anwesenden. Offensichtlich war die Zusammenkunft ein Erfolg. Eden drückte in seiner abschließenden Ansprache die Hoffnung aus, daß diesem Treffen weitere folgen mögen, die – auf der Grundlage internationaler Zusammenarbeit – der Regelung des Friedens und der Neuordnung Europas dienen.

Das Hauptinteresse konzentriert sich nun auf den deutsch-russischen Zusammenstoß, der den verschiedensten Quellen zufolge unmittelbar bevorstehen muß. Ich kann allerdings aus Hitlers Sicht keinen Sinn darin erkennen, es sei denn, er will damit, wie Bridges meint, die Vereinigten Staaten vom Kriegseintritt abhalten. Des weiteren im Mittelpunkt stehen die erklärte Absicht der US-Regierung, uns in Kürze bei der Besetzung Islands abzulösen, und Syrien, wo wir zwar nur zögernde Fortschritte machen, wo aber nach Meinung General Spears' und des Kriegsministeriums der Widerstand bald zusammenbrechen wird.

Freitag, 13. Juni Attlee erzählte mir, daß er sich gestern mit dem tschechoslowakischen Delegierten Sramek auf Latein unterhalten mußte.

Sonntag, 15. Juni Heute hat unsere Offensive in Nordafrika begonnen. In diese Offensive, die den Decknamen »Battleaxe« trägt, werden große Hoffnungen gesetzt. Zum erstenmal treffen britische Panzerverbände unter gleichen Voraussetzungen auf deutsche, ohne daß Unterlegenheit in der Luft besteht.

Montag, 16. Juni Endlich ist es Sommer geworden, heiß und sonnig.

Bei Sollum an der Cyrenaikafront wird erbittert gekämpft. In einem Gespräch nach dem Abendessen vertraten alle Anwesenden, mit Ausnahme von Brendan und Tommy, die Meinung, daß die Russen den

Deutschen kampflos nachgeben würden. Es gibt keinen Zweifel daran, daß Deutschland auf dem Sprung steht, den Kampf zu beginnen. Sir Stafford Cripps, der gerade aus Moskau zurückkam (ich sah ihn heute), sagt, daß die Entscheidung darüber, ob es zu einem Krieg zwischen den beiden Mächten kommt, allein bei Hitler liege. Stalin habe keine Wahl, weder in der einen, noch in der anderen Richtung.

Dienstag, 17. Juni Vichy-Truppen haben Kynteira in Syrien erobert und ein britisches Bataillon zum Aufgeben gezwungen. Dies sieht nicht sehr gut aus. Ich fürchte, daß die Aussichten in der westlichen Wüste nicht besser sind.

Mittwoch, 18. Juni Die Operation »Battleaxe« ist offensichtlich fehlgeschlagen. Wir müssen uns mit dem bitteren Gedanken vertraut machen, daß wir von den Deutschen unter diesmal gleichen Voraussetzungen geschlagen wurden. Eigentlich hätten wir die Oberhand behalten müssen, wenn Wavell nicht so verschwenderisch in der Etappe und so vorsichtig beim Einsatz seiner vollen Stärke gewesen wäre. Der Premierminister ist tief enttäuscht, da er große Hoffnungen in diese Operation gesetzt hatte. Glücklicherweise ist es keine allzu große Niederlage, da wir lediglich nach einem heftigen und verlustreichen Kampf in unsere Ausgangsstellungen zurückkehren müssen. Glücklicherweise wissen weder die Deutschen noch die britische Öffentlichkeit, welche Hoffnungen vom Kabinett – allerdings nicht von Wavell oder Dill – in diese Operation gesetzt wurden.

Brendan hatte einen Amerikaner namens Glancey zum Dinner mitgebracht, der Vorstandsvorsitzender bei General Motors ist und mit Harriman zusammenarbeitet. Er vermittelte uns ein beeindruckendes Bild von dem, was die amerikanische Industrie zu leisten in der Lage ist. Es kommt nur darauf an, daß wir bis zum nächsten Frühjahr durchhalten. Dann wird Amerika zum Beispiel in der Lage sein, eine Million Schuß Munition für Handfeuerwaffen pro Stunde zu produzieren. Walter Elliot meinte, um diesen Krieg zu gewinnen, müßten die Soldaten damit aufhören, die Militärgeschichte seit der Zeit der Plantagenets zu studieren. Wir müßten zur feudalen Kriegskonzeption der Ritter und Bauern zurückkehren, nur daß die Ritter jetzt in den Tanks führen und die Bauern die Infanterie bildeten. Die Frage der Panzerung hat ihr eigenes Gewicht gewonnen.

Während wir darauf warteten, daß der Premierminister von seiner Besichtigung einer Vorführung von Raketen zurückkam, spielte ich mit seiner Frau Backgammon und versicherte mich ihrer Unterstützung bei meinem Wunsch, für den Militärdienst freigestellt zu werden. Sie gab mir den Rat, meinen Wunsch dem Premier schriftlich vorzutragen.

Der Premierminister kam in weit besserer Stimmung zurück, als ich nach dem Fehlschlag der Operation »Battleaxe« angenommen hatte. Er überlegt bereits, wo wir die nächste Offensive starten können.

Donnerstag, 19. Juni Über Washington erreichte uns ein französischer Vorschlag über einen Waffenstillstand in Syrien.

Im Unterhaus beklagte sich Tommy Dugdale mir gegenüber über erste Anzeichen eines neuen Klassenkampfes zwischen den beiden Seiten des Hauses. Die Tories, die sich über die finanziellen Opfer beschweren, die sie zu tragen haben, sowie über die hohen Löhne, die sie zahlen müssen, sind überaus verärgert wegen der Berichte über Faulheit und Fehlzeiten in den Betrieben. Die Labour Party weist diese Berichte zurück und gibt den Unternehmern und Managern die Schuld an den auftretenden Unzulänglichkeiten. Henderson Stewart, ein konservativer Abgeordneter, beklagte sich energisch bei mir. Er verlangt, daß der Premierminister eine strenge Untersuchung in den Betrieben anordnet.

Peggy Crewe erzählte mir beim Lunch, daß die Kritik an der Regierung zunimmt, ausgenommen sei nur Winston. Ich habe selbst auch den Eindruck, daß die Unzufriedenheit wächst, was aber bei so vielen Schlappen unvermeidlich ist.

In einem Gespräch mit John Peck stimmten wir beide darin überein, daß es durchaus am Premierminister selbst liegt, wenn die Regierungsgeschäfte nicht reibungslos ablaufen. Seine rücksichtslose Behandlung einzelner Ressorts würde noch größerere Schwierigkeiten aufwerfen, stünden die Ressortminister nicht so loyal zu ihm. Zwar vermittelt er Schwung und Initiative, mischt sich aber allzuoft in Einzelheiten ein, wo er den Dingen besser ihren Lauf ließe. Die Kriegführung könnte vermutlich davon profitieren, wenn er ihr Atempausen einräumte und sich mehr um Arbeits- und Produktionsfragen kümmern würde.

Audrey Stanley meinte am Abend nach einem Theaterbesuch, Winston würde nicht als bedeutender Premierminister in die Geschichte eingehen, sondern als bedeutender Poet.

Freitag, 20. Juni Fuhr am Vormittag mit dem Premierminister und einer großen Gesellschaft nach Dover. Wir besichtigten ein Eisenbahngeschütz, eine 18-Zoll-Kanone, ein Monstrum, verziert mit einer Messingplatte mit der Inschrift »H. M. G. Boche-Buster«[93]. Ich konnte den Anblick weiterer Kanonen nicht ertragen und kehrte vorzeitig nach Dover Castle zurück.

Auf einer kleinen Bahnstation stieg ich mit dem Premierminister aus und begleitete ihn für einen Nachmittag nach Chartwell. Der Garten dort ist wundervoll. Nach einem langen Schläfchen führte mir der Premierminister, gekleidet in einen purpurroten Morgenmantel, auf dem Kopf einen grauen Filzhut, seine Goldfische vor. Er grübelte über das mögliche Schicksal von Tobruk, nachdem die Operation »Battleaxe« fehlgeschlagen ist, und dachte darüber nach, wie wieder die Offensive zu erlangen ist.

Von H. G. Wells erhielt der Premierminister einen Brief, in dem er Maßnahmen zur Milderung des deutschen Drucks auf Rußland vorschlug. »Die Sowjetunion ist seine einzige Religion«, meinte Winston verächtlich.

Sonnabend, 21. Juni Die *Daily Mail* ist voller Vorschläge zur Reorganisation des Kriegskabinetts. Den Premierminister wurmt dieses Verhalten der Presse genauso, wie es seinem Vorgänger auf die Nerven ging. Zu Beaverbrook bemerkte er, entweder müsse er, Winston, die gesamte Kriegsmaschinerie fester in den Griff bekommen, oder er werde zurücktreten. Diese gemurmelten Andeutungen von Resignation Lord Beaverbrook gegenüber bedeuten tatsächlich eine Wende in seinem Verhalten.

Der *Daily Mirror* kam mit der Schlagzeile heraus »Tochter des Kriegsministers nimmt als Delegierte an einer Konferenz der Roten in Washington teil«. Das ist Jan [Janet Margesson]. In einem Interview sagte sie, daß es das Abkommen von München gewesen sei, das sie zur Sozialistin gemacht habe. Dabei kann ich mich noch sehr gut daran erinnern, daß sie damals in Hinchingbrooke im Oktober 1938 die einzige gewesen war, die mich in meiner Verteidigung eben des Münchener Abkommens unterstützte!

Nach dem Lunch traf ich Lord Louis Mountbatten, der kürzlich in den Kampfhandlungen zur See um Kreta eine heroische Rolle gespielt hat. Er erzählte, wie er mehrere »Kähne« versenkt, aber närrischerweise – altmodisch, wie er nun einmal sei – nicht auf die Überlebenden geschossen habe. Hingegen hätten die Deutschen, nachdem sie sein eigenes Schiff versenkten, ihn und seine schiffbrüchige Mannschaft mit Maschinengewehren beschossen. Seiner Meinung nach unterstreicht Kreta die Lehre, die wir schon vor langer Zeit hätten ziehen müssen: daß keine militärische Operation zu Land oder zu Wasser mehr unternommen werden kann ohne einen starken Luftschirm. Die Marine fühle sich leicht gekränkt, daß man ihr die Niederlage auf Kreta anlaste. Sie habe ihre Aufgabe, Landungen von See aus zu verhindern, voll erfüllt.

Am Nachmittag brachte ich die Depeschen zum Kriegsministerium, die Auchinleck zum Oberkommandierenden im Nahen Osten ernennen. Wavell, in den der Premierminister nie viel Vertrauen gesetzt hat, wird nach Indien versetzt. David Margesson akzeptiert den personellen Wechsel im Nahen Osten. Der Chef des Generalstabes, den ich gleichfalls traf, ist offensichtlich nicht damit einverstanden. Andererseits sieht er, daß es keinen Zweck hätte, Wavell zu halten, wenn er nicht das Vertrauen des Premiers besitzt. Wavell sei, sagte er, doppelt so intelligent wie Auchinleck. Auf jeden Fall sei es ein Fehler, ihn nach Indien zu schicken, wo er mit lädiertem Ruf ankommen würde.

Am Abend fuhren wir nach Chequers. Das Gespräch beim Dinner drehte sich um die Forderung nach Einsetzung eines Kriegskabinetts für das gesamte Empire. »Man kann natürlich aus dem Kriegskabinett leicht ein Museum für imperiale Berühmtheiten machen«, meinte der Premierminister dazu, »aber dann muß man ein zweites Gremium bestellen, das den Krieg führt.«

Er meinte, daß ein deutscher Angriff auf Rußland so gut wie sicher sei, und Rußland würde ganz gewiß geschlagen werden. Hitler rechne in diesem Fall wohl damit, Sympathien bei den Kapitalisten und auf dem rechten Flügel bei uns und in den USA für sich gewinnen zu können. Damit läge er aber falsch. Wir würden in jedem Fall Rußland beistehen. Winant, der als Gast gekommen war, versicherte, daß dies auch für die Vereinigten Staaten zutreffe.

Nach dem Dinner, als ich auf dem Rasen vor dem Haus mit dem Premierminister spazierenging, legte er dies noch einmal dar. Ich sagte, daß Unterstützung für Rußland doch für ihn, den Erz-Antikommunisten, so etwas wie die Anbetung im Hause Rimmon[94] bedeute, mit anderen Worten, daß er doch sehr gegen seine Überzeugung handeln müßte. Er entgegnete, daß es für ihn nur ein einziges Ziel gebe: die Vernichtung Hitlers, und sein Leben sei dadurch sehr vereinfacht worden. Selbst für den Fall, daß Hitler sich zur Eroberung der Hölle entschließe, würde er, Winston, dem Teufel zumindest seine freundliche Reverenz erweisen.

Zuvor beim Dinner waren weitere Gesprächsthemen der mögliche Kriegseintritt der Vereinigten Staaten und ein Emissär Pétains gewesen. Dieser hat unmißverständlich klargemacht, daß das, was die Franzosen von einem weiteren Zusammengehen mit uns abhält, die Ungewißheit über unseren möglichen Sieg und den Kriegseintritt der USA ist. Eden meinte, das sei eine äußerst verachtenswerte Haltung. Er verglich sie in scharfen Worten mit der der Jugoslawen. »Ich hasse *alle* Franzosen«, sagte er zu mir – halb scherzhaft, halb im Ernst –, als ich ihm später ein Telegramm über de Gaulles verletzte Gefühle im Zusammenhang mit den Friedensverhandlungen in Syrien zeigte.

Als wir alleine im Garten waren, sagte der Premierminister zu mir: »Sie werden vielleicht noch manchen Krieg erleben, aber niemals wieder eine solch interessante Zeit wie jetzt – und es wird später gewiß noch einige Kämpfe geben.« Dann sprach er über Wavell und Auchinleck und meinte, daß die Entscheidung nicht leicht gewesen sei. Ich würde mich nicht wundern, wenn Wavell schmollt und sich weigert, nach Indien zu gehen. Winston entgegnete, er habe sich gescheut, ihn ganz kaltzustellen, weil dies viel Aufregung verursacht hätte. Dann vertrat ich die Meinung, daß Wavell nach dem Krieg sicher seine Feder benutzen werde. Darauf antwortete Churchill, daß er dies auch könne und sicher mehr Exemplare verkaufe.

Sonntag, 22. Juni Ich wurde mit der telefonischen Nachricht geweckt, daß die Deutschen Rußland angegriffen haben. Diese Nachricht verbreitete ich in den einzelnen Schlafzimmern und erzielte damit ein Lächeln der Genugtuung auf den Mienen von Churchill, Eden und Winant. Letzterer nimmt allerdings an, daß dies eine fingierte Sache zwischen Hitler und Stalin sein könnte; Churchill und Cripps verlachten ihn deswegen.

Eden fuhr tagsüber eilig ins Außenministerium. Der Premierminister entschied sich, eine Rundfunkansprache zu halten. Beim Lunch bemühte er sich, Cripps zu provozieren, der zur Besprechung der Lage gekommen war und mit seiner Frau zu Lunch und Dinner blieb. Winston machte den Kommunismus nach Strich und Faden herunter und behauptete, alle Russen seien Barbaren. Schließlich erklärte er sogar, nicht einmal der dünnste Faden verbände die Kommunisten mit den einfachsten Formen der Menschlichkeit. Cripps nahm das alles gelassen hin und zeigte sich amüsiert.

Die Rundfunkansprache des Premierministers war erst zwanzig Minuten vor dem Ablieferungstermin fertig, was mir manchen Schweißtropfen verursachte. Eden, der den Text vorher noch auf Herz und Nieren hatte prüfen wollen, kam nicht mehr dazu. Aber die Ansprache beeindruckte uns alle. Sie war dramatisch und sprach sich klar für eine politische Unterstützung der Russen aus.

Nachdem die Damen sich am Abend zurückgezogen hatten, entspann sich eine lebhafte und geistreiche Debatte zwischen dem Premierminister auf der einen Seite, der von Sir Stafford Cripps unterstützt wurde, und Eden und Cranborne auf der anderen. Mr. Fraser, der stumpfsinnige Labour-Premier von Neuseeland, versuchte vergeblich, ein paar Gemeinplätze beizusteuern. Edward Bridges und ich lauschten, fasziniert und teilweise geschüttelt von Lachen. Das Gespräch drehte sich um die Frage: »Soll es am Dienstag im Unterhaus eine Debatte über Rußland geben?« Eden und Cranborne vertraten den Tory-Standpunkt, daß, wenn eine solche Debatte stattfindet, sie sich lediglich auf den militärischen Aspekt beschränken soll, weil Rußland politisch ebenso böse wie Deutschland sei. Mindestens die Hälfte der Nation würde es ablehnen, zu sehr mit diesem Land verbunden zu sein. Der Premierminister vertrat hingegen die Meinung, daß Rußland sich nun im Krieg befinde und seine unschuldige Bevölkerung abgeschlachtet werde. Wir sollten deshalb unsere Vorbehalte gegenüber dem Sowjetsystem und der Komintern vergessen und Mitmenschen, die sich in Not befänden, unsere Hand reichen. Die Diskussion wurde äußerst heftig geführt. Ich habe noch nie einen solch erfreulichen Abend verbracht.

Beim Schlafengehen wiederholte Winston mehrfach, wie wundervoll es doch sei, daß Rußland jetzt gegen Deutschland kämpfen müsse, wo es doch leicht auch an seiner Seite hätte sein können. Er freut sich auch über die erfolgreichen Einsätze unserer Jagdflugzeuge über Frankreich, die gestern und vorgestern, bei nur drei verlorenen Piloten auf unserer Seite, achtundfünfzig feindliche Flugzeuge abgeschossen haben. Wir scheinen jetzt bei Tage über feindlichem Gebiet genauso die Luft zu beherrschen wie über unserem eigenen Land.

Montag, 23. Juni Der Premierminister brütet nun über der Idee, wie man in Frankreich landen könnte, während die Deutschen in Rußland engagiert sind. Nun sei die Gelegenheit gekommen, sagte er, »Hölle zu spielen, während die Sonne scheint«.

Dienstag, 24. Juni Es hat doch etwas für sich, wenn man über einen gewissen Einfluß verfügt. Heute morgen wurde ich wegen Überschreitung der zulässigen Geschwindigkeit angehalten. Der Polizist ließ mich aber wieder laufen, als er entdeckte, daß ich der Privatsekretär des Premierministers bin.

Das Unterhaus trat zum erstenmal im Oberhaus zusammen. Ihre Lordschaften sind in die Royal Gallery umgesiedelt. Vom neuen Sitzungssaal zum Arbeitszimmer des Premierministers ist es ein schrecklich langer Weg. Ich mußte ihn dreimal in tropischer Hitze laufen und wäre fast zusammengebrochen.

Mittwoch, 25. Juni Der Ärger mit dem Informationsministerium hat einen Höhepunkt erreicht. Es ist dringend notwendig, jetzt einmal genau zu definieren, welche Zuständigkeiten Mr. Duff Cooper hat und wie sein Verhältnis zu den anderen Ministerien ist.

In geheimer Sitzung unterbreitete der Premierminister dem Unterhaus die Fakten über die Situation unserer Schiffahrt und den Stand der Schlacht im Atlantik; bei beidem sind wohl wirkliche Fortschritte zu verzeichnen. Am letzten Wochenende hatte mir Winant gesagt, daß die USA hofften, im nächsten Jahr zwei Millionen Bruttoregistertonnen mehr bauen zu können als ursprünglich geplant.

Beendete *My Early Life,* während der Premierminister seinen neuen Vorschlag diskutierte, daß einer der Kabinettsminister seinen ständigen Aufenthalt im Nahen Osten nimmt. Dies war von Randolph in einem Telegramm angeregt worden. Oliver Lyttelton ist dafür ausersehen.

Sonntag, 29. Juni Mutter fuhr wegen einer Rundfunksendung nach London, und während des Dinners hörten wir ihren bewundernswerten Appell zur Unterstützung der verschiedenen Jungmädchen-Vereinigungen. Sie ist eine vollendete Rednerin. Der Kommentar nach den Nachrichten stammte von einem amerikanischen Journalisten, Quentin Reynolds, der sich an Dr. Goebbels persönlich wandte. Ich stimmte mit Großvater darin überein, daß es eine der besten Rundfunksendungen war, die wir je gehört hatten. Zwischen England und Amerika, so sagte er, bestehe nur ein Unterschied: in England gebe es Links-, in Amerika Rechtsverkehr. Aber wir führen beide auf der gleichen Straße, jeder seine Seite nutzend, bis wir unser gemeinsames Ziel Berlin erreicht hätten.

Montag, 30. Juni Die Russen, die von den Deutschen zurückgeschlagen werden, zeigen unserer Militärmission in Moskau gegenüber eine unglaubliche Zurückhaltung. Molotow will uns nicht mehr verraten, als in den offiziellen Kommuniqués steht. Selbst jetzt, in der Stunde ihrer Not, ist die Sowjetregierung – oder zumindest Molotow – genauso mißtrauisch und unkooperativ wie im Sommer 1939, als wir mit ihr über einen Vertrag verhandelten. Ich vermute, daß unser linker Flügel wieder behaupten wird, das sei alles Schuld unserer Regierung.

Heute wurde bekanntgegeben, daß Beaverbrook das Versorgungsministerium übernimmt. Bei den diffizilen Aufgaben dort wird er sich vielleicht nicht mehr als so aufdringlich erweisen wie bisher. Andrew Duncan übernimmt das Handelsministerium, und Oliver Lyttelton wird Staatsminister mit besonderen Aufgaben im Nahen Osten.

Da ihm die Filiale an diesen heißen Sommerabenden zu stickig ist, zieht der Premierminister es vor, wieder in Nr. 10 zu arbeiten. Ich hatte dort bis weit nach Mitternacht zu tun, während die Formulierungen des Kommuniqués über die Veränderungen im Nahen Osten entworfen wurden und man gründlich erörterte, wie man es am besten an den Mann bringt.

Die Stürme flauen ab

Juli 1941

Dienstag, 1. Juli Der Premierminister hat mir, Rowan und Ismay einander widersprechende Anweisungen bezüglich des Kommuniqués über die Veränderungen im Nahen Osten erteilt. Er hat bodenlose Angst, daß ein Leck in einer der ausländischen Botschaften es Lord Haw-Haw[95] ermöglichen könnte, als erster mit der Nachricht herauszukommen.

Lunch mit Charles Fletcher Cooke, den ich in Cambridge als eifrigen und engagierten sozialistischen Debattenredner und Präsidenten der sozialistischen Vereinigung dort kennengelernt hatte. Es stellte sich heraus, daß seine Ansichten über die Wünschbarkeit staatlicher Kontrolle durch seine Tätigkeit als Staatsangestellter in der Admiralität ins Wanken gekommen waren. Es waren keineswegs die hohen Verwaltungsbeamten, die er kritisierte, sondern die Leute, »die den ganzen Tag nichts anderes tun, als mit Teekannen herumzulaufen«. Allmählich beginnt er zu glauben, daß sich auch einiges für die Privatinitiative sagen läßt. Bewerber für den Staatsdienst sollte man seiner Meinung nach zunächst für einen Zeitraum von fünf Jahren einstellen und ihnen dann eine Abfindungssumme anbieten, damit sie sich zehn Jahre lang draußen in der Welt den Wind um die Nase wehen lassen. Diejenigen, die dies erfolgreich absolvieren, könne man nachher in Schlüsselpositionen bringen.

Mittwoch, 2. Juli Die Veränderungen im Kommando im Nahen Osten und die Berufung Oliver Lytteltons fanden in der Presse ein gutes Echo, wenn auch die Ablösung Wavells Überraschung auslöste.

Der Bischof von Birmingham, der allbekannte Dr. Barnes, suchte mich in Anthony Bevirs Abwesenheit auf, um über die Pfründe der Krone in seiner Diözese zu sprechen. Er erzählte mir, daß man während eines heftigen Luftangriffes alle Schweine aus einer nebengelegenen Schlachterei in die Kirche von St. Judas getrieben habe. »Und das geschah mit vollem Recht«, meinte dieser Kirchenfürst, ein Don aus Cambridge von hohem Intellekt, aber außerordentlich zur Bilderstürmerei neigend.

Donnerstag, 3. Juli Die Russen werden an allen Fronten zurückgetrieben. Sie scheinen sich aber tapfer und keinesfalls entmutigt zu wehren.

Freitag, 4. Juli Ich sehe einen gewaltigen öffentlichen Aufschrei voraus. Die Independent Labour Party behauptet, daß Beaverbrook vor Bildung der jetzigen Regierung angeboten hat, sogenannte Friedenskandidaten zu finanzieren. Der Premierminister hat dies neulich bereits im Unterhaus dementiert. McGovern, Abgeordneter dieser Partei für einen schottischen Wahlkreis, hat nun eine detaillierte Darstellung vorgelegt, für die sich Maxton verbürgt. Die meisten Leute werden eher Maxton als Beaverbrook Glauben schenken.

Sonnabend, 5. Juli Ich war mit Barker allein in der Downing Street. Der Premier ist nach Chartwell gefahren, auf der Suche nach Frieden. So konnte auch ich mit mehr Ruhe meine Aufgaben erledigen, als das sonst in diesem großen Stab möglich ist.

Lunchte mit Jasper Rootham im Travellers. Er ist glücklich darüber, daß er den Staatsdienst mit einem Panzer vertauschen konnte.

Sonntag, 6. Juli Ein ruhiger, brütend heißer Sommertag, den ich zum Teil darauf verwendete, mich an meine neuen Kontaktlinsen zu gewöhnen, die nicht sehr angenehm sind, und um zu lesen.

Traf mich mit Herschel Johnson zum Dinner im Claridges. Wir plauderten danach noch bis elf Uhr recht angenehm. Ich erläuterte ihm meine These, daß Hitler von den Erfolgen seiner eigenen Stabsarbeit so beeindruckt ist, auch von der Schnelligkeit und Regelmäßigkeit, mit der er seine Absichten verwirklicht, daß er aufgehört hat zu glauben, daß ihm irgend etwas unmöglich ist. Während unsere militärischen Autoritäten immer dazu neigen, äußerst skeptisch an eine neue Operation heranzugehen, und zumindest immer einen langsamen Ablauf einplanen, seien die deutschen Operationen – jedenfalls die an Land – ohne Ausnahme erfolgreich gewesen. Die deutschen Divisionen würden von West nach Ost und von Nord nach Süd meist innerhalb so vieler Tage bewegt, wie unsere Streitkräfte Wochen benötigten. Deshalb hat Hitler meiner Meinung nach auch überhaupt nicht die Möglichkeit in Erwägung gezogen, daß sein Vormarsch in Rußland aufgehalten werden könnte, sondern sich darauf verlassen, daß alles mit der gleichen Uhrwerkpräzision wie bisher ablaufen wird. Vielleicht wird das auch der Fall sein; viele unserer Experten glauben das – ich glaube es nicht.

Dienstag, 8. Juli Nachdem ich mit Vater zum Lunch war, ging ich nach Nr. 10 zurück, um mit dem Premierminister zu sprechen, während er sich anschickte, schlafen zu gehen. »Wie ich höre, hast du einen Anschlag auf mich vor«, sagte er. »Du weißt, daß ich den kontern kann. Ich kann dich zwar nicht zwingen, bei mir zu bleiben, aber ich kann dich gegen deinen Willen auf einen anderen Posten versetzen lassen.« Ich entgegnete, daß ich das wisse, aber hoffte, daß er dies nicht tun werde. Nachdem ich ihm eine meiner noch nicht ganz passenden Kontaktlinsen gezeigt hatte, meinte er schließlich, daß er mich gehen lassen würde, und stimmte zu, daß der kurze, scharfe Kampf eines Jagdfliegerpiloten dem viel langweiligeren Einsatz in einer Bomberbesatzung vorzuziehen ist. Dann machte er noch ein paar Bemerkungen, daß es eigentlich falsch sei, jetzt zu gehen, nachdem ich mich in die Routine dieses Amtes eingearbeitet hätte, und sagte, er ließe mich nicht gehen, wenn London weiterhin schwer bombardiert würde. Im Moment sei aber eine Flaute eingetreten, und er könne daher nicht nein sagen.

Mittwoch, 9. Juli Nach dem Abendessen gratulierte Winston zunächst Archie Sinclair zu seinem K.T. [Knight of the Order of the Thistle, schottischer Distel- oder Andreasorden]. Archie meinte, daß ein K.G. [Knight of the Garter, Hosenbandorden] für Eden dessen Chancen, einmal Premierminister zu werden, ruinieren könnten. Winston entgegnete, Eden habe nun einen ernsthaften Konkurrenten: Oliver Lyttelton, der *persona grata* für die Konservative Partei sei und jetzt die Chance habe, sich Meriten in Ägypten zu erwerben. Eden würde weder im Unterhaus noch in der Partei unterstützt, obwohl er, Winston, seinen Charakter und seinen Mut schätze. »Er würde ebensogut eine Batterie befehligen wie für seine Prinzipien auf den Scheiterhaufen gehen, selbst wenn die Prinzipien ebenso falsch seien wie der Standort seiner Batterie.« Lyttelton sei »zäh und verbohrt« – und bereit, Verantwortung zu übernehmen.

Der Premierminister und Archie unterhielten sich noch bis zwei Uhr in der Frühe, während ich das Grammophon für sie in Gang hielt. Der Premier zeigte Sinclair die Parodie auf »Sein oder Nichtsein«, die zur Zeit der napoleonischen Invasionsdrohung verfaßt wurde und nun im Korridor von Chequers hängt. Sie unterhielten sich darüber, was mit den führenden Männern des Feindes nach dem Krieg geschehen sollte. Der Premierminister meinte, mit Kriegsende sollte alles Blutvergießen ein Ende haben, obwohl er persönlich es gern sehen würde, wenn man Mussolini, diesen laienhaften Nachahmer der antiken Römer, wie Vercingetorix auf gute alte römische Art strangulierte. Hitler und die Nazis würde er gern auf eine einsame Insel verbannen, dafür allerdings nicht St. Helena entweihen. Aber bis dahin sei es noch ein langer Weg.

Besonders scharf verurteilte der Premier jegliche Art von Defätismus. Es sei besser, unsere Insel in ein Meer von Blut zu verwandeln, als sich dem Feind zu ergeben, falls ihm die Invasion gelingt. Beeindruckt war er von einem Brief, den Reynaud vor einigen Wochen Pétain sandte und in dem er daran erinnerte, wie die französischen Generale nach dem Waffenstillstand mit Deutschland zu ihm gesagt hätten, England würde innerhalb der nächsten drei Wochen »wie einem Hühnchen der Hals umgedreht«. Reynaud hatte dem Premierminister und dem amerikanischen Präsidenten über die amerikanische Botschaft in Vichy Kopien zukommen lassen. Dieser Brief ist sehr eindrucksvoll zu lesen.

Vor dem Schlafengehen kam der Premierminister noch einmal auf meine Bewerbung für die RAF zurück. Er meinte, ein Jagdfliegerpilot habe noch größeren Spaß als ein Polospieler, denn er sei Großwildjäger und Weidmann in einem.

Montag, 14. Juli Es soll weitere Veränderungen in den Regierungsstellen geben, wobei man Duff Cooper und Lord Hankey loswerden will. Brendan soll Informationsminister werden – sehr gegen seinen Willen, wie er behauptet. In diesem Amt ist bisher noch jeder gescheitert, aber Brendan besitzt dafür große Qualifikationen. Rab soll das Erziehungswesen übernehmen, und Duncan Sandys will der Premierminister zum Finanzsekretär im Kriegsministerium machen. Das riecht nach Nepotismus.

Verzweifelte Suche nach einer Depesche, von der Eden, Desmond und ich dachten, sie existiere nicht; der Premierminister beschwor das Gegenteil. Als sie schließlich auftauchte, empfahl er mir, Harakiri zu begehen.

Dienstag, 15. Juli Fuhr mit dem Premierminister ins Unterhaus, wo er eine Erklärung zu unserer Kriegsproduktion abgab – kürzlich wurde in einer Debatte Kritik daran geübt, und dies hatte ihn gewurmt – sowie zu Syrien und der Allianz mit Rußland.

Desmond sagte, es gebe Hinweise darauf, daß Vichy mit uns ein doppeltes Spiel spielt. Der Abgesandte von Pétain und Huntziger, der uns neulich aufsuchte, sei nicht ganz das gewesen, was er vorgab zu sein. Vielleicht versucht man, einen Keil zwischen uns und de Gaulle zu treiben.

Mittwoch, 16. Juli Die Russen befinden sich zwar noch immer auf dem Rückzug, scheinen den Deutschen dabei aber empfindliche Verluste zuzufügen, die zum erstenmal nicht über genügend Unterstützung durch Jagdflieger verfügen. Damit erfüllen auch unsere täglichen Angriffe über Nordfrankreich ihren Zweck, obwohl sie kein besonders großartiges

Ablenkungsmanöver sind und wir noch mehr tun müßten. Aber wie üblich ist die Haltung der Stabschefs hierzu so negativ wie nur möglich.

Dr. Wellington Koo, der neue chinesische Botschafter, erzählte mir, wie wirkungsvoll die Taktik der »Verbrannten Erde« sein kann, die die Russen jetzt gegenüber den deutschen Eindringlingen anwenden. Die Chinesen haben sie weithin gegen die Japaner genutzt. Seine Exzellenz zeigte sich sehr optimistisch. Er glaubt nicht, daß die unermeßliche Front, die sich gegen die Achse gebildet hat, scheitern wird. Wie der Premierminister ist er beeindruckt davon, daß mittlerweise 1,2 Milliarden Menschen gegen die Nazis kämpfen, dreiviertel der Weltbevölkerung.

Beim Lunch unterhielt ich mich mit Milo Talbot über die Situation, die entstehen könnte, wenn die Nazis gestürzt und die deutschen Generale Frieden anbieten würden, bei ungebrochener Kraft ihrer Armee. Ich glaube, daß dann der Moment gekommen ist, an dem wir unsere Kriegsziele definieren müssen, und zwar ganz klar. Die Furcht vor einem karthagischen Frieden würde lediglich den deutschen Widerstand verfestigen. Ein großzügiges Friedensangebot unter der Voraussetzung einer streng kontrollierten deutschen Abrüstung könnte ein kriegsmüdes Volk wohl dazu bringen, selbst seine Militärs zum Aufgeben zu zwingen.

Wir sprachen auch über Rußland. Ich neige jetzt immer mehr zu der Annahme, daß Rußlands Verhalten im Jahr 1939 und danach vorwiegend von der Furcht vor den Deutschen und dem daraus resultierenden Bemühen, sie zu beschwichtigen, bestimmt war und weniger von der ziemlich machiavellistischen Hoffnung, Europa würde so zerstört werden, daß anschließend in den Furchen seines Brachlandes die kommunistische Saat aufgeht. So zahlten sie Tribut.

Es scheint, daß der Premierminister Duncan Sandys sogar zum Unterstaatssekretär für auswärtige Angelegenheiten machen wollte, in der Gilde der Unterstaatssekretäre der wichtigste Posten und besonders verantwortungsvoll. Eden hat ihn schonend darauf hingewiesen, daß er Richard Law aufgrund seiner Erfahrung bevorzuge. Also geht Duncan jetzt ins Kriegsministerium. Von soviel Nepotismus aufgestachelt, bot John Peck mir fünf Pfund dafür, wenn ich als beste Wahl für das Amt des Informationsministers Vic Oliver empfehle, Churchills zweiten Schwiegersohn.

Donnerstag, 17. Juli Die Presse berichtete über die bevorstehende Ernennung Brendans zum Informationsminister. Der Himmel weiß, durch welches Leck diese Information durchgesickert ist.

Am Nachmittag traf unerwartet Harry Hopkins in einem amerikanischen Bomber ein. Er war beladen mit Schinken, Käse, Zigarren und so weiter für den Premierminister. Die amerikanischen Zigaretten verehrte er zu meiner großen Enttäuschung Tommy.

Sonnabend, 19. Juli Zum Tee kam der sowjetische Botschafter nach Chequers. Er brachte eine Botschaft Stalins mit, der um Entlastungsmanöver an verschiedenen Fronten bittet. Die Russen können nicht verstehen, daß wir noch immer nicht genügend vorbereitet sind, um jetzt schon in die Offensive gehen zu können. Ich war zugegen, als der Premierminister dem armen, uninformierten Maisky die gesamte Lage ausführlich erläuterte.

Sonntag, 20. Juli Der Premierminister diktierte am Nachmittag eine kluge Entgegnung an Stalin, derentwegen ich mich zum Dinner verspätete und die mir anschließend noch beträchtliche Mühe verursachte, nämlich lange Diskussionen mit Eden, Pound und anderen, über welchen Kanal sie gesendet werden soll – ein Problem, über das der Premier bereits entschieden hatte.

Später sahen wir uns einen erbärmlichen amerikanischen Film an, *Citizen Kane,* der auf der Lebensgeschichte von William Randolph Hearst basiert. Winston war so gelangweilt, daß er noch vor dem Schluß hinausging. Harrimans Tochter Kathleen findet den Film wundervoll und sagt, daß dies die allgemeine Ansicht in Amerika sei. Die Tatsache, daß wir diese Ansicht nicht teilen, offenbare ihr viel über uns Engländer. Ich entgegnete, daß die Tatsache, daß die Amerikaner ihn gut finden, mir gar nichts über die Amerikaner verrate.

Anschließend saßen wir noch bis drei Uhr nachts auf, wobei der Premierminister sich mit Hopkins über Lebensmittellieferungen und andere Importe unterhielt. Hopkins erklärte, daß unser Export von Stahlprodukten und anderen Fertigwaren wie Angelruten aus Aluminium – obwohl ökonomisch unbedeutend – den Isolationisten in die Hände spiele, die behaupten, daß Amerika uns Rohstoffe liefere, die es selbst dringend benötige, nur um unseren Export zu stärken. Dies sei natürlich Unsinn, spiele aber eine wichtige politische Rolle, weil der Kongreß jetzt über umfangreiche Zuteilungen aus dem Pacht- und Leih-Gesetz zu entscheiden habe. Er sagte ferner, daß die USA uns mehr Lebensmittel liefern könnten und sollten. Zum Schluß gähnten Attlee und Harriman so, daß Hopkins darauf bestand, der Premierminister (dieser in unbändiger Stimmung) solle zu Bett gehen.

Als Winston davon anfing, was er mit den Naziführern nach dem Krieg – und mit den deutschen Städten während des Krieges – tun wolle, meinte Hopkins, daß er, Churchill, nur die Stellen in der Bibel lesen würde, die ihm paßten, und diese stünden im Alten Testament. »Ich bin nicht erstaunt darüber«, sagte er, »daß Ihre Leute Ihnen alle weglaufen, so, wie Sie sie behandeln. Schauen Sie sich Tommy an, der etwa dreißig Pfund Gewicht verloren hat. Jock will zur RAF gehen – er sollte sich, nebenbei, vor den farbigen Mädchen in Alabama hüten, falls er dorthin zur Ausbildung kommt. Seal geht in die Vereinigten Staaten, und Mrs. Hill müssen Sie mit einer Medaille bestechen, damit sie bei Ihnen bleibt.« In diesem Moment blickten wir alle auf die Uhr.

Montag, 21. Juli Auf dem Weg zurück nach London hielt unser Wagenkonvoi in Northolt, damit wir die neuen großen Bomber besichtigen konnten. Man hatte eine Stirling, eine Halifax, eine Lancaster, eine B 17 *(Flying Fortress)* und eine B 24 *(Liberator)* für uns aufgestellt. Ich kletterte in die meisten hinein und war von den technischen Wunderwerken, der Ausdehnung der Tragflächen und dem Gefühl der Stärke, das sie vermittelten, sehr beeindruckt. Anschließend flogen die fünf Maschinen sehr niedrig an uns vorbei. Am beeindruckendsten erschien dabei die Lancaster, obwohl die *Flying Fortress,* ursprünglich für den Zivilluftverkehr entworfen, die schönste von allen ist.

Dienstag, 22. Juli Je mehr ich von den Entscheidungen unserer Stabschefs mitbekomme, desto enttäuschter bin ich über die negative Haltung, die sie einnehmen. Sie scheinen davon überzeugt zu sein, daß ihre Aufgabe darin besteht, auf jeden Vorschlag zu einer Offensive Gegenargumente zu finden und einen unwirksamen Gegenvorschlag zu machen. Sie entschuldigen sich meist damit, daß wir nicht über genügend Ausrüstungen, Soldaten und Schiffe verfügen, aber sie sind auch nicht bereit, gelegentlich zu improvisieren oder Risiken in Kauf zu nehmen.

Brendan, der nach seinem ersten Tag im Informationsministerium schon sehr sarkastisch geworden ist, lud mich, Lord Moore von der *Financial Times* und unseren neuen Privatsekretär im Unterhaus, Colonel Harvie-Watt, zum Dinner ein. Wir unterhielten uns über das Thema stabile Preise und Löhne. Brendan meinte, daß bisher noch kein Schatzkanzler den Mut gefunden habe, der Bevölkerung klarzumachen, daß Preise nur stabil gehalten werden können, wenn es keine allgemeinen Lohnerhöhungen gibt.

Donnerstag, 24. Juli Beim Lunch im größeren Kreis meinte der Premierminister, eines der auffälligsten Kennzeichen dieses Zeitalters sei »der beklagenswerte Mangel an Charlotte Cordays«.

Sir Henry Strakosch ist guten Mutes, was die abnehmenden deutschen Ölvorräte betrifft. Er meint, daß sie nur noch fünf Millionen Tonnen Reserve haben. Wenn die Russen nur noch zwei Monate durchhielten, wären diese Vorräte aufgebraucht.

Wenn man Brendan Glauben schenken kann, dann hat er bereits mit der Admiralität vereinbart, daß sie dem Informationsministerium das nötige Stroh für seine Ziegelsteine liefert[96].

De Gaulle benimmt sich in Kairo widerwärtig: streitsüchtig und neurotisch. Oliver Lyttelton scheint ihn sehr schonend zu behandeln, um einen Bruch mit ihm zu vermeiden.

Während meines Spätdienstes am Abend wurde in der Downing Street über die weitere Strategie im Nahen Osten diskutiert. Zuerst telefonierte Hopkins, später auch Churchill, mit Roosevelt. Der Premier, der vergaß, daß kein Zerhacker zwischengeschaltet war, erwähnte auch ein gewisses Treffen, was er anschließend bitterlich bereute.

Sonnabend, 26. Juli Auf der Rückfahrt von Richmond nach London nahm ich eine quicklebendige Französin mit. Wir unterhielten uns so angeregt, daß ich eine Anzeige wegen Überschreitung der Geschwindigkeitsbeschränkung einstecken mußte.

Später fuhr ich mit Philip nach Badminton. Es ist ein großes, wundervolles graues Haus. Zum Tee kamen Jack Coke und Lord und Lady Coke. Mutter war gleichfalls anwesend. Queen Mary, die uns aus großer Zuneigung zu Mutter eingeladen hatte, obwohl sie sonst niemals Gäste zum Übernachten hat, bewirtete uns sehr freundlich. Später machte ich mit ihr einen Spaziergang im Garten und erzählte ihr viele vertrauliche Dinge, die bei ihr aber gut aufgehoben sind. Sie war sehr dankbar dafür und sagte, wie sehr sie die Informationen vermisse, die ihr der König im letzten Krieg immer anvertraut habe.

Sonntag, 27. Juli Wir dinierten abends mit der Königin im kleinen Speisesaal des Hauses, dessen Eichentäfelungen das Familienwappen mit dem Fallgatter tragen. Die Königin trug eine Unmenge von Juwelen, ohne auch nur im geringsten protzig zu wirken. In gehorsamer Befolgung dessen, was Lord Woolton der Bevölkerung empfohlen hat, gab es nur zwei Gänge, allerdings von vier Pagen und Dienern serviert. Alles in allem ist der Haushalt der Königin eine seltsame Mischung von Einfachheit und königlichem Prunk.

Montag, 28. Juli In London gab es in der vergangenen Nacht wieder einen kleineren Luftangriff, als Vergeltung für einige Bomben, die wir über Berlin abgeladen haben. Der Premierminister hat während des ganzen Wochenendes an seiner Rede über Fragen der Rüstungsproduktion gearbeitet, die von der wachsenden Zahl seiner Kritiker mit Spannung erwartet wird.

Dienstag, 29. Juli Die sehr lange Rede des Premierministers in der Rüstungsdebatte trug nichts zur Besänftigung seiner Kritiker und der Presse bei, die die Einsetzung eines Ministers für die Rüstungsproduktion fordern.

Leslie und ich verbrachten den ganzen Nachmittag damit, das Sitzungsprotokoll zu korrigieren, so schlecht ist die Akustik im Sitzungssaal des Oberhauses.

Mittwoch, 30. Juli Wohnte der Unterzeichnung des russisch-polnischen Vertrages im Außenministerium bei. Der Premierminister, Eden, Sikorski und Maisky unterzeichneten. Hinter ihnen waren Scheinwerfer aufgebaut, vor ihnen drängten sich die Kameraleute, während eine Büste des Jüngeren Pitt, ziemlich mißbilligend, wie mir schien, zuschaute. Obwohl dieser Pakt das deutsch-russische Abkommen aus dem Jahr 1939 außer Kraft setzt und die Grenzfragen unberührt läßt, hat er bei den Polen viel Groll verursacht und, wie ich glaube, den Rücktritt des Präsidenten. Für einen Polen ist ein Russe keineswegs vorteilhafter als ein Deutscher. Das ist aus der Geschichte heraus sehr wohl zu verstehen.

Auchinleck, der neue Oberbefehlshaber im Nahen Osten, kam zum Dinner mit dem Premierminister. Ich wechselte vorher einige Worte mit ihm. Er meint, daß die Situation im Westen der afrikanischen Front schlecht gemeistert worden sei, »nicht vom Oberkommando, aber taktisch«. Die Möglichkeit, daß die Deutschen eine Panzerdivision aus Libyen nach Rußland verlegen könnten, streitet er entschieden ab. Von de Gaulle nimmt er an, daß dieser verrückt ist und von persönlichem Ehrgeiz zerfressen, weshalb er sich wenig um unsere Erfolge im Krieg schere. Auchinleck ist ein eindrucksvoller Mann. Aber – wie man oft auf dem Rennplatz bestätigt findet – gute Erscheinung garantiert noch lange keine gute Form.

Donnerstag, 31. Juli Der Premierminister ging nach der Kabinettssitzung im Parlament zu Fuß nach Downing Street zurück, etwas, was er bisher noch nie getan hat. Obwohl er sich mit lauter Stimme mit mir über seine Kriegserinnerungen unterhielt, wurde er von kaum jemandem auf der Straße erkannt.

Desmond hat die schreckliche Entdeckung gemacht, daß die Presse, oder zumindest Lord Camrose mit seinen Leuten, etwas über unser bislang bestgehütetes Geheimnis herausgefunden haben, nämlich über den Inhalt des Koffers, den »C« immer an den Premierminister schickt[97]. Die Lecks bei uns nehmen an Zahl und Gefährlichkeit zu.

Die Beziehungen werden enger

August 1941

Freitag, 1. August Ich fuhr mit eingesetzten Kontaktlinsen ins Luftfahrtministerium zur Eignungsuntersuchung, die ich zu meiner Begeisterung ohne Einschränkungen bestand.

Der Premierminister entschwand nach Chequers. Ich werde ihn in den nächsten vierzehn Tagen nicht zu Gesicht bekommen, da er sich anschließend auf eine wichtige Reise begibt (Deckname »Riviera«, das Treffen mit Roosevelt auf hoher See im Nordatlantik). Er war so aufgeregt wie ein Schuljunge am letzten Schultag. Brendan konnte ihn sogar gegen seinen Willen dazu überreden, zwei Journalisten mitzunehmen.

Sonnabend, 2. August Die Russen scheinen nun ihre Front zu halten, und die Lage bei Smolensk ist aus unserer Sicht befriedigend. Wenn die Russen noch weitere drei Monate durchhalten können, ist der Krieg so gut wie gewonnen, und Napoleons Nachfolger wird mit unheimlicher Genauigkeit dasselbe Schicksal wie dieser erleiden.

Sonntag, 3. August Vergangene Nacht haben wir Berlin wieder sehr heftig angegriffen.

Der Premierminister reiste mit derartig großem Gefolge gen Norden ab, daß ihn sogar Kardinal Wolsey[98] beneidet hätte.

Montag, 4. August Erhielt einen sehr bewegenden Brief von Mutter. »Mein Liebling«, schrieb sie, »ich bin sehr froh, so glaube ich wenigstens, in jedem Fall aber sehr begeistert und stolz darauf, daß ich demnächst auch einen Sohn bei der RAF haben werde ...«

Die Abwesenheit des Premierministers verursacht eine erstaunliche Veränderung: Es gibt praktisch nichts zu tun, obwohl Attlee – der den Premier in seiner Abwesenheit vertritt – laufend anruft und fragt, ob er irgendwelche Papiere zu unterzeichnen hat, wie ein Kind, das begierig darauf ist, mit seinem neuen Spielzeug zu spielen!

Besuchte Diana Quilter, die in einem Kriegsgefangenenlager in Trent arbeitet. Offensichtlich glauben alle Gefangenen, daß Hitlers Einmarsch in Rußland ein großer Fehler war, und offensichtlich hassen sie uns alle gewaltig. Diana ist davon überzeugt, daß unser Schicksal – falls die Deutschen je nach hier kommen sollten – noch schlimmer sein würde als das der Polen.

Dienstag, 5. August Noch immer herrscht in Downing Street wegen der Abwesenheit des Premierministers eine fast unnatürliche Ruhe. Ich vertrat den Premier beim Gedenkgottesdienst für Sir Emsley Carr, den Besitzer der *News of the World*. Auf dem Rückweg erzählte mir Sammy Hood, den ich im Dienstwagen mitnahm, daß die Deutschen in ihrem Übersee-Kurzwellenfunk bereits bekanntgaben, daß Churchill und Roosevelt sich treffen.

Montag, 11. August Zurückgekehrt aus Stratford-on-Avon fand ich alles sehr ruhig vor. Selbst die Militärs gestehen inzwischen ein, daß die Russen besser ausgerüstet und ausgebildet sind, als zu erwarten war. Ihre erfolgreiche Verteidigung ist nicht zuletzt der Tatsache zuzuschreiben, daß sie ihre Bomberverbände ganz zur Unterstützung ihrer Bodentruppen einsetzen. Stalin ist überzeugt, daß er bis zum Winter durchhalten kann, ohne Moskau, Kiew oder Leningrad aufgeben zu müssen.

Da es wenig zu tun gab, ging ich früh zu Bett und verpaßte so die Ankunft einer Depesche des Premierministers über die gemeinsame Erklärung mit Präsident Roosevelt, die auf dessen Wunsch veröffentlicht werden soll. Tatsächlich handelt es sich um die Erklärung von Kriegszielen. Das Kabinett trat um ein Uhr morgens zusammen und billigte im wesentlichen die Ansichten des Premiers in dieser Frage.

Dienstag, 12. August Das Kabinett trat um zehn Uhr zur Fortsetzung seiner nächtlichen Beratungen zusammen. Der Premierminister scheint den Präsidenten auch durch Schmeicheleien dazu gebracht zu haben, weitgehend seine eigenen Vorstellungen für die gemeinsame Erklärung zu akzeptieren. Darüber hinaus haben die beiden Maßnahmen gegen Japan vereinbart.

Mittwoch, 13. August Der Premierminister hat ein ganzes Bündel weiterer unterhaltsamer Telegramme geschickt, aus denen seine große Zufriedenheit mit den geführten Gesprächen hervorgeht. Zum Teil sind sie sehr salopp im Ton. So heißt es in einem: »Vergleichen Sie außerdem unsere Botschaft an den guten, alten Joe«, dem man umfangreiche materielle Hilfe zugesagt hat.

Der Bericht der Zensurbehörde über die Stimmung in der Heimat zeigt, daß sie sich durch Rußlands ungebrochenen Widerstand wesentlich gebessert hat. Viele Leute scheinen jetzt mit einem Sieg bis Weihnachten zu rechnen. Es ist eine gewisse Zurückhaltung gegenüber Rußland zu spüren und einige Verbitterung gegen »wohlerworbene Rechte«, gegen Mr. Bevin sowie gegen körperlich leistungsfähige Männer und

Frauen, die an behaglichen Plätzen wie Harrogate leben, den Krieg so weit als möglich ignorieren und ihr Hauptaugenmerk auf gutes Essen und Vergnügungen richten.

Dinierte mit Ronnie Melville und dem Grafen Zamoyski [dem Adjutanten General Sikorskis]. Der Graf, ein sonst absolut vernünftiger und sensibler Mann, ist ein strikter Deutschenhasser. Er wünscht sich, daß wir Deutschland im Verlauf des Krieges so viel als möglich zerstören, da er nicht glaubt, daß wir kaltblütig genug sind, es nach dem Krieg zu vernichten. Wir haben eine wirklich christliche Gemütsverfassung erreicht! Außerdem bestätigte er, was ich schon zuvor gewußt habe, daß die russische Besetzung Ostpolens im ganzen noch furchtbarer war als die deutsche.

Donnerstag, 14. August Um fünfzehn Uhr gab Attlee im Rundfunk offiziell das Treffen zwischen Churchill und Roosevelt bekannt und verlas die Deklaration über die Kriegsziele, die sie vereinbart haben. Sie klingt zahm, obwohl es von erheblicher Bedeutung ist, daß Amerika sich damit einverstanden erklärt hat, daß künftig Angreiferstaaten entwaffnet werden müssen.

Freitag, 15. August Am Morgen fuhr ich zum Euston House zur Erledigung der Formalitäten im Zusammenhang mit meinem Eintritt in die Luftwaffe. Ich verließ es am Mittag als »Aircraftsman 2. Klasse« (Fliegersoldat) der RAF-Freiwilligenreserve mit einem Soldvorschuß von zwei Shilling sechs Pence.

Ich mußte mich drei schriftlichen, zu meiner Überraschung sehr gründlichen Prüfungen unterziehen: einem Intelligenztest und je einer Prüfung in Allgemeinwissen und in Mathematik. Sich elf Jahre nach dem Universitätsabschluß wieder mit elementarer Algebra und Geometrie abgeben zu müssen, bringt einen leicht in Verlegenheit, zumal ich auf meinem Fragebogen meine Schulauszeichnungen in einfacher und höherer Mathematik angegeben hatte. Zum Glück konnte ich mich noch an den Satz des Pythagoras erinnern. Der Generalmajor der RAF, der Vorsitzende der Prüfungskommission, schien anzunehmen, daß auch einige technische Kenntnisse wünschenswert seien. Das traf mich schwer. Von meiner Annahme, daß Reitkenntnisse gut für einen Piloten sind, hielt er nichts. Besser wäre es, ein Boot segeln zu können, meinte er. Wenn ich jetzt die richtigen Drähte ziehe, scheint es möglich, daß ich zum gewünschten Zeitpunkt eingezogen werde, nämlich zum 30. September. Mit sechs anderen Männern schwor ich, die Bibel in der Hand, einen feierlichen Treueid auf den König, seine Erben und Nachfolger.

Am Abend fuhr ich zu Mutter nach West Horsley. Ich erläuterte ihr meine These, daß unser Beitrag zu einem künftigen Frieden das Zugeständnis sein müsse, daß Washington anstelle von London Mittelpunkt der angelsächsischen Welt wird. Die britischen Inseln müßten ihr Vorposten in Europa sein. Warum, meinte Mutter, sollten wir dieses Opfer bringen, das nur ein Absinken der politischen und kaufmännischen Tugend zur Folge hätte? Ihre Ansicht hat einiges für sich.

Sonnabend, 16. August Allmählich kristallisieren sich verschiedene Reaktionen zu dem Churchill-Roosevelt-Treffen heraus. Die Bedeutung der Deklaration wird jetzt besser gewürdigt, nachdem man anfänglich enttäuscht war, daß nicht mehr dabei herausgekommen ist.

Im Informationsministerium ließ Brendan die Filme vorführen, die von der Reise des Premierministers gedreht und schon hierher geflogen worden sind. Es war noch Rohmaterial, und einige Passagen waren unsäglich komisch, wie der gemeinsame Gesang des »Onward Christian Soldiers« während des Gottesdienstes an Bord der *Prince of Wales*. Lord Cherwell und Inspektor Thompson [Churchills langjähriger Leibwächter] mit Jachtmützen waren ebenfalls Anlaß zur Fröhlichkeit, nicht zu vergessen die verzweifelten Anstrengungen von Commander Tommy Thompson, immer in vorderster Front der Fotoschlacht zu sein. Jedoch werden die Filme, wenn sie erst einmal angemessen bearbeitet sind, eine gute Dokumentation dieses historischen Ereignisses sein.

Montag, 18. August Brendan hatte uns wieder ins Informationsministerium gebeten, um uns die fertige Filmversion vorzuführen. Ich hatte nicht erwartet, daß aus dem Wust von Material eine so gute Version zustandekäme. Es ist typisch Brendans Freundlichkeit, daß er alle Mitarbeiter des Premierministers zu der Vorführung eingeladen hat. Moley Sargent meinte auf der Rückfahrt, daß der Premierminister jeden Tag mehr Mr. Pickwick gleiche.

Jack Churchill, Desmond und ich unterhielten uns darüber, daß man im Unterhaus zunehmend verärgert ist über die Empfindlichkeit des Premierministers gegenüber auch positiv gemeinter Kritik, und über die Art, wie er viele Leute, einschließlich seiner Minister, manchmal vor den Kopf stößt. Desmond ging so weit, zu behaupten, daß der Premier viele Freundschaften verliere. Er solle nicht glauben, daß er populär bleibt, wenn er den Krieg für uns gewinnt. Die Beispiele von Disraeli, Wellington und anderen sollten ihn warnen. Daß er wegen seiner Ungeduld auch seine persönlichen Freunde verliere, sei verhängnisvoll und angesichts seiner Liebenswürdigkeit und seines Großmutes auch ungerecht.

Dienstag, 19. August Der Premierminister traf wieder in London ein. Das Kabinett empfing ihn am Bahnhof King's Cross. Leslie Rowan, John Peck und ich begrüßten ihn auf den Eingangsstufen zur Filiale, als er breit lächelnd, noch in Seemannskluft, aus dem Wagen stieg.

John Martin erzählte mir, daß er gehört habe, wie Roosevelt sagte, er beabsichtige nicht, den Krieg zu erklären: er wolle ihn ganz einfach führen.

Mittwoch, 20. August Bevor der Premierminister sich zum Dinner umkleidete, sagte er mit bedenklichem Kopfschütteln, die Lage sei sehr ernst. Entweder meinte er damit den deutschen Vormarsch durch die Ukraine und in Richtung auf Leningrad oder gewisse Versäumnisse und Fehlschläge unserer Rüstung. Wie dem auch sei, dieses Verhalten steht im krassen Gegensatz zur öffentlichen Meinung, die gegenwärtig fast zu überschwenglich ist.

Nach dem Dinner fragte mich der Premier über die Prüfungen im Euston House aus. Ich beschrieb den Intelligenztest, der einem begeisterten Kreuzworträtsellöser, der sich zugleich für schwierige mathematische Probleme interessiert, bestimmt gefallen hätte. Er meinte, wenn das der Maßstab sei, wären Nelson und Napoleon bestimmt durchgefallen. Was es denn für einen Zweck habe, fragte er, sich um eine Menge Schachspieler zu bemühen, »die jung an Epilepsie sterben«.

Winston war erbost über einen Brief des pazifistischen und verschrobenen Herzogs von Bedford. Seine beißenden Anmerkungen hierzu gipfelten in der Bemerkung, daß er froh darüber wäre, bei Kriegsende alt genug zu sein, »um alles hinzuwerfen, bei der Verachtung, die ich dafür hege«. Mit »dafür« meint er bestimmt das ganze politische Geschäft. Was auch immer letzten Endes geschieht, im Moment denkt er sicher daran, sich nach dem Krieg aus der Politik nach Chartwell zurückzuziehen und dort ein Buch zu schreiben. Freilich geht er davon aus, daß dieser Krieg noch lange dauern wird. Kann er seine Position überhaupt so lange halten? Zwar gibt es keinerlei Anzeichen dafür, daß seine Popularität im Schwinden begriffen ist, auch nicht seine Autorität, und sein Treffen mit Roosevelt hat ebenso wie die Rede, die er am Tag des deutschen Angriffs auf Rußland im Radio hielt, alles was er an Ansehen womöglich verloren hatte, wiederhergestellt – aber nichts ist wankelmütiger als die öffentliche Meinung.

Donnerstag, 21. August Mr. Fraser, der neuseeländische Premierminister, der bei näherer Bekanntschaft gewinnt, kam zu einem Abschiedsbesuch. Ich zeigte ihm, dem gebürtigen Iren, Dorothy Sayers' bitteres

Gedicht über Irland, das ihm sehr gut gefiel. Obwohl es unveröffentlicht ist, versprach ich ihm eine Kopie.

Kaum war Fraser gegangen, als der Premierminister eines anderen Dominiums eintraf, Mackenzie King aus Kanada. Nach der Begrüßung durch Churchill nahm er sofort an einer Kabinettssitzung teil.

Zum Dinner im Ritz traf ich mich mit Zamoyski und Lipski, bei Kriegsausbruch polnischer Botschafter in Berlin, der anschließend sofort als einfacher Soldat in die polnischen Streitkräfte in Frankreich eintrat. Beide ließen an den Franzosen kein gutes Haar. Lipski erzählte, daß an der Saar, wo er eingesetzt war, eine breite Lücke in der Maginotlinie klaffte. Die Franzosen hatten, im ungewissen über den Ausgang der Saarabstimmung, dort aus Sparsamkeitsgründen auf den Bau der Verteidigungslinie verzichtet. Außerdem schilderte er mir die deutschen Führerschulen, die er besichtigt hatte. Dies seien enorm große Institute mit Einrichtungen für jede nur denkbare Sportart und dazugehörigen riesigen Wäldern zum Jagen, in denen auserwählte *Jugend* [deutsch im Original] körperlich fit und mit den politischen Theorien der Nazis vertraut gemacht würde.

Zamoyski verwendete eine halbe Stunde darauf, mich zu bitten, daß der Premierminister in seiner für nächsten Sonntag vorgesehenen Rundfunkrede auch einige ermutigende Worte über Polen sagt. Die polnische Exilregierung sieht sich großen Schwierigkeiten mit der polnischen Bevölkerung gegenüber, die den Gedanken an eine Allianz mit Rußland haßt. Nur das Prestige des Premierministers könne sie davon überzeugen, sich mit der Situation abzufinden.

Sonntag, 24. August Am Abend hörten wir Winstons großartige Rundfunkrede, in der er seine Reise nach Amerika beschrieb. Auch war die Rede eine ermutigende Botschaft an alle versklavten Völker.

Montag, 25. August Heute begann unser seit langem geplanter Einmarsch in Persien. Ich fürchte, dies ist ein aggressiver und nicht ganz gerechtfertigter Akt, nur zu begründen durch das – hier allerdings auch zweifelhafte – Prinzip *Salus populi suprema lex.*

Dienstag, 26. August Das persische Abenteuer begann erfolgversprechend, obwohl wir mit keiner sehr großen Streitmacht angetreten zu sein scheinen.

Sprach mit einem tschechischen Juden, Dr. Rabinovicz, der ein Buch mit Auszügen aus Reden und Schriften des Premierministers über das jüdische Problem zusammenstellen möchte. Habe ihn nicht ermutigt.

Eine Miss Hewitt, zuständig – mit offenbar geringem Erfolg – für die Angelegenheiten des weiblichen Personals in den königlichen Feldzeugwerkstätten, trug mir eine Reihe von Beschwerden vor. Sie zeichnete ein beklagenswertes Bild von mangelhafter Organisation, fehlenden Ausbildungsmöglichkeiten und kleinlichem Kompetenzgerangel. Ich werde die Angelegenheit Lord Cherwell unterbreiten in der Hoffnung, daß sie den Premierminister erreicht, da derartige Zustände die Rüstung beeinträchtigen. Das Problem wird nicht einfach zu lösen sein, da Beaverbrook, der zuständige Minister, sich eifersüchtig gegen jede Einmischung von außen wehrt. Miss Hewitt erzählte mir, sie sei eine überzeugte Sozialistin gewesen, aber ihre Erfahrungen hätten sie dazu gebracht, nun für das private Unternehmertum einzutreten. Sie hätte gesehen, wohin staatliche Kontrolle und Bürokratie führen könnten.

Der Premierminister mußte zu seinem Ärger feststellen, daß Haining – bisher stellvertretender Chef des Generalstabes, nun Chef der Intendantur im Nahen Osten – ungeeignet ist. Das behauptet jedenfalls Oliver Lyttelton. Der Premier nimmt an, vermutlich zu Recht, daß das Kriegsministerium, besonders Dill, deswegen nachdrücklich empfohlen hat, ihn in den Nahen Osten zu entsenden, um ihn hier loszuwerden.

Mittwoch, 27. August Am Morgen führte der Premierminister mit Halifax, der gerade aus Washington zurückgekommen ist, Beaverbrook, Sinclair und Eden eine Unterredung über Lieferungen aus Amerika und nach Rußland. Maisky hat sich darüber beschwert, daß wir praktisch nichts Wirkungsvolles unternehmen, um Rußland beizustehen. Wir behaupteten ständig, keine zweite Front errichten zu können, und würden nur unzulängliches Gerät liefern. So hätten die USA, im Gegensatz zu ihren großartigen Ankündigungen, bisher nur fünf Bomber in die Sowjetunion geliefert.

Es ist tatsächlich schwierig für uns, nachhaltige Hilfe zu leisten. Die geographische Lage Rußlands und unser Mangel an gut ausgebildeten und gut ausgerüsteten Truppen machen eine militärische Entlastung unmöglich. Wir schicken den Russen eine Menge Jagdflugzeuge und helfen ihnen auch wirtschaftlich. Es hat zwar wenig Zweck, mit Gegenvorwürfen zu antworten, aber als wir ganz allein um unser Leben kämpfen mußten, haben die Russen den Deutschen Material geliefert, das diese im Kampf gegen uns verwenden konnten.

Die Lage in Rußland ist heute nicht sehr gut. Die Deutschen befinden sich auf dem Vormarsch in südöstlicher Richtung hinter Kiew. Es besteht die Gefahr, daß sie die russischen Südarmeen abschneiden und dann zum Dnjepr marschieren.

Brachte zwei Stunden beim Zahnarzt zu, um mir auf Verlangen der RAF zwei Zähne füllen zu lassen. Der Arzt meinte, es wäre nicht nötig gewesen.

Ich hatte Spätdienst. Die meiste Zeit beanspruchte de Gaulle, dessen Benehmen jämmerlich ist. Seine öffentlichen und nichtöffentlichen Erklärungen sind unerträglich. Der Premierminister ist angewidert von ihm.

Auf Laval wurde geschossen, ohne daß hier irgend jemand darüber betrübt ist. Also hat sich doch noch eine Charlotte Corday gefunden!

Donnerstag, 28. August Zur Lunchzeit kam die Nachricht, daß die Perser ihren Widerstand aufgegeben haben.

Freitag, 29. August Der Premierminister hat Stalin telegrafisch weitere Flugzeuglieferungen zugesagt. Außerdem wandte er sich telegrafisch an Hopkins wegen der Beunruhigung des Kabinetts über die Verlangsamung des amerikanischen Tempos und den offensichtlichen Rückschlag in der bisherigen Unterstützung.

Am Nachmittag fuhr ich wieder nach Chequers. Beim Dinner wurde unser Erfolg in Persien bejubelt, der weithin anerkannt worden ist. Der Premierminister gestand, daß er am vergangenen Sonntagmorgen wegen des Angriffs Gewissensbisse gehabt habe. Die Operation sei zwar gerechtfertigt gewesen, aber eigentlich ein Rechtsbruch. Auf der anderen Seite zeige sich der Mann auf der Straße begeistert darüber, daß es uns endlich einmal gelungen ist, Hitler einen Zug abzunehmen.

Churchill zeigte beträchtlichen Optimismus. Er verglich die Lage im Nahen Osten mit der Situation vor einem Jahr, als wir dort nur über kaum 80.000 schlecht ausgerüstete Soldaten verfügten. Heute seien wir, abgesehen von einer riesigen Armee, im Besitz von Syrien, dem Irak, Abessinien, Eritrea, Somaliland und Persien und könnten auch in der nordafrikanischen Wüste getrost in die Zukunft sehen.

Der Aufstand in Jugoslawien, bei dem Prinz Paul fliehen mußte, könnte sehr wohl eine entscheidende Rolle in diesem Krieg gespielt haben, sagte der Premierminister. Er zwang Hitler, seine Panzerdivisionen aus dem Norden abzuziehen und seinen Angriff auf Rußland um sechs Wochen zu verschieben.

Sonnabend, 30. August Der Premierminister blieb bis Mittag im Bett liegen, arbeitete Akten auf und verbrachte die meiste Zeit damit, einen langen Brief an Auchinleck über zukünftige Operationen aufzusetzen.

Zum Tee kamen Lord und Lady Halifax. Halifax, der nicht nur hier, sondern auch in den USA den Ruf eines Reaktionärs und fortschrittsfeindlichen Menschen besitzt, gab sich in seinem Teegespräch mit dem Premier sehr liberal. Er betonte eifrig, daß wir weitere Lieferungen an Rußland »herausrücken« müßten und vertrat in der Diskussion über die Zukunft der Konservativen Partei die Meinung, daß die Schüler des staatlichen Bildungssystems besser ausgebildet seien als die Schüler der Public Schools. Hierzu sagte Winston: »Sie haben dieses Land gerettet, also müssen sie auch das Recht bekommen, dieses Land zu regieren.« Damit meinte er die RAF-Piloten, die in der Mehrzahl von staatlichen Schulen kommen.

Die einzige Hoffnung für die Tories, die nächste Wahl zu gewinnen, besteht nach Meinung des Premierministers darin, daß sie junge Kandidaten aufstellen, die sich ihre Sporen in diesem Krieg verdient haben. Um es in der Politik zu etwas zu bringen, müsse man möglichst schon im Alter zwischen zwanzig und dreißig Jahren ins Unterhaus kommen.

Dann diskutierten sie über den vierten Artikel der Atlantikcharta, der die Freiheit des Handels und den ungehinderten Zugang zu den Rohstoffen deklariert. Der Premierminister meinte, daß dieser Artikel bestimmt verwirklicht und eine Mehrung des allgemeinen Wohlstandes zur Folge haben werde. Halifax sagte, daß die Tories sich nicht dagegen wendeten, mit Ausnahme vielleicht von Amery.

Als er sich nach dem Tee wieder hinlegte, sagte der Premierminister, der immer wieder zustimmend von meinem Weggang zur RAF spricht: »Sie werden eine Menge Dinge vergessen müssen, die Sie gelernt haben. Geben Sie sich weise anstatt gut informiert. Sagen Sie immer Ihre Meinung, ohne Ihre Gründe preiszugeben. Wenn Sie dies beachten, werden Sie einen wichtigen Beitrag zu unserem Kampf leisten können.«

Zum Dinner kamen Eden und Frau sowie der amerikanische Botschafter. Ich saß bei Tisch neben Mrs. Eden, mit der man gut auskommt. Beim Brandy bestürmte der Premierminister, häufig von Halifax unterstützt, den Botschafter, sich über die Wichtigkeit des amerikanischen Kriegseintritts klarzuwerden. Winant macht sich darüber natürlich ebensowenig Illusionen wie Roosevelt. Der Premier meinte, daß sich Amerika nach der gemeinsamen Erklärung nicht mehr aus dem Krieg heraushalten könne, ohne seine Ehre aufs Spiel zu setzen. Die USA könnten sich nicht nur mit Söldnern am Krieg beteiligen. Besser sei es, sie träten unverzüglich in den Krieg ein und stoppten für sechs Monate alle Lieferungen an uns, als sich weiter herauszuhalten bei Verdoppelung der Lieferungen. Wenn die USA in den Krieg eintreten würden, wären Dutzende von Nationen vom Sieg der Alliierten überzeugt.

Dieser Krieg sei »ein Krieg der Wissenschaft und der Psychologie«, sagte Churchill. Amerika könne nicht über Jahre hinaus immer wieder Soldaten und Schiffe zu ihrem Transport stellen; das würden wir nicht verlangen. Wir benötigten aber dringend die amerikanische Kriegserklärung. Andernfalls würde sich der Krieg, da wir nicht zu besiegen seien, noch weitere vier oder fünf Jahre hinziehen, und in der Zwischenzeit würden Zivilisation und Kultur auf diesem Planeten ausgelöscht. Amerika könne dies durch seinen Kriegseintritt verhindern. Allein die USA seien in der Lage, den Krieg mit einem Sieg spätestens 1943 zu beenden. Eden sprach sogar von 1942.

Später wandte sich das Gespräch weniger bedeutsamen Themen zu. Der Premier sprach über Egalitarismus und den Termitenstaat. Er empfahl Lord Halifax, Maeterlinck zu lesen. Der Sozialismus würde unsere Gesellschaft in einen Termitenstaat verwandeln. Auch erzählte er interessant über das Liebesleben der Schnabeltiere.

Nach dem Dinner sahen wir noch Filme aus dem Krieg in Rußland an. Als ein angeblich deutsches Flugzeug gezeigt wurde, das brennend abstürzte, flüsterte Coward, der Offizier der Luftraumbeobachtung, mir zu: »Das ist eine Spitfire.« Die russische Propaganda ist sehr wirkungsvoll, selbst wenn sie es mit der Wahrheit nicht allzu genau nimmt.

Erster Abschied von Downing Street

September 1941

Montag, 1. September Während ich auf den Premierminister wartete, um ihn auf der Rückfahrt nach London zu begleiten, las ich den neuesten Bericht der Zensurbehörde. Die zunehmende Unterstützung und Bewunderung in der Bevölkerung für Rußland ist bemerkenswert, ebenso wie die große Zahl fröhlicher Optimisten, die hoffen, daß der Krieg Weihnachten zu Ende sein wird. Es gibt eine gewisse Furcht vor dem kommenden Winter und der Wiederaufnahme der deutschen Bombenangriffe.

Fast haben wir auch schon vergessen, wie Sirenen klingen. In London haben sie im vergangenen Monat nicht einmal geheult, im Juli nur einmal. Heftige Luftangriffe hat es seit Mai nicht mehr gegeben.

Mittwoch, 3. September Moore-Brabazon hat einen Sturm der Entrüstung entfacht, als er in einer unvorbereiteten Rede kürzlich der Hoffnung Ausdruck gab, daß die Russen und die Deutschen sich gegenseitig ausrotten – eine weithin verbreitete Einstellung. Tanner von der Ingenieur-Vereinigung machte dies boshaft auf dem Gewerkschaftskongreß bekannt. Der Premierminister rief Moore-Brabazon an und unterhielt sich ziemlich freundlich mit ihm darüber, obwohl ihm das in der nächsten Unterhaussitzung Ärger bereiten kann. Er gab ihm den Rat, sich um nichts anderes als um die Produktion von Flugzeugen zu kümmern, deren Zahlen ihm noch immer Kummer bereiten.

Spätdienst. Nach einer Konferenz mit den Stabschefs beklagte Winston sich bitter über die Zaghaftigkeit und negative Einstellung unserer militärischen Ratgeber. »Und Sie sind einer der Schlimmsten«, sagte er zu dem peinlich berührten Ismay.

Freitag, 5. September Der Premierminister mußte wegen einer Depesche Stalins seine vorgesehene Reise nach Dover absagen. Die Russen werden militärisch hart bedrängt und sind auch mit dem Nachschub in der Klemme. Stalin hat ohne Umschweife eine Reihe fundamentaler Forderungen gestellt. Es scheint, daß wir vor der gleichen Entscheidung wie im Endstadium der Schlacht um Frankreich stehen: entweder alles Verfügbare in die Bresche werfen, um unsere Alliierten zu retten oder unsere eigene Stärke für den schlimmsten Fall bewahren. Glücklicherweise ist unser Geschirrschrank nicht mehr ganz so leer.

Der Premierminister und seine Frau haben mir ein silbernes Zigarettenetui mit der Gravur »Für Jock von Winston und Clementine Churchill. 10. Mai 1940 – 1. Oktober 1941« verehrt. Das ist sehr großzügig von ihnen. Ich fühle mich geehrt und bin dankbar.

Montag, 8. September Die Aufmerksamkeit des Premierministers, der aus Ditchley zurückkam, richtet sich sowohl auf seine morgige Unterhausrede als auch auf die von den Russen geforderte Unterstützung.

Dienstag, 9. September Das Unterhaus hat sich für eine Woche versammelt. Der Premierminister gab einen Bericht zur Lage, der sich vorwiegend mit den USA, Persien und Rußland befaßte. Seine Rede wurde gut aufgenommen, obwohl zum erstenmal einige Abgeordnete gingen, während er noch sprach. Er selber glaubt, daß es eine gute Rede war; »gut zugeschnitten«, wie er zu mir auf der Rückfahrt nach Downing Street sagte.

Die Stabschefs konnten sich nur mühsam beherrschen, als sie sich bei einer Sitzung in Nr. 10 die Ansichten und Beschwerden von Sir Roger Keyes über kombinierte Operationen anhören mußten.

Beim Abendessen in der Messe meinte Tommy Dugdale über die Errichtung einer zweiten Front in Europa sehr zutreffend, daß die meisten Leute keine Ahnung von der Bedeutung von Zeit und Raum bei der Kriegführung hätten. Deshalb könnten sie sich auch nicht die praktischen Schwierigkeiten vorstellen, die die Landung einer Armee auf dem Kontinent und die Waffenhilfe für Rußland mit sich bringen. Er erzählte mir auch, daß die Labour Party sich mittlerweile vor den Kommunisten fürchtet und sie mit aller Macht bekämpft.

Persönlich glaube ich, daß der Trend dahingeht, unseren Schwerpunkt auf den Nahen Osten zu legen. Unsere Streitkräfte könnten dort eine südliche Verlängerung der russischen Front errichten, unter Nutzung von Basra und Suez als Nachschubbasen. Gegenwärtig scheint Westeuropa nicht mehr der Hauptkriegsschauplatz zu sein, obwohl Tommy Dugdale und auch Desmond glauben, daß die Deutschen ihre Angriffe auf England wieder aufnehmen werden, sobald der Winter die russische Front festigt.

Donnerstag, 11. September Desmond Morton erzählte mir, daß wir aus geheimen Quellen wissen, daß die Dritte Internationale ihren Gefolgsleuten hier im Land Anweisung gegeben hat, die Unzufriedenheit über die angeblich ungenügende Unterstützung Rußlands zu schüren, um dies zum Sturz der Regierung Churchill zu nutzen, wenn die Zeit dafür reif ist. Ferner behauptet er, daß Stalin nur lau für weiteren Widerstand gegen die Deutschen sei, und Molotow sei ganz dagegen. Aber diejenigen, die die russischen Jugendorganisationen repräsentieren, forderten den Kampf.

Viele Spekulationen gibt es über das Gespräch, das der Premierminister morgen mit de Gaulle führen will. Es werden sicher die Fetzen fliegen, doch wird de Gaulle vermutlich versuchen, Winston zu besänftigen, indem er die Rolle des »tapferen französischen Haudegens« spielt. Inzwischen fährt er fort, in seinen Unterhaltungen mit anderen eine sehr antibritische Sprache zu sprechen.

Der Premierminister speiste mit Beaverbrook in der Nr. 12 zu Abend. Ich mußte ihnen ein umfangreiches Aktenstück über den Gaskrieg bringen, über den der Premierminister im vergangenen Jahr bis ins einzelne gehende Instruktionen erteilt hatte; ich saß bei ihnen, als sie darüber sprachen und unsere gegenwärtige, stark verbesserte Position in dieser Sache erläuterten. Beaverbrook ist davon überzeugt, daß die Deutschen Gas einsetzen werden. Winston denkt, daß Hitlers Anhänger ihn vielleicht davon abhalten können, sofern ihnen bewußt wird, daß sie in einer schon verlorenen Schlacht kämpfen.

Churchill arbeitete bis zwei Uhr morgens. Die meiste Zeit saß ich neben ihm und versuchte, seine Fragen zu beantworten. Der König hat ihm in der Nachfolge Lord Willingdons die »Lord Wardenship of the Cinque Ports« angeboten. Der Premierminister, von der historischen Bedeutung dieses Ehrenamtes angetan, das auch Pitt, Wellington und Palmerston bekleideten, schreckt aber vor den damit verbundenen Kosten zur Pflege von Walmer Castle zurück.

Montag, 22. September Ich finde, daß sich der Premierminister mit seinen Botschaften an Rußland sehr beeilt hat. Er entschied, der sowjetischen Regierung – unter großen Entbehrungen für uns selbst – eine große Menge Jagdflugzeuge und Munition zur Verfügung zu stellen. Aber es sei es wert, sagte er, daß wir Rußland die Fortführung des Krieges ermöglichen.

Dienstag, 23. September Fuhr zu einem Ausritt nach Richmond. Louis Greig, der kürzlich den Herzog von Kent nach Kanada begleitet hatte, erzählte mir, daß die dortigen Flugzeugführerschulen sehr gut sind und gab mir den Rat, dorthin zu gehen.

Francis Brown, mein Nachfolger, hat seinen Dienst angetreten. Es erscheint schon etwas komisch, daß man einen ausgebildeten Brigade-Nachrichtenoffizier der Coldstream Guards abzieht und zum unausgebildeten Privatsekretär des Premierministers macht, um einen ausgebildeten Privatsekretär zu ersetzen, der unbedingt ein unausgebildeter Flieger werden will. Ich fühle mich als Urheber dieses Revirements zwar schuldig, bereue aber nichts.

Der Premierminister diskutierte bis in die Nacht hinein die Zwistigkeiten bei den Freien Franzosen. Es droht ein Bruch zwischen de Gaulle und Muselier, und damit in der ganzen Bewegung der Freien Franzosen. De Gaulle ist ein autokratischer Rechter, Muselier ein lebensfroher Liberaler, der verlangt, daß die Befehlsgewalt de Gaulles dem Rat der Freien Franzosen übertragen wird. Der Premierminister, dem die Franzosen allmählich zum Hals heraushängen, übertrug die Entscheidung schließlich dem widerstrebenden Eden.

Donnerstag, 25. September Der neue Lord Warden fuhr um 12 Uhr 45 von Victoria Station ab, um seine »Cinque Ports« zu besichtigen. Mit ihm in seinem neuen Salonwagen fuhren seine Frau, sein Bruder, Tommy, John Martin und ich. Der neue Besitzer zeigte sich von Walmer Castle enttäuscht. Besonders seine Frau fand es düster und bedrückend. Ich, der ich für alte Gemäuer schwärme, bewunderte den tiefen Graben und die Bastionen und war auch interessiert, die Sessel zu sehen, in denen Mr. Pitt las und der Herzog von Wellington starb.

Wir fuhren dann im Auto weiter nach Manston, wo wir den Tee nahmen und das Jagdgeschwader des Premierministers mit seinen Hurricanes besichtigten. Ich unterhielt mich lange mit dem Squadron-Leader, der mir die Notfallausrüstung, Karten, Verpflegung, Zündhölzer, Geld usw. zeigte, die alle Piloten bei sich führen für den Fall, daß sie über Frankreich abgeschossen werden. Außerdem sahen wir einen kurzen Film über den jüngsten Angriff des Geschwaders auf einen feindlichen Geleitzug.

Die Nacht verbrachten wir auf einem ruhigen Nebengleis, einige Meilen entfernt von Coventry, nicht weit von der Stelle, wo ein Stein die Mitte Englands markiert. Der Premierminister diktierte die Hälfte einer Rede, die er nächsten Dienstag im Unterhaus halten will. Sie scheint mir eine seiner besten zu werden.

Freitag, 26. September Als wir in Coventry eintrafen, war der Premierminister noch nicht angezogen. Er meint immer, er könne in fünfzehn Minuten aufstehen, sich baden und rasieren, wo er doch mindestens zwanzig Minuten dafür braucht. Deswegen verspätet er sich immer. Seine Frau kochte vor Wut.

Lord Dudley, der örtliche Regierungsvertreter, und der Bürgermeister begrüßten uns. Wir fuhren zunächst zur Stadtmitte, wo der Premier eine Parade von Angehörigen der Zivilverteidigung abnahm, und besichtigten dann die Kathedrale. Die deutschen Bomber haben Coventry wahrlich übel zugerichtet.

Der Premierminister wird auch weiterhin mit zwei Fingern das V-Zeichen machen, trotz wiederholter Vorstellungen, daß diese Geste auch noch etwas ganz anderes bedeutet.

Später besichtigten wir sehr gründlich die Armstrong-Siddeley-Werke, wo Flugzeugteile und Torpedos gebaut werden. Dem Premierminister wurde ein ohrenbetäubender Empfang zuteil. In jeder Werkshalle hämmerten die Arbeiter bei seinem Erscheinen einen Willkommensgruß.

Die Bomberfabrik Whitley ist eine Brutstätte des Kommunismus, und man hatte einige Zweifel gehabt, wie der Premier hier empfangen werden würde. Aber auch hier bekam er bei seinem Auftritt mit Zigarre und Halbzylinder lebhaften Beifall. Als wir uns nach einigen Flugvorführungen wieder verabschiedeten, vergaßen die dort Beschäftigten ganz ihren Kommunismus und stürmten in dichten Reihen herbei, um Aufwiedersehen zu sagen. Ich war allerdings enttäuscht, als ich hören mußte, daß ihr Produktionstempo sich erst nach dem deutschen Überfall auf Rußland beschleunigt hatte.

Lunch im Zug mit Lord Dudley, nach einem Besuch des Friedhofs von Coventry, auf dem die Opfer des Luftangriffs in einem Massengrab beigesetzt sind.

Gegen 14 Uhr 30 kamen wir in Birmingham an und besichtigten eine Panzerfabrik, wo die Begeisterung beim Erscheinen des Premiers fast noch größer als in Coventry war. Zum Schluß besuchten wir die Spitfire-Werke in Castle Bromwich, wo uns zwei Testpiloten halsbrecherische Flugkunststücke vorführten. Wir zuckten alle zusammen, als der eine rücklings in einer Höhe von höchstens 40 Fuß über dem Boden über uns hinwegbrauste.

Der Weg zurück zum Bahnhof glich einem wahren Triumphzug. Meilenweit drängten sich begeisterte Zuschauer auf den Gehsteigen, ähnlich wie sonst nur bei der Parlamentseröffnung in London. Ich habe schon manchen begeisterten Empfang für den Premierminister miterlebt, aber dieser übertraf alles bisher Dagewesene. Die Menge wogte, jubelte, brach in Hochrufe aus, alle Gesichter erschienen freudig bewegt. Es ist offensichtlich, daß sein Ansehen so groß ist wie nie zuvor. Der Premierminister selbst war auch tief beeindruckt.

Beim Aufenthalt auf einem Seitengleis zogen finstere Gewitterwolken auf, weil ein Postsack nicht angekommen war, aber nach vielem Donner und einigen Blitzschlägen, so bei John Peck in Downing Street, löste sich das Ganze bei Beginn des Essens in Strömen von Champagner auf.

Sonnabend, 27. September Am Morgen trafen wir in Liverpool ein und besichtigten den neuen Flugzeugträger *Indomitable.* Nachdem wir durch schier endlose Gänge gestiegen waren und auch die Flugzeuge an Deck besichtigt hatten – der Premierminister in seiner seltsamen, halb seemännischen Tracht –, folgte eine Ansprache an die versammelte Werftmannschaft. Ich habe schon immer bewundert, wie Winston jeweils die passenden Worte für seine Zuhörerschaft findet.

Die Docks von Liverpool bieten den Anblick einer riesigen Zerstörung. Über weite Strecken haben die deutschen Bomber fast kein Gebäude mehr stehengelassen. Gegen 18 Uhr trafen wir in Chequers ein.

Sonntag, 28. September Mr. Winant kam zum Lunch und brachte Mr. Myron Taylor mit, den amerikanischen Vertreter beim Vatikan. Außerdem kam Mr. Hanson, der Oppositionsführer im kanadischen Parlament, mit vier seiner Kollegen, mit denen er zur Zeit durch England reist.

So waren wir schließlich vierzehn Männer bei Tisch und eine Frau: Clarissa Churchill. Sie langweilte sich offensichtlich mit dem armen Anthony, dem Sohn Oliver Lytteltons, und ließ es ihn spüren, denn sie hat sehr schlechte Manieren.

Ich unterhielt mich mit Winant über den Vatikan. Er sagte, er sei sicher, daß der verstorbene Papst sich sehr viel bestimmter gegen die Achsenmächte verhalten hätte. Der gegenwärtige Papst sei freilich ein sehr versierter Diplomat und spiele seine Karten mit äußerster Klugheit aus. Meine Antwort war, daß es Zeiten gebe, in denen es richtiger und auf die Dauer auch lohnender sei, einmal über die Stränge zu schlagen.

Während der Premierminister sich zum Dinner ankleidete, unterhielt er sich mit mir. Er meinte, daß die Regierung bisher nur einem Trugschluß erlegen sei, nämlich im Fall Griechenland. Er habe dabei von Anfang an instinktiv Zweifel gehegt. Wir hätten uns besser darauf konzentrieren sollen, Kreta zu verteidigen, und der griechischen Regierung raten müssen, sich mit den Deutschen zu den besten Bedingungen zu einigen. Aber in jedem Fall hätten der Krieg dort und die Ereignisse in Jugoslawien, die diesen Feldzug auslösten, eine Verzögerung der deutschen Pläne zur Folge gehabt und könnten sich so doch noch vorteilhaft auswirken. Ich war erstaunt über Winstons Behauptung, daß er von Anfang an den Erfolg des griechischen Abenteuers bezweifelt habe. Meiner Erinnerung nach war er es gewesen, der sich dafür ausgesprochen hatte, und Dill, der Chef des Generalstabes, war dagegen. Offensichtlich hat er Dill nun ganz und gar »gefressen« und will ihn loswerden, auch indem er ihn verächtlich macht. Er sagt, er habe schon eine personelle Alternative: Sir Alan Brooke, den Oberbefehlshaber der in Großbritannien stationierten Streitkräfte.

Dann meinte Winston, daß wir uns weitere militärische Fehlschläge nicht leisten könnten. Was das Gerede über die Errichtung einer zweiten Front im Westen betreffe, so würde eine Landung auf dem Kontinent nur ein negatives Ergebnis haben. Das Kriegsministerium sei dieser Aufgabe nicht gewachsen, es fehlten sowohl die Mittel als auch die Intelligenz, um der deutschen Organisation, Erfahrung und deren Nachschubmöglichkeiten beizukommen. Kritiker könnten also die Frage stellen, wie wir dann den Krieg gewinnen wollen, und die Antwort darauf sei nicht leicht. Ich habe ihn nun schon bei ein oder zwei Gelegenheiten sagen hören, daß der Krieg sehr wahrscheinlich noch einige Jahre dauern wird. Schließlich sagte er noch, er habe mir eigentlich ein Offizierpatent in der RAF verschaffen wollen. Aber es hätte keine Möglichkeit gegeben, von der Ochsentour abzuweichen. Ich gab über diese beabsichtigte Bevorzugung meinem Mißfallen Ausdruck, aber er machte mich mundtot.

Während der Premierminister im Bad war, konnte ich ihn dazu bewegen, in seiner kommenden Unterhausrede über Persien eine Passage zu tilgen, in der er von der »langen und wechselvollen Geschichte« des Außenministeriums sprach.

Beim Dinner machte der Premier eine Menge gutmütiger, aber bissiger Bemerkungen über [die Kriegsminister] Hore-Belisha, Jack Seely und Oliver Stanley. Von letzterem sagte er, er könne ihn sich gut als Dechant eines Domkapitels vorstellen, der seine Zeit damit verbringe, um den Fischteich im Klostergarten zu wandeln und stundenlang über ein verzwicktes theologisches Problem nachzudenken, das er bei der nächsten Zusammenkunft mit den Fellows seines alten Colleges dann vortragen würde. Er gab zu, daß er für die Berufung Jack Seelys als Kriegsminister verantwortlich gewesen war.

Dann startete der Premier eine Attacke auf Shinwell, der sich im Mai 1940 geweigert hatte, ein Ministerium zu übernehmen, weil er dachte, daß der angebotene Posten nicht seinen Verdiensten entspreche. Nun bezeichne er die Regierung als einen »Haufen Talmi-Napoleons«. Zum Schluß erinnerte sich der Premierminister an Harrow und meinte, dort habe er die unglücklichste Zeit seines Lebens verbracht.

Montag, 29. September Ich bin ziemlich traurig darüber, daß ich Chequers Aufwiedersehen sagen muß. Das Haus, obwohl ziemlich düster, ist doch sehr komfortabel, und die Umgebung ist grandios. Ich hatte hier sehr viel Spaß und konnte manch interessantem Gespräch zuhören.

Mittags war ich wieder in London. Leslie Rowan lud John Martin und mich zum Lunch in den Union Club ein. Ich werde beide vermissen.

Um drei Uhr nachmittags stellten sich alle Privatsekretäre mit Barker, Tommy und dem Premierminister zu einem Abschiedsfoto für mich im Garten von Nr. 10 auf. Der Premierminister meinte: »Bitte drei Abzüge für Mr. Colville. Die Aufnahme ist ihm zu Ehren gemacht. Vielleicht hätten wir besser das gesamte Kabinett aufgenommen. Es ist zwar ein häßlicher Haufen, aber immerhin ...«

John Martin hatte eine Abschiedsparty für mich arrangiert. Brendans Köchin hatte sich sehr angestrengt, mit bemerkenswerten Ergebnissen. Unter anderem hatte sie einen Kuchen für mich gebacken mit einem kleinen Flugzeug darauf. Ganz Whitehall schien versammelt zu sein, von Mr. Churchill und seiner Gattin abwärts. Der Premierminister sagte mir, er habe unter keinen Umständen die Gelegenheit versäumen wollen, mich zu verabschieden. Mutter kam gleichfalls und hatte offensichtlich viel Spaß an der Party. Mir ging es genauso. Nur fand ich es ein wenig ermüdend, hundertmal die Frage beantworten zu müssen, wann ich fort sei und wohin ich ginge. Zum letzten Mal aß ich in der Messe als Angehöriger des Büros des Premierministers.

Dienstag, 30. September Ritt im Richmond Park. Der Herbst beginnt, die Blätter bunt zu färben. Die Sonne ließ Millionen von Tautröpfchen in den Spinnweben im Gras glitzern. Louis Greig und seine Frau sagten mir, freundlich wie sie sind, daß ich kommen und bleiben könne, so oft mir dies möglich sei.

Den ganzen Vormittag packte ich wie rasend. Mittags, als der Premierminister aus dem Unterhaus zurückgekommen war, wo er eine überaus erfolgreiche Rede gehalten hatte, ging ich in den Kabinettsaal, um ihm noch einmal Goodbye zu sagen. Er sagte, ich sollte lieber *au revoir* sagen, denn er hoffe, ich würde oft kommen und mich bei ihm sehen lassen. Er lasse mich ungern gehen, und Eden sei »sehr sauer« gewesen, daß er an meiner Stelle einen ausgebildeten Offizier habe zurückrufen müssen, aber ich hätte mir es so gewünscht, an die Front gehen zu dürfen, und würde ja auch etwas sehr Tapferes tun. Dann sagte er: »Wir haben alle die größte Zuneigung zu dir gefaßt, besonders auch Clemmy und ich. Lebe wohl – und Gott segne dich.« Ich verließ den Saal mit einem Kloß im Hals, ein Gefühl, das ich seit Jahren nicht gekannt hatte.

Zweiter Teil
Dezember 1943 bis Juni 1945

Kontraste

Die Zeit bis Dezember 1943

»Wie alt bist du?« fragte Winston Churchill mich, als ich mich von ihm in Downing Street verabschiedete.

»Sechsundzwanzig«, antwortete ich.

»Mit sechsundzwanzig befehligte Napoleon bereits die französischen Armeen in Italien«, sagte Churchill.

Ich entgegnete: »Und Pitt war mit vierundzwanzig bereits Premierminister.«

»Diese Runde hast du gewonnen«, gab der sechsundsechzigjährige Premierminister zu.

Es war einer der seltenen Erfolge, die ich über ihn erzielen konnte.

Die Wende, die mein Leben nach dem Abschied von Downing Street nahm, war ziemlich brutal. Am Tag zuvor lebte ich noch im Luxus, das heißt, in einem Luxus, wie ihn der Krieg gestattete, und sonnte mich in der Gunst des Premierministers. Ein paar Tage später schlief ich als einfacher Flieger, »Aircraftsman second Class«, in der RAF wenig liebevoll »Arsy-Tarsy« (»Schütze Arsch«) genannt, in einer Luftwaffenpersonal-Annahmestelle auf dem Boden einer unmöblierten Wohnung nicht weit vom Regents Park. Abgefüttert wurden wir, nicht eben üppig, im Zoo. Mein Sold betrug zwei Shilling pro Tag, um einen Sixpence erhöht bei meiner Beförderung zum »Leading Aircraftsman« (Gefreiter). Allerdings hatte das Schatzamt sich in unerwarteter Großzügigkeit bereiterklärt, den Unterschied zu den 400 Pfund Jahresgehalt, die ich in Downing Street verdient hatte, zu tragen.

Zwei Wochen lang geschah zunächst einmal nichts mit uns Neulingen, außer daß wir mit einer Uniform versehen wurden und zahllose Impfungen verpaßt bekamen. Dann verlegte man uns in ein Ausbildungslager nach Cambridge. Nach der Ankunft in dieser mir so vertrauten Umgebung saß ich geduldig wartend, meinen schweren Seesack neben mir, in einem Hof des Magdalene Colleges, als zwei alte Fellows in ihren langen Gewändern mit den gestickten Kragen und mit hohen Hüten vorbeiwandelten. In dem einen erkannte ich den unermüdlichen Kämpfer für gutes Englisch, Sir Arthur Quiller-Couch. Der andere, der die Schulkrawatte der alten Eton-Schüler trug, war der gelehrte Bibliothekar des Außenministeriums, Sir Stephen Gaselee. Ich stand auf und begrüßte ihn. Er blickte meine abgetragene Uniform an und schauderte: »Wie tief ist der diplomatische Dienst gesunken!« Quiller-Couch nickte düster, dann gingen sie weiter.

Es vergingen acht Wochen voller Drill »bis auf die Backen«; daneben wurden Grundkenntnisse in Navigation und Fernmeldewesen vermittelt. Ich überstand diese Zeit ziemlich heil, obwohl wir zu viert auf Strohsäcken in dem neugotischen Anbau des St. Johns Colleges schlafen mußten. Lange, einsame Nächte mußte ich auch auf der Bridge of Sighs als Wachtposten zubringen, obwohl mir niemals klarwurde, was wir bewachten, und gegen wen. Ich verkürzte mir dieses Postenstehen damit, daß ich im Mondlicht einige von Shakespeares Sonetten auswendig lernte, aus einem kleinen Bändchen, das mir Gay Margesson geschenkt hatte und das ich schnell in einer der zahlreichen Taschen meines Waffenrockes verschwinden lassen konnte, wenn ein Offizier oder Feldwebel auftauchte. Wenn ich keine Wache schieben mußte, ließ ich mich von freundlichen Dons zum Essen ins Trinity College oder in ein anderes College einladen, ohne mich daran zu stören, daß es dort immer einige Leute gab, die so etwas Gewöhnliches wie einen Mannschaftsdienstgrad scheel ansahen.

Nach einem kurzen Weihnachtsurlaub bei meiner Familie, bei dem mich mein Onkel Clive Coates mit seinen vorzüglichen Portweinen der Jahrgänge 1870 und sogar 1848, längst vor dem ersten Auftreten der Reblaus, verwöhnte, verbrachte ich die ersten zehn Tage eines außergewöhnlich kalten Januars in einem trostlosen Ausschiffungslager bei Warrington. Untergebracht waren wir in langen Reihen zweifelhaft sauberer Schlafkojen in Nissenhütten, in denen sich stark qualmende Kohleöfchen vergeblich darum bemühten, die Temperatur über den Gefrierpunkt anzuheben. Dazu kam, daß ich keine Seele in dem ganzen Lager kannte und auch sonst nicht wußte, was ich tun sollte. So fuhr ich abends mit dem Bus nach Manchester und las in einem vergleichsweise warmen Hotel einen Roman. Einmal ließ mich – was für ein wohltuender Kontrast! – Lord Derby in seinem Rolls Royce zum Dinner in Knowsley abholen. Ein anderes Mal wurde ich in einem verdunkelten Café in Warrington, wo ich auf den Bus nach Padgate wartete, in eine Wirtshausrauferei hineingezogen. Zwei zornige Soldaten hatten den Wirt beschuldigt, er habe sie hereingelegt. Sie hatten Welsh Rarebit bestellt und statt der erwarteten Kaninchenpastete den üblichen Käsetoast bekommen. Die Gäste des Cafés nahmen, je nach Herkunft, Partei für die eine oder andere Seite. Ich kämpfte an der Seite des Wirts und holte mir eine blutige Nase, ein beachtlicher Kontrast zu dem Abend in Knowsley.

Am 10. Januar 1942 wurde eine Marschkolonne von Padgate mit klingendem Spiel zur nächsten Eisenbahnstation geleitet, wo wir den Zug nach Liverpool bestiegen. Unser endgültiges Ziel sollte Südafrika sein, aber das wußte niemand außer mir. Die Militärkapelle war das letzte Erfreuliche, was ich in den nächsten sechs Wochen sehen oder hören sollte. In Liverpool erwartete uns der ehemalige Orientdampfer »Otranto«, grau bemalt und zum Truppentransporter umgebaut.

An Bord befanden sich dreihundert RAF-Rekruten, über zweitausend für Singapur bestimmte Soldaten – die an ihrem Bestimmungsort fast unmittelbar in japanischen Kriegsgefangenenlagern landeten – und eine Anzahl aufsässiger Matrosen der Handelsmarine, bestimmt für Handelsschiffe ohne Mannschaften in Durban. Ferner gab es eine Gruppe von gräßlichen Marineinfanteristen, die für Ordnung unter uns sorgen sollten, einige attraktive Krankenschwestern und Angehörige des weiblichen Hilfskorps der RAF, die mit den Offizieren den Komfort der A- und B-Decks teilten. Der »Rest« von uns, fast dreitausend Mann, wurde wie Vieh im völlig unzureichenden Raum der C-, D- und E-Decks zusammengepfercht. Das Wasser wurde nur zweimal in vierundzwanzig Stunden für eine Stunde angestellt. Da wir die Uniformen nicht ausziehen durften – für den Fall, daß das Schiff torpediert wurde –, war Schmutz für den Zustand, in dem wir uns befanden, noch ein mildes Wort; zumindest bis wir uns dem Äquator näherten und den Befehl bekamen, Khakihemd und kurze Khakihosen anzuziehen, mit schwarzer Krawatte, wollenen Kniestrümpfen und Tropenhelm.

Unser Geleitzug bestand aus mehr als fünfzig Schiffen, geschützt von einem Schlachtschiff und sechs Zerstörern. Wir waren noch nicht lange auf See, als wir von einer deutschen Focke-Wulf Condor überflogen wurden. Einigen hundert Flugabwehrkanonen gelang es nicht, sie herunterzuholen. Da anzunehmen war, daß wir deswegen bald die deutschen U-Boot-Rudel auf dem Hals haben würden, änderte der Geleitzugkommodore den Kurs strikt westlich, so daß wir – vor einem kurzen Zwischenaufenthalt in der dampfenden Hitze von Freetown – fast die Küste von Brasilien erreichten. Wir durften in Freetown nicht von Bord gehen, und es dauerte dann noch fünf Wochen, ehe wir endlich vor Durban Anker warfen, mit gebrochener Moral und unterwegs ernährt mit solchen Delikatessen wie eingemachten Kaldaunen. Unterwegs war ein junger Flieger an Meningitis gestorben, und wir hatten früh um fünf Uhr zur Trauerparade antreten müssen, um der makabren Zeremonie beizuwohnen, mit der sein Körper der See übergeben wurde. Danach mußten wir auf den überfüllten, harten Außendecks schlafen, damit sich die Infektion in der stickigen Luft unter Deck nicht ausbreiten konnte.

Die Umstände unseres Transports in den unteren Decks waren so beklagenswert, daß ich – obwohl ich mit der festen Absicht zum Militär gegangen war, niemals die Unterstützung der Downing Street in Anspruch zu nehmen – sofort nach meiner Ankunft in Südafrika einen eingehenden Brief an Mrs. Churchill schrieb und darauf bestand, daß der Hochkommis-

sar Lord Harlech – der mich herzlich willkommen hieß und mich während meiner Zeit ins Transvaal dann des öfteren zum Wochenende gastfreundlich aufnahm – diesen Brief mit der Kurierpost nach London bringen ließ.

In dem Brief beschrieb ich, daß die Überfüllung auf den Unterdecks so grausam war, daß wir zeitweilig nur flach an Deck ausgestreckt liegen konnten, während die Offiziere mit den Krankenschwestern zwei ganze Oberdecks für sich in Anspruch nahmen. Abends, wenn wir unzufrieden herumstanden oder hockten, konnten wir verfolgen, wie auf dem A-Deck zu den Klängen eines Streichorchesters getanzt wurde. Während es oben Mahlzeiten mit fünf Gängen gab, mußten wir unten einen wahren Fraß herunterschlingen. Für gewöhnlich tauchte dann ein Ordonnanzoffizier auf und fragte mit eintöniger Regelmäßigkeit: »Irgendwelche Beschwerden vorzubringen, außer wegen dem Essen?«

So war es wirklich nicht erstaunlich, daß sich bittere politische Ressentiments auf den Unterdecks breitmachten, lange bevor wir Durban erreichten. All dies schrieb ich Mrs. Churchill. Sie zeigte den Brief umgehend – wie ich es erwartet hatte – dem Premierminister. Wie ich später erfuhr, ließ er Auszüge daraus sofort dem Luftfahrtminister zugehen, mit der Androhung gebührender Strafen, falls irgend jemand es wagen sollte, den Briefschreiber ausfindig machen zu wollen, obwohl darüber nicht im mindesten Zweifel bestanden hätten, wie Sir Archibald Sinclair mir später erzählte. Churchill bestand darauf, daß die Zustände bei diesen Truppentransporten sofort unter die Lupe genommen wurden. Dies hatte unmittelbare Folgen, aber ich wurde von der selbst gelegten Bombe zerrissen. Als ich nämlich – stolz auf die Schwingen am Kragenspiegel, die mich als Feldwebel-Pilot kennzeichneten – auf dem gleichen Weg wieder nach England zurückkehrte, erhielten alle die gleiche Verpflegung, und selbst die Offiziere teilten sich zu sechst eine Kabine.

Dies war zwölf Monate später. So lange hatte sich unsere Ausbildung wegen des fehlenden Nachschubs an Ersatzteilen für unsere Miles-Master-Maschinen hingezogen. Genau an meinem achtundzwanzigsten Geburtstag, am 28. Januar 1943, fuhr ich auf einem anderen Orientdampfer, der »Orion«, in einem Zug mit drei anderen großen Handelsschiffen, wieder nach England zurück. Geleitet wurden wir von der H. M. S. »Valiant«, die nach der Beschädigung durch eine Haftmine im Hafen von Alexandria wieder repariert worden war, sowie von vier Zerstörern. Dies erwies sich als günstig für uns, denn verschiedene nicht geleitete Schiffe wurden zur gleichen Zeit vor der Küste von Südwestafrika torpediert. Ungewöhnlich und vermutlich sogar einmalig für den Monat Februar war es, daß sich zwischen Kapstadt und dem Clyde nicht eine einzige größere Welle regte. Während wir so auf einem riesigen Mühlteich nordwärts dampften, saß ich auf einem Klappstuhl an Deck und bemühte mich, mit mäßigem Erfolg, fünfzig französischen Matrosen, die sich de Gaulle in England anschließen wollten, beizubringen, wie man Englisch spricht.

Zurück in England wurde ich zum Pilot-Officer (Second Lieutnant) befördert. Dies ermöglichte es mir, in ein Geschwader einzutreten, das, zur Luftunterstützung des Heeres eingesetzt, aus unerfindlichen Gründen Unteroffiziere als Piloten nicht akzeptierte. Ende September 1943, ein paar Tage nach dem Tod meines Vaters, trat ich in die 268. Squadron der Second Tactical Air Force ein, ausgerüstet mit einsitzigen Mustangs, die über vier Bordkanonen verfügten. Wir lebten in Zelten in Funtington, fast unmittelbar vor den Toren Stansteds, wo ich zu Anfang des Krieges so manches angenehme Wochenende verbracht hatte. Meine erste Chance, ein einsatzerfahrener Pilot zu werden, ergab sich zwei Tage nach meinem Eintritt ins Geschwader, weil der eigentlich vorgesehene Pilot sich gerade für eine Teepause entfernt hatte. Dieser erste Einsatz schloß sogar noch eine Luft-See-Rettung vor der Küste von Cherbourg ein.

Ein paar Wochen später, aus heiterem Himmel, informierte mich mein höchst erstaunter Kommandeur, der von meiner früheren Karriere nichts wußte, daß ich mich am nächsten Vormittag, pünktlich um elf Uhr, in Downing Street Nr. 10 einzufinden hätte.

»Es ist Zeit, daß Sie zurückkommen«, sagte der Premierminister, nachdem ich mich bei ihm gemeldet hatte.

»Aber ich habe doch erst einen einzigen Einsatz absolviert«, wandte ich ein.

»Gut, sechs erlaube ich Ihnen. Aber dann zurück an die Arbeit!«

Ich wurde zum 168. Geschwader versetzt und erfüllte sechs Einsätze insgesamt ohne Mißgeschick, indem ich von Sawbridgeworth aus in fünf Fuß Höhe über den Kanal flog, um dem feindlichen Radar zu entgehen. Das Mißgeschick wäre mir aber beinahe auf einem normalen Übungsflug über Land zugestoßen. Ich flog über die östlichen Grafschaften, als der einzige Motor meiner Maschine plötzlich aussetzte. Ängstlich blickte ich nach unten und entdeckte unter mir einen Flugplatz mit einer langen geteerten Rollbahn, auf der ich im Gleitflug niedergehen konnte.

Ich war nur ein paar Meilen von Cambridge entfernt und fragte den diensttuenden Offizier, ob er mich zum Bahnhof bringen lassen könne. Er bejahte dies, aber ich mußte die Starts zum vorgesehenen nächtlichen Bombenangriff auf Berlin abwarten. Es war ein Bomberflugplatz, vollgestellt mit Lancaster- und Halifax-Maschinen, alle vorbereitet für einen Großangriff. So stand ich denn neben einem Hangar und sah zu, wie ein Drei-Tonnen-Lastwagen nach dem anderen Hunderte von jungen Männern heranbkarrte, die schweigend und ohne sichtbare Fröhlichkeit die startbereiten Maschinen bestiegen. An die Fröhlichkeit und das Lachen der Jagdflieger bei ihrem Einsatz gewöhnt, bekümmerte mich die starre Spannung auf den Mienen dieser Bomberbesatzungen. Zu dieser Zeit, im November 1943, überstanden achtzig Prozent der Besatzungen nicht unversehrt ihre turnusmäßigen dreißig Einsätze. Mut hatten sie zweifellos, aber es blieb ihnen nichts anderes übrig, als die Zähne zusammenzubeißen.

Nachdenklicher, als ich am Morgen gestartet war, kehrte ich nach Sawbridgeworth zurück. Als ich am nächsten Tag wieder zu einem Einsatz nach Nordfrankreich flog, in der Hoffnung, einige Züge mit meinen Bordkanonen zu erwischen, geschah dies mit einer neuen inneren Einstellung. Ich mußte dankbar dafür sein, daß ich Kontaktlinsen trug, die ich nicht mehr als zwei Stunden ertragen konnte, und aus diesem Grund nicht bei den Bomberkommandos gelandet war.

Am 15. Dezember 1943 – ich verschnaufte gerade ein paar Tage in Madeley – erreichte mich der dringende Befehl, mich unverzüglich in Uniform in Downing Street zu melden. Churchill war nach Kairo und Teheran zu Konferenzen mit Roosevelt und Stalin gereist. Obwohl überrascht, leistete ich der Aufforderung selbstverständlich Folge. In London erfuhr ich, daß Churchill in Karthago ernstlich, vielleicht sogar lebensgefährlich, an einer Lungenentzündung erkrankt war und ich Mrs. Churchill an sein Krankenlager begleiten sollte.

Auch während meiner RAF-Zeit hatte ich Tagebuch geführt; es ist von geringerem Interesse. Nach Downing Street zurückgekehrt, setzte ich die Eintragungen fort. Sie sind knapper als diejenigen in den Jahren 1940 und 1941 – abgesehen von den Wochenenden in Chequers – und befassen sich mehr mit persönlichen, familiären und gesellschaftlichen Dingen. Auf Reisen machte ich mir entweder kurze Notizen, die ich dann nach der Rückkehr in Downing Street näher ausführte, oder ich fertigte längere Niederschriften an, die ich später in das Tagebuch einklebte. Die folgenden Auszüge beginnen mit dem Tag, an dem ich nach London zurückgerufen wurde.

Donnerstag, 16. Dezember Im Unterhaus teilte Attlee in bewegten Worten die schwere Erkrankung des Premierministers mit. Ein technischer Defekt drohte unseren Start zu verhindern, aber schließlich hörten wir, daß wir in einer Liberator von Lyneham aus fliegen würden. Mary begleitete Mrs. Churchill, und ich fuhr mit Miss Hamblin. Es schien endlos lange zu dauern, ehe wir durch Dunkelheit und Nebel in Lyneham ankamen.

Um 23 Uhr 30 starteten wir. Für Mrs. Churchill, Miss Hamblin und mich waren Matratzen auf dem Boden der Maschine ausgelegt worden.

Den größten Teil der Nacht verbrachten wir allerdings sitzend, tranken Kaffee und unterhielten uns, da Mrs. Churchill zu aufgeregt war, um zu schlafen. Das Wetter war, mit Ausnahme beim Start, gut. Wir hatten einen ruhigen Flug in 5.000 Fuß Höhe.

Freitag, 17. Dezember Es war noch dunkel, als wir in Gibraltar landeten. Wir frühstückten beim Gouverneur, wo wir General Ismay auf dem Rückweg nach England trafen. Um 9 Uhr 30 starteten wir in Richtung Tunis. Für kurze Zeit übernahm ich den Steuerknüppel. Um 15 Uhr trafen wir in Tunis ein und wurden direkt zum Weißen Haus in Karthago gebracht, wo der Premierminister lag. Er ließ mich rufen. Statt eines erschöpften Patienten fand ich eine fröhliche Gestalt vor, mit einem Whisky-Soda in der Hand und der unvermeidlichen dicken Zigarre.

Sonnabend, 18. Dezember Eine Flotte amerikanischer Wagen stand vor dem Weißen Haus, bereit, jeden zu jedem gewünschten Ziel zu bringen. Ich fuhr mit John Martin nach Tunis. Unterwegs hielten wir an, um einen deutschen Soldatenfriedhof in Karthago zu besichtigen. Er war sehr gut gepflegt, im Gegensatz zu unseren Friedhöfen. Tunis ist eine häßliche Stadt, die vom Krieg verschont blieb, mit Ausnahme der Hafenanlagen, die die Bomben plattgewalzt haben.

Sonntag, 19. Dezember Nahm wieder meine Arbeit im persönlichen Büro des Premierministers auf; ungewohnt, nach mehr als zwei Jahren Unterbrechung. Obwohl es dem Premier wieder besser geht, gab es wenig zu tun.

Mit Bill Harris besichtigte ich die Kathedrale von Karthago, wo König Ludwig IX. von Frankreich [der Heilige, 1215–1270] begraben liegt.

Dienstag, 21. Dezember Fuhr mit zwei der Ärzte, Bedford und Pulvertaft, in die Kasbah von Tunis. Die Preise dort sind exorbitant hoch.

Randolph benahm sich dem Premierminister gegenüber sehr unvorsichtig, indem er ihm einen übertriebenen Bericht über die Verhaftung von Flandin, Boisson und anderer in Vichy gab. Winston bekam fast einen Schlaganfall, und Lord Moran, der Arzt, war ernstlich besorgt. Aber zur Teezeit stand Winston plötzlich auf und lief im Morgenmantel in der Halle herum.

Die Generale Neame und O'Connor und Air Vice Marshal Boyd kamen zum Dinner, alle im Kampfanzug. Sie sind erst kürzlich aus einem italienischen Kriegsgefangenenlager entkommen.

Mittwoch, 22. Dezember Ausflug nach Dougga. Wir fanden es nur unter großen Schwierigkeiten, aber der lange Weg lohnte sich. Die römischen Ruinen, insbesondere das Amphitheater, sind sehenswert.

Randolph macht der Familie und der ganzen Umgebung große Schwierigkeiten, aber der Premierminister liebt es nun einmal, Bézigue[1] mit ihm zu spielen.

Freitag, 24. Dezember Es gab eine große Invasion von Generalen und anderen, die über die Operation »Shingle«[2] diskutieren wollten, insbesondere über die Frage des Schutzes der Landungsboote. An der Besprechung nahmen unter anderen teil der künftige Oberbefehlshaber, General Maitland Wilson, Air Marshal Tedder, Air Vice Marshal Park (aus Sizilien) und der Generalquartiermeister, General Gale. Der Premierminister war dazu von seinem Krankenbett aufgestanden.

Nach dem Dinner machte ich einen etwas seltsamen Ausflug mit Randolph. Er wollte einige französische Freunde besuchen, die wir bei einem großen Essen überraschten. Leicht verlegen warteten wir auf einem Sofa, bis sie fertig waren. Mir war das recht peinlich.

Weihnachten 1943 General Alexander, Mrs. Churchill, Sarah, Lord Moran und ich fuhren zum Frühgottesdienst, den die Coldstream Guards in einem Munitionsschuppen arrangiert hatten. Es gab einen dramatischen Höhepunkt, als der Priester das *Gloria in Excelsis* anstimmte. Genau in diesem Moment begannen die Glocken der Kathedrale von Karthago zu läuten, und eine weiße Taube, die auf einem Dachbalken des Schuppens gehockt hatte, flatterte erschreckt auf.

Zu einer großen Konferenz trafen fünf Oberkommandierende zusammen: Eisenhower, Maitland Wilson, Alexander, Tedder und Admiral Sir John Cunningham.

Beim Lunch trank der Premierminister der Reihe nach auf das Wohl aller Anwesenden. Harold Macmillan, der Ständige Gesandte in Nordafrika, und Desmond Morton waren noch gerade rechtzeitig eingetroffen.

Am Abend war zu einer großen Cocktailparty eingeladen worden. Der Premierminister lief herum, als sei er vollständig gesund. Später gab es ein kaltes Büffet, und jedermann beendete den Tag in froher Weihnachtsstimmung. Ich führte ein längeres Gespräch mit Harold Macmillan und fand ihn ziemlich affektiert und ein bißchen unaufrichtig.

Sonntag, 26. Dezember Die Generale und Randolph fuhren wieder ab. Ich machte mit Mrs. Churchill, Sarah und Lord Moran einen Spaziergang zu den Überresten des alten Hafens von Karthago. Die alte punische Stadt erstreckte sich längs der See, genau da, wo wir jetzt wohnen, wurde aber [146 v. Chr.] so gründlich von den Römern zerstört, daß es nur noch Ruinen aus der späteren römischen Epoche gibt.

Der Premierminister speiste am Abend zum erstenmal wieder mit im Speisezimmer. Später ging ich mit einem Papier Lord Cherwells über die neue deutsche Vergeltungswaffe, die V1, hinüber zu Tedder und saß lange bei Brandy, Champagner und Zigarren (vermutlich eine Art Weihnachtsfeier) zu einem Gespräch mit ihm zusammen. Er ist besonders angenehm, nachdenklich und interessant.

Montag, 27. Dezember Wir flogen nach Marrakesch, der Premierminister in seiner York, Joe Hollis und ich in einer Liberator – mit dem gesamten Chiffrierpersonal vom weiblichen Hilfsdienst der Luftwaffe. Der Flug war ganz schön böig. Einer der Motoren fiel aus, und ein Verkleidungsblech der Maschine wurde eingedrückt. Die Luft, die hereindrang, war eisig. Die Mädchen kreischten, und Joe und ich mußten die gelockerte Verkleidung mit aller Kraft so lange festhalten, bis der Bordingenieur sie notdürftig wieder befestigt hatte.

Nach der Landung fuhren wir in die geräumige und luxuriöse, wenn auch leicht geschmacklose Villa Taylor, wo der Premierminister bereits angekommen war. Ausgezeichnetes Essen, zubereitet von einem französischen Küchenchef, der früher in der französischen Botschaft in Moskau tätig gewesen war. Die Villa stellten uns die Amerikaner zur Verfügung, die sowohl für die Bewachung sorgten als auch für alle Annehmlichkeiten, ohne Rücksicht auf die Kosten.

Dienstag, 28. Dezember Lord Beaverbrook traf ein, unangemeldet, obgleich nicht unerwartet, in Begleitung seines Sohnes, Max Aitken, der sich auf dem Weg nach Kairo befindet.

Schlenderte mit John Martin durch die Seitengassen der Medina. Den amerikanischen Truppen ist es glücklicherweise verboten, dieses noch ganz ursprüngliche und wunderschöne Altstadtviertel zu betreten.

Nach dem Dinner zeichnete der Premierminister Max Aitken mit dem Ordensband »1939/43« [später der Stern der »War Medal 1939/45«] aus, das wir schnell von meiner zweiten Uniform abgeschnitten hatten. »Little Max« besitzt bereits eine imponierende Ordenssammlung. Später spielten wir Poker, ausgelassen aber unterhaltsam, wobei Winston äußerst erfolgreich war. Er dividierte später die Gewinne und Verluste mit Lord Beaverbrooks Einverständnis durch Tausend, sonst hätte ich 2.500 Pfund verloren, die ich wahrlich nicht besitze.

Donnerstag, 30. Dezember Heute machten wir ein Picknick im Atlas-Vorgebirge an einem Fluß, umgeben von wild wuchernden Feigendisteln. Anschließend spazierten wir, mit Ausnahme von Churchill und Beaverbrook, das Tal hinauf durch ein baufälliges jüdisches Dorf. Mrs. Churchill und ich überquerten den Fluß auf einem Esel, während die anderen unter Führung von Lord Moran es vorzogen, ihn zu durchwaten, aus Furcht vor Ungeziefer. Wir Reiter wurden für unsere Tollkühnheit nicht bestraft.

Der »Biber« [Beaverbrook] war sehr beeindruckt von der Feindseligkeit zwischen den Mauren- und Judenkindern im Dorf, die sich weigern, miteinander zu spielen. Die kleinen Juden sahen sehr viel weniger glücklich und selbstsicher aus als die Mauren. Wir fütterten sie mit Gebäck und Orangen.

Freitag, 31. Dezember Am Abend kamen General Eisenhower und General Montgomery mit seinem Adjutanten Noel Chavasse zum Dinner. Wir begrüßten das Neue Jahr frühzeitig, damit Montgomery ins Bett gehen konnte. Man hatte einen Punsch gebraut, der Premierminister sprach; die Sekretäre, Schreiber und einige der Dienerschaft erschienen. Wir bildeten einen Kreis und sangen »Auld Lang Syne« – ich Arm in Arm mit General Montgomery und dem amerikanischen Barmann.

Mrs. Churchill war die einzige Person, die ich kannte, der es immer wieder gelang, General Montgomery zu zähmen – obwohl sie ihn mochte. An jenem Silvesterabend hatte sie vor dem Dinner zu Noel Chavasse gesagt, daß sie sich freuen würde, ihn in einer halben Stunde wiederzusehen. »Meine Adjutanten speisen nicht mit dem Premierminister«, hatte Monty scharf eingeworfen. Mrs. Churchill warf dem General einen vernichtenden Blick zu. »In meinem Haus, General Montgomery«, sagte sie, »lade ich ein, wen ich will, und ich benötige Ihren Rat nicht.« Noel Chavasse nahm selbstverständlich am Dinner teil.

Bei einer anderen Gelegenheit, einige Jahre später, äußerte Monty beim Krocketspiel in Chartwell, daß alle Politiker unehrlich seien. Mrs. Churchill entgegnete mit blitzenden Augen, wenn das seine Meinung sei, dann sollte er Chartwell sofort verlassen. Sie würde Anweisung geben, seine Koffer zu packen. Monty entschuldigte sich überschwenglich und blieb.

Ähnlich geradeheraus, wenn auch nicht ganz so vernichtend, war Mrs. Churchill auch zu de Gaulle, was dessen Bewunderung und Verehrung für sie allerdings nie minderte, wie schlecht auch sein Verhältnis zu ihrem Mann gerade sein mochte.

Marrakesch

Januar 1944

Sonnabend, 1. Januar Die ganze Gesellschaft picknickte in einem Olivenhain. Montgomery war gesprächig, ohne bombastisch zu werden. In Gegenwart Lord Morans und Beaverbrooks machte er zwei interessante Bemerkungen: zum einen, daß seine Feldkapläne wichtiger für ihn seien als seine Artillerie; zum anderen, daß er glaube, die gesamte 8. Armee würde bei einer Wahl so stimmen, wie er es ihnen sagte. Nach dem Abendessen flog er zurück nach England, um sein neues Kommando zu übernehmen[3].

Sonntag, 2. Januar Beim Dinner handelten der Premierminister und Beaverbrook noch einmal die ganze Geschichte des letzten und des gegenwärtigen Krieges ab. Dabei wandte sich Winston bei einer Gelegenheit an Commander Thompson und sagte: »Nicht wahr, Tommy, Sie sind Zeuge dafür, daß ich meine Geschichten nicht so oft wiederhole wie mein guter Freund, der Präsident der Vereinigten Staaten.«

Über die Stabschefs sagte er: »Sie mögen behaupten, daß ich sie auf dem Gartenweg führe[4], aber an jeder Ecke des Gartens gab es köstliche Früchte und gesundes Gemüse.«

Dienstag, 4. Januar Präsident Benesch kam zum Lunch. Er ist angenehm, aber oberflächlich und vielleicht zu optimistisch. Er erzählte uns: 1.) Die russische Hilfe für die Tschechoslowakei habe zur Zeit des Münchener Abkommens gewiß unmittelbar bevorgestanden. 2.) Die berüchtigten Stalinschen Schauprozesse seien wirklich gerechtfertigt gewesen. Tuchatschewsky, Kamenew und die anderen hätten tatsächlich ein Komplott mit Deutschland geplant; als überzeugte Trotzkisten seien sie der Meinung gewesen, die deutsche Hilfe zum Sturz Stalins sei moralisch einwandfrei und im Interesse Rußlands. Das Komplott sei von den Tschechen aufgedeckt worden. Benesch habe geglaubt, daß die sowjetische Regierung mit den Deutschen intrigiere. Als er sich darüber beim sowjetischen Gesandten in Prag beschwerte, sei dieser höchst erstaunt gewesen über die unbegründeten Anschuldigungen und habe sich verwirrt an Moskau gewandt. Dies habe die Russen auf die Spur gebracht. 3.) Er habe sich mit Stalin über die polnische und tschechische Grenze unterhalten – er kam gerade aus Moskau – und eine gemeinsame russisch-tschechische Grenze im Osten vereinbart. Er diskutierte mit dem Premierminister ausführlich die neue russisch-polnische Grenze auf der Basis der Curzonlinie[5]. Stalin wolle Lwow [Lemberg] für sich haben.

Der Premierminister sprach davon, nach Malta zu fliegen, um über die Operation »Shingle« zu diskutieren, doch erhoben sich dagegen entschiedene Einwände. Die Operation, die für den 22. Januar geplant war (ich mache diese Eintragung am 22. Januar, nachdem ich mich entschlossen habe, in Zukunft kein Wort mehr über künftige Operationen in dieses Tagebuch zu schreiben, wie sicher ich es auch immer in Downing Street aufbwahren kann), war wegen Problemen mit den Landungsfahrzeugen in Frage gestellt.

Mittwoch, 5. Januar Die Generale Bedell Smith, Eisenhowers Stabschef, Gale, Generalquartiermeister in Algier, Gammell und Devers machten eine kurze Zwischenlandung auf dem Weg zurück von London. Ich holte sie am Mamounia ab, weil Tommy, der zuständig war, noch im Bett lag.

Benesch, dessen Maschine gestern nacht ausfiel, kam noch einmal zum Dinner. Gesprächsthema war, wann der Krieg wohl enden werde. Der Premierminister war vorsichtig: »Ich würde keine Garantie dafür übernehmen, daß er schon in diesem Jahr zu Ende ist.« Benesch zeigte sich zuversichtlicher: »Wir müssen mit dem deutschen Zusammenbruch bald nach dem 1. Mai rechnen.« Der Premier ließ die Tafelrunde darüber abstimmen, ob Hitler am 3. September 1944 noch an der Macht sei. Mit ja stimmten: er selbst, Lord Beaverbrook, Captain Sanderson und ich. Mit nein: Benesch, Smutmy, Lord Moran, Tommy, John Martin, Sarah und Joe Hollis.

Freitag, 7. Januar Maitland Wilson, Alexander, Sir John Cunningham (Oberbefehlshaber Mittelmeer), Devers, Bedell Smith, Gale und eine Menge anderer versammelten sich zu einer Besprechung der Operation »Shingle«. Ich bewirtete die Begleiter der Generale im Mamounia-Hotel. Später trafen noch Fitzroy Maclean, bei Marschall Tito akkreditierter Brigadier, und Randolph ein. Die beiden sollen mit dem Fallschirm über Jugoslawien abspringen und Tito einen Brief des Premierministers überbringen. Neben der Operation »Shingle« beschäftigt uns das jugoslawische Problem mit all den Verwicklungen, die die Preisgabe Michailowitschs[6] und die Aussöhnung König Peters mit Tito mit sich bringen, gegenwärtig am meisten.

Sonnabend, 8. Januar Eine weitere große Konferenz im Eßzimmer; dann fuhren die Militärs ab, und der Lärm legte sich.

Am Abend hatte der Premierminister mit Randolph einen heftigen Streit über die Qualifikation des Außenministers. Randolph hatte zu viel Whisky getrunken und ließ sich auch von Lord Beaverbrook nicht besänftigen. Maclean sagte später, daß wir uns wegen des Auftrags in Jugoslawien keine Sorge zu machen brauchten. Dort gebe es keinen Whisky und nur Kohlsuppe. Außerdem stünde Randolph als untergeordneter Offizier unter seinem Kommando.

Montag, 10. Januar Lord Beaverbrook nahm mich und Joe zu einem Einkaufsbummel mit in die Medina. Wir hatten allein gehen wollen, um einige preiswerte Sachen für unsere Verwandten einzukaufen, aber Beaverbrook zog uns mit halsbrecherischer Geschwindigkeit von Laden zu Laden, auf der Suche nach Kleidungsstücken für Joes Familie. Zum Schluß kaufte er meterweise sehr teure, aber gänzlich unnütze Gaze, die er Joe schenkte. Dann führte er uns durch viele Seitengassen zu einem abseits der Hauptstraße gelegenen Antiquitätenladen, wo wir von einem ehrwürdigen alten Mauren begrüßt wurden. Er bewirtete uns mit Pfefferminztee und einer widerlich riechenden Quittenmarmelade, die »der Biber« für sich selbst zwar ablehnte, aber zu unserem Entsetzen für uns akzeptierte.

Bei der Rückkehr in die Villa begrüßte Beaverbrook eilig Duff Cooper und Lady Diana, die gerade von Algier gekommen waren, wo er neuerdings unser Botschafter bei den Freien Franzosen ist. Dann zog er mich in einen Wagen, und ab ging's in das französische Viertel der Stadt. Dort kaufte er mir eine prächtige weiße Ledertasche, die ich weiterverschenken kann, an wen ich will.

Beim Dinner griff Lady Diana den Premierminister nach allen Regeln der Kunst an, und es gelang ihr, ihn zu faszinieren. Lord Moran flüsterte mir zu: »Hier erleben Sie das einmalige Schauspiel, wie eine berufsmäßige Sirene einen älteren Staatsmann becirct.« Und so war es auch.

Dienstag, 11. Januar Am Abend gingen alle, außer dem Premierminister und Beaverbrook, zu einem Empfang, den General de Villate zu Ehren von Monsieur Puaux, dem Generalresidenten von Marokko, gab. Im Garten gab es Berbermusik und Berbertänze und im Haus viel französische Konversation.

Für morgen wurde de Gaulle erwartet. Er sollte zum Lunch mit dem Premierminister kommen. Daran wurde die Hoffnung geknüpft, die seit längerem zwischen ihnen bestehende Entfremdung zu beenden. Aber es gab beinahe ein Unglück: Auf Empfehlung Macmillans war General de Lattre de Tassigny für heute abend eingeladen worden. Kurz vor dem Empfang rief mich Duff Coopers Berater Kingsley Rucker aus Algier an und sagte, der General habe es für richtig gehalten, um de Gaulles Einwilligung für diesen Besuch zu bitten. Dieser habe ihm erklärt, es sei zur Zeit »höchst inopportun«, eine solche Einladung zu akzeptieren.

Der Premierminister geriet darüber in rasende Wut und sagte, daß er dann auch nicht de Gaulle empfangen wolle. Es gelang Duff Cooper nur mit großer Mühe, ihn wieder zu beruhigen. Daran knüpfte sich eine hitzige Diskussion, in der sich Mrs. Churchill sehr antifranzösisch gab, der Premierminister bisweilen ebenfalls. Cooper und seine Frau hielten dagegen.

Mittwoch, 12. Januar Um acht Uhr morgens ließ der Premierminister mich durch Sawyers, seinen Butler – der den Kopf noch höher trägt, seitdem Stalin in Teheran auf seine Gesundheit getrunken hat –, zu sich rufen. Ich mußte die Nachricht über de Lattre de Tassigny wiederholen und wurde angewiesen, eine Mitteilung zum Flughafen zu senden, man möge de Gaulle bei seinem Eintreffen bedeuten, daß der Premierminister seine wertvolle Zeit nicht mit ihm verschwenden könne. Duff Cooper, eilig aus dem Mamounia herbeigerufen, gelang es erneut, ihn zu beschwichtigen.

Beim Lunch mit de Gaulle war ich nicht zugegen. In der anschließenden Unterredung am Nachmittag sagte der Premierminister de Gaulle freundlich, aber bestimmt seine Meinung und erhob Einwände gegen die kürzliche Verhaftung von Flandin, Boisson und anderen in Algier.

Nach dem Dinner versprach der Premierminister in entspannter Atmosphäre, daß ich für die Operation »Overlord« zu meinem Geschwader zurückkehren könne. Ich rief Lord Moran als Zeugen an und ging äußerst frohgemut schlafen.

Donnerstag, 13. Januar Der Premierminister, in seiner RAF-Uniform, und de Gaulle nahmen Seite an Seite eine Parade französischer Truppen ab. Wir anderen standen hinter ihnen, zusammen mit französischen und maurischen Würdenträgern. Besonders beeindruckt war ich von den vorbeimarschierenden Spahis und Zuaven – weniger von den Vorführungen der örtlichen französischen Fliegerschule.

Freitag, 14. Januar Die ganze Gesellschaft flog in vier Maschinen nach Gibraltar. Wir machten einen Umweg über Casablanca und lunchten sehr gut an Bord.

In Gibraltar gab es eine weitere Konferenz über die Operation »Shingle«. Währenddessen brachen Mrs. Churchill, Sarah, John Martin und ich zu einer Besichtigung des Felsens auf und durchquerten dabei einige der unterirdischen Gänge. Für den Heimweg schifften wir uns auf der *King George V.* ein. Die Offiziere hatten ihre komfortablen Kabinen für uns freigemacht.

Sonnabend, 15. Januar Auf See. Die Sonne schien, und angenehme Brisen wehten, während wir westwärts in Richtung auf die Azoren dampften. Ich unternahm einen Erkundungsgang auf dem Schiff. Später gab es ein ohrenbetäubendes Übungsschießen – einschließlich der 14-Zoll-Rohre – mit dem Begleitkreuzer, der *Mauritius*. Die Schiffe beschossen sich gegenseitig in leicht versetztem Winkel.

Sonntag, 16. Januar Beim Gottesdienst auf der Wachstation waren alle außer dem Premierminister und Beaverbrook anwesend. Die See ist noch immer ruhig, aber wir haben nach Norden gedreht und der Himmel ist bedeckt.

Montag, 17. Januar Um elf Uhr nachts kamen wir in Plymouth an und bestiegen den Zug. Auf mich wartete eine Menge Post.

Dienstag, 18. Januar Am Bahnhof Paddington wurden wir von Churchills Familie und dem Kabinett überschwenglich empfangen.

Der Premierminister hielt einen dramatischen Einzug in das Unterhaus – der eigentliche Grund für die plötzliche Heimfahrt – und wurde stürmisch begrüßt. Er beantwortete die an ihn gerichteten Anfragen und hielt danach eine Kabinettssitzung in seinem Arbeitszimmer im Parlament ab. Um 13 Uhr 28 brach er auf, um um 13 Uhr 30 zum Lunch beim König zu sein! Plus ça change, plus c'est la même chose!

Am Abend brachte ich einige Apfelsinen und Zitronen – ich habe von diesen Kostbarkeiten eine Menge mitgebracht – ins Argyll House. Mutter und ich verbrachten eine halbe Stunde bei Großvater, der jetzt zwar ständig im Bett liegt, aber noch sehr munter ist, obwohl er überhaupt nichts mehr sieht. Peggy, die von einem Dinner in der Spanischen Botschaft kam, sagte, sie habe gehört, wir wären per Schiff heimgekehrt. So gut ist also dieses Geheimnis bewahrt geblieben!

Mittwoch, 19. Januar Ich zog wieder Zivilkleidung an, zum erstenmal seit langer Zeit. Nach der Rückkehr von einer Besprechung über unsere künftige Strategie im Fernen Osten sagte mir der Premierminister, daß ihm sein Herz Beschwerden mache. Er führt das auf Verdauungsstörungen zurück, aber mit Sicherheit muß er sich künftig mehr schonen.

Donnerstag, 20. Januar Der Premierminister konferierte mit den Polen über ihre Grenzen. Das Problem ist nicht leicht zu lösen, denn die Russen verhandeln hart. Die bisherigen Verhandlungen basieren auf der Curzonlinie.

Sonnabend, 22. Januar Die Operation »Shingle« – die Landung angloamerikanischer Streitkräfte hinter der Feindlinie mit dem Ziel, Rom einzunehmen – ist erfolgreich angelaufen. General Alexander scheint zuversichtlich zu sein. Eine Menge Arbeit; war bis spät mit Telegrammen beschäftigt.

Dienstag, 25. Januar Zum Lunch mit dem Premierminister und seiner Frau in Downing Street. Weitere Gäste waren Mrs. Romilly[7], Mrs. Henley, Pamela Churchill und Lord Portal. Eine der schlimmsten Phrasen im offiziellen Jargon dieser Tage ist das »übergreifende strategische Konzept«. Der Premierminister meinte, er verfüge nur über ein »untergreifendes strategisches Konzept«. Die Leute bei uns hätten eine gefährliche Zuversicht entwickelt. Nach wie vor bestehe die Gefahr, daß wir einige bittere Niederlagen erleiden könnten, denn die Hunnen seien noch immer sehr stark und ihre Moral sei noch nicht wirklich beeinträchtigt. Sein Konzept ist daher, daß man im Verlauf der Operation »Shingle« Rom erobert, und mitten im Jubel über diesen Sieg würde er dann die desillusionierendste Rede seines Lebens halten.

Unsere Haltung zur polnisch-russischen Grenze – worüber der Premierminister inzwischen einen umfangreichen Notenwechsel mit Stalin führt – sowie zu den Problemen Palästina und Groß-Syrien wurde im Kabinett ausführlich diskutiert.

Mittwoch, 26. Januar In Italien geht es gut voran. Wir konnten an der Küste schneller als erwartet einen Brückenkopf errichten.

Montag, 31. Januar Der Premierminister hat sich sehr über ein äußerst unfreundliches Telegramm Stalins aufgeregt; es geht um den russischen Anteil an der italienischen Flotte. Er hatte viele grobe Worte für Stalin, der auf dem Papier offensichtlich viel weniger umgänglich ist als im Gespräch.

Ein neuer deutscher »Blitz«

Februar bis März 1944

Dienstag, 1. Februar Fuhr mit dem Premierminister ins Unterhaus. Seine Beantwortung von Anfragen, in der vergangenen Nacht von ihm selbst neu konzipiert, war sehr humorvoll und belustigte jedermann.

Von Tito traf eine Antwort ein, die sich sehr abhob von dem von Stalin angeschlagenen Ton.

Freitag, 4. Februar Fuhr mit dem Premierminister nach Chequers, wo er bereits vor dem Abendessen zu Bett ging. Er leidet an Verdauungsstörungen und ist überdies sehr beunruhigt über den ausbleibenden Erfolg der Operation »Shingle«. Sie war strategisch gut durchdacht und begann auch erfolgreich. Winston kann nicht verstehen, warum es jetzt nicht gelingt, vom Brückenkopf aus landeinwärts vorzustoßen. Während die Schlacht noch tobt, stellt er Alexander immer wieder die Fragen, die er sich selbst nicht beantworten kann. Das große Vertrauen, das er in Alexander gesetzt hat, ist zwar nicht erschüttert, aber doch leicht ins Wanken geraten.

Sonnabend, 5. Februar General Donovan (US-Army) und General Eastwood, der auf Herz und Nieren für den Gouverneursposten in Gibraltar geprüft werden soll, erschienen in Begleitung von Mrs. Churchill rechtzeitig zum Lunch. Obwohl General Donovan direkt vom Schauplatz der Operation »Shingle« kam, konnte auch er kein Licht in die Sache bringen. Kämpferisch haben sie dort großen Mut, strategisch überhaupt keinen, meinte der Premier.

Sonntag, 6. Februar Der polnische Premierminister Mikolajczyk[8] kam mit seinem Außenminster Romer und Botschafter Raczynski zum Lunch. Zu ihnen gesellten sich Eden, Sir Owen O'Malley, unser Botschafter bei der polnischen Exilregierung, Lord Cherwell und Raymond Guest, ein Vetter Churchills. Mit Ausnahme des letzteren nahmen alle Gäste später an einer Konferenz über die russisch-polnischen Beziehungen teil, bei der ich Protokoll führte. Das Hauptproblem ist der Verlauf der polnischen Ostgrenze; die Polen bezweifeln Stalins guten Willen.

Es war das erstemal, daß ich eine vom Premierminister geleitete Konferenz von Anfang bis Ende miterlebte. Er ist als Vorsitzender zweifellos sehr wirkungsvoll.

O'Malley blieb zum Dinner. Er erzählte mir, daß die osteuropäischen und die Balkanstaaten noch immer glauben, Deutschland sei ihre einzige Hoffnung auf Schutz vor Rußland.

Mittwoch, 9. Februar Zum Lunch in Downing Street hatten die Churchills unter anderem den amerikanischen Komponisten Irving Berlin zu Gast. Nach dem Lunch stellte Winston ihn den Anwesenden vor, indem er Fragen, die ihn selbst beschäftigten, suggestiv weitergab, wie zum Beispiel: »Wann, glauben Sie, Mr. Berlin, wird der Krieg zu Ende sein?« Ein geschicktes Verfahren, wie mir schien.

Wie sich später herausstellte, war Berlin aufgrund eines komischen Mißverständnisses eingeladen worden. Wir bekommen aus unserer Botschaft in Washington wöchentliche Übersichten, die sich durch ihre bisweilen freilich etwas übertriebene Lebhaftigkeit auszeichnen. Der Premierminister, den es interessierte, wer ihr Verfasser ist, bekam von mir die Antwort: »Mr. Isaiah Berlin, Fellow von All Souls und Tutor des New Colleges.« Als Irving Berlin nach Großbritannien kam, um die Truppen mit seiner Musik zu unterhalten, verwechselte der Premier ihn mit Isaiah, lud ihn zum Lunch ein und redete mit ihm, als gehörte er zu unserer Botschaft. Irvin Berlin zeigte sich natürlich sehr verwundert.

Donnerstag, 10. Februar Entwarf für Winston einen Brief an Stalin, in dem er sich für die Übersendung der Noten der neuen russischen Nationalhymne bedankt. Er wurde ohne Änderungen unterschrieben. Ich glaube, dies ist nach so vielen Depeschen der erste Brief, den Winston an Stalin geschrieben hat.

Freitag, 11. Februar Da es mein freies Wochenende ist, fuhr ich nach North Weald zur 168. Squadron, um wieder einmal fliegen zu können.

Sonnabend, 12. Februar Die 168. mußte ihre Mustangs I As an die 2. Squadron abgeben und bekam dafür die schlechteren Mustangs I. Ich konnte mir jedoch eine Mustang I As ausleihen und flog damit am Morgen etwa anderthalb Stunden. Ich versuchte, Chequers auszumachen, aber die Sicht war zu schlecht. Da ich nicht darüber unterrichtet war, daß der Funk nicht benutzt werden durfte, meldete ich mich über Funk und bat um Anflugpeilung. Zusätzliche Verwirrung stiftete ich, da ich mich mit dem alten Code »Floral 51« meldete, der nicht mehr existiert. Man lotste mich schließlich durch eine Ballonsperre sicher zu Boden.

Sonntag, 13. Februar Nach einem weiteren Übungsflug am Morgen kehrte ich nachmittags nach London zurück.

In dem Buch, das ich gerade lese, zitiert Prinzessin Lieven Madame de Sevigné mit einem Ausspruch über Sehenswürdigkeiten: »Was ich sehe, langweilt mich, und was ich nicht sehe, beunruhigt mich.« So wie die Dinge in Italien laufen, glaube ich nicht, daß es dort nach dem Krieg noch sehr viele Sehenswürdigkeiten geben wird.

Montag, 14. Februar Das polnische Problem kumuliert allmählich. Viele Leute meinen, daß unser Verhalten in dieser Sache an München erinnert, aber ich bin sicher, daß die Polen den richtigen Kurs einschlagen: annehmen, was sie bekommen können, ohne das Recht, mehr zu fordern, aufzugeben. O'Malley, unser Botschafter, wendet sich heftig dagegen, die Polen im Stich zu lassen; »was moralisch unhaltbar ist, ist politisch untauglich«, sagt er.

Dienstag, 15. Februar Der Brückenkopf in Anzio macht keine Fortschritte, die polnische Regierung will anscheinend zurücktreten, und Brendan behauptet, daß unsere Heimatfront bedrohlich kriegsmüde wird. Seiner Meinung nach nähern wir uns »einer der gewagtesten militärischen Unternehmungen in der Geschichte«, und viel zuviel Leute seien viel zu zuversichtlich. Das Kabinett genehmigte den neuen Gesundheitsplan, den Brendan heftig ablehnt.

Mittwoch, 16. Februar Ins Unterhaus für Anfragen. Der Premierminister beantwortete eine verabredete Anfrage über britische Verluste in Italien, um die amerikanische Ansicht bloßzustellen, in Italien kämpften nur Amerikaner. In Wirklichkeit ist die unentschlossene Haltung des amerikanischen Kommandos in Anzio die Ursache dafür, daß wir unsere großartigen Möglichkeiten vertan haben.

In der vergangenen Nacht haben wir neunhundert Bomber nach Berlin geschickt und fünf Prozent davon verloren.

Freitag, 18. Februar Hatte den polnischen Historiker Flaisjer beim Mittagessen im Travellers zu Gast. Beim Abschied sagte er: »Sie haben sich nicht sehr verändert, Mr. Colville, sind aber, wenn ich das sagen darf, etwas majestätischer geworden.« Ich weiß nicht, ob das ein Kompliment war oder nicht; vielleicht bezog es sich auf meine Statur, die sich dank des Küchenchefs in Marrakesch verändert hat.

Am Nachmittag wurde das Resultat der Nachwahlen in West Derbyshire bekannt. Lord Hartington verlor mit 4.500 Stimmen gegen den

Unabhängigen White. Dies versetzte den Premierminister in eine ziemlich niedergedrückte Stimmung, handelt es sich doch um einen Denkzettel an die Regierung, den er persönlich nimmt, weil er Hartington vor der Wahl eine *verbosa et grandis epistola* zukommen ließ, in der er die politischen Verdienste der Cavendish-Familie lobte. Vor vierzehn Tagen hatte es bereits Ärger in Brighton gegeben; obwohl er Teeling, dem dortigen Regierungskandidaten, einen ähnlichen Brief geschrieben hatte, konnte dieser den sichersten aller Torysitze nur mit Mühe verteidigen.

So hockte Winston im Arbeitszimmer der Filiale in einem Sessel, sah alt, müde und niedergeschlagen aus und murmelte etwas von der Ausschreibung von Neuwahlen. Jetzt, da große Ereignisse in der Luft liegen würden, sei nationale Einigkeit dringend vonnöten. Man müsse sich darauf einstellen, daß große Staaten vernichtet werden sollen; es sehe so aus, als ob die Demokratie nicht die nötige Zähigkeit besitze, das durchzustehen, obwohl sie ihre Verteidigungsbereitschaft schon unter Beweis gestellt habe. In düsterer Stimmung brach er nach Chequers auf.

Sonntag, 20. Februar Am Abend gab es wieder einen deutschen Blitzangriff. Unvorsichtigerweise hatte ich mich auf die Straße begeben, um dem Schauspiel zuzusehen, als mir ein Geräusch direkt über meinem Kopf sagte, daß etwas nicht in Ordnung war. Ich konnte gerade noch in Deckung gehen, dann prasselten einige Bomben auf die Horse Guards Parade. Nr. 10 bekam einiges ab: Alle Fensterscheiben und Fensterrahmen sind eingedrückt, und von den Decken in den Wohnräumen fielen große Brocken Stuck herunter. Die Downing Street ist mit Glasscherben übersät; eine Bombe an der Ecke des Schatzamtes, die mehrere Leute in Whitehall tötete, hat eine Hauptleitung der städtischen Wasserwerke aufgerissen. Mit einem Wort: die Atmosphäre ist wieder ähnlich wie 1940. Der Feuerschein am Himmel läßt darauf schließen, daß ein großer Teil der Stadt betroffen ist, obwohl es nur sechzig Flugzeuge gewesen sein sollen.

Montag, 21. Februar Die Schäden in der Downing Street wurden vom Ministerium für öffentliche Bauten unter persönlicher Leitung von Lord Portal mit erstaunlicher Geschwindigkeit beseitigt.

Mittwoch, 23. Februar Bomben in der St. James Street und in der Stratton Street. Der Aufwand der Luftwaffe ist gering, aber die Erfolge sind beträchtlich.

Donnerstag, 24. Februar Die Bevölkerung scheint von den Luftangriffen mitgenommen und empfindlicher zu sein als 1940/41.

Dienstag, 29. Februar Stalin hat auf unsere Vorschläge zur Lösung des Polenproblems wenig Entgegenkommen gezeigt. Wenn er bereit gewesen wäre, nur etwas nachzugeben, hätte er für sein Land im Grunde alles erreichen können, was er wünscht, und neues Vertrauen sowie die Bereitschaft zur Zusammenarbeit sowohl in den USA als auch bei uns geweckt. Wenn ich mir die russische Diplomatie während der letzten fünf Jahre ansehe, muß ich feststellen, daß sie kläglich versagt hat. Eine gewisse Verbindlichkeit und ein wenig Großzügigkeit hätten ihr viel mehr einbringen können. Es scheint wirklich sehr schwierig zu sein, mit den Russen zu einer vertrauensvollen Zusammenarbeit zu kommen.

Donnerstag, 2. März Begleitete Mrs. Churchill zur von Bevin organisierten Ausstellung »Zurück an die Arbeit«, die demonstriert, wie versehrte Männer neue Berufe erlernen können. Ich war beeindruckt von der Art, wie Mrs. Churchill mit den Leuten sprach; sie nimmt das Problem sehr ernst.

Freitag, 3. März Die Nachricht, daß Präsident Roosevelt auf einer Pressekonferenz die gegenwärtigen Verhandlungen mit Stalin wegen der italienischen Flotte bekanntmachte, platzte wie eine Bombe in unsere Abfahrt nach Chequers. Der Premierminister kam schließlich zu der Überzeugung, daß dem Präsidenten diese Indiskretion herausgeschlüpft sein muß und es sich nicht um einen geplanten Affront handelt. Trotzdem gebrauchte er Winant gegenüber einige harte Worte.

In Chequers kam Luftmarschall Coningham zu Besuch. Der Premier meinte zum Brückenkopf in Anzio: »Ich hatte gehofft, daß wir dort eine Raubkatze aussetzen würden. Statt dessen ist dort ein alter, müder Wal gestrandet.«

Sonnabend, 4. März Der Premierminister war umgänglich, wenn auch in düsterer Stimmung. Er ist über Stalins Haltung verärgert, der sich weigert, den Polen entgegenzukommen, und sorgt sich auch um andere politische und strategische Dinge. Er sagte, am liebsten würde er den Russen erzählen: »Ich kämpfe gegen jede Tyrannei, welche Uniform sie auch trägt und welche Schlagworte sie auch verbreitet[9].«

Am späten Abend, nach dem unvermeidlichen Film, ließ Winston sich in der großen Halle nieder und rauchte türkische Zigaretten. Es war das erstemal, daß ich ihn eine Zigarette rauchen sah. Das sei alles, sagte er, was er von den Türken herausbekommen könne. Während das Grammophon die Marseillaise und »Sambre et Meuse« spielte, kam er auf seine Behauptung zurück, daß er nicht mehr lange zu leben habe. Er sprach über sein politisches Testament für die Zeit nach dem Krieg: »Viel wichtiger als Indien, die Kolonien oder unsere Zahlungsfähigkeit ist die Beherrschung der Luft. Wir leben in einer Welt der Wölfe – und der Bären.« Dann mußten sich Coningham, Harold Macmillan, Pug, Tommy und ich Operettenmelodien von Gilbert und Sullivan anhören, bevor wir uns um drei Uhr zurückziehen konnten.

Sonntag, 5. März Nach dem Lunch, bei dem der Premierminister mit Harold Macmillan über die Unzulänglichkeiten des Generals Maitland Wilson, genannt Jumbo, diskutiert hatte, machte ich einen Spaziergang mit dem Professor. Er sieht eine vernichtende Niederlage der Konservativen Partei bei der nächsten Wahl voraus. Vermutlich würde sie sogar einen ähnlichen Zusammenbruch erleben wie die Liberalen nach dem letzten Krieg. In Regierungskreisen sei man sehr verärgert darüber, daß Brendan und Lord Beaverbrook ihren Einfluß auf den Premierminister dazu nutzten, Maßnahmen wie den neuen Gesundheitsplan zu verhindern. Diese seien von Experten unter großen Mühen ausgearbeitet worden, während sie selbst überhaupt nichts davon verstünden. Große Gefahren wittert er auch in dem Bemühen verschiedener Leute, die vorgesehenen internationalen Maßnahmen zur Gewährleistung des Freihandels zu sabotieren. Dies zu hintertreiben, nur um unseren Farmern zu gefallen, damit deren Wählerstimmen erhalten blieben, sei falsch und vermutlich auch politisch verhängnisvoll. Als er dieses Thema später noch einmal dem Premierminister gegenüber anschnitt, zitierte dieser, der mehr dem Beaverbrookschen Lager zuneigt, Bonar Law: »Es hat keinen Zweck, sich mit einem Propheten zu streiten, man kann ihm höchstens keinen Glauben schenken.«

Der Premierminister hat es sich inzwischen angewöhnt, sich des Abends für lange Zeit im Arbeitszimmer des Privatsekretärs niederzulassen. Dabei kommt man kaum zum Arbeiten.

Montag, 6. März Zog zum Chester Square 55 um, wo ich künftig als Gast von Lady Ampthill wohnen werde.

Beim Abendessen in der Messe unterhielt ich mich mit Charles Ritchie. Er erzählte mir, daß 14.000 Angehörige der hier stationierten kanadischen Streitkräfte inzwischen englische Frauen geheiratet haben.

Dienstag, 7. März Der Premierminister meinte, daß es sich nicht mehr lohne, auf »dieser schmutzigen, jämmerlichen Kugel« zu leben. Die Menschheit benehme sich so abstoßend, daß sie das Recht zum Überleben verwirkt habe.

Montag, 13. März Man scheint sich um die Durchsetzung der Atlantikcharta Sorgen zu machen. Der Premierminister hatte kürzlich im Unterhaus erklärt, daß die Deutschen kein Recht hätten, sich darauf zu berufen. Ich fürchte, daß sie, sobald der Krieg vorbei ist, das gleiche Spiel wie nach dem letzten Krieg treiben werden und sich auf einen angeblichen Bruch der Charta berufen, wie sie es bei Wilsons Vierzehn Punkten gemacht haben.

Dienstag, 14. März Ein schwerer Luftangriff. Bomben fielen auf den Eaton Square und erschütterten auch Chester Square Nr. 55. War sehr beeindruckt von dem Gleichmut, mit dem die vier alten Diener Lady Ampthills die Sache hinnahmen. Ich selbst hatte ein wenig Angst.

Mittwoch, 15. März Ein Problem ist, ob man weiterhin den König von Italien und Badoglio[10] unterstützt oder sich den Forderungen beugt, die die sogenannten »Sechs Parteien« in Neapel aufgestellt haben. Der Premierminister neigt dazu, unsere bisherige Politik fortzuführen, weil er annimmt, daß ein neues Regime veranlaßt sein könnte, sich aus Popularitätsgründen gegen die Alliierten zu wenden. Roosevelt scheint der entgegengesetzten Auffassung zuzuneigen.

Titos Telegramme sind sehr zuvorkommend. Er scheint in jedem Fall den Eindruck von Verträglichkeit vermitteln zu wollen.

Freitag, 17. März Montgomery kam zum Lunch mit dem Premierminister. Sein Wagen ist ebenso protzig und mit Abzeichen überladen wie er selbst.

Als es am Abend Luftalarm gab, ließ sich der Premierminister umgehend in den Hyde Park fahren, um die dort stationierte Flugabwehr in Aktion zu beobachten.

Sonnabend, 18. März Beim Lunch hatte der Premierminister König Peter zu Gast, den er zu bewegen suchte, in dem Durcheinander in Jugoslawien unseren Standpunkt einzunehmen. Der König heiratet am Montag Prinzessin Alexandra von Griechenland und wird vorher nichts unternehmen.

Außerdem bekam der Premier eine unannehmbare Note von Onkel

Joe bezüglich der Polenfrage. Es ist unverkennbar, daß der russische Bär nicht bereit ist, zu einer Vereinbarung zu kommen und irgendwelche Kompromisse einzugehen und deswegen allerlei Ausflüchte macht. Der neueste Vorwand Stalins ist, daß es Lecks gegeben habe – die mit Sicherheit in der sowjetischen Botschaft zu suchen sind – und daß er deswegen seine Korrespondenz mit dem Premierminister in dieser Frage nicht fortsetzen könne. Winston nahm dies alles sehr philosophisch und meinte, unsere Bemühungen, zu einem sowjetisch-polnischen Abkommen beizutragen, seien wohl gescheitert. Darüber werde er im Parlament demnächst eine kühle Erklärung abgeben. Dies wird sich nicht sehr günstig auf die weiteren Beziehungen zwischen uns und der Sowjetunion auswirken.

Dienstag, 21. März Dieser Krieg wäre ohne Alliierte viel leichter zu führen. Ich frage mich, ob wir es je fertigbringen werden, eine internationale Organisation zu gründen, die nicht durch auseinanderstrebende nationale Interessen gelähmt wird.

Mittwoch, 22. März Eine Debatte im Unterhaus über nebensächliche Dinge, wo es doch eigentlich darum gehen müßte, alle Energien auf den Sieg und den Frieden zu konzentrieren. Brendan erzählte mir, daß der Premierminister ernsthaft daran denkt, selbst das Außenministerium zu übernehmen, damit Eden sich auf das Unterhaus und die Innenpolitik konzentrieren kann. Lord Cranborne würde der Premierminister nicht gern als Außenminister sehen, da er fürchtet, daß dieser hartnäckig mit ihm streiten könnte.

Donnerstag, 23. März Der Premierminister ging heute morgen nicht ins Kabinett, sondern fuhr mit General Eisenhower zur Besichtigung amerikanischer Truppen. Das Kabinett brauchte folglich nur eine halbe Stunde für seine Beratungen.

Montag, 27. März Am Wochenende hat der Premierminister ein sehr ruppiges Telegramm Stalins bekommen. Unsere Bemühungen, zu einer polnisch-russischen Verständigung beizutragen, müssen wohl als gescheitert angesehen werden.

Countdown für »Overlord«

April bis Mai 1944

Sonnabend, 1. April Mrs. Churchill feierte ihren Geburtstag im engsten Familienkreis. Ich überredete erst Mary und dann ihre Mutter, sich dafür einzusetzen, daß Winston mich erneut für die RAF freigibt. Die Uhren wurden auf die doppelte Sommerzeit vorgestellt, und wir saßen bis in die frühen Morgenstunden zusammen. Der Premierminister arbeitete, während ich ihm die geliebten Platten mit alter Operettenmusik auflegte und Duncan [Sandys] wichtige Papiere las, die nicht für ihn bestimmt waren.

Sonntag, 2. April Monsieur Emanuel Astier de la Vigerie, ein Führer der französischen Résistance, und Mr. Garvin, der frühere Herausgeber des *Observer*, kamen zum Lunch. Der Premierminister äußerte die große Blasphemie, daß »jede Nation sich Gott nach ihrem eigenen Bilde schafft«. Dann gab er Astier eine Kostprobe dessen, was er über de Gaulle und das französische Nationalkomitee denkt, das mit der Exekution Pucheus[11] seinem Ruf hier und besonders in den Vereinigten Staaten sehr geschadet hat.

Zum Dinner kam Attlee mit seiner Frau. Es steht wieder eine Kabinettsumbildung zur Diskussion, weil Eden das Außenministerium aufgeben möchte. Er will lieber die Führung im Unterhaus übernehmen. Bei Tisch sprach der Premier über die alte Ordnung, die sich im Umbruch befindet, und meinte: »Pomp und Eitelkeit müssen verschwinden. Der alten Welt wird die Ehre zukommen, den Weg in die neue gewiesen zu haben.« Damit hat er, glaube ich, auch sich selbst gemeint. Wenn nicht, so trifft es doch zu.

Dienstag, 4. April Zur Besprechung der Kabinettsumbildung kamen am Abend Eden, James Stuart, Donald Somervell und Edward Bridges. Die früheren Vorschläge – Cranborne übernimmt das Außenministerium, Brendan das Ministerium für die Dominien, Gwylym Lloyd George wird Informationsminister und Shinwell Energieminister – wurden ersetzt: Eden übernimmt die Führung des Unterhauses und wird Lord President of the Council, Cranborne wird Außenminister und übernimmt die Führung des Oberhauses, Attlee wird stellvertretender Premierminister und übernimmt das Ministerium für die Dominien. Die

Labourführer hatten sich gegen Shinwell ausgesprochen, der ein Parteirebell ist. Gegen Brendan als Dominien-Minister wurden wegen der bevorstehenden Zusammenkunft der Premierminister aus den Dominien von verschiedenen Seiten Einwände erhoben.

Gegen zwei Uhr morgens zog sich der Premierminister, der nach der Besprechung noch etwas gearbeitet hatte, zurück: »Ich bin jetzt mehr tot als lebendig.« Die Frage einer zweiten Front macht ihm zu schaffen, obwohl er behauptet, er freunde sich immer mehr damit an.

Dienstag, 11. April Der Premierminister hat auf meine Veranlassung hin Philips Brigade gerettet, die von General Montgomery und dem Kriegsministerium aufgelöst werden sollte, um die Panzerdivision der Garde zu verstärken. Ein Offizier der Brigade (nämlich Philip) habe mir erzählt, sagte ich, daß die Auflösung einen bedenklichen Einfluß auf die Kampfmoral der Männer haben würde.

Mittwoch, 12. April Ich bin erschrocken, wie müde und erschöpft der Premierminister aussieht.

Donnerstag, 13. April Der Premierminister empfing König Peter, dessen Chancen zur Wiedererlangung des Thrones sichtlich schwinden, und hat ihm offenbar nahegelegt, die Regierung zu entlassen.

In den letzten drei Wochen haben wir außergewöhnlich viel gearbeitet. Die Situation wurde dadurch nicht besser, daß der Premierminister während Edens Urlaub auch noch das Außenressort verwaltet hat.

Freitag, 14. April Der Premierminister fuhr erst um acht Uhr abends nach Chequers. So war der Nachmittag in Nr. 10 hektisch und zermürbend. Zu allem Überfluß habe ich mich auch noch bereit erklärt, die gesamte Organisation der Konferenz der Premierminister, die im nächsten Monat stattfinden soll, zu übernehmen – einschließlich des Unterhaltungsprogramms. Ließ mich gegen Typhus und Tetanus impfen.

Desmond Morton war beim Abendessen sehr trübsinnig. Fast jedermann ist jetzt in einer ähnlichen Stimmung. Es ist beinahe so wie im letzten Akt einer griechischen Tragödie: Im ersten Akt erträgt man es noch, daß Agamemnon im Bad ermordet wird, aber im letzten Akt herrscht so düstere Untergangsstimmung, daß das Publikum wie erschlagen ist. Im Schatten einer sich ankündigenden Schlacht, die zu den entscheidenden der Weltgeschichte gehören wird, hat viele Leute in allen Schichten eine merkwürdige Unrast und Unausgeglichenheit befallen. Und hinzu kommt noch die Ungewißheit über Rußlands zukünftiges Verhalten gegenüber Europa und der Welt.

Donnerstag, 20. April Der Premierminister hat sich offensichtlich entschlossen, mich doch wieder für den Fronteinsatz freizugeben. Er fragte mich, zu welchem Datum ich gehen wolle. Dann wies er mich in dem Exemplar von *My Early Life*, das er gerade für Mr. McCloy[12] signierte, auf Seite 180 hin, wo er seine eigenen Schwierigkeiten beschreibt, an dem Feldzug von Omdurman teilnehmen zu können.

Er bemitleidete die Deutschen, die jetzt mit dem Rücken zur Wand kämpfen müßten, und meinte: »Wenn ich ein Hunne wäre, würde ich rennen, was das Zeug hält, um Hitler zur Hilfe zu kommen.«

Nach dem Abendessen kam der Premierminister auf den Vorschlag zurück, Eden durch Cranborne zu ersetzen. Er meinte, der Ärger mit letzterem sei, daß er sich, wenn er nicht gerade krank sei, äußerst starrköpfig verhalte. Bestenfalls sei damit zu rechnen, daß sich bei ihm zwei Wochen Krankheit mit zwei Wochen Starrköpfigkeit abwechseln.

Montag, 24. April Eden, krebsrot bis braungebrannt, weilte bis zwei Uhr nachts zu einem Gespräch beim Premierminister. Gott sei Dank ist jetzt die Doppelbelastung mit dem Außenamt vorbei. Kam erst um Viertel nach drei ins Bett, trotz der guten Vorsätze des Premierministers, künftig spätestens um halb zwei schlafen zu gehen.

Dienstag, 25. April Der Premierminister bewilligte mir einen sechswöchigen Kampfurlaub. Er sagte, er würde am liebsten mitgehen und zu den ersten gehören, die am Brückenkopf stehen. Was für ein Spaß wäre das, früher drüben zu sein als Monty!

Mittwoch, 26. April Winston verursachte bei der Beantwortung von Anfragen im Unterhaus ein reines Fiasko. Er verhedderte sich in seinem Manuskript, beantwortete die falsche Anfrage und hatte den Namen des Maharadschas von Kaschmir vergessen. Er kündigte eine Erhöhung der Gehälter für Staatsbedienstete an.

Donnerstag, 27. April Im Vordergrund des Interesses in Downing Street steht die Frage, ob man Ziele in Frankreich bombardieren soll, was mit großen Verlusten unter der Zivilbevölkerung verbunden wäre. Der Premier und die meisten Kabinettsmitglieder sind dagegen.

Freitag, 28. April Fuhr zusammen mit Mrs. Churchill nach Chequers. Kurz nach unserer Ankunft traf Feldmarschall Smuts mit seinem Sohn Jan ein. Wir machten mit den beiden einen Spaziergang durch die blühenden Ginsterbüsche hinauf zum Denkmal für den Krieg in Südafrika.

Der Premierminister war auf der Fahrt nach Chequers in seinem Wagen fest eingeschlafen und wachte erst vor der Eingangstür auf. Beim Dinner meinte Smuts, Ordnung und Disziplin seien die wichtigsten Grundlagen einer Demokratie. Heutzutage würde zuviel von den Rechten und zuwenig von den Pflichten geredet. Später sahen wir uns wieder einen Film an, und um halb zwei gelang es mit den vereinten Kräften von Tommy, dem Professor und mir, Winston ins Bett zu lotsen.

Sonnabend, 29. April Der Premierminister wachte merkwürdigerweise erst um halb zwölf auf. Nach dem Lunch spazierte ich mit Jan Smuts auf den Beacon Hill, während der Premierminister mit dem Feldmarschall im Obstgarten über die zukünftige Weltordnung diskutierte. Zum Tee trafen der Premierminister von Neuseeland [Peter Fraser] und Mrs. Fraser sowie der Erste Seelord [Sir Andrew Cunningham] und Lady Cunnigham ein.

Beim Dinner meinte Smuts: »Man muß schon die Sprache des Alten Testaments benutzen, um zu beschreiben, was in Europa jetzt vor sich geht.« Später sahen wir uns wieder einen Film an, nach dem alle, außer dem Premierminister, schlafen gingen. Ich verscherzte mir beinahe wieder alles, als ich ihm erzählte, daß meine Aktivitäten in der Mustang vor allem darin bestehen, Luftaufnahmen zu machen. Winston meinte aufgebracht, er würde es verstehen, wenn ich das Verlangen hätte, die Hunnen zu dezimieren. Er würde mich aber nicht gehen lassen, um bloß Fotos zu schießen.

Sonntag, 30. April Smuts vertrat in der Unterhaltung bei Tisch die Auffassung, daß Hitler kein großer Mann sei. Er sei höchstens mittelmäßig, allerdings ein mitreißender Redner. Für ihn, Smuts, sei es eine große Enttäuschung, zu erleben, daß eine so zivilisierte Nation wie die deutsche Hitler verfallen konnte. Dies sei ein Beweis für den Wankelmut der menschlichen Natur. Was die Welt benötige, sei etwas viel Fundamentaleres. Wir müßten alle das Neue Testament noch einmal lesen; nicht wegen seiner theologischen Botschaft, die sei überholt, aber wegen seiner psychologischen Momente. Darin stimme ich nicht mit ihm überein.

Die Smuts und die Cunninghams fuhren nach dem Tee wieder zurück. Ich machte mit Mrs. Churchill, Mr. Fraser, Jack und Mary einen Spaziergang. Es war ein wunderschöner Frühlingsabend. Wir besichtigten die aus dem 13. Jahrhundert stammende Kapelle in Little Hampden mit ihren uralten Fresken und tranken dann einen Apfelwein in der kleinen Dorfkneipe.

Mr. Fraser erzählte beim Abendessen eine Menge langweiliger Geschichten aus Neuseeland. Dabei ist er doch ein wirklich netter und vernünftiger Schotte. Anschließend die übliche Filmvorführung: diesmal ein ausgezeichnet gemachter amerikanischer Film über Kampfflieger und eine gruselige Geistergeschichte. Zum Schluß wurde der Abend noch durch eine Telegramm Molotows verdorben, in dem er uns vollkommen zu Unrecht beschuldigte, hinter dem Rücken Rußlands mit Rumänien zu intrigieren. Dies bestärkte den Premierminister in seinen düsteren Erwartungen, was die weitere Entwicklung unseres Verhältnisses zu Rußland betrifft. Um zwei Uhr morgens unterzeichnete er die letzte Depesche und sah dabei auf die Uhr: »Jetzt haben wir Mai. Ich habe diesen Monat nie besonders gemocht. Hoffen wir, daß er uns diesmal etwas Gutes bringt.

Montag, 1. Mai Ich mußte mich sehr beeilen, um rechtzeitig zu der um zwölf Uhr beginnenden Konferenz der Regierungschefs der Dominien in Nr. 10 einzutreffen. Der Premierminister kam wie üblich zu spät. Es verlief aber alles nach Plan.

Dienstag, 2. Mai Ein hektischer Tag, der vorwiegend mit unwichtigen Dingen ausgefüllt war. Mitten in dem Chaos, das die Dominien-Konferenz verursacht, trafen auch noch General Wilson, Fitzroy Maclean und Averell Harriman ein. Fitzroy erzählte mir, daß Tito ein umgänglicher Mensch sei und auch Sinn für Humor besitze.

Donnerstag, 4. Mai Nachmittagsempfang in Nr. 10 zu Ehren der Gäste aus den Dominien. Das Wetter war nicht gut genug, um, wie geplant, in den Garten zu gehen; also drängte sich alles in den oberen Räumen des Hauses. Es wurde ein großer Erfolg. Archie Sinclair meinte, vom Sicherheitsstandpunkt aus sei es nicht gut, wenn ich wieder zur RAF ginge. Der Premierminister findet diese Ansicht aber albern.

Freitag, 5. Mai Weiteres dummes Zeug wegen meines Weggangs zur RAF; Brendan und der Chef des Generalstabes sind dabei behilflich. Aber mit der Unterstützung des Premierministers habe ich mich durchgesetzt.

Fuhr nach Odiham, um am Wochenende einige Übungsflüge zu machen.

Sonntag, 7. Mai Flog über Chequers, wo ich mit den Flügeln wackelte, und dann weiter landeinwärts über Cornwall.

Kam rechtzeitig wieder in London an, um nach Cherkley zu fahren, wo ich bei Lord Beaverbrook eingeladen war.

Es gab gute Weine, ein mittelmäßiges Essen und einen schlechten Film, das alles garniert mit Beaverbrooks unterhaltsamem Geplauder.

Montag, 8. Mai Lord Beaverbrook verabschiedete uns auf reizende Weise in seinem Schlafzimmer. Dabei sprach er über den Niedergang der Tory-Prinzipien und empfahl mir, mich besonders für Rugby einzusetzen.

Dinierte mit Erzherzog Robert von Österreich[13], der gleichfalls in die RAF einzutreten wünscht.

Freitag, 12. Mai Der Premierminister fuhr mit einigen seiner Kollegen aus den Dominien zu einer Besichtigung. Ich meldete mich beim Nachrichtendienst des Luftfahrtministeriums. Wir entschieden, daß ich keinen falschen Namen annehme, wenn ich mich auf Kampfflüge begebe, obwohl Fotografien von mir in Uniform mit dem Premierminister existieren.

Sonnabend, 13. Mai Las die gesamten Konferenz-Protokolle und war beeindruckt sowohl von der Tatsache, daß die Regierungschefs der Dominien der Führerschaft unseres Premiers großen Tribut zollten, als auch von der Einmütigkeit, mit der sie unserer Außenpolitik in den letzten fünf Jahren zustimmten. Dies steht im Gegensatz zu der Kritik, die man jetzt immer mehr in unserem eigenen Land vernimmt.

Was auch immer die Nachteile des Premierministers sein mögen, es besteht kein Zweifel, daß er die Stabschefs und das Außenministerium mit fester Hand leitet. Wie oft wären sie sonst schon im Sumpf der Bürokratie versackt oder hätten sich aus Vorsicht und Kompromißbereitschaft verzettelt. Weiterhin besitzt Winston Einbildungskraft und Entschlossenheit, zwei Eigenschaften, die seinen Ministern und Stabschefs eindeutig abgehen. Ich höre viel Kritik an ihm, oftmals von Leuten vorgebracht, die sehr eng mit ihm zusammenarbeiten, aber ich glaube, daß vieles davon auf das Unvermögen zurückzuführen ist, Menschen aus der Nähe richtig zu beurteilen.

Sonntag, 14. Mai Wenn ich über die Berge von Papier nachdenke, die täglich über meinen Schreibtisch gehen – Memoranden der Stabschefs, Kabinettsprotokolle, Zirkulare verschiedener Ministerien und Komitees, Berichte aus dem Außenministerium und so weiter, Papiere, unter deren Wust von Wörtern sich viele interessante Fakten und Vorschläge verbergen –, dann tun mir die zukünftigen Historiker leid. Es würde viele Seiten dieses Tagebuches füllen, wollte ich auch nur kurz zusammenfassen, was mir täglich vor die Augen kommt.

Mittwoch, 17. Mai Gestern traten die Premierminister der Dominien zu ihrer letzten Sitzung zusammen. Jetzt ist es wieder ruhig.

Donnerstag, 18. Mai Ich unterbreitete dem Premierminister ein Memorandum über das neuerschienene Buch *Your M. P.*[14], das im Ton dem Buch *Guilty Men* entspricht und vermutlich dieselbe breitgestreute Wirkung haben wird. Sollten wir tatsächlich zu einer Politik der Pamphlete zurückkehren, dann muß die Rechte bereit sein, der Linken entsprechend zu antworten. Die Konservativen verfügen sowohl über das nötige Geld als auch über das Material, um ihren Opponenten sehr wohl deren frühere Politik vorhalten zu können. Es sollte auch nicht schwierig sein, Publizisten zu finden, die so geschickt – und so giftig – sind wie die verschiedenen sozialistischen Pamphletisten. Der Premierminister zeigte sich sehr interessiert an dem Buch und las es nach dem Abendessen mit zunehmendem Zorn.

Sonnabend, 20. Mai Heute kehre ich zu meinem Geschwader in Odiham zurück. Es hat zahlreiche Bemühungen gegeben, mich davon abzuhalten, aber der Premierminister ist unbeugsam geblieben. Was die Sicherheit betrifft, so wurde vereinbart, daß ich bis zum bevorstehenden D-Day nicht über feindliches Territorium fliege, um dem Feind nicht mit meiner Kenntnis von Ort und Zeitpunkt der geplanten Invasion in die Hände zu fallen.

Alle Welt fiebert diesem Ereignis entgegen. Ich für mein Teil bin froh, daß ich die Gelegenheit haben werde, mich an dieser vielleicht entscheidendsten Schlacht der Weltgeschichte aktiv zu beteiligen.

Kämpferisches Zwischenspiel

20. Mai bis 2. August 1944

Die Männer der 168. Squadron der 2. Taktischen Luftflotte in Odiham waren in Zelten entlang der Rollbahn des Flugplatzes untergebracht. Wenn wir gerade keine Einsätze flogen, wurden wir zu anstrengenden Übungen herangezogen, so zum Beispiel zu Fünfzehnmeilenmärschen durch die friedliche Landschaft Hampshires, unter dem blassen Grün der ausschlagenden Birken, das so charakteristisch für den englischen Frühling ist. In bemerkenswert kurzer Zeit war alle Schlaffheit von mir gewichen, und ich hätte die Hügel rund um Chequers zweimal hinauf und hinunter laufen können, ohne außer Atem zu kommen.

Wir waren die einzige RAF-Einheit unter vier kanadischen Mustang-Geschwadern. Unter den achtundzwanzig Piloten waren auch mehrere, ohne Ausnahme liebenswerte Offiziere der Royal Australian Air Force. Sie trugen dunkelblaue Kampfanzüge und neckten sich unablässig mit uns »Pommys« und dem einzigen neuseeländischen Kameraden. Wir haben uns, soweit ich mich erinnere, nie ernsthaft gestritten, denn die Menschen können sehr wohl in Harmonie miteinander leben, wenn sie ein gemeinsames Ziel verbindet – und das war im Krieg der Fall. Krieg ist allerdings ein hoher Preis für Harmonie.

Mich zogen die individualistischen Persönlichkeiten der Australier an. Viele der Kanadier waren zwar tapfer, freundlich und behend, sahen aber etwas grobschlächtig aus und benahmen sich auch entsprechend. Was mich besonders irritierte, war die Tatsache, daß sie das franko-kanadische Bodenpersonal – allesamt Freiwillige, da es in Kanada keine Wehrpflicht gab – wie Menschen zweiter Klasse behandelten. Dabei waren ihre Offiziere nicht einmal in der Lage, die Briefe des Bodenpersonals zu zensieren, da kaum einer von ihnen Französisch sprach. Ein naturalisierter Tscheche, ein Pole und ich mußten diese Aufgabe übernehmen.

Als ich am 20. Mai 1944 zu meinem Geschwader zurückkehrte, war es vollauf mit täglichen Einsätzen über den Kanal hinweg beschäftigt. Da mir Ort und Zeitpunkt der beabsichtigten Invasion bekannt waren, durfte ich bis zum D-Day nicht über die britische Küste hinausfliegen. Am bewußten Tag, dem 5. Juni, war ich an zwei Aufklärungsflügen tief nach Frankreich hinein beteiligt. Der eine führte nach Falaise, der andere in die Gegend südlich von Bayeux. Der Kanal war an diesem Tag in hellen Sonnenschein getaucht, aber über Nordfrankreich befand sich eine dichte Wolkendecke.

Deswegen überflogen wir das Land in geringer Höhe, immer dem Verlauf der Straßen folgend. Wenn keine Deutschen in der Nähe waren, winkten uns die Franzosen begeistert zu. Wir konnten keinerlei Anzeichen von Truppenbewegungen feststellen.

Es war äußerst aufregend, beim Überfliegen des Kanals die vielen Schiffe aller Klassen zu beobachten, die der gegenüberliegenden Küste zustrebten. Es war auch aufregend, Teil einer riesigen Luftflotte von Bombern und Jägern zu sein, die wie ein gewaltiger Schwarm Zugvögel südwärts flogen. Vor der Küste der Normandie, wo die britischen und amerikanischen Truppen sich ihren Weg an Land erkämpften, lagen im Halbkreis die Kriegsschiffe mit ihren grauen Tarnfarben. Einige von ihnen, wie die »Rodney« und die »Warspite«, waren sofort auszumachen, als wir sie in etwa 2000 Fuß Höhe überflogen. Wir konnten genau beobachten, wie ihre riesigen Rohre Feuer und Flammen auf die Ziele an Land spuckten. Auf einem Rückflug an diesem Morgen wurde einer unserer beliebtesten Kameraden, Leutnant Barnard, von einem 15-Zoll-Geschoß der »Warspite« getroffen. Er verschwand spurlos mit seiner Mustang.

Die deutschen Abwehrjäger ließen sich selten an der Küste sehen. Anders war es im Inland. Obwohl ich selbst nie in einen direkten Luftkampf verwickelt wurde, war es bald an der Tagesordnung, daß man einem Geschwader Focke-Wulfs 190 oder Messerschmitts 109 begegnete. Einmal wurde ich bei Lisieux von gleich neun von ihnen gejagt. Bis Ende Juni hatten wir bereits nahezu ein Viertel unserer Piloten verloren.

Dreimal gelang es mir mit viel Glück, einem Abschuß zu entgehen, zweimal durch die deutsche Flak und einmal durch die Amerikaner. Am 13. Juni riß ein Geschoß über dem Flughafen von Carpiquet nahe Caen ein großes rundes Loch in meinen Backbord-Tragflügel und verfehlte nur um ein Haar das Kabel zum Querruder und die Landeklappe. Einen halben Zoll mehr rechts oder links, und die Maschine wäre unweigerlich abgestürzt. Da ich sehr niedrig flog, hätte ich auch keine Zeit mehr gehabt, auszusteigen.

Als ich mich in Downing Street verabschiedete, hatte der Premierminister mich gebeten, ihm einmal zu schreiben, wie es mir ginge. So sandte ich ihm am 14. Juni, kurz bevor das Geschwader nach Frankreich verlegt wurde, einen Bericht über meine Abenteuer vom vorhergehenden Tag:

Das Wetter war den ganzen Tag ungünstig gewesen. Auch als es am Nachmittag aufklarte, hörten wir, daß es über unserem Operationsgebiet in der Normandie noch immer schlecht sei. Trotzdem wurde gegen 16 Uhr 30 der Einsatz von vier Maschinen angefordert, da man dringend Luftaufnahmen aus dem Raum südwestlich von Caen benötigte. Die

Deutschen hatten sich dort festgesetzt. Leutnant Stubbs, ein Australier, sollte die Formation leiten; der Auftrag lautete, knapp unterhalb der Wolkendecke zu fliegen und von dort aus zu fotografieren. Dickson und ich sollten zum Schutz der beiden anderen Maschinen ohne Kameras mitfliegen.

Als wir kurz vor 18 Uhr starteten, war der Himmel über England heiter, und es herrschte Westwind mit 40 Stundenkilometern. Wir überflogen die Küste bei Selsea Bill, stiegen auf 7.000 Fuß und überquerten den Kanal bei wolkenlosem Himmel. Unten war wie gewohnt der ununterbrochene Strom von Schiffen zu sehen, aus der Sicht eines Fliegers das eindrucksvollste Bild der Invasion. Nach etwa zwanzig Minuten verringerten wir bei Ouistreham unsere Flughöhe. Eine nicht große, aber ziemlich dicke Wolkenbank zwang uns, auf unter 2.000 Fuß herunterzugehen. Ich flog am linken Flügel, als wir steuerbords auf die südlichen Außenbezirke von Caen einschwenkten. Wir mußten durch dichten Gefechtsrauch hindurchfliegen, so daß ich das Drosselventil weit öffnen mußte, um mit den anderen Maschinen mitzuhalten. Als wir den Flughafen im Südwesten der Stadt erreichten, empfing uns heftiges, äußerst präzises Flakfeuer. Stubbs, der viel Flugerfahrung hat, sagte später, er habe noch nie so genau gezieltes Feuer erlebt. Wir stiegen auf und nieder, flogen im Zickzack und versuchten auf alle mögliche Weise, dem Feuer zu entgehen, aber die Geschosse blieben uns auf den Fersen. Über, unter und neben meiner Maschine explodierten sie: mit weißen Wölkchen die 20-Millimeter-Granaten, mit grauen die 40-Millimeter-Granaten und mit schwarzen die schweren 88-Millimeter-Geschosse; sie waren verdammt nahe. Es war schwierig, in einer Formation mit den anderen Maschinen zu bleiben. Wir wirbelten durcheinander wie Besessene. Plötzlich vernahm ich ein metallisches Geräusch, und meine Maschine begann zu bocken. Ich war nicht sicher, ob ich getroffen worden war, oder ob die wahnsinnigen Flugmanöver und die Geschwindigkeit den Motor überfordert hatten. Dann entdeckte ich im Backbordflügel ein klaffendes Loch. Glücklicherweise lag es genau zwischen dem Querruder und der Landeklappe.

Kurz vor Villers Bocage drehten wir nach Süden ab und wiederholten den Anflug auf Caen, da Stubbs nicht sicher war, ob die erste Überfliegung bereits zufriedenstellende Ergebnisse gebracht hatte. Auf dem ganzen Weg begleitete uns Flakfeuer, und die Explosionen erfolgten sehr nahe. Hin und wieder machte meine Maschine einen Satz, der mich in die Gurte preßte. Ich war mir nicht sicher, ob der Grund dafür in atmosphärischen Störungen zu suchen war oder, was mir wahrscheinlicher schien, in Geschossen, die unter der Maschine explodierten. So entschloß ich mich, mit vollen Touren hinter den anderen her zu jagen, und erreichte sie wieder kurz vor Villers Bocage. Dort drehte Stubbs scharf links ab, um die Straßen nach Thury Harcourt und Falaise zu observieren, ehe er sich noch einmal nach Caen wandte. Ich flog noch immer auf dem linken Flügel, knapp zweihundert Meter von Dickson entfernt, und wir bemühten uns, durch Lücken in der noch immer niedrigen Wolkendecke auf sicherere Höhen zu steigen.

Das Flakfeuer hatte inzwischen aufgehört, aber mein Funkgerät war ausgefallen, und so konnte ich mich nicht mit den anderen verständigen. Sie flogen auf mich zu, aber eine Wolke trennte uns. Als ich wieder aus ihr auftauchte, konnte ich keine Mustangs mehr entdecken. So wandte ich mich nordwärts, stieg auf 7.000 Fuß Höhe – außerhalb der Reichweite der leichten Flak – und nahm Kurs auf die Heimat, immer bereit auszusteigen, falls die Maschine versagte.

Bald erspähte ich die vertrauten Umrisse der Isle of Wight. Über Selsea erreichte ich wieder das Festland, unbelästigt von unseren Abfangjägern, die in letzter Zeit eine beunruhigende Unfähigkeit entwickelt haben, Freund von Feind zu unterscheiden – so erscheint es uns jedenfalls. Ohne größere Schwierigkeiten konnte ich in Odiham landen, gerade als die drei anderen, die mich schon verloren gegeben hatten, gleichfalls über dem Flugplatz auftauchten.

Es bleibt nachzutragen, daß auf Grund eines technischen Fehlers, der selten vorkommt, die geschossenen Luftaufnahmen wertlos waren.

Ich schrieb Churchill noch mehrere Male. Mitte Juli übersandte mir John Martin eine Notiz von ihm, in der es hieß: »Gut so. Sagen Sie ihm, wie sehr mich seine Briefe interessiert haben. W. S. C. 10.7.44.«

Am 17. Juli erwischte bei Luftaufnahmen südöstlich von Caen der Splitter einer größeren Granate den Benzintank meiner Maschine. Glücklicherweise explodierte der Tank nicht. Dank des Selbstdichtungssystems verblieb mir auch noch genügend Treibstoff, um mich langsam wieder nach Hause zu schleichen.

Das dritte Mal, daß ich knapp mit dem Leben davonkam, war bei einem Erkundungsflug über Argentan. Ich überflog mit drei Kameraden auf dem Rückflug den amerikanischen Abschnitt des Brückenkopfes beim Fôret de Cerisy, als die Amerikaner, unfähig, Mustangs von Messerschmitts zu unterscheiden, uns mit heftigem Maschinengewehrfeuer begrüßten. Eine Kugel durchschlug den hinteren Teil meiner Maschine, zwei einen Flügel. Glücklicherweise wurde die Kanzel nicht getroffen. Einem meiner Kameraden, der neben mir flog, wurden beide Füße durchschossen, aber er hielt bis zur Landung durch. Als unser Oberst bei den Amerikanern anrief, um sich über den Vorfall zu beschweren, bekam er von dem amerikanischen Kommandanten die Antwort, daß er nun wirklich einmal seinen Leuten befehlen würde, ihre Erkennungsgeräte zu säubern.

Ich habe aber kaum Grund, mich über schlechte Erkennung bei anderen zu beschweren, denn mir selbst ist es nicht anders ergangen. So verpaßte ich ein paar Tage nach diesem Vorfall die einzige Gelegenheit, einen deutschen Jäger abzuschießen. Ich befand mich, nachdem ich meine Formation in einer Wolke verloren hatte, alleine auf dem Heimflug, als plötzlich vor mir eine amerikanische Thunderbolt auftauchte. Ich wackelte mit den Flügeln, um den Piloten im Vorbeiflug zu grüßen, als ich – zu spät, um noch irgend etwas zu unternehmen – das schwarze Kreuz am Rumpf der Maschine entdeckte. Es war eine Focke-Wulf, die von mehreren Spitfires gejagt wurde. Sie wäre eine leichte Beute für mich gewesen, hätte ich sie rechtzeitig erkannt. Damals tat es mir leid, heute nicht mehr.

Ende Juni wurden wir auf einen Landeplatz in der Normandie, ein paar Meilen nördlich von Bayeux, verlegt. Unsere Zelte hatten wir in einem Obstgarten aufgeschlagen, wo wir es uns trotz des ständigen Regens gemütlich machten. Wir flogen zumeist Aufklärungsflüge, bei denen wir uns auch schon mal, entgegen unseren Anweisungen, das Vergnügen bereiteten, deutsche Militärkolonnen zu beschießen. Das war für uns eine Art Kaninchenjagd. Niemand machte sich Gedanken über das humanitäre Defizit, das wir allmählich erlitten. Viele von uns kämpften nun schon bald fünf Jahre, und unsere Gefühle waren entsprechend abgestumpft. Wäre es nicht so gewesen, hätte man wohl auch kaum überleben können. Als alles vorbei war, warfen wir schneller als erwartet das harte Fell der Gefühllosigkeit, mit dem wir uns geschützt hatten, wieder ab.

An den Abenden besuchte ich meist die Bauern in der Gegend. Ich brachte ihnen Schokolade, Zigaretten und Seife mit und bekam im Gegenzug Camembertkäse oder Apfelwein geschenkt. Der Bürgermeister von Magny, dem nächsten Dorf, war gleichfalls sehr gastfreundlich. Leichte Gewissensbisse bekam ich nur bei der Besitzerin eines kleinen Schlößchens, einer älteren, weißhaarigen Dame, die mir erzählte, daß die Deutschen, die bei ihr einquartiert gewesen waren, sehr viel korrekter gewesen seien als die alliierten Soldaten. Zweifellos befürchtete sie, taktlos gewesen zu sein, denn beim Abschied bestand sie darauf, mir eine Flasche alten Calvados zu schenken. Ich nahm sie salutierend entgegen und sagte »Vive la France«.

Um unsere Männereinsamkeit zu unterbrechen, veranstalteten wir in unserem großen Kantinenzelt einen Tanzabend, zu dem wir eine Gruppe Rotkreuzschwestern aus Bayeux einluden. Allerdings war dies nicht ganz ungefährlich, da nach Einbruch der Dunkelheit die deutschen Bomber gewöhnlich den Brückenkopf heimsuchten. Dann fielen oftmals Splitter unserer Flugabwehrgranaten auf das Zeltdach, ohne es allerdings zu durchbohren. In jener Nacht blieb draußen aber alles ruhig. Nur einer der »Dudelsäcke« – wie wir die deutschen V1-Raketen nannten, die damals massenweise auf dem Weg nach London waren – zischte über das Zelt und kam, vermutlich auf Grund eines Fehlers im Antriebssystem, in weitem Halbkreis zurück. Begleitet von unser aller Jubel verschwand die Rakete wieder hinter den deutschen Linien.

Das Verhältnis zwischen unseren Offizieren und den Schwestern betrug zehn zu eins. So schätzte ich mich äußerst glücklich, eines der Mädchen für eine ganze halbe Stunde in Beschlag nehmen zu können. Die Konversation beim Tanz unterschied sich völlig von jenem Geplänkel, wie wir es zu einem anderen Zeitpunkt an einem anderen Ort geführt hätten, denn zu jener Zeit beherrschte uns alle, Männer wie Frauen, nur ein einziges Thema: der Krieg. Meine Partnerin – ich hatte sie noch nicht einmal nach ihrem Namen gefragt – hatte an dem Tag einige junge Fanatiker aus einem SS-Regiment versorgt, die uns verwundet in die Hände gefallen waren. Sie erzählte mir, daß einer der Jungen seinen Verband wieder abriß und rief, daß er nur ein Verlangen habe: für den Führer zu sterben. Ein anderer hatte ihr das Tablett mit Essen, das sie ihm brachte, ins Gesicht geschleudert. Einen dritten hatte sie nur beruhigen können, indem sie ihm androhte, ihm eine Transfusion jüdischen Bluts geben zu lassen. Da habe er sich in ein wimmerndes Kind verwandelt und um Gnade gefleht. In der Rückschau erscheint es bemerkenswert, wie viele dieser jungen Fanatiker sich später in ruhige, respektable deutsche Bürger verwandelten.

Läßt man einmal diese fanatischen Hitlerjungen außer acht, so muß man dem Mut und der Standhaftigkeit der deutschen Soldaten allen Respekt zollen. Zunächst für eine ungerechte Sache angetreten, kämpften sie nun verbissen um das Überleben ihres Landes – gegen die Übermacht des gesamten britischen Weltreiches, der Vereinigten Staaten und der Sowjetunion, unterlegen in der Luft und allein schon dadurch im Nachteil, daß wir durch unsere Dechiffreure in Bletchley von allen ihren beabsichtigten Operationen im voraus Bescheid wußten. Ihre Stärke betrug höchstens ein Siebtel derer, die sich gegen sie verbündet hatten und denen die nie versiegende Nachschubquelle der Vereinigten Staaten zur Verfügung stand. Es bedeutet keine Verunglimpfung der britischen, amerikanischen und russischen Truppen, die im Zweiten Weltkrieg – genauso wie im Ersten – kämpften, wenn man feststellt, daß die deutschen Soldaten die besten der Welt waren.

Die täglichen Flüge waren ermüdend, nicht nur körperlich, sondern auch geistig, und so bekamen wir hin und wieder einmal einen freien Tag. Es mag seltsam klingen, aber diese freien Tage verbrachten wir meist in nächster Nähe der Front. Eines Abends fuhren wir im Jeep unseres Kommandeurs in Richtung Caen und beobachteten von einem Hügel aus, wie drei Dörfer, die entgegen unserer Planung noch immer von den Deutschen gehalten wurden, im Trommelfeuer unserer Kanonen lagen. Gerade als die Sonne unterging, tauchte am Horizont eine gewaltige Flugzeugarmada auf. Drei oder vier Lancaster-Maschinen wurden abgeschossen. Eine kam nicht weit von unserem Standort nieder. Der Lärm des Kanonenfeuers und der explodierenden Bomben war höllisch. Als einige Granaten bedrohlich nahe einschlugen, zogen wir uns zurück.

An einem dieser »freien Tage« verhielt ich mich noch unbesonnener als sonst. Mit meinem Vetter Terence O'Neill, der viele Jahre später Premierminister von Nordirland wurde – damals war er Hauptmann bei den Irish Guards –, und einem australischen Kameraden fuhr ich in einem geborgten Jeep zum »Sightseeing« an die Front. In einem Kornfeld verspeisten wir zunächst unsere mitgebrachten Camemberts, dann gingen wir hinüber zum Flugplatz von Carpiquet. Vor heftigem Granatfeuer mußten wir in einem Graben Schutz suchen, der von einer kanadischen Einheit gehalten wurde. Plötzlich brauste ein ganzes Geschwader Messerschmitts über uns hinweg. Ihr selbstmörderischer Angriff galt dem Hafen von Arromanches. Mit ungewohnter Treffsicherheit holte unsere Flugabwehr drei von ihnen herunter. Zwei der Piloten landeten mit dem Fallschirm unweit von uns. Wir nahmen an, daß die Kanadier auf die am Fallschirm niederschwebenden Deutschen schießen würden, denn ein paar Tage zuvor hatte die SS verschiedene kanadische Gefangene kaltblütig umgebracht und die Kanadier hatten sich geschworen, keine deutschen Gefangenen mehr zu machen. Lobenswerterweise führten sie ihr Vorhaben nicht aus. Im Gegensatz dazu hatte einer meiner Kameraden einer SS-Panzerdivision als Zielscheibe dienen müssen, als er am Fallschirm hing: Er war lange tot, bevor er den Boden erreichte.

Die wenigen Male, bei denen ich am Boden unter Feuer genommen wurde – zweimal in Frankreich und einmal später in Deutschland –, flößten mir mehr Angst ein, als wenn ich in der Luft beschossen wurde. Am Boden war ich ein hilfloses Objekt, während ich mich in der Luft durch zahllose Flugmanöver wehren konnte. Daß ich dort oben viel weniger Furcht empfand, rührte vielleicht auch daher, daß ich den Lärm der explodierenden Granaten um mich herum nicht wahrnahm. Obwohl viele Flieger, und besonders die in den Bombern, mir bestimmt energisch widersprechen werden, wage ich dennoch zu behaupten, daß es sehr viel mehr Mut bedurfte, ein Soldat zu sein als ein Flieger. Dies gilt freilich nur für den Beschuß vom Boden aus, denn ich bin einer der wenigen aus meinem Geschwader, die keine Luftkämpfe zu bestehen hatten.

Meine zwei Monate Kampfurlaub – soviel war aus den vom Premierminister genehmigten sechs Wochen geworden – waren Anfang August um. Die Dakota, die mich zurück nach England brachte, flog unbedachterweise über Le Havre, das sich noch in deutscher Hand befand. Wir wurden mit einem Hagel von Flakgeschossen begrüßt, die glücklicherweise alle ihr Ziel verfehlten. Zu den Passagieren zählte auch Lord Reith, seines Zeichens Kapitän des Marinehilfskorps. Er meinte, dies sei noch immer besser, als in Churchills Regierung zu dienen. Wie glücklich müßte ich mich schätzen, ihm entronnen zu sein. »Im Gegenteil, Sir«, entgegnete ich, »ich befinde mich auf dem Weg zurück zu ihm.«

Ich hatte an mindestens vierzig Flugeinsätzen teilgenommen und konnte mich daher trösten, daß meine Ausbildung doch nicht ganz vergebens gewesen war. In London meldete ich mich beim Premierminister zurück, der mich herzlich willkommen hieß. Dann fand ich ein komfortables Bett im Travellers Club und versank bald in einen tiefen Schlaf, der auch nicht durch die Rekordzahl an »Dudelsäcken« gestört wurde, die in jener Nacht auf London niedergingen.

Die zweite Quebec-Konferenz

August bis September 1944

Montag, 14. August Verbrachte eine Woche Urlaub in Madeley und kehrte heute in ein sonnendurchglühtes London zurück. Der Premierminister ist nach Italien gefahren und hat Leslie Rowan und John Peck mitgenommen. So halten John Martin und ich die Stellung in Downing Street. Wir alle hoffen, daß Montys Falle bei Falaise und Argentan bald zuschnappt.

Dienstag, 15. August Im Zuge der Operation »Dragoon« landeten heute morgen amerikanische und französische Truppen an der Südküste Frankreichs. Dies geschah auf Drängen der Amerikaner. Wir waren dagegen, weil wir diese Truppen viel lieber zur Verstärkung und Beschleunigung des Vormarsches von General Alexander eingesetzt hätten, der bereits nördlich von Florenz steht. Der Premierminister hat sich mit aller Macht hierfür eingesetzt, aber die Amerikaner blieben unnachgiebig. Sie werden in Südfrankreich wohl nicht auf großen Widerstand stoßen, da die Deutschen zu sehr in der Normandie engagiert sind.

Führte ein längeres Gespräch mit Attlee. Er ist nicht sehr beeindruckend, kann aber sehr nett sein, wenn er nicht offiziell wird.

Freitag, 18. August Zum Dinner in Mentmore. Großvater sieht sehr gebrechlich aus, ist aber geistig noch immer präsent. Ich berichtete ihm von meinen Erlebnissen in Frankreich, und er erzählte von seinen Besuchen in Lisieux. Vermutlich haben ihn die Rennställe dort mehr angezogen als die Heilige Theresa. Peggy vertraute mir später an, daß Großvater Krebs hat und wohl nicht mehr lange leben wird. Die Schlacht in der Normandie ist gewonnen.

Montag, 21. August Las eine interessante Denkschrift, die Duff Cooper vor einiger Zeit über das Nachkriegseuropa verfaßt hat. »Tödlicher Haß«, so sagt er darin, »trennt jetzt Rußland von Deutschland. Aber menschliche Emotionen, wie Liebe oder Haß, Dankbarkeit oder Rache, sind in der Politik selten von Dauer gewesen und haben im Zusammenleben der Nationen nie eine große Rolle gespielt.« Der Premierminister hat dazu angemerkt: »Dankbarkeit mag vielleicht nicht lange anhalten, aber Haß sehr wohl. Siehe Frankreich 1870–1914, Deutschland 1918–1939.«

Duffs These ist, daß wir niemals einer einzigen Nation die Vorherrschaft in Europa gestatten können. Deshalb unsere Kriege gegen Philip II., Ludwig XIV., Napoleon, Kaiser Wilhelm und Hitler. Für den Fall, daß Rußland nun danach trachte, diese Rolle zu übernehmen, die schon so viele Staaten angestrebt hätten, sollten wir als Rückversicherung einen »Bund« westeuropäischer Staaten unter unserer Führung schaffen und diesen vielleicht sogar in den Rahmen des britischen Empires einbinden, das sich als so erfolgreich bei der Zusammenfassung verschiedenartiger Nationen erwiesen habe. Jedenfalls wäre es ein großer Fehler, uns mit der möglichen Vormacht zu verbünden, denn »ein Bündnis zwischen dem Wolf und dem Schaf ist immer eine sehr unsichere Partnerschaft, und die Vorteile, die sich daraus für das Schaf ergeben, erweisen sich meist als zeitlich begrenzt«. In seiner Erwiderung meinte Eden, daß die Schaffung eines solchen »Bundes« die Feindschaft Rußlands und ein Gegenbündnis in Osteuropa provozieren werde. Der richtige Kurs sei eine freimütige Zusammenarbeit und Freundschaft mit Rußland.

Eine Bemerkung Coopers über »den Vorschlag des Premierministers im Jahre 1940 zur Gründung einer Union zwischen England und Frankreich« – Michael Grant und ich hatten damals vorgeschlagen, sie »Frangland« zu taufen – hatte Winston kommentiert: »Ich hatte sehr wenig damit zu tun. Es war eine Welle der Emotion, die das Kabinett erfaßt hatte.«

Toulon ist gefallen, wir haben die Seine überschritten, und im Kessel von Falaise soll das Gemetzel unter den Deutschen schrecklich sein.

Mittwoch, 23. August Ein erregender Tag an der Front – Paris ist gefallen, Rumänien hat kapituliert – und ein sehr geschäftiger im Büro, wo ich allein die Stellung halten mußte. Eine Botschaft des Premierministers an den brasilianischen Präsidenten wurde irrtümlich – nicht von mir – an Präsident Roosevelt gesandt, und dieser bedankte sich dafür. Viel Verwirrung.

Donnerstag, 24. August Ersticke fast in Arbeit. Der Professor schätzt das Gefahrenpotential der neuen V 2 als sehr gering ein. Sie besitze einen Sprengkopf von höchstens einer Tonne Gewicht und sei ungefährlicher als die alten »Dudelsäcke«.

Der Aufstand der Polen in Warschau ist ein ernstes Problem. Sie kämpfen verzweifelt, aber ihre Chancen sind gering. Wir und die Amerikaner möchten ihnen auf jede nur mögliche Weise helfen. Bei unseren Hilfslieferungen haben wir aber bis zu dreißig Prozent der Flugzeuge verloren. Die Russen stellen sich taub gegenüber allen dringenden Bitten und wollen ihre Hände in Unschuld waschen. Sie haben sich sogar geweigert, amerikanische Bomber, die für Warschau bestimmt sind, bei sich zwischenlanden zu lassen und wieder aufzutanken. Mögliche Erklärungen hierfür: 1.) Sie sind pikiert darüber, daß ihr Vormarsch vor den Toren Warschaus gestoppt wurde. 2.) Nach Meinung des Professors verbietet ihnen ein seltsamer Stolz, andere das tun zu lassen, was sie selbst nicht fertigbringen. 3.) Ihre Wut darüber, daß die Bevölkerung Warschaus und die Untergrundbewegung die polnische Exilregierung in London unterstützen und nicht die Moskauer Marionette, das Polnische Nationale Befreiungskomitee.

Sonnabend, 26. August England wird im Sonnenschein gebadet. Deswegen lassen sich erfreulicherweise auch die »Dudelsäcke« nicht sehen. Ich nahm ein Sonnenbad im Garten von Nr. 10 und freute mich an den Blumen und Schmetterlingen. Mein Leben lang werde ich diesen Garten unter dem strahlend blauen Sommerhimmel mit der Schlacht um England im Jahr 1940 in Verbindung bringen.

Sonntag, 27. August Weniger Arbeit. Alexander marschiert nordwärts auf die deutschen Linien zu. Der Premierminister hat seinen Aufenthalt in Italien verlängert, um bei den ersten Kampfhandlungen dabei zu sein. In Frankreich ziehen sich die Deutschen über die Seine in ihre Auffangstellungen an Somme, Marne und im Jura zurück.

Montag, 28. August Begleitete Mrs. Churchill zu einem Dankgottesdienst für die Befreiung von Paris in der Krypta der St. Pauls-Kathedrale. Das Kabinett und die Stabschefs hatten sich ebenso versammelt wie das diplomatische Korps. Zu meiner Verwunderung fand ich mich in der ersten Reihe wieder, zusammen mit Mrs. Churchill, den Edens, Sir John und Lady Anderson. Der Gottesdienst war einfach, aber eindrucksvoll, besonders, als die Kapelle der Irish Guards die Marseillaise spielte. General de Gaulle hat gestern an einem Tedeum in Notre Dame teilgenommen, bei dem es zu einer Schießerei in der Kathedrale kam. In St. Paul schlugen die Wellen der Emotion natürlich nicht so hoch, und die Begleitumstände waren nicht so dramatisch, aber es herrschte dasselbe Gefühl: daß der Fall von Paris das Ende einer langen, dramatischen Periode symbolisiert. Die Ironie der Geschichte brachte es mit sich, daß dieser Dankgottesdienst vor Wellingtons geschmücktem Grabmal stattfand.

Dienstag, 29. August Ich stand schon um vier Uhr früh auf, um bei der Ankunft des Premierministers in Northolt dabei zu sein, die sich aber wegen des Wetters verzögerte. Statt dessen machte ich einen Morgenspaziergang rund um Covent Garden.

Der Premierminister traf um sechs Uhr nachmittags ein und wurde von den Stabschefs, Mrs. Churchill und mir begrüßt. Lord Moran machte beim Verlassen des Flugzeugs einen aufgeregten Eindruck. Es stellte sich heraus, daß der Premierminister seit der Mittagszeit steigende Temperatur hatte. Eiligst wurde er nach Hause gebracht und ins Bett geschafft. Er hat einen leichten Flecken auf der Lunge.

Mittwoch, 30. August Dem Premierminister ging es wieder besser, und er erledigte eine Menge Arbeit vom Bett aus. Später empfing er Eisenhower, um mit ihm den Kommandowechsel in der Normandie zu besprechen[15].

Donnerstag, 31. August Wesentliche Besserung im Befinden des Premierministers. »Octagon«, die Konferenz mit dem amerikanischen Präsidenten, wird deshalb nicht abgesagt. Winston fragte mich, ob ich mitfahren wolle.

Der König kam zu Besuch und unterzeichnete die Beförderung Montgomerys zum Feldmarschall. Winston will damit demonstrieren, daß Monty durch die Ernennung General Bradleys nicht degradiert wurde.

Wie man Beute macht: Der Premierminister erzählte mir, daß ihm in General Alexanders Hauptquartier in Italien ein Wohnwagen zur Verfügung gestellt worden war, in dem er zwei Louis-Seize-Sessel entdeckte. Auf die Frage, woher sie stammten, entgegnete man ihm, sie seien »befreit« worden.

Freitag, 1. September Die Temperatur des Premierministers ist wieder normal, und er entwickelt gewaltige Energien. Seinen Aktenberg hat er vollkommen aufgearbeitet. Bei einem Gespräch über den Fortgang des Krieges sagte er, daß die Gesamtstrategie wohl allgemein Zustimmung finde, auch wenn es eine kleine Minderheit gebe, die die Meinung vertritt, wir hätten schon im vergangenen Jahr mit der Invasion beginnen sollen. Die Entwicklung des Krieges verglich er mit einem Stierkampf: Die Operationen »Torch«, »Huskey« und so weiter seien die *capeadore, picadores* und *banderilleros* gewesen. Dann sei »Overlord«, der Matador, gekommen, der dem Stier im entscheidenden Moment den Todesstoß versetzt und dann wartet, bis er seinen Kopf in den Sand legt und ihn die Kräfte verlassen. Die Operation »Dragoon« hingegen, die Landung in

Südfrankreich, sei vollkommen überflüssig gewesen. Eisenhower habe sie überhaupt nichts gebracht; den Deutschen aber habe sie auf Grund der Schwächung von Alexanders Armeen die Möglichkeit gegeben, Truppen aus Italien nach Nordfrankreich abzuziehen.

Inzwischen streben unsere Armeen der belgischen Grenze zu, mit viel größerer Geschwindigkeit noch, als die deutschen Panzer im Jahr 1940 voranrollten. Das vermittelt ein ungeheures Gefühl der Erleichterung, ja fast der Verwirrung. Es kann sein, daß das Kriegsende nun sehr nahe ist.

Sonntag, 3. September Beim Premierminister trafen zahlreiche Botschaften aus Anlaß des fünften Jahrestages des Kriegsausbruches ein. Ich entwarf wohlklingende Antworten an Tschiang Kai-schek, die Holländer, die Belgier und so weiter, die ausnahmslos akzeptiert wurden. Winston war sehr aufgebracht über eine Depesche unseres Vertreters beim Heiligen Stuhl, die eine Botschaft der Frauen von Warschau – die noch immer aushalten – an den Papst enthielt. Der Text war sehr eindrucksvoll. Winston entwarf ein Telegramm an den Präsidenten, in dem er diese Worte wiederholte und vorschlug, wir sollten Stalin erklären, daß die unterlassene Hilfe für Warschau drastische Folgen für unsere eigenen Hilfslieferungen an Rußland haben werde.

Montag, 4. September Äußerst trübes Wetter, das sich angesichts der guten Nachrichten aus Brüssel jedoch ertragen läßt. Man erwartet täglich den Waffenstillstand. Deswegen haben in den letzten Tagen dort auch keine Bombardierungen mehr stattgefunden. Im Kabinett wurde der Fall Warschau erörtert, der Bitterkeit gegenüber den Russen aufkommen läßt. Man schickte eine gleichlautende Depesche an Molotow und Roosevelt. Das Ganze ist eine düstere Wolke am sonst blauen Himmel.

Dienstag, 5. September Um 9 Uhr 45 brachen wir nach Greenock auf. Mit dem Zug des Premierministers reisten seine Frau, die drei Stabschefs, Lord Moran mit Frau und Kind, John Martin und Tommy. Am Abend trafen wir ein und wurden in einem Tender zur *Queen Mary* übergesetzt. Ich bekam eine geräumige, fast luxuriöse Kabine. Noch luxuriöser war das Dinner, mit Austern, Champagner und so weiter. Bei Tisch sprach der Premierminister über die kommenden Wahlen. Er meinte, daß die Führung der Labour Party wahrscheinlich versuchen werde, sofern das Fußvolk dies zulasse, noch für etwa ein Jahr nach dem Waffenstillstand in der Regierung zu bleiben, in der Hoffnung, von der unvermeidlichen Desillusionierung, die dann eintreten werde, zu profitieren. Das tausendjährige Reich werde nicht anbrechen, und von der Regierung, die den Krieg gewonnen hat, werde der Glanz weichen. Wenn es dann zu einem großen Linksruck kommen würde, sei dies auch recht: »Was gut genug für das englische Volk ist, ist auch gut genug für mich.«

Nach dem Dinner spielte ich mit dem Premierminister drei Runden Bésigue.

Mittwoch, 6. September Ein ziemlich ruhiger Tag. Der Premierminister leidet noch unter den Nachwirkungen der starken Antibiotika, die er in der letzten Woche bekommen hat. Wir speisten praktisch *en famille.* Nur General Ismay und Brigadier Whitby, der Spezialist für Bluttransfusionen, waren zum Dinner geladen. Die Dimensionen der Tafel erinnerten an Rabelais, die Genüsse waren epikureisch - ziemlich beschämend.

Die »Octagon«-Delegation, die sich an Bord dieses Schiffes befindet, ist riesig groß. Sie füllt einen ganzen Speisesaal und mehr als das Hauptdeck. Die Stabschefs gingen ihren gewohnten Tätigkeiten nach. Da aber der Premierminister nichts anderes tat, als *Phineas Finn* zu lesen, war es verhältnismäßig ruhig. Ich versuchte, die Denkschriften über das Finanzwesen der Nachkriegszeit in den Grundzügen zu verstehen. Dies wird einer der Hauptpunkte in den Besprechungen mit dem Präsidenten sein.

Der Premierminister erklärte, daß er sich mit den Amerikanern trotz allem nicht wegen der Operation »Dragoon« anlegen will. Er wird ihnen vorschlagen, die Kontroverse darüber den Historikern zu überlassen, und hinzufügen, daß er beabsichtige, einer dieser Historiker zu sein. Dann sprach er wieder über die kommenden Wahlen. Falls die Opposition beabsichtige, die Vergangenheit mit Dreck zu bewerfen, dann müsse sie sich darüber im klaren sein, daß die Gegenseite über Wagenladungen voll Dreck verfüge, um zurückzuwerfen. Er würde den Verlust keines einzigen Labour-Kollegen im Kabinett bedauern, mit Ausnahme von Bevin, dem einzigen unter den Oppositionspolitikern, dessen Charakter und Fähigkeiten er hoch schätze. Alle anderen seien Durchschnitt[16].

Dann meinte er noch, daß es weise wäre, sich aus allem, was man mitbekomme, ein paar starke Grundgedanken herauszufiltern und diese standhaft zu vertreten. So sei einer seiner Standardsätze: Wir sind nicht in den Krieg eingetreten, um irgendeinen Vorteil daraus zu ziehen, aber wir haben auch nicht die Absicht, durch den Krieg irgend etwas zu verlieren.

Donnerstag, 7. September Ein weiterer ruhiger Tag, den der Premierminister *Phineas Finn* widmete. Ich nutzte die Zeit, um auf Deck herumzuspazieren und allerlei Tauschgeschäfte mit den amerikanischen Bomberpiloten zu tätigen, die sich auf dem Heimweg befinden. Auch arbeitete ich mich durch die Aktenberge durch, die wir mitgenommen haben.

Einer der Piloten erzählte mir, daß er seinen Aufenthalt in England sehr genossen habe. Seine Regierung habe recht daran getan, dieses großartige Schiff nach einer englischen Königin zu benennen. »Aber es ist doch ein englisches Schiff«, wandte ich ein. »Nein, nein, es ist das größte und schnellste Schiff der Welt.« – »Das ändert nichts an der Tatsache, daß es ein britisches Schiff ist«, entgegnete ich. »Wenn Sie sich einmal über die Reling lehnen – passen Sie auf, daß Sie dabei nicht über Bord gehen! –, dann können Sie die Flagge am Heck sehen.« Er schluckte. »Und Sie meinen wirklich, das ist ein britisches Schiff? Und die ›Queen Elizabeth‹ etwa auch?« – »Ja, so ist es.« – »Aber sie sind doch die größten der Welt! Wie konnte sich unsere Regierung nur so überrunden lassen?«

Zum Dinner wurden Lord Cherwell und Lord Moran gebeten. Der Premierminister äußerte manch düstere Gedanken über die Zukunft des alten Englands. Er habe nun keine »Botschaft« mehr zu vermitteln. Alles, was er noch tun könne, sei, den Krieg zu beenden, die Soldaten nach Hause zu führen und dafür zu sorgen, daß sie Häuser finden, in die sie zurückkehren können. Aber materiell und finanziell seien die Aussichten äußerst finster. »Die Vorstellung, daß man den Wohlstand per Stimmzettel herbeizaubern kann«, meinte er, »ist eine der lächerlichsten überhaupt.«

Das Menü bestand diesmal aus Austern, Consommé, Steinbutt, gebratenem Truthahn, Eis mit Melone, Stiltonkäse und einer großen Auswahl an Obst und Petit Fours. Das Ganze wurde mit Champagner (Mumm 1929) und einer ganz vorzüglichen Liebfrauenmilch heruntergespült. Danach folgte uralter Brandy. Eine Unterhaltung über die Verknappung von Konsumgütern wirkte irgendwie unrealistisch.

Freitag, 8. September Wir befinden uns im Golfstrom, dessen Wohltaten für unsere Insel wir noch nie so recht gewürdigt haben. Es ist wolkig und sehr schwül – ein Klima wie am Äquator. Der Premierminister, der *Phineas Finn* beendet hat und nun *The Duke's Children* liest, fühlt sich bei diesem Wetter nicht sehr wohl und meint, das Schiff habe einen vollkommen falschen Kurs eingeschlagen. Seine Stimmung ist demzufolge nicht die beste.

Zum Dinner kamen Lord Leathers und Lord Cherwell. Der Premierminister vertrat die Meinung, daß die Vereinigten Planungsstäbe zu optimistisch bezüglich eines baldigen Kriegsendes wären. Er wette darauf, daß die Deutschen auch Weihnachten noch kämpfen, und falls sie zusammenbrechen würden, hätte dies eher politische als militärische Gründe.

Sonnabend, 9. September Der Premierminister, der mehr oder weniger wieder er selbst ist, schaffte eine ganze Menge Arbeit. In erster Linie befaßte er sich mit den strategischen Problemen, die auf der bevorstehenden Konferenz eine Rolle spielen werden. Mit den komplizierten Problemen der Finanzen und des Leih- und Pachtgesetzes hat er sich noch gar nicht abgegeben. Lord Cherwell ist darüber ziemlich verzweifelt.

Die Golfstrom-Hitze, die dem Premierminister so zu schaffen gemacht hat, hielt bis Mittag an. Dann fiel die Temperatur plötzlich, der Himmel wurde klar, und eine frische Brise kam auf. Trotzdem hatte Winston wieder leicht erhöhte Temperatur und war sehr gereizt. Lord Moran ist zwar nicht besorgt, vertraute mir aber an, daß er ihm kein langes Leben zubilligt. Wenn Winston stirbt, sagte er, dann an einem Schlaganfall oder an den Herzbeschwerden, die sich zum erstenmal letzten Winter in Karthago gezeigt haben. Möge er wenigstens noch unseren endgültigen Sieg erleben.

Dummerweise zeigte ich dem Premierminister ein Telegramm Attlees mit Vorschlägen, die Dienstbezüge im japanischen Krieg zu erhöhen. Winston hält überhaupt nichts davon. Das Kriegskabinett will die Erhöhung trotzdem noch vor seiner Rückkehr bekanntgeben. Er regte sich ungeheuer darüber auf, nannte Attlee eine Ratte und argwöhnt, daß man gegen ihn intrigiert. Er diktierte mir eine aufgebrachte Erwiderung, die jedoch nicht abgesandt wurde.

Sonntag, 10. September Nach dem Mittagessen legten wir am Kai von Halifax an. Unter den Hochrufen der Truppen an Bord gingen wir an Land und wurden von Malcolm Macdonald und einigen anderen kanadischen Würdenträgern begrüßt. Die »Monties« [Royal Canadian Mounted Police, Eliteeinheit der kanadischen Polizei] waren in Paradeuniform angetreten. Während unser Gepäck in den Zug verladen wurde, stand der Premierminister auf der hinteren Plattform seines Waggons und lauschte den patriotischen Gesängen der Menge. Anschließend hielt er eine kurze Ansprache. Der Zug war sehr komfortabel, und das Dinner hatte fast zehn Gänge.

Montag, 11. September Um zehn Uhr morgens trafen wir in Quebec ein und wurden vom amerikanischen Präsidenten begrüßt, der kurz zuvor mit seiner Frau angekommen war. Auch Prinzessin Alice und Lord Athlone waren bei der Begrüßung anwesend.

Gemeinsam fuhren wir zur Zitadelle, wo wir untergebracht sind. Das Stabspersonal wohnt im Château Frontenac. Ich habe ein komfortables Zimmer, und unser Büro ist sehr geräumig. Später ging ich in den Salon, wo sich die wichtigsten Persönlichkeiten versammelt hatten, und unterhielt mich mit Lord Athlone, der mich erstaunlicherweise wiedererkannte. Leider hatte ich keine Gelegenheit, dem Präsidenten vorgestellt zu werden.

Die Russen haben sich endlich nach Warschau aufgemacht, aber es kann schon zu spät sein.

Dienstag, 12. September Um halb zwölf stellten sich der Generalgouverneur, Prinzessin Alice sowie Roosevelt und Churchill mit ihren Frauen auf der Terrasse den zahlreichen Fotografen.

Am Ende einer Besprechung mit den Stabschefs hörte ich, wie der Premierminister zu Portal sagte, er würde am Abend wahrscheinlich mit dem Präsidenten das verzwickte Problem der Besatzungszonen diskutieren. Da ich wußte, daß er sich noch nicht mit den Vorlagen hierzu befaßt hatte, und da ihm bis zum Dinner auch keine Zeit mehr dafür blieb, bot ich mich an, ihm diese vorzulesen, während er badete. Diese leicht bizarre Prozedur wurde akzeptiert, aber dadurch erschwert, daß er beim Baden von Zeit zu Zeit untertauchte und deshalb ganze Passagen nicht mitbekam. Dabei sagte er mir, er befürchte, der Präsident sei »sehr schwankend« geworden.

Der ursprüngliche Plan für die Aufteilung Deutschlands in Besatzungszonen sah vor, daß die Engländer den Süden, die Amerikaner den Norden und die Russen den Osten erhalten sollten. Aus Transportgründen bemühten wir uns, die Amerikaner zu einem Tausch zu bewegen, um in den Besitz von Hamburg und anderen norddeutschen Häfen zu kommen. Weiterhin waren wir der Meinung, daß man auch den Franzosen eine Zone einräumen müßte, die zum Teil aus unserem und zum Teil aus amerikanischem Gebiet herausgeschnitten werden sollte. Berlin war ein besonderes Problem, das später gelöst werden mußte. Wir erwarteten, daß die Amerikaner Bedenken zu unseren Vorschlägen äußern würden, aber zu unserem großen Erstaunen akzeptierten sie sie sofort. Nur unserem Vorschlag, eine französische Zone zu schaffen, widersetzten sie sich zunächst. Dies wurde, unter britischem Druck, erst auf der Konferenz von Jalta vereinbart.

Mittwoch, 13. September Das schöne Wetter ist Wolken und Regen gewichen. Um halb zwölf trat die Konferenz zu einer Plenarsitzung zusammen; bei der Eröffnung stellte mich der Premierminister dem Präsidenten vor. Da er dies vor versammelter Mannschaft tat und auch einen kurzen biographischen Abriß anfügte, war ich ziemlich verlegen.

Da die verschiedenen Besuche Churchills in Washington in die Zeit fielen, die ich bei der RAF verbrachte, und da ich auch an den Konferenzen von Casablanca, Kairo und Teheran nicht teilgenommen hatte, war ich der einzige von Churchills Privatsekretären, der den Präsidenten noch nicht kannte. Weil mich meine RAF-Abenteuer bei ihm beliebt gemacht hatten, bestand der Premierminister darauf, mich Roosevelt offiziell vorzustellen. So stand ich denn äußerst läppisch in meiner Leutnantuniform vor der Creme der alliierten Militärs und trat von einem Bein aufs andere. Nachdem Churchill geendet hatte, war die Tortur für alle Anwesenden noch nicht vorüber; der Präsident hielt mir eine eloquente kleine Ansprache, als wäre ich eine öffentliche Versammlung. Wenn ich im weiteren Verlauf der Konferenz mit dem Präsidenten zusammenkam, war die Atmosphäre entspannter. Dabei hörte ich ihn aber nie etwas Bedeutsames sagen, was der Erinnerung wert gewesen wäre; seine Augen sahen glasig aus.

Donnerstag, 14. September Wieder Regen und Nebel. Dennoch machte ich einen kleinen Spaziergang, denn von dem überaus guten Essen hier fühle ich mich ziemlich beschwert. Am Nachmittag trafen Eden und Cadogan ein, und Mrs. Roosevelt reiste wieder ab. Aus unserer Sicht ist die Konferenz bisher äußerst zufriedenstellend verlaufen. Die Amerikaner zeigen sich sowohl in strategischen als auch in finanziellen Fragen entgegenkommend.

Nach einem weiteren ausladenden Mahl sahen wir einen außergewöhnlich schlechten Film, der vom Präsidenten ausgesucht worden war. Der Premierminister ging nach der Hälfte hinaus, was zwar bei der Qualität des Films verständlich, aber dem Präsidenten gegenüber unhöflich war.

Freitag, 15. September Der Tag war ausgefüllt mit der Diskussion noch unerledigter Themen und wurde durch weitere Erfolge in politischer, finanzieller und strategischer Hinsicht gekrönt.

Am Nachmittag machte ich einige Einkäufe. Da ich eine Erkältung herannahen fühlte, schluckte ich etwas von dem Penicillin des Premierministers, ging früh zu Bett und überließ es John Martin, sich in einer abendlichen Sitzung mit der Frage der Erhöhung der Dienstbezüge herumzuschlagen. Eric Speed, der Staatssekretär im Kriegsministerium, war mit Leuten aus dem Arbeitsministerium und der Admiralität eigens herübergekommen, um die Sorgen des Premierministers in diesem Punkt zu beschwichtigen.

Sonnabend, 16. September Gegen Ende der Konferenz hatte sich der Himmel wieder aufgeklärt, und die Sonne brannte heiß auf die Zitadelle hernieder. Mittags gab es noch einmal eine Plenarsitzung. Danach erschienen Rektor und Senat der McGill-Universität, um akademische Ehrengrade an den Präsidenten und den Premierminister zu verleihen. Man versammelte sich dazu draußen auf der Dachterrasse, und der Präsident wurde von einem schwarzen Diener im Rollstuhl herausgefahren. Die beiden Geehrten sahen in ihren Talaren recht seltsam aus.

Anschließend gab es eine gemeinsame Pressekonferenz mit einem riesigen Aufgebot von Fotografen und Reportern. Die Szene bot sich wie folgt dar: Im Hintergrund ragte der große Klotz des Château Frontenac empor, am Sonnendach hingen die Fahnen der drei Länder, und unten floß der St. Lorenz-Strom vorbei, darauf ein paar weiße Segel. Auf der Terrasse drängte sich eine große Menschenmenge, meist Journalisten, aber auch die Senatoren der Universität in ihren Talaren, Lord Athlone mit Frau und Hofstaat, Mrs. Churchill, Mr. Eden und der Professor. Der Meute gegenüber saßen der Präsident, der Premierminister und Mackenzie King, flankiert von prachtvoll uniformierten Mounties und umherspähenden Sicherheitsbeamten. Als erster sprach der Präsident, den man wegen der klickenden Kameras jedoch kaum hören konnte. Danach hielt der Premierminister eine Ansprache aus dem Stegreif, die sich durch ihre Eindringlichkeit und Eloquenz auszeichnete. Es war wichtig, daß er nichts sagte, was die Republikaner als Unterstützung für den Präsidenten im bevorstehenden Wahlkampf auslegen konnten.

Der König antwortete sehr kühl auf Winstons Vorschlag, dem Herzog von Windsor, den er am Montag in Hyde Park treffen wird, brüderliche Grüße zu übermitteln. Der Premierminister diktierte mir eine ziemlich pikierte Entgegnung, die er aber, wie so oft, später wieder vernichten ließ und durch eine konziliantere ersetzte.

Sonntag, 17. September Zum Lunch empfing der Premierminister den Erzherzog Otto von Habsburg, der vermutlich seine Thronansprüche untermauern wollte.

Am Nachmittag machte ich einen Spaziergang über die Wälle der alten Zitadelle, von denen man einen überwältigenden Blick auf den St. Lorenz-Strom, die Île d'Orléans, Quebec und die Ebene von Abraham hat.

Nach dem Dinner reiste der Premier mit seiner Frau, John und Tommy nach Hyde Park ab.

Dienstag, 19. September Heute fuhr ich mit dem Zug von Quebec nach New York. An einem Ort, der bezeichnenderweise Whitehall hieß, setzte ich meinen Fuß zum erstenmal auf den Boden der Vereinigten Staaten. In einem komfortablen Pullmanwagen, der an einen Sonderzug angehängt war, fuhren wir durch Montreal, Saratoga, Troy, am Lake Champlain vorbei und dann den Hudson hinunter nach New York. Die amerikanische »Verdunkelung« war für britische Augen, die seit fünf Jahren an stygische Dunkelheit gewöhnt sind, wenig überzeugend. Um zehn Uhr abends gingen wir an Bord der Queen Mary.

Mittwoch, 20. September Um halb acht morgens legten wir ab. Leider war die Skyline von New York noch im Dunst verborgen. Der Premierminister und diejenigen, die mit ihm in Hyde Park waren, stießen in einem Tender von Staten Island zu uns. Er sah wieder sehr, sehr viel besser aus – John Peck würde gesagt haben »unverschämt gesund«. Beim Lunch zeigte er sich von seiner besten Seite. Nur einmal umwölkte sich seine Stirn, als er über de Gaulle sprach; in den vergangenen Jahren, sagte er, »sind meine Illusionen über die Franzosen größtenteils zunichte gemacht worden«.

Es war, wie auf der Hinreise, wolkig und schwül. Der Nachmittagsschlaf des Premiers dauerte drei Stunden. Das war sein bisheriger Rekord. Ich döste in einem Liegestuhl auf dem Sportdeck. An Bord befinden sich neuntausend amerikanische Soldaten, aber das Sonnendeck ist für die »Octagon«-Delegation reserviert, deren Zahl etwas kleiner geworden ist, da einige Teilnehmer mit dem Flugzeug zurückflogen.

Zum Dinner waren General Laycock, Anthony Head und Lord Moran eingeladen. Lord Moran – der sonst so scharf argumentiert, daß er jeden Gesprächspartner in der Diskussion überfährt, selbst den Premierminister, und der so indiskret ist, daß er das auch ungestraft tun kann – wurde diesmal im Verlauf des Gespräches offensichtlich ausgebootet. Es ging um Mut und Moral unserer Soldaten. Der Premier ritt eine heftige Attacke gegen die Psychoanalytiker des Militärs. Er erklärte, für den Sieg sei es viel wichtiger, das Maximum verfügbarer Soldaten an der Front aufmarschieren zu lassen, als zigtausend Pfund in der Etappe zu verschwenden, nur um den Komfort der Männer zu verbessern.

Zwei Punkte der Diskussion sind festzuhalten: 1.) In Rußland haben die Deutschen mit einer Division einen Frontabschnitt von fast zwanzig Kilometern abzudecken, während es in der Normandie nur wenig mehr als sechs Kilometer sind. Deswegen können sie sich gegen die Amerikaner und uns erfolgreicher verteidigen als gegen die Russen. 2.) In ganz Europa kämpfen genauso viele britische Soldaten gegen den Feind wie Amerikaner. Aus den amerikanischen Papieren gewinnt man den Eindruck, daß es kaum kämpfende britische Truppen gibt.

Donnerstag, 21. September Tagsüber die übliche Routine in unserem ziemlich stickigen Büro, unterbrochen von Spaziergängen an Deck und ein paar Partien Bésigue und Backgammon mit Mrs. Churchill.

Zum Dinner am Abend kam unter anderen der Erste Seelord. Das Gespräch drehte sich vorwiegend um Kriegserinnerungen. Cunningham erzählte, wie er einmal fast zwei Meter hoch durch die Luft flog, als im Hafen von Alexandria eine Haftmine unter der *Queen Elizabeth* explodierte. Der Premierminister beendete den Abend, indem er mich zum Bésigue herausforderte. Wir spielten ohne Unterbrechung bis drei Uhr morgens. Dabei sagte er, daß er im November eine Verlängerung der Legislaturperiode um sechs Monate beantragen will, um Labour den Wind aus den Segeln zu nehmen.

Sonnabend, 23. September Mit dreißig Knoten, bei heiterem Himmel und einer angenehmen Brise dampfen wir der Heimat entgegen.

Sonntag, 24. September Zum Gottesdienst mit Mrs. Churchill, dem Ersten Seelord und anderen. Der Pater, ein Amerikaner, predigte sehr eindrucksvoll über Amazja[18]. Er sagte, daß wir nach diesem Krieg darauf bedacht sein müßten, nicht die Götter unserer Feinde mit nach Hause zu bringen und sie anzubeten, wie das Amazja mit den Göttern der Edomiter getan habe.

Am Abend gab es eine häusliche Dinnerparty. Der Premierminister hatte viel von seiner früheren Spontaneität und griff weniger oft auf Erinnerungen zurück als neuerdings üblich. In seiner Zeit als Innenminister sei er sehr nervös gewesen und in ganz anderer Weise von Sorgen heimgesucht worden als während des Krieges. Er habe dann ein gutes Mittel entdeckt, dies zu überwinden, indem er auf einem Blatt Papier alles niederschrieb, was ihn peinigte. Dabei stellte sich heraus, daß einiges höchst trivial und anderes nicht zu ändern war. Übrig blieben meist ein oder zwei Probleme, denen er seine ganze Energie widmen konnte.

Montag, 25. September Es war ursprünglich beabsichtigt, in Fishguard zu landen. Da das Wetter aber schlecht war, dampften wir weiter bis zum Clyde. Dies verdroß den Premierminister sehr, da in Fishguard sein komfortabler Reisezug bereitstand. Gegen fünf Uhr nachmittags trafen wir in Greenock ein. Nach einer kurzen Rundfunkansprache des Premiers an die kämpfenden Truppen gingen wir in einem Tender an Land.

Unsere 1. Luftlandedivision ist in Arnhem vernichtet worden.

Mittwoch, 27. September Ging mit dem Premierminister zum Unterhaus; vor der Mittagspause hielt er die erste Hälfte seiner Rede über die militärische Lage. Die Rede war gut, enthielt viele neue Fakten und wurde gut aufgenommen. Trotzdem begaben sich einige Abgeordnete bereits vor Beginn der Pause hinaus. Unterhausabgeordnete gehören zu den Menschen mit den schlechtesten Manieren.

Nach dem Lunch mit John Martin im Reform Club ging ich ins Unterhaus zurück, um mir den zweiten Teil der Rede anzuhören. Sie befaßte sich mit außenpolitischen Fragen, und es wurde weniger applaudiert. Danach korrigierte ich das Ganze für den offiziellen Parlamentsbericht.

Der Sieg verzögert sich

Oktober bis November 1944

Montag, 2. Oktober Eine lange Kabinettssitzung, auf der ich mich mit [dem Ernährungsminister] Colonel Llewellyn unterhalten konnte. Er ist aufgebracht über unsere Bemühungen, die Sympathien der Amerikaner zu gewinnen, indem wir die Abnahme von Fleischlieferungen aus Argentinien verweigern, mit dem wir gerade einen guten Vertrag abgeschlossen haben.

Der Premierminister erzählte mir, daß er im Gegensatz zum Außenministerium mit der russischen Forderung übereinstimmt, bei einer Meinungsverschiedenheit in der zu schaffenden Weltorganisation sollte den beteiligten Nationen, sofern sie dem Rat angehören oder zu den vier Großmächten zählen, das Recht eingeräumt werden, sich an der Abstimmung zu beteiligen.

Großen Ärger gibt es wegen der Anerkennung der französischen Provisorischen Regierung, die die USA um jeden Preis verhindern wollen. De Gaulle hat jedoch gute Aussichten, sich mit seiner Forderung, daß Frankreich als Großmacht wiederhergestellt werden müsse, durchzusetzen.

Dienstag, 3. Oktober Der zäher werdende Widerstand der Deutschen wirkt dämpfend auf alle vorschnellen Erwartungen und hat unvermeidlicherweise Einfluß auf unsere weitere Strategie.

Beim Dinner mit Lady Ampthill waren Guy, Leo und Phyllis Russell anwesend. Leo erzählte mir, er sei aus Montgomerys Stab in Frankreich ausgetreten, a) weil er nicht mit der Bombardierung französischer Städte einverstanden war, die vom militärischen Standpunkt aus zum großen Teil unnütz gewesen sei, b) weil Monty seinem Stab erlaubt habe, Beute zu machen, und Leos Proteste dagegen zurückwies, und c) weil Monty im Inneren »ein Faschist« sei.

Mittwoch, 4. Oktober Während des Ankleidens zu einem Theaterbesuch (*Richard III.*) unterhielt sich der Premierminister mit mir. Dabei meinte er allen Ernstes, daß man für die untere Toilette neue Haarbürsten anschaffen müsse. Die alten – die tatsächlich noch in Ordnung sind – hätten schwarze Borsten, in denen man den Schmutz nicht erkenne. »Angesichts all der in letzter Zeit errungenen Erfolge« sei das Kriegskabinett wohl berechtigt, neue Bürsten zu bekommen. Die Art, wie dieser große Mann sich mit trivialen Dingen beschäftigt, ist manchmal recht ungewöhnlich.

Donnerstag, 5. Oktober In einem Gespräch mit Eden meinte der Premierminister, Bevin sei »der bei weitem tüchtigste Mann, den die Labour Party zu meiner Zeit hervorgebracht hat«.

Im Unterhaus gab Winston eine sehr fade Stellungnahme zu dem jetzt endgültig niedergeschlagenen tapferen Aufstand in Warschau ab. Er dauerte 63 Tage, ohne daß die Polen irgendwelche nennenswerte Hilfe bekommen hätten. Mikolajczyk und Raczynski gingen anschließend in der Lobby auf den Premierminister zu und bedankten sich für seine Worte. Der Text der Erklärung, der vom Außenministerium stammte, war gut. Aber der Premier, der wieder zu lange im Bad gesessen hatte und sich deswegen sehr beeilen mußte, rechtzeitig ins Unterhaus zu kommen, trug den Text schlecht vor.

Freitag, 6. Oktober Die Hoffnungen auf einen ruhigen Tag erfüllten sich nicht, denn die Regierung kam mit ihrer Vorlage für ein Flächennutzungsgesetz in Schwierigkeiten. Also mußte der Premierminister direkt nach dem Lunch ins Unterhaus eilen, dort hastig eine Rede diktieren und sich auf die Rednerliste setzen lassen. Dem zweistündigen parlamentarischen Schlagabtausch hörte ich mit Vergnügen zu.

Es folgte noch eine lange Nacht, in der es um die Ernennung neuer Minister ging. Swinton soll für die Zivilluftfahrt zuständig sein, Jowitt für die Sozialversicherung. Vergeblich bemühte man sich, einen neuen Tory-Vorsitzenden zu finden. David Margesson zeigte sich für keinerlei Schmeicheleien empfänglich. James Stuart hatte mit seinen Intrigen, Duncan Sandys auf diesen Posten zu bringen, um ihm so die Flügel zu beschneiden, keinen Erfolg.

Sonnabend, 7. Oktober Ein außerordentlich arbeitsreicher Tag, den ich fast alleine bewältigen mußte. Als der Premierminister am Nachmittag Fotografien und Bücher signierte – darunter auch ein Foto für Stalin –, begann er mir plötzlich aus dem ersten Marlborough-Band vorzulesen. Sein Vortrag über das Privatleben von Sir Winston Churchill [den Vater des Duke of Marlborough] und dessen Leidenschaft für die Heraldik dauerte fast eine Stunde. Am Ende versprach er, mir zum Ausgleich für diese schwere Prüfung ein Exemplar zu Weihnachten zu schenken. Dann arbeitete er noch bis zum Dinner, empfing verschiedene Leute und empfahl mir wiederholt, den Leitartikel im heutigen *Manchester Guardian* zu lesen.

Eine halbe Stunde vor Mitternacht machte Winston sich in Begleitung John Martins auf den Weg nach Northolt, um über Neapel und Kairo nach Moskau zu fliegen. Einen Moment lang überlegte er, mich gleichfalls mitzunehmen. Da ich eine anstrengende Woche hinter mir habe, war ich froh, als er sich schließlich dagegen entschied.

Sonntag, 8. Oktober Es hätte ein ruhiger Tag werden können, hätte ich nicht die Pressemitteilung über die neuen Ernennungen vorbereiten müssen. Da die entgegengesetzten Meinungen von Archie Sinclair – der sichergestellt wissen will, daß die Zivilluftfahrt für die Dauer des Krieges dem Luftfahrtministerium untergeordnet bleibt – und Brendan – der genau das nicht will – unter einen Hut gebracht werden müssen, suchte ich Sinclair auf und telefonierte des öfteren mit Brendan. Zum Schluß übergab ich der Presse ein Dokument, das ähnlich dem zweiten Gebetbuch von Edward VI. beide Bekenntnisse zufriedenstellte.

Die Reise des Premierministers nach Moskau, die seiner Gesundheit sehr abträglich ist, dient, wie er mir gestern erklärte, nur dazu, die Russen von dem Gedanken abzubringen, Großbritannien und die USA beabsichtigten, sie aus dem Bündnis auszuschließen (wie es auf der Quebec-Konferenz anklang). Er will den Russen klarmachen, daß wir weiterhin eng mit ihnen zusammenarbeiten möchten und nicht daran denken, sie in der Kälte stehenzulassen.

Miss Helen Waddell übersandte dem Premier folgendes Gedicht:

Der Adler Polens, mit zerrupften Schwingen
Genagelt an das Scheunentor, beschmiert mit Blut und Kot;
Darunter steht in russischer und deutscher Schrift:
»So geht zugrund, wer baut auf Englands Wort.«

Dies hat sie bereits 1939 geschrieben.

Montag, 9. Oktober Mit Edward Bridges und Colonel John Bevan [dem Leiter der Abteilung für die Desinformation des Gegners] unterhielt ich mich über die zunehmende Anzahl verbürgter Gewalttaten von Angehörigen der SS-Divisionen an unseren Soldaten. Die Frage ist, ob man mit scharfer Vergeltung droht. Bevin und Bridges fürchten, daß dies die Deutschen nur noch mehr anstacheln würde. Auf jeden Fall müssen wir die SS ausrotten. Die nächste Generation, der Kriegserinnerungen müde und vermutlich ebenso voller Illusionen, wie wir es einmal waren, wird sich wahrscheinlich nicht darum kümmern, und natürlich wird es denen, die schlau genug sind, ihren Mantel nach dem Wind zu hängen, gelingen, rechtzeitig unterzutauchen, zumindest den unteren Rängen – vor allem dann, wenn Schwierigkeiten mit den Russen nach dem Krieg einige Leute auf den Gedanken bringen, Deutschland als Pufferstaat zu benutzen. Ich bin immer mehr der Meinung, daß einige drastische Maßnahmen im Hinblick auf Deutschlands Jugend getroffen werden sollten, so zum Beispiel, daß man alle Kinder unter acht Jahren ihren Eltern fortnimmt und in riesigen Erziehungsheimen in Süddeutschland unterbringt. Aber wer soll für sie verantwortlich sein, wer sucht den Vormund für sie aus, und *quis custodiet ipsos custodes?*

Die russische Forderung, daß die polnischen Minister sofort zu Verhandlungen nach Moskau kommen sollten, verursachte eine turbulente Nacht. Die Polen wollen nur unter bestimmten Zusicherungen fliegen.

Dienstag, 10. Oktober Es ist ruhiger geworden, und aus Moskau hört man nichts Bestürzendes. In der täglichen Post des Premiers finden sich viele emotionsgeladene Zuschriften. So wird zum Beispiel die Zulassung eines Kriegskorrespondenten für den *Daily Worker* gefordert, was das Kabinett wegen dessen Haltung zum Krieg bisher ablehnte. Dann regt man sich darüber auf, daß trotz der Wohnungsknappheit Häuser für die Unterbringung italienischer Kriegsgefangener genutzt werden. Brendan ist der Ansicht, daß das Kabinett am Ende über die Wohnungsfrage stolpern wird. Lord Portal of Laverstoke sei bereits vollkommen hysterisch geworden und breche öfters in Tränen aus.

Mittwoch, 18. Oktober Die Verhandlungen in Moskau scheinen gut zu verlaufen. Sogar in der verzwickten polnischen Frage wurden Fortschritte erzielt, auch wenn man bei der Festlegung der Ostgrenze nicht weiterzukommen scheint.

Nahm mit Mrs. Churchill und Mary an einem offiziellen Dinner im Claridges teil. Unter den Gästen war auch Tommy Lascelles, der gerade von einem Frontbesuch mit dem König zurückgekehrt ist. Er stimmt mit Leo Russell darin überein, daß Montgomery im Grunde seines Herzens ein Faschist sei. Anschließend ging ich mit Mary noch auf eine private Party bei Dorchester. Sie wird von Lord Beaverbrook gedrängt, sich bei der nächsten Wahl aufstellen zu lassen, und denkt ernsthaft darüber nach.

Donnerstag, 19. Oktober Ich vertrat den Premierminister bei einem Dankgottesdienst in der St. Pauls-Kathedrale anläßlich der Befreiung Athens. An der Spitze einer großen Schar von Teilnehmern stand der König von Griechenland. Die Messe war teils in Englisch, teils in Griechisch und wurde von Erzbischof Germanos und dem Bischof von London, beide in vollem Ornat, gemeinsam gelesen. Ich saß direkt hinter

König Georg. Der arme Mann hat große Schwierigkeiten, seinen Thron wiederzuerlangen. Die Predigt des Bischofs war ausgefeilt und trotzdem langweilig. Am eindrucksvollsten war es, als der griechische Chor die griechische Nationalhymne sang.

Freitag, 20. Oktober Mrs. Churchill bat mich um Rat wegen einiger Papiere, die ihr die Herzogin von Atholl gesandt hat. Sie zeichnen ein schreckliches Bild von Polen, besonders der polnischen Kinder, die in den Jahren 1939 und 1940 von der sowjetischen Regierung nach Rußland deportiert wurden. Wenn schon die von den Russen zur Arbeit geholten Polen so schrecklich behandelt werden, was wird dann erst das Schicksal der Deutschen sein, die die siegreichen Russen mit Sicherheit auch deportieren werden? Aber je mehr man von teutonischen Grausamkeiten hört, von denen sich jetzt viele als wahr herausstellen, um so weniger kann man die Deutschen wegen des Schicksals bedauern, das ihnen bevorsteht.

Während des Abendessens landete eine V2-Rakete in South Norwood. Es war die erste, die ich hörte. Sie explodierte mit lang anhaltendem, donnerndem Röhren.

Sonntag, 22. Oktober Ich fuhr nach Northolt, um den Premierminister bei seiner Rückkehr von der sehr erfolgreichen Moskauer Konferenz zu begrüßen. Er traf wohlbehalten und gutgelaunt ein, und wir fuhren direkt weiter nach Chequers. Dort sahen wir am Abend den Film *The Hitler Gang*, in dem die führenden Nazis lebensnah porträtiert werden. Danach arbeitete der Premier seine Akten auf und setzte sich dann in die große Halle, wo Brendan und Duncan ihn davon zu überzeugen suchten, daß er sich mehr um die Innenpolitik kümmern müsse. Es folgte eine heftige, allerdings gutmütige Diskussion, in der Winston erklärte, falls die Mehrheit der Tories dem eingebrachten Flächennutzungsgesetz die Zustimmung verweigere – die meisten sind gegen die Absicht der Regierung, die Besitzer enteigneter Grundstücke auf der Basis der Preise von 1939 zu entschädigen –, werde er die Führung der Konservativen Partei abgeben.

Donnerstag, 26. Oktober Prinzessin Beatrice [das jüngste Kind Queen Victorias] und der Erzbischof von Canterbury [William Temple] sind gestorben. Letzterem trauert der Premierminister nicht nach; er äußerte sich sogar ziemlich respektlos. Noch vor Mitternacht beendete er die Arbeit an seiner morgigen Rede und ging zu dieser ungewöhnlich frühen Stunde zu Bett.

Am Freitag, dem 27. Oktober, hörte ich mir noch die außenpolitische Rede des Premierministers im Unterhaus an, korrigierte sie und fuhr dann mit Mutter nach Madeley, um mir einige Wintersachen zu holen. Am Sonntag fühlte ich mich nicht wohl, stellte fest, daß ich Fieber hatte und legte mich mit Windpocken wieder ins Bett. Hinzu kam noch das Wiederaufbrechen einer alten Wunde. In diesen Tagen fuhr der Premierminister nach Paris, wo ihm ein triumphaler Empfang bereitet wurde. Auch wurde die englische Öffentlichkeit endlich über die V2 unterrichtet, über die sie inoffiziell natürlich längst Bescheid wußte. Wenn ich aufstehen konnte, besuchte ich das Kriegsgefangenenlager in Madeley, um nach den deutschen Gefangenen zu sehen. Darüber hinaus ließ ich mir einen Schnurrbart wachsen.

Dienstag, 21. November Bei meiner Rückkehr nach Downing Street wurde gerade wieder ein Regierungsposten neu besetzt: Duncan Sandys übernimmt von Wyndham Portal das Ministerium für öffentliche Bauten. Das Kabinett trat um achtzehn Uhr zusammen. Da es sich bereits im Kabinettsaal versammelt hatte, warf uns der Premier aus unserem Arbeitszimmer hinaus, um mit zwei Abgeordneten – Brabner und Wilmot – über die Übernahme von Staatssekretärposten zu verhandeln.

Mittwoch, 22. November Zwei lange Kabinettssitzungen nahmen fast den ganzen Tag in Anspruch. Die Probleme des Wiederaufbaus ufern allmählich aus.

Am Abend kam Duncan Sandys, der sich mit seinem großen Ehrgeiz das Ministerium für öffentliche Bauten ertrotzte, um mit dem Premier die Kommentare zu seiner Berufung in den Frühausgaben zu studieren. Brendan meint, daß Duncan sich der Aufgabe vermutlich gut entledigen werde, da er mitleidlos genug sei. Leider wisse er nicht sehr gut mit Untergebenen umzugehen, da er zuviel vom *Führerprinzip* [deutsch im Original] übernommen habe. Mit Sicherheit sei er sehr unpopulär. Wieder spät ins Bett gekommen.

Donnerstag, 23. November Winston hat Anstoß an meinem Schnäuzer genommen. Zu John und Leslie sagte er, das sei »die schlechteste Sache seit Randolphs Bart«. Ich fürchte, daß trotz der Atlantikcharta und der Erklärung der Vier Freiheiten der Schnurrbart wieder weg muß.

In einer Notiz über Spanien – das Außenministerium will die USA dazu bewegen, an einem Sturz des Francoregimes mitzuwirken – erklärte der Premierminister, daß er drei Grundsätze vertrete: 1.) die Bekämpfung des Kommunismus, 2.) Nichteinmischung in die inneren Angelegenheiten anderer Staaten und 3.) zu verhindern, daß irgendeine Macht

Westeuropa militärisch beherrscht; er setze statt dessen auf das Vertrauen in eine Weltorganisation.

Sonnabend, 25. November Winant kam mit einer Depesche des Präsidenten zur Frage der Zivilluftfahrt nach Chequers. Sie war die reinste Erpressung. Roosevelt droht, daß Amerika, falls wir nicht verschiedene unsinnige amerikanische Forderungen erfüllen, seine Haltung zum Leih- und-Pacht-Gesetz ändern werde. Winant war schamrot, als er dem Premier dies unterbreiten mußte, und wollte nicht zum Lunch bleiben. Winston erklärte jedoch, daß selbst eine Kriegserklärung sie nicht davon abhalten könnte, gut miteinander zu essen.

Den Rest des Wochenendes brachten wir vor allem damit zu, unter telefonischer Rücksprache mit Beaverbrook eine lange Antwort zu entwerfen. Auch in anderen Fragen zeigen sich die Amerikaner hart bis zur Erpressung, und dem Premierminister gefällt es gar nicht, daß er sich in so vielen Punkten mit ihnen herumschlagen muß. Unter anderem wollte der Präsident eine Erklärung für die Deutschen abgeben, daß wir gute Absichten hätten. Dieses alberne Vorhaben hat Winston verhindert; es wäre Ambrosia für Goebbels gewesen. Des weiteren streiten wir uns heftig wegen der Einfuhr argentinischen Fleisches. Die Amerikaner wollen wirtschaftlichen Druck auf die Argentinier ausüben.

Am Abend kamen Mrs. Churchill und Sarah hinzu. Wir sahen uns *Henry V.* mit Laurence Olivier in Technicolor an. Der Premierminister war hellauf begeistert. Um halb drei zu Bett.

Sonntag, 26. November War den ganzen Tag mit der Zivilluftfahrt und dem argentinischen Fleisch beschäftigt, während der Koffer des Premierministers von mehr oder weniger dringenden Akten überquillt.

Zur Übernachtung kamen Maitland Wilson, Lord Cherwell und General Ismay. Jumbo Wilson hat ein breites Gesicht mit kleinen Schweinsäuglein. Wir sahen uns *Left of the Line* an, einen Film über die britischen und kanadischen Truppen bei der Operation »Overlord«. Ich fand ihn nicht so gut wie *Desert Victory*, obwohl mir das Terrain vertrauter war.

Montag, 27. November Der Premierminister hatte heute vier Termine. Es begann mit einer Kabinettssitzung um zwölf Uhr, auf der über sein Telegramm an den Präsidenten in der Frage der Zivilluftfahrt beraten wurde. Ich selbst hatte mich mit Meinungsverschiedenheiten zwischen dem Außen- und dem Verteidigungsministerium herumzuschlagen, die in ständigem Clinch miteinander liegen, und besuchte anschließend Tante Celia im Krankenhaus. In der Nähe war am Sonnabend eine V2 runtergegangen. Am gleichen Tag traf eine dieser Raketen das Woolworth-Kaufhaus in Deptford und tötete mehr als 150 Menschen.

Der Premierminister hatte am Sonnabend erklärt, sein Wahlprogramm sei ein freies Unternehmertum, vorausgesetzt, daß keine großen Monopole und keine Kartelle erlaubt seien und daß die hohe Besteuerung – allerdings nicht ganz so hoch wie jetzt – beibehalten werde.

Donnerstag, 30. November Der siebzigste Geburtstag des Premierministers verursachte eine Flut von Briefen und Telegrammen, wie ich sie noch nie gesehen habe. Jedermann, vom Schah von Persien bis Harry Lauder, von Queen Mary bis Rosa Lewis, schickte gute Wünsche. Da Leslie Urlaub hatte, John Peck vorzeitig mit Kopfschmerzen nach Hause ging und auch Tony Bevir nicht anwesend war, konnte ich den Geburtstag und die Routinearbeit kaum unter einen Hut bringen. Unterdessen stapeln sich die Akten beim Premierminister in erschreckender Weise, darunter viele Angelegenheiten, die dringend einer Entscheidung bedürfen. Er hat in der letzten Woche seine Zeit vertrödelt und war entweder nicht in der Lage oder hatte keine Lust und war zu erschöpft, sich mit schwierigen Dingen zu befassen. Meist hat er nur den ersten Absatz gelesen und dann die Vorgänge weitergeleitet, ohne sich klarzumachen, was wirklich von ihm verlangt wurde. Das Ergebnis: ein Chaos.

Drama in Athen

Dezember 1944

Freitag, 1. Dezember Ein weiterer aufreibender Vormittag. Der Premierminister hatte eine Menge Verpflichtungen, und viel Unerledigtes wartet auf ihn.

Am Nachmittag fuhren wir nach Harrow zum Schulsingen. Mit einer Ausnahme wurden alle Lieder gut dargeboten. Ein kleiner Junge mit einer herrlichen Sopranstimme sang »Five Hundred Faces«. Anschließend war ein Empfang im Rektorat, bei dem der Premierminister sich auf bezaubernde Art mit den Klassensprechern unterhielt.

Sonnabend, 2. Dezember Wie ein Vogel Strauß steckte ich meinen Kopf in den Stapel der Geburtstagspost und vergaß darüber völlig Telegramme an Tito und Stalin und alles andere. In Chequers kam es zu großen Umwälzungen, als sich der Premierminister mit Eifer auf die Masse der unerledigten Arbeit stürzte, die sich in den letzten zehn Tagen angesammelt hat.

Große Aufregung gab es wegen des Herzogs von Sutherland, dessen eheliche Verfehlungen es erforderlich machten, daß er die Vertretung des Königs in Sutherland abgab. Er weigerte sich, und so wurde eine Notiz im Staatsanzeiger veröffentlicht, die dies in blumigen Worten umschrieb. Die *Times* und der *Daily Telegraph* entnahmen daraus irrtümlich, daß er zum Vertreter des Königs bestellt sei, und wirbelten eine Menge Staub auf.

Montag, 4. Dezember Lunchte in Downing Street mit dem Premierminister, Monsieur Paul Boncour[19], Harold Macmillan und Harold Balfour, der als Vertreter der Regierung nach Westafrika geht. Boncour wird im »Persönlichkeitsbericht« des Außenministeriums als ein Mann beschrieben, der sich beharrlich wie Robespierre gibt, aber mit Sicherheit bestechlich ist. Mir ging er mit seinem ständigen Gejammer über das harte Schicksal der Franzosen auf die Nerven und damit, daß er immer wieder auf das Thema zurückkam, die französische Armee brauche Waffen. Außerdem spuckte er beim Reden in einem Maße, wie es selbst in Frankreich ungewöhnlich ist. Auch der Premierminister fand ihn ermüdend und sprach ein noch scheußlicheres Französisch als gewöhnlich, das ich immer wieder übersetzen mußte. Häufiger wandte er sich allerdings auf Englisch – das Boncour nicht versteht – an Macmillan, mit dem er sich über die Schandtaten der Kommunisten in Griechenland und über Sforza in Italien unterhielt. Winston wird von Tag zu Tag heftiger in seiner Kritik am Kommunismus, besonders an ELAS und EAM[20], so daß seine Frau ihm heute morgen eine Notiz zukommen ließ, sich in seinen Äußerungen doch etwas zurückzuhalten.

In Griechenland bahnt sich eine Krise an. ELAS, die linksgerichtete Organisation, gerät außer Kontrolle. Der Premier blieb bis vier Uhr morgens auf, diktierte Depeschen und las die Morgenzeitungen. Wenn er so lange arbeitet, trägt dies nicht zur Verbesserung der Qualität bei. So schrieb er in einem Telegramm an Scobie [den Oberbefehlshaber der britischen Truppen in Griechenland]: »Behandeln Sie Athen wie eine eroberte Stadt«.

Um zu verhindern, daß Depeschen, die rein britische Angelegenheiten betrafen, auch den amerikanischen Offizieren im Vereinigten Hauptquartier in Caserta bekanntwurden, war vereinbart worden, diese mit dem Vermerk »Vorsicht« zu versehen. Wegen der späten Stunde, in der Churchill das Telegramm an Scobie diktierte, und weil er verlangte, daß es sofort abgesandt wurde, hatte ich den Vermerk vergessen. Dies hatte unangenehme Folgen, denn die Amerikaner in Caserta leiteten den Text sofort nach Washington weiter, und durch ein Leck im Weißen Haus oder im State Department kam er an die Presse. Für die amerikanischen und englischen Zeitungen ein gefundenes Fressen in ihrer Kampagne gegen unsere Griechenlandpolitik! Ich gestand Churchill mein Versehen, und er entgegnete großmütig, es sei sein Fehler, weil er mich so lange aufzubleiben zwinge.

Dienstag, 5. Dezember Der Premierminister gab im Unterhaus eine Erklärung zu Griechenland ab. Bevan, Buchanan, Gallagher und Haden Guest forderten stürmisch eine Vertagung der Sitzung und die Anberaumung einer Debatte über Griechenland. Der linke Flügel wittert eine günstige Gelegenheit, zu behaupten, daß wir mit unseren Armeen die reaktionären Kräfte in Italien und Griechenland unterstützen.

Das amerikanische Außenministerium hat eine Erklärung veröffentlicht, die nur als Angriff auf unsere Politik in Griechenland und Italien zu interpretieren ist. Verärgertes Telegramm des Premierministers an den Präsidenten.

Donnerstag, 7. Dezember Hauptthema aller Erörterungen ist noch immer Griechenland. Die Öffentlichkeit hat keine Ahnung vom wahren Charakter der ELAS, von der sie glaubt, es sei eine tapfere linksgerichtete Widerstandsbewegung.

Freitag, 8. Dezember Winston sprach im Unterhaus erneut über Griechenland und Italien, und zwar sehr eindrucksvoll. Eine Menge Zwischenrufe gab ihm Gelegenheit, seine Schlagfertigkeit unter Beweis zu stellen. Offensichtlich geben die Ereignisse in Griechenland sowohl hier als auch in Amerika Anlaß zu weitverbreiteter Kritik. Ich bin sicher, daß der Premierminister im Recht ist. Die Unfähigkeit dieser levantinischen Banditen, sich mit ihren mörderischen Fehden zurückzuhalten, bis die Deutschen besiegt sind, ist ekelerregend. Dennoch mag etwas Wahres an Desmond Mortons These sein, daß, wenn der Premierminister stürzt, es wegen seiner Behandlung außenpolitischer Fragen sein wird. Darüber hinaus wird die jetzt gängige Meinung, wir unterstützten aus prinzipiellen Gründen die Monarchien in Europa, ohne auf den Willen der betroffenen Völker Rücksicht zu nehmen, auf lange Sicht für die Monarchie in unserem Land nicht gut sein.

Sonntag, 10. Dezember Winston ist in Chequers und hat drei Koffer voller unerledigter Akten mitgenommen. Sein Hauptinteresse gilt noch immer den militärischen Problemen in Griechenland. Was auch immer die Laster und die politischen Dummheiten der Griechen sein mögen, kämpfen können sie!

Dienstag, 12. Dezember Die Inseln Griechenlands – ich werde niemals wieder ein freundliches Gefühl für sie hegen können. Den ganzen Nachmittag wurden Kabinettssitzungen über dieses Problem abgehalten, unterbrochen von Besuchen des Königs von Griechenland. Insgesamt erschien er dreimal und zeigte sich äußerst starrsinnig gegenüber den Vorschlägen des Kabinetts, den Erzbischof von Athen als Regenten einzusetzen. Mir erzählte er, er sei überzeugt, daß die Deutschen den Aufstand angezettelt und organisiert hätten.

Um achtzehn Uhr empfing der Premierminister Eisenhower und Tedder. Eisenhower streitet sich mit Monty über die künftige Strategie.

Arbeitete mit dem Premierminister, der verständlicherweise sehr aufgebracht war, als er erfahren mußte, daß sein vertrauliches Telegramm an General Scobie [vom 4. Dezember] dem berüchtigten antibritischen Kolumnisten Drew Pearson [von der *Washington Post*] in die Hände gefallen war, der es prompt veröffentlichte.

Mittwoch, 13. Dezember Wegen des publik gewordenen Telegramms und wegen der Griechen ist an normales Arbeiten überhaupt nicht zu denken. Und die Monarchen vom Balkan machen die Dinge auch nicht einfacher. Heute war König Peter von Jugoslawien an der Reihe.

Lunchte im Café Royal mit Flaisjer, einem polnischen Juden von überdurchschnittlicher Intelligenz. Er behauptet, daß es sich bei den Freiheitsbewegungen in Belgien, Frankreich, Jugoslawien, Griechenland und anderswo, die soviel Ärger machen, um ein Vermächtnis des Faschismus handele. Hier würden Parteien entstehen, die den totalitären Anspruch übernehmen, die Partei gehe über den Staat.

Donnerstag, 14. Dezember Der König von Griechenland zeigt sich sehr hartnäckig und verteidigt treuherzig das, was er für Prinzipien hält; er glaubt das griechische Problem dadurch lösen zu können, daß er gegen den gemeinsamen Druck des Kabinetts und des amerikanischen Präsidenten den Erzbischof von Athen als Regenten einsetzt.

Der Premierminister diktierte einen Teil seiner morgigen Rede über Polen. Ihm fiel nichts wesentlich Neues zu dieser Sache ein; deshalb griff er auf lange Zitate aus früheren Reden zurück und produzierte eine Menge Phrasen über die Sibyllinischen Bücher und das *Liberum Veto*[21]. Anschließend überzeugte man ihn davon, daß er überhaupt nicht reden sollte. Aber nachdem er vom Dinner mit den Nationalliberalen im Clarigdes zurückgekehrt war, kam Anthony Eden und brachte alles wieder zu Fall. Das war keine gute Tat, denn die Rede ist tatsächlich nicht nötig und der Premier ist sehr erschöpft.

Freitag, 15. Dezember Um elf Uhr hielt der Premierminister seine Rede im Unterhaus, die er zum größten Teil zwischen neun und halb elf ausgearbeitet hatte. Sie kam gut an, obwohl er einen Artikel aus der Atlantikcharta zitierte, den es gar nicht gibt. Dies veranlaßte Kenneth Pickthorn – der den Premier haßt, weil ihm noch nie ein Regierungsamt angeboten wurde – zu der Bemerkung, er bezweifle, daß der Premierminister je die Atlantikcharta gelesen habe. Die Rede ließ deutlich einen Mittelweg erkennen, auch wenn im Moment wenig Hoffnung besteht.

Dienstag, 19. Dezember Der Premierminister versagte bei der Beantwortung von Anfragen, speziell zu Griechenland. James Stuart, der Fraktionsführer der Konservativen, meinte, es sei das erste Mal, daß er das Haus so aufgebracht und unzufrieden mit dem Premier erlebt habe. Winston kündigte an, daß er morgen in die Debatte eingreifen werde; er ist anderer Meinung über Griechenland als Eden, der König Georg ausmanövrieren und den Erzbischof von Athen einsetzen will. Im Außenministerium hat man schreckliche Angst davor, was Winston sagen wird. James Stuart, der meint, daß der Premier in letzter Zeit zu viel geredet habe, versuchte ihn davon abzubringen, aber Winston bestand darauf, eine kurze, freundliche Erklärung abzugeben.

Mittwoch, 20. Dezember Ging ins Unterhaus zur Beantwortung einiger belangloser Anfragen. Der Premierminister schaltete sich in die Debatte über Griechenland nicht ein.

Ein weiterer arbeitsreicher Nachmittag. Es passiert zur Zeit so viel – Griechenland, Polen, ein starker deutscher Gegenangriff an der luxemburgischen Grenze [Ardennenoffensive], der die Amerikaner um dreißig Kilometer zurückgeworfen hat. Monty, der auf Grund von Meinungsverschiedenheiten in Kommandofragen einen persönlichen Groll gegen Eisenhower hegt, ist über alles sehr verdrossen. Hinzu kommen die üblichen Banalitäten, mit denen man sich herumschlagen muß.

Donnerstag, 21. Dezember Traf im Park Alec Cadogan. Er meinte, daß der Premierminister zur Zeit viel Verwirrung im Kabinett stiftet, weil er seine Vorlagen nicht liest und viel zu viel redet. Das alles ist sehr entmutigend, und wenn Winston nicht mehr delegiert, habe ich wenig Hoffnung. Offensichtlich ist er völlig überarbeitet, und mit seinen siebzig Jahren wird er sich wohl auch nur schwer erholen.

Es gibt Anzeichen für einen bevorstehenden Streit zwischen Churchill und Eden über die Frage der griechischen Regentschaft.

Freitag, 22. Dezember Nach dem Lunch führte der Premierminister wieder endlose Diskussionen mit Eden und dem König von Griechenland. Eden behauptet, der König erzähle lauter Lügen. Anschließend ließ der Premier P.J. Grigg kommen und überfiel ihn mit der Ankündigung weiterer Einberufungen. Diese Meldung wurde dann noch anderen Leuten eingebleut – einschließlich Bevins, den man aus dem Coliseum holte – und auch Presse und Rundfunk übergeben. Dahinter steckt der Gedanke, daß in einem Moment, in dem die Deutschen Eisenhowers zu aufgelockerte Front durchbrochen haben, die Ankündigung unseres Entschlusses, weitere 250.000 Soldaten einzuziehen, unser Land aus seiner gegenwärtigen Siegesgewißheit aufrütteln wird und die Amerikaner, die ja immer besser sein wollen, dazu veranlaßt, noch eine Million Soldaten aufzubieten.

Der Premierminister trödelte so lange im Lagezentrum herum, bis es zu spät war, so daß er in der Filiale zu Abend essen mußte. Nach dem Essen erläuterte er John Martin und mir lang und breit seine Meinungsverschiedenheiten mit Eden in der griechischen Frage und erklärte, daß er die Absicht habe, nach Athen zu fliegen, um die Sache ins reine zu bringen. Dann meinte er, daß sich das englische Volk im Verlauf seiner Geschichte immer gegen diejenigen gewandt hätte, die ihm in harten Zeiten offensichtlich bestens gedient hatten, wie zum Beispiel Marlborough, Wellington und Lloyd George. Er sprach so lange, bis es zu spät und er auch zu müde war, noch nach Chequers zu fahren. Obwohl unser Gepäck schon unterwegs war, übernachteten wir in der Filiale.

Sonnabend, 23. Dezember Der Premierminister blieb lange im Bett liegen und aß auf seinem Zimmer, so daß wir erst gegen fünf Uhr nachmittags nach Chequers aufbrachen. Nach dem Dinner sprach Winston davon, bereits morgen nach Athen fliegen zu wollen. Obwohl ich alle nötigen Vorbereitungen getroffen habe, glaube ich nicht, daß er wirklich fliegt.

Sonntag, 24. Dezember Nach dem Lunch hatte es den Anschein, daß Lord Cranborne und andere dem Premierminister die beabsichtigte Reise ausreden konnten, so daß alle, die ich telefonisch vorgewarnt hatte, in schrecklicher Ungewißheit waren. Um halb sechs verabredete Winston jedoch telefonisch mit Eden, daß sie in der Nacht gemeinsam nach Athen fliegen, obwohl keinem von beiden deutlich ist, was sie dort erwartet. Es folgte ein chaotischer Abend: Während der Premier den König, Attlee, Bevin und Beaverbrook telefonisch unterrichtete, informierte ich am anderen Telefon den Stabschef der Luftwaffe, die Admiralität und so weiter. Mrs. Churchill war furchtbar enttäuscht, fügte sich aber in das Unvermeidliche. Ich ließ mir meine Uniform aus London kommen, und eine halbe Stunde vor Mitternacht waren schließlich alle bereit. Es war allerdings nicht leicht, den Premierminister zum Aufbruch zu bewegen, der sich auf dem Sofa in der großen Halle niedergelassen hatte, Depeschen las, diktierte und sich mit Mrs. Romilly unterhielt, die unverschämterweise in den Depeschen herumschnüffelte.

Montag, 25. Dezember Um ein Uhr morgens flogen wir von Northolt ab. Es war mein erster Flug in der neuen, komfortablen C 54 des Premierministers. In seiner Begleitung waren Anthony Eden, Bob Dixon, ich selbst, Tommy Thompson, Miss Layton und Miss Holmes, die beiden attraktivsten Sekretärinnen des Premierministers, ein Sicherheitsbeamter und Sawyers, der Kammerdiener. Auch Lord Moran war mit von der Partie.

Die Ereignisse der folgenden Tage habe ich in einem Brief an John Martin sowie in einem offiziellen Bericht über das Treffen im griechischen Außenministerium festgehalten:

Athen, 26. Dezember 1944

Lieber John, ich nehme an, daß Dich ein paar Hintergrundinformationen zu den offiziellen Berichten über unsere Aktivitäten interessieren. Unser Flug verlief ohne Störung. Die C 54 ist bemerkenswert komfortabel und fliegt sehr ruhig. Über Frankreich mußten wir auf 13.500 Fuß steigen. Da man niemanden außer dem Premierminister geweckt hatte, damit wir die Sauerstoffmasken anlegen, wachten wir alle mit rasenden Kopfschmerzen auf, die aber sehr bald wieder vergingen. In Pomigliano machten wir eine Zwischenlandung und frühstückten in einem ziemlich kahlen Gebäude neben dem Rollfeld, dem man anmerkte, daß es eine Reihe von Bombardements hinter sich hatte. Da sich herausstellte, daß die C 54 direkt in Athen landen konnte, bestand kein Anlaß, die Maschine zu wechseln. Wir flogen über Tarent, wo ich den Steuerknüppel übernahm, ohne die Passagiere im geringsten zu gefährden, und überquerten dann die Adria. Weiter ging's vorbei an Cythera und Ithaka, das in bester homerischer Tradition »wolkenverhangen« war, und dann den Golf von Korinth entlang.

Am Flughafen kamen Alexander, Macmillan und Botschafter Leeper an Bord. Zwei Stunden lang wurde im Flugzeug der Schlachtplan festgelegt. Kurz vor Anbruch der Dunkelheit stiegen wir dann in Panzerwagen und fuhren in einer langen Fahrt zum Hafen. Der Fahrer meines Wagens ermutigte mich sehr, indem er mir gleich erzählte: »Der letzte Mann, der auf Ihrem Sitz saß, wurde gestern morgen getötet.« Es kam zu keinen Zwischenfällen, obwohl wir an einer Stelle vorbeikamen, die erst am Morgen von der ELAS beschossen worden war.

Kurz nach Sonnenuntergang gingen wir an Bord der Ajax *und wurden mit erstaunlicher Gastfreundlichkeit empfangen. Leeper, Macmillan und Scobie trafen wenig später zusammen mit Papandreou*[22] *und dem Erzbischof ein. Während der Premierminister und die anderen mit Papandreou konferierten, unterhielten wir uns mit dem Erzbischof, der eine beeindrukkende Persönlichkeit ist und offensichtlich viel Humor besitzt. Der Admiral zauberte eine Flasche Ouzo hervor, einen ekelerregenden griechischen Schnaps, der wie billiger Hustensaft schmeckt. Er sieht wie Wasser aus, und Tommy, der annahm, daß es sich um Wasser handelt, »verdünnte« mir meinen Whisky damit. Ich habe mich dem Tod nie näher gefühlt.*

Der Erzbischof beeindruckte den Premierminister ebenso wie alle anderen. Jetzt ist die ursprüngliche Situation auf den Kopf gestellt, indem der Premierminister plötzlich sehr für Damaskinos eingenommen ist – der seiner Meinung nach auch ein guter Regent wäre –, während Eden in die entgegengesetzte Richtung tendiert.

Die Ajax *ist vorübergehend das Flaggschiff von Admiral Mansfield, einem Mann von großem Charme. Die Besatzung feierte ausgiebig Weih-*

nachten, und die Ankunft des Erzbischofs fiel zufällig mit dem lautstarken Gesang eines Weihnachtsliedes zusammen. Das schien sehr passend zu sein. Die Feiern in den verschiedenen Messen dauerten bis in die frühen Morgenstunden.

Heute morgen scheint hell die Sonne, und ich habe den Premierminister gerade überreden können, aufzustehen und ans Achterdeck zu gehen. Von der Brücke aus kann man den Pulverdampf der Straßenkämpfe westlich von Piräus sehen, und ununterbrochen hört man Granat- und Maschinengewehrfeuer. Wir konnten einige Beaufighters beobachten, die ein Widerstandsnest der ELAS in den Hügeln um Athen beschossen. Da die ELAS anscheinend nicht über Flak verfügt – obwohl sie sonst gut mit Waffen versehen ist –, haben die Beaufighter wohl eine vergnügliche Zeit.

Unsere Soldaten hier begehen nicht den Quatsch, mit der ELAS zu fraternisieren, deren Unternehmungen sie ohne Ausnahme verabscheuenswert finden. Ich habe mich mit verschiedenen Leuten unterhalten und festgestellt, daß sie sich über das Verhalten der britischen Presse und bestimmter Elemente in der Labour Party ärgern. Niemand hier hegt die geringsten Illusionen über den wahren Charakter der Aufständischen. Auf der anderen Seite haben die ELAS-Leute trotz ihrer Teufeleien auch gefällige Züge. Zum Beispiel befindet sich die Telefonvermittlung in ihrer Hand, aber sie haben uns noch nie Schwierigkeiten beim Telefonieren gemacht, obwohl die Gespräche in der Form, wie sie geführt werden, ihnen kaum nützliche Informationen vermitteln dürften. Macmillan meint, sie besäßen viel von den Vorzügen und Nachteilen der Iren.

Zunächst sah es so aus, als ob die ELAS-Delegierten [zur Konferenz im Außenministerium] nicht erscheinen würden. Der Erzbischof hatte seine Begrüßungsrede bereits beendet, und auch der Premierminister war schon halb mit der seinen fertig, als plötzlich Lärm ertönte. Drei schäbige Desperados, die man zuvor durchsucht und dabei fast ausgezogen hatte, betraten den schwach erleuchteten Konferenzraum. Die britische Delegation, die Amerikaner, die Russen und die Franzosen erhoben sich, nur die griechische Regierungsdelegation blieb ostentativ sitzen. Nur weil Feldmarschall Alexander dazwischensprang, konnte der Premierminister gerade noch daran gehindert werden, den ELAS-Leuten die Hand zu schütteln. Dann begann die ganze Prozedur von vorn. Während draußen der Lärm der Beaufighter-Kanonen und explodierender Granaten erschallte, spielte sich drinnen beim Schein einiger Sturmlaternen das wohl merkwürdigste Schauspiel aller Zeiten ab. Ich mußte mir ständig die Augen reiben, um mich zu vergewissern, daß ich nicht träumte.

Selbst Lord Moran gibt zu, daß dies eine sehr ungewöhnliche Expedition ist, die man so schnell nicht vergessen wird. Wir sind alle müde und erschöpft, aber im großen und ganzen zufrieden. Besonders der Premierminister ist in bester Verfassung – und das ist ja das Wichtigste von allem.

Drei Tage später verfaßte ich auf dem Heimweg folgenden offiziellen Bericht:

Schilderung des Ablaufs der Konferenz der griechischen Parteien, einberufen vom Premierminister für Dienstag, den 26. Dezember 1944.

Die Konferenz sollte um sechzehn Uhr beginnen; da man zweifelte, ob die Vertreter der ELAS, denen freies Geleit durch die britischen Linien zugesichert worden war, überhaupt kommen würden, wurde der Termin mehrfach verschoben. Bei Einbruch der Dunkelheit, kurz nach siebzehn Uhr, verließen der Premierminister, Mr. Eden und die weiteren Angehörigen der britischen Delegation die britische Botschaft und fuhren in Panzerwagen die paar hundert Meter hinüber zum griechischen Außenministerium. Die für die Sicherheit Zuständigen hatten alle Hände voll zu tun: In den Straßen patroullierten Panzer, das Außenministerium war von einem bewaffneten Kordon umstellt, und jedermann, der sich dem Ministerium näherte, wurde sorgfältig überprüft.

Das Außenministerium ist wohl auch sonst ein düsteres Gebäude, dessen Finsternis durch den Ausfall der Elektrizität noch verstärkt wurde. Vorbei an einer aufgeregten Meute griechischer Politiker jeden Alters und jeder Couleur – dazu Sicherheitsbeamte und schwerbewaffnete Soldaten – wurde der Premierminister mit seiner Delegation in einen großen Saal geleitet, dessen einzige Möblierung aus einem riesigen Tisch mit etwa dreißig Stühlen bestand. Der Raum wurde von unterschiedlich hellen Sturmlaternen erleuchtet, die auf dem Tisch standen, und von einem übelriechenden Ölofen erwärmt. Abgesehen von dem gelblichen Schein, den das Licht der Laternen auf die am Tisch Sitzenden warf, war der Saal in Dunkelheit getaucht. Es war eine Szenerie, wie man sie für gewöhnlich mit der Zusammenkunft einer gehetzten Verschwörergruppe verbindet. Sicherlich erleichterte sie es den ELAS-Leuten, nachdem sie endlich eingetroffen waren, sich wie zu Hause zu fühlen.

Eine Sitzordnung war nicht gemacht worden. Der Erzbischof, der die Konferenz leitete, nahm in der Mitte Platz, rechts von der Tür. Mr. Churchill saß zu seiner Rechten, daneben Mr. Eden, und links vom Erzbischof nahm Feldmarschall Alexander Platz. Die anderen Mitglieder der britischen Delegation ließen sich zu beiden Seiten des Tisches nieder, jeweils einem Mitglied der griechischen Regierung gegenüber. Monsieur Papandreou saß gegenüber Mr. Churchill, und neben ihm hatte General Plastiras Platz genommen, der mit seiner grimmigen Miene und seinem pomadi-

sierten Schnurrbart alle Blicke auf sich zog. Am Ende des Tisches, mit Blick zur Tür, saßen der amerikanische Botschafter, Mr. MacVeagh, der französische Gesandte, Monsieur Beynet, und der russische Militärbeauftragte, Oberst Popow.

Am anderen Ende des Tisches, in der Nähe der Tür, war Platz für die Abgesandten der ELAS gelassen worden, falls sie sich entschieden, doch zu kommen. Nachdem die Zeit verstrichen war und sie nicht erschienen, wurde beschlossen, mit der Konferenz zu beginnen. Der Erzbischof, ein hochgewachsener Mann, der in seinem schwarzen Gewand mit dem hohen schwarzen Hut eine eindrucksvolle Figur machte, erhob sich zu seiner Begrüßungsansprache an den Premierminister und Mr. Eden, die Satz für Satz von Major Matthews übersetzt wurde. Danach sprach Mr. Churchill, dessen Worte Matthews gleichfalls fließend übersetzte.

Der Premierminister hatte jedoch kaum vier oder fünf Minuten gesprochen, als Lärm vor der Tür die verspätete Ankunft der ELAS-Delegierten ankündigte. Sie wurden zunächst gründlich durchsucht; General Mandakas, der ein Mausergewehr und große Mengen Munition mitgebracht hatte, wurde aufgefordert, alles abzugeben. Er weigerte sich aus Prinzip, seine Waffen britischen Soldaten auszuhändigen, aber schließlich erzielte man einen Kompromiß: Gewehr und Munition wurden in ein leeres Zimmer gebracht, man schloß die Tür ab und postierte eine Wache davor. Die Konferenz wartete unterdessen geduldig. Dann schlurften die drei ELAS-Leute in ihren schäbigen Khakikampfanzügen in den Saal; sie sahen sich verstohlen um, als erwarteten sie eine Falle.

Dem Beispiel des Premierministers folgend, erhoben sich die britischen Vertreter und die alliierten Beobachter gleichzeitig von ihren Sitzen und begrüßten die Neuankömmlinge durch Verbeugung. Auch der Erzbischof war aufgestanden, aber die Vertreter der griechischen Regierung blieben ostentativ sitzen und drehten nicht einmal ihre Köpfe zur Tür. Die ELAS-Delegierten ließen sich am Tisch nieder, rechts Monsieur Partsalides, in der Mitte Monsieur Siantos, Sekretär und Kopf des Komitees der Aufständischen, und links General Mandakas.

Es wurde beschlossen, noch einmal von vorn zu beginnen. Der Erzbischof wiederholte seine Begrüßungsansprache, danach redete Mr. Churchill etwa eine halbe Stunde; seine Bemerkungen richtete er vorwiegend an die ELAS-Delegierten. Auf deren Gesichtern verschwand, je länger Mr. Churchill redete, der Ausdruck des Mißtrauens; die drei Rebellenführer schienen ihre Angst vor einem Handstreich abzulegen. Vielleicht trug dazu auch bei, daß sie, wenn sie aufblickten, die glitzernde Brille, die makellose Uniform und die in jeder Beziehung untadelige Erscheinung des Oberst Popow vor sich hatten.

Als der Premierminister geendet hatte, fragte der Erzbischof, ob einer der griechischen Vertreter eine Frage habe. Es entstand eine peinliche Pause, in der deutlich wurde, daß es unter den ELAS-Leuten offensichtlich Meinungsverschiedenheiten gab. Gerade als der Premierminister vorschlagen wollte, daß sich die britischen Repräsentanten nun zurückziehen, um den Griechen Gelegenheit zu internen Beratungen zu geben, erhob sich ein betagter Royalist, Monsieur Maximos, und hielt, statt eine Frage zu stellen, eine kurze, recht blumige Begrüßungsansprache. Ihm folgte Monsieur Papandreou, dessen Ansprache ähnlich geschwollen, aber weitaus länger war; er war sichtbar verlegen und aufgeregt.

Danach stand Monsieur Partsalides von der ELAS auf. Äußerst schüchtern, die Augen niedergeschlagen, hielt er eine glühende Lobrede auf Mr. Churchill. Je länger er sprach, desto mehr wich seine Schüchternheit. Schließlich hob er den Blick, seine Augen blitzten im Lampenlicht, und er sprach mit einer derartigen Geschwindigkeit und Vehemenz, daß der Übersetzer kein Wort mehr mitbekam und gezwungen war, aufzugeben. Es war deutlich, daß die Rede von Monsieur Partsalides auf einem Mißverständnis über den Zweck der Konferenz beruhte, und so sagte Mr. Eden ein paar Worte der Erklärung.

Nun war der Zeitpunkt gekommen, die Griechen bei ihren Beratungen allein zu lassen. Deshalb erhoben sich der Premierminister und die britischen Vertreter, um den Saal zu verlassen; dabei gaben sie erst den griechischen Regierungsvertretern und anschließend den Delegierten der ELAS die Hand. Wären die ELAS-Leute Vertreter einer Großbritannien zu Dank verpflichteten Partei gewesen, ihre Verbeugungen hätten nicht tiefer, ihr Händedruck nicht wärmer, ihre Beteuerungen nicht freundlicher sein können.

Auf der Außentreppe des Ministeriums gab es noch einmal Aufregung. Als Mr. Churchill seinen Panzerwagen besteigen wollte, unternahmen einige Griechen, angeführt von dem vierundachtzigjährigen Führer der Liberalen, Monsieur Sophoulis, einen verzweifelten Versuch, sich gleichfalls aus dem Verhandlungssaal zu entfernen. Sie wurden freundlich, aber bestimmt dazu veranlaßt, ihre Plätze am Beratungstisch wieder einzunehmen. So endete die Eröffnungssitzung der merkwürdigsten Konferenz, an der der britische Premier und sein Außenminister je teilgenommen haben.

Mittwoch, 27. Dezember Auf der *Ajax* wurden wir sehr zuvorkommend und gastlich bewirtet. Aber da die Unterwasserbomben vorsichtshalber die ganze Nacht hindurch explodierten und die Blaujacken mir ununterbrochen Telegramme in die Kabine brachten, fand ich wenig Schlaf.

Heute war es auf dem Achterdeck viel kälter. Die Wolken verdeckten die Sonne. Wir liegen in der Bucht von Phaleron, mit einem herrlichen Blick auf Athen, Piräus, den Hymettos und, auf der anderen Seite, Ägina und Salamis.

Eden und Dixon gingen bereits am Vormittag an Land, um den Erzbischof zu treffen und von ihm die Ergebnisse der gestrigen Beratung zu erfahren. Der Premierminister, Lord Moran, Tommy und ich folgten am Mittag. Während die anderen wieder in einem Panzerwagen in die Botschaft fuhren, folgte ich in einem kleineren Auto mit offenem Verdeck. Eine Maschinenpistole in der Hand, hatte ich so Gelegenheit, die Leute auf den Straßen zu betrachten, die Akropolis, den Zeustempel und so weiter. Das letztemal war ich 1934 in Athen gewesen.

Nach dem Lunch empfing der Premierminister den amerikanischen Botschafter MacVeagh, bei dem er sich über die mangelnde Unterstützung der Vereinigten Staaten in der griechischen Frage beklagte. Danach gab er eine Pressekonferenz, auf der er zu dem schmutzigsten und unsolidesten Haufen von Nachrichtenjägern sprach, der sich je versammelt hat. Zwar war er nicht in Höchstform, aber die Konferenz konnte Erfolge verbuchen, und die Presse, so hörte ich von Osbert Lancaster, war zufrieden. In der Botschaft war es bitter kalt, da es keine Kohlen gibt, so daß wir uns alle Sorgen um den Premierminister machten. Als wir endlich um halb acht wieder zum Schiff zurückkehren konnten, waren wir bis auf die Knochen durchgefroren. Die Botschaft ist kein sehr gemütlicher Ort, und ihr Chef, Leeper, schien mir auch nicht eben umgänglich zu sein.

Donnerstag, 28. Dezember Es hatte in letzter Minute so ausgesehen, als ob wir noch einmal an einer Sitzung der Konferenz teilnehmen müßten, aber dann wurde doch dagegen entschieden. So gingen wir zur Mittagszeit an Land, nachdem der Premierminister noch eine Ansprache an die auf dem Achterdeck versammelte Schiffsmannschaft gehalten hatte.

Um vierzehn Uhr starteten wir vom Flugplatz Kalamaki und flogen westwärts über den Golf von Korinth. Attika und die Inseln, der Parnaß und der Peloponnes, schneebedeckt, lagen im strahlenden Sonnenschein: Es war ein großartiger Blick. Alexander und Macmillan flogen mit zurück. Vor Einbruch der Dunkelheit erreichten wir Pomigliano und fuhren quer durch Neapel zum Gästehaus des Feldmarschalls.

Beim Dinner saß ich neben General Harding, dem Stabschef von Feldmarschall Alexander. Ich führte mit ihm und Eden ein interessantes Gespräch, vor allem über parlamentarische Fragen.

Freitag, 29. Dezember Um acht Uhr morgens starteten wir in Pomigliano. Das Wetter war prächtig, wie während der ganzen Reise. Bald erschienen rechts unter uns Rom und Ostia, und deutlich war der Lauf des Tibers landeinwärts zu verfolgen. Wir flogen in einer Höhe von sechstausend bis achttausend Fuß. Bis zur Loire war der Himmel wolkenlos. Als wir Mont St. Michel überquerten, verursachte ich einige Aufregung an Bord, indem ich darauf hinwies, daß sich die Kanalinseln noch in deutscher Hand befänden. Wir wurden mit der Auskunft beruhigt, daß wir weiter östlich den Kanal überfliegen würden. Noch in der Luft diktierte ich meine Beschreibung der Athener Konferenz.

Auch über England war das Wetter schön, und wir konnten den Reif auf den Feldern sehen. Über London lag jedoch dichter Nebel, und so landeten wir auf dem amerikanischen Militärflughafen in Bovingdon bei Watford. Dort wurden wir von Mrs. Churchill, Jack, John Martin, John Peck und Lady Moran erwartet. Lord Moran hatte mich während des Fluges darauf angesprochen, daß er sich um den Posten des Vorstehers von Eton bewerben wolle – eine Stellung, für die er in jeder Beziehung ungeeignet ist. Dieser Posten wird von der Regierung vergeben, und er fragte mich um Rat, ob er den Premierminister persönlich darauf ansprechen solle. Ich riet ihm sehr nachdrücklich davon ab. Das Ganze war mit Beteuerungen garniert, daß er überhaupt keine Ambitionen habe, aber von seinen Freunden gedrängt werde und ähnliches.

Sonntag, 31. Dezember In Ardley. Ein langer, ungestörter Schlaf – der erste seit Tagen. Hörte mir das nicht sehr gute Eröffnungsprogramm der BBC zum Neuen Jahr an und dann den Beginn einer Rundfunkrede Hitlers, der einen niedergeschlagenen Eindruck machte.

Am Vorabend von Jalta

Januar 1945

Montag, 1. Januar Am Abend kehrte ich nach Downing Street zurück, wo Berge von Arbeit auf mich warteten. Der Premierminister wurde durch Glatteis in Chequers festgehalten.

Dienstag, 2. Januar Admiral Sir Bertram Ramsay kam bei einem Flugzeugabsturz ums Leben. Der Premierminister entwarf eine zornigen Brief an Barrington-Ward[23] wegen des Verhaltens der *Times* im Fall Griechenland. Nach Rücksprache mit Eden, Brendan und anderen entschloß er sich aber, ihn nicht abzusenden. Die Reaktionen der britischen Soldaten in Griechenland zeigen, daß sie voll und ganz hinter der Regierung stehen.

Mittwoch, 3. Januar Der Premierminister flog nach Versailles, um das alliierte Hauptquartier [SHAEF] und anschließend Montgomery zu besuchen. Er lehnte jegliche Begleitung aus dem Verteidigungsministerium und seinem eigenen Büro ab und nahm nur das etwas seltsame Trio Commander Thompson, Kinna und Sawyers mit.

Donnerstag, 4. Januar Es sickert durch, daß Erzbischof Damaskinos gleichfalls Papandreou heißt. In seiner Eigenschaft als Regent ernannte er General Plastiras zum Ministerpräsidenten. Leeper sagte in einem Telegramm: »Papandreou est mort, vive Papandreou.«

Zu meinem Leidwesen mußte ich erfahren, daß mehrere Kameraden aus der 168. Squadron in den letzten Tagen gefallen sind. Die RAF hatte am Morgen des Neujahrstages viel durchzumachen; die Luftwaffe war mit zahlreichen Maschinen in Bodennähe herübergekommen und hatte eine Menge Maschinen am Boden zerstört.

Freitag, 5. Januar Der Premierminister kam aus Frankreich zurück. Wegen der nördlichen Flanke am deutschen Durchbruch, wo Monty das Kommando führt, macht er sich keine Sorgen, wohl aber um die südliche.

Die Dinge stehen allgemein nicht zum besten. Stalin hat entgegen den britischen und amerikanischen Wünschen die Lubliner Regierung anerkannt. De Gaulle wird in militärischen Fragen anmaßend. Drew Pearson, der giftigste aller amerikanischen Kolumnisten, hat ein weiteres britisches Geheimdokument veröffentlicht, das ihm auf die eine oder andere Weise vom State Department zugespielt worden sein muß, diesmal über Italien. Und die V2-Raketen fallen wie Herbstblätter auf London.

Der Premierminister meinte, Tedder nach Moskau zu schicken, um dort über rein militärische Fragen zu diskutieren, sei so, wie wenn man einen Mann, der Radfahren gelernt hat, bitte, er möge ein Bild malen. Außerdem ist er über Stafford Cripps verärgert, der eine Rede über brüderliche Gefühle für die Deutschen gehalten hat. Er meinte, mit solchen Empfindungen könne man sich befreunden, wenn der Krieg erst einmal gewonnen sei, aber nicht jetzt, da eine große Schlacht tobt, in der die Hunnen kaltblütig gefangene Soldaten erschießen. Eisenhower hat ihm berichtet, daß sie 130 Kriegsgefangene umgebracht haben.

Montag, 8. Januar Ein kalter und sehr frostiger Morgen. Kehrte [von Windsor Castle] nach London zurück, wo immer mehr Raketen einschlagen; das Hauptzielgebiet scheint sich nach Westen zu verschieben.

Der Premierminister kehrte ziemlich deprimiert aus Chequers zurück, trotz der beruhigenden Nachrichten von Monty. Was er vor allem fühlt, zeigt ein Brief, in dem er seinem Korrespondenten »alles Gute für das neue, abstoßende Jahr« wünschte. John Peck glaubt, daß die Aussichten auf das Kriegsende und die damit verbundenen Probleme den Premier so deprimieren. Aber er meint auch, daß das ein geringer Preis wäre, wenn der Krieg wirklich zu Ende ginge. Diktierte unzählige Briefe, einige böse, einige rührselige, aber alle ziemlich öde. Es schneit.

Dienstag, 9. Januar Der Premierminister hat eine Erkältung, die, wie er sagt, auf breiter Front angreift. Deswegen empfing er den König von Jugoslawien im Bett und machte ihm unmißverständlich klar, daß seine einzige Hoffnung darin liege, sich mit dem Abkommen zwischen Šubašić[24] und Tito einverstanden zu erklären und eine Regentschaft zu akzeptieren. Nachdem der König gegangen war, meinten Churchill und Eden, daß, wenn sie der König wären, sie genau das Gegenteil von dem, was sie ihm geraten hatten, tun und sich den Teufel um Tito scheren würden. Eine schlechtere Reklame für die Erbmonarchie als König Georg von Griechenland und König Peter von Jugoslawien läßt sich kaum denken.

Gegen Mitternacht, während Lord Beaverbrook und Brendan im Schlafzimmer des Premierministers eine vertrauliche Unterredung hatten, zweifellos um eine böse Intrige auszuhecken – gegen Bevin, nehme ich an, den der Premier allen anderen Labour-Ministern vorzieht –, rief

Anthony Eden äußerst aufgebracht an. Grund seines Zornes war eine Stellungnahme Lord Cherwells, die Winston an das Außenministerium weitergeleitet hatte. Darin tut Lord Cherwell Edens Aussage, in Europa stehe eine Hungersnot bevor, mit der linken Hand ab. Eden erklärte mir, er werde zurücktreten, wenn man derartig unqualifizierte, rein theoretische Stellungnahmen zu Problemen einhole, denen er soviel Energie gewidmet habe.

Ich stellte das Gespräch an den Premierminister durch, den Eden in einer Weise anbrüllte, wie es weder der Premierminister noch ich (ich hörte mit) von ihm kannten. Der Premierminister reagierte auf eine sehr zuvorkommende, väterliche Art. Er erklärte Eden, daß er das Gutachten des Professors zurückziehen und sich selbst damit befassen werde. Eden solle sich doch am Ende eines langen, arbeitsreichen Tages nicht durch solche Dinge verstimmen lassen. Nur mit einer Sache könne er sich auf keinen Fall einverstanden erklären: daß Europa auf Kosten eines bereits hart unter der Rationierung leidenden England durchgefüttert werde.

Montys triumphierendes, höchst chauvinistisches und eingebildetes Presseinterview am Sonntag hat weithin Anstoß erregt. Nachdem er das Kommando über den nördlichen Abschnitt der Front übernommen hat, wo die Dinge gut stehen, hat er Eisenhower zumindest teilweise ausgestochen und frohlockt über Gebühr. Um die Amerikaner zu beschwichtigen, die auch auf Grund eines freimütigen Artikels von Geoffrey Crowther im *Economist* über ihre Selbstgefälligkeit und ihren Führungsanspruch recht verärgert sind, hat der Premierminister im Gegenzug ein Glückwunschtelegramm an General Bradley veröffentlichen lassen.

Um ein Uhr nachts trafen Telegramme aus Athen ein, daß die ELAS um einen Waffenstillstand bittet. Diese guten Nachrichten veranlaßten den Premierminister, sich eingehend darüber auszulassen, wie weise es doch sei, stark zu bleiben.

Mittwoch, 10. Januar Hoher Schnee und strahlende Sonne. Der Premierminister blieb im Bett. Er ist enttäuscht darüber, daß der Präsident nur fünf oder sechs Tage für das bevorstehende Treffen der »Großen Drei« aufwenden will, und meint, daß selbst der Allmächtige sieben Tage benötigt habe, die Welt zu erschaffen. Ein Irrtum, den ich ihm anhand der Bibel schnell nachwies.

Lunch mit Nicko Henderson im Reform Club. Er behauptet, unsere Regierung maße sich im Konzert der europäischen Mächte die Rolle Metternichs an – eine nachweislich unfaire historische Parallele.

Donnerstag, 11. Januar Es sieht so aus, als ob unsere Politik in Griechenland siegen wird, zum Mißvergnügen der Kritiker hier und in den USA. Die griechische Sozialistische Partei und die Gewerkschaften haben entschiedene Resolutionen zur Unterstützung unserer Regierung verabschiedet und sich gegen die ELAS ausgesprochen. Die ELAS in Saloniki hat die Waffen gestreckt, und General Scobies neue, umfassendere Bedingungen in Attika scheinen angenommen zu werden. Der Premierminister will deshalb schon für nächste Woche eine Debatte im Unterhaus anberaumen, um das Eisen zu schmieden, solange es noch heiß ist.

König Peter von Jugoslawien hat Churchills und Edens Rat nicht akzeptiert und eine Ankündigung veröffentlicht, daß er sich weigert, bestimmte Punkte des Tito-Šubašić-Abkommens und eine Regentschaft zu akzeptieren, deren Vertreter er nicht selbst auswählt. Die Regierung wird ihn fallenlassen.

Der Premierminister, der mich in Athen gescholten hatte, weil ich keinen Revolver trug, kam heute abend auf die Sache zurück und drohte, wenn ich mir keinen anschaffen würde, nähme er mich auf keine Reise mehr mit. Also werde ich mir einen besorgen.

Freitag, 12. Januar Kleine Krise in Griechenland, weil Scobie einen Waffenstillstand mit der ELAS geschlossen hat, ohne darauf zu bestehen, daß zunächst die Geiseln freigelassen werden.

Montag, 15. Januar Der Premierminister empfing sehr formell eine Abordnung der Labour Party wegen Griechenland. Er bestand darauf, daß ich sie in den Kabinettsaal führte und Platz zu nehmen bat, bevor er hinzukam; er wollte es vermeiden, Aneurin Bevan die Hand geben zu müssen.

Dienstag, 16. Januar Winston hat Halsschmerzen. Deswegen legte er sich, nachdem er im Unterhaus – das heute wieder zusammentrat – einige Anfragen beantwortet hatte, noch einmal ins Bett, arbeitete dort den ganzen Tag an seiner Rede für nächsten Donnerstag und leerte seinen Aktenkoffer.

Wenn ich mir die Botschaften und Briefe ansehe, die mit der Unterschrift des Premierministers dieses Haus verlassen, dann denke ich oft, wie schwierig es für künftige Historiker sein muß, zu bestimmen, was »echt Churchill« ist und was aus seiner Schule stammt. Wir sind hier inzwischen alle recht gute Imitatoren seines Briefstils. Während seine Reden natürlich alle von ihm selbst stammen, wie auch die meisten Denkschriften, ist das bei den Briefen und Botschaften nicht der Fall. Ich fordere jeden heraus, auch nur einen einzigen illegalen Strich in meiner Botschaft nachzuweisen, die heute mit der Unterschrift Winstons an Papandreou ging, oder in ähnlichen Briefen, die ich in letzter Zeit für seinen Namenszug komponiert habe.

Mittwoch, 17. Januar Die russische Offensive, die letzte Woche begann, macht große Fortschritte. Heute wurde Warschau erobert. Die Stimmung, die nach dem deutschen Erfolg über die Amerikaner gedrückt war, steigt wieder. Man glaubt, daß der Krieg schon in verhältnismäßig kurzer Zeit zu Ende sein wird.

Nahm an einer Besprechung im Außenministerium teil, in der es um die Veröffentlichung von Keith Feilings Chamberlain-Biographie ging. Es wurde vereinbart, Feiling zu veranlassen, daß er die Publikation verschiebt. Das Ganze ist zu frisch – vieles basiert auf offiziellen Dokumenten –, und Chamberlains Kommentare, besonders über die Amerikaner und die Russen, sind zu bissig.

Donnerstag, 18. Januar Trotz einer Erkältung und der Halsschmerzen, die ihn einige Tage ans Bett fesselten, eröffnete der Premierminister ziemlich munter die Unterhausdebatte über die Kriegslage. Er sprach mehr als zwei Stunden und unterbrach dann für die Mittagspause. Er war in bester Form, witzig und kämpferisch zugleich. Vor dem Essen sprach er über Außenpolitik, besonders über Griechenland, und wies Gallacher, Aneurin Bevan und andere Zwischenrufer in die Schranken. Seine Anspielungen auf die beklagenswerte Haltung der *Times* während der griechischen Krise – er sprach von einem »*zeit*weilig geachteten Blatt« – verursachten großes Gelächter und einen Beifall, wie ich ihn selten gehört habe. Am Nachmittag war seine Rede weniger streitbar, aber sehr eloquent. Rhetorisch war es für mich seine beste Leistung seit 1941 oder sogar 1940.

Sonnabend, 20. Januar Es schneit wieder. Der Premierminister blieb wegen seiner Erkältung übers Wochenende in London. Da es mein »Chequers-Wochenende« ist, habe ich Dienst. Die Filiale ist düster, man muß die gleiche harte Arbeit wie in Chequers verrichten, lange aufbleiben und kommt doch nicht in den Genuß der Annehmlichkeiten.

Attlee hat einen sehr barschen Brief geschickt. Er beschwert sich darüber, daß der Premierminister im Kabinett lang und breit über Papiere rede, die er nicht gelesen habe, und über Probleme, die zu durchdringen er sich nicht bemühe. Weiterhin mißfällt Attlee, daß Winston in unangemessener Weise auf Lord Beaverbrook und Brendan hört, deren oft völlig inkompetente Ansichten im Kriegskabinett gegen die wohlbegründete Meinung eines Kabinettsausschusses in die Waagschale geworfen würden. Dies sei in letzter Zeit einige Male passiert. So sehr ich den Premierminister auch schätze und verehre, so meine ich doch, daß Attlee in vielem recht hat, und bewundere seinen Mut, dies laut zu sagen. Viele Mitglieder der Konservativen Partei und Amtsträger wie Cadogan und Bridges teilen Attlees Ansichten.

Der Premierminister jedoch ging über Attlees Brief in die Luft. Er machte mehrere Entwürfe zu einer höhnischen Antwort, behauptete, dies sei eine sozialistische Verschwörung und ritt darauf herum, daß die Tories, trotz ihres Gewichts im Unterhaus, im Kabinett nicht stark genug vertreten seien, obwohl dies überhaupt nichts damit zu tun hat. Nachdem er die ganze Angelegenheit mit seiner Frau diskutiert hatte, rief er zu allem Überfluß auch noch Beaverbrook an und las ihm den sehr persönlichen Brief vor. Attlee hatte ihn mit großer Mühe selbst getippt, damit seine Angestellten nichts davon erfuhren. Dies ist, wie John Martin sagte, »jene Seite des Premierministers, die ich nicht schätze«.

Aber warum sich aufregen? Die Russen marschieren fröhlich vor, haben Lodsch, Krakau und die schlesische Grenze überschritten. Wieder einmal erreicht der Krieg ein hohes Tempo und tritt in ein äußerst erregendes Stadium. Die Hoffnung wächst.

Nach dem Dinner gab es eine Filmvorführung im Luftfahrtministerium, zu der der Premierminister – »trotz Attler und Hitlee« – alle seine Mitarbeiter und Angestellten einlud. Zuerst sahen wir einen sehr guten Bericht der Wochenschau über den Angriff der Luftwaffe auf unsere Flughäfen in Holland am Neujahrstag und danach Bette Davis in *Dark Victory*, einen der wenigen großartigen Filme, die ich kenne, die als Tragödie enden.

Sonntag, 21. Januar Der Premierminister, der wieder bis spät in die Nacht hinein gearbeitet hatte, wachte nicht vor halb zwölf auf und sagte, er fühle sich wie neugeboren.

Machte mit Mrs. Churchill einen Spaziergang im St. James-Park; sie vertrat die Meinung, daß Attlees gestriger Brief der Wahrheit entspreche und sehr lehrreich sei. Der letzte Schlag kam von Beaverbrook, gegen den der Brief ja teilweise gerichtet war; nachdem er ihn beim Lunch noch einmal zu lesen bekommen hatte, bezeichnete er ihn als sehr gut. Zum Schluß sandte Winston, der noch immer äußerst pikiert, aber im Grunde seines Herzens von den Argumenten vermutlich angetan war, Attlee eine kurze, höfliche Empfangsbestätigung.

Montag, 22. Januar Die Dinge haben sich ein wenig beruhigt. Zumindest geht es nicht mehr so hektisch zu wie vor Weihnachten. Die Russen stehen 250 Kilometer vor Berlin und kommen täglich weiter voran. König Peter, der jetzt ganz unter dem Einfluß seiner Schwiegermutter steht, hat seine Regierung entlassen und alle Brücken hinter sich abgebrochen. Wir machen ohne ihn weiter.

Dienstag, 23. Januar Es liegt noch immer hoher Schnee, und mit weiteren Schneefällen wird gerechnet. Der Premierminister saß bis in die Nacht hinein mit Harry Hopkins zusammen, der gestern aus Washington kam. Brendan, der 1941 noch behauptete, Hopkins sei ein vorzüglicher Mann, meinte jetzt, er sei schwach und nutzlos und würde nur wegen seines – möglicherweise eingebildeten – Einflusses auf den Präsidenten hofiert.

Beim Schlafengehen sagte der Premierminister zu mir: »Geben Sie sich keinen Illusionen hin. Der ganze Balkan, mit Ausnahme Griechenlands, wird bolschewisiert, und ich kann nichts tun, um es zu verhindern. Auch für das arme Polen kann ich nichts tun.«

Es scheint, daß die Russen, deren spektakulärer Vormarsch weiter anhält, an der Ostfront eine Überlegenheit von 12:1 bei Panzern, 12:1 bei Flugzeugen und 7:1 bei den Truppen besitzen.

Donnerstag, 25. Januar Ging mit dem Premierminister ins Parlament. Bei einer Anfrage Lord Wintertons, ob es über angebliche Unregelmäßigkeiten bei der BOAC eine Untersuchung geben würde, verlor der Premier die Beherrschung. Anschließend konnte er seinen Aktenkoffer nicht öffnen, so daß wir ihn in einem Vorraum aufbrechen mußten. Schließlich hielt er aber noch eine recht gut improvisierte Rede über den Wiederaufbau des Unterhauses.

Freitag, 26. Januar Fuhr mit Mutter nach Ardley. David hatte Urlaub, und ich feierte meinen Geburtstag im Schoß der Familie. Wie dem auch sei, ich fühle mich nicht wie dreißig.

Draußen ist es bitter kalt. Schnee bedeckt die Straßen und Felder, und das Thermometer bleibt beharrlich unter dem Gefrierpunkt. Und in diesem ungewöhnlich kalten Monat fliehen die Deutschen im Osten des Landes von Haus und Hof. Sie müssen nun selber das bittere Schicksal erleiden, das sie anderen 1940, wenn auch im Sommer, zugefügt haben.

Montag, 29. Januar Nach zweistündigem Warten auf dem zugigen Bahnsteig in Bicester konnte ich endlich nach London zurückfahren. Ich kam mir vor wie ein Flüchtling aus Breslau.

Am Abend flog der Premierminister nach Malta; Eden und die Stabschefs sind bereits vorausgeflogen. Von dort geht es weiter nach Jalta auf der Krim, wo die Konferenz zwischen Stalin, Roosevelt und dem Premierminister stattfindet; sie trägt den Decknamen »Argonaut«. Die Bedingungen dort sind wohl nicht die besten, und ich bin froh, daß ich nicht mitfliege[25].

Mittwoch, 31. Januar Das Wetter draußen ist naß und niederdrückend. Da Guy Millard vom Außenministerium nicht in der Lage war, ein Telegramm an die Türkei aufzusetzen, um den Türken anzukündigen, daß der Premierminister ihr Territorium überqueren werde, mußte ich mir die Chiffrierunterlagen aus dem Ministerium kommen lassen und es selbst machen, was ich ziemlich ärgerlich fand.

Die Russen haben Landsberg eingenommen, die Schlüsselstellung in der wohl letzten Verteidigungslinie vor Berlin. *Sieg Heil!* Gestern abend hörte ich mir eine Rede des Führers zum zwölften Jahrestag der »Machtergreifung« an. Er war bedrückt, sprach aber ausdrucksvoller als das letzte Mal.

Stalin wird beschwichtigt

Februar 1945

Donnerstag, 1. Februar Ich suchte Ralph Assheton, den Vorsitzenden der Konservativen Partei, auf, um mit ihm über meine Aufstellung als Kandidat bei den nächsten Unterhauswahlen zu sprechen. Er schien nicht abgeneigt zu sein; aber wovon soll ich leben? Wenn ich aus dem Außenministerium ausscheide, muß ich mir einen anderen Lebensunterhalt suchen. Vielleicht könnte ich Journalist werden und in den Büros von Lord Kemsley oder Lord Camrose vorsprechen. Beaverbrook würde mir, glaube ich, bereitwillig seine Unterstützung anbieten, aber nichts könnte mich verleiten, mich in eine solche Abhängigkeit zu begeben.

Aß im Reform Club mit Nicko Henderson und Frank Pakenham zu Abend. Wir unterhielten uns über Außenpolitik. Frank, der bei der nächsten Wahl in Oxford gegen Quintin Hogg kandidiert, ist voller Theorien. Er vertritt den Standpunkt, daß die Politik mehr von Prinzipien als von der Staatsraison geleitet werden sollte.

Freitag, 2. Februar Eine York mit Teilnehmern an der Operation »Argonaut« ist bei Lampedusa ins Meer gestürzt. Unter anderen kamen dabei mehrere Mitarbeiter des Außenministeriums ums Leben.

Bei einem Dinner, zu dem mich Rosemary Hinchingbrooke eingeladen hatte, lernte ich die Schriftstellerin Joan Haslip kennen. Die anderen Gäste waren Erzherzog Robert von Österreich, Mrs. Simon Harcourt Smith und Baron Gondalfieri, ein höflicher Mann mit vorzüglichen Manieren und halbgeschlossenen Augen, der die italienische Regierung in Dublin vertritt. Er meinte, ob Italien kommunistisch würde oder nicht, hänge von der Frage ab, wie man das Ernährungsproblem löse. Der Erzherzog schlug vor, Berchtesgaden den Österreichern als Attraktion für ausländische Touristen und damit als Einkommensquelle zu überlassen (die Deutschen sollten keinen Zutritt haben).

Dienstag, 13. Februar Der Professor, der in diesen Tagen sehr an den Propheten Jeremias erinnert, beklagte, daß sich anscheinend niemand die schrecklichen finanziellen Probleme vergegenwärtigt, die auf uns zukommen. Es helfe nichts, wenn Leute wie Amery davon redeten, daß wir einen »großartigen Markt« hätten. Ebensogut könnte man behaupten, er, der Professor, sei außerordentlich wichtig für Claridges, weil er so einen gesegneten Appetit habe. Wir hätten nur dann eine Chance zu überleben, wenn wir uns die Vorkriegsmärkte der Deutschen und Japaner aneignen würden. Die Deutschen, denen jeglicher Export verboten werden müßte, sollten für sich selbst sorgen und sich mit einem niedrigen Lebensstandard zufriedengeben. Ich verstehe nichts von wirtschaftlichen Dingen, aber instinktiv fühle ich, daß die Ansichten des Professors unmoralisch und nicht stichhaltig sind.

Mittwoch, 14. Februar Aschermittwoch und Valentinstag: eine Kombination, die nicht harmoniert. Blauer Himmel und Sonnenschein ermöglichten es den Luftflotten, Dresden zu zerstören. Der Premierminister machte in Athen eine Zwischenlandung, um die Ovationen der Bevölkerung entgegenzunehmen, die befreit ist von der Furcht, wenn auch nicht von der Not.

Es herrscht große Aufregung darüber, daß die britische Offensive bei Kleve als kanadische Offensive bezeichnet wird und die englischen Truppen so gut wie leer ausgehen. Dies kommt daher, daß die Einheit die Bezeichnung 1. Kanadische Armee trägt, obwohl sie praktisch nur aus britischen Divisionen besteht. Diese Art von Bescheidenheit, die während des ganzen Krieges unsere Öffentlichkeitsarbeit charakterisiert hat, erregt Anstoß und führt dazu, daß die Leute im Gespräch jetzt eine sehr chauvinistische Haltung einnehmen.

Donnerstag, 15. Februar Las die interessanten Berichte über die Plenarsitzungen der Krim-Konferenz. Wir scheinen die meisten unserer Wünsche durchgesetzt zu haben; damit hat der Premierminister einen weiteren persönlichen Erfolg errungen. Er hat unermüdlich auf diese Konferenz gedrängt, die Roosevelt gleichgültig schien. Deshalb gebührt ihm auch die meiste Anerkennung für das, was erreicht wurde.

Sonntag, 18. Februar In der Messe ging das Fleisch aus, so daß man auf die Rationen des Premierministers und seiner Frau für die nächste Woche zurückgreifen mußte.

Montag, 19. Februar Unsere »Argonauten« kehrten zurück. Im letzten Moment hatte die Landung von Northolt nach Lyneham verlegt werden müssen. Auf der Rückfahrt im Wagen bekam ich, eingeklemmt zwischen Eden und Sarah, eine Menge über den Verlauf der Konferenz zu hören. Eden meinte, die Tories hätten keinen Grund, sich über die Vereinbarungen hinsichtlich Polens zu beschweren. Der Premierminister habe unsere Sache nicht verraten. Die Curzonlinie sei eine Grenze, die von uns bereits nach dem letzten Krieg vorgeschlagen wurde; auf eine genaue Westgrenze Polens hätten wir uns nicht festgelegt; und schließlich hätten wir erklärt, eine neue polnische Regierung nur anzuerkennen, falls wir mit ihrer Zusammensetzung einverstanden sind.

Der Premierminister habe entschieden auf der Einhaltung des in Dumbarton Oaks erzielten Kompromisses bezüglich des Abstimmungsmodus im Sicherheitsrat bestanden. Die Russen seien sehr froh gewesen, daß keine ihrer Teilrepubliken der Vollversammlung angehören sollte; die Amerikaner hätten dies dummerweise hingenommen. Sie seien überhaupt sehr nachgiebig gewesen. Ihr Präsident habe einen alten und kranken Eindruck gemacht, sich kaum konzentrieren können und sei ein hoffnungslos inkompetenter Sitzungsleiter gewesen.

Es wird oft vergessen, daß es ein Hauptziel der Briten und Amerikaner auf der Konferenz von Jalta war, die Russen zum Kriegseintritt gegen die Japaner zu bewegen, denn die Entwicklung der Atombombe war damals noch nicht abgeschlossen. Man fürchtete, daß der Krieg gegen Japan noch weitere anderthalb bis zwei Jahre dauern und der Angriff auf die japanischen Hauptinseln eine halbe Million anglo-amerikanischer Todesopfer fordern könnte. Stalins Versicherung, zu gegebener Zeit in den Krieg eintreten zu wollen – was dann tatsächlich nur wenige Tage vor der japanischen Kapitulation geschah –, wurde als wichtiger Erfolg gewertet, ebenso wie die russische Bereitschaft, in den Vereinten Nationen mitzuarbeiten und in Polen »freien und unbeeinflußten« Wahlen zuzustimmen.

In Nr. 10 hatte sich das gesamte Kabinett zur Begrüßung des Premierministers in der Halle versammelt und folgte ihm dann in den Kabinettsaal, wo er über seine Odyssee berichtete.

Dienstag, 20. Februar Begleitete den Premierminister zum Unterhaus, wo man ihn mit Hochrufen begrüßte.

Lunchte mit dem Erzherzog Robert und dem Grafen Seilen, die sich in heftigen Schmähungen der Tschechen ergingen.

Mittwoch, 21. Februar Nach dem Lunch kehrte ich in die Filiale zurück, wo ich General Anders[26] empfing, der aus Italien kam und wie die meisten seiner kämpfenden Landsleute tief enttäuscht ist über die Entscheidungen der Krimkonferenz.

Freitag, 23. Februar Der Premierminister akzeptierte ohne Änderungen meinen Entwurf einer Glückwunschadresse an Stalin zum Tag der

Roten Armee, der heute gefeiert wird. Auf dem Weg nach Chequers diktierte der Premier seine Rede für nächsten Dienstag. Als er aus dem Wagen stieg, diktierte er immer noch.

Am Abend kamen Edward Bridges und Sir Arthur Harris, der Oberbefehlshaber des Bomber Command. Der Premierminister sprach über die Möglichkeit, daß Rußland sich eines Tages gegen uns wenden könnte, und war ziemlich bedrückt. Er meinte, Chamberlain hätte Hitler so vertraut, wie er nun Stalin vertraue, allerdings unter anderen Umständen. Er tröstete sich aber damit, daß auch für die Russen das Sprichwort gelte, daß die Bäume nicht in den Himmel wachsen.

Während wir in der Halle auf den Premierminister warteten, hatte ich Sir Arthur Harris gefragt, welchen Zweck die Bombardierung Dresdens gehabt habe. »Dresden?« hatte er gesagt. »Es gibt keine Stadt Dresden mehr.«

Obwohl die Zerstörung Dresdens später zum Gegenstand weitverbreiteter Empörung wurde, hat man sie damals nicht anders gesehen als die vorangegangenen Bombenteppiche auf Hamburg, Köln und vor allem Berlin. Ein Hauptgrund für den Angriff war ein Geheimdienstbericht der Russen, daß eine oder sogar zwei deutsche Panzerdivisionen aus Italien zur Verstärkung der Ostfront dort eingetroffen seien. Churchill war auf dem Weg zurück von Jalta, als der Angriff stattfand. Da er mit der allgemeinen Politik übereinstimmte, deutsche Städte massiv zu bombardieren, um die Moral der Zivilbevölkerung zu untergraben, nehme ich nicht an, daß man Churchill befragt hat. In meiner Gegenwart ging der Premier nie auf diesen Angriff ein, und ich bin ziemlich sicher, daß er das getan haben würde, wenn er ihn als etwas Außergewöhnliches betrachtet hätte.

Beim Dinner fragte ich den Premierminister, ob er Beverley Nichols' *Verdict on India* gelesen habe, das ich ihm als Reiselektüre für Jalta empfohlen hatte. Er erwiderte, daß er das Buch mit großem Interesse gelesen habe. Er sei betroffen darüber, daß die indische Regierung ein Schild mit der Aufschrift »Verschwindet aus Indien«, das an einer gut sichtbaren Stelle in Delhi stand, nicht habe entfernen lassen. Als Nichols nach einem Jahr wieder abreiste, stand es noch immer dort. Halb schien er diese Haltung zu bewundern und halb sie abzulehnen. Er meinte, die Hindus seien ein widerliches Volk, das »sich nur durch seine große Gebärfreudigkeit vor dem längst fälligen Schicksal des Aussterbens« rette. Er wünschte, Harris könnte einige seiner überzähligen Bomber hinüberschicken, um sie auszulöschen.

Nach dem Dinner sahen wir einen unterhaltsamen Film: Bob Hope in *The Princess and the Pirate.* Anschließend saßen wir in der Halle und hörten uns den *Mikado* an, den das Grammophon viel zu langsam herunterdudelte. Winston meinte, diese Musik bringe »das viktorianische Zeitalter zurück, achtzig Jahre, die in der Geschichte unserer Nation kaum ihresgleichen haben«. Jetzt lägen auf uns »die Schatten des Sieges«. 1940 sei die Sache klar gewesen und damals habe er noch genau gewußt, was zu tun sei. Wenn aber Harris seine Zerstörung Deutschlands vollendet habe, »was wird dann noch zwischen den weißen Ebenen Rußlands und den weißen Klippen von Dover liegen?« Vielleicht hätten die Russen aber auch gar nicht die Absicht, bis zum Atlantik vorzustoßen, und wenn, würde sie vielleicht irgend etwas aufhalten, so wie seinerzeit der Tod Dschingis-Khans den Vormarsch der berittenen Bogenschützen zunichte gemacht und die Mongolen veranlaßt habe, sich zurückzuziehen.

Nach diesem Krieg, fuhr der Premierminister fort, werde England am Ende seiner Kräfte sein, kein Geld mehr haben und zwischen den beiden Großmächten USA und Sowjetunion liegen. Wenn er dann noch lebe, werde er sich auf eine Sache konzentrieren: die Beherrschung der Luft. Harris meinte, dazu brauche man dann Raketen. »Die Bomber werden dann ähnlich wie die Schlachtschiffe ihre Rolle ausgespielt haben; ihre Zeit ist fast schon um.«

Sonnabend, 24. Februar Präsident Benesch, der nächste Woche in die Tschechoslowakei zurückkehrt, um dort seine Regierung zu bilden, kam zum Lunch und wurde mit einer Ehrenkompanie begrüßt. Begleitet wurde er von seinem Außenminister Masaryk und Phil Nicholls, unserem Botschafter bei den Tschechen. Benesch sagte, er habe während seiner sechs Jahre Aufenthalt in England viel gelernt, nicht zuletzt, daß stimme, was Präsident Masaryk ihm im letzten Krieg gesagt habe, nämlich daß Amerika in materieller Hinsicht viel mächtiger als England, England aber kulturell zweifellos weit überlegen sei. Der Premierminister entgegnete, daß wir uns in der Lage eines kleinen Löwen befänden, der zwischen dem riesigen russischen Bären und dem gewaltigen amerikanischen Elefanten seine Stimme erhebe. Vielleicht sei es aber der Löwe, der zuletzt den Ton angebe.

Sonntag, 25. Februar Der Premierminister meinte, wenn er nicht ihr Chef wäre, würde er viele bittere Bemerkungen über die Regierung machen. »Es hat noch nie einen Premierminister gegeben, der ständig einen solchen Strom von Kritik und Spott über seine Regierung von sich gegeben hat«, sagte er. Dies war sein Kommentar zu einem Vorschlag aus dem Luftfahrtministerium, tausend Leute einzustellen, um die Folgen unserer Bombardierung Deutschlands zu untersuchen.

Dienstag, 27. Februar Am Morgen ritt ich im Richmond Park aus. Brauche dringend, wie ich feststellte, mehr frische Luft und körperliche Betätigung.

Der Premierminister hielt im Unterhaus eine Rede über die Krimkonferenz, insbesondere über die Vereinbarungen bezüglich Polens; ich war nicht dabei. Er versucht sich selbst davon zu überzeugen, daß alles in Ordnung ist, doch im Grunde seines Herzens ist er, wie ich glaube, wegen Polen bekümmert und von der Stärke unserer moralischen Position in diesem Fall nicht überzeugt.

Mittwoch, 28. Februar Moley Sargent erzählte mir, daß die polnische Exilregierung eine aufwendige Propaganda gegen die Beschlüsse von Jalta betreibt, die gut ankommt. Die Lektion, die Goebbels einzubleuen versucht hat: daß Rußland die wirkliche Gefahr darstelle, daß es Polen verschlingen und Europa beherrschen wolle und daß Deutschland dagegen die einzige Bastion sei, diese Lektion ist wirklich auf fruchtbaren Boden gefallen.

Am Abend trafen beunruhigende Depeschen aus Rumänien ein. Die Russen schüchtern den König und die Regierung ein und wollen mit altbekannten Komintern-Praktiken eine kommunistische Minderheitsregierung erzwingen. Der Premierminister war zum Dinner in den Bukkinghampalast gefahren. Eden rief mich an und sagte, daß er die Ereignisse in Rumänien mit großer Besorgnis beobachte, da Wyschinskij, der dahinterstecke, die Verabredungen von Jalta sehr genau kenne. Als der Premierminister zurückkam, sprach ich ihn auf die Sache an, und er entgegnete, daß er fürchte, nichts unternehmen zu können. Die Russen hätten uns in Griechenland freie Hand gelassen; nun würden sie darauf bestehen, daß wir sie in Rumänien und Bulgarien gewähren lassen. Was Polen betrifft, würden wir uns freilich zu Wort melden. »Ich habe nicht die geringste Absicht, mich wegen Polen aufs Kreuz legen zu lassen«, sagte er, als er zu Bett ging, »selbst wenn wir dabei an den Rand eines Krieges mit Rußland kommen.«

Über den Rhein

März 1945

Donnerstag, 1. März Ein ruhiger Tag. Der Premierminister verbrachte den Nachmittag im Unterhaus, wo die dreitägige Debatte mit einem überwältigenden Vertrauensvotum endete, ungeachtet einiger Stimmenthaltungen aus den Reihen der Konservativen.

Freitag, 2. März Begleitet vom Chef des Generalstabs, Pug Ismay, Tommy und John Peck, flog der Premierminister zu einer Frontbesichtigung; Mrs. Churchill und ich begleiteten sie bis Brüssel. Bei herrlichem Wetter starteten wir um elf Uhr in Northolt. In Brüssel erwarteten uns »Mary« Coningham und Mary Churchill. Zu Mittag aßen wir in Coninghams pompöser Villa; die unzähligen Blumen, die teuren Möbel und die ausgesuchten Speisen vermittelten einen Luxus, der im Hauptquartier eines Truppenbefehlshabers unangemessen war. Ich saß beim Essen neben Montys Stabschef Sir Frederick de Guingand, der auf mich keinen besonderen Eindruck machte.

Nach dem Essen fuhr der Premierminister mit seiner Begleitung in Montgomerys Hauptquartier an der Front, während ich Mrs. Churchill und Mary in unsere Botschaft begleitete, um die Knatchbull-Hugessens zu begrüßen. Er ist sehr nett, macht aber einen etwas weichlichen Eindruck[27]. Seine Frau wird in Brüssel »Lady Frigid« genannt. Hinter einem unfreundlichen Äußeren fand ich sie aber sympathisch und konnte mich angeregt mit ihr unterhalten. Es gab eine große Cocktailparty.

Sonnabend, 3. März Ich verbrachte den Tag damit, mit den beiden Damen die Truppenbetreuungseinrichtungen in Brüssel zu besuchen. Wohl nie hat man sich so ausgiebig und gewissenhaft um das Wohl der Truppe gekümmert. Im Montgomery Club, der im Palais der Fürstin de Ligne untergebracht ist, wurde Mrs. Churchill aufgefordert, ein paar Worte zu sagen, und entledigte sich dieser Aufgabe mit großem Geschick. Sie schien begeistert, zeigte sich an allem interessiert und wurde nie hochnäsig.

Am Nachmittag bummelte ich mit Mary durch Brüssel. Wir mußten uns den Weg durch Scharen von Soldaten bahnen, die sich auf Kurzurlaub in Brüssel befanden. Wir schauten uns Geschäfte an und besichtigten die Kathedrale von St. Gugula mit ihrer zerklüfteten gotischen Fassade und den grauen Steinsäulen im Innern. Mary erzählte mir von ihrem Verhältnis zu einem französischen Fallschirmjäger namens de Gannet. Sie denkt daran, zum Katholizismus überzutreten, wenn er aus dem Fernen Osten zurückkehrt und sie heiraten wollen.

Beim Dinner in der Botschaft waren unter den Gästen der neue belgische Ministerpräsident Van Acker, Außenminister Spaak und eine reizende alte Dame, Baronin Boël, die den letzten Krieg größtenteils in einer deutschen Gefängniszelle verbracht hatte und dort nicht sonderlich gut behandelt worden war. Als sie in ihrer Zelle von dem Friedensschluß von Brest-Litowsk[28] hörte, sei sie fast verzweifelt und habe geglaubt, nun sei alles verloren. In Erinnerung daran sei sie 1940 zuversichtlich gewesen. Es war merkwürdig, wieder Diener in Livree zu sehen.

Sonntag, 4. März In dem großen Daimler, den mir der Luftmarschall zur Verfügung gestellt hat, holte ich Mary in der Botschaft ab und fuhr mit ihr zum Frühgottesdienst in der Garnisonskirche. Danach machte ich mit Mrs. Churchill einen Spaziergang, bei dem wir uns den herrlichen Marktplatz mit dem Rathaus und den alten vergoldeten Fassaden ansahen.

Während Mrs. Churchill mit Mary und den Knatchbull-Hugessens bei der Königinmutter in Laeken eingeladen war, lunchte ich mit dem Luftmarschall. Dieser ließ sich nicht sehr günstig über Montgomery aus, der, wie er sagte, der selbstgefälligste Mensch ist, der ihm je begegnete. Darüber hinaus sei er ohne Rücksicht unbarmherzig. So habe er in der Normandie die Zerstörung französischer Dörfer und Städte verlangt, was völlig überflüssig gewesen sei, und er, Coningham, habe sich in vielen Fällen geweigert. Er äffe die Amerikaner nach, die ihn verabscheuten. Die jüngsten Operationen, die dazu dienten, das Westufer des Rheins von feindlichen Truppen zu säubern, seien zu langsam und angesichts des schwachen Widerstands völlig unzulänglich durchgeführt worden. Nach dem Krieg wolle Monty wohl seine Erinnerungen schreiben, und dabei käme zweifellos ein bombastisches und einseitiges Buch heraus! Ferner erzählte mir Coningham, daß er der Meinung sei, man müsse Deutschland nach dem Krieg zerstückeln, um es unschädlich zu machen. Ich bin im Zweifel und neige zu der Ansicht, daß eine solche Zerstückelung nichts bringt und auch nicht von Dauer sein wird.

Am Nachmittag flog ich mit Mrs. Churchill in einer Dakota nach England zurück. Die Sicht war schlecht und der Flug böig. Die Deutschen haben wieder mit dem Raketenbeschuß aus ihren Stellungen in Holland begonnen, und zum erstenmal seit dem letzten Frühjahr sind wieder deutsche Bomber über England aufgetaucht. Andererseits zeigen Montys Operationen, auch wenn sie langsam waren, doch großen Erfolg, denn wir haben bereits an einigen Stellen das Rheinufer erreicht. Jedermann ist besorgt über das Schicksal der britischen Kriegsgefangenen.

Dienstag, 6. März Der Premierminister kehrte mit seiner Begleitung aus General Eisenhowers Hauptquartier in Reims zurück. Bei der Rückfahrt von Northolt erzählte er mir, daß ihm in 's-Hertogenbosch in Holland ein großartiger Empfang bereitet worden sei und daß er auch einige Zeit auf deutschem Boden verweilt habe. Dann schimpfte er auf den griechischen Ministerpräsidenten Plastiras, der sich mit einer autoritären antibritischen Clique umgeben habe und verschwinden müsse.

Mittwoch, 7. März Am Abend begleitete ich den Premierminister ins Unterhaus, wo er zu einem Antrag Lord Wintertons Stellung nahm; es ging um die Aussetzung des Rechtes der Abgeordneten, von der Regierung die Einberufung eines Sonderausschusses zu verlangen, speziell um die von Austin Hopkinson genannten Unregelmäßigkeiten im Luftfahrtministerium und bei der BOAC, in die General Critchley verwickelt ist. Der Premierminister entgegnete scharf und rief mit seiner Antwort Applaus und Gelächter hervor, obwohl er, wie mir schien, nicht ganz auf Wintertons Argumentation einging.

Während des Dinners zeigte ich dem Premierminister ein Telegramm aus Rumänien, in dem die Befürchtung geäußert wird, daß die neue, von den Russen eingesetzte Regierung versuchen könnte, den früheren Ministerpräsidenten Radescu mit Gewalt aus seinem Asyl in der britischen Militärmission herauszuholen. Darüber regte sich der Premier sehr auf, weil er unsere Ehre in Gefahr sieht, und rief nach dem Essen sofort Eden an. Anscheinend müssen wir uns auf eine Kraftprobe mit den Russen einlassen, die dabei sind, die in Jalta getroffene Vereinbarung über Polen zurückzunehmen und den unwilligen Rumänen einen aggressiven Kommunismus aufzuzwingen. Churchill und Eden befürchten, daß unsere Bereitschaft, dem russischen Verbündeten zu vertrauen, vergebens war. Beide blicken ziemlich hoffnungslos in die Zukunft. Der Premierminister möchte die Angelegenheit dem Parlament und der Öffentlichkeit vortragen und ist sicher, daß er dort Unterstützung findet. Eden, obwohl angewidert, hofft noch immer, daß die Russen keinen offenen Bruch mit uns und den Amerikanern wollen. Es sieht so aus, als ob die Schüler von Goebbels noch recht behalten könnten. Aber, bei Gott, wir haben alles getan, um zusammen mit den Russen in eine sonnige Zukunft zu marschieren. Sollte jetzt eine Wolke die Sonne verdüstern, dann liegt die Schuld bei den Russen. Den Deutschen bliebe ein bitterer, wenn auch vergeblicher Triumph.

Donnerstag, 8. März Fuhr mit dem Premierminister ins Unterhaus, wo er eine Erklärung über Kriegsentschädigungen abgab und später verschiedene Minister in seinem Arbeitszimmer empfing. Der Krieg entwikkelt sich immer besser. Die Amerikaner haben nördlich von Koblenz den Rhein überschritten und ihre und unsere Truppen säubern jetzt sehr schnell das Westufer. Ob im April alles vorbei ist?

Sonnabend, 10. März Ein arbeitsreicher Tag. Zu den leichteren Aufgaben gehörte es, ein Memorandum über den Erwerb englischer Gemälde und Möbel für unsere Botschaften und Regierungsstellen aus dem wohl unvermeidlichen Verkauf von Privatsammlungen nach dem Krieg zu verfassen. Am Abend fuhr ich nach Mentmore. Großvater, obwohl sehr alt, blind und von ständigen Schmerzen geplagt, ist nach wie vor guter Dinge und spricht kenntnisreich und engagiert über die Gegenwart und Vergangenheit. Er meinte, daß sich die Fortsetzung einer Koalitionsregierung nach dem Krieg in mancher Hinsicht als notwendig erweisen werde. Auch erzählte er mir, daß Lord Randolph Churchill zwar mehr Charme als Winston besessen, aber – wenn das überhaupt möglich sei – noch schlechtere Manieren gehabt habe.

Montag, 12. März Auf Wunsch des Premierministers und seiner Frau soll ich Mrs. Churchill auf ihrer bevorstehenden Reise nach Rußland begleiten, wo sie Einrichtungen des Roten Kreuzes besichtigen will. Dies würde jedoch die Arbeit in Downing Street ebenso durcheinanderbringen wie meine Pläne, in den Mulberry Walk[29] umzuziehen. Also habe ich abgesagt, obwohl eine sechswöchige Reise durch Rußland – mit allem Komfort und ohne arbeiten zu müssen – durchaus verlockend gewesen wäre.

Dienstag, 13. März Der Premierminister war damit beschäftigt, seine Rede für den Parteitag der Konservativen am Donnerstag aufzusetzen.

Die Frage, wie das befreite Europa ernährt werden soll, erscheint als eines der wichtigsten Probleme der nächsten Zeit. Das alliierte Oberkommando scheint die Dinge nicht richtig in den Griff zu bekommen, und die befreiten Völker könnten bald lauthals erklären, daß es ihnen unter den Deutschen, materiell gesehen, bessergegangen sei. Abgesehen von der Inkompetenz des SHAEF ist die Ursache des Problems teilweise darin zu suchen, daß es wegen der unerwarteten Erfolge von MacArthur und Nimitz gegen die Japaner im Pazifik an Schiffsraum mangelt.

Donnerstag, 15. März Das Kabinett diskutierte ausgiebig über die drohenden Versorgungsprobleme. Nach der Sitzung – wegen der V2-Angriffe werden sie zur Zeit in der Befehlszentrale abgehalten – wurde der Premierminister in seinem Sessel sitzend von drei stämmigen Marinesoldaten rückwärts die Treppe hinauf transportiert. Die Kabinettsmitglieder trotteten hinterher. Die ganze Prozession war urkomisch.

Dienstag, 20. März Der Premierminister nahm beträchtliche Korrekturen an dem Text einer Rede vor, die Anthony Eden morgen in Glasgow halten will. Brummend meinte er, Eden habe nur eine Halbbildung genossen und es versäumt, dies später durch Lesen auszugleichen. Offensichtlich hielt er die ganze Rede für dürftig. Er korrigierte sie an dem kleinen runden Tisch im Salon der Filiale, an dem er mit seiner Frau zu Abend ißt, wenn sie keine Gäste haben. Ich saß ihm gegenüber, lauschte seinen vernichtenden Kommentaren und schlürfte einen Brandy. Den Rest des Abends nahmen die Berufungen neuer Staatssekretäre in Anspruch, die auf Grund der kürzlich erfolgten Rücktritte wegen Polen notwendig geworden waren. Der Fraktionsführer der Konservativen erschien; aber gerade als alles unter Dach und Fach war, traf Brendan ein, um alle Pläne wieder über den Haufen zu werfen. Um Brendan in seinen Ausführungen zu stoppen, ging der Premier an einem Punkt dazu über, mir in den lebhaftesten Farben den deutschen Angriff vom 21. März 1918 zu schildern, den er zehn Kilometer hinter der Front beobachtet hatte.

Je mehr ich über die gegenwärtigen Ereignisse und den Meinungstrend nachdenke, desto nachdrücklicher wird mir bewußt, daß es leichter sein wird, unseren jetzigen Feinden, die bald von Hunger, Elend und Schwäche gezeichnet sein werden, zu verzeihen, als mit unseren beiden großen Verbündeten in der Erfüllung vergangener Versprechen und künftiger Forderungen Übereinstimmung zu erzielen. Die Amerikaner sind bei uns sehr unpopulär geworden, und die Russen büßen immer mehr von ihrem im Krieg erworbenen Glorienschein ein. Man braucht nur ein paar Beispiele ihrer unverbesserlich schlechten Manieren und ihrer brutalen Methoden zur Durchsetzung ihrer Ziele publik zu machen, und schon werden fünfundzwanzig Jahre Propaganda gegen das rote Schreckgespenst in den Köpfen unserer Landsleute die Angst wieder lebendig werden lassen. Bisher haben nur wenige, verunsichert durch die Ereignisse in Polen und auf dem Balkan, ihrem Unmut Luft gemacht.

Mainz und Worms wurden erobert.

Leslie Rowan behauptet, daß der Premierminister das Interesse am Krieg verliert, da er keine Macht mehr über die militärischen Angelegenheiten hat. Bis zur Operation »Overlord« habe er sich selber als Marlborough gesehen, als absolute Autorität, der alle militärischen Entscheidungen unterbreitet wurden. Nun sei er, mit Ausnahme der Fragen, die die langfristige Strategie betreffen, durch die Macht der Ereignisse wenig mehr als ein bloßer Zuschauer geworden. Deswegen konzentriere er nun all seine Kraft auf die Politik und die bevorstehenden Unterhauswahlen und mische sich zur Abwechslung gelegentlich kräftig in außenpolitische Entscheidungen ein.

Freitag, 23. März Am Nachmittag fuhr ich mit dem Premierminister, dem Generalstabschef und Tommy nach Northolt. Dort stiegen wir an Bord einer Dakota und flogen mit geringer Geschwindigkeit – so langsam, daß die uns begleitenden Jäger Schleifen fliegen mußten – über Dungeness, Gris Nez und Brüssel nach Venlo, wo wir auf einem zerbombten Flugplatz landeten. In unserer Begleitung befanden sich Oberst Charrington, der neue Adjutant von Sir Alan Brooke, Kinna und der unvermeidliche, haarsträubende Kammerdiener Sawyers.

Nach wenigen Kilometern Autofahrt passierten wir die deutsche Grenze; von dort konnten wir Montys gewaltige Einnebelung über dem Rhein sehen. Die meisten Häuser, an denen wir vorbeikamen, mit Ausnahme der alleinstehenden Bauernhäuser, waren nur noch Ruinen. Auf den Wänden standen Parolen wie »Sieg oder Sibirien«.

Charrington und ich fuhren zum Hauptquartier der 2. Armee in Walbeck, wo wir im Gasthaus »Drei Kronen« untergebracht sind, das beschlagnahmt ist und jetzt »The Savoy« heißt. Der Premierminister, der Chef des Generalstabs und Tommy sind in Montys Gefechtsstand, der etwa zehn Kilometer entfernt liegt; man hat ihnen dort Wohnwagen zur Verfügung gestellt. Montys Lager befindet sich in einer rechtwinkligen Lichtung inmitten eines Kiefernwäldchens. Dem Premier hat man zwei Wohnwagen überlassen, den einen zum arbeiten und den anderen zum schlafen. Monty residiert in drei Wohnwagen verschiedenster Bauart und Herkunft. Der eine, in dem er arbeitet, gehörte General Berganzoli, der andere, in dem er schläft, General Messe; ein dritter, voll mit Kanarienvögeln, dient als Kartenraum. Alle sind mit Fotografien vollgestopft, auf denen meist Monty selbst zu sehen ist; drei große Fotos zeigen Rommel und eine von Rundstedt.

Die 6. Panzerbrigade der Guards liegt nicht weit vom Hauptquartier der 2. Armee, in einem Ort namens Pont. Im Hauptquartier des 4. Grenadierregiments war ich zum Abendessen eingeladen und saß zwischen Charlie Tyron und Philip [Colville] an einem langen Tisch mit schönem Porzellan und Kristallgläsern – in einer deutschen Mühle! Anschließend fuhr ich, voll mit Champagner und Brandy, in einem Jeep in Montys Lager und überbrachte dem Premierminister einige wichtige Depeschen, darunter ein giftiges Telegramm von Molotow. Dieser besaß die Stirn, am Vorabend unserer wohl kriegsentscheidenden Operation zu behaupten, die Russen trügen die Hauptlast des Krieges. Dabei ist Deutschland, was seine Infrastruktur und seine Wirtschaftskraft betrifft, durch die alliierten Bomber ebenso an den Rand des Zusammenbruchs gebracht worden wie durch den russischen Vormarsch – vermutlich sogar noch mehr.

Sonnabend, 24. März Heute ist D-Day für die Operation »Plunder«, das heißt, unsere Truppen überschreiten heute den Rhein. Es ist ein wolkenloser, sonniger Tag – Wetterbedingungen, für die wir gebetet haben. Zusammen mit Oberst Charrington und zwei jungen Verbindungsoffizieren fuhr ich früh um sieben Uhr im Jeep auf einen bewaldeten Hügel, der etwa zwei Kilometer südsüdwestlich von Xanten liegt und Reichswald heißt. Wir postierten uns so, daß wir einen Großteil der Umgebung gut überblicken konnten. Links lag der Hochwald, vor uns erblickten wir die Ruinen von Xanten, dessen Dom eine Turmspitze fehlte, und rechts über dem Rhein lag Wesel.

Als die aufgehende Sonne die Nebel über dem Strom auflöste, begannen über unseren Köpfen Flugzeuge rastlos hin und her zu fliegen. Fast zweitausend Kanonen eröffneten ein gewaltiges Sperrfeuer, bisweilen von minutenlanger Stille unterbrochen. Einige der Batterien waren ganz in der Nähe in Stellung gebracht worden. Plötzlich stieg fern im Nordosten eine weiße Rauchfahne oder Kondenswolke zum Himmel. Sie schien sich sehr langsam zu bewegen, aber erst als sie eine Höhe von schätzungsweise zehntausend Metern erreicht hatte, wurde mir bewußt, daß es sich um eine V2 handeln mußte, die sich wahrscheinlich auf dem Weg nach Antwerpen oder auch London befand.

Um neun Uhr fünfzig – die Kanonen hatten die letzten zwanzig Minuten geschwiegen, und der Rauch auf der anderen Rheinseite begann sich zu setzen – passierte endlich das, worauf wir gewartet hatten. Über unseren Köpfen tauchte ein Schwarm Dakotas auf. Sie flogen niedrig in geschlossener Formation, und in der geöffneten Tür im Rumpf einer jeden Maschine stand ein Fallschirmjäger in wartender Stellung. Begleitet von einer einzelnen Fliegenden Festung überquerten die Maschinen Xanten. Links von uns tauchte ein weiterer Schwarm auf, dahinter noch einer. Alle Maschinen verschwanden im Dunst über dem Rhein, dann konnten wir verschwommen erkennen, wie sich ein Fallschirm nach dem anderen öffnete. Immer mehr Dakotas kamen angeflogen, während die ersten Formationen bereits zurückkehrten. Die Fliegende Festung kam brennend zurück, und ihre Insassen sprangen einer nach dem anderen ab, während die Maschine stetig weiterflog, wobei das Feuer sich langsam zum Schwanz hin ausbreitete. Bald gesellten sich zu dem ununterbrochenen Strom der Dakotas noch Flotten von Gleitern. Wir konnten beobachten, wie sie abgekoppelt wurden und ihre Schleppflugzeuge steil emporstiegen und wieder umkehrten. Das vereinzelte deutsche Flakfeuer konnte nur ein paar wenige Maschinen erwischen. Einige der zurückkehrenden Dakotas stürzten vor unseren Augen ab und gingen in Flammen auf. Eine der Maschinen verlor über Xanten ständig an Höhe und stürzte genau über der Artilleriestellung unter uns ab.

Zweieinhalb Stunden lang betrachtete ich fasziniert das Spektakel, dann verließ ich mit Gill, einem der Verbindungsoffiziere, den Hügel, der mittlerweile von einer Menge anderer Offiziere, Presseleuten und Fotografen bevölkert wurde. Im Jeep jagten wir durch Xanten zum Ufer des Rheins. Der Strom lag recht friedlich vor uns, und so gaben wir kurzerhand der Versuchung nach, aufs andere Ufer überzusetzen. Wir fanden Platz in einem kleinen Pionierboot, und kurz nach elf Uhr, lange ehe die Luftlandeoperation beendigt war, standen wir am Ostufer des Rheins. Dort waren überall Minen gelegt worden; wir schauten zu, wie Pioniere sie sprengten. Gerade erst gefangengenommene Deutsche kamen auf uns zu, die Hände hinter dem Kopf verschränkt. Auf ihren Gesichtern mischte sich ein Ausdruck der Erleichterung mit Verzweiflung. Wir gingen die Straße zu einem kleinen Dorf namens Marwick hinauf. Dort stand auf einer Erhebung über dem Rhein ein Gasthaus, das gerade zu einem Verbandsplatz umfunktioniert wurde. Es war voll von deutschen Gefangenen, die hier resigniert *Wacht am Rhein* hielten.

Ich stand vor dem Gasthaus und unterhielt mich mit Gill, als der Oberst eines Fallschirmregiments im Jeep vorfuhr. Er trug das weinrote Käppi der Fallschirmjäger. Durch das Fenster des Gasthauses betrachtete ich die Gefangenen. Sie starrten zurück, besonders herausfordernd ein junger Mann mit schräg aufgesetzter Mütze. Plötzlich schlug eine Granate im Fluß ein, dann noch eine und noch eine und noch eine. Die fünfte traf das Ufer, nur etwa siebzig Meter von uns entfernt, während eine sechste am gegenüberliegenden Ufer einschlug. Gill meinte, es wäre vielleicht interessant, sich mit den Gefangenen zu unterhalten und herauszubekommen, was sie denken. Ich willigte ein. Wir gingen auf die Tür des Gasthauses zu, um den verantwortlichen Offizier um Erlaubnis zu bitten. In diesem Moment schlug eine Granate genau dort ein, wo wir gerade noch gestanden hatten, knapp zehn Meter entfernt. Der Fahrer des Oberst, der neben mir stand, wurde von einem Splitter an einer Arterie getroffen. Sein Blut bespritzte mich von oben bis unten. Eine weitere Granate riß einen Baum vor dem Gasthaus um. Die Deutschen drinnen hatten sich inzwischen flach auf den Boden geworfen. Wir verzogen uns mit dem Verwundeten in den Keller des Hauses und warteten dort, bis sich die Lage beruhigte. Dann krochen wir wieder hervor und machten uns auf den Weg in das Dorf Bisslich.

Dort gesellten wir uns zu einigen Panzeroffizieren, die uns ein paar Eier überließen, die sie sich gerade von einem Bauernhof besorgt hatten. Sie erzählten uns, daß die feindlichen Linien weniger als eine Meile entfernt seien, nicht fünf oder sechs, wie wir angenommen hatten. Danach setzten wir alle zusammen in einem Schwimmpanzer über den Fluß zurück. Er prallte beim ersten Landungsversuch heftig gegen das linke Steilufer des Flusses und wirbelte uns alle kräftig durcheinander, einschließlich des bedauernswerten Verwundeten.

Durch das verwüstete Xanten fuhren wir zurück. Die Kinder auf den Straßen machten einen wohlgenährten Eindruck, und die Bevölkerung schien eher neugierig als aufgebracht zu sein. Der Premierminister war von unseren Abenteuern sichtlich gepackt, obwohl er vorgab, damit nicht einverstanden zu sein. Monty war es auf keinen Fall. Als ich mich am Abend von Winston verabschiedete, der in seinem Wohnwagen noch arbeitete, sagte er: »Schlaf gut. Du hättest heute beinahe für immer geschlafen.«

Sonntag, 25. März Begleitete den Premierminister, den Chef des Generalstabs und Monty zum Feldgottesdienst, bei dem ein Geistlicher der Kirche von Schottland eine bewegende Predigt hielt. Ich glaube, es ist das erste Mal, daß ich Winston an einem Gottesdienst habe teilnehmen sehen. Nach dem Segen und der Nationalhymne verteilte er einige Tapferkeitsauszeichnungen und hielt dann mehr oder minder auch noch eine Predigt.

Danach fuhr der Premierminister in der Uniform des 4. Husarenregiments, die er während der ganzen Inspektionsreise trug, zu Besuch in Eisenhowers Hauptquartier. Ich blieb zurück und saß den ganzen Tag entweder vor Winstons Wohnwagen in der Frühlingssonne oder beschäftigte mich mit diesen Tagebucheintragungen.

De Guingand, der Stabschef, meinte gestern, daß die deutsche Westfront in spätestens drei Wochen zusammenbrechen werde. Rechnerisch scheint es möglich zu sein. Dann beschrieb er mir die immense Planung, die für die Operation »Plunder« nötig war. Vor der Luftlandeaktion hatte man zunächst die deutsche Luftabwehr auszuschalten. In der ersten Welle wurden die deutschen Feldflugplätze mit dem größtmöglichen Aufwand bombardiert. Danach konzentrierte man sämtliche verfügbare Artillerie auf die Flakstellungen. In der letzten halben Stunde, als die Kanonen schwiegen, damit der Rauch sich verziehen konnte, wurden noch einmal sämtliche Kampfbomber gegen die feindlichen Flakstellungen eingesetzt.

Am Abend aß ich wieder in der Messe des Grenadierregiments. Für eine Frontmesse ist sie wahrlich luxuriös ausgestattet, mit Meißner Porzellan, weißen Tischdecken und Kerzenbeleuchtung.

Nach seiner Rückkehr vom Besuch bei Eisenhower arbeitete der Premierminister noch bis nach Mitternacht. Was Rußland betrifft, ist die Situation ziemlich düster. Molotow spielt ein hinterhältiges Spiel mit uns. Der Premierminister meinte, er würde die Teilung Deutschlands nur sehr ungern ins Auge fassen, solange seine Zweifel über die Absichten Rußlands nicht behoben wären.

Montag, 26. März Der Premierminister begab sich mit Monty auf eine weitere Besichtigungsfahrt über den Rhein. Ich fuhr mit Gill, meinem charmanten Bärenführer, zu Montys nahegelegenem Feldflugplatz, wo wir eine Auster bestiegen. Zunächst erkundeten wir niedrigfliegend einen neuen Standort für Montys Hauptquartier in der Nähe von Xanten. Dann überflogen wir die Ruinen der Stadt und wendeten uns nordwärts. Am Rhein entlang flogen wir über die zerschossenen Felder, in deren abertausenden Kratern wir hin und wieder einen Tierkadaver entdeckten. Bei Kalkar standen Zeltlager, in denen man heimatlos gewordene Deutsche untergebracht hatte. Wir überquerten Rees, Emmerich, das zerstörte Kleve, den riesigen Reichswald und Goch. Deutschland hat den Krieg teuer bezahlen müssen.

Auf der Rückfahrt sahen wir eine oder zwei Fahnen, die aus den Fenstern hingen, im Schwarz-Rot-Gold der Weimarer Republik. Ohne Zweifel werden einige Raubtiere sehr schnell die Farbe ihres Pelzes wechseln. Die Kinder auf den Straßen sahen alle wohlgenährt und gesund aus. Der Premierminister erzählte mir jedoch am Nachmittag, daß er finde, sie machten einen unnatürlichen Eindruck, und daß er für seine Person von dem, was er von der deutschen Zivilbevölkerung gesehen habe, sehr bewegt sei. Ich glaube, daß dies seine Reaktion auf offenbar unheilvolle Pläne der Russen ist, die – zusätzlich zu den klaren Verstößen gegen den Geist von Jalta – entschieden haben, nicht Molotow, sondern drei untergeordnete Delegierte nach San Franzisko zu schicken. Und dabei haben sich die Russen im Sommer 1939 bitter darüber beschwert, daß wir ihnen nur William Strang und einige Militärattachés schickten, und dies als einen der Gründe für den Abbruch der englischsowjetischen Verhandlungen und den Abschluß des deutsch-sowjetischen Paktes bezeichnet.

Am Nachmittag verabschiedeten wir uns von Monty und seinem Stab. Winston verehrte ihm eine Luxusausgabe des Marlborough, schrieb eine lange Eintragung in sein Gästebuch und überschüttete ihn mit Komplimenten. Dann flogen wir von dem stark zerbombten Venlo in einer von zwölf Spitfires eskortierten Dakota zurück. Im Flugzeug, in dem es abwechselnd zu warm oder zu kalt war, arbeitete der Premierminister noch. Nach einem ereignisreichen Wochenende landeten wir am Abend wieder in Northolt. Das Wetter war prächtig, und noch prächtiger war unsere Stimmung und unser Wohlbefinden.

Dienstag, 27. März In der Presse ist der Krieg schon gewonnen, aber es scheint tatsächlich so, daß wir die Karte von Deutschland unbeirrt aufrollen, in vorderster Front die 6. Panzerbrigade der Guards regiments, zu der Philip gehört. Ich bin froh, daß ich Mrs. Churchill, die heute nacht nach Rußland aufgebrochen ist, nicht begleiten muß, denn lieber verpasse ich den Kreml als die Siegesfeiern.

Mittwoch, 28. März Begleitete den Premierminister ins Unterhaus.

Nach der Beantwortung von Anfragen hielt der Premierminister eine Gedenkrede auf Lloyd George, der vor zwei Tagen gestorben ist. Sie schien mir nicht ganz so gut zu sein wie die Rede, die er seinerzeit auf Chamberlain hielt.

Donnerstag, 29. März Die britischen und amerikanischen Armeen stoßen tief nach Deutschland hinein. Der Premierminister fuhr über Ostern nach Chequers.

Karfreitag, 30. März Ich verbringe die Ostertage in Stansted. Der März verabschiedet sich mit stürmischen Winden und einem feinen Nieselregen, so daß es draußen unangenehm ist. Ich spielte viele Partien Bézigue und Backgammon und las ein bißchen. Da unser ungestümer Vormarsch in Deutschland weitergeht, wird Philips Panzerbrigade, die Münster erreicht hat, viel in den Nachrichten genannt.

Sieg und Chaos

April 1945

Montag, 2. April Kehrte nach London zurück, wo sich die Vertreter der Dominien zur Vorbereitung der Konferenz in San Franzisko versammelten. Die Russen verhalten sich jedoch auf so unangenehme Weise diplomatisch und so schrecklich unkooperativ in der polnischen Frage, daß die Hoffnungen gedämpft sind.

Dienstag, 3. April Der Premierminister verbrachte zum erstenmal seit Weihnachten wieder den ganzen Tag in Downing Street Nr. 10, da mit deutschen V-Bomben offensichtlich nicht mehr zu rechnen ist[30]. Man kann dort viel besser als in der muffigen Filiale arbeiten.

Beim Dinner traf ich Ivone Kirkpatrick, den Chef der politischen Abteilung in der Kontrollkommission für Deutschland. Die Meinungen über ihn gehen sehr auseinander. Ich fand ihn bemerkenswert sympathisch. Offensichtlich besitzt er auch eine rasche Auffassungsgabe. Er fällte ein vernichtendes Urteil über die Unfähigkeit unserer Ämter für psychologische Kriegführung, die nur laut für sich selbst Reklame gemacht hätten. Über die Special Operations Executive sagte er, daß sie nicht einmal in der Lage gewesen sei, am D-Day eine eigene Verbindung zu den Franzosen herzustellen, sondern sich auf die verschlüsselten Nachrichten der BBC verlassen mußte. Je mehr er darüber nachdenke, desto mehr werde er zu einem überzeugten Anhänger des parlamentarischen Systems: Die parlamentarische Kontrolle solcher Organisationen sei von unschätzbarem Wert. Außerdem verdammte er lautstark – was auch der Premierminister sehr oft tut – den Hang des Außenministeriums zur »Eselstour«, die eine Auswahl der besten Leute für wichtige Posten praktisch unmöglich mache.

Mittwoch, 4. April Der Premierminister verbrachte den größten Teil des Nachmittags mit dem König im Parlament und besprach mit ihm die Pläne für eine feierliche Eröffnung des Parlaments. Er scheint damit zu rechnen, daß der Krieg noch in diesem Monat zu Ende ist. Später gab er ein Dinner für Bernard Baruch in Downing Street und arbeitete danach noch im Kabinettsaal, während ich neben ihm saß und als Papierkorb diente.

Donnerstag, 5. April Der Premierminister hat eine scharfe Erwiderung an das State Department verfaßt, das vorgeschlagen hatte, die Sowjetregierung bei der Wiederbewaffnung der Griechen zu konsultieren: »Dies ist für gewöhnlich der Weg, in dem das State Department völlig unbeschwert und ohne die geringste Verantwortung für das Ergebnis zu übernehmen Kommentare abgibt, die gänzlich ungeeignet sind.«

Am Vormittag platzte dann eine Bombe. Der amerikanische Präsident informierte uns über ein Telegramm Stalins, in dem dieser uns und die Amerikaner beschuldigt, wir würden mit den Deutschen in Bern darüber verhandeln, daß sie die Ostfront halten, während sie im Westen aufgerollt werden. Da ist auch nicht ein einziges Körnchen Wahrheit dran. Wir hatten die Russen lediglich über gewisse Sondierungen hinsichtlich einer rein militärischen Kapitulation in Italien unterrichtet, die man an Alexander herangetragen hatte. Daraus ist ohnehin nichts geworden[31]. Aber anscheinend ist es den Deutschen gelungen, die Russen davon zu überzeugen, daß finstere Machenschaften im Gang sind. Das kann auch ein Grund für die sehr unbefriedigende Haltung gewesen sein, die Stalin und Molotow in den letzten Wochen uns gegenüber eingenommen haben. In ihrer Einfalt wurden sie von den Deutschen zweifellos angeschmiert. In jedem Fall sind ihre Anschuldigungen durch nichts gerechtfertigt und, was uns betrifft, unvorstellbar. Ich bin froh, daß der Präsident entschieden geantwortet hat. Der Premierminister beriet sich den ganzen Tag mit dem Kabinett und den Stabschefs. Er kam zum Lunch mit dem König von Norwegen [Haakon VII.] sogar eine halbe Stunde zu spät, weil er nicht eher aufstand, als bis er den ersten Entwurf für eine energische Antwort an Stalin fertig hatte.

Freitag, 6. April In Chequers, wo Feldmarschall Smuts, Janny Smuts und Sarah zu Gast waren. Man unterhielt sich über die Amerikaner. Der Premierminister meinte, eine solche Demonstration von Macht habe es in der Geschichte noch nie gegeben: Mit der Linken hätten die amerikanischen Streitkräfte die Schlacht in den Ardennen geschlagen, während sie mit der Rechten von Insel zu Insel den Japanern näherrückten. Smuts entgegnete, die Amerikaner seien ohne Zweifel sehr mächtig, aber auch unreif und manchmal einfach primitiv.

Nach dem Dinner sahen wir uns den russischen Film *Kutusow* an, den Stalin dem Premierminister geschenkt hat. Winston zeigte sich sehr beeindruckt von der Unvoreingenommenheit, mit der in dem Film das zaristische Regime geschildert wird. Smuts meinte, daß Rußland nach 1815 trotz seiner Siege eine Generation lang in Bedeutungslosigkeit versank und daß nach Stalins Tod sehr wohl das gleiche geschehen könnte.

Sonnabend, 7. April Vor dem Lunch traf der alte amerikanisch-jüdische Finanzmann Bernard Baruch ein; er ist mindestens ein Meter neunzig groß, hat dichtes weißes Haar und ist fast taub. Bei Tisch entzündete sich eine hitzige Debatte über die Zukunft des Goldes. Smuts meinte, das Gold sei wie die britische Monarchie: es müsse aufhören, zu regieren, aber seinen konstitutionellen, stabilisierenden Einfluß behalten. Der Premierminister sprach sich leidenschaftlich für eine Währung aus, deren Kurs in erster Linie durch die Rohstoffpreise und nur zu einem geringen Teil vom Gold bestimmt werde. Außerdem hielt er sich darüber auf, daß die Amerikaner ihr Gold in Fort Knox vergraben. Baruch meinte, daß Gold immer an der Spitze der menschlichen Wertschätzung gestanden und den Menschen Vertrauen vermittelt habe. Dies sei schon zu Zeiten Alexanders des Großen so gewesen und würde auch so bleiben, egal, was Churchill und Smuts sagten.

Am Abend drehte sich das Gespräch um Diamanten – speziell um den Cullinan[32] –, um Kartelle und Schmetterlinge. Nach dem Dinner sahen wir uns verschiedene Filme an, darunter einen russischen über die Konferenz von Jalta, der sehr lang und unglaublich detailliert war. Danach arbeitete der Premierminister noch bis halb drei Akten auf, wobei er sich sehr verächtlich über das Außenministerium äußerte. Dort glaube man, unablässig aktiv sein zu müssen, ohne zu erkennen, daß es manchmal klüger sei, nichts zu tun. *Mise en demeure* sei eine sehr gute diplomatische Faustregel, aber heutzutage würde niemand sie befolgen.

Sonntag, 8. April Zu den zahlreichen Gästen in Chequers stieß heute auch Peter Fraser, der neue Ministerpräsident von Neuseeland. Beim Lunch stellte der Premierminister die Frage: »Was wird Hitler nun anfangen?« Er beantwortete dies selbst, indem er darauf hinwies, daß Hitler den Trick von Heß wiederholen und etwa folgendes sagen könnte: »Ich bin verantwortlich. Übt Rache an mir, aber verschont mein Volk.« Die Herzogin von Marlborough meinte, daß in einem solchen Fall die einzige Antwort darin bestehen könne, ihm mit dem Fallschirm wieder über Deutschland abzuwerfen. Smuts sagte, wenn er Hitler wäre, würde er sich bis zur letzten Kugel auf dem Berghof bei Berchtesgaden verteidigen.

Am Nachmittag machte ich mit Mr. Fraser einen Spaziergang auf dem Beacon Hill. Er erwies sich als ausgezeichneter Gesprächspartner. Genau wie ich fürchtet er, daß die neue Weltorganisation wegen des Vetorechts der Großmächte kaum etwas wird bewirken können und auch nicht in der Lage sein wird, die Welt zusammenzuhalten, wenn die Großen Drei auseinanderfallen. Ich glaube, daß man die ganze Sache sehr viel bescheidener hätte angehen sollen: regionale Organisationen an der Basis statt einer glitzernden Vollversammlung an der Spitze. Mr. Fraser war jedoch derart in die Betrachtung eines blühenden Kirschzweiges versunken, der sich gegen den blauen Himmel abhob – und interessierte sich auch mehr für die jüngsten Verwicklungen in Griechenland –, daß wir dieses verwirrende Thema nicht vertiefen konnten.

Am Abend kam Richter Rosenman, der für den amerikanischen Präsidenten die Probleme der Belieferung des befreiten Europas mit Lebensmitteln untersuchen soll. Der Premierminister hielt ihn bis drei Uhr morgens wach, um ihm deutlich zu machen, daß die Briten ihren Gürtel nicht noch enger schnallen können, um die Satelliten der Achsenmächte durchzufüttern, während bei der amerikanischen Armee und in Amerika selbst nach wie vor kein Mangel herrscht. Man unterhielt sich auch über das Wohnungsproblem, wobei die erstaunliche Tatsache ans Licht kam, daß wir vor dem Krieg den besten Häuserbestand der Welt hatten. Lord Cherwell erklärte, daß der Anteil der Slums bei uns nur drei Prozent betrug. In den Vereinigten Staaten besäßen weniger als zwei Drittel der Bevölkerung ausreichende Wohnungen.

Montag, 9. April Am Wochenende hat Bevin eine Rede gehalten, in der er die Konservativen heftig angriff. Der Premierminister sagte mir beim Ankleiden, daß, wenn die Labour Party weiterhin diese Linie verfolge, es an der Zeit sei, die Opposition aus der Regierung zu entfernen. Gegen Mittag fuhr er mit Sarah nach Chartwell, um die herrliche Frühlingssonne zu genießen und den mysteriösen Diebstahl seines Lieblings-Goldfisches aus dem oberen Teich zu untersuchen. Ich kehrte nach London zurück.

Brendan entgegnete scharf auf Bevins Rede. Die Koalition neigt sich ihrem Ende zu, obwohl sie in der Außen- und Verteidigungspolitik noch über eine solide gemeinsame Grundlage verfügt.

Dienstag, 10. April Bei einem kurzen Ausritt in Richmond Park entdeckte ich in der Nähe von White Lodge einen großen Krater, den eine V2 verursacht hat. Seit mehr als einer Woche sind die Raketen ausgeblieben.

Stalin hat dem Premierminister wegen Polen und wegen unserer angeblichen Verhandlungen mit den Deutschen geantwortet. Von diesem Vorwurf hat er knurrend wieder Abstand genommen. Zusammenfassend kann man sagen, daß die Russen wohl eifersüchtig auf unsere raschen Erfolge im Westen sind, während ihr Vormarsch, besonders an der Oder, ins Stocken geraten ist. Erklärungen hierfür: 1.) besitzen wir die besseren Waffen, und unsere Soldaten sind Mann für Mann tüchtiger, 2.) verfügen wir im Unterschied zu ihnen über große Luftüberlegenheit, und 3.) betrachten die Deutschen unser Vorwärtskommen mit weniger Entsetzen als das der Russen – und das nicht ohne Grund.

Mittwoch, 11. April Es passiert eine Menge. Auf militärischem Gebiet haben wir fast schon die Elbe erreicht. Politisch gesehen sind Polen, die bevorstehende Konferenz in San Franzisko, Frankreichs Platz an der Sonne und die Belieferung des befreiten Europas mit Lebensmitteln die dringendsten Probleme. Innenpolitisch werfen die wiederauflebenden Auseinandersetzungen zwischen den Parteien einen düsteren Schatten. Der Premierminister trifft sich unablässig mit James Stuart, Ralph Assheton, Brendan und Lord Beaverbrook; es geht darum, die nicht-parteigebundenen Mitglieder zu bewegen, in der Regierung zu bleiben, wenn sie umgebildet wird.

Von Papen ist im Ruhrgebiet gefangengenommen worden. Damit befindet sich der erste der Kriegsverbrecher lebend in unserer Hand.

Spätnachts, auf dem Rückweg von Downing Street in die Filiale, erzählte mir der Premierminister, daß im Juli 1940 eine Reihe Tories versucht hatten, die Regierung abzuschaffen und eine Art Triumvirat mit diktatorischen Vollmachten einzusetzen, das aus Lloyd George, ihm und Bevin bestehen sollte. Die Anstifter seien Amery, Harold Macmillan, Boothby und P.J. Grigg gewesen. Er habe Amery nahegelegt, sofort zurückzutreten und eine Erklärung vor dem Parlament abzugeben. Dann schilderte er mir lebendig, wie seine Antwortrede ausgesehen hätte.

Die Amerikaner haben die Elbe erreicht.

Donnerstag, 12. April Präsident Roosevelt ist am Nachmittag gestorben. Die Nachricht erreichte den Premierminister erst um Mitternacht. Ich nehme an, daß er sehr betrübt ist. Es ist ein schlechter Zeitpunkt für den Ausfall dieser einzigen großen Persönlichkeit, über die Amerika in internationalem Maßstab verfügt.

Freitag, 13. April Der plötzliche Tod des Präsidenten hat viel Aufregung verursacht, obwohl auf Grund seines Zustandes in den letzten Monaten viele Leute darauf vorbereitet waren. Der Premierminister entschied nach reiflicher Überlegung, nicht zum morgigen Begräbnis nach Washington zu fliegen.

Sonnabend, 14. April Heute war der Himmel über diesem Teil des Landes [Sussex], über dem die Luftschlacht um England am heißesten tobte und wo die deutschen Raketen am schlimmsten wüteten, schwarz von den Fliegenden Festungen und Liberators, die vom Bombardement des deutschen Kessels an der Gironde zurückkehrten. In Deutschland selbst bewegen sich die Dinge immer schneller, und in Kürze werden sich die alliierten und die russischen Truppen vereinigen. Sie sind nur noch knapp hundert Meilen voneinander entfernt, und die Amerikaner haben inzwischen sicher die Elbe überschritten.

Montag, 16. April Kehrte nach London zurück, das unter einer fast unnatürlichen Hitze stöhnt. Den Telegrammen vom Wochenende entnahm ich, daß der Premierminister einen glänzenden Start mit Präsident Truman gehabt zu haben scheint.

Dienstag, 17. April Der Premierminister nahm an einem Gedenkgottesdienst für Roosevelt in der St. Pauls-Kathedrale teil. Anschließend bastelte er eifrig an seiner Gedenkrede für den Präsidenten. Ich fand sie angemessen, aber in keiner Weise vergleichbar mit seiner Gedenkrede auf Neville Chamberlain.

Danach begleitete ich ihn ins Unterhaus. Der Sitzungsablauf wurde durch das Verhalten des neugewählten Abgeordneten der Schottischen Nationalisten, Dr. McIntyre aus dem Wahlbezirk Motherwell, unangenehm verzögert. Er bestand darauf, seine Verneigung vor dem Sprecher des Hauses ohne die vorgeschriebenen Bürgen zu machen, womit er gegen einen Beschluß aus dem Jahre 1688 verstieß. Der Sprecher schickte ihn hinter die Schranke zurück. Daran entzündete sich eine einstündige Debatte, die mit einer Abstimmung per Hammelsprung endete. Das war alles sehr trivial, denn auf den vollbesetzten Galerien warteten die Zuhörer auf die Gedenkrede des Premierministers. Aber die Labour-Abgeordneten erklärten, daß, wenn McIntyre keine Bürgen benennen wolle, weil kein anderes Mitglied des Hauses mit den Ansichten seiner Nationalistenpartei übereinstimme, er mit seiner Weigerung durchaus im Recht sei.

Winston sprach sehr gut. Seine Stimme bebte vor Rührung, als er Longfellows Verszeile »Sail on, O ship of state« zitierte, die ihm der Präsident in einer unserer dunkelsten Stunden durch Wendell Willkie hatte zukommen lassen.

Später arbeitete der Premierminister wieder in bester Stimmung im Bett. Mit Anthony Eden, der auf dem Weg nach San Franzisko ist und in Washington Zwischenstation gemacht hat, sprach er höchst unvorsichtig über das normale Atlantikkabel. Danach hatte er eine lange Besprechung mit Moley Sargent, von dem er viel hält. Teilweise hängt das damit zusammen, daß ich ihm von Moleys verächtlichen Bemerkungen auf dem Balkon des Außenministeriums während der hysterischen Szenen bei der Rückkehr Chamberlains aus München erzählt habe[33]. Zum Schluß las er dann noch die Frühausgaben der morgigen Zeitungen. Dies ist ein altes Laster, dem er jetzt nur noch anhängt, wenn er eine Rede im Unterhaus gehalten hat.

Mittwoch, 18. April Es ist so heiß, daß man meinen könnte, die Hundstage seien bereits angebrochen. Niemand kann sich erinnern, daß es im April schon einmal solch ein Wetter gab.

Donnerstag, 19. April Der Premierminister ist über Tito verärgert, der nun fast ausschließlich auf Rußland schaut, ohne sich an unsere vergangene Hilfe zu erinnern. Deshalb meint er, wir sollten jetzt Italien unterstützen, von dem Tito Triest zurückfordert. Damit könnten wir auch die italienische Kommunistische Partei spalten.

Traf mich zum Abendessen mit Bob Coates. Das Gespräch bei Tisch befaßte sich mit klassischer Bildung, Indien, den Verdiensten der verschiedenen Dominien und den deutschen Greueltaten. Nachdem die Alliierten Buchenwald und andere deutsche Konzentrationslager befreit haben, sind die Zeitungen voll davon; die Fotos drehen einem den Magen um. Der Beweis ist erbracht, daß die Berichte der letzten zehn Jahre über deutsche Greueltaten keine Propaganda waren, wie das manchmal im letzten Krieg der Fall war.

Eisenhower hat dem Premierminister kürzlich erzählt, daß der Bürgermeister von Weimar und seine Frau, nachdem sie durch das Lager Buchenwald geführt worden waren, nach Hause gingen und sich dort erhängten.

Freitag, 20. April Am Nachmittag wurde in meiner Gegenwart eine Botschaft des Premierministers aufgenommen, die zusammen mit Botschaften Stalins und Trumans gesendet werden soll, wenn die russischen und alliierten Truppen zusammentreffen. Danach dinierte er alleine mit Lady Lytton, die er, wie er mir anvertraute, beinahe einmal geheiratet hätte. Um Mitternacht fuhr er nach Bristol, um einige Ehrendoktorwürden zu verleihen – unter sehr anderen Umständen als im Frühjahr 1941, als die Stadt nach einem nächtlichen Luftangriff noch immer brannte. Damals hatte ich ihn begleitet.

Sonnabend, 21. April Die Schwäche der amerikanischen Außenpolitik ist beeindruckend. Was Griechenland und Rumänien betrifft, zeigt sich das State Department über jede Demarche bestürzt, die von der amerikanischen Presse oder auch vom Kongreß ungünstig aufgenommen werden könnte. Furcht vor öffentlicher Kritik lähmt jegliche diplomatische Aktivität.

Montag, 23. April Im Büro gab es viel zu tun. Der Aktenkoffer des Premierministers ist in einem haarsträubenden Zustand. Er arbeitet zuwenig und redet zuviel, wie es im Dezember der Fall war, bevor ihn die griechischen Abenteuer wieder aufmunterten. Dieses Mal ist es, vermute ich, die polnische Frage, die ihn bedrückt. Entsprechende Gespräche in Washington zwischen Eden, Stettinus und Molotow verliefen unbefriedigend.

Dienstag, 24. April Der Premierminister entwickelt sich immer mehr zu einem administrativen Flaschenhals. Er beharrt darauf, gleichzeitig auch den Außenminister und den Parlamentsvorsitzenden zu spielen. Darüber hinaus will er jetzt auch noch den Vorsitz im Lord President's Committee übernehmen.

Mittwoch, 25. April Aus Stockholm traf ein Telegramm ein, in dem es heißt, daß Himmler vor den westlichen Alliierten kapitulieren wolle. Hitler liegt angeblich nach einer Gehirnblutung im Sterben. Dies kann ein Versuch in letzter Minute sein, uns von den Russen zu trennen. Der Premierminister berief sofort eine gemeinsame Sitzung des Kabinetts und der Stabschefs ein und informierte Stalin. Jedenfalls beweist das Telegramm, so meinte Winston, »daß sie fertig sind«.

Donnerstag, 26. April In der Nr. 10 herrscht auf Grund des gestrigen Telegramms eine erwartungsvolle Stimmung, die allerdings durch die Uneinigkeit mit Rußland über Polen gedämpft wird. Stalin und Molotow bestehen darauf, daß die polnische Regierung nach dem jugoslawischen Modell reorganisiert wird. Letzteres hat sich als kompletter Sieg der Russen in diesem unglücklichen Land herausgestellt. Die Stimmung ist auch deshalb gedrückt, weil immer mehr Arbeit anfällt und der Premier es versäumt, sich damit zu befassen.

Später diktierte der Premierminister in der Filiale ein langes, meisterliches Telegramm an Stalin, eine seiner besten Leistungen in letzter Zeit. Außerdem verfaßte er eine Depesche gegen die Bestrebungen des Außenministeriums, die Habsburger einzuschüchtern. Darin erklärte er, wenn wir es nach dem letzten Krieg nicht so eilig gehabt hätten mit der Abschaffung der angestammten Monarchien, hätte es wahrscheinlich eine »gekrönte Weimarer Republik« gegeben, die zur Zusammenarbeit mit uns bereit gewesen wäre, und keinen Hitler. Er wies mich an, dafür zu sorgen, daß diese Depesche eine weite Verbreitung im Außenministerium findet, das er beschuldigt, republikanisch zu denken.

Bei der Rückkehr vom Dinner mit Massigli, dem französischen Botschafter, fand der Premierminister ein freundliches Telegramm Stalins vor. Tatsächlich ist es das freundlichste, das Uncle Joe uns jemals geschickt hat. Dies faszinierte Winston geradezu. Anderthalb Stunden lang unterhielt er sich mit Brendan über nichts anderes als über dieses Telegramm, danach anderthalb Stunden lang noch einmal mit mir. Seine Eitelkeit war erstaunlich. Ich bin froh, daß Uncle Joe nicht weiß, welchen Einfluß ein paar freundliche Worte – nach so vielen harschen – auf unsere Rußlandpolitik haben können. Meinen Einwand, daß dieses Telegramm – in dem Stalin sich für die bereitwillige Information über die Verhandlungen zwischen Himmler und Bernadotte bedankte[34] – durch eine gewisse Scham über ungerechtfertigte Vorwürfe wegen der Operation »Crossword« veranlaßt sein könnte, wischte Winston mit einer ungeduldigen Handbewegung beiseite. Zusätzliche Freude bereitete ihm eine großmütige Botschaft de Gaulles. Darüber vergaß er alle Arbeit. Es war fast fünf Uhr, als ich zu Bett ging, leicht irritiert und sogar etwas angewidert von soviel Empfänglichkeit für pure Schmeicheleien.

Freitag, 27. April Der Premierminister war in hochgemuter Stimmung. Ich stand während der Kabinettssitzung hinter ihm und mußte ihm die Telegramme reichen, die er – schnurrend vor Vergnügen – einem Kabinett vorlas, das bereits die Kopien kannte.

Nach dem Lunch zogen mit der Nachricht von einer bitteren Niederlage der Konservativen in Chelmsford düstere Wolken auf. Beaverbrook, Brendan, Stuart und Assheton wurden sofort zu einer langen Beratung herbeizitiert.

Sonntag, 29. April Charles Barker kam vorbei, um mir zu erzählen, daß die Operation »Crossword« zuletzt doch noch ein Erfolg geworden ist: Die Deutschen haben in Italien bedingungslos kapituliert.

Montag, 30. April Die Zeitungen sind voll von Meldungen wie »Der Sieg steht unmittelbar bevor«. Das hoffen wir alle. Aber die Erwartungen sind diesmal gedämpft. Ich bezweifle, daß es den gleichen Jubel und die gleichen Illusionen wie 1918 geben wird.

Die Kriegskoalition bricht auseinander

Mai bis Juni 1945

Dienstag, 1. Mai Fieberhafte Tätigkeit. Am Nachmittag beantwortete der Premierminister Anfragen und erklärte vor einem überfüllten Haus, das auf die Ankündigung des Sieges wartete, daß er keine andere Erklärung zur Kriegslage abgeben könne als die, daß sie wesentlich besser sei als vor fünf Jahren.

Zurück in der Filiale nahm ich an einer Besprechung mit Moley Sargent, Pug und Joe Hollis teil, bei der es um die Besatzungszonen in Wien, die Hoffnung, daß Alexander vor Tito in Venezia Giulia ist und ähnliche Probleme ging. Die Verhandlungen bestätigten Pugs Bemerkung, daß Winston bei einem internationalen Kricket-Vergleichsspiel bestimmt gut für hundert Punkte sei, aber bei einem Dorf-Kricketspiel wohl versagen würde. Das jüngste Beispiel für seinen hervorragenden internationalen Stil ist ein langes meisterliches Telegramm an Stalin, in dem er einen letzten Versuch zur Regelung des polnischen Dilemmas unternimmt.

Da Lord Beaverbrook, was die Tories und die kommenden Wahlen betrifft, zu anmaßend ist, empfing ihn der Premier vor dem Dinner und erhob Protest. Danach dinierte er mit Lord Beaverbrook, Oliver Lyttelton, James Stuart und Ralph Assheton, um mit ihnen die Wahlpropaganda durchzusprechen. Brendan war nicht eingeladen, da dem Premierminister bewußt ist, daß man draußen, insbesondere bei den Konservativen, das Bündnis Brendan-Beaverbrook allmählich mit Mißtrauen betrachtet.

Mitten in das Dinner platzte ich mit der sensationellen Nachricht hinein, die der deutsche Rundfunk gerade verbreitet hatte, daß Hitler in der Reichskanzlei in Berlin gefallen sei und Admiral Dönitz seine Nachfolge übernommen habe. Möglicherweise ist Hitler schon ein paar Tage tot. Aber der 1. Mai ist ein symbolisches Datum im Nazikalender, und die Behauptung, daß er »bis zum letzten Atemzug gegen den Bolschewismus gekämpft« habe, deutet darauf hin, daß man noch nachträglich einen Hitler-Mythos aufbauen will. Der Premierminister kommentierte: »Nun, ich muß sagen, daß er sehr gut daran getan hat, so zu sterben.« Lord Beaverbrook war anderer Meinung.

Der Wahlausschuß tagte bis drei Uhr nachts. Dann bummelte der Premierminister noch eine Stunde lang mit einigen Telegrammen herum. Deshalb mache ich diese Eintragungen zu ungewöhnlich später Stunde;

dabei starre ich – alle Politik und alle Politiker verwünschend – auf den überquellenden Aktenkoffer mit unerledigten wichtigen Vorgängen. Fast hoffe ich, daß man bei der bevorstehenden Wahl dem Beispiel der Wähler in Chelmsford folgt. Zumindest sollte der Sozialismus nicht verhindern, daß man zu einer angemessenen Zeit ins Bett kommt.

Mittwoch, 2. Mai Während die letzten Reste der Achsenmächte auseinanderfallen, die Führer Deutschlands und ihre Quislinge sich durch Flucht oder Selbstmord entziehen, ganze Armeen in Italien und an der Elbe kapitulieren und in San Franzisko verschwommen über ein neues Zeitalter geredet wird, ist ein Teil der britischen Regierungsmaschinerie von einem drohenden Waffengang zwischen Britisch-Honduras und Guatemala in Anspruch genommen. Von Gibraltar aus dampft ein Kreuzer mit voller Geschwindigkeit westwärts, britische Bombergeschwader werden mit Bomben beladen, und besorgt richten sich die Blicke nach Washington. Und dann stellt sich heraus, daß das Ganze nur eine Zeitungsente war. Bei den Kämpfen, die man aus der Luft beobachtet haben will, handelte es sich lediglich um einen Brand im Dschungel.

Nach der Orgie der letzten Nacht fühlte ich mich äußerst müde und abgespannt, auch geradezu erschlagen von den Unmengen unerledigter Papiere im Aktenkoffer des Premiers, auf meinem Schreibtisch und praktisch überall im Büro. Deshalb fuhr ich früh nach Hause und verpaßte, wie der Premierminister um halb acht ins Unterhaus eilte, um die bedingungslose Kapitulation der deutschen Streitkräfte in Italien bekanntzugeben. Dennoch ist in jenem Teil der Welt nicht alles in Ordnung. Tito hat uns in dem Rennen nach Triest und Venezia Giulia geschlagen. Da er von den Russen unterstützt wird, ist es fraglich, ob er jemals wieder von dort vertrieben werden kann. Die Russen haben in Wien auf eigene Faust eine Marionettenregierung installiert, ganz nebenbei. Uns bleibt nur die Hoffnung, daß wir durch Unterstützung der italienischen Forderung auf Triest die italienische Kommunistische Partei spalten und so wenigstens dieses Land vor den Klauen der russischen Imperialisten retten. Wie es aussieht, beherrschen die Russen Europa östlich einer Linie vom Nordkap bis nach Triest. Bald werden sie auch auf die Türkei Druck ausüben. Unser einziger Posten auf der Habenseite ist, daß die Amerikaner *de facto* große Teile Deutschlands besetzen, die *de jure* zur russischen Besatzungszone gehören. Hamburg und Lübeck sind in unserer Hand.

Donnerstag, 3. Mai Presse und Parlament sitzen auf glühenden Kohlen. Man beginnt bereits argwöhnische Schlüsse aus der Tatsache zu ziehen, daß der Premierminister – der bis sechs Uhr nachmittags im Bett blieb – nicht ins Parlament ging, um Anfragen zu beantworten.

Die Hauptprobleme sind Polen und das alberne kriegerische Gehabe der Franzosen gegenüber Syrien und dem Libanon. Der Premierminister entwarf einige meisterliche Telegramme zu beiden Fragen. Er blieb bis halb vier auf und arbeitete hart.

Freitag, 4. Mai Es hat den Anschein, daß die deutschen Truppen, die Monty gegenüberstehen, massenweise kapitulieren wollen. Die Russen haben angedroht, erst Fallschirmtruppen in Dänemark einsetzen zu wollen, um so die Kontrolle über das Kattegat zu bekommen. Inzwischen sieht es so aus, als ob Alexander doch noch vor Tito Triest erreicht hat. Tito hat natürlich lautstark die Eroberung der Stadt verkündet, um seine Ansprüche auf sie zu untermauern. Nun protestiert er heftig.

Zum Lunch im New Court mit Tony Rothschild und anderen verspätete ich mich über Gebühr, weil das Kabinett bis kurz vor zwei Uhr tagte. Bei Tisch wurde erwähnt, daß die Untergrundorganisationen in den von den Deutschen besetzten Ländern zwangsläufig auf Lügen und Intrigen basierten. Es wird sehr schwierig sein, dafür zu sorgen, daß dies nicht zu einer Tradition in den betroffenen Ländern wird. Besonders auf die nachfolgende Generation würde sich das äußerst verhängnisvoll auswirken.

Am Abend fuhr ich mit dem Zug von St. Pankras nach St. Boswells; ich reiste im Schlafwagen erster Klasse – ein reiner Luxus in diesen Tagen.

Sonnabend, 5. Mai – Sonnabend, 12. Mai Ich verbrachte eine Ferienwoche bei Mary Roxburghe in Floors. Die Küste lag in herrlichem Sonnenschein. Unter anderem hatten wir den französischen Botschafter, Lord Minto, und Elizabeth Dunglass zu Gast.

Am Dienstag, dem 8. Mai, feierten wir den Sieg in Europa. Mary und ich lunchten bei den Balfours in Newton Don, spielten Bridge und hörten die Rundfunkrede des Premierministers, der das Ende des Krieges gegen die Deutschen verkündete. Am Abend fuhren wir nach einem überfüllten Dankgottesdienst nach Kelso, um uns das große Freudenfeuer anzusehen. Mary, die von der Menge erkannt wurde, wurde mit Applaus begrüßt.

Im übrigen verbrachte ich die Tage auf der Taubenjagd, stöberte in der herrlichen Bibliothek herum und machte lange Spaziergänge mit Mary. Am Freitag radelten wir hinüber zu Elizabeth Dunglass und besichtigten mit ihr Lord Homes wundervolle Rhododendron-Pflanzungen. Samstag mittag war ich wieder zu Hause.

Sonntag, 13. Mai Besuchte mit Mutter den feierlichen Dankgottesdienst in der St. Pauls-Kathedrale. Am Nachmittag schaute ich mit Betts zu, wie der König, die Königin und die Prinzessin über den Trafalgar Square zur Kathedrale fuhren. Anschließend saßen wir noch plaudernd zwischen den Löwen am Fuß der Nelson-Säule. Über uns hing ein Transparent, das mit großen gelben Buchstaben verkündete: »Victory in Europe – 1945«.

Montag, 14. Mai In Downing Street Nr. 10 schienen alle ziemlich erschöpft von der zurückliegenden turbulenten Woche. Mrs. Churchill ist von ihrer Reise durch Rußland zurückgekehrt, die ein bemerkenswerter Erfolg war.

Die Arbeit wird von Tag zu Tag mehr. Der Sieg hat keine Erleichterung gebracht. Winston sieht müde aus und bringt kaum die Energie auf, sich mit den Problemen zu befassen, die vor ihm liegen. Dazu gehören die Neuordnung Europas, die letzte Runde des Krieges im Fernen Osten, die bevorstehenden Wahlen und die dunkle Wolke der russischen Unabwägbarkeit. In Venezia Giulia stehen wir am Rande einer bewaffneten Auseinandersetzung mit Tito, der, russischer Unterstützung sicher, den Italienern Triest und Pola abnehmen will, ohne die Entscheidungen einer Friedenskonferenz abzuwarten. Die Amerikaner – allen voran Truman – scheinen in dieser Frage entschlossen hinter uns zu stehen, aber Alexander hat sie aufgerüttelt – und damit den Premier erzürnt –, indem er die Haltung der anglo-amerikanischen Truppen in Zweifel zog, sollte es zu einer bewaffneten Auseinandersetzung mit den Jugoslawen kommen. In der polnischen Frage lassen die Russen keine Bereitwilligkeit zu einem Kompromiß erkennen, und so ziehen auch hier Sturmwolken auf. Zu allem Überfluß – als hätten wir nicht schon genug Ärger – schickt de Gaulle auch noch einen Kreuzer mit Truppen nach Syrien; die Lage dort ist schwierig, und man hat starke Vorbehalte gegen eine französische Vorherrschaft. Zuletzt droht auch noch in der Levante eine bewaffnete Auseinandersetzung unter Beteiligung britischer Truppen.

Als der Premierminister um halb drei zu Bett ging, war der riesige Papierstapel, der auf Entscheidungen wartet, so gut wie nicht angerührt. Er sagte mir, daß er daran zweifle, ob er die Kraft zum Weitermachen besitze.

Dienstag, 15. Mai Ein weiterer arbeitsreicher Tag. Ich fühle mich, als hätte ich überhaupt keine Ferien gemacht.

Donnerstag, 17. Mai Der Premierminister sagte mir, er fühle sich überfordert bei dem Gedanken an die bevorstehende Konferenz der Großen Drei, die äußerst wichtig ist zur Klärung der verschiedenen Standpunkte hinsichtlich Polens, Venezia Giulias und Österreichs, die aber mit den Unterhauswahlen zusammenfällt, die ebenfalls keinen Aufschub dulden. Seine Verantwortung und die allgemeine Unsicherheit bedrücken ihn. *Bellum in Pace.*

Freitag, 18. Mai Der Premierminister fuhr mit seiner Frau nach Chartwell, während ich mich nach Chequers begab, um sie später dort zu erwarten.

Nach einer Sitzung der Tory-Führung in Nr. 10 hat Winston an Attlee, Sinclair und Ernest Brown einen Brief geschrieben, in dem er die Hoffnung ausdrückte, daß sie zustimmen, die Koalition bis zum Ende des Krieges mit Japan fortzusetzen. Er könne sich freilich nicht damit einverstanden erklären, einen bestimmten Tag für die Wahlen im Herbst festzulegen, weil dies bedeuten würde, daß die Regierung in der aufgeheizten Atmosphäre eines Wahlkampfes weitergeführt werden müßte. Attlee suchte den Premierminister in der Filiale auf und versprach ihm, seine Partei beim Pfingsttreffen in Blackpool von der Fortsetzung der Koalition überzeugen zu wollen. Ernest Bevin steht in dieser Frage auf seiner Seite.

Winston gefiel es in Chartwell so gut, daß er sich entschloß, noch zu bleiben. Das beschert mir ein behagliches Einsiedlerleben in Chequers.

Sonnabend, 19. Mai Harold Macmillan, der wegen der Venezia-Giulia-Krise aus Italien herbestellt wurde, traf am Nachmittag mit seinem Adjutanten Robert Cecil ein. Der Premierminister trödelte in Chartwell mit seinen Gänsen und Goldfischen herum – die Teiche waren vor kurzem ihres für ihn sehr wertvollen Inhalts beraubt worden, und es hatte lange gedauert, bis es jemand wagte, ihm dies beizubringen –, und so machte ich mit den Gästen einen Spaziergang auf den Beacon Hill. Ich kann es nicht leiden, wie Macmillan seine Zähne zu einem bemüht wohlwollenden Lächeln fletscht.

Der Premier traf spät zum Dinner ein. Anschließend sahen wir uns einen Film an und vertrödelten die Zeit mit ziemlich nutzlosem Geschwätz.

Pfingstsonntag, 20. Mai Der Premierminister grübelt unablässig über die politischen Aussichten nach. Die Unterhaltung drehte sich daher den ganzen Tag um die bevorstehenden Wahlen. Gelegentlich wurde das

Thema gewechselt; dann sprach er über die Angst vor der russischen Gefahr und verwünschte diejenigen, die alle führenden Deutschen als Kriegsverbrecher vor Gericht stellen wollen, damit niemand übrigbleibt, der genügend Autorität besitzt, dieses zerstörte und durcheinandergeratene Land zu verwalten.

Montag, 21. Mai Am Nachmittag traf Randolph ein. Der Professor und ich hatten schon beinahe unser Ziel erreicht, Winston dazu zu bringen, sich des Aktenkoffers anzunehmen, als Attlee von der Blackpool-Konferenz anrief und dem Premierminister mitteilte, daß sein Brief keinen Erfolg gehabt habe. Sofort wurde alles beiseitegefegt, und die Wahlen waren das einzige Thema. Winston, Macmillan und Randolph versuchten, eine gute Antwort an Attlee zu entwerfen. Sie glauben sehr geschickt manövriert zu haben, indem sie der Labour Party die Verantwortung dafür zuschieben, in diesen immer noch gefährlichen Zeiten, in denen Einigkeit geboten wäre, die Koalition aufzukündigen und Uneinigkeit vorzuziehen. Ich glaube nicht, daß der Premierminister über diese Entwicklung besonders glücklich ist. Aber für alle anderen Tories scheinen die Zeiten endgültig vorbei zu sein, in denen »keiner für seine Partei und alle für das Land« kämpften. Der größte Intrigant ist Lord Beaverbrook, der unablässig auf die Wahlen hinarbeitet. Brendan, der sich mit dem Premierminister wegen einiger Nebensächlichkeiten zerstritten hat, hat sich in den Schmollwinkel zurückgezogen.

Dienstag, 22. Mai Wir blieben bis zum Tee in Chequers und kehrten dann nach London zurück, weil der Premierminister eine Konferenz der Tory-Minister leiten mußte. In Chequers war Winston im Bett geblieben. Er schrieb dem König einen bewundernswerten Brief – für die Archive, wie er sagte – und danach noch einen an Attlee, zur Veröffentlichung in der Presse. Lord Beaverbrook hatte ihn dazu gebracht, den letzten Absatz wieder herauszunehmen, in dem großzügig von der Unterstützung die Rede war, die er bei seinen ehemaligen Labour-Kollegen gefunden hatte.

Ich las Attlee den Brief am Telefon vor, da der Premier wünschte, daß er in den Sechs-Uhr-Nachrichten veröffentlicht wurde. Dies nahm fast vierzig Minuten in Anspruch, da Attlee darauf bestand, den Text Wort für Wort mitzuschreiben, und die Verbindung nicht die beste war.

Also wird der Premierminister morgen zurücktreten. Mit der Regierung, die den Krieg gewonnen hat, ist es aus und vorbei.

Mittwoch, 23. Mai Der Premierminister fuhr zur Mittagszeit, wie abgesprochen, in den Buckingham-Palast und bot seinen Rücktritt an. Danach kehrte er nach Downing Street zurück, um der Öffentlichkeit zu demonstrieren, daß der König allein das Recht besitzt, zu entscheiden, wen er zu sich ruft. Um sechzehn Uhr fuhr er wieder in den Palast und wurde aufgefordert, ein neues, rein konservatives Kabinett zu bilden. Im großen und ganzen nehme ich an, daß die Öffentlichkeit bei diesem Vorgeplänkel auf seiner Seite steht. Man erwartet, daß viele vor allem aus persönlicher Loyalität gegenüber Winston für die Konservativen stimmen werden. Das Parlament wird in drei Wochen aufgelöst; die Wahlen werden am 5. Juli stattfinden.

Was die tägliche Arbeit in Downing Street betrifft, so fällt der Premierminister aus. Vieles von dem, was ihm eigentlich vorgelegt werden müßte, erledigen wir selbst. Ich habe das Außenministerium dazu überreden können, uns so wenig Vorlagen wie möglich zu übersenden. Dennoch siebe ich jeden Tag etwa sechzig Prozent der eingehenden Telegramme aus. Ich schätze, daß sich bei uns jetzt etwa dreimal soviel Papier ansammelt wie im Jahr 1940 und dem Premierminister etwa halb soviel vorgelegt wird. Natürlich waren die Probleme damals, obwohl von ernsterer Art, einfacher als heute, weil die Regierungsmaschinerie noch nicht so kompliziert war und wir auch noch keine Alliierten hatten. Heute gibt es zahllose Ausschüsse und Komitees und zwei wichtige Alliierte, die bei jeder Gelegenheit zu Rate gezogen werden müssen. Darüber hinaus müssen wir uns jetzt auch mit solchen Dingen wie der französischen Taktlosigkeit in der Levante, der griechischen Forderung nach den südlichen Sporaden, internen italienischen Fehden und ähnlichem herumschlagen. 1941, als ich mich zur RAF meldete, lungerte ich manchmal tagelang ohne Arbeit herum und glaubte, das Sekretariat des Premierministers sei überbesetzt. Jetzt sind wir insgesamt sechs Privatsekretäre; Anthony Bevir, der sich ausschließlich mit Fragen des Kirchenpatronats, und Miss Watson, die sich mit parlamentarischen Anfragen beschäftigt, kümmern sich allerdings nicht um die laufenden Geschäfte. Des weiteren verfügen wir über drei männliche Büroangestellte, drei überaus tüchtige weibliche Kräfte, die sich um die Stapel geheimer Papiere kümmern, und etwa sechzehn Schreibkräfte. Und doch scheinen wir unterbesetzt.

Donnerstag, 24. Mai Der Premierminister verbrachte den Tag mit der Zusammenstellung seiner »Übergangsregierung«, wie die Presse sie nennt. Brendan hat es abgelehnt, die Admiralität zu übernehmen, obwohl sie ihm eigentlich am meisten zusagen würde, und strebt eine Zusammenfassung des Produktions- und des Handelsministeriums an.

Da sich die Politiker heute hier die Klinke in die Hand gaben und dem Fraktionsvorsitzenden ständig ihre Aufwartung machten – alle mit einem gewissen Glitzern in den Augen –, war an eine reguläre Arbeit nicht zu denken. So blieb selbst Stalins Telegramm unbeantwortet, in dem er von uns ein Drittel der deutschen Kriegsmarine und der Handelsflotte fordert, die komplett in unsere Hand gefallen sind.

Interessant fand ich die folgenden Zahlen über unseren beziehungsweise den amerikanischen Anteil am Bombenkrieg. Danach hat die RAF 678.500 t Bomben auf Deutschland abgeworfen, die amerikanische Air Force 684.700. Beide zusammen warfen in ganz Europa 2.170.000 t ab. Die Verluste in Europa betrugen für die RAF 10.801 und für die Amerikaner 8.274 Flugzeuge.

Freitag, 25. Mai Die Kabinettsbildung dauert noch an. Brendan hat nun doch die Admiralität übernommen und Harold Macmillan das Luftfahrtministerium. Alex Dunglass wird Staatssekretär im Außenministerium und William Sidney im Ministerium für die Altersversorgung.

Sonntag, 27. Mai Folgte einer Einladung Lord Beaverbrooks nach Cherkley. Als ich eintraf, war er allein. Er machte einen langen Spaziergang mit mir, bei dem er mir seine Hühnerzucht zeigte. Er sang ein Loblied auf Brendan, dessen Kandidatur gegen Eden um den Vorsitz der Tories er unterstützt, und beschwerte sich über Winston, der ihn bei der Kabinettsumbildung schlecht behandelt habe.

Als wir wieder ins Haus kamen, war inzwischen Harold Balfour eingetroffen, der gerade aus Westafrika zurückgekehrt ist und seiner Ernennung zum Peer entgegensieht. Später kamen noch Lord Queensberry und Brendan hinzu.

Vor dem Dinner gab es einen Zwischenfall, der zeigt, wie schwer Lord Beaverbrook an seiner Herkunft trägt. Er ritt eine Attacke gegen Eden und äußerte, dieser verdanke seinen Erfolg doch nur seiner Geburt und seiner Erziehung. Männer mit wirklichen Qualitäten, sagte er, an seine Zuhörer gewandt, Männer wie Balfour, Brendan und er selbst hätten sich mit harter Plackerei von unten heraufarbeiten müssen, während Queensberry und ich den Platz, an dem wir stehen, lediglich unserer Geburt verdankten, genau wie Eden. Nach diesem Ausfall, bei dem seine Augen blitzten, ließ er sich den schottischen Psalter bringen und las uns ein paar Psalmen vor. Dies war wohl seine Form des Tischgebetes und als eine Art Abbitte vor dem Allmächtigen gedacht.

Es gab ein ausgezeichnetes Dinner mit Strömen von Champagner und Brandy, danach einen scheußlichen Film. Nachdem Balfour und Queensberry gegangen waren, folgte eine lange politische Diskussion, mit Attacken auf Bevin und Lobreden auf Morrison – dem üblichen Beaverbrook-Brendan-Thema. Dann wurden Eden und Anderson beschimpft und Kritik an der Berufung von Dunglass geübt, der propolnisch eingestellt ist, während die beiden nachdrücklich prorussisch sind. Der Abend hat mir Spaß gemacht; ich fühlte mich wie unter Piraten und Ganoven. Natürlich sind die beiden gefährlich und werden den Konservativen noch viel Schaden zufügen, sowohl bei den Wahlen als auch danach.

Montag, 28. Mai Ich erwachte mit einem herrlichen Ausblick in die Dorking Gap. Nach einem Bad in einem mit verschwenderischem Luxus eingerichteten Badezimmer erwartete mich zum Frühstück ein einzelnes pochiertes Ei neben dem *Daily Express*. Brendan hatte gesagt, er sei um halb zehn Uhr zur Rückfahrt nach London fertig, aber daraus wurde halb zwölf. In der Zwischenzeit setzte ich mich nach draußen in die Sonne und stöberte ein bißchen in Beaverbrooks Bibliothek herum, da ich der Meinung bin, daß Bücher oft sehr viel über ihren Besitzer sagen. Auf einem Lesepult, neben zwei Diktiergeräten, lag die Bibel, aufgeschlagen bei den Psalmen. Gleich daneben stand in einem Bücherregal Wilkes berüchtigter *Essay on Women*, eine obszöne Parodie auf Popes *Essay on Man*, der nach Erscheinen öffentlich verbrannt worden war. Die Ausgabe ist deshalb selten.

Später gesellte sich Lord Beaverbrook zu mir. Per Telefon trieb er eine politisch-journalistische Intrige voran, versprach einem unbekannten Anrufer, ihm den Posten eines Staatssekretärs im Kriegsministerium zu beschaffen – wofür er anschließend keinen Finger rührte –, und verleumdete James Stuart einem anderen Anrufer gegenüber als »Highlander«, verräterisch und loyal zugleich. James lehnt sich gegen den Beaverbrook-Brendan-Clan auf und macht seinen Einfluß geltend gegen eine Postenvergabe nach ihrem Geschmack. Zwischendurch unterhielt sich Beaver mit mir leutselig über die verschiedensten Themen. Schließlich verehrte er mir, nach einer desillusionierenden Beschreibung von Charles Dickens' Privatleben, eine der begehrten Dickens-Erstausgaben.

Dann kam endlich Brendan herunter und fing wieder eine lange politische Diskussion an. Er behauptete, die Sozialisten hätten zwar lediglich die Absicht, die Bergwerke, die Bank von England und die Elektrizitätswerke zu verstaatlichen. Mit letzteren könnten sie aber die gesamte Industrie kontrollieren, und mit der Bank bekämen sie die gesamte Finanzwelt in die Hand. Auf der Rückfahrt unterhielt Brendan sich wieder absolut vernünftig mit mir.

Später am Tag übersandte mir Lord Beaverbrook Teile eines Dossiers, mit dem er seine Behauptung beweisen wollte, daß der Professor – der wegen des Systems von Bretton Woods in Opposition zu ihm steht – in der Frage der V-Waffen absolut falsch gelegen habe. Die Beispiele waren Seite für Seite fein säuberlich aufgelistet. Der Beaver muß ein recht unangenehmer Kollege sein.

Am Nachmittag gab der Premierminister in Nr. 10 einen Empfang für die scheidenden Kabinettsmitglieder und das neue Kabinett. Konservative, Liberale und Labour verkehrten dabei höchst friedlich miteinander.

Dienstag, 29. Mai Das Unterhaus trat zum erstenmal nach dem Auseinanderbrechen der Koalition zusammen. Ich war nicht anwesend, vermute aber, daß es eine Menge Lärm gegeben hat.

Es herrscht die Meinung vor, daß die Streitkräfte, besonders das Heer, links wählen werden. Lord Queensberry erzählte mir, daß achtzig Prozent der Soldaten, die in seinen Klub kommen, erklärten, sie würden Labour wählen. Andererseits hofft man, daß der Premierminister auf Grund seiner Person viele Stimmen zurückgewinnen kann. Deshalb sind die Tories, mit Ausnahme von Brendan, zuversichtlich über den Ausgang der Wahl. Heute bot ich Leslie Rowan eine Wette über fünf Shilling an, daß es Labour schaffen wird oder daß zumindest die Regierung aus Konservativen, Liberalnationalen und Unabhängigen keine Mehrheit erhalten wird[35].

Mittwoch, 30. Mai Heute trat das neue Kabinett zum erstenmal zusammen. Inzwischen wird Nr. 10 instandgesetzt, und es ist zu hoffen, daß wir die düstere Filiale bald für immer verlassen können.

Donnerstag, 31. Mai Mutter kam von Badminton zurück, zum letztenmal, da Queen Mary wieder ins Marlborough House einziehen wird.

Am Freitag, dem 1. Juni, fuhr ich mit dem Premierminister wieder nach Chequers. Das Wochenende stand im Zeichen der Vorbereitung einer Rundfunkansprache anläßlich der Wahlen. Sie wurde am Montag, dem 4. Juni, in dem kleinen Studio in Chequers aufgezeichnet. Ich war dabei und beobachtete amüsiert, daß Winston gestikulierte, als ob er in einem überfüllten Saal auftreten würde. Auch sprach er viel feierlicher als gewöhnlich. Die Rede wurde, vor allem in den gebildeteren Kreisen, nicht besonders gut aufgenommen. Da seine Redezeit begrenzt gewesen war, hatte er sich dazu verleiten lassen, zu hastig zu reden.

Und nun – ein paar Wochen, nachdem der Krieg in Europa zu Ende gegangen ist – bringe ich dieses Tagebuch zum Abschluß. Begonnen hatte ich es eine Woche nach Eröffnung der Feindseligkeiten. Jene sonnigen Tage im Herbst 1939 scheinen einem längst vergangenen Leben anzugehören. In der Zwischenzeit hat sich Europa grundlegend verändert, nicht nur in seinen Grenzen, sondern auch geistig. Das größte Problem für uns stellt jetzt Rußland dar, dessen Absichten wir kaum ergründen können. Was hat es mit Polen im Sinn? Die Großen Drei werden am 15. Juli in Berlin [Potsdam] zusammenkommen. Danach werden wir deutlicher sehen, wie es weitergeht.

Auch anderswo in Europa steht es nicht zum besten. Frankreich wird von einem überempfindlichen Autokraten regiert, dessen törichte und unüberlegte Handlungen – etwa im Aostatal, wo er seine Truppen anwies, sich den Anordnungen des Oberbefehlshabers Eisenhower zu widersetzen – der Freundschaft Frankreichs mit den Westmächten sehr schaden. Nach Meinung aller denkenden Franzosen und ihrer Freunde im Ausland ist diese Freundschaft unverzichtbar zur Genesung Frankreichs und zur Wiederherstellung ganz Europas.

In Italien fechten sechs schwache Parteien ihre kleinlichen Intrigen aus, während die alliierte Militärregierung für Frieden sorgt. Die Partisanen im Norden handeln gegenüber den ehemaligen Faschisten in demselben Geist, der einst die schlimmsten faschistischen Exzesse hervorgerufen hat. Auf dem Balkan – abgesehen von Griechenland und der Türkei – regieren russische Marionetten; unter Umgehung freier Wahlen wurde die »Herrschaft der Partei« errichtet.

Spanien stöhnt unter der unsicheren Gewaltherrschaft Francos, der von der übrigen Welt verachtet und von den spanischen Republikanern jenseits der Pyrenäen bedroht wird. Er scheint mit dem Gedanken zu spielen, wieder die Monarchie einzuführen, um sich eine gewisse Respektabilität zu verschaffen.

Deutschland läßt gedemütigt und verwirrt den Kopf hängen. Die Russen schwanken in ihrer Zone zwischen Fraternisation – um den Sympathien für die Engländer und Amerikaner entgegenzuwirken – und einer Politik im Zeichen von Vergewaltigung, Mord und Brandschatzung. Ob Österreich in Zukunft frei sein wird, bleibt fraglich. Gegenwärtig haben die Russen dort eine Regierung eingesetzt, die – was ihr ein gewisses Ansehen verschaffen soll – von einem fünfundsiebzigjährigen Sozialdemokraten [Karl Renner] geführt wird, deren entscheidende Ministerien jedoch, das Innen- und das Erziehungsministerium, von Leuten geleitet werden, die sich rühmen, Kommunisten zu sein. Über ganz Europa hängen finstere Wolken: unzureichende Lebensmittellieferungen, zerstörte Transportwege, Kohlen-

mangel und das Heer der Flüchtlinge und Verschleppten. Europas Lage ist nicht leichter geworden und seine Aussichten sind kaum besser als damals, bevor der erste Schuß fiel.

Zu Hause ist der erste Begeisterungssturm nach dem Sieg bereits verebbt. Die Parteien erzeugen – größtenteils künstlich – Bitterkeit bei ihrer hysterischen Jagd nach Wählerstimmen. Brendan und der Beaver feuern gewaltige Breitseiten ab, die meiner Meinung nach größtenteils ihr Ziel verfehlen. Die Propaganda der Labour Party ist viel besser und kommt auch zusehends besser an. Ohne Winstons persönliches Prestige hätten die Tories nicht die geringste Chance. Aber auch so schätze ich ihre Chancen nicht allzu hoch ein. Einer der wenigen Vorteile der Tories ist die allgemeine Ansicht, daß Attlee beim bevorstehenden Treffen der Großen Drei keine so gute Figur machen würde wie Winston.

Ich habe sehr viel auf diesen Tagebuchseiten geschrieben – manches, das ich besser ausgelassen hätte, und manches, das es eigentlich nicht wert war, festgehalten zu werden. Aber wie groß oder wie gering der Wert dieses Tagebuches für mich in den kommenden Jahren auch sein mag, es dokumentiert zumindest eines: Ich habe in diesen Jahren ein Leben geführt, das viel interessanter und abwechslungsreicher war, als ich es je erwarten konnte. In den letzten fünfeinhalb Jahren – in denen der Rest der Menschheit zwischen Langeweile und Depression auf der einen und Elend, Schrecken und Furcht auf der anderen Seite schwankte – habe ich Dinge erlebt, die ich unter normalen Umständen niemals erlebt hätte. Ich habe allen Grund, dafür dankbar zu sein. Und sollte ich nichts daraus gelernt haben, dann läge es einzig und allein an mir selbst.

Nachwort zur deutschen Ausgabe

Nach der Niederlage der Regierung Churchill im Juli 1945 blieb ich noch drei Monate in Downing Street Nr. 10 als Privatsekretär des neuen Premierministers Clement Attlee, für den ich sehr viel Bewunderung empfand. Dann kehrte ich ins Außenministerium zurück, wo ich mich zunächst mit den Problemen in Jugoslawien, später mit dem südosteuropäischen Raum insgesamt befaßte; die Russen kontrollierten dort alles, mit Ausnahme Griechenlands.

Für England war es eine deprimierende Zeit. Das Land hatte sich in den sechs Kriegsjahren ökonomisch und finanziell verausgabt, und die Wiederaufbaupläne der sozialistischen Regierung führten zu einer großen Ernüchterung. Die Rationierung von Lebensmitteln, Kleidern und Benzin war noch strenger als während des Krieges, und es war schmerzlich zu sehen, wenn man nach Frankreich oder Italien reiste, daß die Menschen dort, in den besiegten Ländern, viel weniger hart betroffen waren als wir. Überdies war der Winter 1946/47 einer der kältesten aller Zeiten, und es fehlte an Öl, was für eine Insel, deren Energieversorgung auf Kohle basiert, ziemlich außergewöhnlich schien.

Im Frühjahr 1947 bot man mir an, Privatsekretär der Thronfolgerin Prinzessin Elizabeth zu werden, die gerade 21 Jahre alt geworden war. Ich nahm an unter der Bedingung, daß ich nicht länger als zwei Jahre zur Verfügung stehen würde und daß meine Karriere im diplomatischen Dienst nicht darunter leiden dürfte. Es wurden zwei der schönsten Jahre meines Lebens, denn die Prinzessin war hochintelligent und übernahm, vor allem nachdem sie im Herbst des gleichen Jahres geheiratet hatte, zahlreiche öffentliche Verpflichtungen. Auch hatte sie drei attraktive junge Hofdamen, deren hübscheste ich mich glücklich schätzen durfte zu heiraten. Unter anderem hatte ich die Aufgabe, den Besuch des Prinzenpaares in Paris vorzubereiten. Es war die erste Auslandsreise eines Mitgliedes des königlichen Hauses seit dem Krieg, und sie wurde ein gewaltiger Erfolg. Ganz Paris eilte auf die Straße, um eine strahlend junge Prinzessin und ihren gutaussehenden Mann, den Herzog von Edinburgh, zu bewundern.

Als ich im Oktober 1949 in das Außenministerium zurückkehrte, wurde ich Kanzleichef der Britischen Botschaft in Lissabon. Meine Frau und ich verbrachten in Portugal zwei interessante und schöne Jahre. Im Oktober 1951 standen in England Parlamentswahlen an. Winston Churchill, der seit 1945 die Opposition geleitet hatte, wurde noch einmal Premierminister. Er ließ mich rufen und fragte mich, ob ich sein Erster Privatsekretär werden wolle. Dies blieb ich, bis er sich 1955 endgültig zurückzog und ihm erst Anthony Eden und später Harold Macmillan folgte.

Trotz des Koreakrieges waren es vier konstruktive Jahre, in denen allmählich wieder der Wohlstand zurückkehrte. Auch damals führte ich Tagebuch, in erster Linie über unsere Reisen in die Vereinigten Staaten und die Gespräche mit Truman und Eisenhower. Es war eine politisch bewegte Zeit, auch wenn sie natürlich bei weitem nicht vergleichbar war mit den täglichen Aufregungen und Aufgeregtheiten der Kriegsjahre. In der englischen und amerikanischen Ausgabe meiner Tagebücher sind die Jahre 1951 bis 1955 ebenfalls dokumentiert. Für den deutschen Leser sind sie wahrscheinlich von geringerem Interesse. Was die Bundesrepublik betrifft, so versuchte Churchill in diesen Jahren sicherzustellen, daß Bonn voll und ganz in die Politik Westeuropas integriert und am Ende aufgefordert wurde, der NATO beizutreten.

Als Churchill 1955 abdankte, beschloß ich, den diplomatischen Dienst zu verlassen, und wurde Chef eines Handelsbankhauses in London; so verdiente ich genügend Geld, um meinen drei Kindern eine gute Erziehung zukommen zu lassen. Auch wenn ich immer viele Freunde in der Politik hatte, befaßte ich mich während der letzten dreißig Jahre doch hauptsächlich mit dem Bank- und Finanzgeschäft. Auch war ich fünfundzwanzig Jahre lang Direktor der britischen Tochtergesellschaft der BASF, und darauf bin ich stolz.

Personen

Albert Victor *Alexander,* Earl Alexander of Hillsborough (1885-1965)
1922 Unterhausabgeordneter der Labour Party im Wahlkreis Hillsborough in Sheffield. 1929 übernahm er unter Ramsay Macdonald das Amt des Ersten Lords der Admiralität, in das er im Mai 1940 zurückkehrte. Er war gutmütig und freundlich, andererseits aber auch widerwärtig geltungsbedürftig. Seine Admirale brachten ihm mehr Zuneigung als Bewunderung entgegen, ebenso Churchill, der von ihm nur als Albert Victor sprach. A. war Laienprediger der Baptisten und ein entschiedener Protestant. 1946 bis 1950 Verteidigungsminister. 1950 Viscount, 1963 Earl; erhielt kurz vor seinem Tod den Hosenbandorden.

Harold Rupert *Alexander,* Earl A. of Tunis, Feldmarschall (1891-1969)
A., während seiner Schulzeit in Harrow ein bekannter Kricketspieler, im Ersten Weltkrieg dreimal verwundet und für Tapferkeit vor dem Feind ausgezeichnet, nahm 1919 an den Kämpfen in Rußland teil. 1934-1938 Brigadekommandeur in Indien. 1939/40 befehligte er die 1. Division der britischen Expeditionsstreitkräfte. Nachdem er von Lord Gort das Oberkommando übernommen hatte, damit dieser auf keinen Fall in Gefangenschaft geriet, gehörte er zu den letzten, die sich in Dünkirchen einschifften. Im invasionsgefährdeten Sommer 1940 befehligte er die Truppen in Südengland; 1942 übernahm er das Oberkommando in Burma, wo er kaltblütig und geschickt den Rückzug vor den zahlenmäßig überlegenen Japanern leitete. Ende 1942 Oberbefehlshaber in Nordafrika, wo Montgomery die 8. Armee befehligte; setzte von dort nach Sizilien und Italien über und war zum Schluß Alliierter Oberbefehlshaber im Mittelmeerraum. Von 1946 bis 1952 Generalgouverneur in Kanada; 1952 holte ihn Churchill nach Großbritannien zurück, wo er als Verteidigungsminister keine glückliche Hand bewies. A. war für Churchill der Inbegriff eines Soldaten. Der Premier und er bewunderten sich gegenseitig.

The Right Hon. Leopold *Amery* (1873-1955)
Harrow, Balliol und All Souls brachten diesen Überschuß an physischer und psychischer Energie hervor: klein von Statur, aber von unglaublicher Intelligenz. Angeblich sprach er siebzehn Sprachen, wurde allerdings nie auf die Probe gestellt. Arbeitete zehn Jahre für die *Times;* seit 1911 Unterhausabgeordneter für Birmingham. Er machte einen solchen Eindruck auf die führenden Politiker, daß er

rasch hintereinander zum Ersten Lord der Admiralität, Kolonialminister, Minister für die Dominien und schließlich – von 1940 bis 1945 – zum Minister für Indien aufstieg. Es gab Leute, die ihn für *zu* schlau hielten, und andere, die es gar nicht leiden konnten, daß er ein bißchen zu weit außerhalb der eigenen Gewässer fischte. Ohne Zweifel war er jedoch eine der bekanntesten Figuren auf der politischen Bühne in der ersten Hälfte des 20. Jahrhunderts.

Sein ältester Sohn Jack, der mit mir zusammen die Schule besucht hatte und über beträchtlichen Charme verfügte, wurde bedauerlicherweise ein Faschist, der während des Krieges über den italienischen Rundfunk Feindpropaganda verbreitete und nach dem Krieg wegen Hochverrats gehängt wurde. Dieses Schicksal wäre ihm wohl erspart geblieben, wenn sein Vater nicht so prominent gewesen wäre. Amerys anderer Sohn Julian, der tapfer für die Rettung seines Bruders gekämpft hatte, heiratete die Tochter Harold Macmillans und hatte mehrere Ministerämter inne.

Sir Claude *Auchinleck,* Feldmarschall (1884-1981)

Ein Mann, der auf den ersten Blick Vertrauen einflößte. Er trat in die indische Armee ein und kämpfte im Ersten Weltkrieg in Ägypten und Mesopotamien. 1940 übernahm er den Oberbefehl in Indien und danach für zwei bedrückende Jahre in Nordafrika. Obwohl er ein hervorragender Feldherr war, wurde er mit Rommel nicht fertig, so daß seine Generale ihn fallenließen. Ein Feldherr ohne Fortune hat die Konsequenzen zu tragen, auch wenn ihm die Niederlage nicht persönlich zuzuschreiben ist. »Auk« trug es ohne Murren und kehrte als Oberbefehlshaber nach Indien zurück.

William Maxwell Aitken, Lord *Beaverbrook* (1879-1964)

Für viele Menschen war B. das Böse in Person. Tatsächlich war er zugleich boshaft und von großer Güte. Er stammte aus einem Pfarrhaus – fast alle einflußreichen Kanadier scheinen Pfarrersöhne zu sein – und machte in jungen Jahren ein Vermögen mit Geschäften, bei denen es wohl nicht immer ganz »sauber« zuging. 1910 kam er nach England und wurde mit Unterstützung des führenden konservativen Politikers Bonar Law – auch dieser ein Kanadier – innerhalb eines halben Jahres Unterhausabgeordneter für den Wahlkreis Ashton-under-Lyne, einen Ort, von dem er einige Monate zuvor noch nie etwas gehört hatte. Er kaufte den herrenlosen *Daily Express* auf und machte daraus ein Organ für die Konservative Partei. Auch kaufte und verkaufte er mit Gewinn die Firma Rolls Royce. Zwischen den Weltkriegen wurde er zum absoluten Pressezar, für den die Auflagenhöhe das Wichtigste war. Nachdem er im Mai 1940 zum Minister für die Flugzeugproduktion bestellt worden war, vollbrachte er auch hier wahre Wunder bei der Steigerung der »Auflage«. Am siegreichen Ausgang der Luftschlacht um England hatte er somit wesentlichen Anteil. Im weiteren Verlauf des Krieges bereitete er der Regierung jedoch zunehmend Kopfzerbrechen. Er tappte in jedes Fettnäpfchen, ließ sich von Stalin blenden und opponierte gegen alles, was auf einen Wohlfahrtsstaat hinauslief. Nach dem Krieg schwand sein Einfluß auf die Politik, und sein Verhältnis zu Churchill wurde distanzierter, obwohl beide weiterhin freundschaftlich miteinander verkehrten.

The Right Hon. Ernest *Bevin* (1881-1951)

Dieser schwerfällige und ungebildete Gewerkschaftsführer, ehemaliger Generalsekretär der Transportarbeitergewerkschaft und Anführer des Generalstreiks von 1926, war als Arbeitsminister ein Eckpfeiler der Regierung Churchill-Attlee. Nach dem Regierungswechsel 1945 wurde er Außenminister; damit fiel ihm die Aufgabe zu, sich mit Molotow und den intransigenten sowjetischen Delegationen herumzuschlagen, die Sand ins Getriebe sämtlicher Friedenskonferenzen zu streuen versuchten. Die Angehörigen des diplomatischen Dienstes, die allesamt einen völlig anderen Hintergrund hatten, schätzten ihren Chef, und es gab wohl keinen Außenminister, der so beliebt und geachtet war wie Bevin.

Sir Anthony *Bevir* (1895-1977)

Wurde im Ersten Weltkrieg bei einem Gasangriff schwer verwundet. Zwischen den beiden Kriegen arbeitete er im Kolonialministerium. 1939 wurde er in das Sekretariat des Kriegskabinetts versetzt und im folgenden Jahr Nachfolger von Cecil Syers im Sekretariat des Premierministers. Da er mit Churchills unorthodoxer Arbeitsweise nicht zurecht kam, übertrug man ihm die Bearbeitung der Patronatsangelegenheiten. Er hatte ein eigenes Arbeitszimmer in Downing Street Nr. 10, und es gab keinen Bischof oder Dekan in England, den er nicht kannte. 25 Jahre lang hatte er diesen Posten inne, wobei er riesige Mengen Schnupftabak konsumierte, gelegentlich die Büroschlüssel verlor und jedem mit Rat und Tat zur Seite stand, der sich an ihn wandte. Bevir war einer der liebenswürdigsten Menschen, die ich kannte.

Brendan *Bracken,* Viscount (1901-1958)

Sein Aufstieg war erstaunlich. Eine undisziplinierte, mit Schulschwänzen verbrachte Kindheit in Irland, Jünglingsjahre bei einem Onkel in Australien, danach eine Ausbildung durch einen phantasiereichen Lehrer in Yorkshire, bei dem er sich drei Jahre jünger machte, als er tatsächlich war: dies alles war das Vorspiel zu einer Karriere, die er als

Unterhausabgeordneter von Paddington mit 29 Jahren begann. Damals hatte er bereits die Zeitschrift *The Banker* gegründet, den *Economist* gekauft und war Vorstandsvorsitzender bei den *Financial News* geworden. Unter einem wirren roten Haarschopf, hinter dicken Brillengläsern und einer gespielten Unbarmherzigkeit verbarg sich ein goldenes Herz. Er hatte ein so bemerkenswertes Gedächtnis, daß man, wenn er zugegen war, keine Nachschlagewerke benötigte. Er fürchtete sich vor niemandem und verstand es ausgezeichnet, Churchills oft düstere oder streitsüchtige Stimmung zu vertreiben. Auch war er ein überaus erfolgreicher Informationsminister. Er wurde von allen geschätzt, denen es gelang, durch seine häßliche Fassade hindurch auf den Grund seiner Seele zu schauen.

Edward Lord *Bridges* (1892-1969)

Sohn des Poeta laureatus Robert Bridges, im Ersten Weltkrieg hoch ausgezeichnet. Arbeitete im Schatzamt, bevor er 1938 als Nachfolger von Sir Maurice Hankey, dem ersten Inhaber dieses Postens, zum Sekretär des Kabinetts ernannt wurde. Während des Krieges waren er und General Ismay die beiden Eckpfeiler, auf die der Premierminister sich stützte. Beide waren erstklassige Verwaltungsfachleute. 1945 kehrte B. ins Schatzamt zurück.

Sir Alan *Brooke,* Viscount Alanbrooke, Feldmarschall (1883-1963)

A., vornehmlich in Frankreich erzogen und als Kanonier im Ersten Weltkrieg ausgezeichnet, übernahm zu Beginn des Zweiten Weltkriegs das Kommando über das 2. Korps in Lord Gorts Expeditionsstreitkräften und verteidigte im Mai 1940 deren östliche Flanke erfolgreich gegen die vordringenden Deutschen. Noch im gleichen Jahr wurde er Nachfolger Ironsides als Befehlshaber der in England stationierten Truppen (Home Forces). Von Ende 1941 an war er fünf Jahre lang Chef des Reichsgeneralstabs (Chief of Imperial General Staff), von Churchill zugleich fasziniert und abgestoßen. Enttäuscht zeigte er sich, als er 1944 nicht den Oberbefehl bei der Operation »Overlord« bekam. An Montgomery, den er bewunderte, hielt er unbeirrbar fest. Nach dem Krieg war er u.a. Kanzler der Queen's University, Belfast, und Constable of the Tower. A. war ein begeisterter Naturfreund und Ornithologe.

R.A. *Butler,* Lord Butler of Saffron Walden (1902-1982)

Von seinen Freunden nur »Rab« genannt. Sohn eines verdienten Zivilbeamten in Indien, der später Master des Pembroke Colleges in Cambridge wurde. War einer der bedeutendsten britischen Staatsmänner in der Mitte des 20. Jahrhunderts. Zunächst ein unerschütterlicher Verfechter der Appeasement-Politik Chamberlains und des Münchener Abkommens, wurde er in der Folgezeit zu einem loyalen Kollegen und Bewunderer Churchills. Nach der Niederlage der Konservativen 1945 war er der leitende Kopf, der für die Erneuerung der Partei sorgte. Die Politik, für die er eintrat – und die sich nur unwesentlich von der des Labour-Führers Hugh Gaitskell unterschied – war als »Butskellismus« bekannt. Im Laufe der Zeit bekleidete er jedes wichtige Regierungsamt, darunter das Innenministerium, das Außenministerium und das Schatzamt. Das Erziehungsgesetz, das unter seiner Ägide 1944 verabschiedet wurde, erwies sich als von bleibender Bedeutung. Zweimal, 1957 und 1963, verfehlte er nur knapp die Ernennung zum Premierminister. Seine Karriere beendete er zufrieden als Master des Trinity Colleges in Cambridge.

The Right Hon. Sir Alexander *Cadogan* (1884-1968)

Jüngerer Sohn des 5. Earls Cadogan, erzogen in Eton und Balliol, 1933 bis 1936 Botschafter in China, wurde unter Eden Ständiger Staatssekretär im Außenministerium. Die Tagebücher dieses klugen, ruhigen und unauffälligen Mannes, die nach seinem Tod veröffentlicht wurden, erregten wegen ihrer freimütigen und teilweise recht bissigen Kommentare Aufsehen. Von 1946 bis 1950 vertrat C. Großbritannien im Sicherheitsrat der Vereinten Nationen. 1952 berief Churchill ihn zum Leiter der BBC.

Hon. Randolph *Churchill* (1911-1968)

Geboren mit mehreren goldenen Löffeln im Mund. Ein außergewöhnlich hübscher junger Mann, mit einer natürlichen Redebegabung, großem Sprachtalent und Mutterwitz gesegnet, war er darüber hinaus auch noch der Sohn eines berühmten Vaters. Die meisten dieser Gaben vergeudete er. Er erwarb sehr schnell Freunde, aber noch schneller verlor er sie wieder. Sein Vater, der die Hoffnung hegte, daß es sein Sohn noch weiter bringen würde als er selbst, hatte ihn schon in frühester Jugend in die Gesellschaft von Männern wie Lloyd George und Lord Birkenhead gebracht – mit dem Resultat, daß den frühreifen Randolph die Gesellschaft Gleichaltriger anödete. Die Erwartungen, die man in ihn gesetzt hatte, erfüllte er nicht. Vielleicht hätte sich auch sein Vater nicht zu einem so strahlenden Meteor am Himmel der Politik entwickelt, wenn dessen eigener Vater, Lord Randolph Churchill, nicht schon so jung gestorben wäre.

Alfred Duff *Cooper,* Viscount Norwich (1890-1954)

Seine Berühmtheit rührte zum Teil daher, daß er mit der wunderschönen Lady Diana Manners verheiratet war. Vor dem Ersten Weltkrieg im Außenministerium tätig, im Krieg ein tapferer Offizier, nach dem Krieg konservativer Unterhausabgeordneter; ein geistreicher Redner, ein unterhaltsamer Gesprächspartner und ein exzellenter Prosaist – aber als Minister ziemlich unbrauchbar. In den dreißiger Jahren als Kriegs- und als Marineminister ein ziemliches Leichtgewicht, besaß er jedoch den Mut, wegen der Appeasementpolitik Chamberlains zurückzutreten. Als Informationsminister konnte er kaum noch schlechter sein, obwohl er als Nachfolger von Lord Reith zunächst hochgelobt wurde. Als Gesandter bei den Freien Franzosen in Algier und später in Paris trug er dazu bei, die Beziehungen zwischen Franzosen und Briten wieder zu verbessern. Seine Berichte waren oft randvoll mit nützlichen Beurteilungen und klugen Voraussagen.

Robert Cecil *Cranborne,* 5. Marquess of Salisbury (1893-1972)

Enkel eines Premierministers, Nachkomme von Lord Burleigh, dem starken Mann unter Elizabeth I., war lange Zeit eine sehr einflußreiche Figur auf der politischen Bühne. 1929 als Lord Cranborne in South Dorset für die Konservativen ins Unterhaus gewählt, repräsentierte er zusammen mit Anthony Eden das jüngere Element bei den Tories und verfügte über großen Einfluß. Von 1935 an war er Parlamentarischer Staatssekretär im Außenministerium, trat aber 1938, zusammen mit Eden, wegen Chamberlains Einmischungen in die auswärtigen Angelegenheiten zurück. 1940 kam er wieder ins Amt, wurde rasch Minister für die Dominien, Lordsiegelbewahrer und Vorsitzender des Oberhauses. Zweimal hatte ihn Churchill auf der Liste möglicher Außenminister.

Sir John *Dill,* Feldmarschall (1881-1944)

Genoß in der Armee ein solches Ansehen, daß er sehr enttäuscht war, als Hore-Belisha ihn 1937 nicht zum Chef des Generalstabs ernannte und ihm auch 1939 nicht das Kommando über das britische Expeditionskorps übertrug. In beiden Fällen wurde der unter ihm stehende Lord Gort bevorzugt. Dill mußte sich vom September 1939 bis April 1940 mit dem Kommando über das 1. Korps der Expeditionsstreitkräfte zufriedengeben. Danach wurde er als stellvertretender Chef des Generalstabs in das Kriegsministerium berufen. Am 27. Mai 1940, auf dem Höhepunkt der Evakuierung aus Dünkirchen, löste er General Ironside als Chef des Reichsgeneralstabs (Chief of Imperial General Staff) ab. Sowohl Eden als auch dessen Nachfolger im Amt des Kriegsministers, David Margesson, waren sehr mit ihm zufrieden. Allerdings war er zu jener Zeit bereits ein ausgelaugter Mann, und Churchill fand ihn nicht tatkräftig genug. So wurde Dill nach dem Atlantiktreffen im August 1941 als britischer Vertreter zum Vereinigten Generalstab in Washington abgeordnet. Hier fand er zu sich selbst zurück und leistete seinem Land wertvolle Dienste. Die Amerikaner schätzten ihn hoch, und mit General Marshall verband ihn eine enge Freundschaft. Als er 1944 in Washington starb, widerfuhr ihm die hohe Ehre, auf dem Militärfriedhof in Arlington beigesetzt zu werden.

Alexander *Douglas Home,* Lord Home of the Hirsel (geb. 1903)
Ältester Sohn des 13. Earl of Home, wurde 1931 als Lord Dunglass zum Unterhausabgeordneten von South Lanark gewählt. 1937 machte ihn Chamberlain zu seinem Parlamentarischen Staatssekretär; 1938 begleitete er den Premier nach München. Während des Zweiten Weltkriegs war er wegen Rückenmarktuberkulose dienstunfähig. 1951 erbte er von seinem Vater den Titel des Earl of Home. 1960 bis 1963 Außenminister, 1963 als Nachfolger Harold Macmillans Premierminister. 1964 verlor er die Unterhauswahlen mit vier Mandaten und mußte den Vorsitz der Konservativen Partei Edward Heath überlassen – eine törichte Entscheidung der Partei. Unter Heath diente er von 1970 bis 1974 noch einmal als Außenminister. Als Mann, der von seinen Anhängern ebenso wie von seinen Gegnern geschätzt und bewundert wurde, kannte er keinerlei Überheblichkeit. Gehässigkeit oder Eifersucht lagen ihm fern. Er war ein Liebhaber des Landlebens und besonders glücklich, wenn er Vögel beobachten konnte, auf Lachsfang ging oder Moorhühner jagte.

Anthony *Eden,* Earl of Avon (1897-1977)
War mit 26 Jahren konservativer Unterhausabgeordneter für Warwick und Leamington. Sir Austen Chamberlain machte ihn zum Parlamentarischen Staatssekretär im Außenministerium. Gefördert von Stanley Baldwin, kam er in der Hierarchie der Minister rasch voran und wurde 1935 Außenminister. Auf diesem Posten wandte er sich gegen die Einmischungen Neville Chamberlains und stellte Sir Robert Vansittart kalt, der bis dahin nach allgemeiner Auffassung die Außenpolitik bestimmt hatte. Im Januar 1938 trat er aus Chamberlains Regierung zurück. Nach Ausbruch des Krieges übernahm er das Ministerium für die Dominien. Im Mai 1940 vertraute ihm Churchill das Kriegsministerium an und machte ihn im Dezember wieder zum Außenminister. Obwohl er sich mit Churchill gelegentlich einmal stritt, blieben die beiden bis in Churchills letztes Amtsjahr hinein gute Freunde und treue Kollegen. Eden war in der Tat ein Mann von höchster Integrität. Man konnte immer auf ihn bauen. 1955 wurde er Churchills Nachfolger. In zweiter Ehe mit Clarissa Churchill verheiratet.

John Standish Vereker, Viscount *Gort,* Feldmarschall (1886-1946)
Als der amerikanische General Patton Gort 1943 in Malta besuchte, sagte er, er sei gekommen, um den tapfersten Mann in der briti-

schen Armee kennenzulernen. Gort war tatsächlich tapfer. Im Ersten Weltkrieg bekam er insgesamt fünf höchste Auszeichnungen. Hore-Belisha machte ihn 1937 zum Chef des Reichsgeneralstabs. Er war nicht die ideale Wahl, obwohl er hart arbeitete, und stand bald mit Hore-Belisha auf Kriegsfuß. Dennoch schlug ihn dieser 1939 als Oberbefehlshaber des Britischen Expeditionskorps vor. Seine beiden Korpskommandanten, Dill und Alan Brooke, waren dienstälter als er selbst. Als die Truppen im Mai 1940 abgeschnitten wurden und beinahe eingekesselt worden wären, traf Gort die Entscheidung zum Rückzug über Dünkirchen. Hätte er anders entschieden, wären fast alle erfahrenen britischen Offiziere und Unteroffiziere verloren gewesen, und es muß bezweifelt werden, ob Großbritannien noch hätte weiterkämpfen können. Es kann gut sein, daß er damit den Lauf der Geschichte wesentlich beeinflußt hat. Zu seiner Enttäuschung erhielt G. danach nie wieder ein aktives Kommando. Nach einem Jahr Tätigkeit als Gouverneur von Gibraltar – wo er den kleinen Militärflugplatz ausbauen ließ, der sich 1943 als sehr nützlich erwies – übertrug man ihm das Oberkommando auf Malta. Während der harten Belagerung der Insel organisierte er meisterhaft ihre Verteidigung. 1944 wurde er Hochkommissar in Palästina und bewahrte kraft seiner Persönlichkeit den Frieden zwischen Juden und Arabern. Seine Verdienste wurden nur unangemessen gewürdigt.

Edward Wood, Earl *Halifax* (1881-1959)

Fellow von All Souls, Master of Foxhounds, frommer Anglikaner, Vizekönig von Indien, Außenminister, britischer Botschafter in Washington in schwieriger Zeit, Inhaber von achtzehn akademischen Ehrentiteln. Ruhig und besonnen, wie er war, unterstützte er Chamberlains Streben nach Frieden um fast jeden Preis. Obwohl ein ebenso gerissener Diplomat, wurde er doch von Göring hereingelegt. H. ging so weit, vorzuschlagen, wir müßten die Deutschen durch Überlassung der portugiesischen (!) Kolonien beschwichtigen. Trotzdem war er ein tüchtiger und beeindruckender Mann, der in Washington mit Roosevelt, Cordell Hull und Harry Hopkins auf bestem Fuß stand.

W. Averell *Harriman* (1891-1986)

H. war der Sohn eines sagenhaft reichen amerikanischen Eisenbahnkönigs. In jungen Jahren bereits stellte er sich auf eigene Füße und gründete das erfolgreiche Bankhaus Brown Brothers Harriman. Alles, was er begann, von Polo bis Krocket, gelang ihm hervorragend. 1941 kam er als persönlicher Beauftragter Roosevelts nach England, um die Lieferung von Kriegsgütern zu organisieren. Er schloß Freundschaft mit den Churchills und wurde häufiger Gast in Chequers, bis er 1943 als Botschafter nach Moskau ging und dort eine freundliche Beziehung zu Stalin aufbaute. Nach dem Krieg wurde er Gouverneur des Staates New York und Berater verschiedener demokratischer Präsidenten. Als seine Frau starb, heiratete er Randolph Churchills erste Frau Pamela.

Sir Arthur *Harris*, Marschall der RAF (1892-1984)

H. war 1915 in das Königliche Fliegerkorps eingetreten und hatte in Indien, dem Irak und dem Nahen Osten gedient. 1942 wurde er Befehlshaber der britischen Bomberverbände (Bomber Command). Diesen wichtigen Posten hatte er bis zum Kriegsende inne. In RAF-Kreisen war er nicht unumstritten; manche fanden ihn zu rücksichtslos. Von seinen bis aufs äußerste beanspruchten Bomberbesatzungen wurde er freilich immer geachtet. Im Verlauf der Operation »Overlord« weigerte er sich beharrlich, die Forderungen der Armee nach Flächenbombardements zu erfüllen. Damit wich er von seinem ursprünglich wichtigsten Ziel ab, die deutschen Städte und Fabriken dem Erdboden gleichzumachen. Nach dem Krieg lehnte Attlee es ab, seine Erhebung zum Peer vorzuschlagen. H. fühlte sich zurückgesetzt und ging nach Südafrika, wo er Geschäftsführer der South Africa Marine Corporation wurde. Als er 1984 in hohem Alter starb, besaß er mehr ausländische als britische Auszeichnungen.

Samuel *Hoare*, Viscount Templewood (1880-1959)

Nicht ohne Grund nannte man ihn den »gerissenen Sam«. Seine Intelligenz wurde vermutlich noch von seinem natürlichen Hang zur Intrige übertroffen. Verheiratet mit Lady Maud Lygon, Tochter des 6. Earl Beauchamp. 1935, als er sich im Unterhaus für den Hoare-Laval-Pakt rechtfertigen mußte, der Italien einen Teil Abessiniens zusprach, begeisterte er mit seiner Erklärung, daß er in der Eile, vor dem Haus zu erscheinen, »Lady Maud und das Gepäck« in Paris zurückgelassen habe. Luftfahrtminister, Indien-Minister, Außenminister, Marineminister und Innenminister. In letzterer Funktion, die er mit dem Amt des Lordsiegelbewahrers verknüpfte, war er von 1937 bis 1939 einer der mächtigsten Männer in Chamberlains Kabinett. Seine große Ambition war es, Vizekönig von Indien zu werden. 1940 schickte ihn Churchill, der nicht zu seinen Bewunderern gehörte, als Botschafter nach Madrid. Dort erwies er sich als sehr nützlich bei der Eindämmung des deutschen Einflusses in Francos Umgebung.

Leslie Lord *Hore-Belisha* (1893-1957)

B., der in Oxford, Paris und Heidelberg studiert und sich im Ersten Weltkrieg tapfer geschlagen hatte, trachtete danach, ein zweiter Disraeli zu werden. 1923 eroberte er den Wahlkreis Devonport in Plymouth für die Liberalen, entwickelte sich zu einem guten Redner im Unterhaus, wurde 1931 Parlamentarischer Staatssekretär im Handelsministerium, ein Jahr später Staatssekretär für Finanzen im Schatzamt und war von 1934 bis 1937 Verkehrsminister. In diesem Amt wurde er zu einer nationalen Figur, indem er Fußgängerüberwege einrichten und mit gelben Ampeln (Belisha beacons) sichern ließ. Von 1937 an Kriegsminister, tat er sehr viel für das Wohl und den Komfort der Truppen. Mit den Spitzen des Militärs bekam er jedoch Streit, weil er in Fragen der Organisation und Strategie mehr auf seinen inoffiziellen Berater Liddell-Hart als auf den Rat der Armee hörte. Sein Sturz nahte, als er bei einer Inspektion des Britischen Expeditionskorps im November 1939 mit Lord Gort wegen einer Kleinigkeit in die Haare geriet. In London wandten sich alle gegen ihn; im Januar 1940 forderte Chamberlain seinen Rücktritt und bot ihm statt dessen das Handelsministerium an. B. war so töricht, abzulehnen. Damit war seine politische Karriere beendet. 1954 wurde er zum Peer ernannt.

Edmund Lord *Ironside,* Feldmarschall (1880-1959)

Seine Abenteuer im Burenkrieg waren das Vorbild für die Figur des Richard Hannay in John Buchans *The Thirty-Nine Steps*. Im Ersten Weltkrieg diente I. als Artillerieoffizier, 1919 befehligte er die britischen Interventionstruppen in Archangelsk. Danach durchlief er eine wechselvolle Karriere. Bestürzt über die veraltete Ausrüstung der Armee und die Untätigkeit der Regierung, suchte er Churchill mehrfach in Chartwell auf, um ihm zu erklären, daß das Land auf den Krieg überhaupt nicht vorbereitet sei. Am 3. September 1939 erwirkte Hore-Belisha durch Kabinettsbeschluß, daß Lord Gort das Oberkommando über das Britische Expeditionskorps übertragen und I. als sein Nachfolger zum Chef des Reichsgeneralstabs ernannt wurde. In dieser Funktion war er nicht besonders erfolgreich. Deshalb wurde er im Juli 1940 durch Dill abgelöst. Als Ausgleich wurde er zum Feldmarschall befördert und erhielt vorübergehend das Kommando über die in England stationierten Truppen. Im folgenden Jahr wurde er zum Peer erhoben.

Hastings Lionel, Lord *Ismay* (1887-1965)

I., Sohn eines höheren Beamten in Indien, trat 1908 in die Armee ein und verbrachte lange Dienstjahre in Indien. 1936 wurde er zum Reichsverteidigungsausschuß nach London versetzt und 1938 dessen Sekretär. Als Churchill im April 1940 die militärische Koordination und einen Monat später formell auch das Amt des Verteidigungsministers übernahm, war I. für ihn der ideale Stabschef und Vertreter beim

Komitee der Stabschefs, dem er als ordentliches Mitglied angehörte. Da man I. von beiden Seiten vollstes Vertrauen entgegenbrachte, lief fast alles über ihn. Auch verstand es niemand besser als er, das zeitweilig knirschende Getriebe zwischen den Militärs und den Politikern in Gang zu halten. So war es vorwiegend ihm – und seinen beiden wichtigsten Mitarbeitern, Oberst Hollis und Oberst Jacob – zu verdanken, daß eine Rivalität wie im Ersten Weltkrieg ausblieb. Er war ebenso charmant wie tüchtig und zu harter Arbeit bereit. Man nannte ihn überall nur »Pug«, weil er wie ein Mops aussah, und wenn er sich freute, konnte man sich fast einbilden, daß er mit dem Schwanz wedelte. I. hatte eine wohlhabende Frau geheiratet und sich darauf gefreut, nach dem Krieg ein friedliches Leben zu führen und sich nur noch seiner Jerseyrinderzucht zu widmen. Es sollte nicht sein. 1952 wurde er auf fünf Jahre zum Generalsekretär der NATO gewählt. Er blieb, was er immer gewesen war: ein gradliniger, hart arbeitender und absolut aufrichtiger Armeeoffizier.

Frederick *Lindemann,* Viscount Cherwell (1886-1957)

Zu denen, die er schätzte, war der »Professor«, wie er genannt wurde, großzügig und hilfsbereit; diejenigen, die sein Mißfallen erregt hatten, verfolgte er mit unversöhnlicher Rachsucht. Er hatte ein Vermögen aus deutschen Wasserwerken geerbt, in Berlin bei dem berühmten Walter Nernst Physik studiert und Freundschaft mit Einstein geschlossen. Er war ein begeisterter Tennisspieler, der es bis zur schwedischen Meisterschaft gebracht hatte; immer untadelig gekleidet, hatte er eine Vorliebe für die High Society entwickelt. Unter seiner Leitung wurde das Clarendon Laboratory in Oxford zum herausragenden Zentrum für die Niedrigtemperatur-Forschung. Während des Krieges war er Churchills Berater in allen technischen Angelegenheiten, in wissenschaftlichen wie in ökonomischen Fragen. Er konnte die schwierigsten Probleme in gut verständlichem, einfachem Englisch erklären. Die Deutschen verabscheute er, ungeachtet seiner Jahre in Berlin; es war sein erklärtes Ziel, ihren Handel und ihre Industrie zu vernichten. Mit Verachtung sah er auf Juden und Farbige herab. Hatte er einmal eine Meinung gefaßt, vertrat er sie arrogant und unnachgiebig. Dennoch war er ein guter Gesellschafter, prahlte niemals mit seinen Erfolgen und erwies sich als treuer Freund Churchills und vieler anderer.

Oliver *Lyttelton,* Viscount Chandos (1893-1972)

Sohn eines bekannten Ministers, erwarb sich im Ersten Weltkrieg Meriten als Grenadier und danach ein Vermögen mit Zinn. 1940 trat er als Handelsminister in die Regierung ein. So hervorragend er bei der

Kabinettsarbeit war, so schlecht waren seine Auftritte im Unterhaus. 1941 Staatsminister in Kairo, mit einem Sitz im Kriegskabinett; von 1942 bis 1945 Produktionsminister.

David *Margesson*, Viscount (1890-1965)

Im Ersten Weltkrieg mit dem Military Cross ausgezeichnet, seit 1922 Unterhausabgeordneter, seit 1931 Fraktionsvorsitzender der Konservativen Partei, führte er die Regierungsmehrheit im Parlament mit beispielhafter Geschicklichkeit, indem er sowohl seinen ganzen Charme einsetzte, über den er reichlich verfügte, als auch seine organisatorischen Fähigkeiten. So loyal, wie er sich zu Baldwin und Chamberlain verhalten hatte, so loyal erwies er sich auch gegenüber Churchill. Kein Mitglied der Koalitionsregierung aus Konservativen, Liberalen und Labour hatte je Veranlassung, sich über ihn zu beklagen. Im Dezember 1940 machte ihn Churchill zum Kriegsminister. Auch dieses Amt versah er zu allseitiger Zufriedenheit. Mit dem Generalstabschef Sir John Dill arbeitete er freundschaftlich zusammen. 1942, nach dem Fall von Singapur, machte man ihn zum Sündenbock, obwohl ihn keinerlei persönliche Schuld traf.

Sir John *Martin* (geb. 1904)

Von Natur aus schüchtern und zurückhaltend, verfügte er über einen wachen Verstand, einen erfreulichen Sinn für Humor und ein großes Pflichtbewußtsein. Er kam aus dem Kolonialdienst, wo er als Sekretär der Palästina-Kommission die Bewunderung Chaim Weizmanns gefunden hatte. In Downing Street Nr. 10 erwarb er sich bald allseitige Zuneigung; er begleitete den Premierminister zur Atlantikkonferenz, zu den Konferenzen von Casablanca, Teheran, Kairo und Quebec sowie auf mehreren Reisen nach Washington und Moskau. Leider war er zu pflichtbewußt, so daß er kein Tagebuch führte. Das ist um so bedauernswerter, als er mit der Feder gut umgehen konnte. Nach dem Krieg war er Stellvertretender Staatssekretär im Kolonialministerium und von 1965 bis 1967 Hochkommissar in Malta.

Bernard Law *Montgomery*, Viscount Montgomery of Alamein, Feldmarschall (1887-1976)

Obwohl er ein begeisterter Truppenführer war und 1940 für sein Kommando der 3. Division viel Beifall fand, hatte er es nur dem Tod Generals Gotts bei einem Flugzeugabsturz zu verdanken, daß man ihm 1942 den Befehl über die 8. Armee in Nordafrika übertrug. Mit bemerkenswertem Einfühlungsvermögen gelang es ihm, die Kampfmoral seiner Truppen wieder aufzubauen. Nach dem Sieg in der Schlacht von El Alamein wurde er zum britischen Nationalhelden. Bei der Invasion in der Normandie im Juni 1944 erhielt M. das Kommando über sämtliche alliierten Landstreitkräfte. Mit ihnen rückte er zwar beständig, aber zu langsam vor, so daß es den Deutschen gelang, eine neue Verteidigungslinie aufzubauen. Nach dem Durchbruch führte er die 21. Heeresgruppe zügig über den Rhein und unterzeichnete am 4. Mai die Teilkapitulation der deutschen Wehrmacht in der Lüneburger Heide. Während des Vormarschs zankte er sich ständig mit den amerikanischen Generalen Eisenhower und Bradley, empörte sich, als man im August die amerikanischen Truppen seinem Kommando entzog, protestierte dagegen, daß man ihm die Konzentration stärkerer Einheiten auf dem linken Flügel verwehrte, und entwickelte die unangenehme Eigenschaft, alle amerikanischen Befehlshaber zu verunglimpfen. Zweifellos war er ein großer Feldherr, wenn auch ein zaudernder. Obwohl egozentrisch und prahlerisch, entwickelte er im Alter viel persönlichen Charme, der gelegentlich allerdings durch schreckliche Taktlosigkeiten beeinträchtigt wurde. Von 1946 bis 1948 war er Generalstabschef, von 1951 bis 1958 Stellvertreter des Oberbefehlshabers der Atlantikpakt-Streitkräfte in Europa. Nach seiner Pensionierung lebte er glücklich und zufrieden in Hampshire; in seinem mit militärischer Ordnung angepflanzten Garten standen die Wohnwagen aus der Kriegszeit zur Besichtigung. Seine Gäste bewirtete er mit Reispudding.

Charles Wilson, Lord *Moran* (1882-1977)

M. hatte eine bemerkenswerte Karriere als Mediziner hinter sich, als er Churchill 1940 von Lord Beaverbrook empfohlen wurde. Der Leibarzt hatte zunächst kaum Probleme mit seinem Patienten, bis dieser Weihnachten 1941 in Washington einen leichten Herzinfarkt erlitt. Von da an begleitete er Churchill, der ihn 1943 zum Peer erheben ließ, auf den meisten Auslandsreisen und machte Notizen über die vielen Sterne am Himmel der Politik, die er dabei kennenlernte. Selten behandelte er Churchills Unpäßlichkeiten persönlich, kannte aber den geeigneten Spezialisten. Sein Buch *The Anatomy of Courage*, das er 1945 herausbrachte, offenbart viel Einfühlungsvermögen; sein *Winston Churchill. The Struggle for Survival*, das nach Churchills Tod erschien, brachte indes die Familie auf die Palme und wurde auch von Medizinern heftig kritisiert. M. entschuldigte sich mit dem Trugschluß, daß Churchills Gesundheitszustand den Ausgang des Krieges beeinflußt habe. Dabei war es Präsident Roosevelt, dessen Kräfte verfielen, nicht Churchill. In einer Rezension des Buches bemerkte ich damals: »Lord Moran war niemals zugegen, wenn Geschichte gemacht wurde, aber er wurde hinterher sehr oft zum Essen eingeladen.«

Herbert *Morrison,* Lord Morrison of Lambeth (1888-1965)
Auf der Woge seines Erfolgs als Vorsitzender des Stadtrates von London in den Jahren 1934 bis 1940 wurde M. einer der einflußreichsten Männer der Labour Party. 1940 wurde er in Churchills Koalitionsregierung berufen, zunächst als Versorgungsminister; im Oktober übernahm er das Innenministerium, zusammen mit dem neugebildeten Amt für innere Sicherheit. Diese Funktionen hatte er bis zum Ende der Koalitionsregierung 1945 inne. Dabei ließ er nie die Vorbereitung der nächsten Wahl für Labour aus den Augen. Er war dynamisch, unermüdlich und ein eingeschworener Feind von Ernest Bevin. 1945 gehörte M. zu denjenigen Führern der Labour Party, die sich gegen eine Fortführung der Koalitionsregierung aussprachen.

Sir Desmond *Morton* (1891-1971)
M. war Nachbar der Churchills in Chartwell. Als Leiter des Amtes für Industriespionage versorgte er Churchill in den dreißiger Jahren – ob autorisiert oder nicht, blieb ungeklärt – mit vielen Informationen, die vor der heraufziehenden Gefahr eines Krieges warnten. Im Mai 1940 holte ihn Churchill nach Downing Street, wo er zunächst als eine Art Verbindungsmann zum Außenministerium fungierte, ein Experiment, das dort sehr übelgenommen wurde. M. war mit den Anfängen de Gaulles und seiner Freien Franzosen befaßt. Später wurde er Kontaktmann zu den in London ansässigen Exilregierungen und einigen Zweigen des Geheimdienstes, aber der Premier machte immer weniger Gebrauch von seinen Diensten. M. nahm dies schon deshalb übel, weil ihm von vielen Seiten der Eindruck vermittelt worden war, er sei die rechte Hand des Premierministers. Er starb enttäuscht und verbittert.

Charles *Portal* of Hungerford, Viscount, Marschall der RAF (1893-1971)
Trat 1915 in das Königliche Fliegerkorps ein, stieg kontinuierlich auf und war von 1940 an Chef des Stabes der Luftwaffe. Bedächtig, verschlossen und kein einfacher Gesprächspartner, urteilte er treffsicher und war kaum zu Abenteuern oder Risiken bereit. Churchill vertraute mir einmal an, daß von den drei Stabschefs Portal derjenige sei, auf den er am meisten vertraue. Obwohl keine brillante Persönlichkeit, wurde er allgemein respektiert und geschätzt.

Sir Dudley *Pound,* Großadmiral (1877-1943)
Er sah stets tieftraurig aus. Betrat er einen Raum, so verdüsterte sich unwillkürlich die Stimmung der Anwesenden. Außerhalb des Dienstes, so wurde erzählt, konnte er sehr aufgeräumt und manchmal geradezu geschwätzig sein. Als Oberbefehlshaber der Mittelmeerflotte wurde er sechs Wochen vor Kriegsausbruch nach London zurückbe-

rufen, um Erster Seelord zu werden. Bedächtig, aber sicher in seinem Urteil, schien er das absolute Gegenteil seines Ministers, des Ersten Lords der Admiralität, Winston Churchill. Die beiden arbeiteten jedoch sehr gut zusammen, und Churchill entwickelte eine Zuneigung zu Pound, obwohl er ihn wegen seines zögernden Herangehens an Probleme tadelte. P. war fortwährend überarbeitet und starb, noch in den Sielen, nach der ersten Konferenz von Quebec im Jahr 1943.

John Lord *Reith* (1889-1971)

Nach seiner Ausbildung zum Ingenieur und einem kurzen, heftigen Zwischenspiel an der Westfront wurde er zum Schöpfer der BBC und ihr heimlicher Diktator. Er vermittelte den Eindruck grenzenloser Tüchtigkeit, aber diese Tüchtigkeit schien ihn verlassen zu haben, als er, zu diesem Zweck geadelt, in die Regierung eintrat. Es ist schwer zu sagen, ob er als Informationsminister oder als Transportminister mehr versagte. Was bleibt, sind seine Verdienste um die BBC. Er haßte Churchill, den er nicht puritanisch genug fand, aber dieser hatte andere Sorgen, als daß er dies zur Kenntnis nahm.

Sir Leslie *Rowan* (1903-1972)

Kam über das Kolonialministerium und das Schatzamt in die Downing Street und war einer der fähigsten und einnehmendsten Männer, die ich gekannt habe. Er hatte Hockey für England gespielt und am Queen's College in Cambridge geglänzt. Sowohl bei Churchill als auch bei Attlee versah er das Amt des Leitenden Privatsekretärs; letzteren begleitete er zur Potsdamer Konferenz. Später kehrte er ins Schatzamt zurück und arbeitete unter Sir Stafford Cripps.

Sir Arthur Nevil *Rucker* (geb. 1895)

War zunächst Privatsekretär bei verschiedenen Gesundheitsministern. 1939 wurde er Chamberlains Leitender Privatsekretär, vollkommen unkritisch gegenüber dessen Politik. Er blieb bei Chamberlain, als dieser Lord President wurde, und kehrte später ins Gesundheitsministerium zurück. Ein Mann von großer Güte, manchmal freilich geblendet durch seine Loyalität.

Duncan *Sandys,* Lord Duncan-Sandys (geb. 1908)

Trat 1930 in den diplomatischen Dienst ein und erlebte in der britischen Botschaft in Berlin den Zusammenbruch der Weimarer Republik. 1935 wurde er in Norwood zum Unterhausabgeordneten gewählt; im gleichen Jahr heiratete er Churchills älteste Tochter Diana. 1941 begann Sandys' steile politische Karriere. In insgesamt sieben verschiedenen Regierungsämtern erwies er sich als ein hart arbeitender, einfallsreicher Politiker. Er hatte Humor und war, was mich betraf, umgänglich. Mit den Angestellten seiner verschiedenen Ministerien lag er dagegen ständig im Streit, und den meisten mißtraute er. Nach dem Krieg wurde er zu einem Vorkämpfer für die Vereinigung Europas und konnte auch Churchill bewegen, sich an diesem Kreuzzug zu beteiligen.

Archibald *Sinclair,* Viscount Thurso (1890-1979)

Churchill, den er anbetete, seit dem Ersten Weltkrieg verbunden, u.a. als dessen Privatsekretär im Kriegs- und im Kolonialministerium. 1922 Unterhausabgeordneter der Liberalen. 1935 löste er Samuel als Führer der oppositionellen Liberalen ab und steuerte einen harten Kurs gegen die Beschwichtigungspolitik. Im September 1939 lehnte er es ab, mit seiner Partei in die Regierung einzutreten, wurde aber 1940 zu seiner großen Befriedigung von Churchill zum Luftfahrtminister gemacht. Dieses Amt hatte er – unter ständigen Kontroversen mit Lord Beaverbrook – bis zum Ende des Krieges inne.

James *Stuart,* Viscount Stuart of Findhorn (1897-1971)

S. war der dritte Sohn des 17. Earl of Moray. Durch seine Heirat mit Lady Rachel Cavendish wurde er Harold Macmillans Schwager. Von 1923 bis 1959 war er Unterhausabgeordneter für den Wahlbezirk Moray and Nairn. Blendend aussehend und nicht weniger aufrecht, wurde er Stellvertreter David Margessons, den er 1940 in der Fraktionsführung der Tories ablöste. Von Churchill wurde er respektiert, wenn auch nicht besonders geliebt, da er ihn vor dem Krieg einmal schwer beleidigt hatte. Für Lord Beaverbrook war er ein Greuel, aber Churchill pflegte auf seine wohlbegründeten politischen Ratschläge zu hören.

Arthur Lord *Tedder,* Marschall der RAF (1890-1967)

In den dreißiger Jahren spielte T. eine wichtige Rolle bei der entscheidenden Modernisierung der RAF. Als Oberbefehlshaber der Luftstreitkräfte im Wüstenkrieg 1943 wurde er zu Recht für seine Erfolge gepriesen. Seine Aufgabe als Stellvertreter Eisenhowers bei der Operation »Overlord« überstieg jedoch seine Fähigkeiten. Auch kam er mit einigen Armeebefehlshabern, besonders mit Feldmarschall Montgomery, nicht zurecht. Nach seiner Pensionierung wurde er Kanzler der Universität Cambridge und Vorstandsvorsitzender der Standard Motor Company. 1946 zum Peer erhoben.

Archibald Percival *Wavell,* Viscount Wavell of Cyrenaica and Winchester, Feldmarschall (1883-1950)

Dieser belesene Wykeham-Schüler, der die Dichtkunst liebte, wurde von vielen Leuten als der herausragende Soldat der britischen Armee angesehen. 1937 wollte ihn Lord Gort zum Generalstabschef vorschlagen, als er von Hore-Belisha zu seiner Überraschung selbst vorgeschlagen wurde. 1939 übertrug man ihm den Oberbefehl über die britische Armee in Ägypten. Als Italien in den Krieg eintrat, führte W. zwei erfolgreiche Feldzüge gegen General Graziani. Als Rommel auf der Szene erschien, änderte sich jedoch die Situation. Wavells Taktik in Griechenland und auf Kreta im Frühjahr 1941 war in Churchills Augen nicht sehr geschickt, und in Nordafrika wurde W. von Rommel gestoppt, trotz des gewaltigen Nachschubs im Verlauf der Operation »Tiger«. Ende 1941 wurde W. abgelöst und nach Indien beordert. Dort war er zunächst Oberbefehlshaber und von 1943 bis 1947 Vizekönig. W. war verschlossen und vermochte sich nicht gut auszudrükken, so daß Churchill niemals seine wirklichen Fähigkeiten erkannte.

Sir Horace John *Wilson* (1882-1972)

Ende der dreißiger Jahre einer der einflußreichsten Männer in Großbritannien – die graue Eminenz hinter Chamberlain. Das war weder seine Schuld noch sein Bestreben, denn er war von Natur aus zurückhaltend und bescheiden. In verhältnismäßig jungen Jahren bereits Ständiger Staatssekretär im Arbeitsministerium, wurde er 1935 von Stanley Baldwin in die Downing Street geholt. Wenig erfahren in Fragen der Verteidigung und der Außenpolitik, mußte er sich unter Chamberlain immer tiefer in beide Komplexe einarbeiten. 1939 wurde er Ständiger Staatssekretär im Schatzamt und Leiter des Öffentlichen Dienstes (Head of the Civil Service). Churchill, der eine Abneigung gegen ihn hegte, entfernte ihn aus Downing Street, ließ ihn aber im Schatzamt, wo er seine Pflichten getreulich erfüllte. Dennoch häufte W. eine Menge auch ungerechtfertigter Kritik auf sein Haupt.

Sir Kingsley *Wood* (1881-1943)

Von unscheinbarem Äußeren und von manchen als Opportunist angesehen, besaß W. dennoch Gewicht in der Konservativen Partei. Er war freundlich zu jedermann und sehr umgänglich. Bei der Errichtung eines Gesundheitsministeriums war er stark beteiligt gewesen, weshalb Neville Chamberlain ihn mit Wohlwollen betrachtete. Außerdem war er ein sehr tüchtiger Generalpostmeister und machte die britische Post – wenigstens vorübergehend – so populär, daß Baldwin ihn 1933 ins Kabinett holte. 1938 wurde er Luftfahrtminister, was keine sehr gute Wahl war, da W. überhaupt nichts von Militärfragen verstand und man gerade erst damit begonnen hatte, die Neubewaffnung in die Wege zu leiten. Churchill schickte ihn auf Vorschlag von Chamberlain und Margesson ins Schatzamt, wo der Arme den ersten gewaltigen Kriegsetat auf die Beine stellen mußte. Er bat Keynes, Brand, Robertson und andere um Rat, erhöhte die Steuern bis an den Rand des Erträglichen und glich damit den Etat aus.

Anmerkungen

Erster Teil

1 Später 1. Viscount Eccles, Inhaber verschiedener Regierungsämter, zuletzt Vorsitzender des Verwaltungsrates des Britischen Museums.

2 Reza Pahlevi. Brigadekommandeur, der das marode Quajar-Regime abgelöst hatte und 1925 zum Schah proklamiert worden war. 1941 wurde er in einer gemeinsamen Aktion der Briten und Russen wegen seiner prodeutschen Sympathien entthront.

3 Marschall K. E. Woroschilow. Kommandeur der Roten Armee im Bürgerkrieg. Zuletzt Staatsoberhaupt der Sowjetunion.

4 Zweite Frau von Lord Jersey, dem Schwiegervater meines Bruders David. Spielte als Virginia Cherrill die Rolle des blinden Mädchens in Chaplins *City Lights.*

5 Britischer Flugzeugträger.

6 Jüngste Tochter von Lord Crewe, Halbschwester meiner Mutter, verheiratet mit dem 9. Duke of Roxburghe.

7 Tochter von Lady Dodds, älteste Schwester meiner Mutter und Mutter von Bamber Gascoigne.

8 Britischer Botschafter in Berlin, 1933 bis 1937, und in Paris, 1937 bis 1939.

9 Was ich damals nicht wußte, war, daß Cairncross für die Kommunistische Partei eifrig Berichte über die Ansichten seiner Altersgenossen im Außenministerium und im Staatsdienst verfaßte. Als Guy Burgess 1951 zusammen mit Donald Maclean in die Sowjetunion floh, wurden diese Berichte in einem Koffer gefunden, den Burgess zurückgelassen hatte. Cairncross hatte sie unvorsichtigerweise datiert, so daß ich dem Sicherheitsdienst, der die Handschrift nicht zu identifizieren vermochte, anhand meines alten Terminkalenders für 1939 sagen konnte, mit wem ich an dem bewußten Tag gegessen hatte. Ich fiel fast vom Stuhl, als man mir erklärte, daß Cairncross in der Atombehörde des Energieministeriums arbeite; allerdings sagte man mir, er habe seine Sympathien für die Sowjets inzwischen aufgegeben.

10 König Abd al-Asis von Saudi-Arabien.

11 Der Mufti von Jerusalem war prodeutsch und ein unverbesserlicher Intrigant.

12 Generaloberst Werner Freiherr von Fritsch, seit 1935 Oberbefehlshaber des Heeres, der Hitlers Aufrüstungsmaßnahmen skeptisch gegenüberstand, fiel Anfang Februar 1938 einer schmutzigen Intrige zum Opfer. Der Verdacht, daß er ermordet worden sei, erwies sich als falsch; Fritsch ist am 22. September 1939 in Polen tödlich verwundet worden.

13 Miss Watson, die seit den Tagen von Lloyd George Schreibkraft in Downing Street Nr. 10 war, hatte es bis zur Privatsekretärin gebracht. Tüchtig und gewissenhaft versah sie ihre Aufgabe, die Antworten auf die parlamentarischen Anfragen vorzubereiten. Sie war liebenswürdig und loyal, aber nicht mit übermäßigen Geistesgaben ausgestattet und konnte einen mit ihrer chronischen Neigung, Durcheinander zu stiften, wahrhaft zur Verzweiflung treiben. Trotz allem mangelte es ihr nicht an Scharfsinn. So versicherte sie mir eines Nachmittags, daß der Mann mit der größten politischen Sensibilität im Hause Lord Dunglass (Alexander Douglas-Home) sei. Er sei der einzige in der Umgebung des Premierministers, der sich mit dem Unterhaus auskenne. »Eines Tages wird er Premiermini-

sters, der sich mit dem Unterhaus auskenne. »Eines Tages wird er Premierminister werden, Mr. Colville.« »Aber, Miss Watson«, wandte ich ein, »bevor er so weit wäre, wird er bereits dem Oberhaus angehören, und von dort kommt kein Premierminister.« »Das mag sein, Mr. Colville«, entgegnete sie. »Ich werde es nicht mehr erleben, aber an dem Tag, an dem Lord Dunglass Premierminister wird, werden Sie sich an meine Worte erinnern.« Das tat ich.

14 Die »enorm teuren« Schuhe, handgearbeitet auf dem Leisten, kosteten zwei Pfund 10 Shilling pro Paar.

15 Diese Bemerkung bezog sich darauf, daß ich über beide Ohren in seine jüngere Tochter verliebt war, ein entzückendes, fröhliches und kluges Mädchen. Ein weiterer ihrer Anbeter war Nicko Henderson, später Botschafter in Bonn, Paris und Washington. Er gestand mir, daß, wenn sie ihm nicht ihr Jawort geben würde, er nie eine andere Frau heiraten könne. Ich entgegnete ihm, daß dasselbe auf mich zutreffe. Beide haben wir eine andere Frau geheiratet und lebten glücklich und zufrieden. Die so begehrte junge Dame heiratete einen anderen ihrer Verehrer, und auch sie lebte glücklich und zufrieden.

16 Französischer Botschafter in London.

17 Die zweite Frau meines Großvaters, des Marquess of Crewe, geborene Lady Margaret Primrose.

18 Großadmiral und früherer Erster Seelord. Von Chamberlain zum Minister für die Koordination der Landesverteidigung mit Sitz im Kriegskabinett berufen.

19 Ein ausgezeichneter Richter, aber weit davon entfernt, auch ein ausgezeichneter Informationsminister zu sein.

20 Lord Kemsley war der Besitzer der *Sunday Times* und des *Daily Telegraph*. Seine zweite Frau war Edith du Plessis. Ali Khan, der Sohn des Aga Khan, war verheiratet mit Joan Yarde-Buller. Godfrey Thomas war vom Außenministerium dem Prince of Wales, dem späteren König Eduard VIII., als Sekretär beigeordnet, danach dem Duke of Gloucester. Beverley Baxter, ein Kanadier, war Herausgeber des *Daily Express* und seit 1935 Unterhausabgeordneter der Konservativen. Viscount Davidson war Staatssekretär bei mehreren Premierministern und später Vorsitzender der Konservativen Partei.

21 Einer der beiden Teilhaber des Bankhauses Rothschild, Schöpfer der herrlichen Gärten von Exbury im New Forest am Beaulieu; die 100 Morgen sind mit Rhododendren, Azaleen und vielen seltenen Bäumen bepflanzt.

22 Vor dem Krieg erfolgreicher Botschafter in der Türkei, wo er Kemal Atatürks Freundschaft gewann; danach Botschafter in Italien. Ein begeisterter Rennstallbesitzer.

23 Graf Ciano, Mussolinis Schwiegersohn, 1936–1943 Außenminister Italiens.

24 Als »Geheimwaffe« erwies sich die Magnetmine, die viel Schaden in der alliierten Schiffahrt anrichtete, bis sie durch das sogenannte »Degaussing« (Entmagnetisieren) unwirksam gemacht werden konnte, ein Verfahren, das britische Wissenschaftler in verhältnismäßig kurzer Zeit entwickelt hatten.

25 Erster Privatsekretär von Lord Halifax. Nach dem Krieg Botschafter in Paris. Später Lord Harvey of Tasburgh.

26 Mariora Swinton war die attraktive Frau des Oberstleutnants Alan Swinton von den Scots Guards, unsere Nachbarin am Eccleston Square. Captain Troubridge, ein derb-unterhaltsamer Offizier, der später Vizeadmiral wurde, stammte aus einer bekannten Seefahrerfamilie.

27 Die *Rawalpindi* war ein bewaffneter Handelsdampfer, der vom Kreuzer *Deutschland*, gegen die sie nicht die geringste Chance hatte, gestellt und versenkt wurde.

28 Lady Cunard, gebürtige Amerikanerin, glänzende Gesprächspartnerin, unermüdliche Gastgeberin und intime Freundin des gefeierten Dirigenten Sir Thomas Beecham. Feurige Anhängerin von König Edward VIII. und Mrs. Simpson. Alice von Hofmannsthal, geborene Astor, war mit Raimund von Hofmannsthal verheiratet, dem jüngsten Sohn des Dichters.

29 Sekretär verschiedener Fraktionsführer in Downing Street Nr. 12 und willkommener Stammgast in Downing Street Nr. 10.

30 Ein von der Krone ernanntes Mitglied des Oberhauses, das als hoher Berufungsrichter amtiert.

31 Sohn des Parlamentsabgeordneten Sir Hugh O'Neill, des späteren Lord Rathcavan, Fellow of All Souls. Trat 1936 in den diplomatischen Dienst ein, den er mehrere Male verließ. War zuletzt Botschafter in Finnland und bei der EG.

32 Sir Edward Grigg, Parlamentsabgeordneter, der spätere Lord Altrincham. Er war zuvor Sekretär von Lloyd George und später Gouverneur in Kenia. 1939/40 Parlamentarischer Staatssekretär im Informationsministerium.

33 Malcolm Macdonald, Sohn des Labour-Führers Ramsay Macdonald, 1935 und 1938–1940 Kolonialminister. Nach dem Krieg verdienstvoller Hochkommissar in Indien (1955–1960) und Gouverneur, später Hochkommissar in Kenia (1963–1965). W.S. Morrison war Inhaber verschiedener Regierungsämter, erreichte aber niemals die schwindelnden Höhen, die man ihm vorausgesagt hatte; 1951 Sprecher des Unterhauses. Robert Hudson, ursprünglich Diplomat, wurde 1924 Parlamentsabgeordneter und war während der meisten Zeit des Krieges Landwirtschaftsminister. Äußerst unbeliebt bei den Beamten.

34 Geschätzter Ratgeber Lloyd Georges. Ein kluger Mann aus Wales, der sein Leben der Sozialreform gewidmet hatte. War eine Zeitlang stellvertretender Kabinettssekretär.

35 Am 10. Januar hatten belgische Grenzposten bei Mechelen aus einer notgelandeten deutschen Maschine Papiere geborgen, aus denen Einzelheiten einer deutschen Großoffensive im Westen hervorgingen. Der Pilot hatte sich verflogen und war zur Notlandung auf belgischem Gebiet gezwungen. Zwar gelang es ihm und dem verantwortlichen deutschen Offizier noch, zahlreiche Unterlagen zu verbrennen, aber aus den angekohlten Resten waren doch so viel Rückschlüsse zu ziehen, daß für Briten und Franzosen höchste Alarmbereitschaft geboten war.

36 Einer der dynamischsten und fähigsten Angehörigen des diplomatischen Dienstes; Botschafter in Moskau, 1960–1962, und in Bonn, 1963–1968.

37 Emanuel Shinwell, Kriegsdienstverweigerer im Ersten Weltkrieg, Unterhausabgeordneter der Labour Party seit 1922. War in Attlees Kabinetten nacheinander Minister für die Energiewirtschaft (1945–1947), Kriegsminister (1947–1950) und Verteidigungsminister (1950/51). Wurde 1970 in den persönlichen Adelsstand erhoben und starb 1986 im Alter von über hundert Jahren.

38 Philip Kerr, 11. Marquess of Lothian. Einer von »Milners jungen Männern« in Südafrika. Herausgeber von *The Round Table*, Sekretär Lloyd Georges und Botschafter in Washington 1939/40.

39 Das deutsche Handelsschiff *Altmark* sollte vollbeladen mit britischen Gefangenen von Schiffen, die von der *Graf Spee* versenkt worden waren, nach Deutschland zurückkehren, wurde jedoch von dem britischen Zerstörer *Cossack* gestellt und suchte in einem norwegischen Fjord Schutz. Die Besatzung der *Cossack* enterte die *Altmark* und befreite die Gefangenen. Das Panzerschiff *Admiral Graf Spee* hatte sich am 17. Dezember 1939 auf der Höhe von Montevideo selbst versenkt.

40 Es handelte sich um den Plan, aus der Luft Minen in den Oberrhein abzuwerfen, die dann den Fluß hinuntertreiben und so die deutsche Binnenschiffahrt gefährden sollten.
41 Gladwyn Jebb, Privatsekretär von Sir Alexander Cadogan und danach Berater von Hugh Dalton im Ministerium für Wirtschaftskriegführung, arbeitete unter Sir William Strang Pläne für die Nachkriegszeit in Europa aus; später britischer Vertreter bei den Vereinten Nationen und von 1954 bis 1960 Botschafter in Frankreich; seit 1960 Lord Gladwyn. Sir Laurence Collier war Leiter der Nordabteilung im Außenministerium, danach Botschafter in Norwegen.
42 Großadmiral Earl of Cork and Orrery. Befehligte im Ersten Weltkrieg das Schlachtschiff *Repulse* und in den dreißiger Jahren die Homefleet. Führte 1940 das Expeditionskorps nach Norwegen. Wurde in der Marine wegen seiner roten Haare und seiner gelegentlichen Wutanfälle »Gingerpop« (Brausekopf) genannt, genoß aber hohes Ansehen bei allen Dienstgraden.
43 Er kam aus Frankreich zurück, wo er unter Lord Gort ein Armeekorps befehligt hatte, um zum stellvertretenden Generalstabschef ernannt zu werden.
44 Diese Vermutung hat sich als absolut ungerechtfertigt herausgestellt. Sinclair hat sich in jeder Weise ehrlich und patriotisch verhalten, obwohl er Neville Chamberlain nicht ausstehen konnte.
45 Präsident des Geheimen Staatsrates, der Mitglied des Kabinetts ist.
46 James Maxton, wortgewaltiger Anführer der Independent Labour Party. Unterhausabgeordneter für den Bezirk Bridgeton in Glasgow. Seine Aufrichtigkeit, sein Sinn für Humor und sein unabhängiges Urteil verschafften ihm die Achtung seiner Gegner.
47 War 1939/40 Befehlshaber aller Truppen in Nordostfrankreich, von der Kanalküste bis zur Schweizer Grenze.
48 Direktor der National Gallery von 1934 bis 1945. Von 1953 bis 1960 Vorsitzender des Arts Council. Wurde 1969 zum Peer erhoben.
49 Marschall François Bazaine. Im deutsch-französischen Krieg von 1870/71 übergab er nach der verlorenen Schlacht von Gravelotte die Festung Metz mit 173 000 Mann Besatzung, ohne Widerstand zu leisten.
50 Roland de Margerie, Gesandter an der französischen Botschaft in London unter Monsieur Corbin, war zu jener Zeit Reynauds *Chef de Cabinet.*
51 Die drei konzentrischen Verteidigungslinien, die Wellington 1810 zum Schutze Lissabons von Torre Vedras zum Tejo errichtete, um den Vormarsch von Marschall Masséna aufzuhalten.
52 Kathleen Hill, Churchills Chefsekretärin, die sich besonders um seine persönlichen Dinge und um Wahlkreisangelegenheiten kümmerte und seine Diktate aufnahm, oft direkt in die Maschine; ein geduldiges, gutmütiges Wesen und eine geübte Violinistin. Churchill war ihr ergeben.
53 Sir Robert Vansittart, den Churchill 1941 zum Peer erheben ließ, war ein Mann von bestechender Intelligenz, profunden literarischen Kenntnissen und miserablem Urteilsvermögen. Als ich 1937 ins Außenministerium eintrat, war er der beamtete Staatssekretär und genoß im In-und Ausland großes Ansehen, für Anthony Edens Empfinden zu großes. Er konnte es nicht vertragen, daß Van, wie er allseitig genannt wurde, als eigentlicher Chef des Amtes galt. Mit der Unterstützung Chamberlains, der, wie die meisten Premierminister, von den Diplomaten nicht viel hielt, setzte Eden es durch, daß Van durch Sir Alexander Cadogan abgelöst wurde. Er bekam den hochtrabenden, aber nichtssagenden Titel eines diplomatischen Chefberaters der Regierung und durfte weiterhin in seinem Büro

im Außenministerium bleiben, wurde aber von allen Aktivitäten ferngehalten. Als Churchill an die Macht kam, machte Van sich Hoffnungen, da er unablässig vor den Deutschen gewarnt hatte. Aber auch Churchill hielt nicht viel vom Außenamt und mischte sich in dessen innere Querelen nicht ein. Zwar war er immer bereit, die Memoranden zu studieren, die Van ihm zukommen ließ, er war sich aber auch der Tatsache bewußt, daß Van innerhalb von vierundzwanzig Stunden seine Meinung vollkommen ändern konnte.

54 Held des Krieges der Polen 1920 gegen die Rote Armee. Ministerpräsident und Oberbefehlshaber der Polen im britischen Exil. Kam 1942 bei einem Flugzeugabsturz in der Nähe Gibraltars ums Leben.

55 Eduard VIII. hatte 1936 auf den Thron verzichtet und lebte seit seiner Eheschließung mit der geschiedenen Amerikanerin Wallis Simpson 1937 im Ausland.

56 Commander C.R. Thompson, Flaggleutnant bei der Admiralität, der von Churchill nach Downing Street geholt wurde. Er organisierte die Reisen des Premierministers und ist auf den meisten Fotografien aus dieser Zeit im Vordergrund zu sehen. Wurde von Churchill mehr geschätzt als von dessen Mitarbeitern. Nach Kriegsende entwendete er skupellos das Tagebuch über die Aktivitäten des Premierministers, das von seinen Privatsekretären gewissenhaft geführt worden war. Churchill wollte es als Unterlage für seine Geschichte des Zweiten Weltkrieges benutzen, aber Downing Street, Chartwell und die Kabinettsbüros wurden vergeblich danach abgesucht.

57 Professor Lindemann vertrat die Meinung, daß bei der militärischen Überlegenheit des Feindes das einzige Mittel, ihn zu besiegen, der wissenschaftliche Erfindergeist wäre. Bei der UP-Waffe handelte es sich um ein Luftminenfeld, das ein wirksames Abwehrmittel gegen Sturzkampfbomber zu werden versprach, aber nie erfolgreich zum Einsatz kam. Hinter der Bezeichnung PF verbarg sich ein Magnetzünder, der eine Mine zur Explosion brachte, sobald Metall, zum Beispiel ein Flugzeugrumpf, in der Nähe war. Dieser Zünder wurde später in den Vereinigten Staaten perfektioniert und in Massen produziert, obwohl er eine britische Erfindung war. Bei GL handelte es sich um einen radargesteuerten Scheinwerfer, PE war ein fotoelektronischer Zünder, der Vorläufer vieler späterer Entwicklungen. Unterstützt vom Premierminister, war Lindemann unermüdlich mit der Erfindung solcher Abwehrwaffen beschäftigt. Außerdem war der Professor zusammen mit Sir John Anderson Churchills Verbindungsmann zur wichtigsten aller gemeinsamen anglo-amerikanischen Aktivitäten, nämlich der Entwicklung der Atombombe (Deckname »Tube Alloys«). Neben der gelungenen Entschlüsselung des Geheimkodes der deutschen Wehrmacht war dies das am meisten gehütete Geheimnis des Zweiten Weltkriegs.

58 Sarah Churchill; sie trug ihr dunkelrotes Haar in langen Locken und war vermutlich Winstons liebstes Kind. Ich lernte sie kennen, als wir beide achtzehn Jahre alt waren, und durfte sie sogar zweimal zum Grand-National-Rennen begleiten. Sie war eine besessene Schauspielerin, ging aber im Krieg zum weiblichen Hilfskorps der Luftwaffe und entwickelte sich zu einer kompetenten Auswerterin von Luftbildern. Darüber hinaus schrieb sie gefühlvolle Gedichte. Keines ihrer drei Eheexperimente endete glücklich.

59 C.R. Paravicini war vor dem Krieg lange Jahre Schweizer Gesandter in London und, ebenso wie seine amerikanische Frau, sehr beliebt in gesellschaftlichen und politischen Kreisen. Frau Paravicini erwies sich als unschätzbare Hilfe für die britischen Kriegsgefangenen in Deutschland und deren Familien.

60 Major Jack Churchill war Winstons jüngerer Bruder; er wohnte mit in Downing Street Nr. 10 und gehörte zum Stab; verheiratet war er mit Churchills Jugendliebe Lady Gwendeline Bertie. Duncan Sandys war seit 1935 mit Churchills ältester Tochter, Diana, verheiratet. Die Vermutung, auch Randolph solle eine Stabsstelle bekommen, erwies sich als falsch. Er tat zunächst Dienst bei den Kommandotruppen und wurde erst später in den Stab aufgenommen, ehe er über Jugoslawien mit dem Fallschirm absprang.

61 Diese Rede enthielt den berühmt gewordenen Satz über die Piloten der *Battle of Britain*: »Never in the field of human conflict has so much been owed by so many to so few«, der mich damals aber nicht sehr beeindruckte. Den ersten Entwurf der Rede hatte ich aus dem Papierkorb gerettet; das Manuskript befindet sich jetzt leihweise in Chequers.

62 Verführung der Jugend.

63 Charles Barker, Bürovorsteher in Downing Street Nr. 10, ein freundlicher und tüchtiger Mann, sehr beliebt bei den Privatsekretären, darüber hinaus ein Fachmann für altes Silber. Er hatte zwei tüchtige Leute unter sich, Pat Kinna und Donald MacKay, mit denen zusammen er das Büro tiptop in Ordnung hielt.

64 Inhaber der Pilotenlizenz Nr. 1, Parlamentsmitglied seit 1918, im Jahr darauf Churchills parlamentarischer Privatsekretär im Luftfahrtministerium. Wurde 1941 Nachfolger Beaverbrooks als Minister für die Flugzeugproduktion. Er soll bei einer kleinen privaten Zusammenkunft erklärt haben, daß er hoffe, Deutschland und die Sowjetunion würden sich gegenseitig vernichten, was seine politische Karriere beendete; dennoch machte ihn Churchill 1942 zum Peer.

65 Das war General Gamelins Antwort an Churchill, als dieser ihn im Mai 1940 fragte, weshalb die Deutschen einen Durchbruch erzielen konnten. Als Churchill ihn fragte, was er dagegen zu unternehmen gedenke, zuckte Gamelin nur mit den Schultern.

66 Das Ehepaar Churchill bezog eine Wohnung über dem Central War Room, wo auch Arbeitsräume für den Stab eingerichtet wurden. Diese Örtlichkeit wurde hinfort als Downing-Street-Filiale bezeichnet. In der Etage darüber hatten Professor Lindemann und Desmond Morton ihre Büros. Ferner wurde eine Art Messe eingerichtet, in der die Mitarbeiter von Downing Street ihre Mahlzeiten einnehmen konnten, die von einer vorzüglichen schwedischen Köchin zubereitet wurden, die Brendan Bracken besorgt hatte.

67 General Smuts genoß tatsächlich hohes Ansehen, nicht nur bei Churchill, sondern auch bei allen im Kabinett vertretenen Parteien, bei den Militärs und bei allen Leuten im Commonwealth und im gesamten Empire. Die Politik der Apartheid, die Smuts, wenn auch zögernd, unterstützt hätte, spielte damals noch keine Rolle. Smuts wurde wegen seines militärischen Wissens und seiner Regierungserfahrung im Ersten Weltkrieg als »elder statesman« geachtet und bewundert. Seine Vorschläge, nicht nur auf dem weiten Feld der Strategie, wurden immer sorgfältig beachtet. So war es auch auf ihn zurückzuführen, daß Sir Stafford Cripps 1942 zum Minister für die Flugzeugproduktion ernannt wurde.

68 Verächtliche englische Bezeichnung für die Franzosen.

69 Bis in die frühen dreißiger Jahre hatte es in der Down Street, unweit vom Piccadilly, eine U-Bahn-Station gegeben. Die London Transport Executive baute sie zu einem komfortablen, fast luxuriösen Luftschutzraum aus.

70 Der entscheidende Sieg der Preußen im preußisch-österreichischen Krieg 1866, in Deutschland unter dem Namen Königgrätz bekannt.

71 Brigadier Stewart Menzies, Chef des Geheimdienstes M.I.6, bekannt unter dem Decknamen »C«.

72 Sie war als Fahrerin für die Offiziere der Exilpolen tätig. Als ich sie einmal fragte, was sie denn dort zu tun habe, erwiderte sie: »Ich muß den ganzen Tag nur ›yes, Sir‹ sagen und die ganze Nacht nur ›no, Sir‹«.
73 Die geplante Eroberung der zu Italien gehörenden Insel Pantelleria.
74 Im Sommer 1940 war entschieden worden, die Kirchenglocken nur im Fall einer deutschen Invasion zu läuten.
75 Oberbefehlshaber der griechischen Armee bei ihren großen Erfolgen über die italienischen Aggressoren.
76 Vetter des italienischen Königs und Befehlshaber der italienischen Armee in Abessinien.
77 Der einzige französische Marineoffizier von höherem Rang, der sich de Gaulle anschloß. Deshalb kommandierte er die französische Flotte. De Gaulle konnte ihn nicht leiden.
78 Italienisch besetzte Stadt in Libyen.
79 Herausgeber der *Times*. Entschiedener Unterstützer der Appeasementpolitik und des Münchener Abkommens. Freund von Lady Astor und Lord Lothian und Mitglied des sogenannten »Cliveden-Sets«.
80 Diesen Text stellte Churchill nach dem Krieg seinen Memoiren als Motto voran.
81 Griechischer Premierminister, der dem anarchischen griechischen Parlamentarismus ein Ende bereitete und König Georg II. wieder auf dem Thron installierte. Er regierte danach mit harter, aber geschickter Hand.
82 Wendell Wilkie, der Sache der Alliierten treu ergeben, war bei der Präsidentschaftswahl im Jahr 1940 republikanischer Kandidat. Er überbrachte England eine Botschaft Roosevelts mit dem handgeschriebenen Vers von Longfellow *Sail on, O Ship of State*. Churchill empfing Wilkie mit großer Zuvorkommenheit und gab sich viel Mühe, ihn über die damalige Lage zu informieren.
83 »Wild Bill« Donovan, der Sohn einfacher irischer Einwanderer, wurde im Ersten Weltkrieg mit der »Medal of Honour« ausgezeichnet und war später ein erfolgreicher Rechtsanwalt. Mit britischer Hilfe stampfte er im Zweiten Weltkrieg den amerikanischen Geheimdienst aus dem Boden, begründete die OSS und wurde so zu einem der Väter des CIA.
84 Der Regent von Jugoslawien, Prinz Paul, wurde im März 1941 zu Hitler bestellt und genötigt, einen Pakt mit der Achse zu unterzeichnen. Dies rief eine Revolution in Belgrad hervor. Am 26. März setzte General Simovic den Regenten ab, erklärte König Peter zum Alleinherrscher und bildete eine antideutsche Regierung. Daraufhin setzten die Deutschen ihre Truppen in Marsch, bombardierten Belgrad und besetzten das Land. Der König mußte mit seinem Hof nach London flüchten, wo der frühere Regent von den Briten festgesetzt wurde. Dieser jugoslawische Aufstand, dem im April die britische Landung in Griechenland folgte, wird Hitler vermutlich auch veranlaßt haben, seinen Einmarsch in Rußland, der zu einem früheren Zeitpunkt beabsichtigt war, auf den Sommer zu verschieben.
85 Der japanische Außenminister; treibende Kraft für die japanische Entscheidung, sich der Achse Berlin–Rom anzuschließen. Er wollte zugleich aber auch die Freundschaft mit der Sowjetunion und die Isolierung der Vereinigten Staaten. Deshalb fuhr er im April 1941 über Rom und Berlin nach Moskau. Hitler hatte ihm nichts über den bevorstehenden Einmarsch in Rußland verraten. So verlor Matsuoka sein Gesicht, da er noch kurz vor dem Einmarsch einen Pakt mit den Russen unterzeichnet hatte, und mußte zurücktreten.
86 Die mit großen Risiken behaftete Verschiffung von Panzern durch das Mittelmeer, die es Wavell ermöglichen sollten, wieder in die Offensive zu gehen.

87 In Verbindung mit dem Besuch in Plymouth eine Anspielung auf die 1820/30 von einem einstigen anglikanischen Geistlichen namens Darby begründete chiliastische Sekte der Darbyisten, die in Plymouth, später auch in der Schweiz (Genf und Lausanne) sowie in Württemberg und an der Ruhr streng gläubige Anhänger fand.

88 Ein amüsantes Buch, das in den ersten Kriegsmonaten erschien und über die Aufregungen fabelte, die ein unangekündigter Fallschirmabsprung Hitlers über England verursachen würde.

89 Eine übertriebene Schätzung des Jagdfliegerkommandos. In Wirklichkeit handelte es sich um dreiunddreißig abgeschossene Maschinen.

90 Eine Verwechslung von Director of Naval Intelligence (Chef des Marine-Nachrichtendienstes) und Director of Military Intelligence (Chef des Heeres-Nachrichtendienstes).

91 Winston Churchills Autobiographie über seine Kindheit und Jugend.

92 Die Royal Society wurde 1662 von König Karl II. gegründet.

93 Etwa »Deutschenvertilger der Regierung Seiner Majestät«.

94 Anspielung auf 2. Könige 5,18.

95 William Joyce, Sprecher und Mitarbeiter im englischsprachigen Dienst des deutschen Rundfunks. Seinen Spitznamen hatte er seiner affektierten Sprechweise zu verdanken. Seine täglichen Rundfunksendungen aus Berlin waren mehr amüsant als alarmierend. Stand nach dem Krieg vor Gericht in Old Bailey und wurde wegen Landesverrats durch den Strang hingerichtet.

96 Anspielung auf die Redensart »to make bricks without straw«, s.v.w. nicht über das notwendige Handwerkszeug verfügen.

97 Falls Desmond Mortons Information korrekt war, dann bewies Lord Camrose mit seinen Leuten lobenswerte Diskretion, denn die ersten Veröffentlichungen über das, was heute als »Ultra« bekannt ist, erfolgten erst Jahrzehnte nach dem Krieg.

98 Thomas Kardinal Wolsey (1471-1530), Erzbischof von York, prunkliebender Kirchenfürst, 1515-1529 Lordkanzler von England.

Zweiter Teil

1 Ende des 19. Jahrhunderts in Frankreich und England sehr beliebtes Kartenspiel.

2 Die geplante Landung bei Anzio und Nettuno, nördlich von Neapel, in verlustreichen Kämpfen begonnen am 22. Januar 1944.

3 Er übernahm das taktische Oberkommando über die alliierten Landstreitkräfte zur Wiedereroberung Nordeuropas (Unternehmen »Overlord«).

4 Soviel wie: jemanden zum Narren halten.

5 Der nach dem Ersten Weltkrieg vorgeschlagene Grenzverlauf, der nach dem Sieg der Polen über die Rote Armee im Jahr 1920 nach Osten verschoben wurde.

6 Ein royalistischer jugoslawischer General, der den ersten Widerstand gegen die deutschen Invasoren organisiert hatte, aber bald zu der Überzeugung kam, daß die kommunistischen Partisanen unter Tito das größere Übel waren. Einige seiner Anhänger kollaborierten daraufhin mit den Italienern, einige wenige sogar mit den Deutschen. Dennoch blieb er ein getreuer Patriot. Nach dem Krieg weigerte er sich, aus Jugoslawien zu fliehen. Tito ließ ihm den Prozeß machen und ihn schmählich aufhängen. Seine Schlußworte beim Prozeß waren: »Ich wurde vom Sturmwind der Geschichte fortgeweht.«

7 Die Schwester von Clementine Churchill. Ihr ältester Sohn war einer der Kriegsgefangenen, die von Hitler als Geisel auserwählt wurden für den Fall, daß die Sache schlecht für ihn ausging. Ihr jüngerer Sohn Esmond kämpfte auf der republikanischen Seite im Spanischen Bürgerkrieg, trat in die Kommunistische Partei ein, heiratete Jessica Mitford und fiel als RAF-Angehöriger im Krieg.

8 Nach General Sikorskis Tod polnischer Ministerpräsident, ein Mann von Prinzipien. Er stand unter dem dauernden Druck der Briten und Amerikaner und wurde zum Schluß von Stalin und Molotow betrogen.

9 Diesen Satz nahm er über ein Jahr später in seiner Rede vom 15. März 1945 auf.

10 Marschall Badoglio, ein loyaler Gefolgsmann von König Viktor Emanuel III., wurde von diesem nach der italienischen Kapitulation im September 1943 und der Verhaftung Mussolinis zum italienischen Ministerpräsidenten ernannt.

11 Innenminister der Vichy-Regierung 1941/42. Er wurde verdächtigt, für die Erschießung von Geiseln durch die Deutschen verantwortlich zu sein.

12 Staatssekretär im Kriegsministerium der Vereinigten Staaten, später amerikanischer Hoher Kommissar in Deutschland, 1953 Vorstandsvorsitzender der Chase Bank. Schwager von Lewis Douglas, der Winant als amerikanischen Botschafter in London ablöste.

13 Jüngerer Sohn des letzten österreichisch-ungarischen Kaisers Karl und seiner Gemahlin Zita.

14 In Fortsetzung des Buches *Guilty Men* von Michael Foot und Frank Owen eine Propagandaschrift der Labour Party für die nächsten Unterhauswahlen. Die Schrift vermied sorgfältig alle Hinweise auf die vor dem Krieg heftige Opposition der Labour Party gegen die Aufrüstung, die Einführung der Wehrpflicht und die Verdoppelung der Landstreitkräfte.

15 Auf Grund dieser Vereinbarung erhielt General Bradley das Kommando über die amerikanischen Streitkräfte in der Normandie, die damit der Befehlsgewalt Montgomerys entzogen wurden. Bis dahin hatte Bradley, den Montgomery nicht sonderlich schätzte, die 1. amerikanische Armee befehligt.

16 Einige Jahre später erzählte er mir, daß er Attlee als den überragendsten unter den Labour-Ministern angesehen habe.

17 Roosevelts Besitz im Staat New York.

18 2. Könige, 14, und 2. Chronik, 25.

29 In der Dritten Republik mehrfach Minister; 1932/33 Ministerpräsident; 1932–1934 sowie für einen Monat des Jahres 1938 Außenminister.

20 EAM, die griechische »Nationale Befreiungsfront«; ELAS, die griechische »Volksbefreiungsarmee«, die nach dem Abzug der Deutschen den größten Teil des Landes beherrschte und die die Errichtung eines kommunistischen Einparteienregimes plante.

21 Im polnischen Reichstag hatte im 18. Jahrhundert jeder Abgeordnete das Recht, ein Veto einzulegen, so daß eine Gesetzgebung praktisch unmöglich war.

22 Georgios Papandreou, Ministerpräsident unter König Georg und Vater des Republikaners Andreas Papandreou, der in den achtziger Jahren die Regierungsgeschäfte übernahm.

23 Nachfolger Geoffrey Dawsons als Herausgeber der *Times*. Einer der Büroangestellten in Nr. 10, der im Rang nach Charles Barker kam. Er war sehr aufgeweckt und intelligent und konnte stenographieren, so daß Churchill ihn bei bestimmten Reisen mitnahm, bei denen er die Befürchtung hatte, daß »die jungen Damen in Gefahr geraten könnten«.

24 Ivan Šubašić, kroatischer Politiker, 1944 Ministerpräsident der königlich jugoslawischen Exilregierung; man hoffte, daß Marschall Tito, selbst ein Kroate, ihn akzeptieren würde.

25 Churchill hatte mich zwar eingeladen, aber das hätte die Organisation in Downing Street durcheinandergebracht, und so brachte ihn John Martin zu meiner Enttäuschung davon ab. Dies rettete mir das Leben. Da nämlich nicht genügend Platz in der C 47 des Premierministers war, hätte ich in der begleitenden York mitfliegen müssen, die vor Pantelleria abstürzte, nachdem sie den Kurs auf Neapel verfehlt hatte. Alle Passagiere mit einer Ausnahme kamen ums Leben.

26 Tapferer Befehlshaber der polnischen Divisionen, die unter dem Oberkommando von Feldmarschall Alexander in Italien kämpften.

27 Sir Hughe Knatchbull-Hugessen war als Botschafter in der Türkei das unglückliche Opfer seines Kammerdieners geworden. Dieser stand unter dem Decknamen *Cicero* im Sold der Deutschen und lichtete Geheimpapiere des Botschafters ab, wenn dieser sich im Bad befand.

28 Der Friedensvertrag, den das kaiserliche Deutschland und das bolschewistische Rußland Ende 1917 abschlossen. Dies war ein schwarzer Tag für die westlichen Alliierten, weil es der Vertrag den Deutschen ermöglichte, die meisten ihrer in Rußland stehenden Divisionen an die Westfront zu verlegen.

29 Ein Haus, das meine Mutter gerade in Chelsea gekauft hatte.

30 Die letzte V2 ging am 27. März 1945 auf England nieder.

31 Die deutschen Streitkräfte in Italien kapitulierten am 29. April 1945 in Caserta. Dem waren lange Verhandlungen in der Schweiz vorausgegangen, die von Alan Dulles im Namen des amerikanischen Geheimdienstes OSS unter dem Decknamen »Crossword« geführt wurden. Dulles hatte weder den Präsidenten noch das State Department davon unterrichtet. Auf deutscher Seite war der SS-General Karl Wolff federführend.

32 Der Cullinan-Diamant war kurz nach dem Friedensabschluß mit Südafrika 1906 gefunden worden. Man machte ihn König Edward VII. zum Geschenk. Da der König ihn nicht als persönlichen Besitz betrachtete, sondern dem Kronschatz zufügte, fühlte sich die Regierung zuständig für seine Teilung. Der Diamant war nämlich so groß, daß man ihn in zwei Stücke schneiden mußte (der eine Stein ziert jetzt das Zepter, der andere befindet sich in einer der Kronen). Das Kabinett entschied, daß er in Amsterdam, dem Weltzentrum der Diamantschleiferei, geteilt werden sollte. Man sagte den holländischen Schleifern, daß sie die anfallenden Splitter als Lohn für ihre Arbeit behalten könnten. Die Holländer wiesen ehrlicherweise darauf hin, daß die Splitter sehr viel mehr wert seien, aber die Regierung Seiner Majestät blieb dabei. Ihr kam es nur darauf an, keine zusätzlichen Kosten tragen zu müssen. Als dies bekannt wurde, organisierten die Generale Smuts und Botha in Südafrika eine öffentliche Sammlung, um die Splitter in Amsterdam aufzukaufen und sie der britischen Krone erneut zum Geschenk zu machen. Jahre später erzählte ich diese Geschichte Königin Elizabeth II. Sie sagte mir, daß sie öfter eine Brosche trage, die diese Splitter enthalte; sie habe sie von Queen Mary geerbt, aber nichts über ihre Herkunft gewußt. Als Churchill die Geschichte 1945 erzählte, meinte er, dies sei eine beschämende Episode in der Geschichte der britischen Kabinette.

33 Im September 1938, als ich noch im Außenministerium arbeitete, beobachtete ich von dem Balkon, der auf die Downing Street hinausgeht, die Jubelszenen, mit denen Chamberlain nach seiner Rückkehr aus München begrüßt wurde. Das gesamte Außenministerium war gegen das Abkommen, und so stand ich lange

Zeit alleine draußen. Endlich gesellte sich Sir Orme Sargent, damals stellvertretender Staatssekretär, zu mir. »Man könnte meinen,« bemerkte er, »daß wir einen großen Sieg errungen haben. Dabei haben wir nur ein kleines Volk verraten.«

34 Folke Bernadotte, der Präsident des Schwedischen Roten Kreuzes, suchte sich gegen Kriegsende als Vermittler zwischen den Deutschen und den westlichen Alliierten und rettete mehrere tausend Menschen aus deutschen Konzentrationslagern. Himmler hatte ihn wissen lassen, daß er sich mit seinen Truppen in Norddeutschland den Westalliierten ergeben wolle. Churchill lehnte nicht nur ab, sondern informierte auch umgehend Stalin.

35 Später habe ich mich dann rückversichert, indem ich Nicko Henderson eine Wette über zehn Shilling anbot, daß die Tories gewinnen würden. Dadurch blieb ich unter dem Strich fünf Shilling im Minus.

Namenregister

Ein Stern hinter dem Namen verweist auf die Kurzbiographien S. 443ff.

CIP-Titelaufnahme der Deutschen Bibliothek

Colville, John:
Downing-Street-Tagebücher 1939
[neunzehnhundertneununddreissig]-1945 / John Colville.
[Aus d. Engl. von Karl H. Schneider].
– 1. Aufl. – Berlin : Siedler, 1988
Einheitssacht.: The fringes of power ‹dt.›
ISBN 3-88680-241-8

Titel der Originalausgabe:
»The Fringes of Power. Downing Street Diaries. 1939-1955«

Aus dem Englischen von Karl H. Schneider
Redaktion: Thomas Karlauf, Berlin, Dr. Georg Meyer, Freiburg

Der Siedler Verlag ist ein gemeinsames Unternehmen
der Verlagsgruppe Bertelsmann und von Wolf Jobst Siedler

Satz: Bongé + Partner, Berlin
Schutzumschlag: Jürgen Stockmeier, Berlin, unter Verwendung
eines Fotos aus dem Ullstein-Bildarchiv
Druck: Mohndruck, Gütersloh
Bindearbeiten: Lüderitz & Bauer, Berlin
Printed in Germany 1988

ISBN 3-88680-241-8